KB120976

화폐의 미래

THE FUTURE OF MONEY:
How the Digital Revolution Is Transforming Currencies and Finance
by Eswar S. Prasad

화폐의 미래

1판 1쇄 인쇄 2023. 9. 1.
1판 1쇄 발행 2023. 9. 8.

지은이 에스와르 프라사드
옮긴이 이영래

발행인 고세규
편집 임여진 디자인 박주희 마케팅 백선미 홍보 이한솔
발행처 김영사
등록 1979년 5월 17일(제406-2003-036호)
주소 경기도 파주시 문발로 197(문발동) 우편번호 10881
전화 마케팅부 031)955-3100, 편집부 031)955-3200 | 팩스 031)955-3111

값은 뒤표지에 있습니다.
ISBN 978-89-349-7167-2 03320

홈페이지 www.gimmyoung.com   블로그 blog.naver.com/gybook
인스타그램 instagram.com/gimmyoung   이메일 bestbook@gimmyoung.com

좋은 독자가 좋은 책을 만듭니다.
김영사는 독자 여러분의 의견에 항상 귀 기울이고 있습니다.

디지털 혁신이 어떻게 돈과 금융을 바꾸고 있는가

화폐의미래

에스와르 프라사드

이영래 옮김

Future of money

글로벌 금융 판도의 변화에 대비하는 통찰과 전망　김영사

내 삶의 동반자인 가장 소중한 친구
바시아에게

Zawsze i na zawsze
(항상 그리고 영원히)

■ 금융의 지각변동

1 미래를 향한 경주

2 화폐와 금융의 기초

■■ 핀테크 혁신

3 핀테크는 세상을 더 나은 곳으로 만들까?

4 혁명을 일으키고는 주춤하는 비트코인

5 암호화폐 경제의 부상

The Future of Money

How the Digital Revolution Is Transforming Currencies and Finance

I

금융의 지각변동

Laying the Bedrock

1

미래를 향한 경주

책은 발견해야 할 특정한 어떤 것이 있을 때 쓰인다. 작가는 그것이 무엇인지, 어디에 있는지 모르지만 그것을 찾아야 한다는 것만은 안다. 사냥은 거기에서 시작된다. 글쓰기가 시작되는 것이다. 로베르토 칼라소,《천상의 사냥꾼》

A book is written when there is something specific
that has to be discovered. The writer doesn't know
what it is, nor where it is, but knows it has to be
found. The hunt then begins. The writing begins.

Roberto Calasso, *The Celestial Hunter*

2018년 5월에 스웨덴 중앙은행 릭스방크의 부총재인 세실리아 스킹슬리Cecilia Skingsley는 우리가 알고 있는 화폐가 종말을 맞을 것이라고 예언했다. 그는 스웨덴 내 현금 사용의 감소에 대해 언급하면서 "현재의 추세를 근거로 추론할 때, 2030년 이전에 마지막 지폐가 스웨덴 중앙은행으로 되돌아올 것"이라는 소견을 밝혔다. 달리 말해, 그 시점이면 스웨덴에서 지폐를 사용하는 상거래가 중단된다는 것이다.

　1668년에 설립된 릭스방크Sveriges Riksbank는 세계 최초의 중앙은행으로 은행권을 처음으로 발행했다. 스웨덴이 현금의 종말을 겪는 최초의 경제국이 될 가능성이 높다는 전망에는 우주의 대칭성이 작용하고 있는 것인지도 모른다.

　중국 역시 현금 사용이 빠르게 과거의 일이 되고 있는 나라 중 하나다. 코로나19 팬데믹 이전에 중국을 자주 방문하던 나는 위안화 지폐를 지갑에 챙겨 가곤 했는데, 그 습관이 점점 시대착오적으로 느껴지기 시작했다. 중국인 친구들은 식사를 마치거나 커피를 마신 뒤에 휴대전화를 꺼내는 대신 지폐를 꺼내 드는 나를 어리둥절한 표정으로 쳐다봤다. 그들은 내가 지폐를 세기도 전에 휴대전화를 내밀어서 쉽게 선수를 쳤다.

　우주의 대칭성을 발견하는 부분이 또 있다. 우연히도 중국은 천년도 더 전에 최초의 지폐가 등장했던 나라다. 7세기경 금속 동전은 상업, 특히 거리가 먼 도시 간 교역에서 큰 제약이 되는 것으로 드러났다. 이 무렵에 나타난 최초의 초보적인 지폐는 믿을 만한 상인이 발행하고 금속이나 상품의 보관으로 보증하는 예탁증서의 형태를 띠었다. 상인들의 좋은 평판 덕분에 이런 증서를 상업 거래에서 많이 사용하게 되면서 금속 주화를 들고 다녀야 하는 번거로운 일에서 벗어날 수 있었다.

귀금속이나 상품을 보관함으로써 지폐를 보증하는 방식에서 처음 탈피한 영예 역시 중국이 차지했다. 이 통화는 중앙은행이 발행한 것이 아니라, 13세기에 칭기즈칸Genghis Khan의 손자이며 원나라 초대 황제인 쿠빌라이 칸Kublai Khan의 정부에서 발행한 것이다. 그는 궁정에서 발행한 지폐를 법정화폐로 정했다. 그의 영토 안에 있는 사람 모두가 목숨을 부지하기 위해서 이 지폐로 갚는 돈을 받아들여야 했다(사라진 것이 다행인 유산 중 하나다).

다시금 중국과 스웨덴 양국이 우리가 알고 있는 돈의 속성을 결정적으로 변화시킬 혁명의 선두에 서 있다. 양국의 중앙은행은 주요 경제국 중에 중앙은행디지털화폐central bank digital currencies, CBDC를 발행하는 최초의 나라가 될 가능성이 높다. CBDC는 공식적인 통화의 디지털 버전으로 지폐 및 동전과 공존하다가 언젠가는 이것들을 대체할 것이다. 그렇지만 양국이 CBDC를 발행한, 혹은 발행을 시험한 최초의 나라는 아니다. 에콰도르와 우루과이를 비롯한 세계 각국이 여러 형태의 CBDC를 실험해왔다. 바하마는 2020년에 CBDC 샌드달러sand dollar를 전국적으로 내놓았다. 하지만 중국과 같은 글로벌 강국이 뛰어들면서 비로소 CBDC의 개념이 흥미로운 호기심거리에서 벗어나 중앙은행 화폐의 속성이 거침없이 진보하는 과정에서 하나의 이정표로 자리 잡기 시작했다.

그림 1.1 스웨덴의 크로나화와 중국의 위안화
CBDC를 선도하는 두 나라의 지폐. 가장 먼저 유물이 될 것은 무엇일까?

금융의 파괴적 혁신

현금(지폐와 동전)으로부터의 변화는 진행 중인 다른 큰 변화의 결과이자 징후로 드러났다. 금융계는 중대한 파괴적 혁신을 목전에 두고 있으며 이를 계기로 가계, 기업, 투자자, 중앙은행, 정부에 심대한 영향을 미치는 발전이 있을 것이다. 단 몇 년 사이에 미국이나 스웨덴 등의 부유한 나라뿐만 아니라 인도나 케냐와 같은 가난한 나라들까지 결제 방식에서 큰 변화를 겪었다. 아주 기본적인 구매에서조차 말이다. 우리는 이제 스마트폰으로 언제 어디에서든 은행 업무를 보고 금융거래를 한다. 한때 가장 명확한 형태의 돈으로 가치를 인정받던 현금이 사라져가는 것처럼 보이는 것은 급속하게 변화하는 금융 지형

속에서 극히 사소한 일에 불과하다. 소비자는 일련의 중요한 변화에 직면하고 있다. 이런 변화를 받아들이는 데 보이는 열의의 정도는 연령, 기술에 대한 이해도, 사회경제적 지위에 따라 달라진다. 물론 기업들도 이런 상황에 적응해야 한다.

금융의 진정한 혁명적 변화를 예고한 것은 비트코인으로 보인다. 비트코인은 오늘날까지도 신원이 밝혀지지 않은 사람(혹은 집단)이 2009년에 도입한 것으로 특정한 개인이 아닌 컴퓨터 알고리즘에 의해 관리된다. 이 암호화폐는 지칠 대로 지친 금융업자, 기술에 밝은 밀레니얼세대, 다음 한탕을 찾는 사람들을 비롯한 대중의 상상력을 자극했다. 비트코인은 탈중앙화 결제 시스템으로 고안되었다. 이는 정부기관이나 금융기관과 같은 중앙집권화된 기관의 관리를 받지 않는다는 것을 의미한다. 정부와 은행을 우회한다는 매력과 결합된 기술적 묘기는 글로벌 금융위기 이후의 시대정신을 완벽하게 담아냈다. 2015년에 500달러도 되지 않았던 비트코인 가격이 2017년 12월에 2만 달러에 육박했다. 비트코인 가격이 계속 치솟을 것이라는 기대는 이내 수그러들었다. 다음 3년 동안 비트코인 가격이 대개 4천 달러에서 1만 5천 달러 사이를 오갔다. 본질적으로 컴퓨터 코드에 불과한 것의 가치에 대한 (나와 같은 경제학자들을 포함한) 사람들의 회의적 시선에도 불구하고 열기는 계속 이어졌다. 비트코인 가격은 2021년 3월에 급등하여 6만 달러를 넘어섰다.

사람들은 비트코인에 열광하지만, 이 책에서 이후 보게 될 내용처럼 사실 정말로 기발하고 혁신적인 것은 비트코인의 기반이 되는 기술이며, 그 기술은 암호화폐 자체보다 저력이 더 오래 지속될 가능성이 크다. 이 기술의 미스터리가 대중을 매료하는 한편, 금융계의 다른 임박한 변화가 그만큼 현란하지는 않지만 더 중요한 혁명의 도래를 예고하고 있다.

　최근 부상해 지속되고 있는 금융 기술의 혁신들은 '핀테크Fintech'라는 혼성어로 요약할 수 있다. 이후 우리는 핀테크 혁명이 금융의 여러 측면에 어떤 영향을 주고 있는지 살펴볼 것이다. 물론 금융혁신은 새로운 것이 아니며 혁명에는 어두운 면도 있다는 사실을 유념할 필요가 있다.

혁신이 붕괴로 끝났을 때

2000년대 초, 선진경제국의 금융시장은 겉으로는 금융을 한층 더 안전하고 효율적으로 만드는 것처럼 보이는 큰 발전을 경험했다. 이 시기에는 금융시장이 기능하는 방법을 개선하기 위한 새로운 상품들이 만들어졌다. 이런 혁신은 대출기관과 차입자를 더 쉽게 연결하고 위험관리도 용이하게 했다. 예를 들어, 이자 지급과 원금 등 대출의 여러 가지 요소를 쪼개 별개의 증권으로 판매할 수 있게 되면서(부채담보부증권, CDO, 회사채나 금융기관의 대출채권, 여러 개의 주택담보대출을 묶어 만든 신용파생상품의 일종-옮긴이) 투자자들은 금융 포트폴리오를 다각화함으로써 위험을 더 잘 관리할 수 있게 되었다. 은행은 대출을 증권으로 묶어 투자자에게 판매할 수 있었기 때문에 대출의 자격 요건을 기꺼이 완화했고 이에 차입자들은 집과 자동차를 구입하는 데 신용을 더 쉽게 이용할 수 있었다.

　업데이트되고 완화된 규제 표준은 금융 부문을 성가신 감독에서 풀어줌으로써 금융혁신을 장려할 것으로 기대를 모았다. 민간 부문이 정부의 개입과 감독 없이도 스스로 위험을 관리할 수 있는 더 효과적인 방법을 갖고 있기 때문에 규제당국은 불간섭주의적 접근방식을 취할 수 있게 되었다. 직면한 위험, 기꺼이 감내할 위험에 대해 가장 잘 아는 이는 민간 은행, 기업, 가계 등 당사자가 아니겠는가? 그들은 새로운 금융상품을 최대한 활용해서 감당할 수 있을 만큼의 위험만을 감수하고 나머지는 안전하게 지킬 방법을 찾을 것이다. 이런 혁신의 기반이 된 것은 정교한 모델링으로 위험을 제거할 수 있으며 순전히 금융 공학만으로 가치를 창출할 수 있다는 오만한 생각이었다.

예상은 이랬다. 나라 안팎으로 돈이 흐를 수 있는 새로운 채널로 인해 금융자본은 가장 생산적인 곳에 있는 가장 수익성이 높은 프로젝트에 할당될 수 있을 것이다. 따라서 글로벌 자본시장이라는 꿈이 실현될 것이고, 저축자들은 국제적 다각화로 위험을 관리하면서 포트폴리오의 수익을 극대화할 수 있을 것이다. 동시에 기존 기업, 중소기업, 대담한 아이디어가 있는 신진 기업가들은 글로벌 저축 풀을 손쉽게 이용할 수 있을 것이다.

하지만 일이 다 그렇게 잘 풀린 것은 아니었다. 새로운 상품들과 완화된 규제는 오히려 금융 시스템에 내재하는 취약성을 가중했다. 금융기관들은 단기 수익 확대를 추구했고, 투자 매니저들은 저렴하고 풍부한 차입금을 이용해 큰 위험을 감수하는 방식으로 거액의 보너스를 노렸다. 주택 가격과 주가가 오르기만 하는 것처럼 보이던 호시절에는 그런 자산의 가격이 떨어질 수 있다는 경고들이 앞일을 걱정하지 않는 천하태평의 태도에 부딪혔다. 더구나 위험을 분산하지 않고 금융 시스템의 특정 부분에 잔뜩 몰아넣는 형국이 되면서 전체 시스템이 실패에 더 취약해졌다. 한때 안정적인 지주처럼 보이던 리먼브라더스Lehman Brothers와 같은 영향력이 큰 대형 은행들은 많은 은행들과 재정적으로 얽히면서 취약한 접점이 되었다. 금융 베팅이 틀어지면서 리먼은 도산했고 다른 은행들도 벼랑 끝으로 내몰렸다.

국제 정세도 좋지 않았다. 글로벌 금융시장이 묘한 움직임을 보이기 시작했다. 경제학 교과서에 따르면 자본은 부유한 나라에서 투자 기회가 풍부한 가난한 나라로 흘러가면서 투자자의 수익을 높임과 동시에 가난한 나라의 성장을 촉진해야 한다. 하지만 실제로는 자본이 금융 시스템이 취약한 가난한 나라에서 분수에 넘치게 돈을 쓰며 무역 적자폭을 늘리고 있는, 즉 수입이 수출을 초과하는 부유한 나라로 흘러갔다. 이런 명백한 역기능의 대표적인 예로 중진국인 중국이 엄청난 양의 국내 저축을 미국으로 보냄으로써 사실상 훨씬 더 부유한 경제국의 무역 적자를 메꾸는 데 도움을 준 현상을 들 수 있다. 예외에 속한 것은 미국만이 아니었다. 오스트레일리아, 영국과 같은 선진국 역시 수년 동안 무역 적자가 늘어났다. 정교한 금융시장을 보유한 선진국으로의 이런 자금 유입은 투기에 기름을 부었다.

선진국 자본시장과 국제자본시장의 역기능은 2008~2009년 글로벌 금융위기로 절정에 달했다. 몇 년 뒤 유로존 부채위기가 그 뒤를 따랐다. 이런 위기에서 얻은 몇 가지 교훈은 금융 시스템의 회복력을 키우는 규제 개혁을 촉발했다. 은행은 파산하지 않고 손실을 더 쉽게 흡수할 수 있도록 자기자본을 늘리라는 지시를 받았다. 2020년에 코로나19 팬데믹이 세계를 강타하면서 전 세계 경제가 타격을 입고 금융 시스템이 압박을 받았다. 하지만 은행을 비롯한 금융기관은 이런 압박을 견디는 데 좀 더 나은 위치에 있었다. 이런 표면적인 파란이 오가는 와중에도 더 깊고 더 강력한 저류는 계속해서 금융시장의 변화를 이끌었다.

다음 단계의 혁신은 무엇인가?

금융계는 파괴적 변화의 여명기에 있다. 이번에는 새로운 금융 기술이 변화를 일으키고 있다. 헤드라인을 장식하는 것은 비트코인과 같은 암호화폐의 출현이지만, 기술 발전으로 인한 일련의 광범위한 변화는 결국 금융시장과 중앙은행에 더 심대하고 지속적인 영향을 미칠 가능성이 높다.

이런 파괴적 혁신의 전반적인 영향은 빈곤한 가구에까지 저축 및 신용 상품에 대한 접근성을 확대해 금융을 민주화하고 빈곤층의 삶을 개선하는 등 여러 방면에서 유익할 수 있다. 저축자는 더 다양한 선택지를 얻게 되고, 소규모 기업가는 대출 심사 및 담보 요건이 엄격한 은행 이외의 출처에서 자금을 조달할 수 있다. 국내 및 국경 간 결제가 더 저렴하고 빨라지면서 소비자와 기업은 물론이고 본국으로 송금하는 경제 이민자economic migrant(일자리를 구하거나 삶의 질을 높이기 위해 이주하는 사람-옮긴이)도 혜택을 볼 것이다.

하지만 새로운 기술은 현재 규제당국의 레이더에 걸리지 않을 수도 있고 결국 경제적 약자에게 피해를 주는 등의 중대한 위험을 촉발할 수 있다. 새롭고 비전형적인 금융 플랫폼의 중요성이 커지면서 규제당국은 은행과 기타 기존 금융기관을 위협하는 금융시장의 급격한 변화를 따라잡으려고 고심하게 될 것이다. 정부가 이런 변화에 어떻게 대응하는지, 특히 금융혁신의 잠재적 이익과 위험을 어떻게 평가하고 대처하는지가 위험-편익의 균형에 지대한 영향을 미칠 것이다.

다가오는 변화들

최근의 핀테크 혁신(비트코인과 같은 암호화폐를 뒷받침하는 것 포함)은 금융 시스템에 대한 접근성 확대, 거래와 결제의 더 빠르고 더 쉬운 결산, 낮은 거래 비용의 도래를 알린다. 국내 및 국경 간 결제 시스템은 큰 변화의 문턱에 있다. 속도가 눈에 띄게 빨라지고 거래 비용이 대폭 낮아지는 때가 멀지 않았다.

하지만 여기에는 상충적인 면이 있을 것이다. 탈중앙화된 결제 및 결산 시스템은 확실히 효율을 높일 것이고, 시장이 소수 참가자의 지배를 받지 않는 한 가외성redundancy을 통해 단일 결제 서비스 제공 업체의 문제가 심각한 상황으로 번지지 않게 할 것이다. 이는 경제의 결제 인프라가 가지는 안정성을 높일 것이다. 하지만 금융 스트레스가 큰 시기에 기업과 소비자가 민간 결제 시스템에 대한 신뢰를 잃는다면 심각한 파급효과가 뒤따를 수 있다. 개별 결제 서비스 업체의 재정적 생존력에 대한 우려와 그에 따른 '거래 상대방 위험'(거래 당사자 중 한쪽이 의무를 이행하지 못할 위험)의 증가는 상호연결이 된 결제 시스템의 연쇄적인 중단으로 이어질 수 있다. 또한 탈중앙화된 전자결제 시스템은 해킹과 같은 기술적 취약성에 노출되어 있으며, 이는 금전적 피해뿐만 아니라 심각한 경제적 혼란을 초래할 수 있다.

신기술이 저축자와 차입자를 중개할 수 있는 웹 기반 플랫폼의 등장을 촉진하면서 전통적인 금융기관, 특히 상업은행의 비즈니스 모델은 시험대에 오를 수 있다. 또한 은행은 대출 개시 및 국제결제 등 상당한 수수료를 발생시키는 일부 활동에서 경제지대economic rents(지배적 지위로 얻는 막대한 이익)를 계속 거둬들이기가 어려워질 것이다. 일부에서는 은행이 마땅한 벌을 받는다는 전망을 기껍게 받아들일지도 모르겠지만, 신용 창출 등 현대 경제에서 은행이 수행하는 중요한 역할을 고려하면 은행의 약화 자체에도 위험이 따른다.

새로운 기관과 플랫폼의 등장은 경쟁의 장을 공평하게 만들고, 혁신을 촉진하고, 비용을 절감하고 금융 시스템을 개선할 것이다. 하지만 규제와 금융 안정성 측면에서는 문제가 상당히 복잡해질 수 있다. 특히 암호화폐는 금융시장의 주요한 개념적, 기술적 진보로 여겨지지만 여기에 수반되는 과제도 있다. 10여 년 전에 비트코인이 등장한 이후로 암호화폐가 급증하면서 이것을 규제해야 할지, 규제한다면 어떻게 해야 할지에 대한 논쟁이 불붙었다. 이후 막대한 자금력과 세계적 영향력을 갖춘 강력한 한 기업이 만들어낸 게임체인저가 등장했다. 중앙은행과 각국 정부는 여기에 주목할 수밖에 없었다.

암호화폐 시장의 새로운 참가자

암호화폐의 변혁적 잠재력은 2019년에 페이스북(현 메타)이 리브라Libra라는 자체 암호화폐를 발행할 계획이라고 발표하면서 주목을 받았다. 이 암호화폐는 리브라협회Libra Association에서 발행하고 관리할 예정이었다. 페이스북이 협회의 회원사 중 하나라고는 하지만 어느 회사가 리브라를 주도하는지는 한눈에 알 수 있는 문제였다. 페이스북에 따르면, 리브라의 목표는 보다 폭넓은 금융 시스템과 국내 및 국경 간 거래를 위한 더 효율적이고 저렴한 결제 플랫폼을 만드는 것이다. 가치 있는 목표인 것은 맞는다. 그럼에도 리브라가 중앙은행이 발행하는 통화를 위협하거나 불법적인 자금 흐름의 도관 역할을 할 수 있지 않을까 하는 우려 속에서 전 세계 정부와 중앙은행들이 일제히 강력한 반발 움직임을 보였다. 그에 대응해 페이스북은 2020년 4월에 그런 우려의 일부를 해소할 목적으로 계획을 수정했다. 이후 2020년 12월에 리브라협회는 디엠협회Diem Association로 이름을 바꾸었다. 정부 관료와 중앙은행 관계자들의 마음속에서 페이스북과 리브라 사이의 지워지지 않는 연관성을 잘라내려는 목적의 리브랜딩으로 보인다.

페이스북은 현재 디엠이 일련의 디지털 코인이되 미국 달러화, 유로화 등 주요 경화hard currency 준비금으로만 뒷받침되는 제한적인 결제수단이라고 설명한다. 예를 들어 디지털 디엠 달러 코인은 실제 미국 달러화가 디엠 준비금에 입금될 때에만 발행될 것이다. 이렇게 단일통화에 완전히 묶이기 때문에 디엠은 안정적인stable 가치저장 수단(따라서 스테이블코인stable coin이라고 부른다)이 될 것이며 새로운 돈을 만드는 것이 아니기 때문에 통화정책에 전혀 영향을 미치지 않을 것이다. 그러나 중앙은행 관계자들은 언젠가 페이스북이 막대한 재정적 영향력을 발휘해 명목화폐 준비금이 아닌 자체적인 자원의 뒷받침을 받는 디엠을 발행할 수도 있다는 우려를 거두지 않고 있다.

주요 다국적 소셜 미디어 기업뿐만 아니라 아마존과 같은 상업용 플랫폼까지도 이런 자체 토큰이나 화폐를 발행해 금융시장에서 중요한 참가자가 될 수 있다는 전망은 흥미롭기도 하지만 한편으로는 불안감을 불러일으키기도 한다. 이미 아마존 코인은 아마존 플랫폼에서 게임과 앱을 구매하는 데 쓰인다. 이런 토큰이 해당 플랫폼에서 더 다양한 상품을 거래하는 데 쓰이는 것도 충분히 가능한 일이다. 거대 기업의 지원은 코인 가치의 안정성을 보장하고 코인을 독자 생존이 가능한 교환수단으로 만들어 상거래에서 중앙은행 화폐의 수요를 줄일 수 있다.

이런 거대 기업의 규모와 명백한 안정성, 그리고 이들이 가진 재정적 역량을 고려하면, 금융과 관련이 없는 유명 기업이 발행하는 디지털 토큰은 결국 가치저장 역할을 하는 것으로 간주될 것이다. 이런 발전의 영향은 교환수단 혹은 가치저장 역할을 하는 중앙은행 통화에 대한 수요 감소에 국한되지 않을 수도 있다. 은행, 기타 기존 금융기관의 비즈니스 모델 전반에 영향을 미쳐 자체적인 문제가 발생할 것이다.

변화의 기로에 선 중앙은행

중앙은행이 발행하는 화폐의 기본 기능은 변화의 문턱에 이르렀다. 명목화폐는 가치척도, 교환수단, 가치저장의 역할을 한다. 다양한 형태의 디지털 화폐와 그 기반이 되는 기술의 출현으로 기존 화폐의 기능을 분담하는 것이 가능해졌으며, 어떤 측면에서는 명목화폐와 이들의 직접적인 경쟁이 나타나고 있다. 이런 변화 중 일부는 화폐의 생성 방식, 화폐가 취하는 형태, 경제 내에서 화폐의 역할 등 화폐의 본질에 영향을 미칠 수 있다.

명목화폐에 대한 이런 도전은 생각보다 가까이 있을 수 있다. 개발도상국에서는 특히 더 그렇다. 많은 개발도상국 가정이 글로벌 소셜 미디어 플랫폼을 쉽게 이용할 수 있고(일부 국가에서는 페이스북이 인터넷과 동의어로 쓰인다) 이런 기업이 금융과 상업 분야에 행사하는 막대한 영향력을 고려하면, 디엠과 같은 암호화폐로 인해 교환수단과 가치 저장 역할을 하는 명목화폐에 대한 국내 수요가 감소할 수 있다.

전통적인 중앙은행의 활동이 큰 혼란에 직면했다고 가정하기는 이르다. 하지만 화폐, 금융시장, 결제 시스템에서 나타나는 변화가 중앙은행의 운영이나 물가와 금융 안정 등의 주요 목표를 달성할 수 있는 역량에 중대한 영향을 미칠지는 예측해볼 필요가 있다. 이런 변화들은 국제자본 흐름과 환율에도 영향을 미쳐 변동성을 키울 수 있고, 이로 인해 금융 변동성에 가장 취약한 개발도상국과 신흥경제국 emerging market economy, EME에 심각한 문제가 발생하리라는 전망도 나올 수 있다.

암호화폐는 빠르게 부상하면서 중앙은행과 정부의 반응을 끌어냈다. 그 반응은 각국의 목적에 부합하는 방식으로 변화를 끌어들이려는 시도부터 통화나 금융의 안정성을 해칠 수 있다는 우려로 인한 특정 발전에 대한 저항까지 다양하다. 많은 중앙은행의 반응은 화폐 사용이 급격히 감소할 경우, 특히 민간이 관리하는 탈중앙화된 결제 시스템이 금융기관이 관리하는 현금 및 기존 결제 시스템을 대체할 경우 금융 및 거시경제 안정성에 미칠 영향에 대한 우려에서 나온 것이다. 전적으로 민간 부문의 손에 달려 있으며 규제가 느슨한 결제 인프라라면 효율적이고 저렴하기는 하겠지만, 정부의 뒷받침이 없어 신뢰를 잃을 경우 금융 스트레스로 인해 얼어붙을 수도 있다. 순조롭게 기능하는 결제 시스템이 없다면 현대 경제는 필연적으로 정지할 것이다. 은행에 대한 신뢰와 함께 결제 시스템에 대한 신뢰마저 증발했더라면 글로벌 금융위기가 얼마나 더 심각했을지 생각해보라.

현금이 사라지고 있는 것만은 분명하다. 싱가포르에서 스웨덴에 이르는 많은 소규모 선진국, 그리고 중국과 같은 개발도상국의 경우 경제 거래에서 현금의 역할이 줄어들고 있다. 미국 달러화와 같이 발행국 국경을 넘어 광범위하게 사용되는 주요 통화의 경우 변화의 속도가 느릴 수 있다. 하지만 어떤 통화도, 심지어는 미국 달러화처럼 강력한 통화도 현금의 위상에 영향을 미칠 변화의 바람을 피할 수 없다.

CBDC

금융 시스템 붕괴의 위험에 대한 중앙은행의 대응 중 하나는 혁신적인 화폐 생산 방법을 모색하는 것이다. 기본적으로 CBDC는 중앙은행 화폐이되 디지털의 형태를 취했을 뿐이다. 범위의 측면에서 CBDC는 소매결제 시스템과 도매 결제 시스템을 모두 아우른다. 소매결제 시스템에는 소비자와 기업 간의 기본적 거래는 물론이고 기업이 공급업체에 대금을 지불하거나 부모가 자녀의 보모에게 급료를 주는 등 두 그룹 내부에서 이루어지는 거래도 포함된다. 반면 도매 결제 시스템에는 은행과 다른 금융기관 간 거래의 결제가 포함된다. 사업주와 공급업체가 서로 다른 은행에 계좌를 두고 있는 경우,

두 기관이 서로 자금을 이체해야만 공급업체에 대한 대금 지급이 이루어진다. 도매 CBDC는 중앙은행이 관리하는 은행 간 결제 시스템의 효율성을 어느 정도 높일 수는 있지만 거기에 근본적인 변화를 가져오지는 않는다. 시중은행이 중앙은행에 예탁한 잔액(지급준비금)이 이미 전자 형태로 발행되어 있기 때문이다.

현금의 디지털 보완재 혹은 대체재가 될 소매 CBDC는 더욱 혁명적인 변화를 나타낸다. 소매 CBDC의 발행의 동기는 금융 포용의 범위를 넓히는 것에서부터 결제 시스템의 효율성과 안정성을 높이는 것에 이르기까지 다양하다. 예를 들어 우루과이의 중앙은행은 우루과이 시민들이 자기 돈(현금 혹은 은행예금)을 휴대전화 기반 앱에 입금해 승인된 소매점에서 결제하는 데 사용할 수 있는 기술을 실험하고 있다. 이로써 은행 계좌가 없는 가계도 기업과 마찬가지로 더 안전하고 저렴한 디지털 결제 시스템의 혜택을 누릴 수 있게 될 것이다.

소매 CBDC는 민간의 금융혁신을 제한하거나 민간이 관리하는 결제 시스템을 대체하지 않으면서도 안정성을 제공하는 결제 메커니즘의 기능을 할 수 있다. 스웨덴 중앙은행은 "안전하고 효율적인 결제 시스템 촉진"을 목표로 현금에 대한 디지털 보완재인 e-크로나e-krona의 발행을 적극 검토하고 있다. 처음에 언급했듯이 스웨덴에서는 스위시Swish와 같은 민간 결제 시스템이 거의 모든 현금 사용을 대신하고 있기 때문에 스웨덴 중앙은행은 기본적으로 소매결제를 촉진하는 데에서 중앙은행의 역할을 유지하고자 애쓰고 있다. 이는 기술적 문제나 신뢰의 문제로 민간 결제 인프라가 실패할 경우를 대비한 후방 방어벽의 역할을 할 것이다.

디지털 화폐는 디지털 결제가 일반화되고 있는 국가에서 중앙은행 소매 화폐의 의미를 유지하는 데도 도움이 될 것이다. 중국인민은행은 CBDC, 즉 디지털 위안화e-CNY를 실험하고 있다. 디지털 위안화는 2개의 금융 대기업, 알리페이Alipay와 위챗페이WeChat Pay가 결제 환경을 장악하고 사실상 중앙은행 화폐를 완전히 대체하려는 시점에 중앙은행이 결제 수단을 제공하는 역할을 유지하는 데 도움을 줄 수 있을 것이다.

중앙은행 화폐가 실물에서 디지털 버전으로 전환하는 데에는 잠재적 이점이 많다. CBDC는 설계 방식에 따라 기존 통화정책의 일부 제약을 완화하고 금융기관만이 아니라 한 경제국 내 모든 경제 주체가 이용 가능한 공식적인 전자결제 시스템을 제공할 수 있다. CBDC 거래가 남기는 디지털 흔적은 현금을 사용한 조세회피, 부패 조장, 불법 활동 자행 등의 문제를 완화할 수 있다.

통화정책 관리 방식의 기본 메커니즘은 실물화폐에서 CBDC로의 전환에 영향을 받지 않을 것이다. 그러나 금융시장과 금융기관에 영향을 미칠 수 있는 다른 기술적 변화는 통화정책의 실행과 전달에 상당한 영향을 미칠 수 있다. 예를 들어 디지털 대출 플랫폼의 확산은 언젠가 전통적인 상업은행의 중요성을 감소시킬 수 있다. 미국 연방준비제도Federal Reserve, Fed(미 연준)와 같은 중앙은행이 직접 통제하는 금리를 변경할 때 상업은행의 예금과 대출 금리에 미치는 영향은 상대적으로 잘 알려져 있다. 다른 기관과 플랫폼의 대출 금리에 대한 영향은 훨씬 덜 명확하다. 따라서 중앙은행의 입장에서는 인플레이션, 실업률, GDP 성장률 등 자신들의 관심사인 경제 변수를 관리하기가 더 어려워진다.

화폐의 디지털화는 결코 만병통치약이 아니다. CBDC의 발행은 중앙은행 신뢰성의 근본적인 약점이나 정부의 방만한 재정정책과 같이 중앙은행의 통화가치에 영향을 미치는 다른 요인들을 감춰주지 못할 것이다. 정부의 재정적자가 커질 경우 중앙은행이 적자를 메우기 위해 돈을 찍어낼 것이라는 가정은 인플레이션을 조장하고 중앙은행 화폐(실물이든 디지털이든)의 구매력을 떨어뜨리는 경향이 있다. 달리 말해 디지털 중앙은행 화폐의 영향력과 신뢰성은 그것을 발행하는 기관의 영향력과 신뢰성을 넘어설 수 없다.

중앙은행은 어떻게 변화에 적응할 것인가?

전 세계 중앙은행은 앞으로 몇 년간 새로운 금융 기술에 저항할지, 민간 부문이 주도하는 혁신을 수동적으로 받아들일지, 아니면 새로운 기술이 제공하는 잠재적인 효율성의 혜택을 받아들일지를 두고 중요한 결정을 내려야 할 상황에 직면해 있다.

소매, 도매, 국경 간 거래 등 보다 효율적인 결제 서비스에 대한 광범위한 수요를 고려하면, 민간 부문이 주도하는 혁신은 가계와 기업에 상당한 혜택을 가져다줄 수 있다. 이런 측면에서 중앙은행과 규제당국의 핵심 과제는 금융혁신과 위험관리의 균형을 찾는 것이다. 이런 발전에 소극적이거나 지나치게 위험 회피적인 접근방식을 취한다면 국내 혁신을 제한하고 해외 결제 서비스 제공업체에 시장을 내줌으로써 국내 규제 관할권을 넘어서는 잠재적 위험을 안게 될 수 있다. 그러나 결제 및 기타 분야에서 핀테크가 주도하는 발전의 여러 잠재적 이점에도 불구하고, 새로운 기술이 금융기관과 시장의 구조에 어떤 영향을 미칠지에 대해서는 아직 해답을 찾지 못한 문제가 많다. 이런 불확실성 때문에 CBDC의 개념을 완전히 배척하지는 않되 그 수용에 대해서 긍정적이면서도 신중한 접근방식을 채택하는 것이 현명할 것이다.

한 가지 흥미로운 점은 캐나다, 이스라엘, 스웨덴과 같은 몇몇 선진국과 중국, 우루과이와 같은 개발도상국이 자국 명목화폐의 디지털 버전 개발과 탐색을 선도하고 있다는 것이다. 반면 주요 준비통화 발행국인 일본은행, 유럽중앙은행, 미 연준(모두 합해 G-3)은 초기에 좀 더 중립적인 입장을 취했다. 이런 기관의 관계자들은 최근의 핀테크 혁신이 가진 일부 장점을 인정하면서도 자신들이 발행하는 중앙은행 화폐의 형식에 대한 변경을 고려하고 있지 않음을 시사했다. 하지만 이내 이런 중앙은행 중 일부도 변화하기 시작했다.

2020년 가을 무렵 주요 중앙은행 두 곳(잉글랜드은행과 유럽중앙은행)이 CBDC 발행 가능성을 적극 검토하고 있다고 밝혔다. 크리스틴 라가르드Christine Lagarde 유럽중앙은행 총재는 이렇게 말했다. "필요하다면 디지털 유로의 도입을 준비해야 할 것이다. 우리의 역할은 화폐에 대한 신뢰를 확보하는 것이다. 이는 유로화가 디지털 시대에 부합한다는 것을 의미한다." 2021년 4월에 일본은행은 CBDC 시범 발행에 들어갔다. 2021년 5월에는 미 연준도 CBDC라는 아이디어에 열린 태도를 보이면서 해당 주제를 다룬 논문을 발표하고 대중의 의견을 수렴한다는 계획을 밝혔다. 이 책이 출간되는 시점에는 분명 전 세계의 더 많은 중앙은행이 CBDC 시범 발행 준비에 최소한 살짝이라도 발을 담그고 있을 것이다.

G-3 중앙은행 중 한 곳이라도 CBDC를 발행한다면, 그것이 국내용으로 의도된 것일지라도, 상황을 뒤바꾸는 게임체인저가 될 것

이다. 신흥국의 경우 이런 발전이 특히 문제가 될 수 있다. 주요국 통화의 디지털 버전이 자국 중앙은행이 발행하는 화폐(실물이든 디지털이든)의 수요를 약화할 수 있기 때문이다. 하지만 핀테크는 이런 나라에도 중요한 기회를 준다.

개발도상국의 도약

20세기 내내 글로벌 GDP에서 주요 선진경제국(미국, 일본, 영국, 현재 유로존에 속하는 경제국)들이 차지하는 비율은 가히 압도적이었다. 이들 경제국은 1인당 국민소득이 높은 부유한 나라다. 그러나 지난 20년 동안 세계 경제활동의 중심은 다른 국가 그룹으로 이동했다. 중국은 현재 세계 2대 경제대국이며, 상위 10개국 중 두 자리를 인도와 브라질이 차지하고 있다. 1인당 연간 소득이 1천 달러에서 1만 7천 달러 사이인 신흥경제국과 저소득 개발도상국을 모두 합치면 글로벌 GDP의 절반에 가깝다. 이들 국가의 인구는 65억 명으로 전 세계 인구의 5분의 4가 넘는다.

핀테크 혁명은 신흥경제국과 기타 개발도상국이 새롭고 효율적인 은행 업무와 금융거래 방식을 빠르게 도입해 부유한 경제국으로 도약할 수 있는 기회를 제공한다. 때로 새로운 기술은 기존 기술의 공급업체와 최종 사용자의 저항을 극복해야 하는 상황보다는 백지 상태에서 더 쉽게 자리를 잡는다. 신용카드와 직불카드는 미국을 비롯한 선진국에서 오랫동안 결제 시스템을 장악했지만 중국에 광범위하게 진출한 적은 없다. 현재 중국의 디지털 결제 혁명은 중국 외 전 세계에서 표준으로 자리를 굳히고 있다. 미국과 같이 훨씬 더 부유한 국가의 결제 시스템도 편의성, 효율성, 비용 측면에서 뒤처지는 상황이다.

　신흥경제국과 개발도상국을 핀테크 혁신의 비옥한 땅으로 만드는 요인이 몇 가지 있다. 첫째, 이들 경제국이 점차 부유해지면서 빠르게 증가하는 중산층 인구 덕분에 고품질 금융 서비스(예를 들어 자산 관리, 은퇴 계획)와 금융상품(예를 들어 뮤추얼펀드, 주식, 자동차 및 주택 융자)에 대한 막대한 잠재 수요가 존재한다. 또한 이들 경제국의 큰 규모 덕분에 혁신을 빠르게 확장하여 단위당 혹은 거래당 비용을 낮출 수도 있다. 둘째, 이들 나라의 금융 규제당국은 이런 발전에 기꺼이 운을 맡겨보기로 한 것 같다. 중국의 경우 알리페이와 같은 결제 서비스 제공업체들은 초창기에 금융 규제당국의 저항을 거의 받지 않았다. 이 때문에 그들은 실험과 혁신을 거듭하면서 결제 앱을 제공하는 데에서 더 나아가서 다른 금융상품을 제공하는 방향으로 빠르게 움직일 수 있었고, 이 과정에서 제약도 거의 없었다. 셋째, 이들 나라에는 진보를 좌절시키고 새로운 기업의 진입을 막는 거대하고 강력한 기존 기업이 없는 경우가 많다. 넷째, 금융혁신에 동력을 공급하는 일부 기술(특히 휴대전화 기반 기술)은 이미 널리 퍼져 있어 대규모 인프라 투자가 필요치 않다.

　개발도상국이나 신흥시장에서는 핀테크 혁신의 잠재적 혜택이 더 크다. 보통 이런 나라는 인구의 상당수가 공식적인 은행 시스템에 접근하지 못해 저축, 신용, 보험 상품 이용이 전무한 상황에 처해 있다. 새로운 금융 기술을 통해 농촌 가구와 빈곤층을 비롯한 모든 사회계층에 더 쉽고 저렴하게 금융 서비스를 제공할 수 있다.

새로운 형태의 화폐와 경제 내외로의 자금이동을 위한 새로운 채널은 국제자본 흐름, 환율, 국제통화 시스템 구조에도 영향을 미친다. 이런 변화 중에는 큰 혜택이 따르는 것도 있을 것이다. 국가 간 송금 흐름은 이미 상당히 저렴하고 빨라졌다. 해외에서 일하는 자국민의 송금은 인도, 멕시코, 필리핀과 같은 중소득 국가부터 아이티, 네팔, 예멘과 같은 빈곤국에 이르기까지 많은 나라에서 중요한 자금원이다. 상품 및 서비스 수출입과 관련된 국경 간 결제 거래도 실시간으로 쉽게 추적할 수 있게 되었다. 이 역시 GDP의 상당 부분을 수출에 의존하는 신흥경제국, 기타 개발도상국에 상당한 혜택을 준다.

이런 혜택을 창출하는 국경 간 자본 흐름의 채널이 늘어나면서 국가 당국이 이런 흐름을 통제하는 것이 점점 더 어려워질 것이다. 신흥경제국은 자본 흐름과 환율의 변동성을 관리하는 데에서 더 많은 어려움을 겪을 것이다. 이런 경제국들은 종종 외국인 투자자의 변덕으로 인한 채찍효과whiplash effect(긴 채찍을 사용하면 손잡이 부분에 작은 힘이 가해져도 끝부분에서는 큰 힘을 받는 데에서 붙은 명칭-옮긴이)에 영향을 받는다. 우호적인 투자심리가 부채질한 자본 유입 급증은 인플레이션과 환율 상승으로 이어져 수출경쟁력을 위협할 수 있다. 반대로 투자자들의 호감을 잃으면 그 나라는 해외 자금에 대한 접근성이 축소되고, 종종 통화가치가 급락하는 상황에 직면하게 된다.

투자심리는 신흥경제국 자체의 경제 상황뿐만 아니라 미국, 기타 주요 선진국의 금리에도 영향을 받는 경향이 있다. 미국 금리가 낮으면 투자자들은 더 높은 수익을 얻기 위해 신흥경제국으로 눈을 돌리고, 미 연준이 금리를 인상하면 투자자들은 신흥경제국으로부터 자금을 회수한다. 신흥경제국 안팎으로 생겨난 새로운 자금 채널들이 변동성을 높이고 이들 경제국을 세계 주요 중앙은행이 취한 통화정책의 여파에 더 많이 노출시킬 것이다.

신흥경제국 중앙은행과 정부의 입장에서는 이 책에서 설명하는 발전의 이점을 활용할 수 있는 전략을 우선적으로 개발하는 것 외에는 남아 있는 선택지가 별로 없다. 이들 나라는 제한된 규제 역량과 전문성 등 갖가지 경제적, 정치적 제약하에 운영되기 때문에 새로운 금융 기술을 도입할 때 상당한 주의가 필요하다. 단 적극적인 접근방식은 핀테크의 위험-편익 균형을 개선하는 데 도움이 될 수 있는 반면, 소극적인 접근방식은 장기적인 위험을 증가시키고 신흥경제국이 얻을 수 있는 잠재적 혜택을 지연시킬 수 있다.

신뢰의 문제

핀테크와 디지털 통화의 장기적인 영향을 이해하려면 통화 및 금융 시스템의 핵심 구성 요소인 신뢰라는 렌즈를 통해야 한다. 공식적인 규칙과 규제가 금융의 원활한 기능을 지지하지만, 신뢰 역시 중요한 역할을 한다. 중앙은행의 통화가 가계와 기업에서 받아들여질 수 있도록 믿을 만한 교환수단의 위치에 서게 만드는 것은 중앙은행에 대한 신뢰다. 중앙은행이 통화를 과도하게 발행해 통화가치를 떨어뜨리지 않을 것이라는 신뢰는 가치저장 역할을 하는 통화의 지위를 유지하는 데 대단히 중요하다. 이런 암묵적 약속을 위반하는 중앙은행은 자신이 발행한 화폐가 구매력으로 측정된 가치를 빠르게 상실하고 신뢰할 수 있는 교환수단으로서의 역할을 더는 하지 못하게 되는 상황을 마주할 것이다.

두려움이 가끔 효과를 내긴 하지만 그리 좋은 것은 아니다. 앞서 이야기했듯이 13세기에 쿠빌라이 칸 정부가 처음으로 실체가 뒷받침되지 않는 지폐를 발행했을 때, 그의 통치하에 있던 사람 모두가 죽음을 면하기 위해 지폐를 받아들여야 했다. 이 화폐는 유용하게 사용되었지만, 그 유용성은 화폐 발행을 통제하는 정부의 규율이 뒷받침되어야 했다. 쿠빌라이의 후계자들이 전쟁 비용을 조달하기 위해 대량의 지폐를 찍어내고 싶은 유혹에 넘어가자 초인플레이션이 뒤따랐다. 사람들은 통치자들에 대한 신뢰를 잃었고 화폐의 유통은 곧 중단되었다. 양차대전 사이 독일과 오늘날 짐바브웨에서도 정부가 무분별하게 화폐를 찍어내면서 초인플레이션이 발생했다. 사실, 전 세계의 많은 중앙은행이 상거래의 흐름을 유지하고, 통화 발행을 적절하게 관리함으로써 신뢰를 얻는 기관의 필요성을 충족하기 위해 설립되었다.

마찬가지로 가계와 기업은 금융기관이 건전하고 안정적이라는 신뢰가 있어야 해당 기관과, 혹은 해당 기관을 통해 거래를 하고자 한다. 때때로 이런 신뢰는 기관들에 대한 정부의 감독과 지원에 좌우된다. 저축자가 은행에 돈을 예치하려면 은행에 대한 신뢰에 더해 정부가 뒷받침하는 예금보험제도라는 재보험이 필요하다.

사람들이 이동을 많이 하지 않는 소규모 인구 집단에서 살던 고대에는 상황이 훨씬 더 쉬웠다. 서로 정기적으로 만나고 반복적인 상호작용을 할 것을 알고 있으므로 신뢰에 기반한 금융거래가 가능했다. 신뢰를 저버리는 것은 위반자에게 오히려 불리한 결과를 초래할 수 있었다. 마을 주민 한 명이 거래상의 약속을 지키지 않으면 공동체가 그 사람을 피하는 상황이 뒤따를 수도 있었다. 동료 집단의 사회적 압력은 아마도 강력한 징계 효과를 가졌을 것이다.

사실 금융 분야 피어 모니터링peer monitoring 개념의 기저에도 바로 이런 논리가 작용한다. 1983년에 무함마드 유누스Muhammad Yunus가 방글라데시에 그라민은행Grameen Bank을 설립할 때, 기초가 된 아이디어는 커뮤니티의 힘을 이용해 구성원들을 감시하는 것이었다. 가난한 가구의 구성원들은 기업가적 기술과 투지가 있어도 사업을 시작할 소액의 종잣돈이 없다면 성공할 수 없다. 그런 사람들은 대체로 은행이 대출에 요구하는 담보가 부족하고 그것을 마련하기도 어렵다. 유누스는 공동체의 평판이 일종의 담보물 역할을 할 수 있다는 것을 간파했다. 은행이나 여타 기관이 상대적으로 규모가 작고 긴밀한 공동체 구성원에게 대출을 제공하는 이유는 해당 구성원의 미상환이 그룹 전체에 영향을 미칠 수 있으며, 금전적 정직성에 대한 공동체의 평판이 단 한 사람의 구성원에 의해서도 손상될 수 있다는 것을 알고 있기 때문이다. 따라서 한 가구의 미상환으로 인한 비용이 확대되어 전체 커뮤니티에 영향을 미치면서, 그룹 구성원들이 공동체 외부와의 재정적 거래에서도 규칙을 준수하도록 하는 동기로 작용한다.

현대의 도시사회는 훨씬 더 복잡하다. 여전히 세계 곳곳의 술집이나 커피숍에서는 단골들에게 월말에 결산하도록 외상을 준다. 하지만 이것은 예외다. 대부분의 상품 및 서비스 구매는 거래에서 금융과 관련이 없는 부분이 완료되기 전이나 직후에 그 대금의 지불이 이루어져야 한다. 새 아이폰을 구입하면서 신용카드로 결제를 하는 경우, 결제의 최종성이 확보된다. 회계 처리의 날은 미뤄지더라도 말이다. 물론 이런 편의에는 대가가 따른다. 신용카드 회사는 애플이 대금을 받을 수 있도록 보장한다. 결제가 이행되지 않을 경우 신용평가 기관에 당신을 신고해 신용점수를 떨어뜨리는 등 신뢰 훼손에 대한 비용을 부과한다. 따라서 경제적 거래에서 필요한 두 당사자 간 상호신뢰의 구축은 때때로 제3자에 대한 신뢰를 통해 우회적으로 충족할 수 있다.

골드만삭스Goldman Sachs 같은 거대 금융회사, 아이오와 시골의 작은 지방 은행, 페이팔 같은 결제 시스템, 부동산 거래 변호사 사이에는 한 가지 공통점이 있다. 이들은 서로를 알지 못해 상대방을 신뢰할 이유가 전혀 없는 두 당사자 간의 거래를 중개하는 데 중요한 역할을 한다. 현금거래는 사실상 당사자가 서로를 신뢰할 필요가 없다. 그 대신 거래의 양 당사자는 통화를 발행하는 정부나 중앙은행을 신뢰한다.

금융 시스템이 원활하게 기능하려면 개인이나 금융회사 사이에 신뢰 그 이상의 것이 필요하다. 재산권과 채권을 집행하는 제도적 시스템에 대한 신뢰도 필수적이다. 한 어머니가 사랑하는 아들의 대학 진학을 위해 학자금 대출에 공동 서명한 경우를 생각해보자. 아들이 중퇴를 하거나 학위를 취득한 뒤에도 전공 선택에서의 문제 때문에 스타벅스 바리스타로 일할 수밖에 없는 상황이어서 대출금을 갚을 충분한 수입이 없다면, 은행은 돈을 회수할 수 있는 상환청구권이 필요하다. 애초에 은행이 대출을 해준 핵심 이유는 한때 헌신적이었던 이 어머니가 이상은 크지만 현실에 밝지 않은 자녀를 더는 지원할 마음이 없더라도 대출금 전액에 대한 책임이 있으므로 문제를 해결하기 위해 법정에 설 것이라고 믿기 때문이다. 사법 시스템이 계약상의 의무와 재산권을 강제하지 않으면 금융 시스템은 흔들린다. 신뢰를 유지하기 위한 메커니즘의 기반이 없기 때문이다.

신뢰할 수 있는 기관 없는 신뢰 기반 결제

안전하고 편리하고 탄력적인 결제 시스템은 건전한 금융시장의 핵심 축이다. 현대 금융을 재편할 수 있는 진정으로 혁신적인 변화를 토대로 이 분야가 크게 발전하고 있다. 여기에서도 신뢰가 중요하다.

결제 시스템에 대한 신뢰는 현대 경제의 원활한 작동에 필수적이다. 5달러 지폐로 카푸치노를 결제하면 거래가 즉시 인증된다. 그 거래가 현금으로 중개되기 때문이다. 또한 지폐가 금전등록기에 들어가고 당신이 커피숍에서 걸어 나가면 이 거래는 되돌릴 수 없는 결정적인 것이 된다. 전자결제 시스템에서는 거래에 유형적 요소가 없기 때문에 결제의 결정성과 비가역성을 보장하는 것이 이렇게 간단하지가 못하다. 그렇더라도 현금 대신 직불카드나 신용카드를 사용한 경우라면 커피숍은 당신이 카푸치노를 마신 뒤에는 결제가 완료되고 거래를 되돌릴 수 없다는 확신을 가질 수 있다. 고객과 업체 간의 신뢰 부재는 은행이나 마스터카드, 비자 같은 회사에 의해 극복된다.

디지털 결제 거래의 유효성을 검증하려면 일반적으로 거래를 하는 양 당사자의 선의와 거래 자체의 세부 사항을 두 사람이 신뢰하는 은행이나 결제 서비스 제공업체 같은 기관에서 확인하고 인증해야 한다. 놀랍게도 암호화폐 비트코인의 기반이 되는 블록체인 기술은 거래를 입증하는 데 신뢰할 수 있는 당사자가 필요하지 않다. 비트코인은 개인이 소유한 대규모 컴퓨터 네트워크, 노드node 사이의 합의를 포함하는 탈중앙화된 사회적 합의 메커니즘을 통해 거래가 검증된다. 합의를 달성하는 과정은 그 자체로 경이롭다(이에 대해서는 나중에 살펴볼 것이다).

더구나 블록체인 기술을 사용하면 거래 당사자는 부분적인 익명성(원칙적으로 디지털 신원만 공개한다)을 지킬 수 있다. 검증된 거래의 모든 금융 세부 정보가 개방적이고 투명한 공개 디지털 원장에 게시되는데도 말이다. 이 같은 놀라운 투명성은 이 새로운 기술의 핵심 요소다. 거래가 네트워크에서 검증되고 승인되면, 공개 원장이 수많은 컴퓨터에 보관되기 때문에 기록을 되돌리거나 지울 수 없다. 따라서 거래를 조작하려는 악의적인 이용자가 바로 드러난다. 비트코인의 장점은 일단 검증이 되면 그 거래는 변경하거나 말소할 수 없으며, 인터넷에 연결할 수 있고 어디에서 찾는지만 안다면 누구나 쉽게 확인할 수 있다는 것이다. 이로써 시스템을 안전하게 보호하고 사기를 방지할 수 있다.

신뢰할 수 있는 정부기관이나 기존 금융기관의 개입 없이 상거래를 할 수 있다는 것은 최근 등장한 비트코인과 기타 암호화폐의 가장 큰 매력으로 보인다. 암호화폐가 글로벌 금융위기 이후 주목을 받은 것은 우연이 아니다. 이 사태로 공식 금융 시스템과 중앙은행 및 정부의 안정성 보장 능력에 대한 신뢰가 흔들렸기 때문이다. 현대 금융계에서는 신뢰라는 개념조차 (적어도 전통적인 형태의 신뢰에서는) 시효가 제한적일 수 있는 것처럼 보인다.

신뢰와 투명성의 결합이 공공의 광장에 완전하고 안정적으로 위임될 수 있을지는 아직 미지수다. 만약 그렇다면 중앙은행과 기존 금융계는 걷잡을 수 없이 뒤흔들릴 것이다. 그리고 훨씬 더 중대한 변화가 다가오고 있다.

정리

이 책에서 논의한 화폐와 금융에서의 최근 혹은 다가오는 변화는 소득 및 부의 불평등과 같은 다른 현상에 중요한 영향을 미쳐왔다. 이런 변화는 빈곤한 가구들도 금융 시스템을 쉽게 이용하고 다양한 상품과 서비스를 접할 수 있게 하면서 금융의 민주화를 가져올 수 있다. 하지만 금융 기술에서의 혁신이 주는 혜택이 금융에 대한 지식 확보·활용 역량과 디지털 접근성의 격차로 인해 부유층에게만 집중될 여지도 있다. 따라서 소득 및 부의 불평등(많은 국가에서 급격히 심화되면서 정치적, 사회적 긴장을 조성하고 있다)에 어떤 영향이 미칠지는 분명하지 않다.

새로운 기술이 금융의 민주화와 탈중앙화(대규모 기관과 강대국의 이점을 약화하여 공평한 경쟁의 장을 만드는 것)라는 가능성을 보여주고는 있지만 오히려 역효과를 가져올 수도 있다. 네트워크 효과, 즉 더 많은 사람이 특정 기술이나 서비스를 채택할수록 그 가치가 높아져서 훨씬 더 많은 사람이 그 기술이나 서비스를 사용하게 되어 지배력이 생기고 경쟁에 덜 취약해지는 피드백 루프가 형성되는 현상을 생각해보라(페이스북과 구글을 떠올려보라). 진입 장벽이 낮아졌다고 해도 기술의 힘 때문에 일부 결제 시스템과 금융 서비스 제공업체의 시장지배력이 더 강해질 수 있다. 기존 금융기관은 자신들에게 이익이 되는 새로운 기술을 끌어들여 신규 진입을 막을 수 있다. 일부 주요 경제국의 통화나 유명 기업이 발행한 스테이블코인이 소규모 경제국은 물론이고 신뢰도가 낮은 중앙은행, 방탕한 정부의 통화와 경쟁하면서 그 지배력이 더 공고해질 수도 있다.

한편 CBDC의 도입은 중앙은행의 역할과 활동 범위를 변화시킬 수 있다. 본질적으로 공적 허가를 받는 CBDC가 민간 주도의 금융혁신을 억누르고, 예금을 빼냄으로써 기존 상업은행을 고사시킬 가능성이 있는지는 의문이다. 이미 여러 가지 상충되는 과제들을 해결하기 위해 고심하고 있는 중앙은행들은 존재 이유를 지키고 금융 안정성을 유지하기 위한 조치에 매달리고 있기 때문에 추가적인 기능과 책임을 떠맡으려고 하지 않는다. 결국 민간 부문이 만족스럽게 서비스를 제공할 수 있고 경쟁이 혁신과 효율의 향상을 낳는 영역에는 중앙은행이 관여하지 않는 것이 이상적이다. 이런 긴장을 해소하려는 시도는 중앙은행의 적절한 역할과 기능에 대한 끊임없는 의문에 대한 해결책이 될 것이다.

또한 핀테크와 CBDC는 사회에도 영향을 미친다. 익명성(거래 자체는 공개되더라도 거래 당사자의 신원은 숨길 수 있다)과 프라이버시(개인 및 거래 데이터의 수집, 배포, 사용에 대한 개인의 통제권), 이 두 가지는 자유롭고 개방적인 사회의 필수적인 수칙이다. 현금이 CBDC로 바뀌고 결제 시스템이 압도적으로 디지털화된다면, 금융에서 익명성과 프라이버시를 유지한다는 개념은 심각하게 훼손될 것이다. 물론 중앙은행에는 현금과 같이 익명성을 가진 결제 수단을 제공해야 할 법적, 도덕적 의무가 없다. 하지만 중앙은행 화폐의 형태가 전환된다면 중앙은행은 사회적, 윤리적 규범에 관한 논쟁에 휘말릴 위험이 있다. CBDC가 정부의 다양한 경제 및 사회 정책을 실현하는 도구로 인식되는 때라면 특히 더 그렇다. 이런 인식은 중앙은행의 독립성과 신뢰성을 훼손하여 그들이 핵심 기능을 효율적으로 수행할 수 없게 한다. 독재사회라면 디지털 형태의 중앙은행 화폐는 편리하고 안전하며 안정적인 교환수단이 아닌 시민에 대한 정부의 추가적인 통제수단이 될 수 있을 것이다.

마지막 이야기가 어두운 미래의 전조로 보이는가? 하지만 너무 흥분하진 말자. 대신 잠시 조용히 생각을 해보자. 과장된 선전이 정말 현실화될까? 내가 언급한 핀테크 혁신은 이런저런 작은 변화가 우연히 합쳐져 큰(혁명적이지는 않은) 도약으로 이어진 것에 불과한 것일까? 이 질문에는 다양한 주제가 관련되어 있다. 이 질문에 답하려면 우선 각종 핀테크 개발부터 비트코인 및 기타 암호화폐를 뒷받침하는 기술 발전에 이르기까지 진정으로 근본적인 혁신이 무엇인지를 이해해야 한다. 이후 각국 중앙은행이 전면적인 계획을 통해 이런 혁신에 어떻게 대응하고 있는지 면밀히 분석해야 한다. 그리고 이런 격동 속에서 나타날 수 있는 위험과 보상에 대해서 알아봐야 한다.

하지만 이 질문과 관련된 다양한 요소를 풀어내기 전에 화폐와 금융에 관한 몇 가지 핵심 개념을 검토할 필요가 있다. 이로써 다가오는 변화가 얼마나 중요한지, 수 세기 동안 해오던 일을 좀 더 효율적으로 처리하는 방식에 불과한지 아니면 진정한 전환인지를 평가하는 근거를 마련할 수 있다. 대개의 경우 "시작하기에 대단히 좋은 곳", 즉 기초부터 시작해보기로 하자.

2

화폐와 금융의 기초

근간이 되는 원칙을 철저히 이해한다면 화폐는 아마도 인간이 지침으로 삼을 수 있는 가장 강력한 동력일 것이다. 들리지 않고, 느껴지지 않고, 잘 보이지도 않는 화폐는 삶의 부담, 만족, 기회를 공정하게 분배해 각 개인이 자신의 가치에 합당한 몫을 누리게 할 수도, 정의의 모든 원칙을 훼손할 정도로 편파적으로 분배해 사회적 노예제를 영구히 지속할 수도 있는 힘을 가진다. 알렉산더 델 마르, 《고대 국가 화폐의 역사》

When the principles which underlie it are thoroughly understood, money is, perhaps, the mightiest engine to which man can lend his guidance. Unheard, unfelt, almost unseen, it has the power to so distribute the burdens, gratifications, and opportunities of life, that each individual shall enjoy that share of them to which his merits entitle him, or to dispense them with so partial a hand as to violate every principle of justice, and perpetuate a succession of social slaveries to the end of time.

Alexander Del Mar,
A History of Money in Ancient Countries

원시사회와 현대사회의 구성에 결정적인 역할을 해온 것으로 밝혀진 화폐는 그 개념이 복잡하고 어떤 면에서는 신비롭기까지 하다. 현대 화폐의 생성과 기능은 단순히 지갑에 들어 있는 달러 지폐(혹은 무엇이든 당신의 나라에서 통용되는 통화), 그 지폐의 사용 방법, 사용할 수 있는 장소를 언급하는 것만으로는 설명하기 어렵다.

　화폐가 무엇인지 정의하기 전에 화폐의 기원과 기능을 살펴보는 것이 좋겠다. 이로써 화폐에 대한 단일한 정의는 존재하지 않는다는 것이 명확해질 것이다. 일반적으로 정부와 중앙은행에 화폐를 만드는 책임이 있다고 여겨지지만, 실제로 현대 경제에서 화폐 창출에 필수적인 역할은 민간 기관(상업은행)이 맡는다.

　이와 마찬가지로, 금융 시스템의 변화를 논의하기 전에 시스템의 기본 목표와 주요 구성 요소를 소개하는 편이 좋겠다. 여기에는 전형적인 상업은행에서 벤처 캐피털 펀드에 이르는 다양한 기관과 주식, 채권, 복잡한 금융 증권 등 다양한 시장이 포함된다. 금융 시스템이 잘 작동하려면 시스템을 구성하는 특정 기관과 금융시장 외에도, 시스템을 뒷받침하는 제도적 틀이 필요하다. 여기에는 금융 규제 기관, 계약상의 권리와 재산권을 강제하는 효과적인 사법 시스템, 정부의 감독이 포함된다.

　이 책에서는 화폐를 만들고 금융 시스템을 운영하는 측면에서 정부와 민간 부문 간의 상호작용이라는 주제가 계속 나올 것이다. 이후 살펴보겠지만, 금융혁신은 이 둘의 균형에 변화를 일으키는 경향이 있고, 정부는 이런 변화를 받아들일지 혁신을 억제하지 않으면서 다시 제자리를 찾도록 조처할지와 같은 어려운 질문에 정기적으로 노출된다. 이 장에서는 금융 기술의 변화가 화폐와 금융에 어떤 영향을 미칠 수 있는지 생각해보기 위한 토대를 마련한다.

화폐의 기능과 형태

화폐는 가치척도, 교환수단, 가치저장 등 세 가지 기본적인 기능을 가진다. 화폐의 가치척도 기능은 상품 및 서비스의 가격을 표시하는 데 사용되며, 가치를 표현하는 구체적인 방법을 생성한다. 교환수단 기능은 상품 및 서비스 구매 등 금융거래에 사용된다. 가치저장 기능은 시간이 지나도 수입이나 재산의 구매력이 유지되도록 해준다.

화폐는 거래를 촉진하고 시장경제가 잘 작동하고 변화하는 환경에 대응할 수 있게 한다. 상대가격을 빠르고 쉽게 변화시킬 수 있는 능력은 변화하는 수요와 공급 조건에 적응해야 하는 생산자에게 매우 중요하다. 예를 들어 시장에 표준적인 가치척도가 없다면 상인이 닭 한 마리가 감자 몇 개에 해당하는 가치가 있는지, 사과 몇 개에 오렌지 몇 개를 교환해야 하는지 결정하는 일이 복잡한 문제가 된다. 이 모든 상품에 관한 공통의 가치척도와 공통의 결제 수단이 있다면 시장 상황에 맞춰 상대가격을 쉽게 변경할 수 있다.

명목화폐

'화폐money'라는 용어는 여러 가지 뜻을 지닌다. 주로 연관되는 것은 지폐와 동전, 즉 현금cash이다. 하지만 중앙은행가, 경제학자, 금융시장 참여자들이 이야기하는 화폐의 개념은 더 광범위하다. 통화 창출이 실물경제활동을 지원하고 인플레이션에 영향을 미치는 정도, 즉 통화정책의 입장과 결과를 평가하는 데 유용한 통화량은 두 가지 범주로 분류할 수 있다.

첫째 범주인 외부화폐outside money는 일반적인 개념과 일치한다. 중앙은행, 혹은 정부나 중앙은행이 승인한 기타 기관에서 발행하는 화폐를 말한다. 민간 부문 바깥에서 만들어지기 때문에 이를 외부화폐라고 부른다. 외부화폐는 공식 기관에 의해 만들어지며 보통 중앙은행이나 그 배후에 있는 정부에 대한 신뢰로만 뒷받침되기 때문에 명목화폐fiat money라고도 한다.

명목화폐가 가치를 갖는 것은 정부가 명목화폐를 법정화폐legal tender로 규정하기 때문이다. 법정화폐란 법에 근거하여 부채를 갚을 때 이 돈이 받아들여져야 한다는 것을 의미한다. 정부는 납세 의무를 이행할 때 법정화폐를 사용하도록 할 수 있다. 중앙은행 화폐를 법정화폐로 지정하는 접근방식은 쿠빌라이 칸이 피지배자들에게 죽음을 면하려면 정부화폐를 법정화폐로 받아들이라고 강요한 방식을 약간 완화한 것이다. 현대 경제 내의 개인은 생산에 (시간을 포함한) 실제 자원이 소요되는 재화나 서비스를 제공하는 대가로 기꺼이 명목화폐를 받는다. 경제 내의 다른 사람들도 이를 받아들이리라는 확신이 있기 때문이다.

다만 명목화폐에는 한 가지 큰 위험이 따른다. 방만한 정부는 세수 이상의 지출이 필요할 경우 (중앙은행을 통해) 더 많은 화폐를 찍어내 다양한 상품 및 서비스 지출을 감당한다. 이렇게 하면 경제의 생산물 가격이 빠르게 상승하고(고인플레이션) 화폐의 구매력이 약화된다. 이후 정부는 원하는 재화와 서비스를 얻기 위해 더 많은 화폐를 찍어낸다. 이런 식으로 인플레이션을 극복하려고 하다 보면 오래지 않아 초인플레이션과 경제 붕괴를 맞을 수 있다.

이렇게 외부화폐에 대한 신뢰가 깨지면 경제는 피해를 보게 된다. 개인과 기업이 신뢰할 수 있는 교환수단을 잃게 되기 때문이다. 이런 문제를 막고자 금이나 은과 같은 자산이나 상품을 통해 외부화폐를 명시적으로 뒷받침할 수 있다. 달리 말해 중앙은행의 손을 묶어 제멋대로 화폐를 찍어내는 능력을 제한하면 통화에 대한 신뢰를 유지할 수 있다. 이것이 금본위제하에서의 상황이다. 미 연준과 이 시스템에 속한 기타 중앙은행들은 금고에 통화를 뒷받침할 만큼의 금이 있어야만 통화를 발행할 수 있었다. 이런 접근방식은 통화 규율을 주입하기 위한 것이었다. 금본위제하에서는 중앙은행이 자의적으로, 혹은 정부의 지시에 따라 통화를 발행할 수 없었다.

하지만 경제와 금융 시스템을 지원하기 위해 때로는 단기간에 통화 공급을 조정해야 하는 중앙은행은 금이나 다른 통화로 명목화폐를 뒷받침하는 것을 지나친 제약으로 느끼게 되었다. 일례로, 금본위제는 1930년대 초 미국 경제와 금융 시스템이 절실히 필요로 한 미 연준의 화폐 발행 능력을 제한했고, 대공황이 더욱 극심해지는 데 크게 영향을 미쳤다. 이후 대부분의 국가는 그런 식으로 통화를 뒷받침하는 일을 포기했다. 예외인 나라가 일부 있기는 하다. 몇몇 국가는 여전히 자국 통화를 외국 통화로 완전히 뒷받침하는 통화위원회

제도currency board arrangement를 유지하고 있다. 예를 들어 홍콩의 중앙은행은 미국 달러화와 일대일로 홍콩 달러화를 발행한다. 불가리아에도 통화위원회가 있으며, 불가리아 레브는 유로와 묶여 발행되고 있다. 하지만 이런 몇 가지 예외를 제외하면 현대 경제에서는 실물로 뒷받침되지 않는 명목화폐가 표준이 되었다.

내부화폐

돈은 중앙은행뿐만 아니라 민간 부문에서도 만들어진다. 상업은행이 가계나 기업에 대출을 승인하고 해당 금액을 차입자의 계좌에 입금하면 은행예금 형태의 돈이 창출된다. 이 돈은 은행 시스템 내에서 순환한다. 다른 여러 기관의 다양한 계좌를 거치며 상품과 서비스를 구매하는 데 사용되는 것이다. 이런 내부화폐inside money는 민간 부문 내의 실체들에 의해 창출되어 민간 기업과 가계 사이에서 순환한다. 내부화폐는 사실상 모든 형태의 사적 신용을 대표하거나 뒷받침하는 자산이며 교환수단으로 유통된다.

　　내부화폐의 개념(은행이 무에서 유를 창조할 수 있다)은 은행이 예금을 받아야만 그 돈으로 대출을 해줄 수 있다는 대중적이지만 시대에 뒤떨어진 개념과는 차이가 있다. 이후에 설명하겠지만, 은행은 가계와 기업의 저축 결정의 결과로 예금을 받지만, 대출의 부산물로 예금을 창출할 수도 있다. (은행은 무분별하게 화폐를 찍어내지 못한다. 과도한 대출로 이익을 보지 못하거나 손실을 감수하는 은행은 경쟁에서 오래 살아남지 못한다.)

　　내부화폐와 외부화폐 사이에는 중요한 차이가 있다. 단순한 회계 문제처럼 보일 수도 있는 이 차이가 중요한 결과를 초래한다. 내부화폐는 민간 부문에서 순 공급이 제로(0)인 자산이다. 민간 부문 전체(개인, 기업, 은행)를 보면 특정 시점의 내부화폐는 대차대조표의 자산 항목에 입력되고 정확히 같은 총액이 다른 대차대조표의 부채 항목에 입력된다. 일례로, 주택 담보 대출은 이 자금을 주택 구매 자금 조달에 사용하는 가구의 입장에서는 부채이지만 그 부동산을 판매한 쪽의 대차대조표에는 자산(은행예금 형태)으로 표시된다. 내부화폐의 창출이 낳은 자산과 부채는 서로 정확히 상쇄되어 전체 민간 부문 대차대조표상에서 순 포지션이 0이 된다. 반면에 외부화폐는 중앙은행 대차대조표에서는 부채이고 전체 민간 부문 대차대조표에서는 자산이다.

민간 부문의 대차대조표상에서 상쇄되는 내부화폐가 왜 중요할까? 은행의 내부화폐 창출은 경제활동을 촉진하기 때문이다. 가계와 기업은 은행이 제공한 신용으로 상품 및 서비스 구매에 필요한 자금을 조달하고 투자에 착수해 경제활동을 늘린다. 대출을 받은 가계나 기업이 대출금을 상환하면 해당 예금은 사라지고 내부화폐는 소멸된다.

내부화폐는 교환수단과 가치저장의 기능을 한다. 예금된 돈은 상품과 서비스 비용을 치르는 데 사용되며, 이런 거래 과정의 각 단계에서 돈을 받는 거래의 당사자들이 계좌를 어디에 두고 있느냐에 따라 계좌와 은행 사이를 오간다. 예금은 가치저장의 역할도 한다. 예금된 돈은 그 가치를 유지할 뿐만 아니라 은행이 지급하는 이자에 따라 심지어 가치가 상승할 수 있기 때문이다.

현대 경제 내에는 내부화폐(상업은행 화폐)와 외부화폐(중앙은행 화폐)가 공존한다. 가치척도로서는 내부화폐와 외부화폐가 구분되지 않는다. 이 두 가지 화폐는 액면가로 교환할 수 있으므로 가계와 기업의 입장에서는 두 가지 화폐가 본질적으로 같다. 상업은행 화폐에 대한 신뢰는 고객의 요구에 따라 예금을 다른 상업은행의 화폐 혹은 중앙은행 화폐로 전환할 수 있는 은행의 능력에 좌우된다.

통화량

통화량monetary aggregate은 경제 내 전체 화폐의 양을 가늠하는 척도로 경제활동과 인플레이션의 지표이자 결정 요인의 역할을 한다. 상업은행의 신용 창출 제한 등으로 통화 창출이 부족해지면 경제활동이 위축된다. 통화 창출이 지나치게 증가하면 인플레이션이 나타난다.

통화량은 외부화폐와 내부화폐, 즉 중앙은행이 발행한 화폐뿐만 아니라 은행 예치금까지 아우른다. 은행예금은 예금자가 마음대로 돈을 찾을 수 있는 수시입출금식 계좌나 요구불예금 계좌부터 장기간 예금이 묶여 있는 정기예금(위약금을 내고 만기일 전에 예금을 찾을 수 있다)까지 형태가 다양하다.

통화량 데이터 보고에서 모든 국가에서 일관적으로 따르는 기준은 존재하지 않는다. 일반적으로 M0는 유통 중인 통화(지폐와 동전)를 나타낸다. 쉽게 이용할 수 있고 결제에 사용할 수 있는 특정 유형의 은행예금은 현금의 일부 특성을 공유한다. 이런 예금을 포괄하는 통화량의 척도는 M1(협의통화)이다. M1에는 일반적으로 M0, 요구불예금, 당좌예금이 포함된다.

더 광범위한 통화량인 M2(총통화)는 중앙은행 통화와 다양한 단기예금을 포함하므로 학계와 정책 분야에서 널리 사용된다. 대부분의 국가가 M2를 이와 비슷하게 정의한다. 당연하게도 M2는 광의 통화broad money라고도 한다. 미국의 경우, M2를 "M1(비은행 대중이 보유한 지폐 및 동전, 당좌예금, 여행자수표)에 수시입출금식예금Money Market Deposit Account, MMDA, 10만 달러 미만의 소액 정기예금, 소매 머니마켓 뮤추얼펀드Money Market Mutual Fund, MMMF 내 지분을 더한 미국 통화량의 척도"로 정의한다.

나이가 어린 독자라면 여행자수표가 뭐냐고 물을지도 모르겠다. 곁길로 새는 것처럼 보일지 모르지만 여행자수표는 사실 새로운 금융 기술이나 수단이 낡은 기술이나 수단을 어떻게 파괴하는지 보여주는 좋은 사례다.

1985년 당시 미국에 도착한 내 지갑에는 달러 지폐 대신 100달러짜리 아메리칸 익스프레스American Express 여행자수표 다섯 장이 들어 있었다. 나는 이것들이 현금과 똑같이 취급되면서도 현금보다 안전하다고 생각했다. 어느 나라든 아메리칸 익스프레스 지점에서 몇 가지 주요 통화 중 하나로 이 수표를 살 수 있었다. 가장 인기가 좋은 것은 미국 달러 수표였다. 수표를 받으면 서명을 해야 했고, 수표를 현금화하려면 동일한 서명과 신분증이 필요했다. 현금과 달리 일련번호와 구매 영수증이 있으면 분실이나 도난 시에도 환불이 가능하다는 점이 가장 큰 매력이었다. 판매자들은 여행자수표를 좋아했다. 이 선불 수표는 부도가 나지 않기 때문이었다. 1990년대 초 국제통화기금International Monetary Fund, IMF의 공식 업무로 해외 출장을 다녀야 했던 때에도 나는 여행자수표를 가지고 다녔다.

놀랍게도 지금도 아메리칸 익스프레스 여행자수표를 살 수 있다 (이 금융상품은 200년도 전에 영국에서 처음 발행되었기 때문에 영국 철자를 사용하는 전통을 이어가고 있지만 여행자traveler라는 단어는 영국식으로 l을 두 번 쓰지 않고 미국식으로 쓴다!). 현재는 상용 시설이 아닌 일부 은행에서만 수표를 받는 것으로 보이며, 수표상의 금액을 현지 은행 계좌에 입금하거나 현금으로 지급한다. 이제 더는 여행자수표가 필요하지 않다. 거의 모든 국가에는 자국 은행 계좌에 있는 자금을 현지 통화로 찾을 수 있는 ATM이 있다. 물론 대부분의 상점과 호텔은 주요 카드사에서 발급한 직불카드나 신용카드를 받는다.

미국의 경우 달러화로 표시된 여행자수표도 M1에 포함된다. 결제수단으로서 요구불예금 및 통화의 대체 수단 역할을 하기 때문이다. 비은행 여행자수표(예를 들어 아메리칸 익스프레스에서 발행한 수표)는 1981년 6월부터 통화량의 별도 구성 요소로 포함되었으며, 은행에서 발행한 여행자수표는 요구불예금에 포함된다. 비은행권 여행자수표의 발행 잔액은 1995년에 90억 달러로 정점에 이른 뒤 꾸준히 감소하기 시작해 2018년에는 20억 달러 아래로 떨어졌고, 이 시점에 미 연준은 해당 데이터 수집 및 보고를 중단했다. 20억 달러는 큰 금액처럼 보이지만, 2018년에 유통된 화폐가 1조 7천억 달러인 것을 고려하면 아주 적은 금액이다. 결제 시스템의 변화로 인해 한때 세계 여행객에게 필수적이었던 금융 수단 하나가 사라졌다.

세계 화폐의 분포

세계에는 얼마나 많은 화폐가 있을까? 어느 나라가 화폐의 대부분을 차지하고 있을까? 이 질문에 답하기란 간단하지 않다. 앞에서 설명한 화폐의 척도는 대부분 국내를 기준으로 하기 때문이다.

하지만 전 세계 통화량에서 여러 국가가 차지하는 비율을 비교하고, 이를 각국이 글로벌 GDP에서 차지하는 비율과 대조해보는 것은 흥미로운 작업이다. 나는 나라별로 통화량의 최신값을 구하고(대부분은 2020년 중반의 데이터를 사용했다) 시장환율을 사용해 미국 달러화로 환산해보았다.

〈그림 2.1〉은 전 세계에서 유통 중인 지폐와 동전의 양, 즉 M0의 분포를 보여준다. 전체 8조 4천억 달러 중에서 24%를 미국이 차지

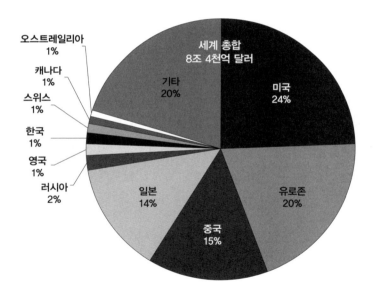

그림 2.1 세계 통화 분포

전 세계 M0(통화 지폐 및 동전)의 총량에서 각 국가가 차지하는 비율(근사치). 2020년 데이터(대부분의 국가가 8월 혹은 9월)를 월말 시장환율에 따라 미국 달러화로 환산했다.

하며, 이는 미국이 2020년에 글로벌 GDP에서 차지하는 비율과 거의 같다. 유로존은 통화량의 20%를 차지하지만 글로벌 GDP에서 차지하는 비율은 15%에 불과하며, 중국의 통화량 비율은 15%로 글로벌 GDP에서 차지하는 비율인 16%와 거의 비슷하다. 주요 선진국에서 발행한 통화, 특히 미국 달러화와 유로화의 상당 부분이 국경 밖에 있다. 최근 추정치에 따르면 미국 통화의 절반 이상이 해외에 존재하는 것으로 드러났다. 어쨌든 미국 달러화, 유로화, 중국 위안화, 일본 엔화를 합치면 전 세계 통화량의 거의 4분의 3을 차지한다.

〈그림 2.2〉는 상업은행이 창출한 화폐가 포함된 M2의 세계 분포를 보여준다. 이 분포는 M0의 분포와 확연히 다르다. 중국은 전 세계 M2의 30%를 차지하면서 중국 은행 시스템의 막대한 규모를 보여준다. 미국은 18%로 2위를 차지하며, 유로존의 비율은 15%다. 은행예금은 보통 국가 간 이동이 불가능하므로 이런 분포 상황을 중국이 글로벌 금융 시스템을 지배한다는 의미로 해석할 수는 없다. 이에 관해서는 이후에 논의할 것이다. 어쨌든 〈그림 2.1〉과 〈그림 2.2〉를 비교해보면 화폐의 정확한 정의가 얼마나 중요한지 알 수 있다. 스위스의 M2 비율은 통화량 비율과 동일하다. 스위스는 유명 글로벌 은행의 본거지이지만, 국내 은행 시스템의 전체 규모는 크지 않다. 반면 영국은 은행 시스템 규모 덕분에 전 세계 M2에서 차지하는 비율이 3%에 달하지만, 전 세계 통화량에서 차지하는 비율은 1%에 불과하다.

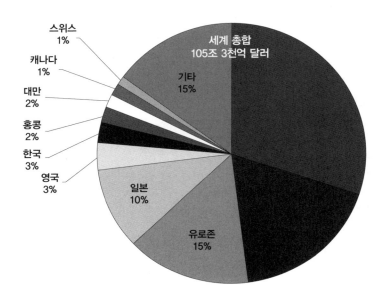

스위스
1%

캐나다
1%

대만
2%

홍콩
2%

한국
3%

영국
3%

일본
10%

유로존
15%

기타
15%

세계 총합
105조 3천억 달러

그림 2.2 세계 총통화(M2) 분포

전 세계 M2(지폐, 동전, 요구불예금 및 정기예금으로 구성된 통화량의 총량)에서 각 국가
가 차지하는 비율(근사치). M2의 정의는 어떤 유형의 예금을 포함하는지에 따라 나라마
다 다르다. 2020년 데이터(대부분의 국가가 8월 혹은 9월)를 월말 시장환율에 따라 미국
달러화로 환산했다.

화폐 형태의 변화

최근 들어 대부분의 경제국에서는 M2와 같은 전체 통화량에서 중앙
은행 화폐가 차지하는 비율이 감소세다.

   현금 없는 사회로 빠르게 전환 중인 스웨덴을 생각해보자. 스
웨덴은 M2보다 약간 더 광범위한 통화량인 M3을 보고한다. M3에
는 다양한 만기의 예금과 통화가 포함된다. M3에 대한 M0의 비율은
2000년대 초반 8%에서 2020년 말 단 1%로 감소했다〈그림 2.3〉 상단

그래프 참조). 여러 신흥경제국의 M2 대비 M0 비율도 지난 20년간 하락했다(〈그림 2.3〉 하단 그래프 참조. 인도의 경우 M2가 아닌 M3 사용). 2000년 이후 이 비율은 인도에서 5%, 중국과 케냐에서 7%, 러시아에서 14% 가까이 하락했다.

이 비율이 10% 주변에서 비교적 꾸준히 유지되는 몇몇 유명한 경제국이 있다. 여기에는 유로존, 일본, 미국이 포함된다(〈그림 2.3〉 상단 그래프). 이 그룹의 공통점은 모두 잘 발달한 금융시장을 가진 부유한 선진국이라는 점 외에, 통화가 신뢰할 만하고 쉽게 식별할 수 있어 세계 여러 지역에서 교환수단으로 사용된다는 것이다. 또한 이 그룹은 준비통화 경제로 이루어져 있다. 즉 다른 국가의 중앙은행이 이들 국가의 통화로 표시된 자산을 안전자산으로 인식해 자국 통화 및 자본 흐름 변동성에 대한 보험으로 보유하고 있다는 것이다. 이런 주요 경제국은 현금의 보급률이 감소하는 세계적인 추세의 예외로 보인다.

하지만 현금의 종말이 임박했다고 단언하기는 이르다. 〈그림 2.4〉는 〈그림 2.3〉과 동일한 국가들의 명목 GDP 대비 M0 비율을 보여준다. 2008~2009년 금융위기 이후 3대 선진국에서 명목 GDP 대비 통화 비율이 증가했으며, 2020년에는 일본의 경우 이 비율이 23%에 달할 것으로 예상되었다. 이런 패턴은 명목 GDP 성장률이 낮은 상황에서 각국 중앙은행이 외부화폐를 빠르게 늘린 결과다. 2020년에는 거의 모든 주요 경제국(중국 제외)이 명목 GDP의 감소를 경험하면서 전반적으로 명목 GDP 대비 M0 비율이 증가했으며, 인도와 러시아는 증가세가 가장 두드러졌다.

따라서 대부분의 경제국에서는 통화량에서 차지하는 현금의 중

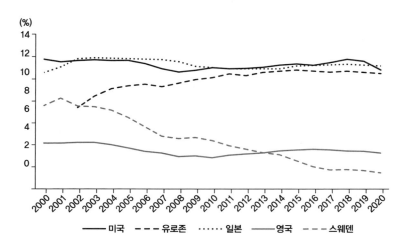

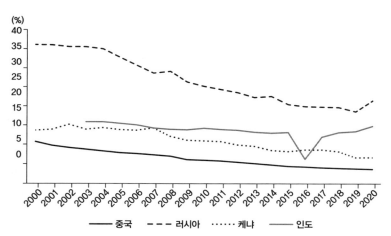

그림 2.3 **국가별 총통화(M2) 대비 유통 중 통화(M0)의 비율**

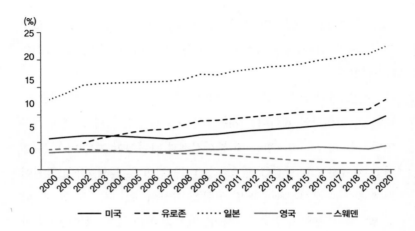

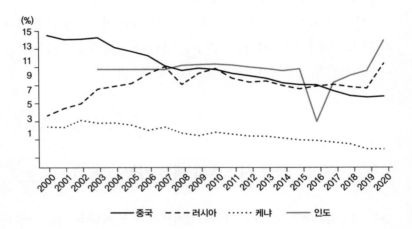

그림 2.4 **각국 명목 GDP 대비 통화(M0)의 비율**

요성이 줄어들고 있으며, 결제 메커니즘으로서의 입지를 잃고 있지만(이 장의 뒷부분에서 살펴볼 것이다), 아직 현금이 완전히 무가치하다고 볼 수는 없다.

주요 경제국의 통화량에서 M0의 중요성과 비율이 감소하고 있다는 이런 대강의 계산이 뜻하는 바는 두 가지다. 첫째, 화폐에 대한 일반적인 개념을 경제활동 및 통화정책과 관련성이 높은 더 넓은 개념을 포괄하도록 확장할 필요가 있다는 점이다. 둘째, 기술 발전이 화폐 창출과 통화정책에 어떤 영향을 미칠 수 있는지 고려할 때, 이런 발전이 내부화폐 창출에 중요한 역할을 하는 금융기관에 미칠 잠재적 영향의 검토가 필수적이라는 점이다.

이런 문제와 그 광범위한 함의를 분석하려면 현대 금융의 목적과 구조를 간략하게나마 알고 있어야 한다. 바로 이 부분이 우리의 다음 기항지다.

금융 시스템의 핵심 기능

금융 시스템이 어떻게 작동하는지 살펴보려면 우선 금융 시스템이 무엇을 위해 설계되었는지 고려해서 이런 기능을 수행하는 상품과 기관부터 검토하는 것이 좋다.

저축을 생산적인 투자로 전환한다

금융 시스템은 현대 경제에서 여러 가지 기능을 수행한다. 그중 핵심은 저축을 투자로 전환하는 것이다. 한 가계가 가계 구성원이 받은 급여나 다른 수입원을 통해 소득을 얻을 경우, 가계 구성원들은 중요한 결정에 직면한다. 지금 얼마를 소비하고 얼마를 저축할지 결정해야 하는 것이다. 재화와 서비스를 소비하는 것도 좋은 일이고 만족감(혹은 '효용')을 준다. 하지만 미래를 위한 저축도 그 못지않게 중요하다. 저축은 미래의 소비를 늘리는 데 도움이 되기 때문이다. 자원이 무한한 세상이라면 이런 균형을 찾는 일이 의미가 없다. 그러나 현실에서 자원은 한정적이며 소득도 마찬가지다. 즉 지금 더 많이 소비하는 것과 미래에 더 많이 소비하는 것은 서로 상충된다.

저축으로 무엇을 할 수 있을까? 감자 농부는 현재 수확량의 일부를 저장해두었다가 나중에 가족을 먹여 살릴 수 있다. 그러나 바나나나 튤립 등 부패하기 쉬운 작물을 재배하는 사람은 그렇게 하기가 어렵다. 다행히도 이런 생산자는 생산물을 팔고 받은 돈을 저축할 수 있다. 따라서 화폐는 현재 거래를 촉진하는 장치일 뿐 아니라 미래를 위한 저축에도 중요한 장치다.

저축한 화폐는 어떻게 될까? 지폐를 매트리스 밑이나 금고에 넣어둘 수 있다. 좋은 방법이지만 대부분의 경제에서는 인플레이션이 진행 중이다. 즉 상품과 서비스 가격이 상승하는 것이다. 가격이 올라가면 저축의 미래 구매력은 약화된다. 더구나 인간은 최고 수준의 소비를 하려는 욕구가 강하므로 현재 더 많은 소비를 하는 대신 미래를 위해 돈을 저축하려면 유인誘因이 필요하다. 저축액을 늘릴 방법이 있다면 이 두 가지 문제가 모두 해결된다. 즉 저축액이 늘어나면 저축 의욕이 높아질 뿐만 아니라 저축의 구매력 약화도 완화된다.

예를 들어 은행 계좌에 있는 돈에는 이자가 붙는다. 은행은 예금에 대한 이자를 지급하기 위해 예금액을 수익을 올리는 데 사용해야 한다. 이 수익이 예금금리보다 높아야 급여 및 기타 비용을 충당하고 수익을 창출할 수 있다. 은행은 기업과 가계에 내준 대출에 대한 수수료와 이자를 통해 수익을 올린다. 기업은 투자 자금을 마련하기 위해 대출을 받고, 소비자는 주택이나 자동차를 사기 위해 미래 소득을 담보로 대출을 받는다. 이런 대출은 대단히 중요하다. 대출이 있어야 기업이 제품을 판매한 수입을 얻기 전에, 공장을 짓고 원자재를 구매하고 노동자에게 급여를 지급할 수 있기 때문이다. 주택 대금을 장기간에 분산시켜 매달 월급의 일부로 융자를 상환하는 대신 전액을 선불로 지급해야 한다면 사람들이 주택을 사기 어려울 것이다.

따라서 금융 시스템의 핵심 기능은 저축자가 제공한 자금을 차입자의 니즈와 연결하는 금융 중개다. 경제의 생산 능력을 높이는 방식으로 자본을 원활하게 배분하는 것도 금융 시스템의 임무다. 저축이 자동차나 세탁기를 만드는 공장에 자금을 조달하면 경제의 생산성이 높아진다. 자금이 주거 서비스를 제공하는 주택 건설이나 경제 지식을 쌓는 교육에 쓰이는 것도 생산적인 일이다.

변동성과 위험을 관리한다

금융 시스템의 또 다른 중요한 기능은 변동성volatility과 위험risk을 관리하는 것이다. 이 둘은 관련은 있지만 별개의 개념이다.

봉급생활자들은 매달 일정한 수입을 얻는다. 반면에 농부나 긱

이코노미gig-economy(산업현장에서 필요에 따라 사람을 구해 임시로 계약을 맺고 일을 맡기는 형태의 경제 방식-옮긴이) 근로자의 수입은 매달 달라진다. 지출이 소득보다 안정적일 때에는 소득의 변동성이 까다로운 문제가 된다. 식비, 임대료, 공과금, 기타 기본 비용은 매달 지출해야 한다. 소득이 높을 때 저축하고 소득이 낮을 때 저축한 금액을 사용함으로써 가계는 소비 패턴을 원활하게 유지할 수 있다.

농부의 경우 농작물에서 얻는 수입이 계절에 따라 변하는 것, 즉 변동성은 당연한 일이다. 반면 위험은 사건의 발생 가능성에 대한 일반적인 감각은 있지만 완벽하게 예측할 수 없는 사건이나 결과와 관련된다.

위험의 형태는 다양하다. 집에 불이 나거나, 심각한 병에 걸리거나, 해고를 당하는 것은 사람들이 일상적으로 직면하는 위험이다. 특정 개인에게 이런 불행한 사건이 발생할 가능성은 낮지만 일단 발생하면 저축을 모두 잃는다(거기에 그치지 않을 수도 있다). 보험시장은 이런 위험을 분산시킨다. 주택보험의 근거는 특정한 해에 화재가 발생하는 주택은 소수에 불가하다는 경험에 기반한 가정이다. 보험회사는 이 확률을 고려해 주택 소유자에게 보험료를 청구한다. 이로써 보험회사는 주택 소유자에게 혹여 그 특정한 해에 집에 화재가 발생하는 불행한 사람이 되었을 경우 손실을 보상받을 수 있다는 확신을 준다. 주택 소유자는 마음의 평화를 얻고, 나쁜 결과에 대처할 수 있을 만큼 저축을 하는 '자가 보험self-insure'을 준비할 필요가 없어진다.

다각화를 통해 위험을 수용한다

위험이 꼭 나쁜 것만은 아니다. 죽음이나 자연재해와 같은 재앙적 사건을 제외하면, 위험은 오히려 유리하게 작용할 수도 있다. 개인이 직면하는 위험들이 상관관계가 없는 한(혹은 재앙을 초래하지 않는 한)에서 말이다.

위험을 완전히 피하는 것이 더 낫지 않을까? 꼭 그렇지는 않다. 위험을 많이 감수하는 것이 더 나은 보상으로 돌아오는 경우가 많기 때문이다. 아마존이 처음 주식을 발행한 1997년 5월에 아마존의 주식을 1천 달러어치를 구매했다면 2020년 말에는 투자금이 200만 달러 이상으로 불어났을 것이다. 물론 1997년에는 검증되지 않은 비즈니스 모델을 가진 신생기업 아마존이 이렇게 성공하리라고 예측하기 어려웠다. 그리고 이렇게 엄청난 수익을 올린 아마존과 같은 업체들 뒤에 전망은 더 나아 보였지만 실패로 끝나거나 파산한 업체가 수없이 많았음을 잊지 말아야 한다. 팜Palm(한때 인기를 끌었던 PDA '팜파일럿'의 제조업체)이나 월드컴WorldCom(장거리 전화회사-옮긴이)을 기억하는가?

수익률을 훼손하지 않고 위험을 관리하는 방법이 있을까? 투자 포트폴리오를 다각화하는 것은 위험을 줄이는 한 가지 방법이다. 스탠더드앤드푸어스Standard & Poor's, S&P 500과 같이 여러 산업 분야의 다양한 기업을 아우르는 지수의 변동성은 해당 지수에 포함된 개별 주식의 변동성보다 낮은 것이 보통이다. 주식시장이 전반적으로 상승세일 때 일부 종목은 평균보다 좋은 성과를 내고, 일부 종목은 평균에 못 미치는 성과를 낸다. 주식시장이 전반적으로 하락세일 때도 마찬가지다. 주식 전체의 평균을 구하는 데에는 중요한 함의가 있다. 지수를 추종하는 펀드에 대한 투자는 특정 종목에 대한 투자보다 더 안정적인 경향이 있다는 것이다. 인덱스 펀드에 투자하면 개별 주식에 투자하는 위험을 줄일 수 있는 대신 장기간에 걸친 평균 수익률이 낮아진다. 은행에 돈을 넣는 것이 더 안전하기는 하지만 그 경우에는 안전성에 비례해 수익률도 낮다. 2000년 이후 20년 동안 S&P 인덱스 펀드에 투자했다면 200%가량의 수익을 올렸을 것이다. 은행예금보다 확연히 나은 수익이다.

다각화의 원칙은 투자 포트폴리오에만 적용되는 것이 아니다. 위험을 줄이는 이상적인 방법은 소득원을 다각화해 각각의 결과가 음의 상관관계를 갖거나 약한 양의 상관관계를 갖도록 하는 것이다. 주로 급여와 임금 소득에 의존하는 가구의 경우, 주식 배당금과 같은 대체 소득원이 실업 위험에 대해 어느 정도의 완충장치가 될 수 있다. 하지만 실업률이 상승함과 동시에 주가가 하락하는 경향이 있다면 임금 소득 및 주식 소득과 관련된 위험은 양의 상관관계를 가진다. 이 두 가지 소득원에서 나오는 소득이 동시에 상승하거나 하락하면서 함께 움직이는 것이다. 하지만 두 소득원 간에 완벽한 상관관계가 존재해서 두 소득이 일대일로 상승하거나 하락하지 않는 한, 소득원이 하나인 것보다는 둘인 것이 낫다.

투자자들이 위험을 관리하면서 수익을 높일 수 있는 다각화의 기회를 이용할 수 있는가는 금융 시스템이 잘 작동하는가를 평가하는 중요한 척도다. 이렇게 다각화의 기회가 존재한다면 위험이 크고 그에 따라 잠재적 보상이 큰 프로젝트, 즉 위험을 분산시킬 수 없다는 이유로 멀리했을 만한 프로젝트에도 자금을 투자할 수 있게 된다.

거시적 차원의 위험을 방지한다

다각화는 국가 차원에서도 중요하다. 나이지리아, 러시아, 사우디아라비아와 같은 국가는 수입의 대부분을 원유 수출에 의존하고 있으며, 결과적으로 경제 운명이 유가와 밀접하게 연관되어 있다. 캐나다 역시 대량의 원유를 수출하지만 경제의 다각화 수준이 높아서 유가 변동에 덜 취약하다. 바로 이런 이유로 사우디아라비아는 경제 다각화를 위해 계속 노력하고 있다.

원자재에 따른 한 나라의 주식시장이나 GDP 성장률의 변동성은 차치하더라도, 투자자는 국내 기업의 주식만이 아닌 해외 주식에 투자해 포트폴리오를 다각화할 수 있다. 과거에는 투자자가 직접 해외 기업을 공부하고 해외 시장에서 일어나는 복잡한 환전과 거래 그리고 그 비용까지 관리해야 했기 때문에 해외 주식투자가 어려운 문제였다. 지금은 그렇지 않다. 피델리티Fidelity나 뱅가드Vanguard 등의 금융 서비스 회사에 계좌가 있는 미국 투자자는 이들 중개업체가 내놓는 해외 인덱스 펀드를 쉽게 살 수 있다. 펀드 매니저가 해외 투자를 관리하므로 투자자는 원하는 다각화가 가능한 펀드를 선택하기만 하면 된다.

물론 해외 펀드들 사이에도 위험과 수익의 상충관계가 있다. 보통 신흥시장 펀드는 높은 수익을 낼 수 있지만 위험이 크고, 선진경제국 국채는 안전하지만 수익률이 낮다.

국제 인덱스 펀드는 모든 미국 투자자가 쉽게 접할 수 있지만, 수수료와 최소 투자 금액 때문에 자금이 부족한 투자자는 투자를 포기하게 된다. 개발도상국의 경우, GDP와 주식시장의 변동성이 크다는 특징이 있고 따라서 투자자들이 포트폴리오의 국제적 다각화를 통해 더 많은 혜택을 볼 수 있는데도 이런 투자 기회를 접하기가 어렵다. 이런 국가에는 적절한 투자에 전문지식을 갖춘 펀드 매니저가 부족할 수도 있다. 이들 국가에서 사업을 하는 외국계 금융회사는 일반적으로 거액의 계좌를 보유한 부유한 고객에게 서비스를 제공하는 데에만 관심이 있어서 평범한 투자자 대다수가 냉대를 받는다.

즉 국제 투자 기회의 민주화에는 한계가 있고, 가난한 투자자와 가난한 나라는 글로벌 다각화의 이점을 충분히 활용할 수 없다. 이는 비용 절감과 더불어 거래의 편의성과 효율성 향상이 선진경제국과 개발도상국 양쪽의 개인 투자자에게 혜택을 줄 수 있는 또 다른 영역이 있다는 것을 보여준다.

금융 시스템의 핵심 기능은 결국 저축, 신용 상품 제공, 위험관리다. 금융 시스템의 중요성을 살필 수 있는 또 다른 렌즈는 금융 중개financial intermediation 기능이다. 금융을 바로 세우는 것(앞으로 살펴볼 것이다)은 여러 측면에서 한 국가의 발전과 경제적 성공에 매우 중요하다.

주요 금융기관과 시장

저축과 투자의 사이를 이어주고 자본을 최적으로 분배하는 작업은 다양한 금융기관과 시장을 통해 이루어진다. 대부분의 국가에서는 여전히 상업은행이 금융 분야를 지배하고 있다. 주식시장과 채권시장도 중요한 역할을 한다. 그 외에 주요 기관을 뒷받침하는 금융상품과 시장에는 특수한 기능을 수행하는 2차, 3차 계층이 있는 경우도 많다. 현대 금융 시스템에서는 투자은행과 사모펀드와 같은 전문화된 금융기관도 중요한 역할을 한다.

은행

상업은행의 존재 이유는 무엇일까? 무엇이 그들을 특별하게 만드는 것일까? 개발도상국에서든 선진국에서든 은행은 저축을 생산적인 투자로 이어주는 과정에서 핵심적인 역할을 한다. 즉 은행은 저축 상품과 신용 상품을 모두 내놓는다. 은행은 이 일을 두 가지 주요 기능을 통해서 달성하기 때문에 특별하다. 전통적으로 은행이 다른 금융기관보다 훨씬 더 효과적이던 기능들이다.

　　은행의 유용하면서도 취약한 주요 기능 중 하나는 만기 변환 maturity transformation이다. 은행에 돈을 예치하는 저축자는 단기간에 돈을 사용하고자 하기 때문에 은행의 부채는 단기 만기에 해당한다. 은행은 주택 구입, 공장 설립, 기타 장기투자를 위해 돈을 빌려준다. 물론 기업에 급여, 기타 비용에 충당하는 운전자금 대출 등 단기 대출과 소비자와 기업에 신용한도 대출도 하지만, 결국 상업은행의 부채 (예금)는 대부분 단기인 반면, 자산(대출)은 대부분 장기다. 은행은 따로 대출을 받거나 주식을 발행해 자금을 조달하기도 하지만, 보통 은행의 가장 큰 부채는 예금(앞서 언급했듯이 은행이 대출을 실행하는 과정에서 발생시킨 예금도 포함한다)이다. 따라서 은행은 단기예금들을 묶어 경제의 산출과 고용을 늘리는 장기 프로젝트와 연결하고 자금을 조달하는 중요한 기능을 맡는다.

바로 이것이 경제 내에서 은행이 가치 있는 이유다. 그리고 은행이 실패할 수 있는 이유이기도 하다. 은행의 지불 능력에 대한 우려는 극심한 공포 때문에 일어나는 예금 인출 사태로 이어질 수 있다. 20세기 전반에 상당히 흔했던 이런 종류의 공포를 뱅크런bank run이라고 표현한다. 이 불길한 표현은 말 그대로 은행이 보유한 현금에 따라 예금자 일부에게만 돈을 내주는 상황, 그리고 은행의 돈이 바닥나 문을 닫을 것이라는 불안감으로 예금자들이 은행으로 달려가 가장 먼저 줄을 서는 이미지를 떠올리게 한다. 정부가 파산한 은행의 예금자들에게 돈을 돌려주겠다고 약속하는 등의 안전장치가 없다면, 이런 신뢰의 위기는 다른 은행들에까지 빠르게 확산되어 은행 시스템과 전체 경제가 모두 무릎을 꿇을 수 있다.

은행의 또 다른 핵심 기능은 정보 비대칭성information asymmetry, 즉 차입자가 잠재적 대출기관보다 자기 자신에 대해 더 잘 아는 현실을 완화하는 것이다. 예를 들어 차입자는 자신의 고용 이력, 건강 상태, 지불 의향과 같은 무형적 요소까지 알고 있다. 규모가 작은 지역의 은행가들은 그 지역에서 네트워크를 개발해 차입자에 대한 귀중한 정보를 만들고 이후 대출 결정에 그 정보를 사용할 수 있다. 마찬가지로 작은 도시의 경우, 자신의 사업 아이디어에 있는 위험성을 은행보다 더 잘 파악할 수 있는 것은 기업가이겠지만(물론 기업가가 위험을 과소평가할 수도 있다), 은행가는 해당 기업가의 사업 수완에 대한 개인적, 전문적 지식을 통해 사업 아이디어가 실행 가능한지에 대한 판단을 내릴 수 있다.

그러나 현대의 은행은 인구가 많은 지역을 대상으로 하기 때문에 그런 비공식 채널에 의지해서 정보를 수집하기 어렵다. 대신 은행은 다른 은행 활동을 통해 고객과의 관계를 발전시킨다. 일례로, 중소기업이 예금계좌를 관리하는 방법을 파악하면 은행은 그 기업의 현금 흐름이나 사업이 확대되고 있는지 축소되고 있는지 기존 상태를 유지하고 있는지에 대한 아이디어를 얻을 수 있다. 이런 모든 정보가 더해지면 기업의 상환 능력을 합리적으로 추정할 수 있고, 은행은 이를 참고하여 대출 여부를 결정할 수 있다. 기업이 사무 공간을 늘리기 위해, 혹은 일시적으로 매출이 저조해 급여를 지급하기 위해 은행에 대출을 요청하면 은행은 그 대출의 위험성을 더 잘 파악할 수 있다. 따라서 은행은 잠재적 차입자와 이 같은 관계를 맺고 있지 않은 금융회사보다 유리하다.

또한 은행은 차입자에게 담보를 내놓도록, 즉 대출을 상환하지 못하는 경우 차입자가 보유한 자산의 소유권을 은행에 넘긴다는 약속을 하도록 요구함으로써 정보 비대칭 문제를 완화하려고 한다. 선금도 비슷한 기능을 한다. 미국의 경우 주택 융자는 보통 주택 예상 가치의 80~90% 정도이며, 나머지 금액은 구매자가 선금으로 지불해야 한다. 이를 통해 은행은 차입자가 이 문제에 직접적인 이해관계가 있다는 확신을 얻는다. 대출을 상환하지 못하면 주택 소유자는 주택뿐만 아니라 선금도 은행에 내주어야 한다.

이런 담보나 선금 요건 때문에 저소득 가구는 은행 대출 자격을 갖추기가 어렵다. 개발도상국에서는 작은 사업을 하는 데 필요한 자본금이 얼마 되지 않는데도 담보로 제공할 수 있는 최소한의 자산이나 선금조차 없는 경우가 있다. 조금 역설적이지만 부유한 가정과 대기업은 신용카드에서부터 융자, 가계 대출에 이르기까지 대부분의 신용을 더 쉽게 얻을 수 있다. 소설가 제임스 볼드윈James Baldwin의 말처럼, 가난하다는 것은 값비싼 일이다.

이런 상황은 경제 불평등을 더욱 악화할 수 있다. 금융을 민주화하고 더 많은 사람이 금융 시스템이라는 과실果實에 접근할 수 있게 하는 혁신은 분명 바람직한 일이다. 그러나 전통적인 은행이 직면한 비용 구조와 금전적 인센티브를 고려하면 은행은 이런 사업을 추진하는 데 큰 흥미를 느끼지 못할 수도 있다. 3장에서 살펴보겠지만 바로 이런 부분에서 금융혁신이 중요하게 작용하기 시작한다.

주식시장과 채권시장

어떤 프로젝트를 위해 자금을 조달하고 미래를 위한 저축을 받는 것은 은행만 할 수 있는 일이 아니다. 기업은 주식(지분) 판매를 통해 투자나 기타 프로젝트를 위한 자금을 조달한다. 주식 소유자는 기업이 수익을 내서 그 수익의 일부를 주주에게 지급할 때 받는 배당금으로 이득을 얻는다. 회사 주식의 시장가치가 상승하면 주주들은 자본소득을 얻는다. 하지만 주식투자에는 단점도 있다. 회사의 사업 계획이 유효하지 않을 수도 있고, 경쟁으로 인해 수익이 감소할 수도 있으며, 경영진의 잘못된 결정으로 회사가 파산할 수도 있다. 이런 경우 투자자가 가진 주식의 가치는 하락하기도 하고, 심지어 완전히 증발하기도 한다.

이 때문에 주식투자는 은행의 예금계좌에 돈을 넣어놓는 것보다 더 위험하다. 앞서 언급했듯이 주식 포트폴리오를 다각화하면 은행예금보다 더 나은 수익을 내면서 하나 혹은 몇몇 기업 주식만을 보유하는 경우보다 위험도를 낮출 수 있다. 하지만 예금과 비교했을 때 주식이 더 위험하다는 것은 명백한 사실이다. 조금 더 수익을 내려고 자금을 은행에 예치하는 것보다 기꺼이 위험을 좀 더 감수할 생각이 있는 사람에게는 금융이 답일 수 있다.

기업은 채권을 발행해 자금을 조달할 수 있다. 이는 은행이 아닌 투자자에게 빚을 지는 형태의 부채다. 회사채는 만기가 돌아왔을 때의 원금 상환과 일정한 비율의 수익을 약속한다. 회사가 수익을 내든 내지 않든 채권 보유자는 이자를 지급받는다. 채권이 주식보다 덜 위험한 또 다른 이유는 회사가 재정난으로 파산 신청을 해야 하는 경우, 무엇이든 회사에 남은 자산이 있을 때 그것을 매각해 상환을 받는 과정에서 채권 보유자가 거의 최우선 순위가 되기 때문이다.

주식과 채권을 통해 개인 투자자들은 포트폴리오를 다각화하고 기업은 은행에 의지하지 않고 자금을 조달할 길을 찾는다. 그러나 일부 국가에서는 그런 수단을 이용할 기회가 제한되어 있고 부유한 투자자나 대기업만 이런 기회를 누린다. 이런 영역에서 새로운 금융 기술이 금융 접근권을 확대함으로써 유익한 역할을 할 수 있다.

금융혁신에 따르는 위험과 보상

예상치 못한 환율이나 이자율의 급격한 변동과 같이 일부 기업과 투자자가 정상적인 비즈니스 과정에서 직면할 수밖에 없는 위험들이 있다. 이런 니즈가 있으면 금융시장은 반응을 하게 마련이다. 니즈를 충족하는 상품을 만들어 파는 쪽이 상당한 보상을 얻기 때문이다. 이런 위험을 관리하고자 하는 욕구 때문에 금융 파생상품이 등장했다. 파생상품의 가치는 주식, 채권 등 기반이 되는 금융상품의 가치나 환율, 이자율 등 자산 가격의 가치에서 파생된다. 예를 들어 통화 파생상품은 수출업체나 수입업체가 환율 변동의 위험에 대비하게 해준다. 물론 대가를 받고 말이다. 이런 파생상품을 구매한 사람은 미래의 특정 시점에 일정량의 외화를 일정량의 국내 통화로 매수 혹은 매도할 수 있고, 환율 변동으로 인한 위험은 파생상품의 판매자가 감당한다.

파생상품을 오로지 금융 투기를 위해 설계된 사악한 도구처럼 생각하는 사람도 있지만, 사실 파생상품은 기업, 투자자, 가계가 위험을 관리하는 데 유용한 역할을 한다. 하지만 시간이 지나면서 파생상품 시장은 거대하게 성장했다. 일부 정책 입안자들은 이런 파생상품 시장이 기본적인 형태의 위험 보호와는 거리가 먼 정교한 금융 도박의 무대가 되고 있다고 우려한다.

회사채와 연계된 파생상품의 경우를 생각해보자. 채권은 주식보다 안전하지만, 회사가 파산하고 부채를 다 상환할 만큼 자산이 남지 않은 경우라면 채권 보유자조차도 투자금을 날리게 된다. 신용부도스와프credit default swap, CDS는 이런 위험에 대한 보험으로 특별히 고안된 상품이다. 신용부도스와프는 기업이 파산하거나 채권 상환이 불가능해 채무불이행이 발생할 경우 보험금을 지급한다. 투자자는 대가를 지불하고 이 파생상품을 구매함으로써 더 안심하고 회사채를 구매할 수 있고, 따라서 기업은 더 쉽게 회사채를 통해 자금을 조달할 수 있다.

원칙적으로라면 이런 상품들을 통해 투자자는 선택의 폭이 넓어지고 위험 관리가 쉬워지는 혜택을 본다. 그러나 신용부도스와프는 금융 투기를 걷잡을 수 없이 만연하게 할 수도 있다. 2008년 금융

위기 직전, 일부 보험회사는 투기꾼에게도 신용부도스와프를 판매했다. 기업의 채권을 보유하지도 않은 투기꾼들이 회사의 파산을 점치고 신용부도스와프를 사들이는 것이 가능해진 것이다. 이 보험사들은 경제가 호황을 누리고 광범위한 기업 채무불이행이 발생할 가능성이 희박해 보였을 때 보험료를 벌어들였다. 경기가 나빠지고 채무불이행이 급증하기 시작하자 보험사 중 일부가 보험금을 지급할 수 없게 되었고, 보험사와 파생상품 투자자들은 파산 위험에 직면했다.

금융혁신에는 혜택도 있지만 예상치 못한 위험이 따를 수도 있다는 것이 구체화된 또 다른 예는 증권화securitization다. 자산 풀에서 새로운 유형의 증권을 만드는 과정을 증권화라고 한다. 2000년대 초 미국에서는 새로운 증권이 급증하면서 소득이 많지 않은 사람도 주택을 소유할 수 있게 되었다. 주택시장의 호황 속에서 미국 은행들은 신용도가 의심스러운 고객에게 대출을 해줌으로써 새로운 사업을 벌였다. 차입자에게 안정적인 수입원이 있어야 하고 집값의 10~20%에 달하는 선금을 내야 한다는 인수 기준은 사라졌다. 소득도 직업도 자산도 없는 고객에게 대출을 해주는 이른바 닌자no income, no job or asset, NINJA 대출이 유행하기 시작했다. 이런 대출을 뒷받침하는 논리는 집값이 오르면 가난한 고객도 대출금을 상환할 수 있다는 것이었다. 이런 대출이 전형적인 인수 기준을 충족하는 대출보다 위험하며 높은 채무불이행 위험에 직면한다는 것은 말할 필요도 없는 일이다.

여기에서부터 증권화가 모습을 드러낸다. 이런 '서브프라임subprime' 대출의 이자와 원금 청구권을 여러 개의 채권으로 쪼개 파는 것이다. 대출 이자에 대한 청구권만을 갖는 증권과, 원금에 대한 여러 트랑슈tranche(분할 발행 채권. 트랜치 혹은 트란쉐라고도 한다.-옮긴이)들로 말이다. 원금 일부에 대한 청구권을 행사하는 트랑슈는 각기 위험도가 다르고 그에 따라 기대 수익률도 다르다. 당시는 은행예금과 국채의 금리가 낮았기 때문에 위험은 적고 수익은 더 높다고 인식되는 증권에 투자하는 것이 유망해 보였다.

증권화의 마법으로 가난한 가구도 주택 소유자가 될 수 있었고 은행은 위험을 회피하고 수수료까지 챙김과 동시에 투자자에게 위험과 수익이 각기 다른 일련의 증권을 새롭게 제공할 수 있었다. 잘못될 일이 뭐가 있겠는가? 아무 문제도 없어 보였다. 하지만 2006년에 미국의 주택 가격이 상승세를 멈추고 일부 지역에서는 심지어 하락하기 시작했다. 대출 채무불이행이 증가하기 시작했고, 대출을 받아 위험도가 높은 증권에 투자한 일부 투자자가 이들 증권 가격이 하락하자 현금 압박 때문에 자금을 조달하기 위해 안전한 증권을 판매하고자 했다. 그러나 안전한 증권에 대한 수요조차 많지 않아 가격이 폭락했다. 주택대출을 분리해 파는 증권의 수요가 증발하자 은행은 주택대출을 꺼리게 되었고, 이로써 주택 가격은 더 하락했다. 결국 '카드로 만든 집house of cards' 전체가 무너졌다.

이런 증권들은 새로운 상품에 대한 투자자의 욕구와 이런 증권을 만들고 판매해 높은 수수료를 거둬들이려는 금융기관의 열망으로 만들어졌다. 이는 규제를 받지 않는 금융혁신의 어두운 면을 드러낸다. 당시 금융 구제기관들이 택했던 매수자 위험부담 방식의 대응책은 그런 혁신에 무용지물로 보였다. 일부 혁신이 광범위한 혼란으로 이어져 금융 시스템과 경제를 무너뜨리는 결과를 가져올 수 있다는 것이 확실해졌기 때문이다. 표면적으로는 경제적 약자에게 혜택을 주는 듯 보이는 혁신이 전체 금융 시스템에 막대한 위험을 초래할 수

있다. 핀테크 혁신의 새로운 물결을 평가할 때는 반드시 이런 관점을
염두에 두어야 한다.

투자은행

금융시장과 관련이 있고 금융·혁신에 책임이 있는 또 다른 참가자가
있다. 투자은행은 부유층을 위한 자산 관리에서부터 기업의 다른 기
업 인수나 합병을 돕는 일까지 다양한 영역에서 전문지식을 제공한
다. 어떤 경우에는 투자자와 차입자의 특정한 요구에 부합하는 금융
상품 개발을 도와주기도 한다. 예를 들어 투자은행인 JP모건J. P. Morgan
은 신용부도스와프를 만든 것으로 알려져 있다. 투자은행은 상업이
나 소액 거래 은행과 달리 대개 예금을 받지 않는다. 투자은행의 수
익은 그들이 제공하는 자문과 전문지식, 그리고 그들이 만들고 고객
이 거래하도록 지원하는 상품의 수수료와 커미션에서 나온다.

　　투자은행은 월가의 전형으로 비쳐져왔다. 투자은행이 복잡한 대
규모 거래에서 중요한 중개자 역할을 하고, 금융 시스템의 격차를 해
소하는 데 도움이 되는 상품을 만들고, 투자자가 위험을 더 잘 관리
할 수 있도록 돕는다는 긍정적인 시각도 있다. 그러나 단기적인 이윤
과 보너스를 노려 금융 시스템에 더 많은 위험과 불안정성을 초래한
다는 시각도 있다. 1933년에 제정된 글래스-스티걸법Glass-Steagall Act
은 상업은행이 금융 투기를 통해 과도한 위험을 감수하는 것을 방지
하고자 미국 내에서 상업은행과 투자은행의 기능 분리를 의무화했
다. 하지만 1990년대 들어 금융 부문에 대한 광범위한 규제 완화의
일환으로 글래스-스티걸법은 대부분 폐지되었다. 하나의 기능에만

집중해야 하는 법적 제약은 더는 없지만, 미국 대형 은행의 대다수가 상업은행과 투자은행 기능 중 하나를 선택했다.

투자은행은 예금과 대출을 관리하는 안정적인 상업은행보다 금융의 최전선에 서는 경우가 많기 때문에 이후 이 책에서 만나게 될 금융혁신 관련 서사에서 중요한 역할을 담당한다.

도매, 소매, 국경 간 결제 시스템

결제 시스템은 금융의 생혈을 운반하는 동맥이다. 가계와 기업 간의 결제나 이 두 그룹 내에서의 결제는 상품, 서비스, 자산과 관련된 거래를 뒷받침한다. 국내 혹은 국가 간 금융기관들이 효율적으로 돈을 이체하는 시스템 역시 금융 시스템 운영에 필수적이다. 따라서 결제 시스템(여기서는 결제 개시, 청산, 결산을 가능하게 하는 시스템을 포괄하는 용어로 사용된다)은 금융 인프라의 핵심이다.

결제 시스템은 크게 소매, 도매(은행 간), 국경 간 등 세 가지 범주로 분류할 수 있다. 보통 모든 국가가 국내 거래를 위한 공식 결제 시스템을 갖추고 있으며, 중앙은행이나 정부기관에서 이 시스템을 관리한다.

소매결제

최근 전 세계의 국내 결제는 현금, 직불카드, 신용카드, 수표, 전자 송금 등의 조합으로 처리된다. 부유한 나라든 가난한 나라든 대부분의 국가에서 디지털 결제수단의 중요성이 커지면서 이것이 현금, 수표, 기타 물리적 결제수단을 대체하고 있다. 선진국에서는 직불카드와 신용카드가 디지털 결제를 지배하고 있지만, 중·저소득 국가에서는 다른 형태의 디지털 결제가 빠른 속도로 표준이 되고 있다.

미 연준의 조사에 따르면 2015년부터 2019년까지 단 5년 사이에 미국 소비자 결제에서 현금의 비율이 33%에서 26%로 감소했다. 20년 전에는 소매결제의 대부분이 수표로 이루어졌지만 지금은 그 비율이 높지 않고 그마저 감소하고 있다. 미국의 경우 소매결제 거래에서 직불카드와 신용카드 사용이 점차 늘어나고 있다. 기업 간 거래를 비롯한 광범위한 결제 지형에 대해 말하자면, 은행 간 전자 송금(자동 어음교환소 네트워크Automated Clearing House Network를 통해 처리되어 ACH 송금이라고 한다)과 수표가 거래 금액에서 선두를 유지하고 있다.

다른 나라에서는 결제 방식의 변화가 더 빠르게 이루어지고 있다. 한 추정치에 따르면 중국의 경우 현재 디지털 혹은 모바일 지갑 결제가 포스Point of Sale, POS(회사가 소비자의 지불을 받아들이고 판매를 추적할 수 있는 시스템-옮긴이) 거래의 절반 이상을 차지하고 있으며 현금은 4분의 1 정도에 불과하다. 온라인 쇼핑의 급증(이들 거래의 결제 대부분은 전자로 이루어진다)으로 소매거래에서 현금이 차지하는 전체 비율은 훨씬 더 낮을 것이 분명하다. 스웨덴 중앙은행의 발표는 상황이 얼마나 빠르게 변화하고 있는지를 보여주는 예다. 스웨덴의 경우 소매 부문에서 현금 결제 비율이 2010년에 약 40%에서 2020년에는 10% 미만으로 떨어졌다고 한다.

새로운 소매결제 시스템으로 인한 혼란, 그리고 그것이 효율성과 소비자 복리에 미치는 영향은 3장에서 자세히 살펴볼 것이다.

도매 결제

금융 시스템 기능에서는 은행과 다른 금융기관 사이의 도매 결제도 소매결제만큼이나 중요하다. 두 기관의 고객이 서로 거래를 하려면 두 기관 사이에서 화폐가 효율적으로 이동해야 한다. 현재 대부분의 국가가 고액 거래와 관련된 은행 간 자금 이체를 위해 일반적으로 국가의 중앙은행이 관리하는 실시간총액결제real-time gross settlement, RTGS 시스템을 운영한다. 각 거래는 개별적으로 처리되고 실시간으로 총액 기준으로 결산된다. 이는 금융기관 사이의 여러 거래에서 상계 처리가 일어나지 않는다는 의미다. 이로써 위험이 감소하고 시스템에 대한 신뢰는 커진다. 중앙은행이 시스템을 관리하기 때문에 특히 더 그렇다.

보통 은행들 사이 혹은 여러 은행에 걸쳐서 양방향으로 소액 거래가 많이 이루어지기 때문에 하루가 끝나면 은행 사이에 이체해야 하는 순 금액은 줄어든다. 많은 국가가 이를 위해 실시간총액결제 대신 이연차액결제시스템을 사용한다. 이런 시스템은 중앙은행 혹은 민간 컨소시엄에서 운영한다.

미국 연방준비제도이사회가 운영하고 5,500개가 넘는 은행이 참여하는 미국 페드와이어Fedwire는 실시간총액결제 시스템이다. 동부표준시(미국·캐나다 동부 지역의 시간제, 그리니치 표준시보다 5시간 늦음-옮긴이)로 영업일 전날 오후 9시부터 그날 오후 6시 30분까지 운영된다. 페드와이어는 2020년에만 1억 8천만 건이 넘는 거래를 처리했고, 그

가치는 800조 달러를 상회한다. 영국의 경우 잉글랜드은행이 청산소 자동결제시스템Clearing House Automated Payment System, CHAPS을 관리한다. 유로존의 경우, 유럽중앙은행이 전 유로존의 고액 결제를 처리하기 위한 범유럽총액결제제도Trans-European Automated Real-Time Gross Settlement Express Transfer system 2, TERGET2를 관리한다. 중국과 인도 같은 많은 신흥 경제국도 자체적인 실시간총액결제 시스템을 보유하고 있다.

도매 결제 시스템을 2개 이상 운영하는 나라도 있다. 예를 들어 미국에는 민간에서 관리하는 청산소은행간결제시스템Clearing House Interbank Payments System, CHIPS이라는 이름의 두 번째 도매 결제 시스템이 있다. 이 시스템은 소수(약 50개)의 주요 은행이 운영한다. 회원 은행이 여러 개의 거래를 하나의 큰 이체 금액으로 결합해 다른 은행으로 이체하면 청산소은행간결제시스템이 결산해서 자금을 옮긴다. 청산소은행간결제시스템은 실시간총액결제가 아닌 순액결산시스템이기 때문에 페드와이어보다 속도가 느리다.

민간 부문이 아닌 중앙은행이 관리하는 지급결제 메커니즘이 우세한 것은 선진국에서조차 금융 시스템에 대한 정부 영향력이 단순한 규제와 감독을 넘어선다는 것을 보여준다. 첫째 이유는 은행들이 경쟁 관계이며 서로에 대한 신뢰가 부족하다는 데 있다. 둘째 이유는 개별 기관은 때로 유동 자금 부족으로 위험에 직면하지만 정부가 관리하는 시스템은 이런 위험에 취약하지 않다는 점이다. 금융혁신이 이런 제약을 피할 수 있는 방법을 만들어 금융시장에 대한 정부의 직접적인 개입을 줄일 수 있다는 것은 흥미로운 명제다. 이런 가능성과 그와 같은 발전이 금융 안정성에 미칠 수 있는 영향에 대해서는 이후 탐구할 것이다.

국경 간 결제

국경 간 결제는 국가 간 무역과 금융거래에 필수적이다. 뉴욕의 와인 수입업체가 칠레의 와인 제조업체로부터 카베르네 소비뇽을 구매하면, 그 수입업체는 은행에 합의된 금액을 와인 제조업체의 은행 계좌로 이체해줄 것을 요청한다. 이 돈은 미국 은행에서 칠레 은행으로 옮겨져야 한다. 와인 제조업체는 칠레 페소로 대금을 받아야 하기 때문에 이 송금은 국가 간 송금을 처리하고 외환 서비스도 제공하는 중개 '환거래correspondent' 은행을 통해야 한다. 다른 유형의 비즈니스 거래에도 국경 간 결제가 포함된다. 인도의 한 사업가가 영국 회사를 인수할 경우, 그는 자기 은행 계좌의 인도 루피를 파운드로 환전하고 그 돈을 회사의 전 소유주 은행 계좌로 이체해야 한다.

국경 간 결제가 복잡한 것은 여러 통화가 관련되기 때문만이 아니다. 결제가 여러 기관을 거쳐야 하는 경우가 많고, 각 기관은 거래에 수수료를 추가하기도 한다. 금융 규제와 보고 요건이 국가마다 다르며, 규제당국이 자금세탁과 테러자금조달을 엄중히 단속하면서 문제는 더 까다로워졌다. 이 때문에 거래 실행이 더 복잡해지고 거래가 완료되는 데 며칠이 걸리는 경우가 허다하다. 또한 여러 기관의 참여로 인해 결제 상태를 추적하기가 어려워지면서 불확실성이 또 하나 더해진다.

복잡한 일은 거기에서 끝나지 않는다. 전 세계의 결제 인프라는 데이터와 보안 기준이 각기 다른 자체적인 통신 및 기술 프로토콜을 기반으로 운영된다. 그 때문에 이런 요소 각각이 나라별로 크게 다를 수 있다. 호환성이 부족하면 한 나라의 결제 시스템이 다른 나라의 결제 시스템과 소통하고 거래를 촉진하기가 어렵다. 금융 부문의 전문용어로 표현하면 상호운용성interoperability이 떨어지는 것이다.

이런 국경 간 거래 관련 커뮤니케이션을 개선하고자 여러 나라의 주요 은행들이 결제 메시지의 공통 프로토콜을 개발하기 위해 1973년에 국제은행간금융통신협회Society for Worldwide Interbank Financial Telecommunication, SWIFT를 설립했다. SWIFT 프로토콜은 현재 전 세계 은행에서 널리 사용되고 있으나, 이는 메시징 시스템이고 송금을 실제로 처리하지는 않는다. 결제의 실행은 훨씬 더 복잡한 문제다.

걸려 있는 돈이 많고 결제 및 결산 속도를 높이는 데 강력한 유인誘因이 있는 고액 결제조차 이런 문제에 처할 수 있다. 일부 국가의 실시간총액결제시스템은 기술, 관리상의 이유로 업무 시간에만 운영된다. 이는 국가 간 시스템 운영 시간이 겹치는 경우가 별로 없어서 국경 간 결제가 지연되는 경우가 많다는 의미다. 이런 복잡성 때문에 결과적으로 국경 간 결제는 느리고, 비싸고, 추적하기가 어렵다. 이 영역에서 새로운 금융 기술이 중대한 변화의 기회를 만들어내고 있다. 이에 대해서는 이후에 살펴볼 것이다.

규제를 벗어난 지하금융

은행, 투자회사, 연기금, 보험회사, 기타 금융기관은 정부가 목적에 맞게 설립한 기관들의 감독과 규제를 받는다. 그 외에 규제의 틀이 설정된 전통적인 범주에 속하지 않는 금융기관이 많다. 여기에는 뭄바이의 길모퉁이에 있는 대부업체에서 도쿄의 전당포, 뉴욕에 있는 수십억 달러 규모의 헤지펀드에 이르기까지 다양한 기관이 속한다. 그들이 지하금융 시스템을 이룬다.

지하금융의 불미스러운 평판은 전적으로 부당하다고만은 할 수 없다. 전당포와 단기 무담보 대출 제공업체는 은행 이용이 어려울 만큼 빠듯하게 살아가는 개인에게 엄청난 이자율을 부과하는 경향이 있다. 좀 더 온건한 관점에서 보자면, 가족의 밥줄이 걸려 있을 때라면 며칠간의 고금리 대출이 대출을 받지 않는 것보다는 나은 데다 이런 대출을 받는 데에는 강압이 개입되지 않는다. 하지만 가보, 자동차 소유권, 예상되는 세금 환급금을 담보로 한 고금리 대출은 마냥 산뜻하지만은 않아 보인다. 그 결과 '지하금융shadow finance'이라는 용어에 명백히 경멸적인 의미가 담긴다.

규제가 엄격하지 못하고 범위가 좁기는 하지만 지하금융 기관도 규제의 대상이기는 하다. 지하금융의 상류라고 할 수 있는 헤지펀드를 생각해보자. 헤지펀드는 보통 부유한 개인 투자자들로부터 자금을 모은 다음 뮤추얼펀드보다 훨씬 더 과감하게 위험을 감수한다. 이들은 기존 자산을 담보로 돈을 빌려 환율, 주식, 채권 가격, 이자율의 변동에 대규모 베팅을 하곤 한다. 대형 헤지펀드에는 준수해야 하는 보고 요건이 몇 가지 있지만, 그 밖에는 투자자의 소관이다. 미국 증권거래위원회US Securities and Exchange Commission, SEC는 뮤추얼펀드와 달리 "헤지펀드는 투자자 보호를 위해 고안된 일부 규정의 적용을 받지 않는다. (…) 그러나 헤지펀드는 다른 시장 참여자와 동일한 사기 금지 규정의 적용을 받으며, 매니저는 자신이 관리하는 펀드에 대해 선량한 관리자의 주의 의무를 진다. 헤지펀드 투자자는 대부분의 뮤추얼펀드에 일반적으로 적용되는 연방법 및 주법의 보호를 모두 받지 못한다"라고 언급하고 있다. 즉 헤지펀드에는 사기 금지와 투자자를 위해 행동하리라는 기대 외에 적용되는 규제는 거의 없다.

좁은 의미의 지하금융은 공식적인 은행 시스템 밖에서 운영되는 기관이 맡는 금융 중개와 관련된 것이다. 이들 기관은 광범위한 은행 규제의 적용을 받지 않는다. 이는 은행과 달리 필요할 때 중앙은행의 긴급 자금을 이용할 수가 없고 투자자는 정부로부터 은행 예금자와 동일한 수준의 보호를 받지 못한다는 의미다. 정부는 이런 기관과 거래하는 모든 사람이 정보를 토대로 투자 결정을 내릴 수 있게 충분한 정보를 제공해야 한다는 조건만을 거는 것이 보통이다.

혁신가를 위한 초기 투입 자본

규제가 많지 않은 또 다른 유형의 금융기관으로 금융 중개에서 중요한 역할을 하게 된 것이 사모펀드다. 사모펀드는 보통 증권거래소에 상장되지 않은 기업에 대한 지분 투자를 말한다. 벤처 캐피털로 알려진 이 금융 범주의 하위 집합은 기술 스타트업에 대단히 중요하다. 벤처 캐피털 회사는 새로운 사업 아이디어의 개발에 연료를 공급하는 초기 투입 자본 제공에서 중요한 역할을 한다. 사업 경험이나 담보는 없지만 혁명의 가능성이 있는 사업 아이디어를 가진 대학 중퇴자가 이 아이디어를 진전시키기 위한 자금을 구한다고 생각해보자. 은행가는 이 사람을 방에서 쫓아내겠지만 벤처 캐피털리스트는 이 사람에게 기회를 줄지도 모른다. 벤처 캐피털리스트도 이런 프로젝트의 대부분이 실패할 가능성이 높다는 것을 알고 있다. 하지만 포트폴리오 안에서 몇 개만 눈부신 성공을 거두면 주식시장에 광범위하게 투자를 하는 것보다 더 높은 수익률을 만들 수 있다.

벤처 캐피털리스트들이 자금을 지원한 것 중에는 엄청난 성공도 있고 형편없는 실패도 있다. 2004년에 벤처 캐피털리스트 피터 틸Peter Thiel은 10%의 지분을 얻는 대가로 신생기업 페이스북에 50만 달러의 시드 펀딩을 제공했다. 이는 당시 페이스북의 기업가치가 약 500만 달러라는 것을 의미했다. 2005년에는 벤처 캐피털 회사 액셀Accel이 지분 약 11%에 1,300만 달러를 투자했다. 이때는 페이스북의 기업가치가 약 1억 2천만 달러였다는 뜻이다. 2012년에 페이스북은 기업 공개로 160억 달러의 자금을 조달해 전체 기업가치는 1,040억 달러로 평가되었다. 10년도 안 되는 동안 10% 지분의 가치(틸은 50만 달러, 액셀은 1,200만 달러를 치렀다)가 100억 달러 이상으로 상승했다.

일본 소프트뱅크 그룹SoftBank Group의 사례는 그와 정반대다. 위험 추구형인 손정의 회장은 1천억 달러 규모의 비전 펀드Vision Fund를 설립했다. 비전 펀드는 초기 단계의 기술 기업에 대한 사모펀드 투자사로 알려졌다. 알리바바, 야후, 우버와 같은 기업에 대한 초기 투자는 상당한 이익을 냈다. 손 회장은 기술 스타트업에 선구안을 가진 투자자로 명성을 얻었다.

2016년에 손정의는 위워크WeWork의 공동 창립자인 애덤 노이만Adam Neumann을 만났고 곧 노이만의 사업 아이디어에 매료되었다. 위워크는 기술 스타트업이나 여타 기업에 사무실과 회의 공간을 임대하는 부동산 회사다. 이 회사가 따분한 부동산 회사가 아닌 흥미로운 기술 기업인 것처럼 자신을 내보일 수 있었던 것은 오로지 창립자의 카리스마 덕분이었다. 소프트뱅크는 2017년부터 2019년까지 약

23%의 지분을 확보하면서 107억 달러를 투자했다. 위워크의 기업가치가 470억 달러로 평가된 것이다. 위워크는 2019년 8월에 주식 공개를 앞두고 재무 상황과 전망을 자세히 발표해야 했다. 이를 통해 투자자들은 회사의 불안정한 재정 상태를 명확하게 파악할 수 있었다. 공동 창업자의 각종 금전 사기 행각도 전부 드러났다. 투자자들은 주저했고 상장은 취소될 수밖에 없었다. 팬데믹으로 인한 경기 침체로 위워크 상품의 수요가 급감하고 비즈니스 모델의 실행 가능성이 위태로워지면서 소프트뱅크는 투자금이 휴지 조각이 될 위험에 직면했다.

이 두 가지 사례는 사업의 속성을 잘 보여준다. 어떤 투자든 천문학적인 수익을 가져다줄 수도, 쓰레기가 될 수도 있다는 것을 말이다. 2017년부터 2019년까지 전 세계 사모펀드가 매년 6,500억 달러 이상의 자본을 조달했다. 벤처 캐피털 펀드는 이 금융업자 그룹에서 핵심적 참가자의 역할을 해왔다. 이 기간 동안 연평균 1만 2천 건이 넘는 벤처 캐피털 거래가 성사되었다. 총 기업가치는 매년 평균 약 2,500억 달러였다. 이런 투자자들이 현재 금융시장에서 중요한 역할을 하고 있다는 것은 분명한 사실이다.

이렇게 사모펀드는 금융 시스템의 틈새를 메우고 있다. 은행은 전형에서 벗어난 사업 아이디어에 자금을 조달하는 것을 꺼린다. 차입자에게 담보가 부족할 때에는 특히 더 그렇다. 초기 단계의 위험한 프로젝트를 기꺼이 떠맡는 사모펀드는 세상에 변혁을 일으킨 여러 기술 및 기타 분야 스타트업의 초기 단계에 동력을 공급했다. 많은 신생기업이 돈을 까먹지만, 그 위험은 기업에 투자한 투자자가 안고 금융 시스템의 전반적인 안정성에 미치는 영향은 거의 없기 때문에 사모펀드에 대한 규제는 여전히 약한 것이다.

이런 관점은 혁신적인 금융 모델을 평가할 때 중요한 것으로 드러날 것이다. 위험을 특정 기업의 투자자가 안고 그 기업의 실패가 나머지 금융 시스템에 영향을 미치지 않는다면, 정부가 그런 기업의 운영 방식을 제한해야 할 필요가 있는지는 분명치 않다.

지하금융의 쓸모

일부 국가에서는 지하금융이 공식적인 은행 시스템의 공백을 메운다. 대부분의 상업은행이 직간접적으로 정부의 통제를 받는 중국을 생각해보자. 전통적으로 이들 은행은 대출의 대부분을 대형 국유 기업 쪽으로 돌렸다. 그 결과 중국의 소규모 민간 기업과 영세 기업가들은 정규 은행 시스템의 재원을 이용할 기회가 제한되었다. 이들은 신탁회사나 지하 은행 같은 지하금융 기관에 의존하는 경향이 더 강했다. 이들 기관은 예금을 유치하기 위해 국유 은행과 경쟁해야 한다. 국유 은행의 예금을 정부가 보장한다는 일반적인 믿음이 있다 보니 저축자는 까다로운 문제에 직면하게 된다. 정부의 예금 보장으로 은행이 파산하더라도 예금자는 돈을 돌려받을 수 있다. 반면 지하금융에 돈을 예금하는 것은 그런 정부 보증이 없기 때문에 더 위험하다. 이런 위험을 보완하기 위해 지하금융은 예금자에게 더 높은 금리를 제공하는 경향이 있다. 지하금융은 수익을 창출하기 위해 차입자에게 상업은행보다 높은 금리를 부과해야 하지만 대안이 없는 가난한 기업가에게는 여전히 가치 있는 제안일 수 있다.

중국 정부는 오래전부터 지하금융의 위험성을 인식하고 종종 지하 은행을 강력한 통제하에 둠으로써 이 부문의 고삐를 조여왔지만, 지하금융을 완전히 억누르지는 않았다. 다른 많은 나라에서 그렇듯이 지하 은행은 중국에서도 유용한 기능을 하는 것으로 밝혀졌다. 우선, 중국 정부는 정치적 영향력이 큰 국유 기업과 국유 은행의 연계를 엄하게 단속하려고 하지 않는다. 동시에 정부는 고용을 창출하고 경제의 역동성에 기여하는 민간 부문이 필요하다는 인식도 갖고 있다. 민간 부문은 자금 없이는 기능할 수 없기 때문에 정부는 지하금융 시스템의 지속을 허용했다.

중국의 사례는(여러 측면에서 중국만의 특징이 있지만) 지하 은행이 공식적 은행 시스템에서 서비스 제공을 꺼리는 기업에 신용을 제공함으로써 경제성장을 촉진한다는 것을 보여준다. 지하 은행은 경쟁을 촉진하고, 더 느슨한 대출 인수 기준을 적용해 규모가 작고 위험도가 높은 기업도 자금을 조달할 수 있도록 해주며, 기존 은행보다 고객의 요구에 더 민첩하게 대응하는 경향이 있다. 하지만 이런 이점에는 위험이 따른다. 지하 은행은 규제가 약하고 안전역이 좁기 때문에 위험성이 더 크다. 상업은행은 미상환 대출로 인한 손실에 대비해 완충 역할을 하는 상당한 양의 자기자본과 유동성(장기투자에 묶이지 않은 즉시 사용 가능한 자금)을 보유해야 하는 반면, 지하 은행은 자본과 유동성을 얼마나 유지할지 자체적으로 선택할 수 있다.

지하금융 시스템의 다른 요소에도 유용성이 있다. 헤지펀드 등 탐욕스럽게 보이는 금융기관들도 가치 있는 서비스를 제공하는 것이다. 이들은 금융시장의 비효율성을 찾고 이용해서 돈을 벌며 그 과정에서 때로는 상당한 위험을 감수한다. 물론 이런 행동은 고결한 뜻이 있는 것이 아니고 순전히 수익을 따르는 것이지만, 다른 기관과 정부 규제당국이 이런 비효율성을 손보도록 유도하는 기능도 한다. 마찬가지로 수출업체와 수입업체가 환율 리스크 헤징을 할 때라면 상대편에 이런 헤지 거래가 가능하게끔 환율 변동에 기꺼이 베팅을 할 투자자가 있어야 한다.

요약하면, 지하금융 시스템은 전통적인 은행 시스템을 대체하는 것이 아니라 보완하는 병렬 시스템으로 볼 수 있다. 이는 정책 입안자가 지하 은행의 이점을 누리면서 위험, 특히 금융 시스템의 다른 부분으로 스며들 수 있는 위험을 통제하는 섬세한 균형을 찾아야 한다는 의미다. 뒤에서 논의되는 핀테크 참가자와 개발 사례 중에도 비슷한 문제를 제기하는 것들이 있다. 기존 규제의 범위를 벗어날 수도 있는 혁신으로 얻는 이점이 위험을 감수할 만한 가치가 있을까?

금융 포용

한 국가의 금융 시스템에 참여하고 그 시스템이 제공하는 상품과 서비스를 이용할 수 있는 사람은 누굴까? 잘 작동하는 금융 시스템(저축, 신용, 보험상품 같은 기본적인 서비스 포함)의 혜택을 볼 수 있으려면 먼저 시스템을 이용할 수 있어야 한다. 여기에서 문제가 발생한다. 각종 방식으로 사회에 혜택을 주는 중요한 시스템이 그와 동시에 경제적 불평등이라는 재앙을 악화하는 유해한 결과를 초래할 수 있다는 것이다.

금융 접근성financial access 혹은 금융 포용financial inclusion은 개인이

은행 계좌, 즉 다양한 금융 서비스의 관문이 되는 은행 계좌를 이용할 수 있느냐로 주로 가늠한다. 이 개념의 더 넓은 해석은 개인과 기업이 은행 계좌나 기타 채널을 통해 필요한 금융상품과 서비스를 이용할 수 있는지와 관련된다.

경제적 약자는 금융상품을 쉽게 이용하지 못한다. 중국과 같은 많은 중간 소득 국가는 물론이고 미국과 같은 일부 부유한 경제국에서도 마찬가지다. 당연히 개발도상국에는 이런 문제가 만연하다. 많은 개발도상국에서는 인구의 상당수가 공식적인 금융 시스템에서 완전히 배제되어 있다. 특히 농촌 지역의 인구는 대다수가 무척 가난하고 대개 광범위하게 분산되어 있으므로 오프라인 은행 지점에서 서비스를 받기에는 비용 효율성이 낮다. 개발도상국에서는 인터넷 보급률이 전반적으로 낮아서 선진국에서 보편화된 웹 기반 뱅킹도 실행할 수 없다. 그 결과 은행 시스템에 대한 접근성이 부족하여 가계가 저축을 관리하고, 힘든 시기(실업, 농업 생산량 감소)에 대출을 받고, 창업 활동을 위한 신용을 확보하고, 재난에 대비해 보험에 드는 일이 어렵다. 따라서 금융시장에 대한 접근권은 경제복지의 결정적 요인으로 여겨지게 되었다.

포용의 격차

세계은행은 전 세계를 대상으로 금융 포용에 관한 대규모 설문조사를 실시한다. 이 설문조사에서는 금융기관 혹은 모바일 머니 제공업체에 계좌가 있는지를 금융 포용의 기본 척도로 사용한다. 사하라 이남 아프리카 같은 지역에서는 성인의 약 5분의 1이 모바일 머니 제공업체를 통해 계좌를 이용하므로 모바일 머니 제공업체가 특히 중요하다.

고소득 선진국의 경우, 성인의 약 94%가 은행 계좌를 갖고 있을 정도로 계좌 보유가 보편화되었다. 놀랍게도 부유한 나라 역시 금융 포용의 격차가 존재한다. 미국의 경우, 2017년에 약 7%의 가구가 은행 계좌를 미보유한 것으로 추정되었다. 미국 연방예금보험공사Federal Deposit Insurance Corporation, FDIC에서 실시한 또 다른 설문조사에 따르면 2019년에 약 710만 가구(미국 전체 가구의 5.4%에 해당한다)가 은행 계좌를 갖고 있지 않았다. 호주, 덴마크, 네덜란드와 같은 다른 부유한 나라의 경우 성인의 대부분이 은행 계좌를 가지고 있다. 반면 중·저소득 국가의 경우 계좌를 보유한 성인의 비율이 63%에 불과하다. 중·저소득 국가에서 이 비율은 약 20%(캄보디아, 모리타니, 파키스탄)부터 93%(몽골)까지 다양하다. 브라질, 중국, 말레이시아, 남아프리카공화국과 같은 중간 소득 국가의 비율은 약 70%다.

예상대로 금융 포용도는 농촌보다 도시에서 더 높은 경향이 있으며 빈곤층 가구에서 더 낮다. 성별의 차이도 존재한다. 은행 계좌가 없는 사람의 약 절반은 농촌에 거주하거나 비경제활동인구에 속하는 여성 가구다. 대부분의 개발도상국에서는 계좌 소유에서 성별 격차(남성 우세)가 나타난다.

선진경제국과 개발도상국 모두 어떤 가계가 은행 계좌 없이 지내는 이유는 크게 두 가지다. 첫째는 돈이 부족해서 은행 계좌를 개설하거나 유지하기가 어렵기 때문이다. 둘째는 비용과 거리 탓에 금융기관을 이용하기 어렵기 때문이다. 설문조사 결과는 그 밖에 개인정보 보호 부족에 대한 두려움, 높은 은행 계좌 수수료 등 개인이 은행 계좌를 보유하지 않는 다양한 이유를 보여준다.

3장에서 살펴볼 새로운 금융 기술은 낮은 수준의 금융 포용과 그로 인한 유해한 결과를 해소하고 극복하는 데 큰 보탬이 될 잠재력을 갖고 있다. 이는 폭넓은 경제적, 사회적 혜택으로 이어질 수 있다.

새로운 형태의 신뢰

이번 장에서는 화폐와 금융의 여러 가지 메커니즘에 대해 설명했다. 그런데 계량화하기는 어렵지만 새로운 금융 기술과 그 영향을 살펴볼 때 중요한 역할을 하는 요소가 하나 더 있다.

1장에서 논의했듯이 현대 금융 시스템이 원활히 작동하기 위해서는 신뢰가 대단히 중요하다. 금융 진화의 이야기 대부분이 신뢰의 구축과 유지에 관한 것이다. 화폐는 중앙은행에 대한 신뢰가 있을 때 존재할 수 있다. 마찬가지로 내부화폐 창출에서는 신뢰의 토대 위에 상업은행이 만들어지며, 그 토대는 정부기관이 감독하는 규제 절차로 강화된다.

은행은 본질적으로 차입자를 신뢰하지 않기 때문에 담보가 중요해진다. 담보물은 중요한 행동 장치commitment device(원하는 결과를 얻기 위해 미리 행동에 제약을 가하는 것. 다짐 기재, 이행 장치라고도 한다-옮긴이)의 역할을 한다. 주택 소유자가 은행에서 주택담보대출을 받으면 은행은 대출의 담보로 주택 소유권을 갖는다. 유형의 담보가 없는 경우 신뢰는 더 복잡한 문제가 된다. 시간이 흐르면서 은행은 차입자에 대해 알게 된다. 신용카드를 정기적으로 결제하는 사람은 카드 발급 회사로부터 신용한도를 늘려주겠다는 연락을 받는다. 이것이 대출기관이 작은 것부터 시작해서 위험을 감수하면서 신뢰를 구축하는 방식이다.

특정 유형의 대출의 경우 담보를 구하기가 더 어렵다. 학자금 대출의 경우, 학생은 담보를 제공할 수 있는 위치에 있지 않다. 학생의 부모가 대출에 연서하는 것은 은행이 스스로를 보호하는 방법 중 하나다. 그러나 최종 분석 결과, 이런 유형의 신용대출에서는 대출기관이 안는 위험이 더 크다. 따라서 대출기관은 대출 중 일부가 상환되지 않을 수 있고 은행이 손실을 완화할 수 있는 담보가 없다는 문제를 보완하기 위해 이런 대출에 더 높은 금리를 부과한다.

은행들 사이에도 100%의 신뢰가 있는 것은 아니다. 결국은 경쟁자이고, 각각의 은행이 위험에 노출되어 있기 때문이다. 중앙은행이 관리하는 은행 간 결제 시스템이 대단히 중요한 것도 이런 이유에서다. 이 메커니즘은 부분적으로 상호 신뢰를 대체하기 위해 고안되었고, 금융회사들이 서로 거래를 하는 데 꼭 필요하다.

현대 금융의 중요한 발전들 중 일부는 담보와 같이 전통적인 은행 및 결제 시스템을 뒷받침하는 버팀목에 의존하지 않고, 새로운 금융 중개자를 통해 신뢰를 유지하는 것이 중요하다는 점을 시사한다. 신뢰의 문제는 공식 및 민간 발행 디지털 화폐가 진화하는 환경과 이들 사이의 경쟁을 비판적으로 조사할 때 중요한 역할을 할 것이다.

비트코인과 같은 탈중앙화된 암호화폐의 기초를 이루는 야심 찬 접근방식은 신뢰할 수 있는 기관의 필요성을 없애고 그 대신 신뢰를 공공의 영역에 위임하는 것이다. 즉 거래의 특정 측면을 모든 사람이 볼 수 있게 투명하게 만듦으로써 신뢰를 형성하는 것이다. 이런 투명성, 그리고 다른 사람이 알지 못하는 사이에 완료된 거래를 수정하거나 되돌리기 어렵다는 점 때문에 완료된 거래는 불변의 속성을 갖게 된다. 하지만 이 이야기에 앞서 핀테크의 영향권에 속하는 금융시장의 화려하지는 않지만 폭넓은 변화에 대한 이야기부터 시작해야 할 것이다.

3장의 주제인 핀테크의 발전을 살펴볼 때에는 이번 장에서 논의한 금융의 기능이라는 프리즘을 통해 평가하는 것이 중요하다. 그 때문에 이런 기능들을 요약하는 것이 순서에 맞는다. 금융의 가장 중요한 기능은 중개, 즉 경제의 저축을 생산적인 투자와 연결하여 고용과 GDP 성장을 촉진하는 것이다. 여기에는 만기 전환과 차입자와 대출 기관 사이의 정보 비대칭과 같은 마찰을 피하는 일이 포함된다. 금융 시스템이 잘 작동하려면 저축과 신용을 위한 상품, 위험과 변동성을 관리하는 도구, 효율적이고 저렴한 다양한 수준(소매, 도매, 국경 간)의 결제 시스템을 아우를 수 있는 다양한 상품과 서비스를 제공해야 한다.
　　핀테크의 평가에 사용하는 기준 중 하나는 효율성 향상과 접근성 확대 등 핀테크의 이점이 소비자와 기업 혹은 전체로서의 경제가 수용할 수 없는 금융위험을 대가로 하는지 여부다. 또 다른 기준은 새로운 기술이 진정으로 금융을 민주화하는지, 아니면 다른 많은 혁신이 그렇듯이 적절한 안전장치 없이 접근권을 조금 개선하는 대가로 부의 집중을 더욱 심화하여 오히려 경제적으로 취약한 계층에 해로운 것은 아닌지 여부다. 이 책에서 계속 나오는 또 다른 중요한 문제는 정부가 이런 혁신의 위험을 누그러뜨리는 역할을 할 수 있는지 여부와 정부의 직간접적인 개입이 오히려 혁신을 억누르고 사회가 혜택을 볼 여지를 없애는지 여부다. 고려해야 할 중요한 문제가 많기 때문에 핀테크가 얼마나 혁신적인지(혹은 그렇지 않은지) 냉정하게 검토하는 것부터 시작하도록 하자.

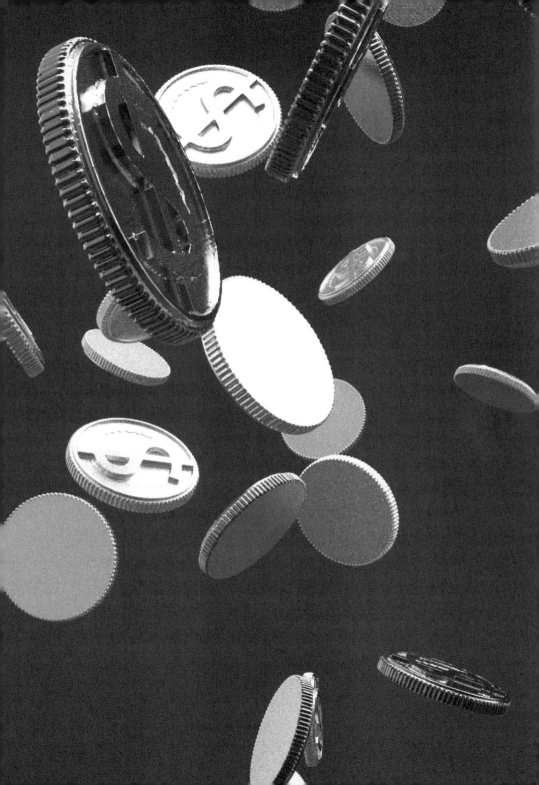

The Future of Money

How the Digital Revolution Is Transforming Currencies and Finance

II

핀테크 혁신

Innovations

8

핀테크는 세상을
더 나은 곳으로 만들까?

대부분의 은행가는 대리석 궁전에서 산다. 그들이 그곳에서 살 수 있는 것은 예금을 부추기고 인출을 막기 때문이다. 특히 그들이 철저히 지키는 규칙이 있다. 절실하게 필요한 사람에게는 결코 돈을 빌려주어서는 안 된다는 규칙 말이다. 이 규칙을 지키지 않는 은행은 비탄에 빠지고 만다. 오그덴 나시, 〈은행가도 여느 사람과 마찬가지다. 단, 부자는 예외〉

Most bankers dwell in marble halls, Which they get to dwell in because they encourage depositsand discourage withdralls [sic], And particularly because they all observe one rule which woe betides the banker who fails to heed it, Which is you must never lend any money to anybody unless they don't need it.

Ogden Nash,
Bankers Are Just Like Anybody Else, Except Richer

새로운 금융 기술을 총칭하는 신조어인 핀테크는 현대적이고 혁신적인 개념처럼 보인다. 하지만 고대로부터 이어져온 개념을 새롭게 표현한 것일 뿐일 수도 있다. 종이의 발명은 오늘날에도 우리와 함께하는 지폐의 길을 닦은 중요한 기술 발전이었다. 1장에서 언급했듯이, 7세기경 중국에서 최초로 등장한 지폐는 상인들이 가지고 다니기 번거롭고 공급이 제한적인 청동이나 기타 금속 주화를 사용하지 않고도 거래를 할 수 있게 만듦으로써 거래를 촉진했다. 13세기 중국에서 돈을 귀금속, 상품, 기타 보증 수단에 묶인 제약에서 벗어나게 한 명목화폐가 처음으로 유통되면서 상거래가 자유롭게 이루어졌다. 화폐가 상거래를 촉진하는 방식이 비약적으로 발전한 데에는 이런 각각의 혁신들이 한몫했다.

　　현대에 등장한 현금자동입출금기automated teller machine, ATM는 고객이 기본적인 은행 거래를 수행하는 방식에 생긴 큰 변화를 대변했다. 사람들은 이런 장치가 실제 은행 지점과 은행에서 일하는 창구 직원의 파멸을 의미한다고 여겼다. 정확한 기원에 대해서는 논란의 여지가 있으나, 보통 1967년을 ATM이 처음 등장한 해로 본다. 반세기가 넘게 지난 지금 ATM은 저개발 국가에서까지 흔하게 볼 수 있는 존재가 되었지만, 은행 창구 직원과 지점은 거의 사라지지 않았다. 실제로 미국에서는 적어도 한동안 은행 창구 직원의 수가 증가했다. ATM 덕분에 은행 창구 직원이 더 가치 있는 고객 서비스에 집중할 수 있었기 때문이다. 미국의 은행 지점 수는 2000년대 내내 꾸준히 증가했고 2008년부터 2012년까지 안정세를 보이다가 이후 감소했다.

진화인가, 혼란인가?

기술 발전이 항상 공존공영의 결과를 가져오지는 않는다. 스마트폰으로 인해 기초 GPS 장치 제조업체가 사라졌고, 일회용 카메라와 저가형 카메라들이 자취를 감췄으며, 계산기와 일반용 비디오카메라도 필요가 없어졌다(안타깝게도 셀카봉이 등장했지만). 핀테크 혁명은 훨씬 더 파괴적인 잠재력을 가지고 있다. 금융의 기반이 되는 요소에 영향을 미치기 때문이다.

최근 일어나는 핀테크 혁명의 가장 큰 특징은 그 깊이다. 어떤 혁신은 금융 서비스를 개선했고(ATM, 직불카드), 어떤 혁신은 새로운 상품이라는 결과를 가져왔다(주택담보 신용한도). 하지만 널리 이용되는 유익한 혁신들도 금융시장의 구조나 메커니즘을 근본적으로 바꾸기보다는 기존 상품을 기반으로 하거나 개선하는 데 그치는 경우가 대부분이다. 새로운 상품과 서비스를 구축할 수 있는 구조를 생성하여 금융 서비스를 변화시킬 수 있는 것은 훨씬 더 깊이 있는 혁신이다. 금융 중개 과정을 변화시킨 상업은행과 주식시장의 탄생이 이 범주에 속한다.

최신 핀테크 물결의 특징이 되는 많은 혁신의 깊이는, 검증되지 않은 혁신의 위험에 대한 규제당국의 우려와 함께, 주목할 필요가 있는 문제다. 이 장에서 논의한 혁신들을 모두 근본적인 변화로 볼 수는 없다. 하지만 전반적으로는 깊이 있는 변화를 예고한다. 이 핀테크 물결의 시점은 여러 요인(모바일 및 인터넷 관련 기술을 비롯한 기술 발전의 물결, 금융 규제 완화, 금융시장에서 새로운 수익원 발굴과 비용 절감을 촉발한 저금리 등)이 우발적으로 결합한 결과라고 할 수 있다. 이런 금융혁신의 대부분은 2000년대에 기원을 두고 있지만, 실제로 확고하게 뿌리를 내리고 널리 확산된 것은 지난 10년 동안의 일이다.

핀테크의 광범위한 확산

새로운 금융 기술과 이런 기술을 기반으로 설립된 새로운 기업들은 신용, 저축, 보험 등 2장에서 논의한 금융 시스템 내 여러 기본 기능의 실행을 개선하고 있다. 새로운 기술이 가장 큰 영향을 미치는 부분은 아마도 결제 시스템일 것이다. 소매, 도매, 국경 간 결제 시스템 등 결제 시스템의 각 범주는 결제를 중개하는 기관들의 비즈니스 모델에 영향을 주는 파괴적이거나 최소한 상당히 큰 변화의 대상이다. 중앙은행이 발행하는 현금은 거래 시 즉각적으로 검증과 결산이 이루어지는 익명의 결제 시스템 역할을 하는데, 새로운 결제 시스템이 현금의 이런 기능과 그 외 기능을 맡으면서 화폐의 역할도 영향을 받을 것이다.

이런 발전은 금융시장의 효율성과 안정성을 높일 수 있는 잠재력을 가지는 한편, 새로운 위험을 야기하고 특정 상황에서는 기존에 만연한 위험을 증폭시킬 수도 있다. 금융시장과 기관의 구조도 영향을 받을 것이고 기존 기관 일부는 생존 가능성까지 의심받게 될 것이다. 핀테크로 인해 금융시장과 금융기관, 비은행, 심지어 비금융기관에 의한 새로운 중개 형태 사이에 힘의 균형이 변화하면서 특히 전통적인 상업은행의 비즈니스 모델이 시험대에 오를 수 있다.

금융에 다가오고 있는 변화가 중요한 까닭은 2장에서 논의했듯이 상업은행이 화폐 창출에 중요한 역할을 하기 때문이다. 은행은 직접 새로운 금융 기술을 도입해 효율을 높일 수 있다. 그러나 이런 기술 중 일부가 은행의 기존 역할과 수익원을 약화할 수 있다는 전망도 있다. 따라서 기존 은행의 상대적 중요성, 심지어는 생존 가능성에까지 영향을 미치는 금융 시스템의 변화는 금융시장뿐만 아니라 경제활동과 통화정책에도 영향을 준다.

이들 문제 중 정책 입안자와 규제당국이 위험을 관리하고 금융 혁신을 촉진하는 과정에서 직면한 문제는 9장에서 다룰 것이다. 여기에서는 핀테크가 침투하고 있는 주요 분야를 탐구하고, 이후 이로 인한 변화가 금융기관과 금융시장에 미치는 영향을 평가하도록 하자. 이런 탐구 과정을 통해 금융의 주요 영역에서 중요한 혁신의 변혁 가능성을 보여주는 다양한 사례가 드러날 것이다. 다만 나날이 확산하는 것처럼 보이는 핀테크 기업의 독특한 비즈니스 모델이나 핀테크 관련 혁신을 모두 다 검토하려는 것은 아니다.

핀테크 혁신에 새롭게 진입하는 기업의 공통점은 디지털 기술을 사용하고 대부분 온라인에 존재한다는 것이다. 또 다른 공통점은 빅데이터(다양한 출처에서 얻은 대량의 데이터 분석), 머신러닝, 인공지능 도구를 사용해 신용, 보험, 기타 금융상품 제공과 관련된 신청, 심사, 승인 과정을 자동화한다는 것이다. 이런 요소들은 신규 기업과 상품의 진입 비용을 낮추는 한편 숙련된 직원, 전문성, 풍부한 자금력, 인지도 등 기존 기업이 가진 장점을 없애기도 한다. 또한 기술은 급격한 변화를 가로막는 사용자 측의 주요 장벽인 네트워크 효과(이 맥락에서는 새로운 대안으로 전환하지 않고 이미 널리 사용되는 결제 수단이나 서비스를 채택하는 데 따르는 편의성을 말한다)를 극복할 수 있게 해준다. 스마트폰에 결제 앱을 설치하는 것이 비교적 쉽기 때문이다. 하지만 다른 형태로 네트워크 효과가 나타나기도 한다. 앞으로 살펴보겠지만, 중국의 경우에는 2개의 디지털 결제 플랫폼이 성장해 지배적인 위치를 점하면서 유망한 혁신 기술을 보유한 기업이 새롭게 시장에 침투하는 것이 어려워지고 있다.

많은 핀테크 혁신의 또 다른 두드러진 측면은 핀테크가 일부 개발도상국에 침투해, 더 가난한 나라와 더 부유한 나라 사이에 부분적으로 공평한 경쟁의 장을 만들었다는 점이다. 실제로 가장 눈에 띄는 혁신 중에는 중국과 같은 중간 소득 국가에서 시작된 것들이 있다. 이런 변화에서 발생하는 혁신의 잠재력과 혜택은 보다 정교한 금융 시스템을 갖춘 부유한 경제국보다 개발도상국에서 훨씬 더 크기 때문에 핀테크에 대한 탐구는 개발도상국의 사례부터 시작하는 것이 좋겠다.

개발도상국과 모바일 머니

개발도상국에서 뿌리를 내리고 금융을 현대화하기 시작한 혁신으로, 기술적인 측면에서는 그리 대단치 않지만 사람들의 삶에 커다란 영향을 미친 것이 있다. 바로 화폐와 은행 업무를 편리하게 해준 휴대 전화 기반 앱의 출현이다. 모바일 기술 비용의 급격한 하락 덕택에 휴대전화를 이용해 은행 거래를 할 수 있게 되면서 가난한 나라가 부유한 나라와 보조를 맞추거나 심지어 앞서 나갈 수 있게 되었다. 1인당 국민소득이 낮고, 거래 규모가 작으며, 고객에게 서비스를 제공하는 오프라인 은행 지점의 비용 효율이 낮은 국가에서는 이 기술의 매력이 클 수밖에 없다. 인도나 케냐 등 1인당 국민소득이 1천 달러에서 4천 달러 사이에 불과한 중·저소득 국가의 경우, 빈곤 가구와 농촌 지역 인구 상당수가 휴대전화를 사용하고 있다.

모바일 머니의 등장에는 이후에 논의할 여러 핀테크 혁신들 같은 화려함이 없다. 하지만 이 비교적 단순한 혁신은 실용적인 측면에서 이미 많은 사람들의 삶에 엄청난 영향을 미쳤다. 사람들을 금융 시스템에 연결하고 이 시스템이 제공하는 서비스를 이용할 수 있게 했기 때문이다. 또한 모바일 머니는 혁신적인 금융상품들이 상대적으로 빈곤한 나라의 더 많은 사람에게 닿을 수 있는 관문이 되었다.

엠페사

2007년에 케냐 최대 이동 통신사 사파리콤Safaricom은 단순하지만 혁신적인 개념을 도입했다. 엠페사M-PESA는 사용자가 휴대전화를 이용해 돈을 저장하고 이체할 수 있는 모바일 뱅킹 서비스다. M은 '모바일mobile'을, 페사pesa는 스와힐리어로 '화폐' 혹은 '결제'를 의미한다. 엠페사는 실제 은행이나 인터넷 접속에 의존하지 않고 SMS(문자)로 기본적인 은행업무와 결제 거래를 수행한다는 점에서 혁신적이다.

그림 3.1 **케냐 나이로비의 엠페사 키오스크**

2017년 현재 인터넷에 접속할 수 있는 인구는 전체의 5분의 1에 못 미치지만 휴대전화 서비스에 가입한 인구는 약 85%에 이르는 케냐는 엠페사로 인해 큰 변화를 겪었다. 케냐에서는 전형적인 은행 계좌의 최소 예치 금액조차 근근이 먹고사는 빈곤 가구의 재정 능력을 넘어서는 경우가 많은데, 엠페사 계좌는 최소 예치금 없이도 개설할 수 있다. 엠페사에 가입하려는 사파리콤 심SIM 카드 사용자는 케냐 주민등록증이나 여권과 같은 유효한 정부 발급 신분증이 필요하다. 이는 사기를 방지하는 데 도움이 되고 각 거래의 당사자 신원을 표시하는 데도 유용하다.

은행 계좌가 없는 사용자는 케냐 전역에 분포된 수많은 엠페사 매장을 이용할 수 있다. 엠페사에서 수금한 현금은 사파리콤 계좌에 입금된다. 이 계좌는 당좌 예금계좌 역할을 하며 정부의 예금보호기금Deposit Protection Fund에 의해 10만 케냐 실링(2021년 5월 기준 약 925달러)까지 보호된다. 엠페사를 사용해 거래를 완료하려면 양 당사자가 계좌번호 역할을 하는 전화번호를 교환해야 한다. 결제가 완료되면 양 당사자는 즉시 본인 계좌에 입금되거나 출금된 금액과 이름이 적힌 SMS 알림을 받는다. 이와 같은 모바일 영수증은 투명성을 높이고 시스템에 대한 신뢰를 구축하는 데 도움을 준다.

엠페사의 도입은 상점주, 농부, 택시 기사, 이들의 고객이 더는 현금을 가지고 다니거나 현금으로 거래할 필요가 없다는 것을 의미했다. 엠페사 덕분에 자연히 강도, 사기의 위험이 감소했다. 외딴 지역의 소상공인도 휴대전화로 안전하고 간편하게 금융거래를 할 수 있다. 전기 요금이나 수도 요금을 납부하기 위해 길게 줄을 서서 몇 시간씩 기다려야 했던 개인과 사업주들도 이제 엠페사를 사용해 쉽고 편리하게 요금을 납부할 수 있다.

이 혁신은 약 5천만 인구에 ATM이 3천 대도 채 되지 않는 나라의 대다수 가정에 금융상품을 제공하는 데 결정적인 역할을 했다. 소매업계의 대부분을 차지하는 구멍가게 영세 상인들에게 엠페사는 더없이 요긴한 도구였다. 신용카드와 같은 다른 결제 시스템에 필요한 값비싼 POS 인프라에 투자하지 않고도 소매거래와 은행 거래를 수행할 수 있었기 때문이다. 2016년에 케냐 가구의 96%에서 한 명 이상의 가구원이 엠페사를 사용하는 것으로 추산되었으며, 금융 포용 비율(공식 금융 시스템을 이용할 수 있는 인구 비율)은 2006년에 27%에서 2019년에는 83%로 증가했다. 엠페사는 사실상 인구의 대다수가 전통적인 은행 서비스를 거의 혹은 전혀 이용할 수 없는 다른 개발도상국에게 모바일 머니 채택의 본보기가 되었다.

엠페사가 케냐 가정과 기업에 엄청난 혜택을 주고 큰 변화를 만든 것은 사실이지만, 그 자체가 케냐 가정의 재정적 성과를 극적으로 향상하는 마법의 해결책은 아니다. 케냐 중앙은행 총재 패트릭 은조로게Patrick Njoroge는 디지털 은행 계좌를 유지한다는 사실만으로 가계가 다양한 금융 서비스를 이용하는 것은 아니라고 지적했다. 기본적인 은행 서비스를 이용할 수 있는 방법은 엠페사에서 얻을 수 있지만, 신용을 이용하는 것은 여전히 제한적이다. 은조로게는 "많은 케냐인이 다양한 형태의 공식적인 계좌를 가지고 있지만, 이런 계좌는 거의 사용되지 않는다. 많은 가정, 영세 업체, 농부의 일상적인 문제를 해결하지 못하기 때문이다"라고 말한다. 예상치 못한 수수료, 열악한 고객 서비스, 기술적 문제 등 다양한 접근 장벽으로 인해 많은 가정이 가족이나 지인, 사채업자나 상점주 같은 비공식적인 자금원에 의존하고 있다.

모바일 머니의 핵심

휴대전화가 널리 보급된 국가에서는 거래 비용과 거래의 용이성 측면에 큰 변화가 있었다. 그중에서도 저소득 국가에서는 모바일 머니가 여러 가지 목표를 달성하는 유용한 통로라는 것이 입증되었다. 첫째, 가장 중요한 점으로 개인이 휴대 장치를 사용해 기본적인 은행 업무를 보고 단순한 금융상품을 이용할 수 있게 함으로써 인구의 대다수에게 공식적인 금융 시스템에 이르는 통로를 제공한다. 둘째, 결제가 신원 확인의 한 형태가 되었다. 예를 들어 특정 엠페사 계좌에 연결된 전화번호는 개인을 식별해 광범위한 금융거래를 수행할 수 있게 해준다. 셋째, 모바일 머니는 개인이 정부에 서비스 요금을 지불하게 도와줄 뿐만 아니라, 정부가 부패에 노출되지 않고 사회보장비를 가정으로 쉽게 이체할 수 있는 채널도 제공한다.

또한 모바일 머니는 국경 간 송금과 상거래 결제의 경로도 제공한다. 기존의 송금은 한 통화를 다른 통화로 교환해야 할 뿐 아니라 국경 너머로 돈을 옮겨야 해서 비용이 많이 드는 업무였다. 이 장의 뒷부분에서 설명하겠지만, 모바일 머니와 국경 간 결제 시스템을 연결하면 가정과 소규모 사업체가 결제를 더 쉽고 저렴하게 처리할 수 있는 길이 열린다.

다른 모든 기술이 그렇듯이 물론 여기에도 오용의 가능성이 존재한다. 이론상 모바일 머니는 불법 활동과 관련된 자금의 이체 채널이 될 수 있다. 이런 위험은 중요한 문제이지만, 모든 거래를 추적할 수 있다는 전자 거래에 내재된 억제력을 통해 완화될 수 있다.

1인당 국민소득이 350달러에 불과한 가난한 나라인 소말리아는 모바일 머니의 가능성과 함정을 생생하게 보여주는 사례다. 세계은행의 조사에 따르면 2017년에는 소말리아에서 은행 계좌를 보유한 인구가 전체의 15%에 불과한 반면, 모바일 머니를 사용하는 인구는 전체의 4분의 3에 달했다. 이 조사에서는 모바일 머니가 국가 수입의 주요 원천인 해외로부터 들어오는 송금의 국내 이체에도 사용되어 모바일 네트워크 사업자와 글로벌 송금 회사 사이를 연결한다는 것이 드러났다. 그러나 세계은행에 따르면 소말리아의 모바일 머니 사용자들은 "엄청난 위험"에 직면해 있다. 여기에는 신뢰할 수 없는 서비스, 고객 보증과 투명성의 부족, 부적절한 정부 감독 등이 포함된다. 따라서 케냐의 경우처럼 모바일 머니 그 자체만으로는 잘 작동하는 포괄적 금융 시스템의 적절한 대체품이 되기 힘들다.

모바일 머니가 기존 기술을 혁신적인 용도로 사용하는 반면, 최신 핀테크의 물결은 새로운 기술 일부는 그 자체로 혁신적인 신기술을 특징으로 하는 경우가 많다. 핀테크 기업들은 기본적인 금융 중개부터 보험과 결제 시스템에 이르기까지 다양한 영역에 진출하고 있다. 새로운 기술들을 앞세워 각 영역에서 기존의 비즈니스 모델을 개선하거나, 새로운 금융상품이나 사업 방식을 창안하고 있다.

새로운 금융 중개

핀테크는 은행 이외의 대출원을 만드는 데 도움을 주었다. 많은 성공 스토리가 금융 중개 과정에서 은행을 우회하는 방법에 중점을 두지만, 아직 은행의 영향력이 사라졌다고 보기는 힘들다. 전형적인 금융 중개자를 우회해 기업을 가정이나 투자자와 직접 연결하는 P2P 대출 모델이 유망하기는 해도 이 분야를 지배하는 것은 여전히 은행이다. 이는 새로운 금융 기술과 혁신의 영향력을 축소하려는 말이 아니다. 최소한으로만 생각하더라도 새로운 금융 기술과 혁신은 금융 부문의 기존 참가자들에게 자신들의 비즈니스 모델을 정제하고, 새로운 기술 요소를 채택하고, 효율을 향상함으로써 진화와 적응을 강요하고 있다.

챌린저 은행

디지털 은행들이 상업은행의 영역에 등장해서 직접 경쟁에 나서고 있다. 이런 챌린저 은행challenger bank 중 일부는 알려진 대로 최소 잔액과 수수료가 없는 계좌를 제공하고 회원들에게 신용카드와 직불카드를 발급하는 온라인 영업을 한다. 이들 은행은 물리적 지점을 최소한으로 하고, 가까운 사촌인 네오뱅크neo bank (온전히 디지털로만 운영되며, 면허가 없고, 고객에게 몇 가지 서비스를 제공하는 파트너 은행을 두는 은행)와 달리 자체적인 면허를 가지고 있다. 물리적인 영업에 제한을 두기 때문에 이런 챌린저 은행은 전형적인 은행에 비해 비용 면에서 유리하다.

챌린저 은행의 기본 실속형 계좌는 금리가 낮으며 당좌 대월overdraft(마이너스 통장 설정-옮긴이)과 같은 기능이 없다. 챌린저 은행은 상인들이 지불하는 거래 수수료, 특별 서비스에 대한 수수료, 경우에 따라서는 더 많은 기능을 제공하고 적당한 수수료를 청구하는 프리미엄 계좌 제공을 통해 수익을 얻는다. 챌린저 은행이 내세우는 장점 중 하나는 기존 은행이 부과하는 월별 계좌 유지 수수료, 당좌 대월 수수료, 이체 수수료, 잔고 부족 수수료, ATM 거래 수수료 등 잔액이 적은 계좌에 불균형하게 많은 영향을 주는 수수료를 내지 않아도 된다는 것이다.

미국에서는 2020년 초부터 800만 개의 계좌를 확보한 차임Chime 등의 디지털 은행이 빠르게 성장하고 있다. 챌린저 은행들은 유럽에서도 번성하고 있다. 특히 유럽의 경우 유럽연합의 한 회원국에서만 은행 허가를 취득하면 유럽연합의 전체 시장이 개방되는 것이 장점이다. 대표적인 예로 2021년 1월까지 세계적으로 700만 명이 넘는 고객을 확보한 N26을 들 수 있다. 레볼루트Revolut와 같이 영국에 본사를 둔 챌린저 은행의 경우, 브렉시트로 인해 영국 은행 면허 만으로는 유럽연합 회원국에서 은행업을 할 수 없게 되자 이런 확장 전략에 차질이 생겼다. 이렇듯 온라인 은행 역시 규제당국의 예리한 시선을 받을 뿐만 아니라 정치인의 변덕에도 영향을 받는다.

P2P 대출

차입자와 채권자를 직접 연결하는 유형의 기관도 있다. 최초의 P2P 대출 시장은 2005년에 미국에서 론칭한 프로스퍼Prosper다. 이 회사 는 "재정적, 사회적 측면 모두에서 유익한 방식으로 서로에게 투자할 수 있다"라고 홍보한다. 대출 이자율은 차입자의 신용 프로필(사이트에 등록된 잠재적 투자자가 볼 수 있다)과 대출 등급(차입자의 신용도에 대한 프로스퍼 의 평가)에 따라 달라진다. 개인과 기관은 특정 대출에 투자하거나, 대 출 포트폴리오를 구성하거나, 최소 투자 금액이 25달러인 자동 투자 옵션을 사용할 수 있다. 프로스퍼는 짝이 지어진 대출자와 투자자를 대신해 모든 대출 서비스를 처리하고 그에 대한 수수료를 부과한다. 2020년 12월까지 프로스퍼가 대출로 올린 순수익률(수수료, 비용, 채무 불이행 등을 고려한 후)은 연평균 5.3%로, 이들은 설립 이래 100만 명 이 상을 대상으로 180억 달러가 넘는 대출을 도왔다고 밝히고 있다.

2007년에 설립된 미국 기업 렌딩클럽LendingClub은 빠른 확장으 로 300만 명 이상의 고객에게 서비스를 제공하면서 수년 동안 세계 최대의 P2P 대출 플랫폼의 자리를 지켰다. 이 회사는 자격을 갖춘 차 입자 회원이 투자자 회원으로부터 최대 4만 달러까지 무담보 대출을 받을 수 있게 해준다. 대출 신청과 결정 절차는 자동화되어 있다. 회사는 신용평가기관의 점수와 같은 기존의 위험 평가 기준 외에 행동 데이터, 거래 데이터, 고용 정보를 이용한 독점적인 위험 알고리즘을 사용한다. 이 기준은 머신러닝 방식과 플랫폼상의 차입자 데이터를 이용해 업데이트된다.

렌딩클럽은 대출을 다수의 어음으로 분할해 소규모 투자자들이 최소 25달러 단위로 어음을 구매할 수 있도록 함으로써 포트폴리오를 다각화할 수 있도록 해준다. 다각화가 중요한 이유는 불이행 위험이 중요한 문제이기 때문이다. 2007년부터 2018년까지 이 플랫폼에서 승인한 130만 건의 대출 중 약 20%가 변제되지 않았다. 이 회사는 거래 수수료(초기 원금의 0~6% 범위)에서 수익을 얻는다. 또한 기존 은행과 제휴해 대출을 대신하고 그 과정에서 수수료를 받기도 한다.

렌딩클럽은 낮은 인구밀도 등의 이유로 은행과 은행 지점이 적은 지역에도 진출했다. 렌딩클럽은 미국 증권거래위원회에 "무담보 개인 전체 대출 풀pool of unsecured personal whole loan"을 증권으로 등록한 최초의 P2P 대출업체이기도 하다.

렌딩클럽과 같은 플랫폼은 가계 신용 시장의 한 부문에 상당한 영향을 끼쳤다. 핀테크 기업이 창출한 무담보 개인 대출 점유율은 2013년의 7%에서 2018년에는 39%로 급증했다. 2019년 말까지 미국의 개인 대출 잔액은 총 3,050억 달러이며 이 중 1,610억 달러가 무담보 대출이다. 여기에는 개인 대출 관련 총부채의 약 3배에 달하는 신용카드 부채는 포함되지 않는다. 최근 몇 년간 무담보 부문을 비롯한 개인 부채가 다른 범주의 가계 부채(주택융자, 자동차 대출, 학자금 대출 포함)에 비해 빠르게 증가하고 있다는 점에 주목할 필요가 있다.

핀테크 업계가 무담보 개인 대출을 양산해 가계의 재무 상태를 악화하고 금융 위험을 키운다는 주장이 그럴듯하게 보일 수도 있다. 예를 들어 렌딩클럽은 투자자가 "기존 신용 기준에 못 미치는" 차입자를 찾아 대출해주는 특수 플랫폼인 셀렉트-플러스Select-Plus를 만들었다. 그럼에도 핀테크 기업들은 시간이 갈수록 점점 더 까다로운 입장을 취하면서 많은 무담보 개인 대출을 신용도가 높은 차입자에게 돌리고 있다. 핀테크 대출에서 슈퍼프라임superprime, 프라임 플러스primeplus, 프라임prime 등급 차입자(차입자를 분류하는 5개 범주 중 상위 3개 범주)가 차지하는 비율은 2013년에 52%에서 2018년에는 62%로 증가했다. 2018년에 핀테크 대출업체가 제공한 대출의 약 5분의 2에 해당하는 나머지는 위험도가 더 높은 니어 프라임near-prime과 서브프라임subprime 등급 차입자에게 돌아갔다. 이 비율은 신용조합과는 거의 비슷하며, 은행이나 다른 소비자 금융업체보다는 높다. 따라서 이것만으로는 핀테크가 주로 위험도가 높은 차입자를 대상으로 대출 기회를 확대한다는 것이 분명치 않다.

핀테크 대출 플랫폼은 미국 이외의 국가에서도 운영된다. 펀딩 서클Funding Circle은 미국에 기반을 둔 P2P 대출 마켓플레이스로 독일, 네덜란드, 영국에서도 운영된다. 이 플랫폼의 승인을 받은 개인과 기관 투자자는 "투기성 부동산, 비영리 단체, 무기 제조업체, 도박 사업, 마리화나 판매, 음란물"을 제외한 대부분의 산업 분야에 속한 중소기업에 직접 돈을 빌려준다. 펀딩 서클은 2010년 설립 이래(2020년 12월까지) 9만 개 이상의 기업에 120억 달러가 넘는 신용대출을 제공했다.

펀딩 서클은 기술 주도의 여신 절차를 사용해 잠재적 차입자의 재정적 안정성을 평가한다. 대출은 주 사업자의 개인 보증에 장비, 차량, 매출채권, 재고 등의 추가 담보로 보장된다. 초창기 펀딩 서클은 채무불이행률이 상당히 높았다, 2014~2015년 미국 내 대출 중 약 18%가 대출 개시 후 3년이 지나지 않아 채무불이행 상태에 들어갔다. 이 비율은 이후 몇 년 동안 감소해 일부 상환과 담보를 통한 일부 회수를 고려한 미상환 부채는 전체 대출의 약 6%를 차지했다. 2017~2019년에는 전체 대출의 평균 수익률이 약 6%였지만, 2020년에는 코로나19 팬데믹으로 인해 채무불이행률이 높아지고 수익률이 낮아졌을 가능성이 높다.

또 다른 P2P 플랫폼, 업스타트Upstart는 전형적인 신용점수 외에도 교육 수준, 전공 분야, 직업 이력 등의 기준을 신용 결정을 위한 정보로 사용한다. 이는 특히 신용 이력이 제한적인 차입자에게 의미가 있다. 이 회사는 2020년 말까지 80억 달러의 대출을 제공했고, 그중 3분의 2는 인공지능 기반 대출 플랫폼을 통해 완전 자동화 절차로 제공되었다. 업스타트는 자신들의 신용평가 모델이 기존 상업은행에서 사용하는 모델보다 더 정확하기 때문에 승인율이 높고, 채무불이행률이 낮으며, 금리가 낮다고 주장한다.

온라인 마켓플레이스는 새로운 금융 중개업체 외에도 금융상품 고객을 위한 보다 공평한 경쟁 환경을 조성하고 더 쉬운 '비교 쇼핑' 경험을 만들었다. 그 대표적인 예가 1996년에 설립되어 미국 최대의 온라인 대출 마켓플레이스가 된 렌딩트리LendingTree다. 렌딩트리는 부동산 대출과 소비자 대출을 원하는 차입자를 가격과 기타 조건으로 경쟁하는 500여 개의 상업 대출 기관과 연결해준다. 이 회사는 익스피디아Expedia, 카약KAYAK, 오비츠Orbitz와 같은 비교 쇼핑 사이트에서 항공권이나 호텔을 검색하는 경험과 유사한 대출 쇼핑을 제공한다. 이 회사는 500억 달러 이상의 대출을 일으키고 전 세계 1억 명 이상의 고객에게 서비스를 제공했다고 주장한다.

크라우드펀딩

기술을 통해 기업가뿐만 아니라 창의적인 유형의 크리에이터도 자신이 추진하는 프로젝트에 대한 자금을 쉽게 조달할 수 있게 되었다. 크리에이터는 기업가 혹은 예술 벤처가 주축을 이룬 크라우드펀딩 사이트에서 상업적인 측면이 있는 프로젝트 혹은 전적으로 예술적인 프로젝트에 대한 자금을 조달할 수 있다. 이런 사이트에서는 잠재적 투자자를 상대로 한 직접 홍보가 가능하지만, 그 자본가들에게 프로젝트의 지분을 제공하지는 않는다.

크라우드펀딩 사이트로 가장 유명한 것은 2009년에 문을 연 미국 기반의 글로벌 크라우드펀딩 플랫폼인 킥스타터Kickstarter다. 승인된 분야에 창의적인 아이디어가 있는 사람이라면 누구나 프로젝트 제안서를 플랫폼에 올리고 펀딩 목표를 설정할 수 있다. 킥스타터에서의 펀딩은 전부 아니면 전무다. 펀딩 목표에 도달하거나 커뮤니티에서 실행 가능하다고 간주하지 않는 한, 약속한 후원금이 청구되지 않는다는 의미다. 후원자는 투자자가 아니며, 그들의 '수익'은 프로젝트가 실현되는 것을 보는 데에서 오는 만족감이다. 더러 프로젝트 제작자가 제공하는 특별한 보상을 받는 경우도 있다. 여기에는 제작 중인 제품(CD, DVD, 기구 등)이나 음악 이벤트 백스테이지 출입증, 창작 과정 참여, 식사 등의 특별한 경험이 포함된다. 킥스타터는 성공적인 프로젝트에 대해 약 8%의 수수료를 부과한다. 2021년 5월까지 20만 개 이상의 프로젝트에 무려 60억 달러에 가까운 크라우드펀딩을 성공시켰다.

　미국에 기반을 둔 또 다른 크라우드펀딩 웹사이트, 인디고고Indiegogo에서는 아이디어, 자선, 스타트업 비즈니스를 위한 자금을 모을 수 있다. 이 웹사이트는 2008년에 설립된 이래 2020년 12월까지 1,100만 건이 넘는 후원으로 65만 개 이상의 프로젝트에 약 10억 달러의 자금을 제공했다. 킥스타터와 마찬가지로 후원자들은 진취적이고 창의적인 아이디어를 현실화했다는 데에서 만족감을 느낀다.

신흥경제국에서의 대출 혁신

신용 분야에서 가장 흥미롭고 혁신적인 핀테크 개발은 신흥시장 경제에서 발견된다. 신흥경제국은 부상하는 중산층의 엄청난 잠재 수요가 있고, 금융 시스템의 변화를 억제하는 타성(보통 강력한 기존 업체의 영향력을 반영한다)이 적으며, 규제가 약한 경우가 많다. 그 선두에 선 중국의 앤트 파이낸셜Ant Financial(현재는 앤트 그룹으로 알려져 있다)의 여러 부문은 그 자체만으로 흥미로운 사례 연구가 되고 있다. 앤트 그룹은 온라인 마켓플레이스에서 시작해 현재는 중국 소매업과 B2B 상거래의 사실상 거의 모든 측면에서 중요한 역할을 하는 거대기업, 알리바바 그룹Alibaba Group의 금융 부문이다.

그림 3.2 **알리바바의 창립자 마윈(잭 마·Jack Ma)**

개미가 앞장을 서다

알리바바는 알리페이Alipay(이후에 자세히 설명할 것이다)를 전자상거래 플
랫폼의 결제 시스템으로 설정했다. 중국 내 모바일 상거래가 빠르게
확장되고 알리바바의 지배력이 커지면서 알리페이가 보유하는 현금
도 크게 증가했다. 이 회사는 위에바오Yu'ebao('남은 보물'이라는 뜻) 서비
스를 시작했다. 위에바오는 구매자가 알리페이에 예치한 자금에 대
해, 그 자금이 판매자에게 전달되기 전까지 이자를 지급해 혜택을 주
는 사실상의 머니마켓펀드MMF다. 이는 알리페이의 '사용자 고착도
user stickiness'를 높였을 뿐만 아니라, 은행예금보다 높은 금리로 가상
지갑으로서의 위에바오 서비스가 가진 매력도 높였다. 위에바오를
뒷받침하는 머니마켓펀드가 2019년에 보유한 자산은 약 1,570억

달러에 달했다.

　이런 혁신은 알리페이가 앤트 그룹으로 진화하는 데 중요한 발판이 되었다. 2014년에 설립된 본격적인 금융 서비스 기업 앤트 그룹의 다른 자회사로는 신용평가 시스템 지마 크레디트Zhima Credit, 자산 관리 상품 플랫폼 앤트 포춘Ant Fortune, 금융기관에 클라우드 컴퓨팅 서비스를 제공하는 기술 회사 앤트 파이낸셜 클라우드Ant Financial Cloud 등이 있다.

　앤트 그룹의 확장은 금융 서비스 부문의 자유화와 현대화를 추진하는 중국 정부의 정책과 시기가 맞아떨어졌다. 2015년에 중국 정부는 개인 신용평가 서비스를 촉진하기 위한 조치를 취했다. 세서미 크레디트Sesame Credit로도 알려진 지마 크레디트는 경쟁에서 우위를 점할 수 있었다. 앤트 그룹의 방대한 소비자 데이터에 의지할 수 있었기 때문이다. 지마 크레디트는 신용평가에 신용 기록, 상환 능력, 행동 패턴, 사회적 지위와 특성, 인간관계 등 다섯 가지 기준을 사용한다고 밝혔다. 뒤의 세 가지 요인은 개인정보에 대한 광범위한 우려와 빅브라더 스타일의 감시 시스템에 대한 공포는 말할 것도 없고, 경제 외적 기준을 기반으로 하는 차별적인 사회적 순위에 대한 우려를 불러일으켰다.

　신용도를 평가하기 위해 경제 외적 정보를 사용하는 것은 새로운 일이 아니며 과거에도 우려를 산 전적이 있다. 1970년 이전까지 미국의 신용평가기관들은 개인의 신용 정보뿐만 아니라 사회, 정치, 성생활에 관한 데이터까지 수집했다. 1970년에 미국 의회는 공정신용보고법Fair Credit Reporting Act을 통과시켜 신용평가기관이 일반인에게 파일을 공개하고, 인종·성·장애에 관한 데이터를 삭제하고, 일정 기간이 경과하면 부정적인 정보를 삭제하도록 했다. 1989년에 주요 신용평가기관과 페어 아이작 코퍼레이션Fair Isaac Corporation, FICO이 현재까지 미국에서 널리 사용되는 신용점수 방식을 공동으로 개발했다. FICO 점수는 신용 관련 정보(지불 내역, 미지급 금액, 신용 기록 기간, 신규 신용, 신용 조합)만을 기반으로 한다.

중국의 중앙은행인 중국인민은행People's Bank of China, PBC은 결국 국내 민간 신용평가회사 중 독립성, 비차별적 평가, 개인정보 보호를 비롯한 요건을 충족하는 회사가 없다는 결론을 내렸다. PBC는 중국 인터넷금융협회가 소유한 새로운 회사 바이항Baihang을 PBC의 직접적인 감독과 지도하에 중국 유일의 개인 신용점수 제공업체로 승인했다. 하지만 민간 기업은 여전히 독점적인 알고리즘을 사용할 수 있다.

금융 부문을 민간 사업자에 개방하고 금융 포용을 장려하려는 중국 정부의 의지 덕분에 기회를 잡은 앤트 그룹은 2015년에 마이뱅크MYbank를 설립했다. 마이뱅크는 은행 간 시장interbank을 통해 자금을 조달한다. 즉 예금이 아니라 다른 은행에서 빌려준 돈으로 자금을 조달하는 공인 온라인 은행이다. 마이뱅크의 목표는 전통적으로 제도권 금융 시스템을 통해 자금을 조달하기 어려웠던 중소기업에 서비스를 제공하는 것이다. 마이뱅크는 중소기업에 무담보 기업 대출을 제공하는 '3-1-0 모델'을 개척했다. 이 모델의 명칭은 차입자가 온라인 대출 신청을 3분 안에 마치고, 1초 안에 승인을 받을 수 있으며, 전 과정에 사람의 개입이 전혀 필요하지 않다는 것을 뜻한다. 앤트 그룹은 플랫폼에서 중소기업이 생성한 거래 데이터로부터 정보를 수집한 다음, 인공지능 도구를 이용해 대출 결정의 기초가 되는 신용점수를 산출한다.

2020년 말까지 마이뱅크는 3,500만 개의 기업에 서비스를 하면서 3천 억 달러 이상의 대출을 제공했다. 대출 승인율은 기존 대출기관보다 4배나 높지만, 2020년 말에 보고된 부실채권 비율(총대출 잔액 대비)은 1.5%에 불과했다. 중소기업이 정부의 지원을 받는 국유기업보다 본질적으로 더 위험하다는 점을 고려하면 놀라운 결과다. 2020년 중반 국유 상업은행의 중소기업 부실채권 비율은 평균 3%였다. 국유 상업은행들은 차입자의 규모, 업계, 위치 등 전통적인 기준에 따라 보수적인 대출 관행을 추구하는데도 말이다.

마이뱅크는 코로나19 팬데믹 기간 동안 중소기업 지원을 강화해 알리바바의 온라인 소매 부문인 타오바오Taobao와 티몰Tmall의 판매자들에게 저금리 12개월 대출을 제공했다. 우한(중국 내 바이러스 진원지)과 후베이성의 상인 및 중소기업에는 추가 지원이 이루어졌다. 오프라인 영세상인 36만 명의 첫 달 이자를 면제하고 이후 이자율을 20% 인하해준 것이다. 이런 팬데믹 복구 지원 조치는 정부의 환심을 사는 데에도 유용했다.

2014년에 앤트 그룹은 알리바바의 소매 플랫폼을 지원하는 온라인 소비자 대출 상품, 화베이Huabei('그냥 쓰다'라는 뜻. 영어로는 앤트 체크 레이터Ant Check Later라고 한다)를 출시했다. 이는 알리바바 그룹 내 전자상거래와 금융 부문 사이의 시너지를 보여준다. 알리바바와 화베이의 거래에서 파생된 빅데이터 덕분에 앤트 그룹은 더 맞춤화된 금융 서비스를 제공할 수 있게 되었다. 예를 들어 화베이는 광군제(중국의 온라인 쇼핑에서 중요한 날로, 추수감사절 주말 미국 아마존의 블랙프라이데이 세일에 비견된다)에 저축률이 높고 신용카드 사용이 적은 중국 소비자에게 신용을 제공함으로써 중요한 역할을 했다. 한 추정에 따르면, 2019년 광군제 동안 타오바오와 티몰에서 이루어진 전체 구매의 절반 이상이 화베이를 통해 이루어졌다고 한다.

화베이 대출 포트폴리오의 전체 규모는 불투명하다. 많은 대출이 회계 조작을 통해 재무제표에서 빠져나가 다른 대기업 계열사로 옮겨진다. 2019년 3월 현재 연체율과 채무불이행률이 모두 2% 미만으로 낮은 것은 화베이의 신용점수 알고리즘의 효과일 수 있다. 하지만 이 재벌의 불투명한 장부는 그들 주장의 신빙성이나 대출 포트폴리오 위험의 관리 여부 등에 의문을 갖게 한다.

앤트 그룹과 같은 기업들이 제공하는 대출 상품의 성격은 소비자 요구와 경쟁에 반응해 빠르게 진화하고 있다. 고액 현금 대출의 수요가 증가하자 2015년에 앤트 그룹은 1천 위안에서 5만 위안 (2021년 5월 기준 약 160~7,800달러) 범위의 온라인 현금 대출 상품, 저베이 Jiebei('그냥 빌리다')를 출시했다. 이 대출의 금액과 기간은 대출자의 세서미 크레디트 점수에 따라 달라진다. 2018년 3월 현재 보고된 대출 연체율은 1.5%인 반면 최종부도율은 1% 미만이었다.

앤트 그룹의 영향력 확대, 불투명한 재무구조와 지배구조, 장부에 숨어 있는 잠재적인 재무 관련 위험에 대한 중국 정부의 불만은 2020년 11월, 큰 기대를 모았던 앤트 그룹의 신규 상장이 무산되면서 극에 달했다. 앤트 그룹은 투자와 대출 사업을 축소하고 온라인 결제 서비스를 제공하는 본연의 사업으로 돌아가라는 요청을 받았다. 정부는 민간 금융 중개업체가 유용한 기능을 하는 것을 목격하고는 있지만, 그들의 힘이 지나치게 커지지 않도록 날개를 잘라내고자 하는 정부의 욕구는 여전해 보인다.

신흥경제국의 다른 대출 플랫폼

대출 플랫폼에 앤트 그룹만 있는 것은 아니다. 2011년에 중국에서 가장 크고 혁신적인 민간 금융 재벌 중 하나인 핑안보험그룹Ping An Insurance Group은 상하이루자주이국제금융자산거래소, 루팍스Lufax, Shanghai Lujiazui International Financial Asset Exchange라고 불리는 온라인 금융 마켓플레이스를 열었다. 2015년에 루팍스는 렌딩클럽을 제치고 세계 최대의 P2P 대출 플랫폼이 되었다. 2019년 말에 루팍스의 등록 사용자 수는 4천만 명을 넘겼고, 대출 잔액은 약 3,500억 위안(약 500억 달러)에 달했다. 이런 수치에 주목한 중국 은행 규제당국은 P2P 대출업체에 더 엄격한 회계 및 보고 요건을 부과하고 사업 면허의 확보를 더 어렵게 만드는 등 고삐를 조이기 시작했다. 루팍스는 2019년 7월에 규제 강화로 인해 핵심 사업인 P2P 대출에서 철수할 계획이라고 발표했다.

신흥개발국의 핀테크 신용 제공업체 사례는 그 외에도 많이 있다. 2014년에 설립된 인도의 핀테크 대출업체 렌딩카트Lendingkart는 투자금과 운전자금이 필요한 국내 기업가들에게 대출을 제공한다. 이 회사는 기술과 빅데이터를 사용해 차입자의 신용도를 평가해 소규모 기업가에게 무담보 대출을 제공한다. 이는 담보가 부족한 경우가 많은 개발도상국의 소규모 기업가들이 큰 매력을 느끼는 요소다. 렌딩카트는 2021년 초까지 인도 전역 1,300개 도시 약 9만 개의 중소기업에 대출을 제공했다. 이 회사는 예금을 받지 않고 개인 투자자와 기관으로부터 자금을 조달한다.

B2B 금융 서비스 플랫폼 주모JUMO는 금융 서비스 회사와 모바일 네트워크 사업자가 신흥경제국의 기업가들에게 저축, 대출, 보험

상품을 더 효과적으로 제공하도록 지원한다. 이 플랫폼은 몇몇 저·중소득 아프리카 및 아시아 국가에서 운영된다. 이 회사는 머신러닝 알고리즘을 사용해 휴대전화 사용과 휴대전화 디지털 지갑을 사용한 거래에 대한 방대한 데이터에서 나온 정보를 처리함으로써 잠재적 차입자의 신용 프로필을 구축한다. 이후 실제 차입자의 데이터와 상환 패턴을 사용해 신용점수 알고리즘을 개선한다. 주모는 2015년에 런던에서 출범한 이래(2020년 12월까지) 1,700만 건의 대출을 통해 개인과 중소기업에 25억 달러 이상의 자금을 지원했다. 저소득 국가임을 고려하면 상당히 큰 금액이다.

2015년에 설립된 실리콘밸리 기반의 스타트업 브랜치인터내셔널Branch International은 아프리카(케냐, 탄자니아, 나이지리아), 인도, 멕시코의 은행 계좌가 없는 고객, 특히 대출 이력이 없는 사람들에게 대출을 제공한다. 신흥국의 많은 차입자가 신용 기록이나 저축을 보유하지 않고 있기 때문에 브랜치인터내셔널은 사용자의 스마트폰에서 수집한 대체 데이터(위치 정보, 통화나 문자 로그, 연락처 목록, 단말기 세부 정보)와 상환 내역과 같은 전형적인 은행 정보를 사용해 신용도를 평가한다. 이들 데이터는 브랜치인터내셔널의 머신러닝 알고리즘 시스템에 의해 처리·분석된다. 아프리카 국가의 경우, 차입자 특성을 기반으로 한 연간 이자율은 22%에서 200% 이상까지 다양하다. 대출 금액은 최소 2달러에서 약 700달러에 이르며, 대출 기간은 1년 미만이다. 신용 기록이 없는 최초 차입자에게는 가장 높은 이자율이 적용되지만, 상환 실적이 좋으면 후속 대출에서는 이자율이 낮아진다. 초창기에는 사기를 탐지하는 데 어려움이 있었지만 시간이 지나면서 향상된 알고리즘과 보다 광범위한 데이터로 사기가 줄어들고 부도율도 낮아졌다.

핀테크 대출의 빛과 그림자

핀테크 기업은 주요 경제국에서 빠르게 입지를 넓히고 있지만 전통적인 대출기관을 대체하지는 못하고 있다. 그럼에도 불구하고 이 새로운 금융 중개업체들이 비교적 짧은 기간에 이룬 성과는 꽤 인상적이다. 핀테크 대출업체의 미국 모기지 대출 시장 점유율은 2010년에 2%에서 2017년에는 10%로 증가했다. 여러 연구에 따르면 핀테크 대출 과정에서 융자 신청의 처리 속도는 다른 대출기관보다 약 20% 더 빠르지만 빠른 처리에도 부도율이 높아지지는 않는다. 이는 기술 혁신이 미국 주택대출시장에서 금융중개의 효율성을 높였음을 시사한다. 또한 핀테크 대출은 시장에서 서비스가 부족한 부문을 포착했다. 핀테크 대출업체는 대출 거절률이 높고 신용점수 중간값이 낮은 지역, 비수도권, '은행 사막bank desert'(은행을 찾기 어려운 지역)에 전통적인 은행보다 더 많은 대출을 제공했다. 다수의 소액 대출을 기반으로 삼고 저렴한 비용과 자동화된 절차로 뒷받침되는 핀테크 대출 모델은 신용에 대한 접근권을 확대하고 인종과 같은 경제 외적 기준에 기초한 차별을 줄일 수 있는 잠재력까지 가지고 있다.

하지만 핀테크 대출에 장점만 있는 것은 아니다. 이 부문에서 가장 극적인 발전을 목격한 중국을 예로 들어보자. P2P 플랫폼의 수와 규모가 급속도로 확장됨에 따라 사기와 관리 부실에 대한 우려가 규제당국의 관심을 끌었고 뒤이어 정밀 조사가 시작되었다. 2010년대 중반에는 P2P 플랫폼이 야기하는 광범위한 재무 위험에 대한 중국 은행 및 금융 규제당국의 우려가 점점 커졌다. 2018년과 2019년에 많은 소규모 플랫폼이 파산하고 수백만 명의 저축자와 투자자가 큰 손실을 입으면서 P2P 부문에 대한 규제당국의 감시가 더욱 강화되었다.

중국 규제당국은 이 부문을 엄중하게 단속해 2015년 약 6천 개에 달했던 P2P 플랫폼의 수를 2019년 10월 말까지 427개로 줄였다. 루팍스와 같은 대형 업체들은 더 엄격한 규제 감독을 받는 소비자 금융업으로 전환하고 있다. 2019년 11월에 정부는 2년의 기한을 주고 모든 P2P 대출 플랫폼으로 하여금 보다 직접적인 감독을 받는 소액 대출 제공업체로 전환하도록 했다. 이런 취지의 공지는 온라인 대출과 관련된 위험을 관리하기 위해 정부가 출범시킨 인터넷금융위험특별정정업무지도팀사무국Internet Financial Risk Special Rectification Work Leadership Team Office이라는 거창한 이름을 내건 기관에서 나왔다. 이 공지는 이런 조치들이 "채권자의 손실을 줄이고, 사회 안정을 유지하며, 포용적 금융의 질서 있는 발전을 촉진"하는 것을 목표로 한다고 밝혔다.

일부 핀테크 대출업체가 부과하는 높은 금리는 문제의 신호탄이 되고 있다. 개발도상국의 규제당국은 고금리가 일부 국민이 대출을 이용하기 위해 지불할 수밖에 없는 대가라는 점을 인식하고 있으면서도, 이런 플랫폼이 금융 지식이 거의 없는 개인이 쉽게 부채를 늘리도록 유혹하는 상황에 우려를 표하고 있다. 더구나 이런 고금리 대출을 상환하지 못할 경우 대출자의 신용이 손상되어 향후 금융 시스템의 이용이 더 어려워질 수 있다.

자동화에도 허점이 있다. 컴퓨터 프로그램은 결국 사람이 만든 것이고 프로그램에 입력된 데이터보다 더 나은 결과가 나올 수는 없다. 머신러닝과 빅데이터에 기반한 위험평가가 자동으로 이루어지는 온라인 신용대출 신청은 원칙적으로는 핀테크 대출기관이 인간적 편견에서 비롯된 명시적 차별을 피하는 데 도움을 준다. 그러나 실제로는 과거 데이터를 기반으로 하는 알고리즘이 신용 할당에서 결국 오랜 편견을 영속화하고, 시간이 지남에 따라 이런 편견을 더욱 악화하고 탐지하기 어렵게 만들 수 있다.

인슈어테크와 보험 혁신

보험은 보통 소수의 대기업이 주도하는 천편일률적인 사업이었다. 이 사업에서는 규모가 상당한 이점이 된다. 더 많은 사람, 다양한 유형의 보험, 광범위한 지역으로 위험이 분산되기 때문이다. 미국 여러 주에서 영업하며 자동차보험, 생명보험, 손해보험을 판매하는 보험사는 플로리다에서 손해보험만 판매하는 작은 회사보다 위험 분산에 유리하다.

다양한 유형의 위험을 평가하고 보험료를 저렴하게 유지하는 방식으로 보험료를 책정해야 하는 보험사들은 비용을 충당한 후에도 수익을 남기면서 가계와 기업에 필요한 보장을 제공하는 최선의 방법을 계산해야 한다. 보험사는 사망률표를 기반으로 고객의 연령, 성별, 건강 상태, 흡연이나 음주 습관, 기타 특성 등의 요소를 바탕으로 생명보험 등급을 결정하고 이 등급은 보험료와 최대 보장액을 결정하는 데 사용된다. 이런 특성을 평가하는 심사는 시간과 비용이 많이 소요되므로 보험 비용을 높인다. 대부분의 대형 보험사는 상품을 판매하는 중개인에게 수수료를 지급하는 형태로 발전했고, 이렇게 중간 단계가 추가되면서 비용이 늘어났다. 또한 대형 보험사는 현대 경제의 변화하는 구조를 따라잡지 못하는 전통적인 사업 방식을 고수하는 경향이 있다. 보험사는 위험을 평가하고 정량화하기가 어렵거나 커미션을 떼고 나면 이익률이 너무 낮다는 이유로 특정한 유형의 위험에 대해서는 보험상품 판매를 꺼린다.

금융 기술의 혁신은 이미 이 업계에 혁명을 일으키기 시작했다. 새로운 유형의 인슈어테크insurtech(보험Insurance+기술Technology) 기업들은 인공지능과 같은 기술을 사용해 보험상품을 더 간단하고 이용하기 쉽게 만들고자 노력하고 있다. 이들은 긱 경제의 부상과 같은 현대 경제의 여러 변화에 더 적합한 새로운 상품을 개발하고 있다.

주문형 보험

전통적인 보험사는 대체로 자신의 차를 리프트Lyft나 우버와 같은 차량 공유 서비스로 승객을 운송하는 데 사용하는 운전자에게 자동차보험을 제공하거나, 에어비앤비 같은 주택 공유 서비스를 통해 주택을 단기 임대하는 주택 소유주에게 주택보험을 제공하는 것을 꺼린다. 물론 이런 경우도 상업보험으로 보장을 받을 수는 있지만 대개보험료가 엄청나게 비싸다. 다른 정규적인 직업을 갖고 있으면서 일주일에 몇 시간만 우버 드라이버로 일하거나 여행할 때 1년에 몇 주만 아파트를 빌려주는 노부부가 1년짜리 상업보험에 가입하는 것은 적절하지 않다.

미국의 온라인 보험사 슬라이스Slice는 차량공유와 주택공유 보험과 같은 다양한 사용량 기반 주문형 상품을 제공한다. 2015년에 설립된 슬라이스는 이름 그대로 보험을 구매자에게 필요한 기간(며칠, 몇 시간, 몇 분 등)으로 쪼갠다. 차량 공유 서비스로 자동차를 사용하거나 주택 공유 서비스로 주택을 단기 임대하는 동안만 보험을 제공하도록 보험 계약을 맞춤화할 수 있는 것이다.

메트로마일Metromile은 미국 일부 주에서 마일당 보험료를 내는 자동차보험을 제공해 자동차를 많이 사용하지 않는 소유자의 돈을 절약해주고 있다. 차량 내부 진단 포트에 연결하는 무선 GPS 장치인 메트로마일Metromile Pulse이 주행거리를 측정한다. 많은 업체가 메트로마일을 모방했고 기존 보험사들도 이런 상품을 개발하게 되었다. 예를 들어 자동차보험을 비롯해 다양한 보험상품을 판매하는 기존 보험사 올스테이트Allstate는 현재 마일와이즈Milewise라는 마일당 지불 보험을 판매하고 있다.

기술을 이용해 비용을 절감하고 보험 처리의 효율성을 개선하는 동시에, 가치 있는 대의를 지원하는 등의 고차원적인 목적을 달성하는 기업들도 있다. 레모네이드Lemonade는 미국 여러 주에서 세입자 보험과 주택보험을 제공하는 손해보험회사다. 이 회사는 인공지능과 빅데이터를 사용해 위험을 더욱 효과적으로 예측하고 보험 사기의 피해를 줄임으로써 기존 보험회사에 비해 낮은 보험료를 청구하고 보험 계약과 보험금 처리를 더 빠르게 하는 것을 목표로 한다. 이 회사는 보험료에서 고정 수수료를 받아 비용을 충당한 후 남은 금액은 자선단체에 기부한다. 평상시라면 매력적인 아이디어지만, 대규모 재난이나 예기치 못한 대격변이 발생해 많은 수의 보험 계약자에게 영향을 미칠 경우 금전적 여력이 크지 않은 이 회사의 생존 가능성은 위협을 받을 수 있을 것이다.

건강보험과 같이 복잡한 분야에서도 기술을 이용해 기존 비즈니스 모델을 개선하려는 시도가 나타나고 있다. 미국의 경우 오스카Oscar라는 건강보험회사가 "원격 의료, 의료 중심 기술 인터페이스, 투명한 청구 가격 책정 시스템"을 통해 혁신을 시도하고 있다. 이 회사는 기술을 사용해 고객에게 더 저렴하고 효과적인 치료법과 해당 치료법을 적용할 수 있는 의사를 안내한다. 2012년에 설립된 이 회사는 오래지 않아 첫 시장인 미국 뉴욕과 뉴저지에서 상당한 입지를 다졌다. 2021년 1월 현재 오스카는 18개 주에서 운영 중이며 약 53만 명의 회원을 보유하고 있다. 이 회사의 인상적인 성장률에도 불구하고, 미국의 경우 의료는 여전히 핀테크가 기존 기업과의 경쟁에서 큰 성과를 거두기 힘든 복잡한 시장으로 남아 있다.

소액보험

다른 분야와 마찬가지로 보험 역시 중국이 새로운 차원으로의 발전을 이끌고 있다. 2013년에 설립된 중국 최초의 온라인 전용 보험회사 중안Zhong An은 건강, 소비자 금융, 자동차, 라이프스타일 소비, 여행과 같은 상품을 제공한다. 이 회사는 인공지능 및 기타 기술을 사용해 보험 가입과 증서 발행, 보험금 평가와 결산에 관련된 절차를 자동화한다.

중안은 다양한 상황의 소비자 거래 데이터를 사용해 새로운 보험상품을 개발한다. 이 회사의 주장에 따르면 기존 보험회사에서 수개월이 걸리는 개발 과정이 한 달 내에 진행된다고 한다. 그들은 표준에서 크게 벗어난 상품들을 내놓는다. 중국의 경우, 온라인 쇼핑객이 구매하는 제품의 품질에 대해 우려하는 경우가 많고, 반품이 가능하다고 해도 반품 배송비를 지불해야 하는 것을 달가워하지 않는다. 중안은 구매자를 위해 반품 배송비를 부담하고 판매자를 위해서는 교환 제품의 배송비를 부담하는 보험을 개발했다. 제품과 크기에 따라 구매자가 내는 보험료는 0.2~9.9위안(2021년 5월 환율 기준 0.03~1.50달러)이고, 판매자가 내는 보험료는 이보다 약간 낮은 수준이다. 이런 보험은 소액이라는 점에서 특별하다. 소액의 보험료로 작은 위험을 보장함으로써 온라인 상거래가 더욱 원활하게 이루어지게 하는 것이다.

중안이 개발한 기발한 소액단기보험 상품은 이것만이 아니다. 2014년에는 월드컵을 관람하는 축구 팬이 과도한 음주로 인해 병원 치료가 필요할 경우 보험금을 지급하는 '폭음' 보험을 판매했다. '고열' 보험은 기온이 섭씨 37도(화씨 99도)에 이르면 고객에게 보험금을 지급한다. 안타깝게도 중안은 이런 상궤를 벗어난 상품에 대한 규제 조치를 받았다. 그럼에도 이 회사는 설립 후 3년 만에 4억 6천만 명의 고객에게 약 60억 건의 보험을 판매했다고 밝혔다. 이런 엄청난 보험 판매 실적 외에도 연휴 동안 온라인 쇼핑을 통해 하루에 1억 건의 배송 반품 보험을 판매했다고 한다.

인슈어테크의 발전은 보험업계의 판도를 바꾸기 시작했다. 물론 인슈어테크는 아직 유아기에 불과하며, 알려지지 않은 재무적 위험을 안고 있는 이런 발전이 규제에 발목을 잡힐 수도 있다. 어쨌든 인슈어테크는 금융 시스템에서 소외되었던 부문의 진입 장벽을 낮춤으로써 경쟁을 촉진하고 업계 내 기존 기업들의 발전을 유도했다.

핀테크 결제

결제 시스템의 지원은 국내외 상거래에 필수적이다. 현대 경제에서 결제 청산과 결산은 일견 기본적이고 간단한 기능처럼 보이지만 상당히 복잡한 일이다. 국경을 넘나드는 소비자, 기업, 금융기관의 결제 효율성은 경제활동의 규모를 결정하는 중요한 요소다. 새로운 기술은 결제 과정의 마찰을 빠르게 줄여나가고 있다.

국내 소매결제

한때 대단한 혁신으로 여겨졌던 직불카드와 신용카드의 대안을 찾고자 하는 움직임은 새로운 것이 아니다. 이들 결제 수단의 높은 수수료를 생각한다면 특히 더 그렇다. 저렴한 비용으로 개인과 기업에 결제와 금융거래 서비스를 제공해 미국에서 널리 사용되는 온라인 플랫폼, 페이팔PayPal을 생각해보라. 페이팔은 1998년에 설립되었지만 돌파구를 찾은 것은 온라인 경매 사이트인 이베이eBay의 결제를 대행하는 역할을 맡으면서부터였다. 2020년 말에 페이팔의 활성 계정은 약 3억 8천만 개였고 연간 총 결제액은 9천억 달러가 넘었다.

베이비시터에게 돈을 지불하거나 식대를 나눠 내는 등의 소규모 개인 간 거래는 보통 현금이나 수표로 이루어져왔다. 현금 거래는 정확한 거스름돈이 필요할 수 있고, 수표 거래는 주고받는 사람 모두에게 귀찮은 일이다. 기업과 고객 간 거래뿐만 아니라 개인과 개인 간에도 저렴하고 간편하며 안전한 소액 거래 시장이 분명히 존재한다. 페이팔도 그런 결제 수단 중 하나지만, 이런 요구를 충족하는 더 새롭고 저렴한 앱 기반 서비스가 늘어나고 있다. 코로나19 팬데믹으로 인해 사람들이 손을 대야 하는 현금 거래를 꺼리면서 디지털 결제로의 전환이 가속되었다.

이런 니즈에 부합하는 P2P 디지털 결제 서비스 벤모Venmo가 미국에서 인기를 얻었다. 벤모는 문자 메시지를 통한 결제 시스템으로 시작했다. 결제 플랫폼을 친구와 가족을 연결하는 소셜 네트워크로 삼을 수 있는 기회를 활용한 것이다. 사용자가 플랫폼에서 다른 사람들과 네트워크를 형성하면 직불카드나 신용카드 계정을 연결해 네트워크 내의 사람들에게 대금을 보내거나 받을 수 있다. 플랫폼을 통해 이루어지는 대부분의 거래에는 수수료가 발생하지 않지만 신용카드를 사용하는 결제에는 3%의 처리 수수료가 부과된다. 페이팔에 인수된 벤모는 2020년 현재 6천만 명 이상의 활성 사용자를 보유하고 있으며 연간 총 결제액은 1,600억 달러에 달한다고 한다. 그 인기를 증명하듯 벤모라는 용어가 돈을 보낸다는 뜻을 가진 동사처럼 사용되고 있다.

신흥경제국에서는 소매 혹은 개인 간 거래를 촉진하는 애플 페이Apple Pay, 페이팔, 벤모, 젤Zelle과 같은 비약적인 발전마저 왜소해 보이게 하는 결제 시스템의 진정한 혁신이 일어나고 있다. 이런 결제 시스템은 (보통 몇 년이라는 짧은 기간에 달성되는) 엄청난 규모 확대, 낮은 비용, 효율성, 다수 상용 플랫폼의 통합과 같은 특징을 가진다. 이미 친숙한 패턴이 되고 있는 혁신 중에 가장 주목할 만한 것은 중국에서 비롯되었다.

중국 소매결제의 혁신

2004년에 온라인 소매 플랫폼 타오바오의 결제 시스템으로 알리페이가 탄생했다. 당시 중국의 온라인 상거래는 초창기였기 때문에 온라인 구매자와 판매자 사이의 신뢰 부족이 큰 걸림돌이었다. 알리페이는 제3자로서 구매자가 결제한 금액을 보관하고 있다가 구매자가 상품을 정상적으로 수령한 것을 확인한 후에만 판매자에게 지급하는 방식으로 설계되었다. 알리페이는 거래 당사자 간의 신뢰 부족 문제를 해결하면서 엄청나게 성장했고, 곧 알리바바 생태계 외부의 다른 플랫폼에서도 알리바바를 결제 시스템으로 채택하는 상황까지 이어졌다.

알리페이는 결제 수단(휴대전화의 형태로)을 고객의 손에 쥐여주고 판매자에게는 QR(QR 코드는 기계 판독이 가능한 매트릭스 바코드인 '빠른 응답 코드Quick Response code'의 약자다) 리더기만 있으면 되는 QR 코드 기반 결제 기술 등의 혁신에서 핵심적인 역할을 해왔다. 이로써 판매자는 오프라인 상태이거나 인터넷이나 휴대전화 연결이 안정적이지 않은 때에도 결제를 처리할 수 있다. 또한 QR 리더는 직불카드나 신용카드와 관련된 POS 프로세서에 비해 설치와 유지 관리에 드는 비용이 훨씬 저렴하다.

알리페이의 성공은 경쟁을 촉발했다. 텐센트Tencent가 내놓은 위챗페이WeChat Pay는 중국의 왓츠앱WhatsApp으로 불리는 소셜 네트워크 시스템, 위챗WeChat(2011년에 설립)의 결제 기능이다. 2013년에 출시된 위챗페이는 초반에는 P2P 송금과 애플리케이션 내의 구매를 지원하기 위해 만들어졌다. 텐센트는 모바일 상거래의 물결에 편승해 입지를 확장할 수 있는 기회를 발견했고, 빠르게 여러 기능을 추가해 위챗페이가 알리페이와 경쟁할 수 있도록 했다. 은행 계좌에 연결된 위챗 결제 계정은 현재 거의 모든 제품이나 서비스에 대한 디지털 결제에 널리 사용되고 있다.

2014년 중국 춘절 당시, 위챗은 명절에 친구나 가족 간에 돈 봉투를 주고받는 중국 전통을 본떠 가상의 빨간 봉투(훙바오紅包)를 나눠주는 기능을 도입했다. 흥미와 예측불허의 요소를 더하기 위해 그룹으로 전송된 돈을 무작위로 분배할 수도 있다. 이 기능은 시청률이 높은 중국 중앙텔레비전의 신년 축하 방송에서 상금을 주는 판촉 활동으로 처음 선보였다. 이 기능이 출시된 이후 24시간 만에 1,600만 개의 빨간 봉투가 발송되었고, 한 달 만에 위챗페이의 사용자 기반이 3천만 명에서 1억 명으로 늘어난 것으로 추산되었다. 2017년에는

그림 3.3 QR 코드 리더를 통한 결제

　　　　　　핀테크 혁신

연휴 기간 동안 460억 개의 빨간 봉투가 전송되었다.

사용 편의성과 높은 신뢰도 외에 중국 디지털 결제의 핵심적인 특징은 저렴한 비용이다. 비용이 낮기 때문에 노점상에서 과일 한 조각이나 만두를 사는 소액 거래에도 이런 결제를 사용할 수 있다. 판매자가 알리페이와 위챗페이에 지불하는 수수료는 명목상 거래 금액의 0.6%지만 두 플랫폼 모두 판매자의 월 거래량이 일정 기준 이하인 경우 수수료를 환급해준다. 대량 구매 시의 할인을 적용하면 실제 수수료가 거래 금액의 평균 0.4% 정도에 불과하다. 이는 신용카드가 디지털 결제를 지배하는 미국의 높은 소매결제 비용과 대조되는 모습이다. 미국의 소규모 비즈니스들 사이에서 모바일 신용카드 리더기의 인기가 높아지고는 있지만, 결제 처리업체들은 거래 금액의 2.5~3% 정도의 월 수수료를 부과하며, 이 수수료는 신용카드 회사에 환전 수수료를 지급하고 신용카드 네트워크에 평가 수수료를 지불하는 데 사용된다.

이런 식의 비용 차이가 지속되는 이유는 무엇일까? 우선, 미국의 신용카드 발급 회사들은 효과적으로 고객을 끌어들여 그들이 회사를 옹호하게 만들어왔다. 미국의 주요 신용카드 대부분이 캐시백 서비스나 기타 유형의 보상을 제공해 고객이 신용카드를 열심히 사용하게 하고, 판매자로 하여금 고객과의 거래를 놓치는 데 대한 두려움 때문에 카드를 받을 수밖에 없게 만든다. 반면 알리페이와 위챗페이는 각 거래에 대한 이윤이 무척 적기 때문에 정기적인 보상 프로그램이 없다.

사실상 중국의 디지털 결제 플랫폼은 기존 은행의 수익성이 높은 소매결제 승인 사업을 약화하는 유사 시스템을 만든 셈이다. 미국의 고객과 달리 중국의 고객은 카드를 주요 결제 수단으로 채택한 적이 없었다. 2019년에 중국에는 활성화 상태의 은행 카드가 84억 개였지만 이 중 신용카드는 7억 개에 불과했다. 나머지는 결제보다는 주로 임금이나 보조금을 받는 데 사용되는 직불카드였다. (중국 가정은 여러 개의 은행 계좌를 보유하는 경향이 있고 이 때문에 카드 수가 많다.) 중국의 판매자들은 다른 디지털 결제 시스템을 채택할 때보다 높은 수수료 때문에 POS 프로세서의 도입을 꺼려왔다. 2019년에 중국의 POS 프로세서는 3,100만 개에 불과했는데, 이는 84억 장의 카드를 보유한 나라에서 볼 때 상당히 낮은 수준이며, 그마저도 계속 감소하고 있다.

중국의 결제 시스템은 광범위하게 사용되는데도 불구하고 선진국에서 만연한 카드 사기의 문제를 관리하는 일에서도 우수한 성과를 거두고 있다. 미국의 경우 2016년에 직불카드나 신용카드 거래의 0.07%가 사기로 보고되었다. 비율로는 수치가 미미하지만, 사기 거래 건수는 7,100만 건, 금액은 약 75억 달러에 달한다. 중국에서 은행 카드의 사기율은 거래의 0.01%에 불과하지만, 이는 여전히 100만 건 중 약 100건이 사기 거래라는 것을 의미한다. 알리페이는 2019년에 거래 10억 건당 사기율이 100건 미만으로 대단히 낮았다고 보고했다. 이는 알리페이의 기술에 대한 투자와 폐쇄적 결제 시스템(앤트 계정에 있는 돈은 알리페이에서만 결제 대금으로 사용하고 있다)의 강점을 반영한 결과일 것이다. 중국의 중앙은행은 이런 결제 시스템에 대한 신뢰를 더욱 높이기 위해 대부분의 경우 사기로 인한 고객의 손실을 플랫폼에서 배상하도록 하고 있다.

중국의 소매 디지털 결제 환경은 현재 대부분 알리페이와 위챗페이의 손안에 있다(유니온페이UnionPay는 3위). 2019년 중반 중국 모바일 결제 시장의 약 54%는 알리페이가, 40%는 위챗페이가 점유하고 있었다. 그 규모를 가늠해보자면, 2019년에 알리페이는 8억 2,400만 명의 활성 사용자를 보유하고 2,200억 건 이상의 거래를 처리했고, 중국 내 비은행 모바일 결제액 약 220조 위안(34조 달러)의 절반 이상을 관리했다. 이 중 39조 위안(6조 달러)이 소비자 구매에 해당되었다. 이와 비교하면, 같은 해 페이팔의 활성 사용자 수는 3억 5천만 명, 처리 거래 건수는 124억 건, 총 결제액은 7,120억 달러였다. 현재는 알리페이와 위챗페이를 통해 사용자 계정을 아메리칸 익스프레스, 디스커버Discover, 마스터카드, 비자에서 발급한 국제은행 카드와 연결할 수 있다. 이는 해외에서 발급된 카드 소지가가 알리페이나 위챗페이를 받는 가맹점에서 결제를 할 수 있다는 의미다.

인디아 스택

결제 혁명은 인도에서도 일어났다. 인도는 1인당 국민소득이 중국의 5분의 1 정도이고 금융의 발전이 미비하고 가난한 나라다. 인도는 국민의 디지털 결제 이용을 늘리고 금융 포용을 보다 광범위하게 확대하는 일에서 다른 나라들보다 포괄적인 접근방식을 취하고 있다.

2009년에 인도는 전 국민에게 생체인식 정보가 담긴 번호를 부여하는 세계 최초의 계획을 시작했다. 아다르Aadhaar('토대'라는 의미)라는 이름의 이 프로그램은 각 시민에게 고유한 디지털 식별자를 제공하는 '신원 레일identity rail'을 만들었다. 이로써 누구나 쉽게 은행 계좌를 얻을 수 있게 되었다. 이후 정부는 결제 제공업체가 쉽게 진입할 수 있는 개방형 공공 디지털 인프라를 만들어 혁신을 장려하고 경쟁을 촉진했다. 이 '결제 레일payment rail', 즉 통합결제인터페이스Unified Payments Interface, UPI는 상호 정보교환이 가능하다. 이는 다양한 결제 서비스 제공업체와 금융기관에 걸친 원활한 거래가 가능하다는 의미다. 이런 접근방식은 현재 중국과 같은 나라에서 소매결제를 지배하는 독립형 민간 결제 제공업체와 다르다. 세 번째 요소는 공인 계정 애그리게이터authorized account aggregator(애그리게이터는 여러 회사의 상품이나 서비스에 대한 정보를 모아 하나의 웹사이트에서 제공하는 인터넷 회사–옮긴이)의 관리를 받는 '데이터 공유 레일data-sharing rail'로, 이를 통해 개인이 자신의 디지털 데이터 레일을 통제하고 그 정보를 사용해 대출과 같은 금융서비스와 금융상품을 이용할 수 있다.

이 세 가지 요소를 종합하면 저소득 가구와 농촌 가구도 광범위한 금융상품과 서비스를 쉽게 이용할 수 있다. 모듈식 특성으로 '인디아 스택India Stack'이라고 알려진 이 공공 디지털 인프라는 그 다양한 부분에 민간의 기술혁신을 연결할 수 있다. 계정 소유자의 생체인식, UPI 참여자의 공인 인증, 계정 애그리게이터 면허는 규제 감독을 유지하는 데 도움이 된다. 인도 정부는 개인정보 보호에 대한 우려를 덜기 위해 고객이 알고 동의하는 때에만 고객 데이터를 공유할 수 있도록 의무화함으로써, 침해적으로 보일 수 있었던 정부 프로그램에 대한 신뢰를 구축했다. 이처럼 인도는 정부가 크고 작은 혁신가들이 공평한 경쟁의 장에서 민간 주도의 혁신이 번창할 수 있도록 하는 기술과 규제 인프라를 구축하는 데 건설적인 역할을 할 수 있다는 것을 보여주었다.

인도는 자체적인 결제 혁신 업체들도 보유하고 있다. 2010년에 선불 휴대전화 카드 충전 플랫폼으로 만들어진 페이티엠Paytm은 소박하게 시작했으나 이후 1억 4천만 명 이상의 활성 사용자와 1,600 만 개의 가맹점을 연결하는 인도 최대의 결제 중개 사업체로 성장했다. 2020년에는 70억 건이 넘는 거래를 성사시켰고 총금액은 750억 달러를 넘어섰다. 페이티엠은 판매자가 수수료 없이 은행 계좌로 직접 결제를 받을 수 있기 때문에 가입 유인誘因이 강하다. 버스나 기차표, 공과금, 기타 서비스를 전자 방식으로 결제하는 데에도 페이티엠을 사용할 수 있기 때문에 고객이 이런 거래를 위해 줄을 서서 오래 기다릴 필요가 없어졌다. 페이티엠은 인도 내 QR 기반 모바일 결제를 개척했다. 또한 금을 좋아하는 인도 가정의 수요에 맞는 상품도 개발했다. 2017년에 순금을 온라인에서 1루피(2센트 미만) 정도의 소량으로 구매할 수 있는 상품인 페이티엠 골드Paytm Gold를 출시한 것이다.

기업 대상 디지털 결제 서비스

결제 시스템의 후위에서도 상당한 진전이 있었다. 기업들이 결제를 주고받는 데 사용하는 온라인 결제 처리 시스템에도 새로운 기업들이 눈에 잘 띄지는 않지만 중요한 혁신을 일으키고 있는 것이다. 이런 변화를 통해 소규모 기업도 저렴한 비용의 결제 처리 시스템을 더 쉽게 이용할 수 있게 되었다.

미국의 경우 스트라이프Stripe가 2011년에 출시된 이후 선도적인 결제 서비스 제공업체가 되었다. 스트라이프는 마스터카드나 비자와 달리 결제 네트워크를 갖고 있지 않으며, 고객에게 온라인 결제를 간소화하고 사기 방지, 과금, 규제, 데이터 분석과 같은 전문 서비스를 지원하는 플랫폼을 제공한다. 레이더Radar라는 애드온 애플리케이션은 의심스러운 거래와 사기 결제를 찾아낼 수 있는 머신러닝 알고리즘을 사용해 사기를 줄이는 데 기여한다. 커넥트Connect라는 서비스는 차량 공유 및 크라우드펀딩과 같은 '다면 마켓플레이스multisided marketplace'를 구축하고 관리하는 데 도움을 주기 때문에, 고객은 구매자와 판매자 간에 짝을 지어주는 기술만 개발하면 된다.

스트라이프의 고객으로는 소규모 업체부터 아마존, 구글, 세일즈포스Salesforce, 우버, 디디DiDi, 질로Zillow와 같은 거대 기업까지 120여 개국에 수백만 개의 기업이 있다. 또 다른 미국의 결제 서비스 제공업체 스퀘어Square는 온라인 상거래 플랫폼, 급여 관리, 비즈니스 대출, 기프트 카드 등으로 사업을 확장했다. 이런 지원 서비스는 사업 규모에 따라 쉽게 확장하거나 축소할 수 있다. 예를 들어 스퀘어 로열티Square Loyalty를 사용하면 소규모 기업도 정보 기술 리소스에 대한 별도의 투자 없이 손쉽게 맞춤형 로열티 프로그램을 만들어 구매 내역 데이터를 유지하고 보상을 관리할 수 있다.

이 부분에서 조사한 모든 발전의 결론은 디지털 결제가 경제의 규모와 빈부를 막론하고 경제 전반에 보편화되고 있다는 것이다. 이런 변화의 일부를 신흥경제국이 주도하고 있다는 것은 놀라운 일이다. 새로운 결제 기술에는 새로운 물리적 인프라가 필요하지 않으며, 효율성, 저렴한 비용, 사용 편의성 덕분에 소비자와 기업 모두가 혜택을 보고 있다.

국제결제와 송금

국제결제에는 특유의 과제가 있다. 2개 이상의 국가에 있는 금융기관이 관여하고, 돈이 별도의 국가 결제 시스템을 통과해야 하며, 국경 간의 금융 흐름에 영향을 미치는 다양한 규제 요건이 존재하기 때문이다. 결과적으로 이런 결제는 비용이 많이 들고, 느리고, 비효율적인 경향이 있다. 복잡성의 또 다른 원인은 국경 간 결제에서 통화 간 환율이 관련된다는 데 있다. 한 통화에서 다른 통화로 소액을 환전할 경우 불균형하게 높은 수수료가 발생할 수 있다. 더구나 거래가 결산되기까지 몇 시간, 때에 따라 며칠이 걸리는 경우, 거래가 시작된 시점부터 완료될 때까지 시장환율이 크게 달라질 수 있다. 이런 경우 특정 결제에 어떤 환율을 적용해야 할까? 이런 문제들에 규정을 적용하고 국가 간 조율을 거치는 것은 쉽지 않은 일이다. 따라서 핀테크가 이런 복잡한 문제를 해결하고 국제결제 환경을 변화시키는 데 국내 결제보다 잠재력이 훨씬 클 수 있다.

리플이 파도를 만들다

리플Ripple(단어 자체의 의미는 잔물결-옮긴이)은 은행, 결제 서비스 제공업체, 기타 금융기관이 전 세계에 걸쳐 효율적이고 신속하게 결제를 주고받게 하는 디지털 결제 처리 시스템이다. (리플은 시스템을 운영하는 회사의 이름이기도 하지만 이 회사가 관리하는, 때로 XRP라고 불리는 암호화폐의 이름이기도 하다. 이에 대해서는 5장에서 더 자세히 다룬다.) 금융기관의 리플넷RippleNet 네트워크는 표준화된 일련의 규칙에 따라 운영되며, 이 기술은 결제의 발신자로부터 수신자까지 이르는 네트워크에서 가장 효율적인 경로를 빠르게 찾을 수 있는 것으로 알려져 있다. 경로가 선택되면 즉시 낮은 수수료로 결제가 청산·결산된다. 결제가 전송되기 전에 거래 당사자의 수에 관계없이 거래의 모든 구간이 통과냐 실패냐의 단일한 결과로 보호되기 때문에 이런 일이 가능하다. 원칙적으로 탈중앙화된 네트워크의 특성 때문에 실패가 발생할 가능성이 적으며, 공통 프로토콜을 통해 새로운 기관을 네트워크에 쉽게 추가해서 이들 기관이 서로 통신할 수 있게 한다. 네트워크가 탈중앙화되어 있긴 하지만, 거래는 신뢰할 수 있는 노드, 즉 리플이 승인한 특정 기관에 의해 인증되므로 모든 참여자가 네트워크를 더욱 신뢰하게 된다.

사실상 리플은 국제금융거래를 위한 표준화된 프로토콜을 제공한다. 널리 사용되는 SWIFT 시스템이 메시징 기능만 갖고 있는 것과 달리 리플은 자금 송금의 방법을 제공함은 물론이고 결제 청산과 결산 방법도 제공한다. 리플넷은 x커런트xCurrent(은행을 위한 결제 처리 시스템), x래피드xRapid(금융기관이 유동성 비용을 최소화함과 동시에 리플넷의 토종 암호화폐 XRP를 법정화폐에서 다른 법정화폐로 연결하는 다리로 사용하게 한다), x비아xVia(기업이 리플넷을 통해 결제할 수 있도록 한다) 등 국경 간 결제를 용이하게 하는 여러 요소를 채용한다. 이런 요소를 통해 금융기관은 수수료, 환율, 결제 세부 정보, 예상 자금 인도 시간 등의 정보를 쉽게 교환할 수 있으므로 거래의 총비용과 결제 수신자가 실제로 받게 될 금액을 명확하게 파악할 수 있다. 이 일이 당연한 것처럼 들리는가? 하지만 전통적인 결제 방법과 채널을 사용하는 고객은 이런 정보를 적기에 쉽게 얻을 수가 없다.

리플은 XRP 원장을 사용해 4초 이내에 국제결제를 결산하고 초당 1,500건 이상의 거래를 처리할 수 있다고 말한다. 이 네트워크는 거래 처리 속도의 측면에서 다른 주요 결제 네트워크와 경쟁할 수 있는 잠재력을 갖고 있다. 예를 들어 비자는 초당 약 6만 5천 건의 거래를 처리할 수 있다. 2021년 초까지 전 세계 300개 이상의 금융기관이 리플넷에 가입하긴 했지만, 이것이 반드시 이 네트워크를 통해 많은 결제를 전송한다는 의미는 아니다. 초기에는 관심이 컸지만, 리플의 주요 후원자들조차 추가 테스트가 필요하다고 보고 XRP를 뒷받침하는 핵심 기술의 채택을 망설이고 있다는 사실이 드러났다. 리플의 초기 투자자였던 스페인의 산탄데르은행Santander Bank은 2020년 말에 국제결제 네트워크의 대규모 업그레이드에 XRP를 사용하지 않겠다는 결정을 내렸다.

송금 서비스 경쟁

개인이든 기업이든 기존 국경 간 송금에는 많은 비용이 든다. 송금, 즉 해외 이주자가 본국으로 송금하는 자금은 개인 송금의 대부분을 차지한다. 세계은행에 따르면 2019년 중·저소득 국가로의 연간 송금액은 5,480억 달러에 달했다. 고소득 국가로 보내진 것까지 더하면 그 금액은 7,170억 달러에 달한다.

세계은행은 저·중소득 국가로의 전 세계 평균 송금 비용을 송금액의 7%로 추산한다. 사하라 이남 아프리카 내 저소득 국가의 경우 지역 내 송금 비용은 더 높아 송금액의 평균 9%에 달한다. 송금에 크게 의존하는 가난한 나라일수록 더 높은 비용을 감당하는 것처럼 보인다. 2020년에 아이티는 GDP의 5분의 2에 맞먹는 34억 달러의 송금을 받았다. 도미니카공화국과 같은 가까운 나라나 프랑스와 같은 먼 나라에서 일하는 아이티 노동자들은 가족에게 송금하는 돈의 약 8%를 수수료로 부담한다. 특히 송금과 관련해서는 국경 간 송금 분야에 발전의 큰 기회가 있음이 분명하다.

많은 기업이 이 기회를 활용하고 있다. 2011년 1월에 설립된 영국 기반의 온라인 송금 서비스, 와이즈Wise(과거 트랜스퍼와이즈TransferWise)는 54종의 통화를 취급한다. 2021년 초 이 회사는 1천만 명이 넘는 고객을 확보하고 매달 45억 파운드(약 60억 달러)의 거래를 처리했다. 와이즈는 각 거래에 대해 평균 약 0.7%의 수수료를 부과하며, 주요 통화만이 관여하는 거래의 경우 수수료는 0.4%까지 내려간다. 이회사에 따르면 거래의 3분의 1이 20초 이내에 완료된다고 한다. 이는 돈이 송금인의 은행을 떠난 것과 거의 동시에 다른 국가, 다른 통화로 수취인의 은행 계좌에 도착한다는 것을 의미한다. 거래의 4분의 3은 24시간 이내에 완료된다. 와이즈는 전 세계에 흩어져 있는 여러 통화의 재고를 보유하고 있으므로 비용이 많이 드는 중개업체에 의존하지 않고 환전이 가능하며, 따라서 더 경쟁력 있는 송금 환율을 제시할 수 있다.

또 다른 온라인 송금 서비스인 월드리밋WorldRemit은 전 세계 130개국에 70종의 통화를 이용한 송금을 가능하게 해준다. 송수신 국가의 조합에 따라 은행 계좌로 송금할 수도 있고, 현금으로 현지 현금 수령 대리점에 보내거나 방문 배달을 할 수도 있다. 또한 모바일 지갑으로 송금하거나, 휴대전화의 음성/데이터를 충전할 수도(이민자들이 고국에 있는 친구 및 가족과 연락을 유지하기 위해 선택하는 인기 있는 옵션) 있다. 실제로 이 서비스를 이용한 송금의 3분의 1은 휴대전화로 받기 때문에, 월드리밋은 자사가 현재 전 세계 모바일 지갑으로의 송금 분야에서 선두에 있다고 주장한다. 이 회사는 400만 명이 넘는 고객을 보유하고 있으며 플랫폼에서 이루어지는 송금의 90% 이상이 몇 분 내에 실행된다고 한다.

산탄데르은행의 유출 문서를 통해 이런 새로운 서비스가 기존 은행에 가하는 위협이 어느 정도인가가 드러났다. 이 문서에 따르면 산탄데르은행은 2016년 한 해 동안 국제 송금으로 6억 5천만 달러에 가까운 수익을 올렸다. 이 수익은 주로 고객에게 불리한 환율로 송금을 하고 높은 거래 수수료를 받은 결과였다. 송금으로 인한 이런 짭짤한 수익이 새로 진입한 업체로 인해 위협을 받자 산탄데르은행은 2020년에 자체적인 저가 국제결제 서비스인 파고FX PagoFX를 출시했다.

학비 송금에서 시작된 서비스

2009년에 가오 위퉁Gao Yutong의 부모는 그를 미국에 있는 사립 기숙학교에 보냈다. 중국인 유학생 대부분이 그렇듯이 교육비는 부모가 부담했다. 중국인 부모들은 보통 온라인으로 송금을 하거나 제3자 결제 프로세서third-party payment processor를 사용해 자녀의 해외 학비를 지불한다. 신용카드는 해외 거래 수수료가 높기 때문에 대개 기피하고, 교육기관에서도 수수료를 지불해야 하기 때문에 신용카드를 받지 않는 경우가 잦다. 가오의 어머니는 결제에 대한 정부 승인을 받고 은행 양식을 여러 개 작성하는 등 학비를 보내려고 대단히 번거로운 과정을 거쳤다.

어머니의 이야기를 들은 가오는 어머니의 수고를 덜고 어머니와 비슷한 처지인 다른 중국인 학생들의 부모도 도울 수 있는 방법을 찾기로 마음먹었다. 2013년에 그는 서던캘리포니아대학교 경영대학원에 입학했다. 경영학을 전공하면서 자신의 가족이 처한 상황이 유별난 것이 아니라는 것을 깨달은 그는 자신의 가족과 입장이 비슷한 중국인들을 도울 수 있는 상업적 기회를 발견했다. 그는 정부 승인 절차를 포함한, 중국에서 외국 교육기관으로의 학비 납부 절차를 쉽고 저렴하게 처리하는 스타트업을 공동으로 창립했다.

2013년에 가오는 핀테크 기업인 이지트랜스퍼Easy Transfer를 설립했다. 이 회사는 결제 절차를 간소화하고 절차가 온라인에서 전적으로 이루어지는 사용자 인터페이스를 갖고 있다. 이지트랜스퍼는 외환 쿼터(중국의 외환 쿼터는 1인당 연간 5만 달러로 미국 사립대학의 연간 등록금에 미치지 못하는 금액이다) 면제를 자동으로 신청한다. 이 플랫폼은 인공지능으로 환율을 예측하기 때문에 사용자가 위안화를 다른 통화로 송금할 때 최적의 시점을 택할 수 있다. 이 회사는 자사 플랫폼에서 결제하는 데 단 3분이 소요되며 최대 처리 수수료는 약 30달러라고 말한다. 이지트랜스퍼는 여러 거래를 묶어 파트너 은행에 보내기 때문에 개인적으로 처리할 때보다 수수료를 낮출 수 있다.

현재 이지트랜스퍼는 전 세계 30여 개국의 중국 학생들이 학비, 주거비, 기타 비용을 지불하는 데 사용되고 있다. 2019년에 약 10만 명의 사용자가 결제를 할 때 이 회사의 도움을 받았고 거래액은 100억 위안(약 14억 달러)에 달했다.

또 다른 기업 플라이와이어Flywire 역시 비슷한 서비스를 제공하는데, 이 기업은 해외 학비 결제에서 어려움을 겪은 유학생에 의해 시작되었다. 2008년에 스페인 출신의 이케르 마르카데Iker Marcaide는 매사추세츠 공과대학 입학을 앞두고 있었다. 그는 스페인 은행 계좌의 자금으로 MIT 등록금을 납부하는 데 따르는 높은 수수료, 불확실한 환율, 긴 절차에 불만을 느꼈다. 더구나 여러 단계의 결제 과정을 추적하기가 어려워서 납부 기한을 놓칠까 걱정이 되었다. 많은 다른 학생들을 위해 상황을 개선하기로 결심한 그는 몇 년 뒤 송금 절차를 더 저렴하고 간편하고 투명하게 만들기 위해 플라이와이어(초기 명칭은 피어트랜스퍼peerTransfer)를 설립했다. 이 회사는 은행과 전 세계 대학을 연결하는 소프트웨어를 통해 중개인을 없앰으로써 학생들이 낮은 수수료, 유리한 환율, 간편한 결제 추적의 혜택을 누릴 수 있게 한다.

　이 사례들은 기업가(혹은 기업가 정신을 갖춘 학생)가 결제나 기타 서비스에 대한 특정한 니즈를 명확하게 파악하고, 기존 제도의 제약과 정체를 극복하면서 이런 니즈를 충족할 수 있는 방법을 찾는다면 금융 기술을 통한 특정 니즈의 충족이 가능하다는 것을 보여준다.

스마트 자산 관리

가계, 특히 투자할 돈이 많은 부유한 가계의 투자 포트폴리오 관리는 큰 사업이다. 대부분의 상업은행과 투자은행은 조언을 제공하고 투자자를 대신해 투자를 하며 투자자의 금융 포트폴리오 관리를 돕는 전담 부서를 두고 있다. 이는 상당한 수수료를 창출하는 수익성이 좋은 사업이다.

인간 상담사가 제공하던(그리고 수수료를 받던) 종류의 투자은행 자문을 이제는 로봇이 제공한다. 투자 자문과 같은 서비스에는 인간의 손길이 중요하며 그것은 투자자의 개별 상황을 고려하지 않는 알고리즘이나 기계적인 규칙으로 대체할 수 없다는 것이 정말일까? 사실 개인 고객의 대부분이 기본적인 재무위험 관리 원칙을 적용한 개인화 포트폴리오를 쉽게 구성할 수 있다. 필요한 것은 위험회피 성향, 투자 기간, 예상 소득, 가구 구성, 세금 고려 사항을 결정하는 데 사용되는 표준화된 투자자 정보뿐이다. 물론 로봇 고문은 투자자에게 필요한 인적 상호작용이나 대면 상담이 주는 안정감은 줄 수 없다. 인공지능 기반의 자동화 고객 지원 핫라인을 이용해본 사람이라면 알겠지만, 일상적인 거래를 벗어나는 경우에는 로봇 상담사와의 상담이 상당한 불만과 불편을 초래하기도 한다. 하지만 로봇 상담사의 일관성, 신뢰성, 저렴한 비용으로 인해 결국에는 로봇 상담사가 승리할 가능성이 높아 보인다.

기술 발전은 전형적인 투자 관리사와의 경쟁을 두 가지 방식으로 촉진한다. 첫째는 비용을 낮추는 것이고, 둘째는 새로운 작고 민첩한 경쟁업체가 기존 업체의 비즈니스 모델에 도전할 수 있도록 진입 장벽을 낮추는 것이다.

온라인 거래 플랫폼인 로빈후드Robinhood는 주식, 뮤추얼펀드, 특정 파생상품 거래에 대한 수수료를 부과하지 않는다. 주식을 부분적으로 구매할 수도 있기 때문에 전체 주식을 구매하기가 부담스러운 주당 가격이 높은 회사에도 투자가 가능하다. 예를 들어 2020년 12월에 아마존 주식의 주당 가격은 3천 달러가 넘었다. 그러나 아마존이 팬데믹 기간 동안 번창하고 있는 몇 안 되는 기업 중 하나라는 사실을 알아차리고 여유 자금 500달러를 아마존 주식에 넣고 싶은 투자자도 있을 것이다. 로빈후드와 같은 회사는 이렇게 주식 전체를 살 여유가 없는 투자자가 아마존 주식을 부분적으로 보유할 수 있게 해 준다.

미국 증권사 찰스 슈와브Charles Schwab는 로빈후드처럼 새롭게 진입한 업체와의 경쟁으로 인해 2019년 10월에 고객에게 부과하던 주식, 펀드, 옵션 거래 수수료를 모두 없앤다고 발표했다. 찰스 슈와브의 이런 발표 이후 일주일 내에 이*트레이드E*TRADE, 인터랙티브브로커Interactive Brokers, TD아메리트레이드TD Ameritrade 등 다른 주요 증권사들도 거래 수수료를 0으로 낮췄다.

또 다른 스마트 투자고문인 플랫폼 웰스프론트Wealthfront는 2008년에 설립된 직후 프린스턴대학교 재무학 교수인 버턴 말키엘Burton Malkiel을 최고투자책임자로 영입했다. 1973년에 출간된 말키엘의 영향력 있는 저서 《랜덤워크 투자수업》은 40년 전 패시브 투자passive investing 혁명을 일으켰다. 그의 기본 논지는 일반 투자자의 경우 개별 증권을 거래하거나 적극적으로 관리되는 인덱스 펀드에 투자하는 것보다 저비용 인덱스 펀드를 매수·보유하는 것이 더 낫다는 것이다. 다른 금융자산들에 대한 일련의 신중한 투자가 약간의 이득을 낼 수 있지만, 높은 수수료와 거래 비용으로 인해 수익은 있다고 해도 크지 않을 것이다. 장기적으로는 저비용 펀드에 투자한 뒤 보유하는 전략의 수익률이 대부분의 투자 매니저가 내는 수익률보다 높은 것으로 밝혀졌다. 이런 투자 철학은 자동화된 투자 절차와 가장 잘 부합한다.

웰스프론트는 투자자가 명시한 위험 성향 등 몇 가지 매개변수를 고려한 뒤 알고리즘을 사용해 그 위험 수준에서 수익을 극대화하는 저비용 인덱스 펀드로 다각화된 포트폴리오를 만든다. 이 자동화된 절차와 낮은 수수료는 고객을 특정 펀드로 유도해 커미션을 받거나 고객의 거래 규모를 기반으로 돈을 버는 주식 중개인의 유인誘因과 큰 차이가 있다. 웰스프론트는 연간 0.25%의 자문 수수료를 청구하며 투자자는 거래 커미션, 인출 수수료, 최소 수수료, 이체 수수료를 지불할 필요가 없다. 2018년까지는 1만 달러 미만 계좌의 경우 자문 수수료마저 면제되었다. 이는 소액 계좌의 수익이 적다는 이유로 계좌 잔액이 정해진 금액 아래로 떨어지면 수수료를 부과하는 기존 은행의 관행과 정반대다. 베터멘트Betterment와 같은 다른 온라인 업체들도 커미션과 수수료가 낮은 다양한 투자 옵션을 제공한다.

웰스프론트와 베터먼트 같은 소매 투자사는 빠르게 성장했다. 설립하고 몇 년 지나지 않은 2020년에 이 두 회사가 관리하는 자산은 각각 200억 달러를 넘어섰다. 찰스 슈와브와 뱅가드 같은 기존 금융회사들도 로봇 상담사 계좌를 개설했지만, 이 계좌에 대해서는 최소액 요건(2021년 5월 현재 각각 5천 달러와 3천 달러)을 두는 경향이 있다. 이 두 기성 업체가 이 틈새를 얼마나 빨리 장악했는지를 보면 현직자 이익과 규모가 가진 힘이 어느 정도인지 알 수 있다. 슈와브는 자문 수수료를 부과하지 않으며 뱅가드는 0.15~0.20%의 수수료를 부과해 신규 진입자보다 금액이 낮다. 2020년 중반에 이 두 회사의 로봇 상담사 서비스가 관리하는 자산은 총 2천억 달러가 넘는다.

추정에 따르면 2020년 초 현재 약 6천억 달러의 자산이 현금 계좌, 재정 자문, 대출, 은퇴 서비스를 비롯해 다양한 서비스를 제공하는 로봇 상담사 계좌에 예치되어 있다. 어느 모로 보나 규모가 상당하지만, 전체 투자 상품 시장 규모와 비교하면 미미한 수준이다. 세계 최대 자산운용사인 블랙록Blackrock과 뱅가드 그룹은 2020년 12월 현재 약 16조 달러의 글로벌 자산을 관리하고 있다.

핀테크가 은행에 미치는 영향

은행에 대해 중상과 비방이 빗발치는데도 불구하고 그들은 모든 주요 경제국에서 여전히 결정적인 금융 중개자의 자리를 차지하고 있다. 따라서 핀테크의 발전이 이런 기관에 미치는 영향은 현 상황에 매우 큰 변화를 가져올 가능성이 높다. 이런 변화를 평가하기에 앞서 지난 10년 동안 은행이 어떻게 진화해왔는지 알아보자.

몸집이 커지는 은행

미국을 비롯한 주요 선진경제국 대부분에서는 2008~2009년의 글로벌 금융위기로 취약한 은행들이 일소되었다. 살아남지 못한 은행도 있었고 더 큰 은행에 흡수된 은행도 있었다. 그 결과 은행 시스템의 집중도가 크게 높아졌다. 이는 경쟁이 약화되고(은행 수로 측정) 은행의 평균적인 규모(자산의 가치로 측정)가 커졌다는 의미다.

이렇게 집중도가 높아지면서 '무너지기에는 너무 큰 은행'의 문제가 심화되었다. 2008년 9월에 리먼브라더스의 파산으로 인한 충격파가 금융위기를 촉발했다. 당시의 피해가 너무나 컸기 때문에 미 연준이 앞으로는 그런 대형 은행(상업은행이든 투자은행이든)의 파산을 두고 보지 않을 것이라는 명제가 타당한 것으로 받아들여졌다. 이 명제는 다른 나라에서도 마찬가지다. 그 어떤 중앙은행이 리먼 사태와 같은 일을 떠안고 싶을까? 무너지기에는 너무 큰 은행이라는 믿음 덕분에 예금자와 투자자가 대형 기관에 갖는 신뢰는 커졌고, 따라서 은행은 더 크게 성장하고, 더 많은 위험을 감수하며, 실패하지 않으리라는 자기충족적 예언을 만들어내게 되었다. 이런 상황이 여러 나라에서 반복되면서 소규모 은행은 과거보다 훨씬 더 치열한 경쟁에 직면하고 있다.

공정을 기하기 위해 이야기하자면, 미 연준을 비롯한 중앙은행들은 대형 은행의 대차대조표를 면밀히 조사하고 더 많은 주주자본의 보유를 요구하는 등 대형 은행을 통제하기 위한 조치를 취했다. 자본금이 많다는 것은 은행이 손실(은행의 주주들은 부실채권으로 인한 손실에서 가장 먼저 가장 큰 타격을 받는다)을 흡수할 수 있는 보다 큰 완충장치를 보유하고 있다는 의미다. 은행이 손실을 메우려고 자산을 매각할 필요가 없기 때문에 은행이 파산할 가능성이 줄어든다.

하지만 은행 시스템의 집중은 대형 은행이 예금자와 차입자에게 조건을 내걸 힘이 더 많다는 것을 의미한다. 이런 상황에서는 새로운 은행이 등장해 기존 은행과 효과적으로 경쟁하기가 더 어렵다. 미국의 상업은행 수는 1984년에 1만 1천여 개에서 2018년에는 5천여 개로 감소한 반면, 상위 4개 은행의 예금시장 점유율은 같은 기간에 15%에서 44%로 증가했다.

현재는 핀테크 기업이 이런 경쟁의 장에 나섰다. 핀테크 기업은 전통적인 은행은 아니지만 은행의 기능 일부를 넘겨받는다. 핀테크 기업은 기술 솔루션을 활용할 수 있기 때문에 규모가 작아도 많지 않은 초기 사업 비용으로 뱅킹과 기타 금융 서비스를 제공할 수 있다.

은행이 마주한 도전

빌 게이츠는 "은행업은 필요하지만 은행은 필요치 않다"라고 말했다고 한다. 은행의 전통적 역할, 즉 예금과 대출을 통해 저축자와 차입자 사이를 중개하는 일은 더 직접적인 중개 채널로 뒤집힐 수 있다. 은행의 두 가지 핵심 기능인 만기 전환과 정보 비대칭성 완화가 기술을 통해 달성될 수 있는지 여부에 따라 상업은행이 경제에서 대체될지 아니면 대안적인 역할로 전환할지가 결정될 것이다.

개인과 기업에 대한 데이터가 늘어날수록 디지털 플랫폼을 통한 금융거래가 더 많아지고, 알고리즘(알고리즘 작성도 자동화될 수 있다)을 사용해 이런 데이터를 채굴하는 비용이 저렴해질수록 정보 비대칭성을 개선하는 은행의 전통적 역할을 다른 중개자들이 더 쉽게 맡을 수 있다. 이는 은행, 특히 중소형 은행의 비즈니스 모델의 핵심 요소 중 하나인 은행원과의 공식적, 비공식적 관계를 비롯한 다양한 거래를 통해 얻은 고객 정보에 의존하는 요소를 약화한다. 마찬가지로, 새로운 기술은 렌딩클럽, 렌딩트리와 같은 온라인 플랫폼과 크라우드펀딩 플랫폼을 포함해 P2P 대출, 기타 저축자와 차입자 간의 직접 중개 채널을 가능하게 한다.

따라서 상업은행은 전통적으로 누려온 이점을 이제는 당연시할 수 없게 되었다. 그러나 금융중개의 대안적 채널은 개념 증명 단계를 넘어섰을 뿐 상업은행을 위협할 정도로 확장될 수 있을지는 아직 미

지수다. 특히 만기 전환은 금융기관의 활동 중에서도 본질적인 위험을 안고 있으며, 비공식 기관이 이 일을 해낼 수 있는 범위에는 한계가 있을 것이다. 어쨌든 은행은 지금까지 비효율적으로 일을 하면서도 시장 지배력을 악용해 높은 수수료를 부과해왔지만, 이제는 다양한 중개 활동에 대한 경제지대를 기대할 수 없게 되었다. 비은행 기관의 경쟁 압력은 이런 경제지대를 잠식할 것이고 이에 특정 활동에서 얻은 수익으로 기본 예금 유지 등 비용이 높고 이익률이 낮은 다른 활동을 메꾼 은행들은 점차 재정적 압박이 더 커질 것이다.

먼 미래에나 가능할지도 모르겠으나, 더욱 현저한 전환이 있을 수도 있다. 두 영역을 생각해보자. 첫째, 만기 전환의 문제다. 이는 데이터와 기술만으로는 해결하기가 어렵다. 시간적 차원이 관여하면 일이 훨씬 복잡해지기 때문이다. 그렇지만 이것 역시 기술을 사용해 개선할 수 있다. 우버는 공간적 차원에서 승객과 운전사를 매칭할 수 있다. 시간적 차원에서도 비슷한 매칭 기술을 쓸 수 있을 것이다. 둘째, 은행이 화폐 없이 은행 업무를 하는 것도 가능할까? 우버는 세계 최대의 택시 회사지만 실제 택시를 단 한 대도 보유하지 않는다. 에어비앤비는 전 세계에 어떤 호텔 체인보다 많은 방을 보유하고 있지만 고객이 웹사이트를 통해 빌리는 부동산 중 회사가 소유한 것은 하나도 없다. 실제로 P2P 대출 플랫폼은 이미 이 두 가지 문제와 전면에서 맞서고 있고, 따라서 이런 전환이 상당히 가까이에 있다고 주장할 수도 있다.

투자은행도 위협받을까?

핀테크의 출현이 투자은행에도 상업은행의 경우와 같은 종류의 실존적 위험을 초래할까? 투자은행은 자동화할 수 없는 특수한 기능을 제공한다고들 한다. 각각의 인수합병 거래, 새로운 증권화 상품, 주문형 금융 파생상품 거래에는 표준 템플릿에 맞추기 어려운 그만의 특징과 특수성이 있다. 기술은 기업의 재무제표를 더 빨리 평가하고 다양한 위험 시나리오를 개발하는 데 유용할 수는 있지만, 데이터를 해석하는 데에는 여전히 사람의 경험과 직관이 필수적이다.

하지만 투자은행이 제공하는 기능 중에는 빅데이터와 인공지능의 결합으로 대체할 수 있는 것도 있다. 투자은행이 일상적으로 고객에게 제공하는 리서치를 예로 들어보자. 리서치에는 상장기업이 제공하는 수익 보고서나 정부 통계 기관이나 중앙은행이 발표하는 거시경제 데이터의 해석이 포함되어 있다. 이미 많은 금융회사가 인공지능을 사용해 이런 실적 보고서나 데이터가 발표되는 즉시 분석 보고서를 만들어낸다. 이런 보고서는 해당 기업의 데이터를 사용해 역사적 분석을 제공하고, 해당 산업이나 전체 경제의 다른 기업이 겪고 있는 상황의 맥락에서 데이터를 해석하고 예측을 제공할 수 있다. 인간 연구원보다 훨씬 빠른 속도로 말이다.

물론 아무리 정교한 인공지능 알고리즘이라도 하나의 데이터 조각과 산업이나 경제 전반에 일어나는 명확치 않은 일들 사이에 연결고리를 만들거나, 선견지명이 있는 기발한 데이터 해석을 제공하는 데에는 능숙하지 않을 수 있다. 하지만 이 점은 다른 방향으로도 해석할 수 있다. 감정과 개인적인 편견을 제거하면 예측 가치가 더 높은 데이터 해석을 얻을 수도 있기 때문이다.

일부 은행의 태도 변화

일부 상업은행과 투자은행은 저비용 스타트업과 같은 영역에서 경쟁할 수 있는 부수적인 장치를 마련해 새로운 경쟁에 대응하고 있다, 핵심 비즈니스 모델을 그대로 유지하는 한편 전혀 다른 차원에서 경쟁에 뛰어들고자 하는 것이다. 그 한 예가 골드만삭스의 마커스Marcus다. 마커스는 최소 잔액과 수수료가 없는 온라인 저축 계좌나 정기예금, 양도성 예금증서와 수수료 없는 고정금리 개인 대출을 제공한다. 오프라인 지점이 없는 마커스의 웹사이트는 자사가 P2P 대출업체가 아니며 마커스의 대출은 미국 골드만삭스 은행에서 나온다고 강조한다. 골드만삭스 은행은 연방예금보험공사의 회원사이기 때문에 마커스의 예금은 전부 다른 연방예금보험공사 보험 가입 은행에 적용되는 것과 동일한 한도까지 예금보험의 보호를 받는다.

대형 은행들은 핀테크 스타트업과의 제휴에 대해 고수익 사업을 유지하면서 비용을 절감해 저수익 사업에도 참여하게 하는 다각화 전략이라고 보는 듯하다. 기존 은행은 핀테크와의 제휴로 자사 대출 프로그램의 효율성을 개선하는 데에 도움을 받을 수도 있다. 예를 들어 2015년에 JP모건 체이스JPMorgan Chase는 미국, 캐나다, 오스트레일리아에서 소규모 기업에 자금을 조달하는 핀테크 기업인 온데크OnDeck와 제휴를 맺었다. 대출을 제공하는 것은 체이스지만 대출을 처리하고 승인하는 데에는 온데크의 여신 기술을 사용하며, 대출 서비스에도 온데크를 사용했다. 이 파트너십은 2019년에 체이스가 소규모 기업 대출을 위한 자체 플랫폼으로 전환하기로 결정하면서 종료되었다.

혁신의 혜택과 위험

이전의 기술 발전이 금융의 특정 요소를 현대화했다면, 핀테크 혁명은 그것과는 한 가지 중요한 측면에서 차이가 있다. 이 최신의 혁명은 금융시장과 금융기관의 모든 측면을 건드린다. 핀테크 혁명은 경제적 약자에게 금융 시스템을 이용할 수 있게 한다는 점에서 금융 민주화의 여지가 있다. 이 혁명은 비용은 낮고 효율은 높은 금융 중개를 약속하고 전달하기 시작했다. 새로운 유형의 비은행과 비공식 금융기관의 부상은 저축자와 대출자를 위한 새로운 상품을 만드는 데 도움이 되었다. 이런 기관이 상업은행을 대체할지, 혹은 경제에서 금융 중개 채널을 확장할지는 현재로서는 결론을 내릴 수 없는 문제다.

새로운 기술은 저소득 가구가 더 높은 수익과 더 나은 저축으로 다각화할 수 있는 금융상품과 서비스를 이용할 수 있게 해주고, 신용을 더 쉽게 이용할 수 있게 해 일시적인 소득 충격을 완화함으로써 금융 포용을 향상할 것이다. 은행, 기타 대출기관이 신용위험을 평가하는 더 나은 방법을 갖게 되면 담보의 필요성이 줄어들면서 소규모 기업활동에서의 가장 큰 제약이 해소될 수 있다.

핀테크의 매력적인 측면은 제한적이나마 빈곤층과 부유층, 도시와 농촌, 문맹자와 반문맹자와 비문맹자 사이에 평등한 경쟁의 장을 만든다는 것이다. 이제 휴대전화만 있으면 기본적인 저비용 금융 서비스를 이용할 수 있다. 이는 근본적인 방식으로 금융을 민주화한다. 특히 정부 법령이 아닌 시장 중심의 접근법을 통해서 말이다.

개발도상국, 특히 중산층이 빠르게 성장하고 있는 중간 소득 국가가 핀테크 혁신을 주도하는 데에는 여러 가지 이유가 있다. 첫째,

기존 기술을 점진적으로 키워나가야 할 필요 없이 새로운 기술을 채택함으로써 선진국을 뛰어넘을 수 있다. 둘째, 중국과 인도 같은 국가의 경우 시장 규모가 크기 때문에 수수료가 아주 작더라도 거래 서비스의 확대를 통해 혁신기업이 상당한 수익을 챙길 수 있다. 셋째, 기존 기업의 정치적 영향력과 우세 때문에 신규 진입자의 침투가 어려운 선진국과는 달리 진보를 가로막는 강력한 기존 기업이 없을 수도 있다. 예를 들어 미국의 경우 은행과 신용카드 회사가 막대하고 효과적인 정치 로비의 도움으로 규제를 유리하게 왜곡할 수 있다. 넷째, 개발도상국의 정부 관리와 규제당국은 금융 서비스를 충분히 이용하지 못했던 방대한 인구에게 금융 서비스를 쉽게 이용할 수 있게 해준 혁신의 혜택이 특정 위험을 충분히 감수할 만한 가치가 있다는 점을 인정한 듯하다.

하지만 이 혁명을 과대평가해서는 안 된다. 상업은행과 같은 기존 은행은 이제 핀테크 대출업체와 더 많은 경쟁에 직면한 것이 분명하다. 그러나 핀테크 대출업체의 괄목할 만한 성장에도 불구하고 은행의 규모에 비해 핀테크 대출업체의 역할은 여전히 미미한 수준이다. 다만, 이런 성장의 일부가 기존 기관의 혜택을 받지 못했던 빈곤층 가계, 중소기업 등 경제의 일부에서 비롯되었다는 점은 긍정적으로 해석할 수 있다. 따라서 핀테크는 은행 및 기타 기존 업체로부터 시장점유율을 빼앗는 것이 아니라 금융 서비스 시장을 확장하고 있다. 금융 혜택을 받지 못하는 인구의 비율이 더 높은 신흥시장과 개발도상국에는 핀테크 대출업체가 더 큰 영향력을 발휘할 여지가 있다.

반짝인다고 모두 금은 아니다

하지만 핀테크는 현란함과 전망 외에 어두운 면도 갖고 있다. 새로운 기관들(일부는 단순한 기술 플랫폼)이 전통적인 은행들의 사업 영역으로 침범하면서 그런 사업 활동과 관련된 금융적 취약성을 떠안게 될 것이다. 진화하는 비즈니스 모델 중에는 검증되지 않은 것이 있으며 이들은 금융 시스템에 스트레스를 더할 수 있다. 어려운 시기라면 특히 더 그렇다. 비전통적 상품을 취급하는 새로운 업체가 규제 시스템의 균열로 빠져들면 그들과 일을 하는 고객은 정부가 부과한 안전망의 보호 없이 위험에 노출될 수 있다. 또한 금융혁신은 때때로 새로운 형태의 금융 사기를 감추는 은폐물의 역할을 하기도 한다. 뮌헨에 기반을 둔 국제결제 서비스 제공업체 와이어카드AG Wirecard AG가 눈에 띄게 부상했다가 2020년 6월에 파산 신청으로 극적인 결말을 맞이한 것은 경고성 사례 중 하나다. 이 사례는 9장에서 전 세계 정부와 중앙은행이 핀테크의 장점과 위험 사이의 균형을 어떻게 맞추고 있는지 진단하면서 더 자세히 분석할 것이다.

정부가 수행해야 할 적절한 역할이 무엇인가는 정말 복잡한 문제다. 미국을 비롯한 일부 선진국에서는 규제가 경제의 여러 부문에 걸쳐 기존 사업자를 보호하고 경쟁을 제한하는 경향이 있었다. 네트워크 효과와 시대에 뒤떨어진 반독점 규제로 인해 빅테크 기업들(아마존, 애플, 페이스북, 구글)이 각자의 영역을 장악하고 짓밟기 힘든 경쟁자들은 집어삼켜 버렸다. 미국의 금융 부문은 그 정도의 극단적인 집중도가 나타나지 않는다. 다만 주요 은행과 결제 서비스 제공업체가 소수라는 것만은 확실하다. 이들은 빅테크 기업과 같은 정도의 지배력을 행사하지는 않는다. 그럼에도 엄격한 규제 요건 때문에 금융시장에 진입 장벽이 형성되어 경쟁을 억누르고 있다.

반면 일부 국가의 느슨한 규제는 가계와 기업에 요긴한 혁신적인 금융상품과 서비스를 가진 기업이 제한 없이 진입할 수 있는 여지를 만들었다. 하지만 중국의 경우에서 봤듯이, 네트워크 효과는 새로운 진입자를 가로막는 거대 기업을 낳을 수 있다. 인도는 공공 부문의 최적의 역할은 민간 부문이 확실한 강점을 가진 영역에 직접 침범하기보다는 시장의 힘을 위한 건전한 토대를 제공하는 것이라고 인식함으로써 건실한 균형을 찾은 듯이 보인다. 인도 정부는 크고 작은 기업의 혁신을 가능케 하는 기술 인프라와 규제 인프라를 만들었다. 기존 기업과 잠재적 진입자 모두에게 공정한 경쟁의 장을 갖추었을 뿐만 아니라 고객의 권리를 보호하는 중요한 공공재를 구축한 것이다.

선진국과 개발도상국 모두가 가정과 소규모 기업에 금융혁신의 혜택과 위험을 교육해야 하는 과제에 직면했다. 위험에 대한 명확한 이해와 인식 없이 이런 혁신에 접근하는 것은 위험할 수 있다. 더 쉬운 신용의 이용가능성은 저소득 가정에는 요긴한 일이지만, 2000년대 중반 미국 주택시장 붕괴의 전조가 된 서브프라임 대출 붐과 마찬가지로 저소득 가정이 감당할 수 없는 상황에 제 발로 걸어 들어가게 될 수도 있다.

대중에게 저렴한 투자 기회를 제공한다는 플랫폼에도 득보다 실이 많을 수 있다. 2020년 12월에 로빈후드는 고객의 '커미션 없는' 거래를 회사에 더 높은 수수료를 지불하는 브로커에게로 유도해 고객이 더 불리한 가격으로 거래함으로써 수천만 달러의 손실을 입게 한 혐의로 미국 증권거래위원회에 6,500만 달러의 벌금을 냈다. 비숫한 시기, 매사추세츠주 증권 규제당국은 '게임화'전략gamification strategy(거래 활동과 다른 형태의 플랫폼 참여에 대한 온라인 보상을 주는 것)을 이용해 경험이 없는 투자자가 과도하게 거래를 하도록 장려하고 그런 투자자를 보호하기 위한 안전장치를 마련하지 않은 로빈후드를 상대로 소송을 시작했다. 아니나 다를까 로빈후드는 2021년 초에 비디오 게임 및 전자제품 소매업체 게임스톱GameStop의 주식을 둘러싼 투기 열풍에 휩싸였고 결국 이 플랫폼의 경험이 없는 수많은 투자자가 큰 손실을 보게 되었다. 금융 시스템의 새롭고 규제가 약한 부분으로 이동하는 위험을 관리하려면 금융 감독 및 규제 프레임워크의 구조가 빠르게 적응하고 진화해야 한다.

프라이버시를 내주다

또 다른 문제는 모르는 사이 핀테크의 제단에 프라이버시를 바치게 되는 상황이다. 거래의 디지털적 특성 때문에 많은 거래에 대한 추적과 기록이 쉬워졌다. 경우에 따라서는 결제 및 이체 내역이 대중이 볼 수 있게 공개되기도 한다. 앞서 언급한 미국의 인기 P2P 디지털 결제 시스템 벤모의 경우를 예로 들어보자. 우리 가족은 이 플랫폼을 사용해 개를 산책시켜주는 사람에게 비용을 지불하기 시작했고(코로나19 발생 이전의 일), 다른 서비스를 제공하는 사람에게도 이 플랫폼을 사용할 예정이었다. 그러던 중 벤모를 통해 개를 산책시켜주는 사람에게 돈을 보낸 사람의 신원을 모두 알 수 있다는 사실을 발견하고 당황했다. 이는 누구든지 우리가 벤모를 통해 돈을 주고받은 사용자를 전부 볼 수 있다는 것을 의미했다(금액은 드러나지 않지만). 다행히도 우리는 이 플랫폼에 자신의 결제 정보를 다른 사람에게 숨길 수 있는 개인정보 보호 옵션이 있다는 것을 알게 되었다. 하지만 그런 경우에도 벤모에서 결제를 주고받은 모든 '친구' 혹은 연락처의 목록을 볼 수 있다.

우리는 주변의 많은 사람이 자신의 벤모 거래가 다른 사람에게 드러난다는 점을 알지 못하거나 그 사실에 별 신경을 쓰지 않는 것 같다는 데 충격을 받았다. 네트워크 내에서 벤모 기반 금융거래를 한 사람(전화 연락처나 페이스북 친구)의 신원을 모두 알 수 있다는 개념은 이 플랫폼의 주요 사용자인 밀레니얼 세대에게 전혀 문제가 되지 않는다. 일상적인 금융거래에서 프라이버시를 포기하는 것을 불편하게 느끼는 사람도 있는 반면, 이 플랫폼의 많은 사용자가 이를 매력적인 기능으로 여기는 것 같다.

또 다른 예는 메트로마일Metromile이다. GPS 추적 기술을 사용해 마일당 보험료를 청구하는 이 회사는 보험 계약 차량이 언제 어디서 운행되었는지에 대한 정보를 수집한다. 이 회사는 "고객의 위치 정보 보호를 포함한 고객의 개인정보를 매우 중요하게" 생각하며 "전월 말일로부터 45일 내에 사내 서버에 있는 고객의 GPS 데이터를 삭제"할 것을 약속한다고 밝히고 있다. 동시에 약관은 보험 계약자와 "등록된 차량 소유자는 메트로마일의 데이터 사용을 영구적으로 허가한다. (…) 이런 데이터는 익명으로 사용될 수 있으며, 당사는 문서 혹은 데이터 보유 법률, 규칙, 규정, 회사 내부 정책의 요구에 따라 모든 데이터를 유지한다"라고 명시하고 있다.

달리 말해 정부의 명시적인 금지가 없는 한 메트로마일은 데이터를 원하는 만큼 오랫동안 보유하고 원하는 방식으로 사용할 수 있다는 것이다. 정부가 회사에 데이터 보관과 제출을 요구할 경우 회사는 기꺼이 그렇게 한다는 의미이기도 하다. 메트로마일만이 아니다. 거의 모든 기업이 수집한 데이터의 취급에 고귀한 동기를 내세우지만, 우편함이나 이메일 편지함에 도착하는 긴 개인보호 정책을 해독할 용감함과 무모함을 발휘한다면 회사가 고객에게서 수집한 데이터를 유지·사용하는 방법에 대한 통제나 규제가 거의 없다는 것을 알 수 있다.

권위주의 정부가 있는 나라에서는 이런 문제가 더 커진다. 중국 정부는 핀테크 플랫폼이 사용자에 대한 데이터를 사용하는 방식을 제한하는 개인정보 보호 조치를 시도했지만 이는 다른 정부의 우선사항과 충돌한다. 2014년에 중국의 주요 정책 결정 기관인 국무원은 "조화로운 사회주의 사회"를 뒷받침하는 종합 신용도 척도를 구축하기 위한 사회신용 시스템을 제안했다. 이것이 각 개인의 광범위한 사회적 신용점수(다양한 경제 및 기타 행동을 기반으로 한다)라는 결과로 이어질 것이라는 기대(혹은 우려)는 아직 실현되지 않았다. 하지만 중국 국민의 다양한 삶의 측면을 연결하는 구성 요소가 갖춰지고 있는 것만은 분명하다. 알리바바와 텐센트 같은 플랫폼이 중국인의 삶 전반에 보급되어 있고 이들 기업이 정부의 정보 요구를 따르는 데 저항하지 않으리라는 가능성을 고려하면, 이런 플랫폼이 언젠가 더 광범위한 감시 메커니즘의 일부가 되는 것도 완전히 허황한 상상만은 아니다.

핀테크는 삶의 일부가 될 것이다. 새로운 금융 기술은 엄청난 잠재적 혜택을 약속하지만 알려지지 않은 위험에 취약해 보이기도 한다. 핵심 과제는 혁신을 촉진하는 한편 미시적 위험을 관리하고 체계적 위험을 피하는 것이다. 물론 실천은 말보다 훨씬 어려울 것이다. 정부 규제당국의 역량과 전문지식이 제한적인 국가라면 특히 더 어렵다. 9장에서는 중앙은행과 규제기관이 어떻게 도전에 맞서고 있는지 살펴볼 것이다.

핀테크가 전통적인 금융 영역에서 초래한 변화의 와중에, 2008년에는 더 극적인 변화가 일어났다. 현대 화폐의 의미와 속성 자체를 뒤바꿀 여지가 있는, 그야말로 격변이었다. 인간의 독창성과 컴퓨팅 파워로 추진된 근본적인 변화를 보여주는 이 이야기에는 많은 우여곡절이 있다. 4장에서는 그 이야기를 계속할 것이다.

4

혁명을 일으키고는 주춤하는 비트코인

처음에는 아무것도 없었다. 다음 순간 모든 것이 있었다. 리처드 파워스 《오버스토리》

First there was nothing. Then there was everything.

Richard Powers, *The Overstory*

2008년 가을, 암호화폐 메일링 리스트의 한 게시물이 금융계에 혁명을 일으켰다. 사토시 나카모토Satoshi Nakamoto라는 이름의 사용자가 쓴 이 게시물의 내용은 이랬다. "나는 신뢰할 수 있는 제3자가 없는 완전한 P2P 방식의 새로운 전자 현금 시스템을 개발했다." 혁명은 빅뱅을 통해서가 아니라 백서, 즉 비트코인의 세부 사항을 설명한 9쪽짜리 제안서의 링크가 온라인에 게시되면서 시작되었다. 이 개념이 주목받기까지는 몇 년이 걸렸지만, 결국 비트코인과 그 기반이 되는 혁신적인 블록체인 기술은 암호화폐를 중심으로 한 열풍을 불러일으켰다. 비트코인의 궁극적인 운명이 무엇이든, 블록체인 기술은 비트코인의 영구적인 유산이 될 가능성이 높다. 이 책의 뒷부분에서는 블록체인이 벌써 금융, 화폐, 중앙은행에 어떤 변화를 일으키고 있는지, 기술이 성숙하고 경제활동의 여러 영역에 적용되면서 훨씬 더 광범위한 변화가 어떻게 일어날지 알아볼 것이다.

비트코인 백서는 시스템이 어떻게 움직이는지 설명하는 기술 문서일 뿐만 아니라 중앙은행과 상업은행을 비롯한 전통 금융을 겨냥한 성명이기도 하다. 나카모토는 이후 블로그에 게시한 글을 통해 백서의 주제를 더 자세히 설명한다. "기존 화폐의 근본적인 문제는 화폐가 작동하는 데 필요한 신뢰에 있다. 중앙은행이 통화의 가치를 떨어뜨리지 않을 것이라는 신뢰가 있어야 하지만, 법정화폐의 역사는 이런 신뢰를 저버린 사례로 가득하다. 우리의 돈을 보관하고 전자적으로 이체하려면 은행에 대한 신뢰가 필요하지만, 은행은 그 일부만을 준비금으로 유보한 채 신용의 거품 속에서 돈을 빌려준다. 우리는 은행을 믿고 개인정보를 맡겨야 하고, 은행이 신원 도용으로 계좌가 털리지 않게 하리라고 믿어야 한다. 또한 은행의 막대한 간접비용 때문에 소액결제는 불가능하다." 이어서 나카모토는 암호화 도구가 어떻게 신뢰할 수 있는 데이터 관리자의 필요성을 제거하는지 설명하고 "이제 돈에 대해서도 똑같이 할 때가 왔다. 암호화 증명을 기반으로 하는 전자화폐를 이용한다면 제3자 중개인을 신뢰할 필요 없이 돈을 안전하게 보호하고 손쉽게 거래할 수 있다"라고 한다.

비트코인은 거래 당사자의 디지털 신원에만 의존해 기존 기관과 정부의 통제 범위 밖에서 금융거래의 실행을 용이하게 하는 교환수단으로 고안되었다. 이런 목표는 실현되기가 어려워 보인다. 서로를 신뢰할 특별한 이유도 없고, 심지어 서로의 진짜 신원을 알지도 못하는 양 당사자가 신뢰할 수 있는 중개자 없이 이루어지는 거래를 어떻게 신뢰할 수 있을까? 비트코인 백서는 중앙은행과 같은 신뢰할 수 있는 제3자가 발행하는 실물화폐 고유의 신뢰 필요성을 해결하는 것이 모든 결제 메커니즘의 핵심이라고 말한다. "이런 비용과 결제의 불확실성은 실물화폐를 직접 사용하면 피할 수 있지만, 신뢰할 수 있는 당사자 없이 통신 채널을 통해 결제할 수 있는 메커니즘은 존재하지 않는다. 여기에서 필요한 것이 신뢰 대신 암호화 증명을 기반으로 하는 전자결제 시스템이며, 이를 통해 신뢰할 수 있는 제3자 없이도 임의의 양 당사자가 서로 직접 거래를 할 수 있다."

비트코인의 기본 논리는 공개 합의(네트워크에 참여하는 모든 참여자들 사이의 합의를 달성하는)가 신뢰를 대체해 정부나 상업은행과 같은 신뢰할 수 있는 당사자의 개입 없이도 결제의 유효성과 결산의 최종성이 모두 허용된다는 것이다. 이런 합의는 거래의 주요 세부 사항에 대한 높은 수준의 투명성을 통해 달성되며, 거래 당사자들은 디지털 신원(가명이라고 함)만 사용하므로 익명성을 유지할 수 있다. 이 기술의 메커니즘은 암호화 기술에 의지하며, 이 장에서 살펴볼 것처럼 정말 놀라운 개념적 혁신으로 짜여 있다.

완벽한 등장

비트코인 출시 발표의 타이밍은 그보다 좋을 수 없었다. 그다지 주목도가 높지 않은 가상의 사건이었는데도 말이다. 사토시 나카모토의 논문은 2008년 10월 말에 온라인에 게시되었고, 그때는 리먼브라더스(리먼브라더스는 미국의 모든 주요 금융기관, 해외 금융기관과 얽혀 금융 사업을 진행했던 상징적인 투자은행이다)가 파산을 선언하고 6주가 지나지 않은 시점이었다. 이미 은행 시스템과 경제에 엄청난 부담을 주고 있던 미국의 주택시장 침체에 이어진 사건이었다. 리먼의 파산은 금융 혼란을 촉발했고, 미국 금융 시스템의 붕괴가 임박한 것처럼 보였으며, 미국 경제와 국제금융 시스템도 함께 무너질 조짐을 보였다.

2008년 12월까지 미 연준은 주요 정책 금리인 할인율을 0%를 약간 상회하는 수준으로 인하했다. 경제가 심각한 위기에 처한 데다 금리를 더는 인하할 수 없자 미 연준은 2008년 말부터 양적 완화를 시작했고, 이후 여러 차례의 양적 완화(기본적으로 국채를 사려고 돈을 찍어내는 행위)가 뒤따랐다. 중앙은행이 돈을 찍어 고삐 풀린 정부지출의 자금을 조달하는 것은 인플레이션을 통해 화폐의 평가절하를 유도하는 전형적인 방법이다. 평상시라면 말이다.

미 연준은 미국 국채와 기타 금융자산 매입을 통해 대차대조표를 2008년 9월에 9천억 달러에서 2011년 12월에 2조 9천억 달러로 세 배 확대했다. 이 기간 동안 미국 연방정부는 대규모 재정적자를 기록해 총 공공 부채가 5조 달러 넘게 증가했다. 이런 조치는 미국 경제가 회복되어도 심각한 인플레이션이 발생해 달러 가치가 폭락하고 국내 구매력뿐만 아니라 다른 통화에 비례한 국제 구매력에도 영향을 미치리라는 합리적인 공포를 불러일으켰다. 이런 끔찍한 결과가 일어나지 않았다는 것은 중요치 않다. 미국 정부, 중앙은행, 금융기관에 대한 신뢰가 모두 흔들리면서 새로운 대안이 등장할 수 있는 비옥한 토대를 제공했다.

정부나 은행에 의지하지 않고 거래를 하는 데 이용할 수 있는 익명의 교환수단으로서 비트코인이 가진 매력은 당시의 시대정신에 완벽하게 맞아떨어지는 것 같았다. 다만 사람들이 실제 돈을 내놓고 난데없이 만들어진 순전한 디지털 자산을 산 뒤에 그것을 거래에 사용한다는 생각은 설득력이 없어 보였다. 하지만 2013년에 디지털 거래소 코인베이스Coinbase는 한 달 동안 100만 달러 상당의 비트코인을 판매했다고 보고했다. 2015년 말에 비트코인은 약 400달러의 가격에 거래되었다.

곧 이상한 역설이 나타났다. 비트코인이 교환수단이 아니라 가치저장 역할을 하는 디지털 금으로 인식되기 시작한 것이다. 사람들은 자신의 저축을 비트코인에 투자했고, 투자자들은 비트코인 가격에 베팅을 했으며, 심지어 비트코인 가격과 연계된 금융상품(파생상품)

까지 등장했다. 이런 행동은 비트코인의 공급이 통제되고 궁극적으로는 특정한 양으로 제한되어 있기 때문에(비트코인은 언젠가 2,100만 개에 이르고 그 후로 더는 생성되지 않는다. 이에 대해서는 이후에 더 설명할 것이다) 가치 하락의 대상이 아니라는 믿음에 기반을 둔 것으로 보인다. 이는 중앙은행이 제한 없이 만들어낼 수 있는 법정화폐와 극명한 대조를 이룬다.

지난 몇 년 동안 비트코인 가격은 급등, 급락, 반등, 폭락을 반복했다. 그리고 가격이 급락할 때마다 수많은 비트코인 경쟁자의 과장된 홍보가 급증한다. 이런 코인의 일부는 등장만큼이나 빠르게 사라진다. 하지만 비트코인은 여전히 암호화폐의 조상으로 남아 있다. 비공식 암호화폐nonofficial cryptocurrency는 정부 당국의 뒷받침을 받지 않으며(대부분의 경우 금융자산이나 유형 자산을 통한 뒷받침도 없다) 구성 요소에 일부 암호화 도구를 포함하는 디지털 통화를 더 정확하게 설명할 수 있는 용어이고, 암호화폐cryptocurrency는 비공식 암호화폐에서 투박함을 약간 덜어낸 표현이다.

정부나 기타 기관의 뒷받침이 없다는 면에서 본다면 암호화폐가 장기적으로 법정화폐와 경쟁할 가능성이 낮아 보일 수도 있다. 게다가 비트코인은 가격 변동성이 크고 거래 비용이 높으며 실제로는 거래 당사자들의 익명성이 보장되지 않는다는 것이 분명해지면서 결제 시스템으로서의 매력이 떨어질 수밖에 없게 되었다. 이에 대한 시장의 반응은 이런 우려들을 하나 이상 해결하려는 암호화폐의 급증이었다. 2021년 5월 현재 시가총액이 100만 달러 이상인 암호화폐는 약 1,700종이다(시가총액이 10만 달러를 초과하는 암호화폐가 500종 더 있다).

점점 더 많은 경쟁자가 비트코인을 바짝 뒤쫓고 있지만, 비트코인은 여전히 지배적인 암호화폐의 자리를 지키고 있다. 따라서 암호화폐 혁명을 전체적으로 이해하려면 반드시 비트코인(비트코인의 획기적인 기술혁신은 물론이고 그 여러 결함까지 모두)에서 시작해야 한다.

비트코인의 구성 요소

백서가 공개되고 3개월이 지난 2009년 1월 8일에 사토시 나카모토가 블로그 게시물을 통해 비트코인 버전 0.1을 공개했다. 나카모토라는 사람이 존재하는지, 여러 사람으로 이루어진 집단인지, 아니면 가명인지는 지금까지도 확실치 않다. 몇 가지 수정 사항이 반영된 버전을 공식적으로 발표한 2009년 2월 11일에 게시된 후속 블로그 게시물은 이렇게 시작된다. "나는 비트코인이라는 이름의 새로운 오픈소스 P2P 전자 현금 시스템을 개발했다. 비트코인은 중앙 서버나 신뢰할 수 있는 당사자가 없는 완전히 탈중앙화된 시스템이다. 모든 것이 신뢰 대신 암호 증명을 기반으로 하기 때문이다. 한번 사용해보거나 스크린숏과 디자인 페이퍼를 확인해보길 바란다."

비트코인을 확인해보라는 이 겸손한 초대는 사실 블록체인 기술로 대표되는 기술혁명에 대한 강력한 호소였다. 비트코인이 어떻게 작동하는지 논의하기에 앞서 효율적인 결제 시스템의 주요한 특징을 살펴보는 것이 좋겠다. 효과적인 결제 시스템이라면 거래 당사자를 식별하고 연결하는 방법, 실제 거래를 촉진하고 검증하는 방법, 거래의 간편한 검증과 불변성(나중에 취소하거나 변경할 수 없음)을 보장하는 방법, 동일한 화폐 단위의 이중 지출을 방지하는 방법을 제공해야 한다. 이 각각의 단계가 모두 큰 기술적 과제다. 하지만 비트코인은 이 모든 문제를 해결한다.

비트코인의 작동 방식은 마법처럼 보이기도 한다. 어떤 의미에서는 정말 잘 만들어진 마술과 닮아 있다. 다만 교묘한 속임수나 정보 은폐가 아닌 높은 수준의 투명성에 의존한다는 점이 다르다. 비트코인은 공식 기관(정부기관이든 민간기관이든)에 대한 신뢰를 공공 신뢰 메커니즘과 교환한다. 하지만 그와 동시에 비트코인의 일부 구성 요소는 암호화를 기반으로 한다. 알다시피 암호화는 투명성보다는 비밀 유지와 연관된다. 그러나 흥미롭게도 이 두 가지 요소가 상충되기보다는 서로를 보완한다.

암호화

암호화, 암호 작성에는 보통 발신자 메시지의 암호화와 수신자의 메시지 해독이 포함된다. 기밀정보를 전달하기 위해 오랜 시간을 두고 다양한 암호화 기법이 진화했다. 사실 간단한 형태의 일부 암호화는 4천 년 전인 고대 이집트까지 거슬러 올라간다. 전시에는 보안 통신 수단이 필수적이며 적군의 도청에 취약한 무선통신이 등장하면서 그 중요성은 더 커졌다. 체로키Cherokee족과 나바호Navajo족의 아메리카 원주민 암호 전문가들이 적군이 해독할 수 없는 특수 암호를 개발해 미군이 양차 세계대전을 승리로 이끄는 데 중추적인 역할을 했다. 한편 폴란드 수학자들로 구성된 폴란드 암호 해독자들은 앨런 튜링Alan Turing과 블레츨리 파크Bletchley Park 암호해독본부의 다른 암호 해독자들과의 협력하에 독일의 에니그마Enigma 암호를 해독해 제2차 세계

대전을 조기 종식하는 데 중요한 역할을 한 것으로 평가받고 있다. 이런 사례는 암호작성술 그리고 암호를 '해독'하는 학문인 암호해독학 사이의 끝없는 난전을 보여준다.

비트코인은 암호화폐라고 불리지만 거기에는 이런 전통적인 의미의 암호화가 포함되지 않는다. 앞으로 보게 되겠지만 모두 전자적으로 이루어지는 비트코인 계정의 잔액과 거래는 인터넷에 유지되는 공개된 디지털 원장에 완전히 드러나 있다. 비트코인의 구성 요소 가운데 몇 가지 암호화 개념이 존재하는 것은 사실이지만 이는 거래 당사자의 비밀 유지와 공개된 디지털 원장의 신뢰성을 유지하는 것하고만 관계가 있다.

공개 키와 개인 키

특정 유형의 암호화 시스템을 사용해 특정 개인(혹은 사용자 ID)에 대한 한 쌍의 디지털 키(공개 키와 비공개 키)를 생성할 수 있다. 공개 키는 보안을 손상하지 않고 광범위하게 배포할 수 있다. 누군가 특정 개인의 공개 키를 사용해 메시지를 암호화하면 해당 공개 키와 쌍을 이루는 개인 키를 가진 사람만이 그 메시지를 해독할 수 있다. 온라인 은행 계좌의 사용자 이름과 비밀번호와 비슷하다. 다만 이 경우에는 누구나 계좌의 사용자 이름을 볼 수 있지만 비밀번호는 소유자만 가지고 있다. 계정을 운영하려면 사용자 아이디와 비밀번호를 모두 알고 있어야 한다. 은행 계좌와 다른 점은 그런 공개 키와 비공개 키가 암호화 시스템에 의해 생성되기 때문에 더 복잡하고 더 안전한 경향이 있다는 것이다. 암호화 시스템이 password123이나 January011970

과 같이 쉽게 추측할 수 있는 개인 키를 생성할 가능성은 극히 낮다.

공개 키와 개인 키는 익명 디지털 결제 시스템의 필수 요소다. 디지털 코인에는 소유자의 공개 키를 이용한 스탬프가 찍히며, 소유자의 개인 키와도 연결되어 소유자가 유일하다는 것을 확인한다. 따라서 각 디지털 코인은 공개 키와 그것과 한 쌍인 개인 키라는 두 가지 속성으로 식별된다. 코인을 전송하려면 소유자는 자신의 개인 키와 다음 소유자, 즉 결제를 받는 사람의 공개 키를 함께 사용해 코인에 서명을 한다(물론 디지털 방식으로). 누구나 (전자적으로) 발신자와 수신자 모두의 공개 키를 확인해 소유권 체인을 확인할 수 있다.

기존 결제 시스템과 비교한다면 어떨까? 달러 지폐에는 주는 사람이나 받는 사람의 이름이 없다. 중요한 것은 물리적 소유 여부일 뿐이다. 디지털 코인의 맥락에서는 적용되지 않는 조건이다. 반면 수표에는 주는 사람과 받는 사람의 이름이 있고 주는 사람의 계좌번호도 있다. 보안 강화를 위해 받는 사람의 계좌번호가 있을 수도 있다. 이들은 모두 공개 키에 해당한다. 그러나 이름과 계좌번호만 알아서는 금융거래를 할 수 없다. 수표를 분실하더라도 수취인의 확인된 서명이 없는 한 다른 사람의 계좌에 입금할 수 없는 것이 원칙이다. 마찬가지로 직불카드에는 계좌번호가 있다. 이 번호가 공개되거나 카드가 잘못된 사람의 손에 넘어가더라도 카드 소유자만 카드 사용에 필요한 비밀번호를 알고 있기 때문에 문제가 되지 않는다. 하지만 이런 결제 시스템은 위조와 사기에 취약하며, 디지털 환경에서는 더 큰 문제가 될 수 있다. 암호화는 이런 문제를 어떻게 해결할까?

암호화 보안 시스템을 사용할 경우, 공개 키만 이용할 수 있는 사람은 해당 공개 키와 짝을 이루는 개인 키를 확인할 수 없어 코인 잠금을 해제할 수 없다. 개인 키의 소유자만 코인의 잠금을 해제해서 결제에 사용할 수 있다. 따라서 '잭'이라는 사람이 공개 키를 사용해 '질'이라는 사람에게 디지털 코인을 전송할 경우, 공개 키와 짝을 이루는 올바른 개인 키를 가진 진정한 '질'만이 디지털 코인의 잠금을 해제하고 그 코인을 다른 사람에게 지불하는 데 사용할 수 있다. 코인의 잠금을 해제하는 디지털 서명을 생성하려면 개인 키를 이용할 수 있어야 하므로 특정 공개 키와 연결된 사람(혹은 노드. 노드는 기본적으로 네트워크상의 특정 컴퓨터이다)임을 인증할 수 있다. 암호화 기술은 단방향 검증을 가능케 하기 때문에 발신자의 개인 키를 공개하지 않고도 디지털 서명을 통해 거래를 시작할 수 있다.

데이터 무결성

각 거래에는 거래 당사자의 디지털 신원(공개 키), 거래 금액, 거래 날짜, 시간 등 다수의 정보가 포함되기 때문에 거래량이 방대한 전자결제 시스템은 상당한 양의 디지털 저장 공간을 수반한다. 이런 결제 시스템의 무결성을 보장하려면 인터넷에 연결된 모든 컴퓨터를 통해 거래 정보를 쉽게 검증할 수 있어야 한다. 그러나 방대한 양의 거래와 관련된 정보를 컴퓨터 네트워크를 거쳐 주고받는 것은 느리고 번거로운 작업이다.

　이것을 관리 가능한 문제로 전환하는 데 두 가지 수학적 개념이 유용하다. 한 개념(해시함수hash function)이 거래 정보를 쉽게 검증할 수 있는 표준화된 형식으로 축약시키고, 또 다른 개념(머클 트리Merkle tree)이 대량의 거래에 대해서도 이런 검증 과정을 간소화하는 방식으로 정보를 합성할 수 있게 한다.

첫째 요소는 암호화 해시함수다. 해시함수는 임의 크기의 글자와 숫자 문자열(메시지, 숫자 혹은 조합일 수 있음)을 받아 해시라고 하는 고정된 길이의 다른 글자와 숫자 문자열로 압축하는 수학적 함수다. 〈그림 4.1〉은 간단한 해시함수가 어떻게 작동하는지 보여준다. 물론 실제로 사용되는 함수는 여기에 보이는 단순화된 예시보다 훨씬 복잡하며 훨씬 긴 해시를 내놓는다. 이 함수는 확정형이다. 인풋이 동일하면 항상 동일한 아웃풋을 내놓는다는 의미다. 하지만 아웃풋에서 역으로 인풋을 도출하는 것은 거의 불가능하다(인풋이 충분히 무작위적이라면, 즉 잠재적 인풋 집합이 충분히 크다면). 특정 해시를 생성하려면 인풋 메시지나 숫자의 값을 알아야 한다. 인풋 값의 사소한 변경만으로도 완전히 다른 아웃풋이 나올 수 있고, 이는 시행착오를 통해서는 아웃풋에서 정확한 인풋 메시지를 쉽게 해독할 수 없다는 의미다. 더구나 보안 해시함수는 충돌 회피성이 있어서 서로 다른 인풋 문자열이 동일한 해시를 내는 경우를 찾는 것이 불가능에 가깝다.

암호화폐에서 해시는 거래의 디지털 지문 역할을 한다. 각 거래에는 고유한 해시가 있다. 모든 관련 정보가 이전과 정확히 동일한 방식으로 코딩된 특정 거래만이 해당 해시를 다시 만들어낼 수 있다. 〈그림 4.1〉의 아래쪽 두 예에서 볼 수 있듯이 기본 거래의 요소 중 하나에 약간의 변경만 있어도 해시가 전혀 달라진다. 각 거래는 규모나 다른 특성에 관계없이 정확히 동일한 길이의 해시를 갖는다. 모두가 해시함수 자체를 변경하지 않고 유지하는 것을 기반으로 하며, 이는 특정 암호화폐의 경우에 대부분 해당되는 이야기다.

특정 거래가 고유한 해시를 가지고 있지만, 해시에서 역으로 거

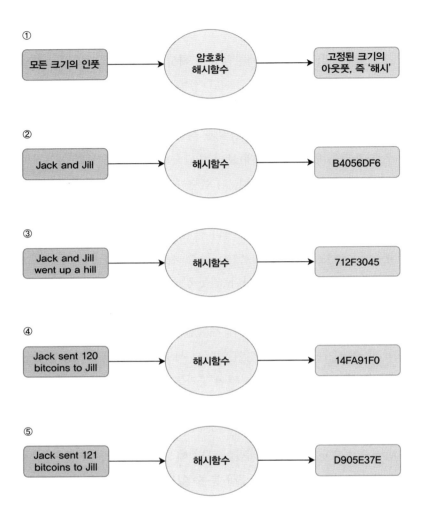

그림 4.1 암호화 해시함수

암호화 해시함수는 정보를 표준화 형식으로 축약한다(그림 ①). 예를 들어 임의의 인풋을 8자 글자와 숫자 문자열로 바꾸는 해시함수를 생각해보자(그림 ②~⑤).

래를 찾는 것은 불가능하다는 점을 아는 것이 중요하다. 해시함수를 통해 거래(혹은 기타 인풋)를 실행해 해시를 생성하는 과정인 해싱hashing 에는 정보 손실이 따른다. 따라서 이 과정에는 암호화가 포함되지 않 으며 해시 해독을 통해 원 거래 정보를 재구성할 수 있는 방법은 없 다. 해시는 검증 목적으로만 사용할 수 있다.

비트코인 프로토콜에 사용되는 해시함수는 SHA-256이라고 불 린다(SHA는 보안 해시 알고리즘Secure Hash Algorithm의 약자). 이 함수는 미국국 가안전보장국National Security Agency에서 개발하고 미국표준기술연구소 National Institute of Standards and Technology에서 발표한 암호화 함수의 한 종 류다. SHA-256 알고리즘은 모든 길이의 메시지를 인풋으로 취해 인 풋의 256비트 메시지 다이제스트를 64자의 글자와 숫자 문자열 형 태의 아웃풋으로 만든다. 비트bit(이진 숫자)는 컴퓨터에 데이터를 저장 하는 최고 단위로, 0 혹은 1의 값을 갖는다. 디지털 정보의 최소 단위 인 바이트byte는 8비트로 이루어진다. 일반적으로 1바이트는 문자 한 개를 나타낸다. SHA-256은 16진수 표현을 사용하기 때문에 각 문 자를 인코딩하는 데 4비트면 충분하다(각 바이트는 2자를 나타낼 수 있으므로 64자는 32바이트를 차지한다).

1자=4비트(16진수)
2자(8비트)=1바이트
64자(256비트)=32바이트

256비트 보안의 암호화 알고리즘이라면 대단히 안전한 것으로 여겨진다. (각 비트는 0 혹은 1이므로) 가능한 조합이 2^{256}개이고 이는 무차별 대입으로 뚫기 위해서(특정한 아웃풋을 산출한 인풋을 찾기 위해서)는 가장 빠른 슈퍼컴퓨터로도 수백만 년이 걸린다는 의미다. 다른 한편으로는 간결하다. 256비트는 위에서 말했듯이 32바이트의 정보에 불과하다. 비교를 해보자면 현재 컴퓨터 메모리의 기본 단위인 1기가바이트는 약 10억 바이트로 이루어진다.

해시함수는 검증 목적에 유용한 도구다. 특정 함수에 의해 생성되는 모든 해시가 같은 구조를 가진다는 면에서 거래에 대한 간결하고 표준화된 형식의 디지털 지문을 만들기 때문이다. 그럼에도 불구하고 그런 압축된 정보를 네트워크상의 여러 노드에 걸쳐 주고받는 것은 비효율적이다. 여기에서 또 다른 기술적 요소가 요구된다.

둘째 요소는 머클 트리다. 컴퓨터 과학자이자 암호학자인 랄프 머클Ralph Merkle이 1979년에 스탠퍼드대학교 박사학위논문의 일부로 개발한 개념이다. 일련의 금융거래에 대한 정보를 압축해야 하는 경우를 예로 들어보자. 여기에 해당하는 머클 트리는 개별 거래의 해시(각 거래는 트리의 '잎사귀'에 해당)를 취한 뒤 해시함수를 특정 순서로 계속 해시 쌍에 적용해 결국 하나의 해시를 남김으로써 만들어진다. 루트 해시root hash 혹은 머클 루트Merkle root라고 하는 이 최종 아웃풋은 전체 거래 집합의 고유한 디지털 지문을 생성한다.

〈그림 4.2〉는 머클 트리의 양식화된 버전을 보여준다(실제로는 루트가 맨 위에 보이는 뒤집힌 '나무'다). 결제 요소의 하나만을 변경하거나 수정해도(예를 들어 결제를 10.20달러에서 10.21달러로 변경) 머클 루트가 완전히 바뀐다는 데 주목하라. SHA-256을 사용해 만들어진 머클 루트는 64자의 글자와 숫자 문자열이기도 하다. 원래의 해시를 만드는 동일한 함수의 산물이기 때문이다.

핀테크 혁신

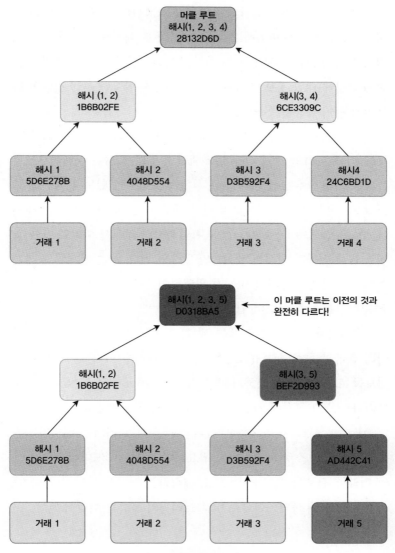

그림 4.2 머클 트리

거래 정보가 머클 루트로 어떻게 통합되는지 보여준다(위). 단 하나의 거래만이 변경되어도 전체 머클 트리에 퍼진다(아래).

머클 루트는 거래 집합의 무결성을 보장한다. 그중 단 하나의 간섭만으로도 해시가 변화하고, 이는 다시 루트 해시를 포함해 머클 트리의 끝까지 모든 가지에 있는 해시를 변화시킨다. 또한 머클 루트는 전체 집합에 대한 정보가 없어도 개별 거래가 정당한 거래 집합의 일부인지 쉽게 검증할 수 있다.

사용자는 루트 해시에 몇 가지 간단한 연역적 수학의 원리를 적용해 머클 트리의 각기 다른 단계에서 소수의 해시를 선택함으로써 특정한 거래가 유효한 거래의 큰 집합에 포함되어 있는지 여부를 확인할 수 있다. 더 구체적으로 말해서 나무의 잎, 즉 바닥에 있는 해시들 중 하나(특정 거래의 디지털 지문)를 확인하려면 잎에서 뿌리로 가는 길에 있는 해시들과 인접한 해시들만 있으면 된다. 이는 문제의 거래가 실제로 집합에 포함되어 있는지 확인하기 위해서 거래 집합 전체를 샅샅이 살피는 것보다 더 쉽고 빠르다.

요약하자면, 머클 트리에는 세 가지 이점이 있다. 첫째, 전체 데이터 블록의 무결성과 유효성을 쉽게 검증할 수 있다. 둘째, 대량의 정보를 효율적으로 압축하기 때문에(루트는 전체 트리의 압축된 표현이다) 메모리나 디스크 공간이 거의 필요치 않다. 셋째, 증명(대규모 그룹에서 선택된 개별 거래를 소량의 정보로 검증할 수 있는 메커니즘)과 관리에는 네트워크를 통해 전송되는 소량의 정보만이 필요하다. 앞의 두 가지 이점은 일련의 거래를 결부시키고 순차적으로 해싱하는 것만으로 달성할 수 있기 때문에 셋째 측면이야말로 머클 트리만의 독특한 이점이 된다.

분산원장기술

비트코인보다 앞서 등장했지만 비트코인에 의해 재편된 또 다른 기술로 분산원장기술distributed ledger technology, DLT이 있다. 여기에는 암호화가 포함되지 않는다. 분산원장기술은 네트워크상의 수많은 노드(컴퓨터)에 걸쳐 동시에 유지되고 동기화되는 전자 데이터베이스의 형태를 띤다. 많은 노드로 구성된 이 네트워크에는 중앙 관리자가 없다. 각 거래에 대한 정보는 네트워크상의 모든 노드로 전송되고, 거기에서 유효성의 검증이 이루어지고 타임스탬프가 지정된 거래 블록으로 그룹화된다. 각 노드는 네트워크상의 모든 거래 사본을 유지한다.

분산원장기술은 결제뿐만 아니라 다른 유형의 거래와도 관련이 있다. 기본적으로 전자결제 시스템은 자산의 소유권이 기록된 회계 장부고, 결산은 이전되는 자산 소유권의 기록을 업데이트하는 과정이다. 결제, 즉 보내는 사람으로부터 받는 사람에게로의 자금 이체는 보내는 사람의 잔고를 줄이고 받는 사람의 잔고를 늘린 뒤 그에 따라 원장을 업데이트함으로써 '결산'이 된다. 마찬가지로 회사 주식이나 주택 소유권과 같은 자산의 소유권 이전에서는 그 자산의 디지털 식별자digital indentifier를 새로운 자산 소유자의 공개 키와 연결하기만 하면 된다.

분산원장기술의 투명성과 탈중앙화 특성은 기술 보안의 필수 요소다. 중앙 장애 지점이 없기 때문에 네트워크가 특정 유형의 사이버 공격에 강하고, 하나의 노드, 심지어는 몇 개의 노드가 손상되더라도 전체 네트워크에는 위협이 되지 않는다. 또한 원장의 사본 하나에 대한 어떤 변경도 전체 네트워크에서 볼 수 있기 때문에 악의적인 에이전트가 분산 원장에 개입하기가 어렵다. 투명성은 분산원장기술의 광범위한 사용과도 관련이 있다. 특정 시점(정보의 흐름에 도달한 시점)의 송장 상태나 결제 상태를 대중이 알 수 있으므로 속도를 책임지게끔 만드는 일이 한결 쉬워진다. 원장에 접속할 수 있는 사람에게라면 누구든 송장이나 결제 처리의 모든 단계가 명백하게 드러나기 때문에 송장 승인을 보류하거나 결제를 지연하는 사람을 쉽게 알아볼 수 있다.

비트코인과 블록체인

이제부터는 지금까지 논의한 것을 찬찬히 살펴보기로 하자. 디지털 신원(공개 키와 개인 키)만으로 안전하게 결제할 수 있는 시스템을 설명했고, 대량 거래 정보의 무결성을 보장하고 검증을 가능하게 하는 방법(해시함수와 머클 루트)을 소개했으며, 전체 네트워크에 걸쳐 거래를 공개적으로 표시하고 공유할 수 있는 기술(분산원장기술)에 대해 논의했다.

거래의 유효성, 불변성, 검증

그래, 여기까지는 좋다. 하지만 이런 요소들만으로는 신뢰할 수 있는 결제 시스템을 구축할 수 없다. 송금이 수반되는 거래는 우선 검증을 한 뒤 불변의 상태(비가역성을 포함)로 만들어야 한다. 당신이 카푸치노를 구매하기 위해 10달러 지폐를 건넸다고 생각해보자. 지폐가 금전

출납기에 들어가고 당신이 따끈한 커피 한 잔을 들고 카페에서 걸어 나오는 즉시 거래는 검증되고 불변의 상태가 된다. 그리고 당신은 다시 10달러 지폐를 사용할 수 없다. 그것을 더는 물리적으로 소유하지 않기 때문이다.

현금 대신 은행 계좌에 연결된 직불카드를 사용해 아침에 먹을 카페인을 구입하면 은행에서 카푸치노 가격을 계좌에서 인출하고 잔고는 줄어든다. 계정의 잔고가 0으로 떨어지면 더는 지출을 할 수 없다. 신용카드의 경우, 구매액이 합산되고 당신은 결국 수표나 전자 이체로 은행 계좌에서 신용카드 회사에 돈을 지불한다. 이 모든 경우 금융기관에서 지불을 확인하기 때문에 돈을 이중으로 지출할 수 없다.

하지만 실물 달러 지폐와 달리 디지털 코인은 일련의 비트와 바이트일 뿐이다. 검증과 기장을 하는 신뢰할 수 있는 기관이 없다면 디지털 코인의 소유자가 여러 사람을 대상으로 서명을 해서 중복 결제를 하는 것을 어떻게 막을 수 있을까? 달리 말해 디지털 서명이 있는 탈중앙화 시스템은 디지털 코인의 소유권을 확보하는 면에서는 충분하지만 이중 지출이라는 한 가지 큰 문제를 남긴다. 어떤 소유자든 이미 사용한 코인을 다른 소유자에게 다시 서명해 재사용하려는 시도를 할 수 있다. 원칙적으로는 위의 잭과 질 예시에서 '잭'은 '질'에게 결제를 시작하기 위해 자신의 개인 키를 사용해야 했을 것이다. 모든 사람이 볼 수 있는 공개 키와 짝이 맞는 개인 키는 잭만이 알 수 있다. 하지만 잭은 디지털 코인을 질에게 지불한 뒤 처음의 이 결제가 검증되고 결산되기 이전에(잭과 질의 디지털 잔고가 업데이트되기 전에) 이 과정을 반복해 동일한 코인을 사용해 다른 사람들에게 여러 차례 결제를 할 수 있다.

　이런 문제를 해결하는 보통의 방법은 신뢰할 수 있는 제3자를 참여시켜 거래를 검증하고, 중앙 데이터베이스를 유지해 잔고를 확인하고 이중 지출을 불가능하게 만들며, 부적절한 거래를 거부하게 하는 것이다. 하지만 이 방법은 금융기관을 비롯한 신뢰할 수 있는 당사자가 거래를 검증하고 확인하도록 하는 중앙집중식 신뢰 모델을 복제하는 것일 뿐이다. 또 다른 해법은 거래에 디지털 타임스탬프를 찍어 디지털 코인을 사용하는 첫 번째 거래가 합법적인 거래가 되도록 하는 것이다. 하지만 이런 타임스탬프는 그 자체로 복잡한 문제를 야기한다. 예를 들어 아직 검증되지 않은 미지급 결제가 있는 경우 특정 코인을 사용한 거래 중 타임스탬프가 가장 먼저 찍힌 것이 무엇인지가 불확실해진다.

탈중앙화된 신뢰 메커니즘

비트코인을 뒷받침하는 중요한 요소는 중앙 혹은 신뢰할 수 있는 기관이 관여하지 않은 상태에서 불변하는 거래 기록을 통해 탈중앙화된 방식으로 거래를 검증하는 메커니즘이다. 이것은 정부가 운영하는 기관이나 민간 금융기관을 신뢰하지 않는 사람들에게 가장 매력적인 혁신 중 하나다. 원칙적으로는 분산원장기술 자체만으로도 이중 지불을 방지하는 데 충분하다는, 즉 신뢰할 수 있는 당사자 한 명 혹은 여러 명이 거래를 검증하고 되돌릴 수 없도록 보장할 수 있다는 데 주목할 필요가 있다. 분산원장기술의 투명성과 탈중앙화 특성으로 부정직한 행위자의 조작이 쉽게 감지되기 때문에 거래의 무결성을 보장하는 데 도움이 된다.

그렇다면 비트코인은 신뢰할 수 있는 제3자에게 의지하지 않고 검증과 불변성이라는 두 가지 목표를 어떻게 달성할 수 있을까? 그 답은 고도의 거래 투명성에 의지하는 것이다. 검증과 불변성 문제에 대한 비트코인의 명쾌한 해법은 P2P 네트워크를 통해 관리되는 대중 합의 메커니즘을 사용해 네트워크상의 참가자들에게 모든 거래를 거의 실시간으로 알리는 것이다.

이 과정에 속한 요소들을 분류해보자. P2P 네트워크는 컴퓨터(노드)로 이루어진 대규모 네트워크로 어떤 컴퓨터도 특별한 지위를 가지지 않으며, 인터넷을 통해 연결되고, 다른 구성원에게 정보를 배포하는 데 중앙 서버가 필요치 않다. 이 네트워크는 어떤 공적 혹은 사적 주체의 관리나 통제도 받지 않는다. 당신이 원한다면 당신의 컴퓨터도 이 네트워크의 일부인 노드가 될 수 있다.

디지털 코인의 소유자는 코인을 비트코인 지갑에 보관한다. 비트코인 지갑은 소프트웨어 프로그램으로 구성되고 네트워크에 상주하는 디지털 지갑이다(P2P 노드를 직접 실행하지 않아도 지갑을 가질 수 있다). 각 비트코인 지갑은 한 쌍의 키, 즉 공개 키(지갑의 공개 디지털 식별자)와 개인 키(지갑 소유자만 알고 있는 비밀 키. 그 지갑을 사용해 금융거래를 수행할 때 필요하다)에 연결되어 있다. (실제로 각 지갑은 여러 쌍의 키와 연결될 수 있지만, 아래의 논의를 단순화하기 위해 여기에서는 간략하게 표현한다. 요점은 공개 키는 공개적으로 볼 수 있고, 개인 키는 지갑 소유자만 알고 있으며, 각 쌍의 키들은 고유한 매칭으로 이루어진다는 것이다.)

따라서 비트코인 지갑의 소유자들은 자기 돈의 열쇠를 갖고 서로 직접 거래를 한다. 잭이 질에게 비트코인 한 개로 지불을 하면 어떤 일이 일어날까? 제안된 거래, 즉 잭과 질의 공개 디지털 신원(그들의 디지털 지갑)을 이용한 디지털 코인 전송은 P2P 네트워크에 공개된다. 네트워크에 제출된 거래는 즉시 검증되지 않고 대기상태에서 블록으로 정렬된다. 각 블록은 일련의 개별 거래를 포함하지만, 각 거래는 독립적으로 검증되어야 한다. 즉 각 거래는 이미 지출된 코인의 이중 지출이 포함되지 않은 합법적인 거래인지 검증을 받는다. 비트코인은 어떻게 거래의 적법성을 보장하고, 검증을 하고, 공개 원장에서 거래의 불변성을 보호할까?

작업 증명을 통한 합의의 달성

비트코인은 작업 증명Proof of Work 프로토콜을 사용해 검증과 불변성의 목표를 달성한다. 네트워크가 제3자 없이 이런 목표를 달성하려면 거래들의 블록 각각이 누군가에 의해 검증되고, 전체 네트워크가 이를 유효한 거래 블록으로 받아들여야 한다. 이것이 바로 공개 합의의 의미다. 유효한 블록을 생성하는 특권은 블록 생성자에게 있다. 이들은 보통 채굴자라고 불린다. 당신도 채굴자가 될 수 있다. 소프트웨어를 다운로드만 하면 당신의 컴퓨터를 비트코인 네트워크의 노드로 전환시킬 수 있다. 하지만 들뜨기에는 이르다. 거기에도 경쟁이 있다. 그것도 치열한 경쟁이 기다린다.

작업 증명 프로토콜을 위해서는 채굴자가 자신이 가진 연산 능력을 사용해 무작위로 생성된 해싱을 포함한 암호화 문제를 해결해야 한다. 이 문제들은 사람의 개입 없이 비트코인 알고리즘에 의해 자동 생성된다. 난이도 측정이 가능하며(이후 중요한 역할을 하게 될 기능이다), 엄청난 컴퓨팅 파워를 사용해야만 풀 수 있는 수학 퍼즐이다. SHA-256 해시함수를 사용해 특정 조건을 충족하는 해시를 산출하는 인풋을 찾는 이 문제는 더 효율적으로 해결할 수 있는 분석 도구가 존재하지 않는다는 특성을 갖는다. 본질적으로 컴퓨터는 작동하는 해시를 찾을 때까지 문제의 해답을 추측해야 한다. 컴퓨팅 파워가 큰 빠른 컴퓨터라면 추측 과정의 속도를 높일 수 있겠지만, 어쨌든 퍼즐을 풀 수 있는 유일한 방법은 무차별 대입이다. 강력한 컴퓨터는 초당 수백만 개의 가능한 해답을 추측할 수 있으므로 문제는 풀기가 정말 어려운 것이어야 한다. 원시 컴퓨팅 파워를 사용하는 것 외에는 퍼즐을 풀 다른 방법이 없기 때문에, 퍼즐을 푸는 것은 (계산) 작업의 증명이다.

한 노드가 할당된 문제를 해결하면 해법이 다른 노드에게 공표되고 다른 노드들이 이를 확인한다. 이는 매우 빠른 과정이다. 해법이 알려지면 올바른 해법인지 확인하는 것은 간단하다. 해법의 해시가 필요한 조건을 충족하는지만 확인하면 되기 때문이다. 또한 네트워크는 블록 내의 거래가 유효한지, 즉 비트코인 지갑에 있는 합법적인 미사용 잔고와 일치하는지 확인한다. 이렇게 검증된 거래 블록은 기존 공개 원장에 첨부되어 누구나 확인할 수 있다.

이 공개 원장을 블록체인blockchain이라고 부른다. 일단 네트워크에 들어온 거래가 데이터 블록으로 그룹화되고 검증되면 그 블록이 사슬처럼 서로 연결되기 때문이다. 이 과정은 간단하다. 각 블록에는 이전 블록의 해시가 포함되어 있어 서로 연결된다. 따라서 각각의 새로운 블록은 체인의 모든 이전 블록에 귀납적으로 연결된다. 비트코인 거래가 유효하다는 것이 확인되기까지는 약 10분이 걸린다. 10분간격으로 새로운 블록이 생성되어 블록체인에 추가된다. 블록이 서로 연결되고 전체 블록체인이 여러 노드에서 유지되는 방식 덕분에 누군가가 이전 거래 기록을 조작하려고 할 경우 그 시도가 명백하게 드러난다.

이런 프로토콜의 요점은 무엇일까? 간단히 말해, 사기를 줄이고, 보안을 강화하며, 시스템에 대한 신뢰를 가능케 하는 것이다. 작업 증명은 비트코인 거래 내역을 안전하게 차례로 배열하면서 시간이 지남에 따라 데이터 변경의 난도가 높아지게 하기 위해 사용된다. 가장 긴 블록체인, 즉 전체 작업 증명이 가장 많은 블록체인이 네트워크상의 모든 노드에서 합법적인 거래 기록을 지닌 진짜 공개 원장으로 인정받기 때문이다. 비트코인을 이중으로 지출하려는 공격자는 다른 거래 내역을 지닌 대체 블록 혹은 블록체인을 만들어야 한다. 이 새로운 체인은 네트워크에서 유효한 것으로 이미 승인된 합법적인 체인보다 더 많은 작업 증명을 보유해야 한다. 따라서 다른 노드가 이를 진짜 공개 원장으로 받아들이게 하려면 네트워크의 다른 모든 노드를 압도할 정도의 엄청난 컴퓨팅 파워가 필요하며, 이는 상당히 어려운 일이다.

잭이 방금 질에게 보낸 비트코인을 이중으로 지출하고자 하는 경우, 질과의 앞선 거래를 사실상 지우는 새로운 거래 블록을 생성시켜야 한다. 잭이 이중 지출을 계속 유지하려면 컴퓨팅 파워를 투자해서 계속 블록체인을 계속 '포크'(새로운 가지를 만드는 것)해야 하고, 더 중요하게는 다른 노드들이 포크를 거친 버전을 유효한 블록체인으로 받아들이도록 해야 한다. 특정 거래가 블록체인의 위쪽에서 검증되었을수록, 포크가 삽입된 지점과 다른 거래 내역을 가진 새로운 포크 블록체인을 생성하는 데 필요한 컴퓨팅 파워는 커진다. 이런 이유 때문에 고액의 비트코인 거래는 블록체인에서 최소 6블록 이상 깊이에 묻혀 있을 때에만 최종 거래로 승인되는 것이 관례가 되었다. 이 정도의 거래를 확인하는 데에는 약 1시간이 걸린다. 그렇게 멀리까지 블록체인을 포크하고 나머지 네트워크가 그 포크 버전을 합법적인 블록체인으로 받아들이게 하려면(그래서 그 거래에 사용된 돈을 이중으로 지출하려면) 어마어마한 해싱 파워가 필요할 것이다.

작업 증명은 블록체인을 안전하게 지킨다. 작업 증명에는 실제 컴퓨팅 파워가 필요하기 때문에 위조가 불가능하다(프로그램이나 알고리즘은 암호화 퍼즐을 푸는 데 쓸모가 거의 없다). 잭이 악의적인 의도로 네트워크에 공격을 가하려고 한다면 엄청난 양의 컴퓨팅 파워가 필요할 것이다. 이 장의 뒷부분에서는 사람들이 가진 디지털 지갑의 비트코인을 빼냈던 비트코인 거래소 해킹에 대해 자세히 살펴볼 것이다. 하지만 비트코인 블록체인 자체에 대해서는 공격이 성공한 적이 없다. 아직까지는 말이다.

요약하면, 블록체인은 탈중앙화된 컴퓨터 노드 네트워크상에서 유지되는 공개 공유 거래 장부다. 검증된 거래 블록은 개별 채굴자가 수행하는 연산을 통해 블록체인에 추가된다. 따라서 거래 검증을 위한 합의 메커니즘은 탈중앙화되어 있고, 블록체인은 네트워크에서 실시간으로 업데이트된다. 블록체인의 무결성은 투명성과 네트워크의 탈중앙화된 구조로 지지되며, 이 때문에 보통은 변조가 불가능하다. 비트코인의 신뢰성은 거래 검증의 용이성에서 도움을 받는다. 이 시스템은 통화의 무결성을 보호하고 이중 지출과 위조를 방지하도록 고안되었기 때문에 거래가 은행이나 기타 신뢰할 수 있는 제3의 중개자를 거칠 필요가 없다.

해싱의 사용으로 방대한 양의 정보를 전송하지 않고 거대한 네트워크상에서도 노드 전체에 걸쳐 일관성을 확보하고 데이터베이스의 무결성을 유지하는 것이 가능해진다. 따라서 해시함수는 여러 가지 목적에 적합하다. 짧은 디지털 서명의 사용을 가능하게 하고, 작업 증명에서 사용되며, 검증된 거래 블록을 연결하는 데 도움을 준다. 머클 트리와 함께 사용하면 네트워크의 무수한 노드에 저장된 방대한 수의 거래를 쉽고 빠르게 검증할 수 있다.

지금까지 배운 것에 비추어보면 비트코인은 이미 몇 가지 개념적 혁신을 아우르고 있는 것이 분명하다. 하지만 이런 논의 전체에서 한 가지 까다로운 문제가 불거진다. 컴퓨팅 파워를 투자해서 비트코인을 채굴하는 이유가 뭘까? 결국 컴퓨팅 파워를 얻는 데에는 돈이 든다. 그리고 전기료도 내야 한다. 거래 블록을 검증한다는 순수한 명예 이상의 것이 분명히 존재할 것이다. 실제로 비트코인의 작업 방식과 관련된 마법에는 아직 드러나지 않은 것이 더 있다.

블록체인 경제학

이 시스템의 작동에서 빼놓을 수 없는 핵심 요소가 한 가지 더 있다. 누군가에게 각 거래 블록의 유효성을 확인하게 하려면 유인이 필요하며, 경제에서 벌어지는 일이다 보니 금전적 보상이 따른다. 바로 이 부분에서 비트코인 창시자의 천재성이 드러난다. 거래 검증에 대한 보상을 분배하는 이러한 과정을 통해 다시 새로운 비트코인이 생성되고, 이 비트코인이 새로운 거래에 사용되기 때문이다. 다시 말해 채굴 과정은 시스템 내에서 '화폐'의 공급을 관리하는 수단이 된다.

비트코인 채굴과 보상

컴퓨팅 파워는 비트코인 채굴에서 대단히 중요한 요소다. 비트코인 채굴은 단순히 암호화 퍼즐을 푸는 일이 아니라 가장 먼저 문제를 풀어서 보상을 확보하는 일이다. 따라서 매 순간 네트워크의 모든 활성 채굴 노드는 정확히 같은 퍼즐을 풀기 위해 경쟁한다. 이 때문에 당신의 컴퓨터를 비트코인 네트워크의 채굴 노드로 만들기가 어려운 것이다. 아무리 성능이 좋은 맥북이라도 다른 채굴자들이 사용하는 일련의 방대한 컴퓨터들에 맞서기는 힘들다. 하지만 희망이 전혀 없는 것은 아니다. 원시 컴퓨팅 파워가 크면 이길 확률이 높아지는 것은 맞지만 퍼즐은 해답을 추측하는 것이므로 다른 컴퓨터가 성공하기 전에 특정 퍼즐을 푸는 행운이 있을 수도 있다. 채굴에 더 많은 컴퓨팅 파워를 투자하면 확률이 높아지지만, 약간의 운도 도움이 된다! 아니, 사실 운이 대단히 많이 필요하다. 가족과 친구의 노트북을 모두 끌어들였더라도 비트코인을 채굴할 확률은 복권 단 한 장을 사서 거액에 당첨될 확률보다 별로 나을 게 없다.

가장 먼저 퍼즐을 풀고 거래 블록을 검증해 블록체인에 추가시킨 것에 대한 보상은 비트코인의 형태로 받게 된다. 블록 보상은 비트코인 채굴의 주요 엔진이며, 따라서 네트워크 운영의 원동력이다.

한 가지 중요한 요소는 채굴이 실제로 비트코인을 '생성'하지 않는다는 점이다. 실제로 일어나는 일은 각각의 새로운 거래 블록이 '코인베이스coinbase' 거래라고 하는 고유한 거래로 시작되는 것이다. 코인베이스 거래는 입력이 없고 출력만 있는 거래이며, 특정 블록에 거래가 표시된 채굴자가 성공한 채굴자에게 지급하는 보상과 거래 수수료(이후 논의할 것이다)로 이루어진다.

비트코인 블록체인의 첫 번째 블록인 제네시스 블록genesis block은 2009년 1월 3일 이후에 채굴되었다. 이 블록에는 일반적인 종류의 데이터 외에 "2009년 1월 3일 자 〈타임스〉, 은행들의 두 번째 구제 금융을 앞두고 있는 U.K 재무장관"이라는 문장이 담겨 있다. 이것은 영국 신문 〈타임스〉의 2009년 1월 3일 자 머리기사의 제목이다. 이 문장을 포함시킨 것은 이 블록이 그날 혹은 그날 이후에 만들어졌다는 증거인 동시에 전통 은행 시스템의 불안정성에 대한 논평으로 해석된다. 이 블록은 50개 비트코인이라는 보상을 생성했는데 당시에는 아무런 가치가 없었지만 현재는 상당한 가치를 가진다(2021년 5월 현재 약 200만 달러). 흥미롭게도 이 최초의 블록 보상은 사용할 수 없는 방식으로 코딩이 되어 있기 때문에 비트코인을 창조한 사람은 적어도 이 최초의 비트코인 집합으로는 이익을 얻을 수 없을 것이다. 아마도 비트코인 창시자는 언젠가 비트코인이 이런 가치를 누리리라고 예측하지 못했으리라.

작업 증명 프로토콜의 한 가지 문제는 너무 많은 채굴자가 동시에 해결책을 찾으면 블록 경쟁이 초래되면서 시스템이 불안정해질 수 있다는 것이다. 또 다른 문제는 채굴 보상의 매력 때문에 순차적인 블록 생성 속도가 지나치게 빨라지면서 이 암호화폐의 공급이 크게 늘어나 가치가 하락할 수 있다는 점이다. 비트코인에는 이런 문제 (별개의 문제지만 서로 연관이 있다)를 해결하기 위한 수정 기능이 내장되어 있다. 시간이 지남에 따라 암호화 퍼즐의 난도, 즉 퍼즐을 푸는 데 필요한 컴퓨팅 파워는 늘어나는 경향이 있다. 앞서 언급했듯이 퍼즐의 난이도는 측정이 가능하며, 시간이 지남에 따라 알고리즘이 자동으로 난이도를 조정한다(네트워크의 활성 채굴자 수가 감소하는 때에는 난이도가 자동으로 하향 조정되기도 한다).

보상 반감기

또한 블록 검증에 대한 보상은 시간이 지나면서 더 많은 비트코인이 채굴될수록 감소하도록 설계되어 있다. 비트코인 반감기라고 불리는 이 과정에서는 블록당 생성되는 보상 수가 주기적으로 반으로 줄어든다. 이를 통해 2,100만 개가 넘지 않는 비트코인의 총 공급량이 너무 빠르게 늘어나는 것을 방지한다. 이런 공급량 조절 과정은 비트코인의 가치를 보존하는 데 필수적인 것으로 보인다.

비트코인 반감기는 21만 블록마다 발생하며, 보상은 매번 기하급수적으로 50%씩 감소한다. 가장 최근의 비트코인 반감기는 2020년 5월에 발생했으며, 이때 채굴된 블록당 보상은 6.25 비트코인으로 떨어졌다. 초기 블록 보상이 50개였기 때문에 이 반감기가 발생할 때까지 약 1,840만 개의 비트코인이 채굴되었다는 의미다. 이 과정은 2140년에 모든 비트코인이 발행되면서 끝날 것으로 예상된다. 마지막 몇 개의 비트코인을 채굴한 사람에게 돌아가는 블록 보상은 비트코인의 극히 일부분에 그칠 것이다. 채굴 과정이 끝날 때 비트코인의 가격이 얼마가 될지, 채굴자가 이 과정에 컴퓨팅 파워를 투자하는 것이 여전히 가치가 있을지는 아직 해결되지 않은 문제다. 이후에 논의하겠지만, 비트코인 채굴자는 시스템에 블록 보상이 바닥났을 때라도 거래 검증에 대한 수수료를 받을 수 있을 것이다.

여기에서 궁금한 점이 하나 남아 있다. 왜 2,100만 개일까? 비트코인 총량에 대한 이 구체적인 상한선은 알고리즘에 내장되어 있으며, 두 가지 매개변수(블록을 블록체인에 추가하는 데 걸리는 평균 10분의 시간과 4년마다의 보상 반감기)로 결정되는 것처럼 보인다. 사토시 나카모토의 이메일 중에는 이 질문에 대한 다음과 같은 문장이 있다. "코인 수와 분배 일정에 대한 내 선택은 경험에서 우러난 추측이었다. 어려운 선택이었다. 일단 네트워크가 시작되면 그 네트워크가 잠기고 우리는 거기에 갇히니 말이다. 나는 기존 통화와 비슷한 가격을 형성하는 것을 선택하고 싶었지만, 미래를 알지 못하는 상황에서는 대단히 어려운 일이었다." 메시지를 액면 그대로 받아들이자면, 2,100만 개라는 상한은 임의적이지만 바꿀 수는 없다는 것이다.

비트코인 반감기는 중앙 기관 대신 그런 탈중앙화된 통화를 발행하는 과정에서 규율을 유지하는 데 결정적이다. 비트코인 총수에 대한 절대적인 상한은 이 암호화폐를 달러와 같은 명목화폐의 실행 가능한 대안으로 보는 지지자에게 중요한 의미가 있다. 이들은 이 상한을 공급량 증가로 인한 가치 하락으로부터 비트코인을 안전하게 하는, 즉 가치저장 수단으로서 비트코인이 갖는 신뢰성을 보장하는 매력적인 기능으로 본다.

하지만 비트코인이 명목화폐와 경쟁하게 되리라는 열성 지지자들의 꿈이 실현될 경우 이런 상한이 부정적인 영향을 줄 것이다. 공급 상한은 비트코인이 본질적으로 통화수축적임을 의미한다. 비트코인만을 통화로 사용하는 경제를 생각해보자. 경제가 성장해서 점점 더 많은 양의 상품과 서비스를 생산하면 어떻게 될까? 비트코인의 고정된 공급량은 시간이 지남에 따라 비트코인으로 표시되는 상품과 서비스의 가격이 하락한다는 것을 의미한다. 가격 하락이 좋은 것이라고 생각할 수 있겠지만, 사실은 가격 상승(인플레이션)만큼이나 갖가지 문제를 야기한다. 향후 가격 하락에 대한 기대감으로 사람들은 구매를 미루고 기업은 투자를 보류하면서 수요와 가격이 더 크게 떨어지고 경기침체의 악순환을 일으킬 수 있다. 다행히도 암호화폐가 명목화폐를 대체할 위험은 없다. 이에 대해서는 이후에 더 자세히 설명할 것이다.

정보의 저장과 공유

비트코인을 움직이게 하는 투명성을 유지하려면 암호화폐를 사용하는 모든 거래를 디지털 방식으로 저장하고 네트워크의 여러 노드에 복제해야 한다. 달리 말해 전체 블록체인의 사본이 여러 컴퓨터에 존재해야 하는 것이다. 2021년 5월 현재 전 세계에는 비트코인 노드가 9천 개 넘게 있으며, 각 노드에는 비트코인 블록체인의 사본 전체(2021년 5월 현재 약 350기가바이트 규모)가 있다. 이런 중복은 네트워크의 안정성과 보안을 강화하며, 하나의 노드나 단일 정보 저장소에만 의존하지 않고도 검증을 위한 정보를 더 쉽게 검색할 수 있게 만든다.

네트워크를 통해 방대한 양의 거래 정보를 주고받아야 하는 경우라면, 모든 노드가 같은 버전의 블록체인을 갖고 있고, 블록체인이 변조될 수 없도록 하며, 긴 블록체인에 추가된 하나 이상의 특정 거래를 검증하는 일이 대단히 까다로운 작업이 될 것이다.

해시함수와 머클 루트는 블록체인의 무결성을 유지하는 데 도움이 된다. 실제로 비트코인 블록체인의 한 블록에 해당하는 머클 루트는 약 2천 건의 거래에 대한 디지털 지문의 역할을 한다. 이 정보와 비트코인 블록체인에서 거래 블록을 고유하게 식별하는 기타 정보는 해당 블록 헤더block header 내의 메타데이터에 요약되어 있다. 블록 헤더는 비트코인 버전 번호, 이전 블록의 해시와 함께 머클 루트, 타임스탬프, 블록의 목표 난도가 포함된 80바이트 문자열이다. 이전 블록의 해시를 포함시킴으로써 최신 블록을 이전 블록에, 귀납적으로 이전 블록의 전체 집합에 연결할 수 있다. 이를 통해 전체 비트코인 블록체인을 무수한 네트워크 노드에 유지할 수 있으며, 무결성을 보장하고, 거래를 쉽게 검증할 수 있다. 새로운 거래 블록을 효과적으로 검증하기 위해 노력하는 비트코인 채굴자들은 모든 비트코인 디지털 지갑의 현재 (미사용) 잔고에 나타난 대로 블록체인에 기록된 전체 거래 내역의 축약 버전으로 작업을 한다.

비트코인은 교환수단으로서의 매력을 갖게 만드는 다른 속성도 가지고 있다. 비트코인은 순전히 디지털 형태로만 존재하기 때문에 이론상 아주 작은 조각으로 나눠서 초소액의 결제, 즉 아주 적은 금액의 거래도 손쉽게 할 수 있다. 하지만 비트코인을 잘게 나누는 데에는 기술적 제약이 있다. 각 비트코인은 1억 사토시와 같으며, 이로써 사토시는 현재 블록체인에 기록된 비트코인의 가장 작은 단위가 된다. 1사토시는 0.00000001BTC(소수점 8번째 자리)다. 1비트코인의 가치가 1만 달러라면, 1사토시는 100분의 1페니에 해당한다.

핀테크 혁신

경이로운 기술

이번에는 비트코인이 일으킨 변화에 대해 간략히 알아보자. 근간이 되는 블록체인 기술의 독창성을 이해하려면 비트코인이 해결하려고 했던 문제가 무엇인지부터 알아야 한다. 금융시장 거래와 관련된 두 가지 핵심 문제는 신뢰와 검증 가능성이다. 거래를 하는 사람이나 기업은 자신의 결제가 적절히 전송되고, 일단 진짜인 것으로 확인되어 거래가 불변성을 갖게 되면(변경과 파기가 불가능하다는 의미다), 쉽게 검증할 수 있다는 믿음이 있어야 한다. 중앙은행에서 발행한 현금을 사용한 대면거래는 그 기관에 대한 사람들의 신뢰를 기반으로 하는 확실한 방법이지만, 디지털 환경에서는 이런 일이 쉽지 않다. 이런 경우, 어떻게든 신뢰할 수 있는 기관에서 운영하는 디지털 결제 시스템에 의존해야 한다.

투명성이 신뢰를 낳다

블록체인 기술은 투명성을 통해 검증 가능성 문제를 극복하고 거래의 최종성까지 확보한다. 거래 블록이 검증되어 블록체인에 추가된 거래는 인터넷에 연결되어 있고 어디를 봐야 하는지 아는 사람이라면 누구나 쉽게 확인할 수 있다. 합의 프로토콜을 통해 거래가 검증된 뒤에는 기록을 지우거나 수정할 수 없다. 블록체인의 사본이 여러 노드에 존재한다는 것을 고려하면, 하나의 노드 혹은 소수의 노드가 거래 기록을 조작하려는 시도를 나머지 네트워크가 알아차리고 거부하리라는 것을 알 수 있다.

비트코인의 창시자는 신뢰와 검증의 연계를 공공의 광장에 위임해 정부와 기존 금융기관의 특권적 지위를 박탈하고자 했다. 비트코인 백서는 블록체인이 신뢰의 필요성을 제거한다고 주장한다. "우리는 신뢰에 의존하지 않는 전자거래 시스템을 제안했다. 우리는 디지털 서명으로 만들어진 코인의 일반적인 틀에서 출발했고, 이는 소유권에 대한 강력한 통제를 제공했지만 이중 지출을 막는 방법이 없이는 불완전했다. 이를 해결하기 위해 우리는 거래의 공개 이력을 기록하기 위해 작업 증명을 사용하는 P2P 네트워크를 제안했다. 정직한 노드가 CPU 성능의 대부분을 제어한다면 공격자가 이 공개 이력을 변경하기가 전산적으로 불가능해진다. 이 네트워크는 구조화되지 않은 단순성 때문에 건실하다. 노드들은 거의 조직화되지 않은 상태에서 일시에 작동한다."

비트코인의 미묘하지만 중요한 특징은 위에서 설명한 블록 크기, 블록 보상, 비트코인 총량의 상한 등 많은 매개변수가 실제로 불변이 아니라는 점이다. 하지만 책임을 맡은 중앙화된 기관이 없기 때문에 프로토콜의 변경은 채택되기 전에 비트코인 '커뮤니티'의 합의가 필요하다. 투표권은 상당한 금전적 투자가 필요한 해싱 파워(컴퓨팅 파워)와 어느 정도 상관관계가 있기 때문에, 커뮤니티는 네트워크나 비트코인 가치에 손상을 주는 변경 제안을 막을 수 있는 내장된 메커니즘(회원들의 자기 이익)을 갖고 있다.

이것은 컴퓨팅 파워가 뒷받침하는 가장 최고 형태의 대중의 힘이다.

혁신적인 블록체인 기술

비트코인이 최종적으로 어떤 운명을 맞든, 비트코인을 뒷받침하는 블록체인 기술은 혁신적인 효과를 가져올 기술적 진보다. 검증 과정의 탈중앙화와 거래를 쉽게 검증하는 개방형 블록체인의 투명성으로 인해 시스템 내 어떤 단일 에이전트도 거래의 검증이나 유효성에 특권을 갖지 못한다. 따라서 블록체인은 분산원장기술을 양 당사자 사이의 거래를 처리하고 검증하는 신뢰할 수 있는 중개자가 필요 없는 진정한 탈중앙화된 형식으로 발전시켰다. 한 명의 악의적인 에이전트가 거래 원장을 무효화, 해킹, 조작할 수 없는 시스템 내의 거래 원장이 가지는 불변성은 사기를 줄이는 데에도 중요한 역할을 하며, 이는 시스템에 대한 신뢰도를 높인다. 공개 블록체인에 저장된 데이터는 이중 지출, 사기, 검열(접근 제한), 해킹으로부터 안전하다.

　새로운 비트코인을 만드는 채굴 과정에는 또 다른 목적이 있다. 모든 사람이 자신의 블록체인 사본을 동일하게 업데이트하도록 하는 것이다. 이런 조직화가 중요한 것은 새로운 블록을 채굴하려면 이전 블록의 해시를 통합하는 작업 증명의 문제를 해결해야 하고, 이는 다시 블록체인상의 모든 이전 블록에 순차적으로 연결되기 때문이다. 비트코인의 뒤를 이은 대부분의 가상화폐는 이 과정을 이용해 블록체인의 모든 참여자 간의 조직화를 확보한다. 가상화폐가 없는 블록체인은 원장의 새로운 추가 사항에 대해 동의하도록 모두를 설득하는 대체 메커니즘을 찾아야 한다. 이런 메커니즘을 합의 알고리즘이라고 부르며, 이 알고리즘은 블록체인 설계에서 가장 까다로운(그리고 때로는 가장 논쟁이 많은) 부분이다.

　〈그림 4.3〉은 비트코인이 지금까지 논의한 모든 요소를 어떻게

그림 4.3 비트코인의 작동 방식

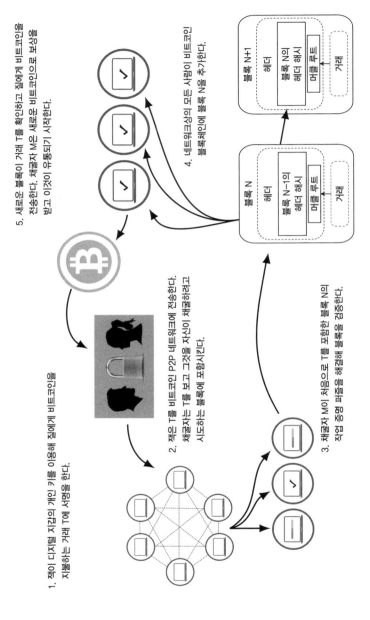

1. 잭이 디지털 지갑의 개인 키를 이용해 짐에게 비트코인을 지불하는 거래 T에 서명을 한다.

2. 잭은 T를 비트코인 P2P 네트워크에 전송한다. 채굴자는 T를 보고 그것을 자신이 채굴하려고 시도하는 블록에 포함시킨다.

3. 채굴자 M이 처음으로 T를 포함한 블록 N의 작업 증명 퍼즐을 해결해 블록을 검증한다.

4. 네트워크상의 모든 사람이 비트코인 블록체인에 블록 N을 추가한다.

5. 새로운 블록이 거래 T를 확인하고 짐에게 비트코인을 전송한다. 채굴자 M은 새로운 비트코인으로 보상을 받고 이것이 유통되기 시작한다.

블록 N+1
헤더
블록 N의 헤더 해시
머클 루트
거래

블록 N
헤더
블록 N−1의 헤더 해시
머클 루트
거래

핀테크 혁신

종합하는지를 간략하게 보여준다. 비트코인의 현란한 기술에 도취된 사람이라면, 이번에는 현실 직시의 시간을 가져야 하겠다.

비트코인의 약점

이 모든 가능성과 놀라운 지속력에도 불구하고, 비트코인은 창시자가 제시한 목표에 비추어볼 때 근본적으로 미흡하다. 비트코인은 잠재력을 온전히 발휘하지 못했고, 그 결함들로 인한 한계를 해결하는 제2의 해결책이 새로운 암호화폐라는 형태로 탄생했지만 이들 대부분은 비트코인의 매력적인 기능 중 일부를 잃는 대가를 치러야 했다.

불안정한 가치

몇 년 전 우리 가족은 파리에서 여름휴가를 보냈다. 당시 내가 가장 즐기던 일은 아침 일찍 빌린 아파트가 위치한 아홍디쓰멍(구區)에 있는 여러 브랑제리(빵집) 중 한 곳에 들르는 것이었다. 매일 아침 다른 브랑제리를 골라 신선한 바게트와 크루아상을 잔뜩 사 들고 돌아와서 관광을 나가기 전에 먹곤 했다(어느 브랑제리를 방문하든 가격은 기본적으로 같았다).

나는 유로 지폐로 1회분의 탄수화물 섭취에 대한 대가를 지불했다. 그렇다면 이번에는 프랑스와 미국의 결속이 급물살을 타면서 브랑제리들이 달러 지폐도 받는 가상의 시나리오를 생각해보자. 그러면 돈을 유로로 바꾸는 귀찮은 일을 하지 않고 매일 아침 10달러 지폐를 가지고 나갈 수 있다. 하지만 유로화에 대한 달러의 가치, 즉 달러-유로 환율은 고정된 것이 아니다. 보통은 변동 폭이 상당히 작기 때문에 1달러가 어느 날은 90유로센트, 다른 날은 88유로센트의 가치의 가치를 갖는 정도일 것이다.

하지만 환율의 변동 폭이 더 극단적이어서 하루는 1달러가 거의 1유로에 이르고 다음 날은 겨우 50유로센트라고 하면 어떨까? 첫날에는 10달러 지폐로 크루아상 6개와 바게트 2개를 사고도 에스프레소를 살 돈이 남을 것이다. 그러나 다음 날에는 바게트와 에스프레소 없이 크루아상 3개만 사서 들고 짜증스러운 기분으로 돌아올 것이다. 다행히 이런 시나리오가 펼쳐질 가능성은 낮다. 단기간에는 유로 대비 달러 가치가 상당히 안정적이기 때문이다. 달러-유로 환율은 매일, 심지어는 매분 오르내린다. 하지만 변동 폭은 제한적이다.

신뢰할 수 있는 교환수단은 경제 내 상품과 서비스의 가격이 책정되는 가치척도와 비교해 합리적인 선에서 안정적인 가치를 가져야 한다. 미국에 거주하는 미국 고객에게 달러는 교환수단과 가치척도라는 두 가지 역할을 한다. 미국 달러는 당연히 신뢰할 수 있는 교환수단이다. 대부분의 국가 통화가 그렇다. 그 예외로, 한 국가가 높은 인플레이션이나 초인플레이션에 직면해 통화의 구매력이 잠식되는 경우가 있다(이런 경우, 통화는 여전히 가치의 척도지만 판매자가 상품 가격을 자주 인상하면서 통화의 구매력이 변동될 것이다). 아르헨티나 페소는 아르헨티나의 교환수단이지만, 최근 몇 년간 아르헨티나가 경험한 높고 변동이 심한 인플레이션율로 인해 구매력이 매우 불안정하기 때문에 신뢰할 수 있는 통화라고 보기는 어렵다.

부에노스아이레스에서 다시 파리에 대한 공상으로 돌아가보자. 프랑스의 상점들이 기꺼이 달러를 받아들인다면, 달러는 실제로 교환수단으로 사용될 수 있다. 달러는 프랑스 상점들이 상품과 서비스 가격을 표시하는 통화인 유로화 대비 안정적인 가치를 지니고 있기 때문이다.

반면 비트코인과 미국 달러의 환율로 생각할 수 있는 비트코인의 가치는 롤러코스터를 타고 있다. 2015년 크리스마스 당일에 1비트코인은 419달러에 거래되었다(이 가격과 아래의 가격들은 근사치다. 하루 동안에도 큰 폭으로 변동하는 경우가 많기 때문이다). 약 2년 뒤인 2017년 12월 15일에 1비트코인의 가치는 1만 9,650달러에 달했다. 2년 만에 47배나 상승한 것이다. 반면에 그 가격에 비트코인을 구입한 사람이라면 그해 크리스마스 양말 속에서 (가상의) 석탄 덩어리를 발견했을 것이다. 비트코인의 가치가 불과 열흘 만에 4분의 1이 날아간 1만 5,075달러로 떨어졌기 때문이다. 2018년 12월 15일에는 비트코인이 3,183달러에 거래되었다. 가치가 1년 전의 6분의 1 수준이었다. 이후 2020년 크리스마스에는 가격이 2만 4,400달러까지 치솟았다. 이제 상황 파악이 좀 되었는가?

이런 이야기는 비트코인 피자 데이Bitcoin Pizza Day를 떠올리게 한다. 이야기는 2010년 5월 22일로 거슬러 올라간다. 플로리다에 사는 컴퓨터 프로그래머 라즐로 하네츠Laszlo Hanyecz가 온라인 포럼에서 한 사용자에게 1만 비트코인을 지불하고 파파존스 피자 두 판을 받았다. 비트코인의 전설에 따르면, 이는 암호화폐를 사용한 최초의 실제 거래였다. 비트코인 지지자들은 이날에 의미를 두고 오늘날까지도 기념일로 챙긴다(어떻게 챙길지는 충분히 짐작되리라 믿는다). 당시 1만 비트코인은 가치가 약 40달러였다. 피자의 날 10주년 기념일에는 그 가치가 약 9천만 달러였다.

암호화폐 중에서라면 비트코인의 가격 변동성은 특별한 현상이 아니다. 인기 있는 다른 암호화폐인 이더Ether는 2017년 1월 1일에 8달러에 거래되다가 2018년 1월 12일에는 179배 상승한 1,433달러까지 치솟았다(일부는 이 암호화폐를 이더리움Ehterium이라고 부르고 가치 단위는 이더로 표시한다). 이더는 이후 3개월 만에 385달러로 떨어졌다가 한 달 뒤 다시 812달러로 급등했고, 그해 말에는 10분의 1인 134달러로 마감했다. 2021년 5월 말에 이더의 가치는 약 2,500달러였다.

이런 가치 변동성은 비트코인과 같은 암호화폐가 작동 가능한 모든 통화의 핵심 속성인 신뢰할 수 있는 교환수단이 아니라는 것을 의미한다. 암호화폐가 이 기능에서 부족한 점은 이것만이 아니다.

형편없는 교환수단

2018년 1월에 마이애미에서 북아메리카비트코인콘퍼런스North American Bitcoin Conference가 열렸다. 콘퍼런스가 시작되기 직전, 주최 측은 비트코인 티켓 결제를 중단했다. 그 방법이 느리고 비용이 많이 들며 많은 노동력을 요한다는 것이 그들의 설명이었다. 콘퍼런스 웹사이트는 거래 완료를 위해 필요한 수작업 때문에 네트워크가 정체되는 것이 암호화폐를 통한 결제 중단 결정에 영향을 미쳤다고 안내했다. 2020년에 콘퍼런스가 개최될 때에는 주최 측이 약 30개의 암호화폐로 결제를 받고 있었음에도, 회의론자들은 비트코인 콘퍼런스가 한때 비트코인 결제를 거부했다는 아이러니를 이해할 수 없다고 여겼다.

이 사건은 더 큰 문제를 지적했다. 2018년까지 비트코인은 그 자체의 성공과 알고리즘에 내장된 특정 기능에 잠식되었다. 비트코인에 대한 관심이 새로운 수준으로 치솟자 거래의 수가 빠르게 증가해 단기간 내에 모든 거래를 검증할 수 있는 네트워크의 능력을 넘어섰다. 이로 인해 거래 비용은 상승했는데도 비트코인의 사용 속도는 감소했다. 탈중앙화 화폐의 장점이라고 주장한 것이 광채를 잃고 있었다.

내 동료인 코넬대학교의 데이비드 이슬리David Easley, 모린 오하라 Maureen O'Hara, 수미야 바수Soumya Basu는 거래 수수료가 바로 비트코인 블록체인 프로토콜의 구조에서 비롯된, 시장에 기반한 결과라고 지적했다. 이 구조는 두 가지 문제를 야기한다. 첫째, 블록 보상이 감소한다는 내재적 특성으로 인해 시간이 지나면서 채굴자의 수익이 떨어지므로, 그 서비스 제공에 대한 수수료를 받지 않는 한 블록체인에서 새로운 블록을 검증할 때 비용이 높은 계산을 수행할 의욕이 꺾인다. 둘째, 비트코인 거래량의 증가가 블록체인에 게시할 수 있는 블록 수에 대한 시간적 제약과 결합되어 일부 거래의 검증과 게시를 막는다.

거래가 실행되지 않는 이유는 무엇일까? 비트코인 블록체인의 블록은 (기술적인 이유로) 평균 약 2메가바이트의 정보만 담을 수 있기 때문에, 특정 블록에 담을 수 있는 거래의 수는 제한적이다. 최근 몇 년간 실제 블록 크기는 평균 약 1메가바이트였고, 이는 약 2천 건의 거래에 해당한다. 많은 사용자가 자금을 보내려 시도하면 블록에 확인을 기다리는 모든 거래를 수용할 공간이 부족해지면서 블록체인

트래픽이 혼잡해질 수 있다.

이런 이유로 채굴자는 수수료가 높은 거래를 우선적으로 검증하려는 금전적 인센티브를 갖게 된다. 자금을 보내고 빨리 확인을 받고자 하는 사람에게 적절한 수수료는 여러 요인에 따라 크게 달라진다. 수수료는 보내는 금액에 따라 달라지지는 않지만, 당시의 네트워크 상황과 제안된 거래의 데이터 크기에 따라 달라진다. 거래가 복잡할수록 다음 블록에 포함되기 위한 수수료는 더 높아져야 한다.

사용자가 자금을 보내기로 결정하고 원하는 거래가 네트워크에 공표되면, 그 거래는 블록에 포함되기 전에 우선 메모리 풀memory pool, 줄여서 멤풀mempool이라고 불리는 곳에 들어간다. 채굴자는 이 멤풀에서 포함시킬 거래를 선택하며 이때 수수료가 높은 거래에 우선순위를 둔다. 멤풀이 가득 차면 수수료 시장이 경쟁으로 바뀔 수 있다. 사용자들은 다음 블록에 거래를 포함시키기 위해 경쟁하면서 점점 더 높은 수수료를 포함시키게 되는 것이다. 결국 시장은 사용자가 기꺼이 지불하고자 하는 최대 평형 수수료에 도달하고, 채굴자는 전체 멤풀을 순서대로 처리한다. 이 지점에서 트래픽이 감소하면 평형 수수료는 다시 떨어진다.

이슬리, 오하라, 바수는 최근 몇 년간의 비트코인 네트워크 혼잡에 이런 시장 역학이 반영되었다는 것을 보여준다. 이들은 거래가 검증되고 블록체인에 추가되는 데 걸리는 대기시간이 시간이 흐르면서 상당히 길어졌다는 증거를 모았다. 결과적으로, 비트코인 사용을 원하는 구매자와 판매자들은 채굴자의 검증과 블록체인 추가를 기다리는 거래 대기열에서 자신의 거래를 위로 올리기 위해 수수료를 지불하기 시작했다.

작업 증명은 교환수단으로서 비트코인이 갖는 효율성에 대한 명백한 제약이다. 설계상 계산 퍼즐의 난이도는 자동으로 조정되어 비트코인 블록체인에서 거래가 확인되는 데 평균 약 10분이 걸린다. 따라서 네트워크는 초당 약 7건의 거래만 처리할 수 있다.

이로 인해 초기에는 초소액 거래에서도 충분히 경제적이었던 거래 수수료가 눈에 띄게 높아졌다. 2017년과 2018년에 비트코인의 인기가 커지고 네트워크가 더 혼잡해지면서 거래 수수료가 크게 올랐다. 실제로 2017년 말에는 비트코인 광풍이 불면서 거래당 비용이 50달러 이상으로 치솟은 시기도 있었다. 이후 수수료는 다시 떨어졌지만, 비트코인을 글로벌 결제 시스템으로 적합하게 만들기에는 여전히 너무 높다. 작업 증명 프로토콜의 결과로 이 최초의 암호화폐는 소규모 거래에 사용할 수 없게 된 것이다.

두 번째로 인기 있는 암호화폐인 이더 역시 작업 증명을 사용한다. 이더의 프로토콜은 비트코인보다 약간 더 효율적이고 거래 처리 속도가 약간 빠르지만, 이 역시 확장성 문제에 직면해 있고 대량의 거래를 처리할 수 없다. 거래 수수료의 상승과 변동성은 이더 사용자들에게도 골칫거리였다.

나카모토는 2010년 2월 당시 일련의 블로그 게시물에서 이런 전개의 일부를 예상했던 것으로 보인다. 다만 예상 시점은 약간 빗나갔다. 초기의 게시물에서 나카모토는 이렇게 말했다. "규모가 매우 큰 거래에는 약간의 거래 수수료가 따른다. 거래가 포함된 블록을 생성하는 노드가 수수료를 받는다." 비트코인 생성 자체가 더는 수익성이 없을 때 수수료가 노드 운영의 수익성을 보장하기에 충분한지 묻는 온라인 포럼의 질문에 대해 나카모토는 "그렇지 않다면 2,100만

개 코인이라는 한계를 두지 못할 것이다. 생성에 대한 최소한의 보상이 항상 필요하기 때문이다. 보상이 지나치게 작아지는 수십 년 후에는 거래 수수료가 노드의 주요 보상이 될 것이다. 나는 20년 뒤에는 거래량이 매우 많거나 전혀 없을 것이라고 확신한다"라고 대답했다.

해킹 및 이중 지불에 대한 취약성

2007년에 제드 맥카일렙Jed McCaleb이라는 프로그래머가 온라인 판타지 게임 〈매직: 더 개더링〉의 카드를 거래할 수 있는 웹사이트를 만들었다. 그는 '매직: 더 개더링 온라인 익스체인지Magic: The Gathering Online Exchange'를 줄인 마운트곡스Mt.Gox라는 도메인 이름을 구입했다. 그리고 2010년에 이 도메인 이름을 사용해 비트코인을 거래하는 거래소를 만들었다. 이 거래소는 2011년 7월에 한 해커가 이 거래소의 비트코인 가격을 1센트까지 떨어뜨린 뒤 그 가격으로 대량의 비트코인을 사들인 사건을 비롯해 여러 차례 해킹을 당했다. 그럼에도 마운트곡스는 2013년까지 전체 비트코인 거래의 약 70%를 처리하고 있었다. 수많은 기술적, 법적 문제에 직면한 이 거래소는 결국 2014년에 문을 닫았다.

거래소 해킹으로 타격을 받은 암호화폐는 비트코인만이 아니다. 2019년 6월에는 해커들이 싱가포르에 기반을 둔 암호화폐 거래소와 슬로베니아와 영국에 기반을 둔 암호화폐 거래소를 공격해 1,500만 달러 상당의 또 다른 암호화폐 XRP(리플 플랫폼의 것)를 훔쳤다.

이런 사건은 비트코인을 비롯한 암호화폐를 사용하고 보유할 때의 가장 큰 우려 사항을 드러냈다. 암호화폐가 거래소를 통한 해킹에 취약하다는 점 말이다. 하지만 암호화폐가 갖고 있는 기술적 취약성은 이뿐만이 아니다. 작업 증명 프로토콜을 사용하는 암호화폐는 다수의 공격majority attack 혹은 51% 공격으로 알려진 또 다른 유형의 공격에도 취약하다.

앞서 살펴보았듯이 이 프로토콜하에서 네트워크에 참여하는 노드는 가장 긴 블록체인, 즉 가장 유효한 블록(작업 증명)을 지닌 블록체인을 올바른 버전의 기록으로 인식한다. 채굴자 혹은 일단의 채굴자들이 네트워크 해싱 파워의 50% 이상을 획득하면 메인 체인의 한 주소로 자금을 보내고, 동일한 자금을 자신들이 채굴 중인 메인 체인보다 해싱 파워가 더 큰 블록체인 포크 사본상의 다른 주소로 보낼 수 있다. 포크는 본질적으로 블록체인의 분할된 한 부분이다(모든 포크가 악의적인 것은 아니다. 포크는 커뮤니티의 동의를 받은 소프트웨어 업데이트나 프로토콜 변경을 나타낼 수도 있다).

다른 모든 노드는 첫 번째 거래를 유효한 것으로 받아들인다. 악의적인 채굴자는 이후 원본 블록체인보다 더 긴 포크 블록체인을 공개할 수 있으며, 이렇게 되면 다른 노드 모두가 이를 올바른 블록체인으로 받아들인다. 기술적으로 원본 거래가 소멸됨에 따라 두 번째 거래가 첫 번째 거래와 동일한 인풋을 사용할 수 있다. 사실상 이 악의적인 채굴자는 동일한 디지털 자산을 두 번 사용할 수 있고, 이는 이중 지출 공격이 된다.

네크워크 해시레이트(네트워크상에서 거래를 검증하는 데 사용되는 총 채굴 능력)의 50% 이상을 확보하는 것은 쉬운 문제가 아니다. 대부분의 주요 암호화폐는 상당한 채굴 용량이 뒷받침되기 때문에 이런 공격을 소화하는 데 필요한 하드웨어를 얻으려면 막대한 비용이 든다. 네트워크를 압도하고 현재로서는 매우 긴 전체 블록체인을 덮어쓰려면 엄청난 양의 컴퓨팅 파워가 필요하기 때문에 비트코인이나 이더가 이런 종류의 공격을 받을 가능성은 거의 없지만 아주 불가능한 상상만은 아니다.

여기에서 우려되는 부분이 있다. 케임브리지대학교의 추정에 따르면, 전 세계 비트코인 채굴 능력의 약 3분의 2를 중국이 보유하고 있으며(2020년 4월 현재), 그중 상당수를 대규모 채굴 집합체가 소유하고 있다고 한다. 조직적인 다수의 공격이 네트워크를 탈취할 가능성이 높아지는 것이다. 다행히도 해커의 이런 공격을 만류하는 보호 메커니즘이 있다. 다수의 공격에 많은 자원을 투입해 비트코인을 대량으로 빼앗는다고 해도 그로 인해 신뢰가 사라지고 네트워크가 마비되어 디지털 코인을 사용하거나 실물화폐로 전환하는 것이 불가능하다면 무슨 소용이 있겠는가? 진짜 문제는 금전적 동기가 아닌 악의적인 동기에 의한 공격일 것이다.

인지도가 낮은 신생 암호화폐라면 블록체인이 짧아 주요 암호화폐만큼 보호가 되지 않는다. 보통 네트워크를 보호하는 해싱 파워가 적기 때문에 네트워크를 압도하는 것이 가능하다. 실제로 나이스해시NiceHash와 같은 서비스는 채굴자에게 해싱 파워를 대여해주기 때문에 다수의 공격을 실행하려는 사람이 하드웨어에 막대한 투자를 하지 않아도 된다. 네트워크 해시레이트의 절반 이상을 획득한 공격자(혹은 일단의 공격자)는 이전에 인증된 거래를 무효화하고 이중 지출을 수행할 수 있는 힘을 얻는다. 이는 블록체인의 불변성과 신뢰성을 무너뜨린다.

암호화폐에 대한 다수의 공격은 드문 일이 아니다. 2018년 5월에 비트코인 골드Bitcoin Gold가 이런 공격을 받아 이중 지출을 통해 약 1,800만 달러를 도난당했다. 비트코인 골드는 2020년 1월에도 또 다른 공격을 받아 약 7만 2천 달러를 도난당했다. 이더리움 클래식Ethereum Classic, 피더코인Feathercoin, 버지Verge, 버트코인Vertcoin, 젠캐시Zencash와 같은 다른 소규모 암호화폐들도 이런 공격을 경험했다.

암호화폐 지지자들은 이런 해킹의 결과인 디지털 사기의 규모가 신용카드와 같은 일반적인 전자결제 시스템에 관련된 사기보다 심각하지 않다고 주장할지도 모르겠다. 주요 신용카드사들은 소액의 사기 사건을 단순한 영업 비용으로 받아들이는 것 같다. 암호화폐는 대규모 시스템 수준 사기의 대상이 된다는 차이가 있다. 주요 암호화폐는 블록체인의 규모로 인해 어느 정도 보호를 받기는 해도 말이다. 하지만 단 한 번의 사건만으로도, 심지어 그 사건이 컴퓨터 코드에 예기치 못한 작은 결함의 결과일 때에도 암호화폐에 대한 신뢰는 무너질 수 있다. 또한 암호화폐의 주요 특징으로 의도된 것에 중대한 타격을 주는 또 다른 차원의 기술적 취약성도 존재한다. 이번에는 이 문제에 대해 생각해보자.

온전한 익명성이라는 허상

2020년 7월에 여러 유명인의 트위터 계정에 다음과 같은 동일한 메시지가 떴다. "비트코인을 보내고 돈을 두 배로 돌려받으세요." 조 바이든, 제프 베이조스, 빌 게이츠, 일론 머스크, 버락 오바마와 같은 저명인사, 대중 문화계에서 인기가 높은 킴 카다시안, 카니예 웨스트의 계정이 해킹을 당한 것이다. 오바마 전 미국 대통령의 계정에서는 이런 메시지를 볼 수 있었다. "코로나19로 어려움을 겪는 지역사회에 대한 환원을 계획하고 있습니다! 아래 주소로 보내주신 모든 비트코인을 두 배로 돌려드리겠습니다. 1천 달러를 보내주시면 2천 달러를 돌려드립니다!" 억만장자 랩 아티스트 카니예 계정의 메시지는 그의 위상에 걸맞은 다음과 같은 내용이었다. "팬들의 사랑을 돌려드리려 합니다. 아래 제 주소로 보내주신 모든 비트코인을 두 배로 돌려드립니다. 최대 금액은 1천만 달러입니다."

이 해킹 사건은 플로리다 고등학교 졸업반인 17세의 그레이엄 이반 클라크Graham Ivan Clark가 꾸민 것으로 드러났다. 클라크와 공범들은 트위터 직원들의 정보를 빼돌려 사용자 비밀번호를 바꾸고 계정을 통제했다. 이들이 비트코인 송금 형태로 돈을 보내라고 한 것은 암호화폐가 제공할 것으로 추정되는 익명성 때문이었다. 이 사기 행각으로 클라크와 공범들은 약 18만 달러에 상당하는 비트코인을 얻어냈다(어쩌면 이 사건에서 정말 중요한 문제는 이를 진지하게 받아들인 사람들이 누구인가 하는 것이 아닐까). 하지만 비트코인은 오히려 실패의 원인이었다. 결국 연방 요원들은 비트코인이 송금된 계좌와 연결된 클라크의 진짜 신원을 찾아냈다. 추적 끝에 그는 메시지가 게시되고 약 2주 뒤에 체포되었다. 클라크에게는 안된 일이지만, 비트코인은 익명성이라는 가장 중요한 약속을 지키지 못했다.

암호화폐가 제공한다는 기밀성은 암호화폐의 초기 매력 중 하나이기도 하고 정부가 암호화폐에 대해 우려했던 이유이기도 하다. 특정 거래에서 블록체인에 공개되는 것은 쌍방 거래 당사자의 디지털 신원뿐이다. 여러 거래가 포함된 특정 블록의 경우, 관련 채굴자의 디지털 신원 역시 공개된다.

컴퓨터가 있고 인터넷만 연결된다면 누구든 비트코인이나 이더 블록체인을 이용할 수 있고 이더 블록체인(etherscan.io)에서 모든 거래 당사자의 디지털 주소를 볼 수 있다. 더구나 주소를 클릭하면 해당 사용자의 이더 잔고, 이더 거래 횟수, 상세한 거래 내역이 드러난다. 비트코인의 블록체인도 이런 정보 대부분을 보여준다. 비트코인을 사용한 모든 거래는 공개적이고 추적 가능하며 비트코인 블록체인에 영구적으로 저장된다. 동시에 거래는 비트코인 주소로만 연결되고 주소는 사용자의 디지털 지갑에 의해 비공개로 생성되며 이는 비트코인이 거래 당사자들에게 디지털 익명성을 제공하면서도 전례 없는 수준의 거래 투명성을 보장한다는 점을 강조한다. 비트코인이나 이더 블록체인에는 주소를 개인정보와 연결하는 정보가 담겨 있지 않다.

비트코인이나 이더와 같은 암호화폐의 인기를 뒷받침하는 익명성의 약속은 전부는 아니더라도 부분적으로는 환상에 불과한 것으로 드러났다. 이 약속은 디지털 세계와 현실 세계가 교차하는 지점에서 무너진다. 상품이나 서비스를 받으려면 사용자는 자신의 신원과 실제 위치를 공개해야 하기 때문에 비트코인 주소는 온전한 익명성을 유지할 수 없다. 모든 거래와 관련된 가짜 주소는 물론이고 금액도 공개 정보이기 때문에, 정보를 조합해 비트코인 거래 당사자의 실제 신원을 알아낼 수 있다. Bitcoin.org 웹사이트(나카모토와 다른 비트코인 최초 개발자가 만든 것으로 알려져 있다)는 이 주소가 사용될 경우 "해당 주소가 관련된 모든 거래 내역에 의해 오염될 수 있다"라고 경고한다. 트위터 해킹과 관련된 일련의 사건은 익명성이 무너질 수 있으며 걸린 것이 많을 때에는 특히 그럴 가능성이 높다는 것을 보여주는 좋은 사례다.

이 웹사이트는 트위터 해킹 사건을 다음과 같이 요약한다. "블록체인은 영구적이기 때문에 현재 추적할 수 없는 것이 미래에는 쉽게 추적할 수 있는 것이 될 수 있다는 점에 유의해야 한다." 이 웹사이트는 개인정보 보호에 관심이 있는 사용자에게 거래마다 새로운 비트코인 주소를 사용(현재 대부분의 비트코인 지갑의 기본 절차)할 뿐만 아니라 용도에 따라 별개의 디지털 지갑을 사용하라는 등의 몇 가지 조언을 제공한다. 이런 방법을 통해 다수의 거래를 특정 사용자와 연결하는 일은 어려워지겠지만, 여러 차례 혹은 일상적인 거래에 암호화폐를 사용하려는 사람에게는 비트코인 사용이 약간 더 번거로워질 것이다. 어쨌든 익명성에 대한 기대는 이제 비트코인 사용의 큰 매력으로 보이지 않는다.

환경에 해를 끼치는 채굴 과정

비트코인을 채굴하는 과정은 환경에 큰 영향을 미친다. 채굴자들은 비트코인 형태의 보상을 주는 복잡한 수학적 문제를 가장 먼저 풀기 위해 대량의 전기를 빨아들이는 엄청난 수의 컴퓨터가 필요하다. 이는 동일한 문제를 해결하기 위해 엄청난 양의 컴퓨팅 파워와 에너지가 동시에 투입된다는 것을 의미하며, 이렇게 얻은 해법으로는 인류가 받는 실질적인 혜택이 전혀 없다.

초창기에는 일반 컴퓨터로 비트코인을 채굴했고 컴퓨터 중앙처리장치CPU의 처리 능력이 채굴자의 성공률을 좌우했다. 비트코인 블록체인이 훨씬 짧고 수학적 문제의 난이도가 지금보다 훨씬 낮았던 초기에는 강력한 개인용 컴퓨터만 있으면 누구나 성공적인 채굴자가 될

그림 4.4 **암호화폐 채굴에 특화된 장치, ASIC**

수 있었다. 오래지 않아 고사양 컴퓨터에 사용되는 그래픽 처리 장치 graphics processing unit, GPU가 암호화폐 채굴에 필요한 연산에 더 적합하다는 사실이 밝혀졌다. 이후 암호화폐 채굴의 금전적 이익이 커지면서 이 목적에 최적화된 하드웨어가 발전하는 현상으로 이어졌다.

현재 비트코인 채굴의 대부분은 주문형집적회로application-specific integrated circuit, ASIC라고 하는 특수 장치로 실행된다. ASIC은 단 하나의 목적을 위해 설계된 컴퓨터 칩을 내장한 맞춤형 기계로, 특정 암호화 알고리즘을 기반으로 하는 암호화폐를 채굴하도록 최적화할 수 있다. 비트코인 ASIC은 현재 몇천 달러면 구입할 수 있으며, 비트코인 채굴을 하려는 사람들은 이 장치를 수백, 수천 대씩 구입하는 것으로 알려져 있다. 어떤 경우에는 개별 채굴자의 자원을 결합하는 채굴 풀을 만들기도 한다. 이렇게 자원을 모으면 컴퓨팅 파워가 커진 풀이 암호화 문제를 가장 먼저 해결할 가능성이 커지기 때문에 비트코인 채굴 성공 확률이 높아진다. 이런 잠재적인 해법을 계산하는 컴퓨터(혹은 컴퓨터 무리)를 돌리는 데에는 당연히 전력이 많이 필요하다.

케임브리지대학교 연구원들의 추정에 따르면 2016년에 비트코인 네트워크가 전 세계 전력 소비의 약 0.4%를 차지했다. 연구진은 이 정도 양이라면 23년 동안 영국에서 물을 끓이는 데 사용되는 모든 전기 주전자에 전력을 공급하거나 600년 가까이 영국 대학에 필요한 에너지를 전부 공급할 수 있다고 말했다. 프린스턴대학교의 컴퓨터 과학 교수인 아빈드 나레이야난Arvind Narayanan은 2018년에 비트코인 채굴이 전 세계 에너지 소비의 약 1%를 차지한 것으로 추산했다.

또 다른 연구자는 비트코인 네트워크에서 단일 거래를 검증하는 데 약 한 달 동안 평균적인 미국 가정에서 소비하는 양에 맞먹는 전력이 필요하다고 추정했다. 이 분석에 따르면 비트코인 네트워크는 탄소 발자국에서는 뉴질랜드, 에너지 총소비량에서는 칠레, 전자 폐기물 발생량에서는 룩셈부르크와 비슷한 수준이다. 실제로 비트코인 네트워크의 전력 소비량은 전 세계 150개국의 연간 전력 소비량보다 많은 것으로 추정되며, 연간 전력 소비량이 비트코인 네트워크의 연간 전력 사용량보다 많은 나라는 40개국도 되지 않았다. 하드웨어와 전기 비용 추정치를 합친 비트코인 채굴의 총 비용은 연간 40억 달러다.

상황은 더 심각해지고 있다. 많은 암호화폐가 비트코인이 개척한 것과 같은 작업 증명 프로토콜을 사용한다. 이들 네트워크는 규모는 작지만 여전히 채굴 활동이 필요하다. 더구나 위에서 언급한 전력

그림 4.5 러시아 브라츠크의 암호화폐 채굴 농장

추정치 대부분은 ASIC을 작동하는 것만 포함하며, 냉각 관련 부분은
포함하지 않는다.

　따라서 채굴 풀은 전기료가 싸고 기온이 낮은 곳에 몰리고 있다.
캐나다, 아이슬란드와 같이 선호되는 장소들이 이 두 가지 조건을 갖
추고 있다. 중국과 러시아에도 대형 암호화폐 농장이 많은 것으로 알
려져 있는데 그 이유 중 하나는 정부의 격려와 지원이다. 하지만 두
나라 모두 시간이 지나면서 정부의 지원이 줄고 있다. 추운 날씨와
이 지역의 수력발전소에서 공급하는 값싼 전기 덕분에 시베리아는
국제적인 채굴의 허브로 바뀌고 있다. 해당 지역의 버려진 소련 공항
이 채굴 농장을 유치하기 위해 부활하고 있는 것으로 보인다.

　러시아 핵 과학자들까지 여기에 동참했다. 2018년 2월에 러시

아 서부의 사로프에 있는 극비 핵탄두 시설, 연방핵센터Federal Nuclear Center에서 일하는 몇몇 과학자가 경찰에 체포된 것으로 알려졌다. 과학자들은 러시아에서 가장 강력한 슈퍼컴퓨터를 비트코인 채굴에 이용하려고 했다. 이들은 슈퍼컴퓨터를 인터넷에 연결하려고 시도하다가 시설 보안 부서에 발령된 경보(이 컴퓨터는 보안 유지를 위해 외부 연결이 금지되어 있었다) 때문에 붙잡혔다.

종교 시설도 유혹을 뿌리칠 수 없었다. 2018년에 러시아 이르쿠츠크의 한 복음주의 교회는 암호화폐 채굴 활동으로 전기세율이 높아지자 이를 피하기 위해 법정 싸움에 나섰지만 패소했다. 현지 전력 회사의 규정에 따르면 암호화폐 채굴에 사용되는 전기는 일반적인 활동에 사용되는 전기보다 높은 요금제가 적용된다. 교회는 높은 요금이 부과된 2017년 5월부터 8월까지 전기 소비량이 급증한 것은 난방과 종교적 자료 인쇄에 쓴 에너지 때문이라고 주장했다. 법원은 판결문에서 전기 소비가 급증한 것이 여름철이었기 때문에 적어도 첫 번째 설명은 가능성이 낮다고 지적했다.

흥미롭게도 중국은 암호화폐 거래소와 암호화폐를 사용하는 결제를 금지하면서도, 수많은 채굴 풀이 있으며 전 세계 채굴 활동을 주도하고 있다. 중국의 예비 채굴자들은 저렴하고 풍부한 전력을 사용할 수 있을 뿐만 아니라, 중국이 주요 생산국이기 때문에 저렴한 ASIC도 쉽게 이용할 수 있다. 앞서 언급했듯이, 중국의 채굴 작업이 전 세계 비트코인 해시 파워의 3분의 2를 차지하는 것으로 여겨진다. 한 추정에 따르면 쓰촨성에서 채굴되는 것만으로도 전 세계 해시레이트의 약 절반을 차지한다. 윈난성, 신장성, 내몽고자치구와 같은 지역도 상당한 해시 파워를 보유하고 있다. 2019년 초, 암호화폐 채굴이 환경에 미치는 영향 때문에 중국 정부는 이 활동에 대한 엄중한 단속을 예고했다. 하지만 2019년 10월에 중국국가발전계획위원회는 2020년까지 퇴출되는 활동 목록에서 암호화폐 채굴을 제외했다.

블록체인 산업 연구 그룹인 코인셰어즈CoinShares는 비트코인 채굴의 환경 비용이 과장되어 있다고 시사했다. 이 그룹의 보고서에서는 시간이 흐르면서 채굴 하드웨어의 효율성이 높아졌고 비트코인 네트워크에서 소비하는 전력의 대부분은 재생 가능 에너지원이라고 주장한다. 이런 주장은 다른 용도가 아닌 채굴에 재생 에너지를 사용하는 데 따른 기회비용을 무시한 것이며, 어찌 되었든 네트워크에서 채굴 작업의 계산적 복잡성이 증가하면서 채굴의 효율성도 떨어지고 있다.

간단히 말해, 작업 증명 프로토콜하에서 블록체인상의 블록을 채굴하는 것은 일부 현실의 문제에 대한 창의적인 해결책을 제공하지만, 실제 자원도 대량으로 사용한다. 채굴을 하려면 하드웨어를 지속적으로 구매하고 엄청난 양의 에너지를 써야 하는데, 이 두 가지 모두 환경에 해롭다. 더구나 채굴 과정에서 하드웨어를 최대 부하로 계속 실행시켜야 하므로 기계가 일반적인 작동 조건에서보다 빨리 마모된다. ASIC은 단일 애플리케이션만을 위해 설계되었기 때문에 빨리 노후되고 용도를 달리 변경할 수가 없다. 따라서 장비를 지속적으로 교체해야 하고 그 때문에 쓸모없는 부품이 대량으로 쌓인다.

비트코인의 출현과 그 기반이 되는 작업 증명 프로토콜이 환경 재앙을 초래하고 있다.

왜 비트코인은 그렇게 비싼가?

2018년 3월에 스코틀랜드에서 열린 콘퍼런스에서 당시 잉글랜드은행 총재 마크 카니Mark Carney는 "많은 암호화폐의 가격이 새로운 패러다임의 정당화, 소매 열기의 확대, 부분적으로 '더 큰 바보 이론greater fool theory'(누군가가 나중에 더 높은 가격으로 살 것이라는 믿음으로 어떤 가격이든 정당화하는 것-옮긴이)에 의존하는 추정 가격 기대치 등 거품의 전형적인 특징을 보여줬다"라는 논평을 내놓았다. 이 발언의 마지막 구절은 부동산 가격이 끝없이 상승하는 것처럼 보였던 2000년대 초중반의 미국 주택 호황기를 암시했다. 부동산 가격이 계속 오르는 이유는 자신보다 더 큰 바보, 즉 자신보다 더 높은 가격을 기꺼이 지불할 구매자 한 명만 찾으면 잔뜩 오른 가격에 구매한 집으로도 돈을 벌 수 있다는 개념에 근거한 것처럼 보였다.

카니의 연설은 국제결제은행Bank for International Settlements, BIS 총재 아구스틴 카르스텐스Agustín Carstens의 연설을 바로 뒤따른 것으로, 카르스텐스는 비트코인을 "거품, 폰지 사기, 환경 재앙의 조합"이라고 표현했다. 중앙은행가와 학자들을 비롯한 회의론자들은 비트코인의 극심한 가격 변동성과 주기적인 가격 붕괴를 지적한다. 실제로 경제학자의 관점에서 보면, 비트코인이 응당 누려야 할 종류의 가치 같은 건 없으며, 익명의 결제 메커니즘을 제공하는 비트코인의 가치를 넘어서는 가격이 책정되어야 하는 논리적 이유도 없다. 하지만 비트코인은 효과적인 교환수단이라는 모든 가식이 벗겨졌어도 지지자들은 믿음을 잃지 않았다. 비트코인은 꾸준히 버티는 데 그치지 않고 점점 더 소중한 가치저장 수단이, 아니 더 정확하게는 매력적인 투기 자산이 되었다(또 이 모든 것이 삽시간에 바뀔 수도 있다… 적어도 이 책을 쓰고 있는 이 시점에서는 이렇다). 이런 상황을 무엇으로 설명할 수 있을까?

이 문제를 해결하려면 우선 유형이든 무형이든 금융자산에 경제적 가치를 부여하는 것이 무엇인지 생각해봐야 한다. 첫째로 자산은 미래의 재화와 용역에 대한 청구권을 나타낸다. 기업이 발행한 주식이나 채권을 소유한다는 것은 기업의 미래 수익에 대한 청구권을 갖는 것이며, 이 수익은 다시 금전적 가치가 있는 실제 재화나 용역의 창출 능력을 기반으로 한다. 부동산도 마찬가지다. 부동산은 주택 소유자나 임차인에게 수익으로 전환할 수 있는 실제 서비스를 제공한다. 국채 소유는 원칙적으로 세금을 비롯한 출처에서 나오는 미래 정부 수입에 대한 청구권이다.

금은 다르다. 금은 산업적 용도에 기반한 내재적 가치를 보유하며, 장신구(및 치아 충전물)에도 사용된다. 그러나 금의 시장가치는 이런 용도에 따른 내재적 가치보다 훨씬 더 큰 것으로 보인다. 금의 가치는 유용성이나 미래의 재화와 용역 흐름에 대한 청구권보다는 주로 희소성에서 나오는 것으로 여겨진다. 희소성 자체만으로는 충분하지 않다. 자산에 대한 충분한 수요가 있어야 한다. 이런 수요는 자산의 시장가치에 대한 집단적 믿음만큼이나 빈약할 수 있다. 당신이 자신만큼 금을 소중히 여기는 다른 사람들이 존재하고, 같은 생각을 하는 사람들이 충분히 많다고 생각해야 비로소 금에 가치가 생기는 것이다.

그렇다면 비트코인의 가치는 주로 희소성에 의해 결정되는 금의 디지털 버전에 불과한 걸까? 2,100만 개라는 비트코인의 한계는 알고리즘에 하드코딩이 되어 있기 때문에 구조상 희소성이 있다. 하지만 비트코인도 수요가 있어야 한다. 비트코인이라도 시장경제의 기본 법칙, 특히 수요와 공급에 기반한 가격 결정에서 벗어날 수 없기 때문이다. 물론 이런 수요는 순전히 투기적 성격을 띨 수도 있다. 비트코인이 교환수단으로서 제대로 작동하지 않는 지금의 상황처럼 말이다.

비트코인을 채굴하려면 엄청난 양의 컴퓨팅 파워와 전기가 필요하며, 안타깝게도 컴퓨터와 전기는 진짜 돈(여전히 명목화폐를 나타낸다)을 지불해야 얻을 수 있다. 비트코인의 기준가격은 이 채굴 비용에 의해 결정된다는 주장이 있다. 한 리서치 회사는 2018년에 미국에서 비트코인 1개를 채굴하는 데 드는 전기 비용을 약 4,800달러로 추정했다. 또 다른 회사는 2018년에 비트코인 채굴의 원가를 8천 달러로 추정하면서 이것이 비트코인 가격의 바닥을 형성한다고 시사했다. 하지만 이것은 전혀 합리적인 논리가 아니다. 비트코인의 막대한 자원 소비는 비트코인에 대한 수요를 창출하지 못하며, 따라서 그 자체로는 비트코인 가격을 정당화할 수 없다.

당연히 비트코인 지지자들은 이에 대한 답을 가지고 있다. 이 커뮤니티가 기술적 성향이 강하다는 것을 고려하면, 해답은 정량적 모델이어야 했다. 그렇게 부를 수 있다면 이 모델은 새로운 단위의 공급량에 대한 기존 재고의 비율을 가격 앵커로 사용한다.

금을 생각해보라. 전 세계에 존재하는 금의 총 매장량(지상)은 약 18만 5천 톤으로 추정된다. 매년 약 3천 톤의 금이 채굴되는데, 이는 기존 재고의 약 1.6%에 해당한다. 따라서 재고 대 공급량 비율은 약 60이다. 연간 금 생산량이 평균 속도로 이어진다고 가정하면 기존 재고를 재생산하는 데 그만큼의 시간이 걸리는 것이다. 은의 경우 이 비율은 약 22다. 이 가격 결정 모델의 논리에 따르면 금이나 은의 연간 생산을 두 배로 늘리더라도 재고 대 공급량 비율이 높게 유지되며, 이 경우 금과 은은 높은 가격의 가치저장 수단으로 남을 가능성이 높다. 채굴 작업을 늘리는 데 오랜 시간이 걸리는 등 공급에 물리적 제약이 있기 때문에 공급이 급증해 기존 재고의 가격이 하락할 위험은 거의 없다. 반면 구리나 백금과 같은 금속 등 가치가 떨어지는 원자재의 경우 기존 재고량은 연간 생산량과 같거나 더 낮다. 따라서 가격이 상승하기 시작하면 바로 생산량을 늘려 가격이 치솟는 것을 막을 수 있다. 이런 원자재의 경우 가격은 산업이나 기타 실제적인 용도에 기초한 가치에 더 밀접하게 연관되어 있다.

2017년 비트코인 재고는 그해에 새로 생산된 코인의 재고보다 약 25배 더 많은 것으로 추정된다. 이는 높은 수치이지만 여전히 금의 재고 대 공급량 비율의 절반에도 미치지 못하는 수준이다. 2022년경에는 비트코인의 재고 대 공급량 비율이 금의 재고 대 흐름 비율을 추월할 것으로 예상된다. 따라서 이 논리를 받아들인다면 비트코인 가격은 결국 상승할 것이다.

이런 가치 평가는 전적으로 취약한 믿음의 토대에서 이루어지고 있다. 한 영향력 있는 비트코인 블로거는 이렇게 표현한다. "비트코인은 세상이 처음으로 만난 희소성이 있는 디지털 자산이다. (…) 이 디지털 희소성에는 분명히 가치가 있다." 이 블로거는 비트코인과 금의 유사성에 대해 자주 언급하고 있으며 이런 논평은 비트코인 지지자들이 자주 방문하는 대부분의 웹사이트와 채팅 판에서 반향을 일으킨다. "금이 인류 역사에서 화폐 역할을 유지해 온 근본적인 이유는 금의 공급률이 계속 낮았기 때문이다. 금의 높은 재고 대 공급량 비율은 금을 공급의 가격 탄력성이 가장 낮은 상품으로 만든다." 공

급의 한도가 없고, 작업 증명 합의 프로토콜이 없으며, 작동을 계속
하기 위한 대량의 컴퓨팅 파워가 필요 없는 명목화폐와 암호화폐는
공급에 제약이 없고 정부, 소수의 개인 혹은 이해관계자의 영향을 받
을 수 있기 때문에 가치를 유지할 가능성이 낮은 것으로 간주된다.

　분명한 것은 논리와 이성이 비트코인 가치에 거의 영향을 미치
지 않는다는 점이다. 내가 직접 경험한 바에 따르면, 400달러에 비트
코인을 처음 구입한 후 계속 매수했고 현재는 비트코인 가격이 떨어
지는 때를 보유량을 늘릴 기회로 보는 25세 청년과는 논쟁을 이어가
기가 어렵다. 하지만 경제학자로서 이 청년(2019년 1월에 한 콘퍼런스에서
옆자리에 앉아 길고 열띤 토론을 벌였던 사람)이나 전 재산을 비트코인과 여타
암호화폐에 건 사람들이 염려스럽다. 또 한편으로, 이 책을 마무리한
2021년 5월 당시 비트코인 가격을 보면, 지난 몇 년을 이 책에 투자
하는 대신 비트코인을 구입하는 데 투자하는 것이 나았을지도 모르
겠다는 생각이 든다.

비트코인의 어두운 면

2011년에 '공포의 해적 로버츠Dread Pirate Roberts'(로스 울브리히트Ross Ulbricht
라는 텍사스 사람이 온라인에서 사용하는 가명)는 실크로드Silk Road라는 온라인
마켓플레이스를 만들었다. 울브리히트는 기술에 광적인 애정을 가
진 자칭 자유주의자였다. 그는 링크드인 프로필에서 "인류의 강압과
침략을 없애기 위한 수단으로 경제 이론을" 사용하고, 사람들이 "체
계적인 무력 사용"이 없는 세상에서 산다는 것이 어떤지 볼 수 있는
"경제 시뮬레이션"을 만들겠다는 자신의 의도를 밝혔다. 울브리히트

는 환각 버섯을 재배하기도 했는데, 제품을 판매할 길을 찾아야 했다.

실크로드는 불법 상품, 주로 마약을 판매하는 플랫폼인 '다크넷 마켓darknet market'으로 출발했다. 이 사이트에는 예술품, 성애물, 보석, 글쓰기 서비스 등 합법적인 상품도 있었다. 울브리히트는 양심의 가책이 전혀 없는 사람은 아니었는지, 아동 포르노, 도난 신용카드, 살인 청부, 무기 거래는 금지했다. 실크로드에서는 오직 비트코인만 사용할 수 있었고, 판매자와 고객은 자신의 진짜 신원을 가리고 감추기 위해 토르The Onion Router, TOR 브라우저와 가상 사설망virtual private network, VPN을 사용했다.

실크로드는 비트코인이 있었기에 가능했다. 곧 그 뒤를 따른 다른 다크넷들도 마찬가지였다. 비트코인은 페이팔이 온라인 경매 사이트 이베이의 부상을 도운 것과 마찬가지로 결제 인프라를 제공해 다크넷 마켓플레이스가 번창할 수 있게 했다. 페이팔은 소규모 거래에서 대규모 합법적 거래로 확장할 수 있는 안정적이고 편리한 결제 메커니즘을 제공했다. 비트코인도 실크로드에 같은 일을 했다. 기밀성이 보장되고 (적어도 원칙적으로는) 순전히 디지털이라는 추가적인 이점을 제공하는 결제 시스템을 마련해준 것이다. 이런 공생적 성격을 반영하듯 실크로드의 거래가 활기를 띠자 비트코인의 가격도 상승했다. 하지만 2013년에 미국 연방수사국Federal Bureau of Investigation, FBI은 실크로드를 폐쇄하고 웹사이트를 만든 사람의 정체를 밝혀 울브리히트를 체포했다.

하지만 비트코인이 불법 상거래에 사용된 것은 그것이 마지막이 아니었다. 이후에도 비트코인은 테러 자금 조달, 인신매매, 자금 세탁과 연관되었다. 예를 들어 2019년 팔레스타인 무장 단체 하마스

Hamas의 군부는 비트코인을 사용해 익명의 기부자로부터 자금을 모금하는 캠페인을 개발했다. 또한 미국 정부는 비트코인이 미국에서 오피오이드 위기opioid crisis(미국에서 마약성 진통제의 처방, 중독, 과다 복용이 비정상적으로 많아 문제가 발생하는 현상-옮긴이)를 부채질한 펜타닐 및 기타 합성 오피오이드의 국경 간 밀매를 촉진하는 자금 조달 채널이라고 확인했다.

교환수단으로서 비트코인의 사용이 감소하고 투기 자산으로서 비트코인 지위가 상승하면서 비트코인 거래에서 불법 활동 비율은 갈수록 줄어들고 있다. 한 연구진은 2012년 거래량과 금액으로 측정한 전체 비트코인 거래의 80%가량이 불법 거래와 연관되었던 것으로 추정한다. 이 연구에 따르면 2017년까지는 불법 거래 비율이 금액과 거래량 기준으로 각각 40%와 15%로 감소했다. 또한 비트코인의 익명성이 보장되지 않는다는 사실이 점점 더 명확해지면서 불법 활동의 교환수단으로서의 매력은 점점 사라지게 되었다. 한 조사 기관은 2019년 4분기 비트코인을 이용해 성사된 불법 거래가 6억 달러 규모였지만, 이는 전체 비트코인 거래의 1%에 불과한 것으로 추정했다. 한 암호화폐 컨설턴트(새로운 직종!)는 이렇게 말했다. "비트코인은 사이버 범죄에 사용하기에는 형편없는 통화다. 사소한 범죄에는 유용할지 모르지만 카르텔을 운영한다면 이야기는 달라진다."

실수를 용납하지 않는 시스템

비트코인의 분산적, 탈중앙화적 특성은 특히 손이 둔하거나 비밀번호를 잘못 입력하기 쉬운 사람들에게는 달갑지 않은 영향을 줄 수 있다. 일반적인 은행 송금 과정에서는 실수로 송금 주문 창에 금액이나 수취인 계좌번호를 잘못 입력할 경우, 수취인이 아직 돈을 사용하지 않은 한 은행에서 거래를 취소할 수 있다. 법적으로 대부분의 경우 실수로 인한 송금의 수취인은 금융기관에 이런 오류를 알려야 하며 송금액을 반환해야 한다고 생각한다.

비트코인이 잘못된 디지털 주소로 송금되었을 때에는 그런 상환 청구가 불가능하다. 비트코인 지갑 주소(공개 키)에는 확인 코드가 내장되어 있기 때문에 보통 한두 글자 잘못 입력했다고 해서 비트코인이 다른 주소로 전송되는 일은 없다. 하지만 주소가 유효하면 돈은 사라진다. 거래소 코인베이스의 말처럼 말이다. "암호화폐 프로토콜의 불변성으로 인해 거래는 일단 시작되면 취소하거나 되돌릴 수 없다. 이 경우 수취인에게 연락해 자금 반환에 대한 협조를 요청해야 한다. 주소의 소유자를 모르는 경우 자금을 회수하기 위해 취할 수 있는 조치는 없다."

또한 비트코인은 잠겨서 사용할 수 없게 될 수 있다. 종이 수표의 경우 수표를 보냈더라도 수취인이 현금화하지 않거나 은행 계좌에 입금하지 않는다면 여전히 그 돈을 사용할 수 있으며 수표는 일정 기간이 지나면 소멸된다. 하지만 비트코인의 경우 유효한 지갑으로 전송했지만 지갑 소유자가 어떤 이유로든 코인의 잠금을 해제하지 않으면 그 돈을 사실상 영원히 되찾을 수 없다.

코인 잠금이 해제되지 않는 이유는 무엇일까? 그 대답은 간단하다. 디지털 지갑의 소유자가 해당 지갑과 연결된 개인 키를 잃어버리기 때문이다. 온라인 은행 계좌의 비밀번호를 분실한 경우, 은행에 전화해 몇 가지 보안 질문에 대답을 하면 계좌에 대한 접근권을 다시 받을 수 있다. 혹은 은행 지점에 가서 신분증을 제시하면 계좌에 대한 접근 권한을 온전히 회복할 수 있다.

하지만 비트코인 지갑의 경우 전화할 사람도 없고 신분증을 확인할 사람도 없다. 비트코인의 역사에는 개인 키 정보를 종이나 USB 스틱, 컴퓨터 하드 드라이브에 보관했다가 이런 정보 저장소를 부주의하게 관리해 키를 잃어버린 사람들의 이야기가 넘쳐난다. 아일랜드의 한 마약상은 여러 개의 디지털 지갑에 대한 개인 키를 종이에 적어 낚시 장비와 함께 숨겨두었다가, 그가 감옥에 가 있는 동안 집주인이 낚시 장비를 쓰레기통에 버려 6천만 달러(5,400만 유로)에 달하는 재산을 잃었다고 한다. 비트코인이 매우 저렴할 때 비트코인을 구입한 사람들이 보유 자산에 대해서 생각하지 못하고 있다가 수년 뒤 비트코인 가격이 급등했을 때 큰돈을 갖고 있다는 것을 깨닫는 경우도 있다. 하지만 그때는 이미 디지털 지갑의 열쇠를 잊어버렸거나 잘못 관리해 잃어버린 뒤다.

죽음도 비트코인 손실에 영향을 미칠 수 있다. 캐나다 암호화폐 거래소인 쿼드리가Quadriga의 공동 창립자이자 최고 경영자가 해외여행 중 서른 살의 나이에 급사했다. 사망한 최고 경영자만 보안 키와 비밀번호를 알고 있었고 이런 정보 없이는 아무도 자금에 접근할 수 없었기 때문에 회사는 2억 5천만 달러의 투자금을 갚을 수 없었다. 정보가 저장되어 있을 것으로 보이는 그의 개인용 컴퓨터의 파일은 암호화되어 있었다. 사기를 의심한 한 투자자 그룹은 캐나다 사법 당국에 "신원과 사인 확인을 위한" 시신 발굴과 부검을 요청했다. 돈은 회수되지 않은 상태다.

한 리서치 기업은 2018년 초 현재 230만에서 370만 비트코인이 영구 '분실' 상태인 것으로 추정했다(2021년 5월 말 시점에서 본다면 분실된 비트코인의 가치는 대략 900억 달러에서 1,450억 달러 사이일 것이다). 이런 추정치는 비활성 기간이 긴 비트코인 지갑과 잘못된 거래 혹은 개인 키 분실로 인한 활성 사용자의 손실을 기반으로 한다.

간단히 말해, 비트코인 사용자는 탈중앙화에 대한 대가를 치르고 있다. 이런 문제를 해결할 수 있는 오류 수정과 감독 메커니즘은 존재하지 않는다. 바로 이런 이유 때문에 비트코인은 일부 사람에게 매력적인 동시에 위험하기도 하다.

비트코인의 유산

비트코인의 천재성은 무에서부터 교환수단과 가치저장 역할을 동시에 수행할 수 있는 디지털 자산을 만들어냈다는 점에 있다. 목적의 이런 이중성 때문에 비트코인이 다른 혁신적 결제 수단과 차별화된다. 직불카드와 신용카드는 거래를 더 쉽게 실행할 수 있는 결제 기술을 만들었지만, 화폐의 개념을 근본적으로 바꾸지는 못했다. 이런 시스템들은 새로운 화폐를 창출하는 것이 아니라, 서로를 알지 못하고 서로를 신뢰해야 할 특별한 이유가 없는 당사자들 간의 거래를 촉진하는 신뢰할 수 있는 중개자 역할을 하는 대가로 수수료를 부과한다. 신뢰할 수 있는 제3자의 개입 없이 이런 당사자 간의 안전한 거래를 가능하게 하고, 바로 이런 과정을 통해 더 많은 거래에 사용될 수 있는 교환수단을 생성하는 비트코인의 혁신은 정말 기발하고 획기적이다.

기술의 모든 경이성에도 불구하고 실제로 비트코인은 교환수단으로서 명백히 비효율적이라는 것이 입증되었다. 그래서 희소성 그자체만으로 비트코인의 가치를 창출하고 유지하기에 충분한가에 대한 의문이 남을 수밖에 없다. 이런 점에서 비트코인은 (지금까지) 예상보다는 현실에서 더 잘 작동했다는 점을 인정해야 한다. 5장에서 논의하겠지만, 일부 새로운 암호화폐의 가치는 명목화폐 준비금에 의해 뒷받침되거나 특정 상품의 가격에 연동된다. 이들 암호화폐는 사실상 새로운 화폐의 창출이 아닌 결제 시스템일 뿐이다. 따라서 어떤 종류의 지원도 없는 비트코인은 이런 암호화폐와 중요한 차이가 있다. 이더와 같은 일부 암호화폐가 비트코인과 유사한 특징을 공유하기 때문에 비트코인이 유일하다고 볼 수는 없지만 말이다.

비트코인에 대한 태도는 헌신적으로 맹종하는 것에서부터 극도로 회의적인 것까지 다양하다. 비트코인에 대해 들어본 대다수의 사람들이 보이는 반응은 비트코인의 개념에 대한 일시적인 흥미와 기술에 대한 당혹감과 아울러 비트코인으로 부를 축적한 사람들에 대한 부러움이 혼재되어 있는 것이 보통이다. 대다수의 사람이 암호화폐를 소유하거나 사용하지는 않지만, 비트코인이 촉발한 혁명은 결국 모든 사람에게 영향을 미치면서 금융 시스템, 그리고 어떤 측면에서는 사회의 주요한 특정 측면을 변화시킬 것이다. 이후에는 블록체인 기술이 중앙은행 화폐, 국경 간 결제, 증권 거래, 그 밖에 각종 금융 및 비금융 거래와 관련된 무수한 잠재적 응용 분야에 적용되는 것을 보게 될 것이다. 비트코인 자체의 지속 여부와 관계없이 비트코인의 유산은 지속될 것이다.

이 같은 결함이 있음에도 비트코인은 여전히 암호화폐 시장을 지배하고 있으며, 특정 단점을 보완하기 위한 수많은 대안이 등장했는데도 시가총액이 가장 큰 암호화폐의 자리를 지키고 있다. 비트코인은 2020년부터 2021년 1분기까지 전체 암호화폐 시가총액의 약 3분의 2를 차지했다. 2021년 4~5월에 다른 암호화폐 가격이 급등한 후에도 점유율이 40%가 넘었으며, 시가총액은 비트코인의 뒤를 잇는 20개 암호화폐 시가총액을 합친 것보다 많았다. 그럼에도 우리가 이제 눈길을 줄 수많은 다른 암호화폐의 혼란스러운 시장은 흥미롭게 지켜볼 가치가 있다.

5

암호화폐 경제의 부상

호트라(사제)는 수수께끼를 냈다. 브라만이 그것을 풀었다. 그런데 그의 해답은 무엇이었을까? 해답은 더 높은 차원의 수수께끼였다. 그것만으로도 정답을 시사하기에 충분했다. 로베르토 칼라소, 《카》

The hotṛ(priest) had put forward enigmas. The brahman had solved them. But what were his solutions? Enigmas of a higher order. This alone was enough to suggest that they were the right answers.

Roberto Calasso, *Ka*

비트코인은 금융계를 변화시키거나 그게 아니라면 적어도 결제 기술에 혁명을 일으킬 것처럼 보였다. 비트코인은 낮은 거래 비용, 익명성, 실시간 투명성, 정부의 개입과 신뢰가 필요 없는 소유 및 교환, 기존 은행 시스템이 안고 있는 문제에 대한 면역 등을 제공하기로 되어 있었다. 자유주의자의, 아니 그 문제에서는 사기꾼의 꿈이었다.

　시간이 지나면서 비트코인의 단점이 분명해졌다. 첫째, 정부의 지지가 없는 민간 발행 화폐는 안정적인 가치 유지를 보장할 수 없었다. 둘째, 탈중앙화된 거래 검증 메커니즘은 대량 소매거래 규모로 확장이 불가능했다. 셋째, 비트코인은 진정한 익명성을 제공하는 디지털 결제 시스템이라는 매력을 제공하지 못했다.

　하지만 비트코인의 실패는 암호화폐에 대한 환멸을 일으키기보다는 이런 문제를 해결하기 위한 다양한 대안적 암호화폐를 낳았다. 이로써 하나의 암호화폐로는 비트코인이 열망했던 모든 일을 해낼 수 없다는 인식이 생겼다. 물론 비트코인을 만든 사람이 누구든 어떤 집단이든, 암호화폐에 대한 그들의 야망은 암호화폐를 단순한 교환 수단이 아닌 미래를 내다보는 금융자산으로 여긴 헌신적인 지지자들의 야망보다는 작았다는 점만은 유념할 필요가 있다.

　광범위한 암호화폐의 세계와 이들이 비트코인의 결함을 극복하기 위해 어떤 시도를 해왔는지 조사할 때 반드시 구분해야 할 것이 있다. 암호화폐 세계에서 사용하는 용어에 따르자면, 코인(비트코인 등)

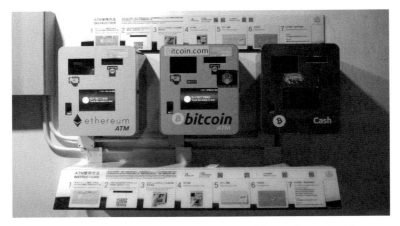

그림 5.1 홍콩 완차이 메트로역 근처의 암호화폐 ATM(2018년 4월)

은 독립적으로 작동할 수 있고 고유한 플랫폼을 가진 암호화폐인 반면, 토큰token은 다른 암호화폐에 의지해 플랫폼이 작동하는 암호화폐다. 대부분의 토큰은 이더리움 네트워크에서 작동한다. 코인과 토큰의 구분은 비트코인을 넘어 다양한 방식으로 운영되는 암호화폐의 세계, 광범위하면서도 여러 가지 면에서 괴상한 이 세계를 조사하다 보면 더 명확해질 것이다.

암호화폐와 관련 금융상품의 확산에 따라 암호화폐를 기획한 자들이 저지르는 금융 사기나 그로 인해 투자자가 받는 영향에 대한 우려가 커지고 있다. 중앙은행을 비롯한 기타 규제당국은 암호화폐 자산이 투자자들 사이에서 누리는 인기에 허를 찔려 승산 없는 싸움을 해오고 있다. 기존 규제를 이런 비전형적 상품에 적용해도 되는지가 명확하지 않기 때문이다. 노골적인 사기는 아니더라도 다양한 형태의 교묘한 속임수를 감출 수 있는 새로운 상품 및 서비스와 투자자에 대한 위험 및 금융 시스템의 안정성에 대한 규제당국의 우려 사이에서 벌어지는 난전이 여러 나라에서 다양한 방식으로 나타나고 있다. 따라서 비트코인이 낳은 암호화폐의 세계를 살펴보는 것부터 시작해보기로 하자.

비트코인의 대안들

비트코인의 인기는 수많은 단점과 결합해 무수한 대체 암호화폐를 탄생시켰다. 더 나은 합의 메커니즘을 개발하고, 더 안정적인 가치를 보장하며, 더 안전한 익명성을 제공하고, 블록체인의 기능성을 확장함으로써 특정 문제를 해결하기 위해 설계된 흥미로운 사례가 있다.

지분 증명 vs. 작업 증명

작업 증명 프로토콜이 가진 비용과 비효율성의 문제 때문에 신뢰할 수 있는 제3자가 개입하지 않고 블록체인에서 발생하는 거래를 검증하는 데 필요한 대안적 합의 메커니즘이 개발되었다. 이 중 가장 대중적인 것은 다른 프로세스를 사용해 합의에 도달하는 지분 증명proof of stake이다.

　지분 증명에서는 경쟁하는 여러 노드가 얼마나 많은 '스테이킹staking(지분 입증)'을 했는지에 따라 새 블록의 거래를 검증할 수 있는 권한이 주어진다. 지분은 노드 소유자가 관련 블록체인에 보유한 코인의 수를 기준으로 정해진다. 거래를 검증할 기회를 얻으려면 사용자는 특정 디지털 지갑에 코인을 넣어야 한다. 네트워크 스테이킹에 사용되는 동안에는 코인이 거래에 사용되지 못하기 때문에 이 지갑은 일시적으로 코인을 동결한다. 작업 증명은 채굴자가 컴퓨팅 파워를 기반으로 경쟁하며 수학적 퍼즐을 풀어야 하는 반면, 지분 증명 프로토콜은 잠재적 승자를 무작위로 선택하며, 이에 따른 선택 확률은 스테이킹을 한 금액에 좌우된다. 이 경우 암호화 계산이 여전히 필요하지만, 실행이 훨씬 간단하기 때문에 무차별 컴퓨팅 능력으로 우위를 점할 수는 없다.

지분 증명에서는 검증에 참여하는 노드가 블록체인에 추가할 새로운 블록을 위조하거나 발행하기 때문에 포저forger(원뜻은 위조범) 혹은 채굴자(더 일반적으로는 유효성 검사자, 검증자validator)라고 불린다. 이 프로세스는 작업 증명하에서의 채굴보다 요구되는 컴퓨팅 파워가 작고, 블록 보상이 없다. 비트코인은 새로운 블록이 검증될 때마다 블록 보상과 거래 수수료를 모두 지급하는 반면, 지분 증명 시스템에 기여하는 사람은 거래 수수료만 얻는 것이 보통이다.

지분 증명은 보통 선형 구조를 취하며, 포저가 검증할 수 있는 블록의 비율은 그 포저의 암호화폐 지분에 따라 일정 비율로 증가한다. 비트코인이 이 프로토콜을 사용한다면, 스테이킹이 된 전체 비트코인의 1%를 스테이킹을 한 노드는 그 암호화폐를 사용하는 신규 거래의 1%를 검증할 수 있고, 전체 비트코인의 10%를 스테이킹을 한 노드는 신규 거래의 10%를 검증할 수 있게 된다.

지분 증명은 복잡한 문제 전체를 풀지 않아도 되기 때문에, 거래 검증에 필요한 하드웨어와 전기 비용이 상당히 저렴하다. 또한 지분 증명 지지자들은 이것이 더 공정한 프로토콜이라고 주장한다. 여기에는 논쟁의 여지가 있다. 작업 증명은 컴퓨팅 파워가 가장 높은 노드에게 유리한 반면, 지분 증명은 이미 큰 지분을 쌓아둔 사람들에게 유리하다.

지분 증명 합의 메커니즘의 성공과 안정성을 뒷받침하는 개념적 근거 중 하나는 코인을 스테이킹을 하는 사람들에게는 네트워크를 안전하게 유지하려는 유인이 있다는 점이다. 네트워크를 해킹하거나 부정한 거래를 시도한 검증자는 전체 지분을 잃을 수 있다. 이러한 원칙이 네트워크의 무결성을 강화하는 역할을 한다. 스테이킹을 많이 할수록 더 많은 수익을 얻는다. 하지만 동시에 시스템을 거스르면 더 많은 것을 잃는다. 또한 이 모델은 이익을 얻기 위해 노드 그룹이 결탁해 네트워크를 지배하는 것을 막는다. 대신 코인을 동결함으로써 네트워크에 기여한 사람들은 투자한 금액에 비례한 보상을 받는다.

지분 증명 합의 메커니즘을 사용하는 경우, 51% 공격 시도에는 금전적인 이득이 없다. 악의적인 노드는 유통되는 코인의 대부분을 확보해야 하며, 이는 코인의 가격 상승으로 이어져 결국 네트워크에 대한 신뢰를 훼손하고 코인의 가치를 떨어뜨릴 수 있다.

이더리움 블록체인에서 운영되는 암호화폐 이더(세계 2위의 가치를 갖는다)는 이런 모든 장점을 고려해 작업 증명에서 지분 증명으로 전환하는 과정에 있다. 이 계획이 실현되면(아마도 2022년) 처리할 수 있는 이더 거래 수가 초당 수천 건으로 늘어날 것으로 예상된다.

하지만 대가 없는 이득은 없다. 지분 증명 프로토콜에도 그만의 문제가 있다.

지분 증명의 문제

지분 증명은 전자화폐의 유통을 선도하는 면에서는 작업 증명만큼 효과적이지 않은 것으로 밝혀졌다. 지분 증명은 사재기를 조장하기 때문에 투기에는 좋을지 몰라도 통화의 가용성이나 유동성(총거래량)에는 도움이 되지 않는다. 이 프로토콜하에서는 코인을 거래에 사용하는 것보다 코인을 보유해 스테이킹을 하는 데 대한 유인이 존재한다. 스테이킹이 많을수록 더 많은 거래 수수료를 벌어들일 확률이 높아지기 때문이다. 개인이나 노드가 더 많은 코인을 소유하고 기꺼이 스테이킹을 할수록 더 많은 코인을 채굴할 수 있고 보상으로 더 많은 돈을 받을 수 있다. 유동성이 고갈되면 위조 권한이 소수의 손에 점점 더 집중되면서 이들이 검증 과정을 통제하는 검증 메커니즘의 중앙집중화 현상이 발생할 수 있다. 이는 탈중앙화된 시스템의 기반 전체를 무너뜨리고 공공 블록체인의 가장 중요한 속성이라고 할 수 있는 공정한 거래와 신뢰를 망칠 수 있다.

반면 작업 증명 프로토콜하에서는 채굴자는 코인을 쌓아둘 필요성을 느끼지 못한다. 특히 채굴자들의 경우는 보통 명목화폐로 지불해야 하는 장비와 전기료 같은 채굴 비용을 회수해야 하기 때문이다. 이로써 해당 암호화폐 시장의 유동성이 높아지고 더 많은 암호화폐가 유통될 수 있다.

두 가지 프로토콜 모두 불평등을 심화하는 요소를 갖고 있다. 지분 증명 네트워크는 네트워크에 참여하는 구성원의 지갑에 스테이킹이 된 규모를 기반으로 비율이 정해지기 때문에 소수의 스테이커 그룹이 네트워크를 지배할 가능성이 있다. 이론적으로는 이런 그룹이 네트워크의 다른 노드에는 불리하고 해당 그룹 구성원에게는 유리하도록 프로토콜의 규칙을 변경할 수도 있다. 예를 들어 투표를 통해 암호화폐의 공급 상한을 없애고 새로운 코인을 회원들에게 할당할 수도 있다. 작업 증명 프로토콜 하에서라면 이런 변경은 채굴자들의 합의로 결정된다. 그러나 물론 여기에서도 해당 프로토콜에서 해싱 파워, 즉 원시 컴퓨팅 파워가 더 큰 네트워크 노드가 더 큰 영향력을 행사할 수 있다.

작업 증명은 암호화폐의 가치를 떨어뜨리는 인플레이션을 방지한다는 점에서 더 낫다. 예를 들어 비트코인 알고리즘은 채굴자가 풀어야 하는 숫자 퍼즐의 난도와 보상 구조를 자동으로 조정해 암호화폐의 공급을 통제한다. 지분 증명 코인의 경우에는 공급을 엄격하게 통제하고 유지하기 위한 기술이나 시장 간의 협력이 존재하지 않는다. 채굴은 코인 보유자의 스테이킹 지갑 잔고에 따라 결정된다. 블록은 정해진 일정에 따라 생산되며, 새로운 코인의 분배는 스테이킹 지갑에 미사용 코인이 얼마나 많은지에 비례해서 결정된다.

결론적으로 지분 증명은 작업 증명 프로토콜이 제기하는 몇 가지 문제를 완화하지만, 몇 가지 새로운 문제를 야기한다. 당연하게도, 이는 새로운 합의 메커니즘의 등장으로 이어졌다. 위임 지분 증명delegated proof of stake에서는 이해관계자가 소그룹의 제3 위임자(증인이라고도 한다)를 투표로 뽑고 이들이 새로운 블록을 생성하고 검증하는 동안 합의를 달성할 책임을 맡는다. 용량 증명proof of capacity은 기기의 하드 드라이브 공간에 따라 네트워크상 노드에 채굴 권한을 분배한다. 활동 증명proof of activity, 권한 증명proof of authority, 소각 증명proof of burn은 작업 증명과 지분 증명의 일부 기능을 통합하는 동시에 단점을 극복하려는 시도를 하는 하이브리드 접근방식을 취한다. 이런 프로토콜을 비롯한 대체 프로토콜이 많고 또 계속 늘어나고 있지만, 아직 큰 관심을 모으지는 못하고 있다.

더 중요한 것은 이런 프로토콜 중 어느 것도 신뢰할 수 있는 교환수단 역할을 하는 데 있어 근본적인 결함 중 하나, 즉 명목화폐의 전형인 가치척도에 대한 암호화폐 가치의 불안정성을 해결하지 못하고 있다는 사실이다.

스테이블코인

실행 가능한 교환수단에는 절대적인 익명성이나 완전히 분산된 검증 메커니즘보다는 안정적인 가치가 더 필요하다는 점을 암호화폐 세계의 많은 참여자들이 인식하면서, 이런 격차를 메우기 위해 여러 암호화폐가 등장했다. 표면상 명목화폐 대비 안정적인 가치를 유지하는 이런 암호화폐는 창의성이라고는 없는 스테이블코인stable coin이라는 이름을 얻게 되었다. 스테이블코인은 암호화 기술을 사용해 일정한 정도의 사용자 익명성을 제공하고, 거래의 검증과 결산은 통화 발행자 혹은 공인된 당사자가 처리한다.

스테이블코인은 명목화폐나 금을 비롯한 상품과 같은 자산으로 뒷받침된다. 용어상 모순처럼 보일 수도 있지만 비트코인이나 이더 같은 유명 암호화폐 준비금으로 뒷받침되는 스테이블코인도 있다. 이런 암호화폐 기반 스테이블코인은 특정 암호화폐가 아닌 암호화폐 바스켓을 준비금으로 보유하고, 코인을 뒷받침하는 데 필요한 정확한 준비금보다 더 많은 준비금을 보유함으로써 안정적 가치를 유지하는 데 목표를 둔다. 가격 다변화를 통해 가격 변동성을 줄인다는 개념은 일리가 있지만, 주요 암호화폐의 가격이 서로 매우 밀접하게 움직이는 것이 일반적인 현실을 고려하면 타당성이 희석된다. 어쨌든 그보다 더 중요한 점은 안정성을 무시하지 않은 채 암호화폐를 사용하고자 하는 욕구가 안정적인 가치를 보장하기 위한 다양한 접근 방식을 보여주는 잡종을 양산했다는 것이다.

초창기 스테이블코인 중 하나인 리얼코인Realcoin은 2014년 초에 등장했다. 2014년 11월에 리얼코인은 당시 비트코인보다 약하고 신뢰성이 떨어지는 암호화폐로 여겨지던 알트코인과 연관된 부정적 이미지에서 벗어나기 위해 브랜드명을 테더Tether로 변경했다. 테더는 스스로를 "명목화폐를 디지털 방식으로 쉽게 사용할 수 있도록 설계된 블록체인 지원 플랫폼이며, 테더 통화는 화폐가 아니라 블록체인에서 작동하도록 포맷된 디지털 토큰"이라고 설명한다. 테더는 미국 달러를 준비금으로 뒷받침하며 미국 달러와 동등한 수준(다른 스테이블코인에서는 다른 주요 통화와 동등한 수준)의 안정적인 가치를 유지하도록 설계된 것으로 추정된다.

따라서 이 암호화폐의 가격은 명목화폐에 영구적으로 묶여 있다. 개념상, 준비금에 있는 명목화폐는 이 암호화폐가 사용되는 플랫폼에서 거래할 수 있는 토큰, 옴니Omni로 변환된다. 테더의 비즈니스 모델은 명목화폐를 암호화폐로 전환하거나 암호화폐를 명목화폐로 전환하는 거래에 대한 약 0.1%의 수수료와 계정 개설에 드는 150달러의 수수료를 기반으로 한다.

나카모토의 비트코인 백서와 같이 테더의 사명 선언은 기존 금융 시스템을 파괴하고 국내외 거래를 민주화한다고 말한다. 다만 암호화폐의 전형인 변동성과 복잡성은 없다. 달리 말해 테더는 새로운 독립형 화폐라기보다는 기존 통화를 보다 효율적인 방식으로 거래할 수 있는 서비스로 홍보되고 있는 것이다.

테더는 초기에 매 단위의 테더가 미국 달러로 뒷받침된다고 주장했으나 이후 다른 '현금 등가물' 그리고 불길하게도 '테더가 관계 기관을 포함하는 제3자에게 대출한 자산과 미수 채권'을 포함하는 것으로 변경했다. 이런 진술은 준비금의 질에 대한 회의론을 낳을 만하지만, 그럼에도 테더의 가격은 대개 1달러에 가깝게 유지되어왔다. 몇 차례 되지는 않지만 테더의 기본 가격은 1달러를 기준으로 상하 약 5%의 주목할 만한 가격 변동을 겪었다. 1달러 미만의 가격은 준비금으로 얼마의 자산을 보유하고 있는지에 대한 회의론을 반영하는 것일 수 있다. 1달러를 초과하는 가격은 정당화하기 어렵고, 준비금 가치에 따라 가치가 고정되어야 하는 암호화폐조차 투기적 거래의 성격이 있음을 보여준다.

테더와 준비금, 회사와 암호화폐 거래소 간의 관계에 대한 우려로 규제당국이 개입하기 시작했다. 2017년 12월에 미국상품선물거래위원회US Commodity Futures Trading Commission는 2015년부터 테더를 제공하기 시작한 대형 암호화폐 거래소인 비트파이넥스Bitfinex와 테더를 소환했다. 테더와 비트파이넥스의 근친관계는 얀 루도비쿠스Jan Ludovicus라는 공통의 CEO가 있다는 사실로 인해 부각되었다. 보유금에 대한 의혹에 직면한 테더는 로펌, 프리스포킨앤드설리번을 고용해 은행 잔고를 조사했다. 2018년 6월에 공개된 보고서는 테더가 주장했던 것처럼 실제로 명목화폐 잔고를 보유하고 있다는 결론을 내렸다. 그러나 이 보고서는 프리스포킨앤설리번이 회계법인이 아니기 때문에 이것이 진짜 감사는 아니라고 경고했다. "은행과 테더 잔고에 대한 위의 확인을 감사 결과로 해석해서는 안 된다. (…) 프리스포 킨앤설리번은 프리스포킨앤설리번에 제공된 정보의 충분성에 대해 어떤 진술도 하지 않으며 (…) 데이터는 고객 혹은 데이터를 유지·관리할 책임이 있는 제3자로부터 얻은 것이다." 달리 말해, 프리스포킨 앤설리번은 테더 그리고 테더와 거래하는 불특정 금융기관이 제공한 정보를 액면 그대로 받아들였을 뿐이었다.

그사이 다른 각도에서도 테더에 가해지는 압력이 커지고 있었다. 2018년에 텍사스대학교의 재무학 교수인 존 그리핀John Griffin과 아민 샴스Amin Shams는 테더가 2017년 비트코인 가격 호황기에 비트코인을 비롯한 암호화폐의 가격을 인위적으로 부풀렸다는 연구 논문을 발표했다. "비트코인은 정말 테더와 관련이 없는가?Is Bitcoin Really Un-Tethered?"라는 제목의 이 논문에서 저자들은 테더가 비트코인 가격을 조작하거나 어려운 시기에는 비트코인 가격을 지탱하는 데 사용되었을 가능성에 대해 보여주었다. 저자들은 논문에서 블록체인 데이터를 분석해 비트코인 구매에 테더를 이용한 시점이 시장 침체기 이후였으며 이는 결과적으로 비트코인 가격의 큰 상승을 불러왔다는 사실을 입증했다. 또한 이런 거래 활동들 대부분의 근원이 한 기관이라는 것을 밝혔고 이런 결과들과 데이터의 다른 패턴들을 통해 비트코인 가격 급등이 현금 투자자의 수요에 의한 것이 아니라 테더에 의해 주도되었다는 결론을 내렸다.

여러 면에서 규제를 비롯한 압력에 직면한 테더는 2018년 1월에 미국의 개인 및 기업 고객에 대한 서비스를 전면 중단했다. 2019년에 뉴욕주 법무장관은 "일부 사기, 일부 펌프 앤드 덤프pump-and-dump(인위적인 흥분을 유발해 사람들로 하여금 제품을 구매하고 가격을 올리도록 하고, 이를 설계한 사람은 자산을 고가에 판매해 가격을 급격히 떨어뜨리는 방법-옮긴이), 일부 자금세탁" 혐의로 테더에 대한 집단 소송을 제기하겠다고 발표했다. 2021년 2월에 테더와 비트파이넥스는 뉴욕주 법무장관과의 합의에 도달했다. 이들은 1,850만 달러의 벌금을 납부하고 뉴욕 주민과 더는 거래 활동을 하지 않기로 했다. 법무장관은 성명에서 이 두 회사를 불법적인 활동에 가담한 수상한 단체라고 부르면서 "무면허, 무규제 상태로 금융 시스템의 가장 어두운 구석에서 사업을 펼치는 개인 및 법인에 의해 운영되고 있다"라고 비난했다.

테더의 오염에도 불구하고 스테이블코인이라는 개념은 지속되었는데, 이후에 보게 될 것처럼 다른 형태로 변화했다.

익명성 회복

비트코인이나 이더리움과 같은 영향력이 큰 암호화폐는 익명성을 제공하지만, 이것이 진정한 익명성에 대한 제한적인 약속이라는 사실은 이제 꽤 잘 알려져 있다. 이 두 암호화폐를 사용하는 사람은 실물 상품과 서비스의 구매 혹은 판매 등 현실 세계와의 상호작용을 통해 광범위한 디지털 흔적을 남기는데, 이로 인해 물리적 신원과 디지털 신원의 연결이 가능해진다. 그러므로 각 사용자의 디지털 신원과 연관된 공개 거래 기록을 사용하면 사용자의 가면을 벗겨낼 수 있다. 이는 간단하진 않지만 충분히 실현 가능한 일이다. 여러 개의 디지털 신원을 사용하면 사용자의 실제 신원을 숨기는 데 도움이 될 수 있지만, 이것 역시 원칙적으로 암호화폐 네트워크상에서 사용자들 사이의 공개 거래 기록을 통해 연결된다.

더 정교한 마스킹 기술로 이 문제를 해결해보려는 새로운 암호화폐가 있다. 모네로Monero와 지캐시Zcash가 그것으로, 이 두 가지 암호화폐는 특정 거래와 관련된 어떤 정보도 네트워크에 공개되지 않는다는 점에서 진정한 익명성을 보장하도록 설계되었다. 이 둘에 대해 살펴보자.

모네로는 비트코인-이더리움 환경과 세 가지 방식에서 차이가 있다. 첫째, 모네로는 거래에 일회용 주소를 사용해 단일 거래가 개별 사용자와 연결되지 않는다. 이를 비연결성unlinkability이라고 한다. 둘째, 모네로는 링 서명ring signature을 사용해 사용자의 거래 내역을 분명치 않게 만들어서 한 당사자가 이전 거래에서 받은 자금을 추후에 이전 거래의 발신자가 추적할 수 없게 한다. 셋째, 모네로는 링 서명의 확장으로 작동하는 링 기밀 거래ring confidential transaction를 사용해 거래에서 이체된 자금의 양을 (블록체인의 공개 기록상에서) 숨긴다. 이런 설명은 모네로가 비트코인보다 훨씬 더 강력한 익명성을 제공한다는 것을 시사한다. 모네로 기반 거래에는 고정된 신원과의 연결 불가능, 자금 흐름 추적 불가능, 거래 규모 은폐와 같은 특징이 있다.

'진정한' 익명성을 내세우는 또 다른 암호화폐 지캐시Zcash는 2016년에 등장했다. 지캐시는 모네로와 같이 링 서명을 사용하는 대신 '영지식 증명zero-knowledge proof'을 사용한다. 영지식 증명은 비밀번호나 기타 민감한 데이터를 전송하지 않고도 디지털 인증을 허용해 정보 손상의 위험을 제한하는 독창적인 암호화 도구다. 지캐시는 이 도구의 한 버전을 사용해 발신자와 수신자의 디지털 신원을 포함한 거래 정보를 은폐된 채로 유지할 수 있지만 네트워크의 합의 규칙하에서의 검증은 여전히 가능하다.

이들 암호화폐는 진정한 익명성이 보장되는 것처럼 보이지만 익명성과 관련된 보안 위험이 따른다. 지캐시의 알고리즘을 해독할 수 있는 해커는 약간의 적발 위험만 감수하면 무제한의 암호화폐 토큰을 생성할 수 있다. 반면 공개적으로 이용 가능한 비트코인 블록체인에서는 사기성 코인이 빠르게 발각된다. 따라서 익명성과 보안성은 상호 절충적인 것으로 보인다.

연구자들은 모네로와 지캐시의 경우에도 거래의 추적 불가능성에 대해 의문을 제기해왔다. 한 예로 모네로 블록체인에서 거래를 추적할 수 있는 특정 취약점이 발견되어 이 암호화폐의 익명성 보장을 의심하는 연구가 있었다. 현존하는 암호화폐 중 익명성 보장이 가장 강력하다고 여겨지는 지캐시 역시 기대에 미치지 못한다. 여러 연구가 "인식 가능한 사용 패턴을 기반으로 한 간단한 추단법heuristics을 개발함으로써 익명성 세트를 상당히 축소시킬 수 있다"는 사실을 증명했다. 이에 대한 원인 중 하나는 지캐시를 사용하는 비공개 거래를 위한 편리한 사용자 인터페이스가 부족하기 때문이다. 결과적으로, 이 암호화폐를 사용하는 대부분의 거래는 비공개 처리가 되지 않아 프라이버시 기능을 최대한 활용하지 못한다. 이런 연구 결과는 디지털 환경에서 익명성 확보에 존재하는 장애물을 강조하며, CBDC(중앙은행디지털화폐)와 관련된 개인정보 보호 문제 및 보안 위험에 관련해서도 의미하는 바가 크다.

또 다른 문제는 모네로나 지캐시와 같은 암호화폐가 완벽한 익명성을 보장하지는 못한다고 해도, 비트코인처럼 익명성 보장이 약한 암호화폐로는 실행이 불가능한 범위의 불법 및 범죄 활동을 가능하게 할 수 있다는 점이다. 이는 타당한 우려다. 2020년 랜드연구소

RAND Corporation의 연구는 그러한 행동에 대한 증거를 거의 찾지 못했지만 그것은 이런 대안이 기술적으로 더 복잡하고 널리 사용되지 않았기 때문일 것이다. 랜드의 연구는 암호화폐 사용자들 사이에서 비트코인이 쥔 '패권'을 언급하면서 "프라이버시를 보호하는 암호화폐가 출현했음에도 불구하고, 불법 활동에 연루된 범죄자들은 여전히 비트코인에 의지한다. 이는 널리 사용되는 비트코인의 임계 질량 critical mass(핵분열 연쇄 반응을 유지하는 데 필요한 최소 질량―옮긴이)이 범죄자들에게 제공하는 구조적 유인 때문이다"라는 결론을 내놓았다. 암호화폐의 세계에서도 네트워크 효과는 중요하다. 이 보고서는 범죄자들 사이에서 지캐시가 인기를 얻지 못하게 하는 또 다른 장애물은 지캐시의 익명성 보장이 어느 정도인지에 대한 회의론이라고 지적했다.

결론은 진정한 익명성이라는 개념이 신기루처럼 보인다는 것이다. 어떤 종류의 디지털 기술을 사용한 거래도 현금 사용과 관련된 수준의 익명성을 보장하지는 못할 듯싶다. 그럼에도 꼭 불법 활동의 흔적을 숨기기 위한 것이 아니더라도 금융거래에서 익명성과 프라이버시 보호에 대한 강한 욕구는 분명히 존재한다. 공식 및 비공식 디지털 통화 모두 익명성, 사용 편의, 보안이라는 사용자 커뮤니티의 상반된 요구들 사이에서 적절한 균형을 찾기 위해 고심해야 할 것이다. 이런 상충적 요소들은 검증 메커니즘의 중앙집중화 정도와 관련이 있지만(예를 들어 중앙집중화가 높을수록 익명성은 보통 감소한다), 완전히 탈중앙화된 암호화폐에서도 존재한다.

스마트 계약

시간이 흐르면서 다른 가상화폐들이 블록체인 개념을 업데이트하면서 상당히 새로운 기능들을 추가했고, 이 기능들을 이용해 다양한 정보를 처리할 수 있게 되었다. 비트코인 이외에 가장 가치가 높은 가상화폐는 이더리움 블록체인에서 운영되는 이더다. 이더리움 블록체인은 가상화폐 거래를 기록할 뿐만 아니라 자동화 프로그램을 기록하고 실행할 수 있다. 예를 들어 이더리움 블록체인상에서는 특정 사건 이후에만 지갑 사이로 이더를 이동시키는 프로그램을 만들 수 있다. 이 기능은 유용한 응용 프로그램을 갖고 있는 것으로 밝혀졌다.

스마트 계약은 미리 정해진 일련의 기준이나 조건에 따라 사전에 정의된 과제를 수행하는 자체 실행 컴퓨터 프로그램이다. 이들 프로그램은 일단 배치되면 변경할 수 없으며, 블록체인의 공개적이고 투명한 특성 때문에 무결성이 보호된다. 이를 통해 관련 당사자가 합의한 계약 조건의 충실한 이행이 보장된다. 스마트 계약은 이런 거래를 완료하기 위해 일반적으로 호출되는 신뢰할 수 있는 제3자로서의 역할을 한다. 중개자가 양 당사자의 약속이 제대로 이행되었는지 확인하기 위해 관련 자산(혹은 자산과 그에 상응하는 대금)을 에스크로escrow(상거래 시에, 판매자와 구매자 사이에서 신뢰할 수 있는 중립적인 제3자가 거래를 중개해 금전 또는 물품을 거래하도록 하는 것, 또는 그러한 서비스-옮긴이) 계정에 보관하는 대신, 미리 규칙이 정의된 스마트 계약을 통해 에스크로 계정을 자율적으로 운영할 수 있다. 스마트 계약에는 마감일이 포함되어 있어 시간에 민감한 거래에 유용하며 거래 상대방의 위험도 줄여준다. 스마트 계약은 거래와 관련된 여러 단계 중 하나라도 실행되지 않으면 전체 거래가 실패하도록 설정하는 것이 보통이며 이 기능을 원자성

atomicity이라고 한다.

스마트 계약은 금융거래를 촉진한다. 알리시아가 카를로스에게 시장가치가 1천 달러인 마이크로소프트의 회사채를 구매하고 싶은 경우를 생각해보자. 채권이 토큰으로 표시된 경우, 알리시아와 카를로스는 알리시아의 돈과 카를로스의 채권 소유권을 취득해서 스와프를 실행하는 스마트 계약을 만들 수 있다. 스마트 계약에 따르면 거래 당사자 중 한쪽이 계약에 명시된 기한까지 자산을 위탁하지 않으면 환불이 시작된다. 〈그림 5.1〉에는 이런 종류에 해당하는 당사자 2인의 간단한 자산 스와프 계약이 묘사되어 있지만, 이 예시는 스마트 계약을 사용할 수 있는 여러 복잡한 거래의 겉만 간신히 보여준 것이다.

스마트 계약은 곧 다른 상업적 거래에도 사용할 수 있게 될 것이다. 카를로스가 알리시아에게 자동차를 구매하고 싶다고 가정하자. 자동차의 소유권은 이더리움 블록체인에 기록되고, 이는 사실상 자동차 소유권의 공공 등록원부(소유자가 공개 키로 식별된다) 역할을 한다. 스마트 계약으로 카를로스에서 알리시아로의 대금 이전과 알리시아에서 카를로스로의 자동차 소유권 이전이 실행된다. 이후 카를로스는 자신의 개인 키를 사용해 차량의 잠금을 해제한다. 이것은 휴대전화 앱을 사용해 공유 서비스 차량의 잠금을 해제하는 방법과 유사하다. 이더리움은 토큰화 과정을 통해 금융자산이나 부동산과 같은 기타 자산의 부분 소유 가능성도 열어준다.

스마트 계약은 프로그래밍할 수 있는 약속에 대해 컴퓨터를 통해서만 당사자를 구속하는 순수한 소프트웨어 구조로 시작되어 법적 구속력이 없었다. 최근 미국의 여러 주에서 스마트 계약에 법적 효력

알리시아와 카를로스는 시간 T에 X와 Y를 교환하고자 한다
(X와 Y는 자산이나 결제를 나타내는 디지털 토큰이다).

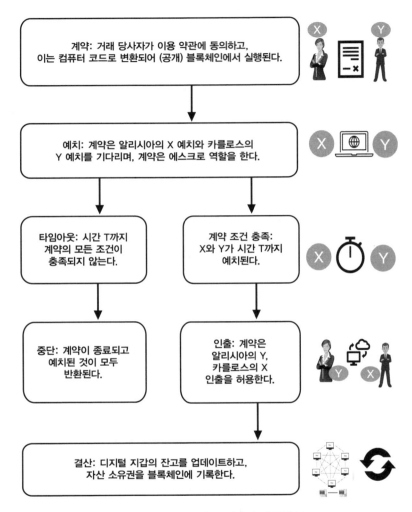

그림 5.2 간단한 스마트 계약의 작동 방식

주의: 이것은 가장 기초적인 당사자 쌍방 간 자산 교환 계약을 양식화한 사례로 스마트 계약의 더 광범위한 기능을 완전히 전달하지는 못한다.

과 집행력을 부여하는 법안이 통과되었다. 또한 특이하게도 벨라루스가 국가 차원에서 스마트 계약을 합법화한 최초의 국가로 보인다. 이탈리아도 비슷한 법안을 통과시켰다. 영국 사법기술연구원Lawtech Delivery Panel 산하 영국관할태스크포스UK Jurisdiction Taskforce는 스마트 계약이 서면(영국 법에서의 일반적인 요건)으로 작성되지 않더라도 영국 법률에 따라 유효하며 법원에 의한 집행이 가능하다는 결론을 내렸다. 원리상 스마트 계약은 이런 법적 뒷받침이 필요치 않지만, 암호화폐와 블록체인의 다른 기능과 마찬가지로 스마트 계약에 대한 이런 공식적인 허가는 탈중앙화 시스템에 대한 신뢰를 구축하는 데 도움이 될 수 있다.

비트코인 블록체인은 스마트 계약 기능을 제공하지 않기 때문에 차세대 암호화폐와의 경쟁에서 상당한 한계를 드러낼 수 있다. 한 가지 해결책은 거래를 구성하는 모든 조치를 동기화해 즉시 혹은 정해진 기한까지 모든 조치가 일어나거나 아니면 아무 조치도 일어나지 않게 하는 해시타임락계약hashed time locked contract, HTLC의 형태를 취하는 것이다. 이는 스마트 계약의 기능인 원자성을 복제한다. 그러나 해시타임락계약은 좀 더 고급 스마트 계약 기능이 필요한 복잡한 자산의 교환이나 이전에는 적합하지 않을 수 있다. 따라서 블록체인 기술 발전의 모체였던 비트코인은 조만간 비트코인보다 더 나은 기술을 이용하는 신생 암호화폐와의 경쟁에서 뒤처질지도 모르겠다.

코인 공개

암호화폐의 확산은 어떤 면에서는 기업이 증권거래소 상장에 앞서 기업공개Initial Public Offering, IPO에 착수하는 방식과 비슷한 새로운 금융 현상을 낳았다. 암호화폐 세계에는 이를 IPO와 비슷하게 초기코인공개Initial Coin Offering, ICO라고 부르지만, ICO는 구조와 규제 측면에서 IPO와 다른 점이 많다.

ICO

ICO는 일반적으로 블록체인 기반의 특정 프로젝트 혹은 이니셔티브에 자금을 조달하기 위해 일련의 블록체인 기반 토큰을 생성, 판매하는 자금 조달 도구다. 토큰은 유명한 암호화폐 중 하나를 받거나 명목화폐를 받고 판매되며, 이후 자금을 조달하는 데 도움을 준 프로젝트와 연결된다. ICO가 IPO와 다른 점은 일반적으로 투자자에게 소유 지분을 이전하지 않는다는 것이다.

IPO가 회사의 미래에 돈을 거는 것이라면, ICO는 사실상 특정 암호화폐의 미래에 돈을 거는 것이다. ICO는 미국의 경우 미국 증권거래위원회에 더 상세한 서류를 제출해야 하고 공개 요건이 광범위한 IPO보다 공개 요건을 실행하기가 훨씬 쉽다. 일반적으로 ICO에 착수하는 기업은 프로젝트의 비즈니스 모델, 조달하고자 하는 금액(최대 금액을 정하는 것이 보통이다), ICO 캠페인의 기간, ICO 참여를 위한 자격 요건 등을 설명하는 백서를 간단하게 작성한다. 대부분의 ICO는 이더리움 플랫폼에서 진행된다.

2013년과 2014년의 초기 ICO들은 규모가 몇백만 달러에 불과했다. 가장 주목할 만한 초기 ICO 중 하나는 2014년 7월에 약 1,800만 달러를 모금한 이더리움의 자체 ICO였다. 이 ICO의 초기 투자자들은 큰 성과를 얻었다. 2021년 5월 말 현재 이더리움의 시가 총액이 3천억 달러를 넘었으니 말이다. 2017년에는 암호화폐 가격이 급등하면서 ICO 시장의 활동도 급증했다. 2018년에는 4개의 대형 ICO가 완료되어 믿기 어려운 금액을 조달했다. 탈중앙화 앱 운영을 위한 블록체인 인프라 제공 플랫폼 EOS는 41억 달러를 조달했다(혹 궁금할까 봐 이야기하자면, 이 회사는 약어로 짐작되는 EOS에 대해 공식적인 설명을 내놓지 않고 있다). 암호화 메시징 앱인 텔레그램Telegram은 17억 달러를 조달했다. 소셜 미디어 및 엔터테인먼트 플랫폼 타타투TaTaTu와 마카오를 비롯한 아시아 도시의 카지노에서 사용되는 토큰, 드래건Dragon은 각각 5억 7,500만 달러와 3억 2천만 달러를 조달했다.

ICO와 관련된 이런 광기와 일부 기업이 암호화폐 투자자 커뮤니티에서 관심을 모으는 방식에는 무수한 사례가 있다. 몇몇 기업은 유명인을 통해 입소문을 내 ICO에 대한 관심을 유도했다. 그런 홍보의 대가로 받은 보상은 미국증권거래위원회 규정에 따라 공개해야 하는데, 유명인 중 일부는 그렇게 하지 않고 여러 ICO를 선전한 혐의로 벌금을 냈다. 여기에는 배우 스티븐 시걸, 복서 플로이드 메이웨더 주니어, 음악 프로듀서 DJ 칼리드 같은 유명 인사가 포함되어 있다.

ICO를 홍보하기 위해 사람들의 이목을 끄는 행동을 하는 기업들도 있다. 2018년 5월 당시 라트비아에 본사를 둔 애스크에프엠ASKfm이라는 소셜 네트워크는 4명의 '암호화폐 지지자'가 에베레스트산을 등반하고 정상에 5만 달러 상당의 암호화폐(ICO 이후 예상 가격을 기반으로 추정)가 들어 있는 하드 드라이브를 묻는 방식으로 ICO를 홍보했다. 이 이벤트는 회사가 어떤 도전에도 준비가 되어 있다는 것을 보여주기 위한 것이었다. 등반가 중 최소 두 명은 정상에 올랐지만 원정대를 안내하던 셰르파 중 한 명이 하산 도중 사망했다. 이 회사는 "사람들이 지구상에서 가장 높은 산 정상에 올라가는 것"은 곧 "달에 가는 것to the moon"이라고 주장했다. 달에 간다는 것은 디지털 토큰의 가치를 끌어올린다는 뜻을 가진 암호화폐 업계의 밈이다. "달에 도달하는 여정의 가장 가까운 출발점을 생각해보십시오. 정말 당연해 보이지만 아무도 그렇게 하진 못했죠"라고 말한 이 회사는 스스로의 아이디어를 매력적이라고 생각한 것이 분명하다.

대담하게도 후원자들을 조롱하는 방식을 택하는 ICO 기획자들도 있다. 2018년에 독일에 기반을 둔 스타트업 세이브드로이드savedroid의 CEO는 ICO와 개인 펀딩을 통해 5천만 달러를 모금한 뒤 도주했다. 그 후 CEO는 '고품질 ICO 표준'을 옹호하고 이런 사기에 대한 경각심을 불러일으키고자 하는 더 큰 뜻이 있었다는 내용의 유튜브 동영상을 게시했다.

약속 뒤에 가려진 위험

홍콩, 싱가포르, 스위스, 영국, 미국과 같은 전통적인 금융 중심지와 케이맨 제도, 영국령 버진 아일랜드와 같은 소규모 역외 금융 중심지에서는 수많은 ICO가 있었다. 한 조사 팀에 따르면, 2020년 말까지 약 5,700건의 ICO가 완료되어 약 280억 달러가 조달되었다고 한다.

2017년 이후로 매년 대개의 블록체인 스타트업들은 벤처 캐피털 자금 조달보다 ICO를 통해 더 많은 자금을 조달했다.

ICO가 블록체인 스타트업과 이 기술의 최전선에서 활동하는 다른 기업에 주요한 자금 조달원이 된 것은 분명하다. ICO는 이 기술의 혁신적 잠재력을 믿는 사람들에게 보기 드문 수익을 약속하지만, 이는 투자자에게 막대한 위험을 의미하기도 한다. 투자자는 ICO를 설명하는 백서 외에는 비즈니스 모델과 발행자의 수익 잠재력을 평가할 정보가 전무한 것이 보통이다. IPO와 마찬가지로 ICO 공모 이후의 가격 궤적은 관심의 대상이다. IPO 이후 흐지부지되는 주식이 많은 것과 마찬가지로, 많은 토큰의 가격이 ICO 직후 폭락하는 것처럼 보인다.

토큰의 가격은 너무 변덕스러워서 하루, 심지어 일분 사이에도 측정치에 큰 차이가 생길 수 있기 때문에 가격 동향 분석이 쉽지 않다. 2018년 6월 4일에 EOS 토큰은 약 13.68달러에 거래되었다. 2018년 9월 4일에는 가격이 절반 넘게 하락해 6.54달러로 떨어졌다. 텔레그램 토큰은 대세를 거스르는 움직임을 보였다. ICO 이후 처음 몇 달 동안 가격이 상승했고, 이후 가격 변동성이 심해졌다가(최고 4.90달러, 최저 1.92달러) 2019년 말과 2020년 초에는 ICO 가격 근처에서 안정을 찾았다. ICO 이후 3개월이 지나자 드래건 토큰의 가격은 ICO 가격의 10분의 1로 떨어졌다. 투자자들이 이런 위험을 감수하는 부분적인 이유는 최소한 단기간에는 가격 상승이 있고 이때 지분을 빠르게 매각할 수 있는 경우 성공적인 ICO를 통해 엄청난 수익을 창출할 수 있기 때문이다.

ICO에 투자하려면 배짱이 두둑해야 한다. ICO를 진행한 여러 발행 기관들이 증권 규정을 위반하고 사기성 공모를 한 혐의로 미국 증권거래위원회에 적발되었다. 2018년 11월에는 부동산과 다이아몬드 투자로 뒷받침되고 있다고 하는 ICO 관련 사기 사건의 첫 기소가 유죄 판결로 마무리되었다. 이 사기에 약 1천 명의 투자자가 걸려들었다.

겉으로는 합법적으로 보이는 공모도 증권 규제를 회피하기 위해 투자자 앞에서 쇼를 할 수 있다. 예를 들어 2019년 10월에 증권거래위원회는 이미 17억 달러를 조달한 메시징 앱 텔레그램에 "불법적으로 판매된 혐의가 있는 디지털 토큰이 미국 시장에 범람하는 것"을 막기 위해 임시 판매 금지 명령을 내렸다. 증권거래위원회 관계자는 "제품에 암호화폐 혹은 디지털 토큰이라는 라벨을 붙이는 것만으로는 연방증권법을 피할 수 없다. (…) 텔레그램은 투자 대중을 보호하기 위해 오래전부터 고안되어 존재하던 책임들을 준수하지 않은 채 공모의 혜택을 얻으려고 한다"라고 경고했다. 증권거래위원회와의 합의의 일환으로, 2020년 6월에 텔레그램은 투자자들에게 12억 달러를 반환하고 1,850만 달러의 벌금을 지불하는 데 동의했다.

타타투, 시작은 창대했지만…

검증도 이루어지지 않은 채 변화를 거듭하는 기업들의 비즈니스 모델로 ICO 투자의 위험도가 높아졌는데도 투자자들은 마음을 접지 못한 것 같다. 타타투TaTaTu('Ta-Ta'는 유아에게 사용하는 '잘 가'라는 의미의 말-옮긴이)라는 스타트업의 사례를 생각해보자. 타타투는 2018년 6월에 ICO로 5억 7,500만 달러를 조달해 2020년 말 현재 ICO 조달액 4위를 기록했다. 타타투는 토큰을 동력으로 넷플릭스와 경쟁할 주문형 비디오 플랫폼을 만들고 더 나아가서 자체 비디오 콘텐츠를 만든다는 원대한 야망을 품었다. 이 회사에 따르면, ICO는 플랫폼을 만들고, 시청자 기반을 구축하고, 시청자와 수익을 공유하는 광고 지원 서비스를 홍보할 자금을 조달하기 위한 것이었다.

이 ICO에서는 사전 판매와 공개 판매를 통해 총금액의 57%만 토큰으로 공개하고, 35.5%는 내부 준비금으로, 나머지 7.5%는 설립자, 팀, 자문위원에 분배했다(락업 기간은 5년). 거래소에서 거래되는 타타투토큰TTU의 시가총액은 2018년 8월 8,300만 달러에 달했다. 하지만 2018년의 마지막 몇 달 동안 시가총액은 급락했고, 2019년 1월과 2월에는 50만~200만 달러 범위에서 등락을 거듭했다. 2018년 8월과 2019년 2월 사이에 토큰 가격은 0.86달러에서 0.01달러로 하락했다. 2019년 2월 28일에는 기록된 거래량이 0이었다. 그러나 이런 일련의 사건은 계획의 일부로 추정된다. 회사는 블록체인 기반 ICO를 자금 조달 기법으로 사용한 후 미련 없이 돌아선 것이다.

타타투의 CEO이자 영화 프로듀서인 안드레아 이에르볼리노Andrea Iervolino(영화 〈돌고래 버니Bernie the Dolphin〉 〈아메리칸 잡Finding Steve McQueen〉 등으로 유명해졌다)는 토큰 판매가 주로 개인 투자를 통해 이루어졌다고 전했다. 그는 토큰의 가치가 퍼블릭 블록체인이 더는 필요 없는 플랫폼 기반 포인트 시스템으로 이전되었다고 덧붙였다. 한 뉴스 기사의 헤드라인을 인용하자면, 5억 7,500만 달러 규모의 토큰 판매로 시작했던 것이 동영상 시청에 대한 보상 프로그램으로 변신한 것이다. 이 사이트는 사용자가 콘텐츠를 보고, 만들고, 제공하면 TTU 코인으로 보상을 주고, 이렇게 지급된 코인은 회사 온라인 스토어에서 상품으로 바꿀 수 있다. 이들의 주요 수익원은 플랫폼 광고가 될 것으로 보인다. 이것이 좋지 못한 비즈니스 모델이라는 것은 아니다. 하지만 TTU 토큰으로 변환시키기 위해 거액의 실제 돈을 기꺼이 내놓는 투자자들의 마음은 놀라울 따름이다.

다른 자금 조달 도구들

여러 결함이 있는데도 비트코인이 인기를 누리자 비트코인을 개선하려는 암호화폐들이 속속 등장했다. 암호화폐 자금 조달의 세계에서도 같은 현상이 나타나고 있다. ICO가 다양한 파생물을 낳고 있는 것이다.

일부 ICO는 주식 토큰 오퍼링Equity Token Offerings, ETO의 형태를 취한다. ETO를 진행하는 회사는 주식을 자본에 추가한다. 블록체인에 기록되는 이런 주식은 투자자에게 일정 비율의 의결권뿐만 아니라 회사 내 소유권까지 부여한다. 이는 소유권 지분을 이전하지 않는 일반 ICO와의 차별점이다.

중앙거래소코인공개Initial Exchange Offering, IEO는 ICO와 유사하지만 토큰이 투자자에게 직접 발행되지 않고 파트너 거래소를 통해 발행된다는 점이 다르다. IEO에서 발행된 토큰은 토큰을 발행한 거래소의 회원만 구매할 수 있다. 개인 투자자는 대부분의 암호화폐 거래소에 쉽게 가입할 수 있기 때문에 이것이 큰 장애물이 되지는 않는다. 거래소는 어떠한 방식으로든 IEO를 통해 발행된 토큰의 가치나 합법성을 보장하지 않는다. 하지만 토큰이 가치가 없거나 사기성이 있는 것으로 입증된다면 거래소의 평판이 위험에 처하게 되므로 거래소는 발행 회사와 그 비즈니스 모델에 대한 실사를 실시할 가능성이 있다. 따라서 IEO가 ICO보다는 더 안전한 것으로 보인다. 물론 거래소가 IEO에서의 펌프 앤드 덤프를 위해 토큰을 만들어 빠른 시간 안에 한몫을 잡으려고 할 수도 있다.

특정 거래소에서 진행하는 IEO는 발행 회사의 재량에 따라 조건과 구조가 결정되는 ICO와 달리 표준화가 이루어지는 경향이 있다. 또 다른 차이는 IEO를 통해 발행된 토큰은 발행 거래소에서 즉시 거래할 수 있지만, ICO의 경우, 특히 사모 채권이 있는 경우에는 그렇게 할 수 없다는 것이다.

IEO의 물결을 탄 최초의 주요 암호화폐 거래소는 바이낸스 Binance다. 바이낸스는 2019년 1월에 P2P 파일 공유 전문 소프트웨어 회사인 비트토렌트BitTorrent를 대신해 비트토렌트BTT 토큰 판매를 주관했다. 이 IEO는 시작 몇 분 만에 약 700만 달러를 조달했다. 곧 더 극적인 IEO가 뒤를 이어 등장해 이 자금 조달 모델의 실행 가능성을 확고히 했다. 2019년 5월에 비트파이넥스 거래소(기억할지 모르겠지만 테더의 책략에 가담했다)는 IEO로 조달액 10억 달러를 기록했다.

ICO와 IEO가 호응을 얻는 동안 많은 투자자는 이런 상품의 강한 투기적 성격을 고려해 손을 놓고 있었다. 토큰화를 이용해 상품의 투자자를 늘릴 수 있다는 사실을 인지한 일부 정부와 금융기관은 이를 기회로 여겼다. 이렇게 또 다른 투자 상품인 토큰증권발행Security Token Offering, STO이 탄생했다. 이것은 어떤 면에서는 IPO와 암호화폐의 등가물 사이에 있는 격차를 메워준다.

STO는 (상대적으로) 평판이 좋은 암호화폐 거래소에서 디지털 토큰을 판매하는 것이다. 토큰 증권은 주식이나 채권과 유사한 증권으로, 보통 특정 기업의 소유 지분을 나타낸다. 그런 의미에서 암호화폐 거래소에서 발행된다는 점을 제외하면 기존 IPO와 유사하다. STO는 디지털 토큰을 포함한다는 점에서 ICO와 유사하지만 한 가지 중요한 차이가 있다. ICO는 암호화폐의 실제 디지털 코인을 제공하는 것으로, 해당 암호화폐가 어떤 용도로 사용되든 상관이 없는 반면, STO 토큰의 목적은 투자다. 토큰은 블록체인에 기록된 투자 상품에 대한 소유권 정보를 나타낸다. STO 토큰은 때로 특정한 유형 자산, 특히 부동산이나 미술품과 같은 비유동성 자산의 소유 지분으로 뒷받침된 것을 나타낸다. STO는 일반적으로 증권으로 규제되므로 투자자를 더 많이 보호할 수 있다. 예를 들어 미국에서는 증권거래위원회가 STO에 대한 관할권을 가진다. 또한 암호화폐 거래소는 평판이 훼손되는 것을 방지하기 위해 사기성 STO를 찾아내려고 할 것이다.

다임러Daimler가 발행한 초기 STO 중 하나는 1억 유로 상당의 1년 만기 채권을 토큰화했다. 2018년 10월에 오스트리아 정부는 14억 달러 상당의 국채를 토큰화했다. 산탄데르은행, BBVA, 소시에테제네랄Société Générale, JP 모건과 같은 금융기관은 채권, 신디케이트론, 심지어 골드바 같은 자산까지 토큰화했다. 2019년 12월에는 중국 4대 은행 중 하나인 중국은행Bank of China이 28억 달러 상당의 채권을 토큰화했다. 이는 2019년 한 해 동안 가장 큰 규모의 STO였으며, 이를 통해 자산을 증권화해 자금을 조달할 수 있는 이 접근법의 잠재력을 볼 수 있었다.

이런 모든 유형의 디지털 코인 공개를 통해 블록체인 기술이 어떻게 금융의 동력을 공급받으며, 그 결과 금융을 어떻게 변화시키고 있는지를 알 수 있다. 디지털 기술과 금융 기술의 혁신으로 서로 부족한 부분이 보완되면서 혁신 기술에 직접 자금을 조달할 수 있는 더 많은 기회가 생기고 있으며, 개인 투자자들도 그런 혁신으로 생기는 재정적 혜택(과 위험)에 참여할 기회가 늘고 있다.

암호화폐를 향한 페이스북의 야망

2019년 6월, 페이스북은 리브라Libra(2020년 12월에 이름이 디엠으로 변경되었다. 이에 대해서는 이후 더 상세히 설명할 것이다)라는 이름의 암호화폐 발행 계획으로 디지털 화폐 세계를 뒤흔들었다. 전 세계적으로 막대한 영향력과 재정력을 가진 페이스북이 취하는 조치라면 어떤 것이든 파장이 크겠지만, 이 조치는 특히 중대한 결정이었다. 원칙적으로 페이스북은 이 암호화폐를 관리하는 리브라협회Libra Association의 회원 중 하나일 뿐이다. 페이스북의 이름을 내건 이 야심 찬 프로젝트로 흥분이 고조되면서 거의 30개에 이르는 다른 회원사가 빠르게 가입을 마쳤다. 이 명단에는 심지어 페이팔, 마스터카드, 비자 등 주요 결제 서비스 제공업체도 포함되어 있었다. 이들은 리브라로 인해 존립을 위협받는 위치에 있었지만 여전히 이 프로젝트에 참여하기를 원하거나 적어도 방관만 하다가 상대에게 압도당하지 않도록 경계하고 있었다. 어쨌든 누가 협회의 재정을 지원하고 꾸려가는지에 대해서는 의심의 여지가 없었다.

　제안된 리브라의 구조에 대한 자세한 내용은 인터넷에 게시된 간략한 백서에 포함되어 있다. 백서에 따르면 리브라의 사명은 "수십억 명의 사람들에게 권한을 부여하는 간단한 글로벌 통화 및 금융 인프라를 구축해 (…) 자본 비용과 접근 장벽을 낮추고 더 많은 사람이 마찰 없이 결제할 수 있도록 하는 것"으로 추정된다. 이 문서는 리브라가 안전하고 확장 가능하며 신뢰할 수 있는 블록체인을 기반으로 구축될 것이며, 내재적 가치를 부여하도록 설계된 자산 준비금으로 뒷받침될 것이고, 독립적인 리브라협회의 관리를 받을 것이라고 지적했다.

초기 구상 당시 리브라는 미국 달러와 같은 특정 통화가 아닌 주요 통화 바스켓에 비례해 일정한 가치를 갖는 새로운 유형의 스테이블코인으로 설계되었다. 리브라는 실물자산 준비금으로 완전히 뒷받침되며 사고팔 수 있는 경쟁력 있는 거래소 네트워크의 지원을 받고자 했다. 준비금에 대한 적극적인 관리가 없을 것이기 때문에 리브라 가치의 상승이나 하락은 오로지 바스켓에 포함된 통화들의 환율 변동의 결과로 발생하게 된다.

한 가지 심각한 문제는 리브라가 국경을 넘어 이동하는 불법 자금의 통로가 될 수 있다는 것이다. 백서는 리브라가 인가형 블록체인으로 시작할 것이며 리브라협회가 거래를 인증하는 검증자 노드를 선정해 접근권을 부여하는 권한을 갖게 할 것이라고 밝혔다. 점진적으로 기술 요건을 충족하는 어떤 사람 혹은 어떤 조직이든 검증자 노드를 운영할 수 있는 비인가형 블록체인으로 전환하는 것이 목표였다. 다만 이런 검증자를 유치하기 위해 어떤 유인이 제공될지는 명확하지 않았다. 협회는 불법적인 활동을 최소화하기 위해 고객알기제도(금융기관의 서비스가 자금세탁 등 불법행위에 이용되지 않도록 고객의 신원, 실제 당사자 여부 및 거래목적 등을 금융기관이 확인함으로써 고객에 대해 적절한 주의를 기울이는 제도-옮긴이) 및 기타 규정을 준수할 것이라고 밝혔다. 하지만 여러 검증자가 존재하게 되면 페이스북은 리브라를 사용한 사용자나 거래의 정당성을 인증할 책임을 면하게 될 것이다.

반발

전 세계 중앙은행과 금융시장 규제기관의 공격적인 반응은 충분히 예상할 수 있는 것이었다. 페이스북은 놀란 것 같았지만 말이다. 비판의 핵심은 리브라가 호응을 얻는 경우 페이스북 회원들의 방대한 국제 네트워크를 고려했을 때 암호화폐가 준비금에서 분리되고 페이스북이 규제받지 않는 화폐 발행자가 되어 개별 국가의 통화정책과 국가 간 금융 흐름에 영향을 미칠 여지가 있다는 것이다.

세계의 중앙은행 총재들이 먼저 나서서 리브라가 일으킬 수 있는 위험에 대해 경고했다. 이들의 발언은 보통의 절제된 논평 스타일에서 벗어나 이례적으로 날카롭고 단호했다. 리브라 발표가 있고 몇 주 뒤 열린 의회 위원회 청문회에서 제롬 파월Jerome Powell 미 연준 의장은 "리브라로 인해 심각한 우려가 여럿 제기되고 있으며, 거기에는 프라이버시, 자금세탁, 소비자 보호, 금융 안정성 등이 포함된다"라고 말했다. 얼마 지나지 않아, 마리오 드라기Mario Draghi 당시 유럽중앙은행 총재는 사이버 보안, 자금세탁, 테러자금조달, 개인정보 보호, 통화정책 전달, 금융 안정성 등 리브라와 관련된 우려 사항들을 나열했다. 당시 잉글랜드은행 총재였던 마크 카니는 리브라의 목적에 대해서는 옹호하면서도, 페이스북이 규제당국의 절차를 아무 문제 없이 통과할 것이라고 기대해서는 안 된다고 경고했다. "앞으로 어떻게 진행될지, 어느 정도 진척될 것인지 등의 측면에서 이 일은 소셜 미디어와는 다를 것이다. 이번의 경우는 어떤 일이 먼저 일어나서 작동을 시작하고 그 후 시스템이 구제 방법을 알아내려고 하는 상황으로 이어지지는 않을 것이다. 적절한 규제와 감독이 있으면 가능하나, 그게 아니라면 아예 그런 일은 일어나지 않을 것이다." 2019년 9월에 프랑스와 독일 정부는 공동 성명을 통해 "어떤 민간 기업도 국가 주권에 내재된 통화에 대한 권한을 주장할 수 없다"며 리브라를 막겠다는 의사를 밝혔다.

중국인민은행의 한 관계자는 리브라가 통화정책에 지장을 주고, 현지 통화가 불안정한 경제국에서 환위험을 유발할 수 있다고 경고했다. 그는 또한 사용자의 개인정보를 보호하고 자금세탁과 테러 자금 조달을 방지하겠다는 페이스북의 약속에 대해서도 회의적인 입장을 보였다. 다른 많은 신흥경제국 관리들 역시 리브라가 자금세탁과 자본도피를 촉진해 금융 및 통화 불안정을 조장할 수 있다는 우려의 목소리를 냈다.

각국 정부가 리브라에 대해 공통으로 반대 의사를 표명한 직후, 리브라협회에서는 회원의 이탈이 시작되었다. 많은 금융기관은 이 최첨단 프로젝트를 설계하는 데 있어서 페이스북의 힘에 편승할 수 있는 것이 아니라 오히려 페이스북이 받는 엄중한 조사에 얽힐 수 있다는 사실을 깨달았다. 그들은 금융 및 자금세탁방지 규정을 우회하는 일에 공모한 것으로 보일 위험이 매우 크다는 점을 우려했다. 2019년 6월에 최초 발표가 있었고 10월에는 제네바에서 리브라협회 창립 회의가 열렸는데 그사이 창립 멤버 28개 회사 중 7개 회사가 탈퇴했다. 탈퇴자 명단에는 이베이, 마스터카드, 페이팔, 비자, 보다폰Vodafone과 같은 대형 기술 회사 및 금융 기업이 포함되었다.

변경된 리브라

관변 기관의 이런 극심한 반대에도 야심을 포기하고 싶지는 않았던 페이스북은 방향을 전환했다. 2020년 4월에 리브라협회는 논란이 되는 각종 문제를 해결하기 위해 리브라의 재설계에 관한 내용을 담은 새로운 백서를 발표했다.

큰 변화는 다음과 같다. 첫째, 특정 통화의 준비금으로 뒷받침되는 리브라 달러Libra dollar와 리브라 유로Libra euro와 같은 일련의 단일 통화 디지털 코인이 등장할 것이다. 이는 복합 바스켓 통화와 관련된 외환 리스크에 대한 우려를 해소하기 위한 것이지만, 협회는 결국에는 일부 단일통화 코인의 디지털 복합체인 다중통화 코인도 발행할 것이라고 말했다. 이러한 발언은 단일통화 코인이 그 통화를 발행하는 국가의 국내 결제 시스템을 개선하는 데 더 효과적이지만, 다른 국가의 거주자는 결국 다중통화 디지털 코인이 국경 간 결제에 더 매력적임을 발견할 것이라는 논리로 보였다. 다중통화 코인은 고정된 명목 가중치를 사용해 단일통화 스테이블코인을 종합하는 스마트 계약으로 구현되며, 가중치는 리브라협회 회원들이 제3자의 인풋을 통합해 결정할 것이다.

둘째, 협회는 무허가 검증 시스템으로 전환하려던 계획을 철회했다. 이에 따라 승인된 에이전트만 네트워크상에서 거래를 검증할 수 있을 것이다. 셋째, 협회는 자금세탁, 테러조직자금조달, 금융 제재 회피 등과 같은 불법적인 목적으로 리브라 네트워크가 사용되는 것을 미연에 방지하는 조치를 포함해 금융 규정 준수 및 위험관리를 위한 명시적인 프레임워크를 만들었다. 네트워크는 주로 협회 회원, 지정된 딜러, 규제의 범위에 들어가는 가상자산서비스제공자Virtual Asset Service Provider, VASP에 의해 관리될 것이다. 그 외의 가상자산서비스 제공자와 호스팅되지 않는 지갑(즉 잘 알려지지 않은 제3자 운영자)은 네트워크에 대한 접근권이 크게 제한될 것이다.

수정된 백서에서 리브라의 다른 주요 기능은 거의 변경되지 않았다. 스테이블코인을 뒷받침하는 준비금은 단기 정부 증권(준비금의 80% 이상)과 현금, 현금 등가물, 기본 통화의 머니마켓펀드를 포함한 유동적이고 변동성이 낮은 자산으로 구성될 것이다. 새로운 리브라 코인을 만들려면 명목화폐로 그에 상응하는 리브라를 구매하고 그 명목화폐를 준비금으로 이전해야 한다. 협회는 수요가 증가하면 자동으로 새로운 코인을 주조하고, 수요가 감소하면 코인을 소각한다.

리브라의 위험과 가능성

리브라가 국가의 중앙은행에서 발행하는 명목화폐를 위협할까? 첫 백서의 부록에 따르면 페이스북의 목표는 리브라가 기존 통화를 대체하는 것이 아니라 기존 통화와 나란히 존재하는 것이다. "리브라는 글로벌 통화가 될 것이기 때문에 협회는 자체 통화정책을 개발하지 않고, 바스켓을 대표하는 중앙은행의 정책을 계승하기로 결정했다." 이 문서는 페이스북이 리브라를 통해 통화정책을 운영할 수 있는 위치가 되면서 중앙은행의 역할을 대체할 수 있다는 비판을 정면으로 반박했다. "협회는 통화정책을 정하지 않는다. 협회는 공인 리셀러의 수요에 따라 코인을 주조하고 소각할 뿐이다. 사용자는 협회가 시스템에 인플레이션을 도입하거나 통화를 평가절하하는 것에 대해 걱정할 필요가 없다." 수정된 백서에는 리브라 네트워크의 의도가 "중앙은행의 적절한 지배와 통제하에 있는 명목화폐의 기능성을 확장하는 것"이라며 달래는 듯한 발언을 덧붙였다.

리브라의 발행은 전통적 의미에서의 새로운 화폐 발행을 의미하지 않으며, 어떤 면에서는 통화 위원회 방식하에서의 통화 발행과 유사할 것이다. 예를 들어, 홍콩은 홍콩 달러 1단위를 발행하려면 홍콩 금융관리국Hong Kong Monetary Authority이 (사전에 정해진 고정 환율에 따라) 이에 상응하는 미국 달러를 보유함으로써 완벽하게 통화를 뒷받침해야만 하는 시스템으로 되어 있다. 중앙은행들은 자유재량으로 화폐를 인쇄할 수 있지만, 통화위원회들은 보통 새로운 지폐와 동전 발행을 완전히 뒷받침할 수 있는 외환 자산이 있을 때에만 현지 통화를 인쇄할 수 있다.

리브라가 금융 투기의 도구가 되거나 금융 시스템을 위협하는 사태를 초래할 수 있을까? 백서는 준비금을 시간이 흐르면서 이자가 발생하는 저위험자산에 투자해 협회의 운영 비용을 지원할 것이라고 언급하고 있다. 준비금은 수익을 목적으로 적극적으로 관리되지 않으며 거래 상대방 위험을 제한하기 위해 투자 등급의 신용도를 가진 분산된 관리자 네트워크가 보유할 것이다. 리브라 '런run', 즉 많은 리브라 보유자가 동시에 보유 자산을 기존 통화로 전환하고자 할 경우 발생할 수 있는 금융 불안정성의 가능성에 대해 리브라협회는 설계로 그런 위험을 완화할 수 있다고 말한다. "리브라 코인은 은행에 금처럼 일부를 준비금으로 두는 것이 아니라 현금 및 기타 유동 자산을 통해 일대일로 완벽하게 뒷받침되기"때문이다. 더구나 준비금은 "손실 흡수 자본 완충 장치"를 특징으로 한다. 다시 말해 이 스테이블코인은 뒷받침의 범위를 의심하지 않도록 이 준비금에 해당되는 명목화폐 재고와 일대일 이상의 비율로 맞추게 될 것이다.

또한 리브라 프로젝트에는 몇 가지 기술적 혁신이 포함되어 있다. 리브라는 새로운 프로그래밍 언어인 무브Move를 사용한다. 이는 리브라 블록체인을 안전하게 유지하는 동시에 특정 유형의 스마트 계약을 사용할 수 있게 설계되었다. 이 블록체인은 비잔틴 장애 허용성Byzantine fault tolerant이 있다. 소수의 악의적인 노드에 의해 무결성이 손상될 수 없다는 의미다(작업 증명과 같은 다른 합의 메커니즘도 이 속성을 지니고 있다). 합의 프로토콜은 거래 완결성을 보장하고, 작업 증명보다 에너지 효율이 높으며, 검증자 노드의 약 1/3이 실패하거나 손상되더라도 네트워크가 적절히 기능할 수 있도록 한다.

요약하자면, 리브라는 교환수단 역할로 기능이 제한되는 일련의 스테이블코인으로 구상되었다. 코인은 명목화폐 준비금으로 완전히 뒷받침되며, 이 코인의 발행은 명목화폐의 뒷받침이 없는 새로운 화폐의 창출을 의미하지 않는다. 이 코인은 빠른 송금 기능, 암호화의 보안성, 국경 간에 쉽게 자금을 송금할 수 있는 자유와 같은 암호화폐의 여러 바람직한 특성이 있다. 한 가지 중요한 차이점은 신뢰 모델이 '개방형' 비트코인이나 이더리움 등 탈중앙화된 암호화폐와는 매우 다르다는 것이다. 리브라에서는 네트워크 참여가 제한된다. '허가'를 받아야 하는 것이다(이는 리브라 사용자가 아닌 승인을 받아야 하는 검증자 노드에 해당되는 이야기다).

리브라 개편 이후, 특히 새로운 백서가 발표된 이후 관변 기관의 반응은 조용했다. 이때 중앙은행과 규제당국은 코로나19 팬데믹으로 마음을 어지럽히는 다른 걱정거리들이 있었다. 한편에서는 티머시 마사드Timothy Massad 전 미국 상품선물거래위원회 위원장의 지지와 같은 일부 긍정적인 반응이 서서히 나타났다. 전반적으로 중앙은행가 및 기타 관계자들은 리브라에 대해 충분히 의견을 피력했다고 생각하는 것 같다.

2020년 12월에 리브라협회는 디엠Diem으로 이름을 변경했다. 상징적인 면에서는 페이스북과의 긴밀한 연계를 끊어내고 제안된 스테이블코인의 설계가 원래의 제안과 크게 다르다는 점을 강조하기 위해 취한 조치이기도 했다. 회사는 이런 이름 변경이 "프로젝트의 새로운 날"을 의미한다고 말했고, CEO는 "처음의 이름은 규제당국으로부터 좋지 않은 평을 얻었던 초기 프로젝트를 반복하는 듯한 느낌을 준다"라고 인정했다.

저커버그가 세상에 주는 선물?

페이스북은 디엠을 세상, 특히 빈곤층과 경제적으로 낙후된 국가를 위한 선물이자 이타주의의 산물이라고 홍보해왔다. 목표가 가상한 이 디엠은 첫째, 공식적인 금융 시스템 이용에서 배제된 많은 사람들, 둘째, 복잡하고 시간이 오래 걸리며 비용이 많이 드는 해외 송금의 어려움이라는 글로벌 금융의 가장 취약한 두 가지 연결 고리를 공략한다. 이것은 경제 이민자가 고국의 가족에게 송금(인도, 멕시코, 필리핀과 같은 국가에 중요한 대량의 금융 흐름)을 할 때 비용을 많이 내게 하는 장벽이 된다. 디엠은 이 두 가지 문제를 일거에 해결하는 것을 목표로 한다.

하지만 디엠의 고매한 목표에 회의적인 입장에도 그만한 이유가 있다. 페이스북은 결국 어떤 형태로든 암호화폐로 수익을 추구할 수 있는 수익 중심의 상업 조직이 아닌가? 더구나 디엠 코인이 주목을 끌어 기존 명목화폐의 경쟁자가 될 경우 이 암호화폐의 발행이 향후에 제한될 것인지, 제한된다면 그 방법은 어떤 것일지도 명확하지 않다.

이 프로젝트는 여러 면에서 페이스북 주도로 2013년에 시작된 이니셔티브, internet.org를 연상시킨다. "인터넷이 없는 지역에 인터넷 접근권과 연결성의 혜택을 제공한다"라는 목표를 내세운 이 서비스는 페이스북 모바일 앱을 통해 이 회사가 고른 웹사이트를 무료로 이용할 수 있게 한다. 이 계획은 망 중립성 원칙을 위반하고 '디지털 식민주의'를 조장한다는 거센 비난을 받았다. 이에 대해 페이스북의 공동 창립자 마크 저커버그는 일부 인터넷을 이용할 수 있는 권리가 전혀 이용할 수 없는 것보다 낫다고 주장하며 당당한 태도를 보였다. 그는 "세상의 모든 책을 소장하고 있지는 않더라도 도서관은 여전히 많은 도움이 되며, 세상의 모든 질병을 치료할 수는 없어도 공공 의료기관은 여전히 생명을 구한다"라고 말했다. 2015년에 이 프로젝트는 프리베이직스Free Basics로 이름을 바꾸고 개발자와 다른 앱이 프로그램을 이용할 수 있게 공개했다. 페이스북 앱은 저소득 국가의 수백만 사람들에게 여전히 인터넷으로 가는 관문 역할을 한다. 페이스북의 CEO인 셰릴 샌드버그Sheryl Sandberg는 "일부 지역의 사람들은 페이스북과 인터넷을 혼동하기도 한다"라고 (다소 냉담하게) 말했다.

핀테크 혁신

세계의 지배적 경화hard currency를 발행하는 주요 선진국은 디엠에 그리 공포감을 갖지 않고 소매결제에 유용한 혁신을 제공한다고 생각할 수 있지만, 다른 국가는 그렇게 생각할 수가 없다. 페이스북의 막대한 영향력과 재정력을 생각하면, 이 회사가 발행하는 모든 화폐는 경화 자산 준비금으로 뒷받침이 되지 않더라도 중앙은행의 신뢰성 부족으로 어려움을 겪는 많은 신흥국 및 개발도상국에서는 명목화폐보다 더 신뢰할 수 있고 그 가치가 충분히 안정적으로 보일 수 있다. 또한 디엠이 결국 합법적인 자본 흐름은 물론이고 불법적인 자본흐름의 새로운 통로를 만들어 이들 국가가 이미 직면하고 있는 자본 흐름과 환율 변동성의 복잡성을 가중시킬 수 있다는 점이 우려된다.

디엠의 운명이 앞으로 어떻게 흘러가든, 이 암호화폐는 중앙은행과 민간 결제 서비스 제공업체가 주목해야 마땅한 문제들을 부각시켰다.

암호화폐, 어떻게 규제할 것인가?

암호화폐의 허용과 규제 범위에 대한 정부와 중앙은행의 접근방식은 매우 다양하다. 개별 국가는 소비자의 요구와 금융 안정성 고려라는 상반된 압력에 대응해 입장을 바꾸기도 한다. 암호화폐와 관련해 암호화폐의 광범위한 수용을 막아야 하는 여러 가지 문제가 남아 있으며, 그 자체는 규제당국과 관련이 없다. 금융 규제당국은 규제 영역에 해당하는 기관에 영향이 있는지 혹은 개입을 할 만한 다른 시스템적 결과가 있는지를 고민해야 한다. 또한 우선적으로 자금세탁, 조세 포탈, 불법 상거래에 암호화폐가 사용되는 것을 막아야 한다. 대기업의 지원을 받는 암호화폐의 등장으로 일련의 새로운 국내 규제는 물론이고 국제적으로 조율된 규제가 필요할 수도 있다.

조작의 대상이 되기 쉬운 암호화폐들

암호화폐 시장에 조작의 가능성이 넘친다는 점이 가장 우려스럽다. 우리는 이미 스테이블코인 테더가 어떻게 비트코인 가격을 조작하는 데 사용되었는지 살펴보았다. 이것은 유일한 사례가 아니다. 리서치 회사 글래스노드Glassnode는 클러스터링 알고리즘clustering algorithm을 비롯한 기술들을 사용해 방대한 디지털 주소를 모은 뒤 여러 주소를 보유한 사람을 찾아내는 방식으로 비트코인 소유자에 대한 데이터를 수집했다. 이 회사는 2020년 6월 현재 1천 개 이상의 비트코인을 보유한 비트코인 고래를 1,800개 이상 찾았다고 주장하고 있다. 이 고래들의 보유량은 전체 비트코인 양의 약 30%를 차지한다. 이는 상대적으로 소수인 집단도 시장 조작이 가능하다는 것을 시사한다. 고무적인 것은 고래들의 비트코인 시장 통합 점유율이 50%를 넘었던 2011~2012년 이후 감소세로 돌아섰다는 점이다.

시가총액이 엄청나고 인기가 많은 비트코인은 조작의 대상이 되기 어렵다. 하지만 시가총액이 낮고, 보유자 수가 적고, 거래가 활발하지 않은 2류 암호화폐의 경우, 대규모 투자자에 의한 조작의 위험성이 매우 높다. 이 소수의 대규모 투자자들은 담합 행위로 가격에 영향을 주면서 소규모 투자자에게 피해를 줄 수 있다. 실제로 암호화폐 시장은 이런 펌프 앤드 덤프 책략으로 고통을 겪어왔다. 놀랍게도 이런 계획은 종종 공개적으로 진행된다. 조작자들이 특정 코인의 가격을 끌어올린 다음 현금화하겠다는 의도를 공공연히 밝히는 것이다. 많은 암호화폐 투자자가 과도한 자신감과 도박 성향 때문에 기꺼이 이 판에 끼어드는 것 같다. 가격 거품이 꺼질 때면 대다수가 가격 하락으로 손실을 보게 되는데도 말이다.

규제당국의 다양한 접근법

암호화폐를 규제(혹은 용인)하는 통일된 접근방식은 존재하지 않지만, 암호화폐 자산 및 관련 금융상품이 급성장하는 시장을 의식할 수밖에 없는 규제당국은 많은 규칙을 만들고 있다. 최근 성명에서 알 수 있듯이, G-20(세계 주요 20개국을 회원으로 하는 국제기구-옮긴이)의 여러 관계자들은 암호화폐 관련 문제 중에서 특히 암호화폐가 세금 회피와 자금세탁방지 규정, 테러활동자금조달방지 규정을 회피할 수 있다는 점에 대해 우려하고 있다. 2018년 3월에 G-20 재무장관 및 중앙은행 총재들은 공동 성명에 다음과 같은 내용을 담았다. "암호화 자산은 소비자 및 투자자 보호, 시장 무결성, 탈세, 자금세탁, 테러자금조달과 관련한 문제를 제기한다. 암호화 자산에는 국가 통화의 핵심 속성이 결여되어 있다. 암호화 자산은 언젠가 금융 안정성에 영향을 미칠 것이다."

　암호화폐의 잠재적 문제에 대한 규제 대응은 크게 세 가지 범주로 분류할 수 있다. 첫째, 많은 나라가 암호화폐의 거래나 사용은 제한하지 않지만, 암호화폐와 이와 관련된 금융상품을 규제할 수 있는

틀을 만들기 위해 노력하고 있다. 미국은 비트코인을 비롯한 암호화폐를 세법은 물론이고 자금세탁방지 및 테러자금조달방지 규정의 적용을 받는 금융자산으로 간주한다. 캐나다와 일본은 암호화폐의 거래 및 사용에 관한 명시적인 법률을 두고 있다.

둘째, 많은 나라가 암호화폐의 사용을 제한하거나 전면 금지해왔다. 중국은 2017년에 투기성 자본 유출을 제한하기 위해 국내 비트코인 거래소를 금지했고, 이후 암호화폐 거래소 접근을 차단했다. 또한 중국은 국내 ICO를 금지했고, 개인과 기관의 ICO 참여도 금지했다. 2018년 4월에 인도의 중앙은행인 인도준비은행Reserve Bank of India, RBI은 은행, 금융기관, 기타 규제 대상 기관의 가상화폐 거래를 금지했다. 하지만 2020년 인도 대법원이 이 결정을 번복했다.

셋째, 대다수 나라가 채택하는 접근방식은 소극적 관용이다. 암호화폐를 금지하지는 않지만 금융기관에서 사용하는 것을 막고, 대개의 경우 결제 수단으로서 암호화폐의 법적 지위를 명확히 하지 않는 것이다. 예를 들어, 한국의 규제당국은 암호화폐를 전면 금지하지는 않으면서도 암호화폐에 대해 부정적인 견해를 표명했다. 규제의 명확성이 부족하면 암호화폐의 광범위한 사용이 효과적으로 억제될 수 있다. 기업가들이 법에 저촉되는 것을 두려워하고 보호가 부족한 투자자는 부도덕한 사업자에게 이용당할까 두려워하기 때문에 혁신이 이루어지지 않는다. 사실 정부의 감독은 오히려 암호화폐 및 관련 금융상품이 쉽게 사기로 전락하지 않으리라는 신뢰를 구축할 때 강력한 강장제가 될 수 있다.

디지털상공회의소Chamber of Digital Commerce, 코인 센터Coin Center와 같은 암호화폐 업계 옹호 단체는 연방 차원의 감독 강화를 주장해왔다. 이는 업계 조직들의 일반적인 행동은 아니다. 대부분의 업계 조직은 규제를 위한 로비보다는 규제를 막는 데 초점을 맞추기 때문이다. 디지털 상공회의소는 "불확실한 규제 환경은 블록체인 산업에 대한 투자와 혁신에 큰 장애물이 되며, 시작되기도 전에 프로젝트를 무산시키거나 더 명확한 규제 시스템이 있는 해외로 떠나게 만든다"라고 말한다. 하지만 실제로 규제기관이 투자자 안전을 위해 업계의 야심을 강제적으로 제한하려고 한다면, 정부의 간섭에 대해 격렬하게 항의하는 것도 의심할 여지없이 바로 이들 단체일 것이다.

여기에서 정말 재미있는 아이러니가 확연히 드러난다. 신뢰가 필요 없는 메커니즘을 기반으로 하는 탈중앙화된 자산, 즉 반기득권 정서에 힘입은 이런 자산조차 빅브라더가 제공하는 신뢰의 혜택을 받는 것처럼 보인다는 점이다.

규제의 거미줄을 짜는 미국

미국은 암호화폐가 촉진하는 금융 활동의 범위, 그리고 규제당국의 관계자가 관할권 문제(어느 기관이 어떤 상품이나 시장을 규제해야 하는지의 문제)를 해결하는 과정에서 나타날 수 있는 규제 감독의 공백을 보여주는 유용한 사례다. 더구나 규제기관은 일부 암호화폐 발행자 그리고 그들의 규정 준수 여부는 거의 고려하지 않은 채 암호화폐 관련 상품 및 공모를 덥석 받아들이는 많은 열성 투자자들을 상대로 승산 없는 싸움을 벌이는 듯하다.

패치워크식 규제

미국 법률은 비트코인과 기타 암호화폐 혹은 암호화폐가 거래되는 거래소에 대한 연방정부의 직접적이고 포괄적인 감독을 규정하지 않는다. 그 결과 가상화폐에 대한 미국의 규제는 여러 규제기관이 가상화폐 사용의 여러 측면에 때로 중복되는 감독권을 행사하는 상당히 혼란스러운 상태로 진화했다. 상품선물거래위원회의 한 보고서는 이를 "다면적, 다중적 규제 접근법"이라고 긍정적으로 언급하고 있다. 여러 규제기관이 다양한 유형의 은행을 책임지는 은행 규제와 유사한 접근법이 사각지대를 만들었고 이것이 금융위기로 이어졌던 것을 떠올려본다면, 이런 접근법에 안심을 해도 되는지는 아직 알 수 없다. 금융기관은 정부의 감독이 부여하는 광륜으로부터 혜택을 보면서도 가장 약한 규제기관의 권한하에 있기 위해 금융기관 자체와 상품을 구조화하는 데 힘을 쓴다(일부에서는 이런 접근법을 규제 차익거래 regulatory arbitrage라고 부른다). 암호화폐 및 관련 상품을 공급하는 업체들도 마찬가지다.

주州 은행 규제기관은 주로 주 송금법을 통해 미국과 해외에 있는 특정한 가상화폐 현물 거래소를 감독한다. 국세청Internal Revenue Service, IRS이 가상화폐를 재산으로 취급한다는 사실은 가상화폐 보유 시 소득을 신고해야 하며 그에 대한 양도소득세도 부과된다는 것을 의미한다. 재무부의 금융범죄단속네트워크Financial Crimes Enforcement Network, FinCEN는 자금세탁방지/테러자금조달방지, 고객알기제도와 관련된 요건에 중점을 두고 비트코인 및 기타 가상화폐 전송을 모니터링한다. 금융범죄단속네트워크는 미국에 기반을 둔 가상화폐 거래소만 감독할 수 있기 때문에 이런 감독의 효과에 의심이 들 수밖에 없다. 미 연준 이사 레이얼 브레이너드Lael Brainard는 2019년 12월 연설에서 업계 보고서를 인용하며 "연구자들은 가장 인기 있는 120개 암호화폐 거래소 중 약 3분의 2가 자금세탁방지, 테러자금조달방지, 고객알기제도 같은 부문에 취약하다는 사실을 발견했다. 가장 인기 있는 거래소 중 3분의 1만이 입출금에 신분증 확인과 주소 증명을 요구한다"라고 언급했다.

증권거래위원회는 비트코인과 이더리움이 증권이 아니므로 규제 대상에 해당하지 않는다고 판결했다. 그러나 이런 암호화폐가 상장지수펀드exchange-traded fund, ETF와 같은 투자 수단과 연결되면 증권거래위원회의 규제를 받는 거래 증권이 된다. 또한 ICO는 일반적으로 증권의 공모와 판매를 동반하기 때문에 증권거래위원회는 ICO를 감독할 권한도 갖는다. 실제로 증권거래위원회는 많은 미등록 ICO를 비롯해 ICO 및 디지털 자산 사기에 대해 여러 가지 단속 조치를 취했다.

증권거래위원회는 2019년에서 2020년까지 39건의 사이버 단속 조치가 있었다고 보고했는데, 그 대부분이 증권 공모로 등록하지 않고 상당한 금액을 조달한 디지털 토큰 공모와 관련되어 있었다. 앞서 논의했듯이, 증권거래위원회의 조치 중 하나는 텔레그램에 대한 것이었다. 이 조치는 텔레그램이 이미 국내외 투자자들로부터 17억 달러를 모금한 이후에 취해졌다. 이런 사례들과 관련 금액을 보면 투자자들은 ICO에 거액을 내주는 데 주저함이 없어 보인다. 사기를 감독하거나 보호해주는 규제기관에 등록되지 않은 경우에도 말이다.

상품선물거래위원회의 경우에는 가상화폐를 상품거래법으로 감독을 받아야 하는 '상품'으로 선언했다. 상품선물거래위원회는 기초

자산이 상품인 경우를 제외하고는 현물시장(상품 혹은 금융상품이 거래 즉
시 인도되는 시장)과 파생상품 시장에서의 규제 권한이 제한되어 있다.
암호화폐 선물과 옵션은 규제 대상에 포함되지만, 암호화폐가 거래
되는 현물시장의 경우 상품선물거래위원회의 권한은 제한된다. 상품
선물거래위원회는 사기, 시장 조작, 상품 인도 불이행에 대해서만 조
치를 취할 수 있는 권한이 있다.

규제의 복잡성: 파생상품 거래

2차시장이 관련될 때 규제가 얼마나 복잡해지는지는 비트코인 파생
상품의 사례에서 잘 나타난다. 2017년 말 비트코인 가격이 2만 달
러 가까이 급등하자 파생상품 거래소는 상품에 대한 관심을 활용할
수 있는 기회라고 여겼다. 투자자들에게 암호화폐 가격에 투기하도
록 하면서 기회를 포착한 것이다. 2017년 12월에 시카고상품거래소
Chicago Mercantile Exchange Inc., CME와 시카고선물거래소Cboe Futures Exchange,
CFE는 비트코인 선물 상품에 대한 신규 계약을, 캔터 거래소Cantor
Exchange는 비트코인 바이너리 옵션binary option(특정 상품 가격이 현시점보다
오를 것인지 떨어질 것인지를 예상하는 도박성 투자방법, 디지털 옵션이나 이원옵션이라
고도 부른다—옮긴이)에 대한 신규 계약을 자체 인증했다. 자체 인증은 공
식적으로 상품선물거래위원회의 승인을 받는 것에 대한 대안적 방
법이다. 이를 위해 계약이 상품거래법 및 상품선물거래위원회 규정
을 준수한다는 것을 확인하는 서면 진술서를 상품선물거래위원회
에 제출해야 한다.

상품선물거래위원회는 가상화폐가 파생상품 계약에 사용되

는 경우(혹은 주 간 상거래에서 거래되는 가상화폐와 관련된 사기 혹은 조작이 있는 경우) 관할권을 주장한다. 그러나 상품선물거래위원회는 파생상품 거래소의 자체 인증이 일정한 지침을 준수하는 한, 새로운 상품이 출시되기 전에 공청회를 개최하거나 대중의 의견을 구할 권한이 없다고 지적했다. 새로운 상품이 비트코인에 대한 과대광고(그리고 가격 변동성)를 부추길 것이라는 우려에 대해 크리스토퍼 지안카를로Christopher Giancarlo 전 상품선물거래위원회 위원장은 "비트코인은 (…) 위원회가 과거에 다루었던 어떤 상품과도 다른 상품"이며 상품선물거래위원회는 "비트코인 현금 시장을 감독할 수 있는 법적 능력이 제한적"이라는 것을 알고 있다고 말했다.

주 차원의 조치

몇몇 주에서는 암호화폐 감독과 관련된 문제를 스스로 처리하기로 결정했다. 일부 주 차원의 조치는 암호화폐 친화적인 법률을 통해 이 초기 단계 산업에서 경제적 이익을 창출하거나 적어도 규제를 더 명확히 하기 위한 것으로 보인다.

2018년에 오하이오는 비트코인을 통한 (간접적) 세금 납부를 허용한 최초의 주가 되었다. 온라인 포털 OhioCrypto.com에 가입한 기업은 비트코인을 사용해 다양한 종류의 세금을 납부할 수 있었다. 결제 처리업체인 비트페이BitPay가 비트코인 결제를 미국 달러로 바꿔 오하이오 재무부로 송금하는 구조였다. 오하이오 재무장관 조시 맨델Josh Mandel은 비트코인을 합법적인 형태의 통화로 보며, 입법 승인이 필요치 않은 이 이니셔티브로 인해 암호화폐가 더 널리 수용됨에 따라 오하이오가 이 부분에서 앞서나가는 데 도움이 될 것이라고 말했다. 2019년에 결제 중개업체를 선정하는 과정에서 적법성을 확신하지 못한 새로운 재무장관이 프로그램을 중단했고, OhioCrypto.com은 폐쇄되었다.

뉴욕주금융서비스국New York State Department of Financial Services, NYDFS은 가상화폐의 발행, 전송, 보유에 관여하거나 이와 관련된 거래 혹은 교환 서비스에 관여하는 모든 법인을 대상으로 하는 비트라이선스BitLicense 허가 프로그램을 개발했다. 비트라이선스는 디지털 자산에 초점을 둔 비즈니스의 운영을 규율하는 미국 최초의 포괄적인 규칙으로 간주된다. 여기에는 자금세탁방지 활동, 규정 준수 구조, 자본 준비금과 관련된 조항뿐만 아니라 시장 조작과 사기 시도를 감지, 억제, 보고하기 위한 거래소별 지침이 담겨 있다.

비트라이선스 요건이 엄중하다고 판단한 일부 암호화폐 거래소는 뉴욕에서 철수하는 것을 선택했다. 크라켄 디지털 자산 거래소 Kraken Digital Asset Exchange는 뉴욕 철수 결정을 알리는 "뉴욕이여 안녕히 Farewell New York"이라는 제목의 성명을 게시하면서 결정에 대해 이렇게 설명했다. "유감스럽게도 가공할 만한 위력을 지닌 비트라이선스가 깨어났다. 그것은 너무 추악하고 잔인한 존재여서 크라켄조차도 그 끔찍하고 크고 뾰족한 이빨에 맞설 용기나 힘이 없다. (⋯) 법을 집행하는 기관의 보호를 받는 것은 분명 가치 있는 일이다. 하지만 우리는 이로 인해 뉴욕 주민들에게 서비스를 제공하는 시장 기회를 능가하는 대가가 따를 것이라고 생각한다." 그러나 다른 거래소들은 규제의 명확성이 유용하다는 사실을 발견한 모양이다. 2019년 12월까지 24개의 거래소, 비트코인 현금 입출금기 제공업체, 기타 암호화폐

업체들이 뉴욕에서 허가를 받았다.

　뉴욕시는 미국의 금융 수도이기 때문에 뉴욕주의 규제가 다른 금융시장과 마찬가지로 암호화폐 시장에서도 상당한 영향력을 발휘한다. 2020년 7월에 항소법원은, 뉴욕주 법무장관이 암호화폐 업계 기업들의 사기 가능성을 조사할 수 있는 광범위한 권한을 갖고 있으며, 이는 이들 기업이 주로 뉴욕주 밖에서 운영되거나 심지어 미국 밖에서 운영되는 경우에도 마찬가지라고 판결했다. 구조상 지리적 경계가 없는 디지털 상품을 대상으로 한 이런 일방적이고 조정되지 않은 주 정부의 규제 조치는 향후 주와 국가 규제기관 모두에 중대한 집행 문제를 야기할 수 있다.

규제는 점검과 업데이트가 필요하다

비트코인, 기타 암호화폐, 그리고 이를 뒷받침하는 기술이 금융시장에서 더 큰 역할을 하기 시작하면서, 규제 관할권 문제와 규제 공백 가능성이 더욱 중요해지고 있다. 이 논의는 글로벌 금융위기에 영향을 미치고도 현재까지 크게 변하지 않은 미국 금융시장에 대해 단편적이고 중복적이고 일관성이 없는 규제 프레임워크의 맥락에서 몇 가지 중요한 정책적 질문을 제기한다. 규제기관은 암호화폐와 암호화폐에서 파생되는 금융상품의 측면을 다루는 표준과 법령을 개발하기보다는 기존 법령과 법률을 해석해 암호화폐 관련 활동을 규제 범위로 끌어들이는 데에만 노력을 기울이는 것으로 보인다.

　국가 규제기관 전체가 나서서 가상화폐 규제와 관련해 노력하고 조율하는 것이 필요하다. 일부 가상화폐 거래소는 명목상 특정 국가에 주소를 두고 있지만, 가상화폐의 특성상 특정 국가의 규칙과 규제, 특히 투자자 보호와 관련한 규칙과 규제를 적용하기 어렵다. 제이 클레이턴Jay Clayton 증권거래위원회 위원장은 대중에게 주의를 촉구하는 성명에서 이런 상황을 다음과 같이 요약했다. "부디 이런 시장에서는 상당수의 거래가 국경을 가로지르며 미국 밖의 시스템과 플랫폼에서 이루어질 수 있다는 점을 인식해주시기 바랍니다. 당신이 투자한 자금은 당신도 알지 못하는 사이에 해외로 빠르게 이동할 수 있습니다. 그 결과 증권거래위원회와 같은 시장 규제기관이 악의적인 행위자를 효과적으로 뒤쫓지 못하거나 자금을 회수하지 못할 가능성을 비롯한 위험이 증폭될 수 있습니다."

탈중앙화된 금융을 향하다

암호화폐 지지자들이 꿈꾸는 다음 개척지는 신용, 저축, 보험을 포함한 광범위한 금융 서비스를 탈중앙화된 방식으로 제공하고 언젠가 전 세계 어디에서든 누구나 서비스와 상품을 이용할 수 있도록 하는 모델, 즉 탈중앙화된 금융decentralized finance(디파이DeFi), 혹은 오픈 파이낸스Open Finance다.

디파이는 탈중앙화된 블록체인을 기반으로 한다. 이런 맥락에서 '탈중앙화된decentralized'이라는 용어가 정확히 무엇을 의미하는지 생각해볼 필요가 있다. 탈중앙화된 블록체인은 탈중앙화 아키텍처(중앙화된 장애 지점이 없음), 탈중앙화된 거버넌스(통제권이 중앙 기관이 아닌 네트워크

그림 5.3 이더리움의 공동 창립자 비탈릭 부테린

구성원에게 있음), 탈중앙화된 신뢰(공개 합의 메커니즘을 통해 신뢰가 달성됨)를 특징으로 한다. 그러나 논리적인 면에서라면 중앙화된 시스템이다. 시스템을 구성하는 전체 노드 네트워크가 연결되어 있고 항상 공통적 합의 상태에 놓여 있기 때문이다. 비트코인은 초기 형태의 디파이로 간주할 수 있다. 최근의 물결은 이것을 더 높은 수준으로 끌어올린다.

디파이는 스마트 계약 블록체인에 의존하며, 그중 지금까지 가장 널리 사용되는 것은 이더리움이다. 앞서 언급했듯이 비트코인 블록체인에는 스마트 계약 기능이 없다. 이더리움의 공동 창립자(그리고 대학 중퇴자, 이유를 물을 필요가 있을까?)인 신동 비탈릭 부테린Vitalik Buterin은 탈중앙화가 기존 금융 시스템에 비해 많은 이점을 제공한다고 주장했다. 그 하나는 결함 허용성이다. 탈중앙화된 시스템은 여러 개별 구성 요소에 의존하기 때문에 장애가 발생할 가능성이 낮다. 또 다른 장점은 공격 저항성이다. 주요 금융기관이나 중앙화된 거래소처럼 공격에 취약한 중심점이 존재하지 않는 것이다. 셋째 장점은 담합 저항성이다. 기업과 정부는 일반 대중에게 이익이 되지 않는 방식으로도 행동할 수 있는 권한을 갖는 반면 대규모 탈중앙화된 시스템의 참여자들은 담합하기가 어렵다. 또한 탈중앙화된 시스템은 무허가성(누구나 사용할 수 있음), 검열 저항성(아무도 막을 수 없음), 개방성(누구나 거래 실행을 검증할 수 있음)이라는 장점이 있다.

플래시 론

디파이는 새롭고 창의적인 금융상품을 낳았다. 그중에는 플래시 론 flash loans과 같이 경탄스러운 상품도 있다. 플래시 론은 적은 수수료로 담보 없이 대출을 하고, 그 돈을 거래에 사용한 다음, 대출한 금액을 반환하는 스마트 계약의 한 유형이다. 플래시 론은 말 그대로 눈 깜짝할 사이에 시작·실행·완료된다. 플래시 론의 핵심 요소는 계약의 모든 요소가 이더리움에서 일괄적으로 실행된다는 점이다. 여기에는 채무불이행 위험이 없다. 대출금이 상환되지 않으면 일련의 거래 전체가 무효화된다. 플래시 론은 즉각적이기 때문에 유동성 위험도 없다. 거래 당사자 중 한 명이 약속을 지키지 못하면 플래시 론은 모든 작업을 되돌리면서 무효화되기 때문이다.

흥미롭기는 하나 실제로 어떤 용도에 사용될까? 플래시 론은 원금이 없어도 자산 간 혹은 시장 간 차익거래를 할 수 있게 해준다. 예를 들어 한 암호화폐가 두 거래소에서 약간 다른 가격에 거래되고 있다고 생각해보자. 플래시 론을 통해 거액의 자금(물론 암호화폐로)을 빌린 다음, 그 자금으로 더 낮은 가격에 파는 거래소에서 암호화폐를 구매한다. 그다음 다른 거래소에서 더 높은 가격에 판매해 대출금을 상환한 후 수익을 현금화하는 것이다. 담보 없이 거액을 빌릴 수 있기 때문에 시장 간 가격 차이가 얼마 나지 않아도 차익거래를 통해 수익을 챙길 수 있다. 이런 차익거래는 실제로 가격 차이를 없애 시장을 더 효율적으로 만들 수 있으므로, 플래시 론은 유용하게 사용될 수 있다. 또한 플래시 론은 다양한 종류의 자산과 부채를 교환하는 재융자 및 기타 차환에도 사용할 수 있다.

순간적으로 이루어지는 플래시 론이라도 그 거래에 관련된 재원이 실체가 없는 것은 아니다. 그렇다면 대출해주는 돈은 어디에서 올까? 당신에게 이더리움이 좀 있지만 특별히 사용하고 있지는 않을 경우(아마 가격 상승을 기대하고), 블록체인 기반 대출 앱 컴파운드Compound 에 이더리움을 빌려주면 컴파운드는 당신에게 이자를 지급한다. 이를 이자 농사yield farming(혹은 유동성 채굴liquidity mining)라고 한다. 원래라면 디지털 지갑에서 잠자고 있을 암호화폐 자산으로 수익을 얻을 수 있는 방법을 찾는 것이다. 컴파운드와 같은 프로토콜에서는 알고리즘에 따라 사람의 개입 없이 자금 수요와 공급에 맞춰 이자율이 조정된다. 한 연구기관은 2021년 5월 말 현재 이더리움의 약 100개 디파이 프로토콜에 대략 600억 달러가 '잠겨 있는' 즉 대출되어 있는 것으로 추산한다(불과 1년 전에는 단 10억 달러였다). 이런 유동성은 대규모 플래시 론 운영을 촉진한다.

그러나 블록체인 세계의 다른 많은 것과 마찬가지로, 플래시 론에도 예상치 못한 취약점이 있다. 예를 들어 플래시 론은 악의적인 공격자에 의해 무기화될 수 있다는 사실이 밝혀졌다. 2020년 초에 2건의 플래시 론 공격이 있었다. 각 공격은 수십만 달러 상당의 이더를 빌려 일련의 취약한 프로토콜을 거친 뒤 훔친 자산에서 수십만 달러를 추출하고 이 작전의 자금을 조달하는 데 사용된 대출을 상환하는 방식으로 이루어졌다. 범인들은 자신들을 식별할 수 있는 흔적을 남기지 않았으며, 각 공격은 말 그대로 순식간에 일어났다. 한 분석가는 이 공격이 개념적으로나 기술적으로 정교한 "참으로 아름다운 공격"이었다고 표현했다. 엄청난 술수와 기술력이 필요한 이런 큰 규모의 플래시 론 공격이 원칙상 전적으로 빌린 자본을 통해 대규모로 이루어질 수 있다는 사실은 충격적이다.

스마트 계약이 해킹될 수 있다는 위험성은 분명히 시장 기회에 해당한다. 아니나 다를까 2020년 7월에 스마트 계약 해킹으로 인한 자금 소실과 관련된 보험상품을 제공하는 영국 기업 넥서스 뮤추얼Nexus Mutual이 등장했다. 이 회사가 밝힌 목표는 이더리움의 힘을 이용해 사람들이 보험회사 없이도 함께 위험을 공유하게 하는 것이다. 스마트 콘트랙트 커버Smart Contract Cover는 이 회사의 첫 번째 보험상품이다. 이 회사는 2020년 12월에 두 번째 상품인 커스터디 커버Custody Cover를 출시했다. 이는 중앙화된 거래소와 수탁 기관의 해킹이나 장애로 인한 손실을 보장한다. 이 회사는 전적으로 회원들에 의해 운영되며, 회원들은 회비를 지불하고 위험 평가, 클레임 평가, 거버넌스에 참여할 수 있는 경제적 인센티브를 얻는다. 놀랍게도 "회원만이 어떤 청구가 유효한지 결정할 수 있다. 모든 회원의 결정은 이더리움 퍼블릭 블록체인의 스마트 계약에 의해 기록되고 집행된다." 청구 평가자는 멤버십 토큰의 형태로 지분을 게시해야 하므로 정직하게 행동하고 전체 풀의 성공을 보장하려고 할 것이다.

투명성과 탈중앙화가 확보되었는데도 이 보험 풀이 해킹과 다수 공격의 대상이 될 수 있는가 하는 문제는 아직 해결되지 않았다. 이 책이 출간될 즈음에는 스마트 계약 보험사에 보험을 제공하는 탈중앙화된 재보험사가 생겨난다고 해도 놀랄 일은 아닐 것이다.

레고처럼 결합 가능한 금융

디파이의 더 큰 매력 중 하나는 비허가 결합성permissionless composability 이라는 기능이다. 이는 개발자가 오픈 소스 기술을 기반으로 구축된 여러 디파이 애플리케이션을 허가를 받지 않고도 쉽게 연결해 새로운 금융상품과 서비스를 만들 수 있다는 것을 의미한다. 이런 모듈식 구조는 다양한 블록을 결합해 새로운 구조를 만드는 장난감 레고에 비유된다. 예를 들어 사용자는 대출 계약에 암호화폐를 예치하고, 그 예치금을 담보로 일부 스테이블코인을 인출하고, 그 스테이블코인을 수익을 내는 계약에 넣을 수 있다. 다수의 사용자가 스테이블코인을 모아 이 구조를 기반으로 저축 게임을 만들 수도 있다. 이 게임에서는 풀링된 스테이블코인으로 생긴 모든 이자가 행운의 당첨자에게 지급되고 다른 모든 사용자는 초기 예치금을 돌려받는다. 이것은 이론적 사례가 아니라 이미 실제로 존재한다.

이런 자유로운 금융 공학으로 인해 규제기관은 긴장한다. 디파이 커뮤니티는 이에 대한 답을 갖고 있다. 디파이 상품은 투명하고, 감사가 가능하며, 행동이 잘 정의되어 있어 더 쉽게 규제할 수 있다.

예를 들어 컴퓨터 과학 도구들은 디파이 스마트 계약에 대한 엄정한 경제적 위험 평가를 수행할 수 있다. 원칙적으로는, 규정 준수 도구들도 그런 구조와 연결되면 각 관련 관할의 규제 준수를 확보할 수 있다. 이는 기존 금융의 혼란과 불투명성, 그리고 감독이 부재한 상황(특정 유형의 금융상품이나 기관에 대한 관할권을 어느 규제기관이 가지고 있는지 명확하지 않은 경우)에 대한 매력적인 대안으로 보인다.

하지만 현실적으로 규제기관은 디파이 상품이 공식 금융 시스템과 교차하는 때에만 발언권을 가질 수 있다. 더구나 보안이나 기타 약점을 발견하고 제거하는 데 도움이 되는 디파이 애플리케이션의 오픈 소스 특성에도 불구하고 많은 위험이 존재한다. 이러한 위험에는 모든 탈중앙화된 시스템이 노출되는 악의적인 공격, 여러 탈중앙화된 애플리케이션이 결합될 때 더 커지는 '공격 노출면attack surface', 소프트웨어 버그, 제품의 위험을 완전히 이해하지 못하는 사용자 등이 포함된다. 특정 탈중앙화된 금융 스마트 계약에 대한 엄격한 위험 평가가 다양한 상품에 걸친 시스템적 위험 혹은 연결된 위험을 설명할 수 있는지는 명확하지 않다. 이는 불완전하기는 하지만 알고리즘 트레이딩algorithmic trading에 비유할 수 있다. 알고리즘 트레이딩은 안전 장치를 내장시켜 금융자산 가격이 일정 비율 혹은 미리 정해진 임곗값 이하로 떨어지면 매도 주문이 자동으로 발동되게 한다. 이는 포트폴리오의 하방 위험을 제한한다. 그러나 유사한 트리거를 가진 일련의 알고리즘은 동시에 매도 주문의 물결을 일으켜 시장의 한쪽(매수자)이 증발하고 자산 가격이 급락하는 상황을 유발할 수 있다. 급진적인 투명성은 이런 모든 문제를 해결할 수 있는 해결책이 아니다.

탈중앙화의 약점

디파이는 분명 금융의 한계를 넘어서서 금융을 민주화할 수 있는 잠재력을 갖고 있다. 하지만 이런 빛나는 미래가 당장 실현되지는 않을 것이다. 디파이 프로토콜은 이미 막대한 규모의 자금을 다루고 있지만, 디파이 운영이 전통 금융기관과 경쟁할 수 있을 정도로 확장될 수 있을지에 대해서는 많은 의문이 남는다. 많은 위험이 도사리고 있으며, 그중 일부는 재난이 닥치기 전까지는 드러나지 않을지도 모른다. 디파이는 완전히 투명할 수 있어도 왜곡된 규범이나 구성원들의 기대에도 영향을 받지 않을 만큼 구조적으로 건전하지는 않다.

코넬대학교의 내 동료 아리 주엘스Ari Juels를 비롯한 공동 연구자들은 블록체인과 스마트 계약이 공정하고 투명한 거래 생태계를 만들겠다는 약속을 지키지 못했다는 것을 밝혀냈다. 한 논문에서는 차익거래 봇arbitrage bot이 탈중앙화된 거래소의 비효율성을 악용해 일반 사용자의 거래를 미리 예측했고, 이를 이용해 돈을 벌 수 있었다는 사실을 보여주었다. 예를 들어 한 사용자가 특정 가격에 토큰을 주문한 후 토큰 가격이 하락하는 것을 보고 주문을 취소하려는 상황을 생각해보자. 시가보다 높은 가격에 미체결 매수 주문이 있는 것을 확인한 봇은 높은 거래 수수료를 제시해 취소 주문이 처리되기 전에 채굴자가 거래를 완료하도록 유도할 수 있다. 봇은 더 낮은 가격에 토큰을 구매하고 더 높은 가격에 사용자의 원거래가 완료되게 한다. 봇은 차액으로 이익을 얻고, 사용자는 불리한 가격에 구매한 토큰을 떠안는다. 이를 프런트 런front-run이라고 한다. 봇은 종종 프런트 런을 시도하고, 사용자의 실수로 생기는 이익을 얻기 위한 경쟁을 벌인다.

주엘스의 논문은 블록체인의 탈중앙화된 거버넌스 모델에서 결정적인 균열이 드러난 흥미로운 사건을 설명한다. 2017년에 주엘스와 그의 팀은 특정 탈중앙화 거래소의 설계가 봇에 의한 프런트 런에 취약하다는 사실을 알게 되었다. 하지만 악성 봇으로부터 시스템을 보호할 수 있는 중앙 기관이 없었기 때문에 이런 문제를 보고할 곳이 없었다. 그래서 그들은 직접 봇을 만들어 자신들이 발견한 취약점을 악용할 수 있는지 확인했다. 이후 이런 위험을 개술한 공개 블로그 게시물을 올렸다. 네트워크 구성원들에게 경각심을 주고 그들이 스스로 보호 조치를 취하길 바라고 한 일이었다. 하지만 역설적이게도, 그리고 낭패스럽게도 블로그 게시물이 게재된 직후 그들이 경고한 봇 활동이 급증했다(곧 다른 봇이 이들의 봇을 능가했다). 비록 좋은 의도에서 시작한 일이었지만 그들은, 주엘스와 논문 공저자의 표현대로, "우연히 열정적인 봇 경제를 창출해냈다!"

돈벌이 '밈'

암호화폐는 쉽게 조소의 대상이 된다. 때로는 갑자기 등장했다가 대부분 곧 사라지는 특이한 암호화폐라면 더욱 그렇다. 내가 가장 좋아하는 것은 "블록체인에서 예수를 탈중앙화한다"라는 목적으로 만든 예수 코인Jesus Coin이다. 이 프로젝트의 백서에서는 "너무 오랫동안 돈에 집착하는 교회들이 예수를 '소유'하고 '판매'하려고 시도해왔다. 이제는 누군가가 예수를 되찾아 모두에게 돌려주어야 한다. 예수 코인은 예수를 대중에게 되돌려주는 우리만의 방법이다. (…) 은행,

보험, 게임 등에 민주화가 가능하다면 우리가 힘을 모아 예수를 탈중앙화할 수도 있을 것이다. 예수 코인 투자자는 낮은 거래 비용, 최대의 투명성 및 보안의 혜택을 누리는 동시에 하나님과 더 가까워지는 경쟁 우위를 얻을 수 있다"라고 되어 있다. 이런 저항하기 힘든 구매 권유로 예수 코인은 2017년 말에 이더리움 플랫폼에서 발행되었으며(ICO는 12월 25일 종료), 2018년 2월에 잠시 시가총액이 약 2천만 달러를 기록하기도 했다. 안타깝게도 이 기적은 회의론자들과 반대론자들의 마음을 돌리지 못했고 코인은 십자가 위에서 소멸되었다.

인기 있는 인터넷 밈인 '도지Doge'를 기반으로 하고 시바견을 마스코트로 삼은 도지코인DOGE은 2013년 12월에 라이트코인Litecoin에서 포크된 암호화폐다. 도지코인은 주로 레딧Reddit과 트위터에서 양질의 콘텐츠를 생성, 공유한 것에 대해 보상하는 팁 시스템으로 사용되어왔다. 도지코인 개발자들은 도지코인을 "핵심 비트코인 지지층을 넘어 더 큰 매력을 가질 수 있는 재미있고 속 편한 암호화폐"로 구상했다. 창립 초기부터 2017년 4월까지 도지코인의 시가총액은 3천만 달러에 약간 못 미치는 수준으로, 이미 속 편한 암호화폐로서는 상당한 규모에 이르렀다. 이후 가격이 상승하기 시작했고 시가총액은 2018년 1월 7일에 19억 달러로 정점을 찍었다. 그 후 급격히 하락했지만 아직 바닥을 치지는 않았고, 2020년 12월 5억 8천만 달러라는 여전히 놀라운 시가총액을 기록했다. 이게 끝이 아니었다. 일론 머스크가 도지코인을 "대중의 암호화폐"라고 부르며 지지하는 트윗을 연달아 올리면서 2021년 5월 초에 도지코인의 시가총액은 잠시 900억 달러를 넘어섰다!

이런 밈 코인의 부조리에 충격을 받은 프로그래머 조던 라이얼

Jordan Lyall은 2020년 8월에 디제너레이터Degenerator를 소개했다. 누구나 5분 안에 자기만의 디파이 프로젝트를 만들 수 있는 가짜 프로젝트였다. 놀랍게도 몇 시간 후 그의 농담을 기반으로 밈Meme이란 이름의 밈 코인이 만들어졌다. 하루가 지난 뒤 밈은 약 100만 달러의 거래량을 기록했고, 2주 후에는 시가총액이 800만 달러에 달했다. 라이얼은 "나는 이 모든 어리석은 짓에 대한 논평을 했을 뿐이다. 하지만 그렇게 함으로써 내가 파괴하고자 했던 바로 그것을 만들어냈다"라며 유감을 표했다.

암호화폐는 쉽게 조롱의 대상이 되지만, 관련된 금액을 고려하면 무시하기는 쉽지 않다. 암호화폐의 총 시가총액은 수년간 수천억 달러 규모를 유지하고 있다. 정부의 지원 없이 순수하게 가상으로만 존재하는 디지털 자산에 이렇게 많은 부가 몰려 있다는 것은 놀라운 일이다. 다만 거래 활동이 거의 없는 암호화폐가 많다는 점을 고려하면 이것이 명목상의 수치일 뿐이라는 점도 유념할 필요가 있다. 특히 특정 화폐에 대한 구매자들의 관심이 거의 사라진 시점에 보유자들이 자산 처분을 시도한다면, 암호화폐의 가치는 순식간에 0으로 급락할 수 있다.

암호화폐는 정교하고 대단히 난해한 다단계 사기에 지나지 않는 것으로 판명될 수 있으며, 언젠가는 지지자들에게 심각한 경제적 고통을 줄 수도 있다. 이런 사기가 드러나면 손실을 감당할 능력이 없는 귀가 얇고 취약한 투자자들이 제일 큰 타격을 입을 수 있다. 캘리포니아에 기반을 둔 암호화폐 연금업체, 비트코인 IRABitcoin IRA는 2016년부터 2020년 초까지 4억 달러의 거래를 처리했다고 한다.

암호화폐의 확산과, 암호화폐가 실물이든 디지털이든 명목화폐와 갖는 관계는 궁극적으로 각 화폐가 의도한 기능을 얼마나 효과적으로 해내느냐에 달려 있다. 이런 의미에서 암호화폐는 다양한 기능으로 분할되면서 이미 화폐의 본질을 변화시켰다. 명목화폐는 가치척도, 교환수단, 가치저장 등의 역할을 하기 때문에 다양한 기능이 한데 묶여 있다. 이제 다양한 형태를 가진 디지털 화폐의 등장으로 이런 기능들을 개념적으로 분리할 수 있다.

이것을 어쩔 수 없는 상황을 장점으로 받아들이는 사례라고 생각할 수도 있다. 결국 이 장에서 논의한 내용 중 한 가지 확실한 점은 각 암호화폐마다 고유한 강점이 있을 수 있지만, 어떤 암호화폐든 중앙은행 화폐를 대체할 수 있을 정도의 안정성, 효율성, 프라이버시의 조합을 보여줄 수는 없다는 것이다. 하지만 페이스북이 스테이블코인을 발행한다는 전망은 중앙은행들의 안일한 태도를 변화시켰다. 디엠이 주요 준비통화의 위상을 무너뜨릴 가능성은 낮지만, 다른 많은 국가, 특히 소규모 국가나 강력하고 독립적이며 신뢰할 수 있는 중앙은행이 없는 국가의 명목화폐는 유력한 경쟁자가 될 수 있다. 암호화폐, 즉 대마불사大馬不死의 위치에 설 수 있고 언젠가는 명목화폐에서 분리되어 명목화폐와 경쟁할 수 있는 새로운 교환수단이 될 수 있는 암호화폐를 주요 중앙은행들조차도 주목하는 것 같다.

암호화폐의 운명이 최종적으로 어떻게 되든, 블록체인과 그 개발의 기반이 되는 관련 기술은 화폐와 금융 영역에 큰 영향을 줄 수 있다. 화폐의 디지털화와 금융의 탈중앙화는 이미 이런 영역들에 변화를 일으키고 있으며, 이제 더 광범위한 변화가 임박했다. 6장에서 살펴보겠지만, 한때 보수적이고 구속적인 정책 결정의 성전으로 여겨졌던 중앙은행들 사이에서도 변화의 기운이 감지되고 있다.

The Future of Money

How the Digital Revolution Is Transforming Currencies and Finance

중앙은행
화폐

Central Bank Money

6

중앙은행디지털화폐란 무엇인가?

뱀이 허물과 함께 늙음을 벗고 되살아날 때 신선한 생명으로 생기가 넘치고 새로 만들어진 비늘로 반짝이는 것처럼, 티린스의 영웅은 필멸의 사지를 벗어던질 때 더욱 영묘한 부분에서 번성하고 더 당당하게 보이기 시작하며 그가 지닌 8월의 위엄 때문에 더욱 숭경하게 된다. 오비디우스, 《변신 이야기》

And as when a serpent revived, by throwing off old age with his slough, is wont to be instinct with fresh life, and to glisten in his new-made scales; so, when the Tirynthian hero has put off his mortal limbs, he flourishes in his more æthereal part, and begins to appear more majestic, and to become venerable in his august dignity.

Ovidius, *Metamorphoses*

우리가 아는 화폐는 긴 역사 속에서 또 한 번의 큰 변화를 맞이하고 있다. 화폐는 그 자체로 상거래를 촉진하고 좁은 지리적 한계에서 벗어나게 해준 중요한 혁신적인 존재였다. 인류 문명의 역사에서 실물화폐는 소, 조개껍질, 구슬, 금속 토큰 등 다양한 형태로 존재했었다. 이런 형태의 화폐 대부분이 본질적 가치를 지니고 있었으며, 일부는 상품이나 귀금속 비축으로 뒷받침되었고, 교환 매개체로서 신뢰를 강화하고자 평판 높은 군주나 유명한 상인이 이를 발행했다. 지폐의 등장은 화폐의 역사에서 또 다른 혁신이었다. 정부, 상인, 민간 은행이 발행한 무보증 지폐는 천 년 전쯤 등장해 파란만장한 일들을 겪었고 대부분이 가치를 오랫동안 유지하지 못했다.

　현대에는 중앙은행이 실물로 뒷받침되지 않으며, (동전의 금속을 제외하면)내재적 가치가 없고, 주로 민간 화폐를 대체하는 지폐와 동전을 발행하는 업무를 맡게 되었다. 주요 중앙은행들조차도 무보증 화폐의 신뢰성을 유지하는 데 어려움을 겪었다. 이 문제를 해결하기 위해 1944년부터 1971년까지 브레턴우즈Bretton Woods 시대 동안 미국 달러는 금으로 뒷받침되고, 다른 주요 통화의 환율은 달러에 고정되어 그 가치가 유지되었다. 하지만 곧 이런 방식으로 화폐 발행을 제한하면 중앙은행의 손이 묶여 경제 상황 변화에 대응하기 위한 통화 공급을 조정할 수 없게 된다는 것이 밝혀졌다. 이런 상황을 지속할 수 없게 되자 브레턴우즈체제는 무너졌다. 이제 무보증 법정화폐가 전 세계의 표준이 되었고, 전 세계 주요 경제국은 대부분 자국 통화의 가치를 서로 자유롭게 변동하는 것을 허용하고 있다.

3장과 4장, 5장에서 논의한 것처럼 핀테크의 발전과 암호화폐의 출현으로 화폐와 관련된 또 다른 변화의 물결을 위한 토대가 마련되었다. 중앙은행은 통화의 디지털 버전을 발행할 수 있는 역량을 키워야 하는 상황에 있다. 개념적인 수준에서 중앙은행디지털화폐CBDC는 중앙은행이 실물화폐를 보완 혹은 대신해 디지털 형태로 발행하는 명목화폐를 의미한다. 실질적으로 CBDC는 다양한 형태로 발행될 수 있고 다양한 의미를 내포하고 있기 때문에 상황이 조금 더 복잡해진다.

이 장에서는 CBDC 형태로 통화를 발행했거나 발행을 고려하고 있는 중앙은행의 동기를 분석한다. 대부분의 혁신이 그렇듯이, 여기에서도 여러 고려 사항이 서로 균형을 이루어야 한다. 이런 고려 사항이 모두 경제적인 것은 아니다. 사회적 규범 그리고 개인정보 보호, 정부의 역할에 대한 근본적인 문제와도 관련이 있다. 이런 사안은 다양한 기술적 문제와 더불어 CBDC 설계 및 장단점 평가와도 관련된다. 이 장에서 언급한 특정 국가 사례의 세부 사항을 포함해 CBDC 구현과 관련된 운영적 측면과 세계적 지위는 7장에서 더 자세히 논의할 것이다. 8장에서는 CBDC가 국제 시스템에 미칠 수 있는 영향을 분석하고, 9장에서는 통화정책과 금융 안정성에 대한 CBDC의 영향을 다룬다.

CBDC의 두 가지 형태

기본적으로 CBDC는 중앙은행 화폐의 두 가지 기능(소매와 도매)에 상응하는 두 가지 형태로 되어 있다. 처음의 형태는 우리가 지갑이나 주머니에 넣고 다니는 화폐로 이미 우리에게 친숙한 것이다. 그러나 중앙은행 화폐는 가계와 기업 사이의 소매거래뿐만 아니라 은행 간 거래에도 사용된다.

　시중은행(때로는 다른 금융기관)이 중앙은행에 보유하고 있는 전자적 잔고, 즉 지급준비금은 중앙은행이 관리하는 은행 간 결제 시스템을 통한 결제 청산 및 결산을 용이하게 하는 데 사용된다. 한 은행의 고객이 다른 은행의 고객에게 결제하면 돈은 첫 번째 은행의 예금계좌에서 두 번째 은행의 예금계좌로 이체되어야 한다. 실시간총액결제 시스템은 고액 거래를 결산하는 데 사용된다. 반면 소액 거래는 일반적으로 순 이연 기준으로 결산된다. 일반적으로 이런 거래가 은행 간은 물론이고 여러 은행을 거치며 양방향으로 이루어지기 때문에 하루가 끝나면 은행 간에 이체해야 하는 순 금액은 줄어든다. 중앙은행 준비금을 통해 상업은행은 당일 말에 순 잔액을 결산하는 등의 방식으로 이런 은행 간 결제를 관리할 수 있다. 지급준비금은 중앙은행에서 현금으로 교환할 수 있으므로 고객들이 갑자기 예금을 한꺼번에 찾을 때 이를 처리할 수 있는 완충제 역할을 한다.

　따라서 CBDC는 새로운 것이 아니라고 주장할 수도 있다. 은행 간 거래에 사용되는 도매 중앙은행 화폐는 이미 중앙은행과 상업은행의 대차대조표에 디지털 형태로만 존재한다. 하지만 현재의 소매

화폐 형태인 은행권(법정 지폐)과 동전을 디지털 버전으로 대체하거나 보완하면 근본적인 변화가 일어나는 혁신적인 일이 될 것이다. 따라서 개별 가계와 비금융 기업이 이용할 수 있는 소매용 CBDC는 기술은 물론이고 개념적인 측면에서도 큰 발전을 의미한다.

분산원장기술과 같은 새로운 금융 기술의 일부를 이용해 도매 화폐를 개선하는 것도 CBDC의 범주에 포함된다. 따라서 이 장에서는 도매 화폐에 대한 논의부터 시작하되, 이 장의 나머지 부분에서는 소매 화폐로 초점을 옮길 것이다.

도매 CBDC

도매 CBDC는 본질적으로 상업은행이 결제 청산과 결산을 위해 사용하는 중앙은행 준비금 배치를 기술적으로 개선하는 것을 말한다. 자산이 이미 디지털 상태이기 때문에 이 새로운 기술은 자산의 성격을 근본적으로 바꾸지는 않는다. 하지만 은행이 이 자산을 더 효율적이고 저렴하게 사용할 수 있게 해준다. 예를 들어 싱가포르 중앙은행은 도매 CBDC, 즉 은행에 배포하고 분산원장기술을 사용해 관리하는 디지털 토큰을 개발하고 있다. CBDC는 효율성을 개선해주고, 은행이 기존 실시간총액결제시스템보다 유동성을 더 잘 관리할 수 있게 해줄 것으로 기대된다. 많은 중앙은행이 아직 CBDC 도매의 이점을 받아들이지 못하는 것 같다. 미국과 같은 일부 국가에서는 분산원장기술이나 다른 신기술의 채택을 고려하기보다 주로 기존 실시간총액결제시스템의 개선에 집중하고 있다.

간단히 말해, 은행의 지급준비금은 이미 디지털 상태이기 때문에 도매 CBDC는 은행과 기타 금융기관이 이를 더 잘 사용할 수 있는 방법을 의미할 뿐이다. 이것은 상업은행과 중앙은행에는 관심의 대상이지만, 거래를 더 빠르고 안전하게 처리할 수 있다는 점을 제외하면 일반 소비자나 기업에는 관심 밖의 대상이다.

소매 CBDC

소매 CBDC는 여러 형태를 취할 수 있다. 첫째는 e머니e-money로, 스웨덴 릭스방크(이 주제에 대한 연구를 선도하는 중앙은행)는 이것을 가치 기반 CBDCvalue-based CBDC라고도 한다. e머니는 전자 화폐의 간단한 버전으로, 사실상 중앙은행이 선불카드, 스마트폰 혹은 기타 전자 장치에 있는 전자 '지갑'과 연결된 중앙집중식 결제 시스템을 관리한다. e머니는 지정된 금융기관에서 현금이나 계좌이체를 통해 일정 금액을 휴대전화 앱에 다운로드하여 사용할 수 있다. 휴대전화 앱에 돈을 충전해 소매결제에 사용하는 것은 현금을 가지고 다니는 것보다 더 편리하고 안전할 수 있다. 따라서 e머니는 중앙은행에서 결제 시스템을 관리하고 중앙은행 화폐를 사용해 결제가 이루어진다는 점을 제외하면 디지털 결제를 위해 페이팔이나 벤모 계정의 잔고, 상업은행 예금을 사용하는 것과 다르지 않다.

둘째, 기술적으로 더 정교한 버전은 '계정 기반 CBDCaccount-based CBDC', 혹은 스웨덴 중앙은행이 사용하는 용어로 등록 기반 CBDCregister-based CBDC라고 부른다. 이 버전에서는 개인과 기업이 중앙은행 계좌를 이용할 수 있다. 이 계좌에 보관된 잔고에는 원칙적으로 이자가 붙을 수 있지만, 일반적으로 현금을 보유한 것처럼 이자가 발생하지는 않는다. 중앙은행은 사실상 정교한 결제 시스템의 관리자가 될 것이며, 이 CBDC의 구조에 따라 중앙은행은 관리하는 계좌들을 통해 특정 정책을 더 쉽고 직접적으로 시행할 수 있게 될 것이다.

7장에서 살펴보겠지만, 많은 중앙은행이 CBDC를 실험하고 있는데, 중앙은행이 아닌 상업은행이 계정 혹은 디지털 지갑을 유지 및 관리하는 2단계 접근방식으로 수렴되고 있다. 따라서 이런 무이자 CBDC 계좌는 상업은행의 일반적인 이자 지급 예금계좌와 공존하게 될 것이다.

이런 모든 버전에서 결제 시스템을 뒷받침하는 것은 대중의 합의에 의존하는 탈중앙화된 메커니즘이 아니고 중앙은행이나 공인된 대리인이 관리하는 중앙화된 검증 메커니즘이다. 따라서 CBDC가 블록체인이나 기타 다른 형태의 분산원장기술을 사용해 관리되더라도, 비트코인에서 사용하는 탈중앙화된 비허가 블록체인이 아니라 허가된 블록체인으로 관리될 것이다.

실제로 허가된 블록체인에서 작동하도록 설계된 정부 발행 디지털 화폐가 몇 개 있다. 내가 '공식 암호화폐official cryptocurrency'라고 부르는 이 그룹은 다소 특이한 개념의 CBDC로 표면상 더 강한 사용자 익명성을 제공한다. 이런 암호화폐는 정부기관 혹은 해당 목적을 위해 명시적으로 지정된 민간 기관에서 발행하고 관리한다. 거래의 검증은 탈중앙화된 방식으로(일반적으로 지분 증명 합의 메커니즘을 통해) 이루어지는데, 개방형 탈중앙화된 메커니즘이 아닌 승인된 기관이 이를 검증한다. 하지만 허가된 블록체인을 기반으로 하는 이런 구조가 이런 유형의 CBDC를 다른 대안과 구별하는 핵심 기능 중 하나인, 진정한(그리고 일관적인) 익명성을 거래 당사자에게 제공할 수 있을지는 의문이다. 이 범주를 다른 범주와 구분하는 또 다른 중요한 차이점은 이 CBDC는 공식 기관에서 발행하지만 기존 중앙은행 화폐와 동등하게 거래되는 디지털 등가물이 아니라는 점이다. 또한 현금이나 다른 형태의 CBDC와 달리 중앙은행의 부채가 아니다.

첫 번째 옵션(e머니)은 구현하기가 더 쉽고, 저소득 경제에서도 아주 흔한 휴대전화와 결합해 정부가 금융 포용성을 개선하고 현금 의존도를 낮추는 데 크게 도움이 될 것이다. 두 번째 옵션(계정 기반 CBDC)은 기술적으로나 개념적으로 더 복잡하지만, 민간 결제 인프라를 뒷받침하는 결제 시스템으로 확장될 수 있는 큰 잠재력이 있다. 세 번째 옵션(공식 암호화폐)은 단순히 기존 명목화폐의 디지털 버전이 아니기 때문에 좀 더 특이하다. 7장에서 살펴보겠지만, 절박한 상황에 있는 정부는 이 개념을 그리 이상하게 받아들이지 않는 것으로 드러났다.

왜 발행하는가?

국가 당국이 중앙은행의 CBDC 발행을 장려(혹은 지시)하는 동인은 무엇일까? 먼저 통화 및 금융 안정성을 가장 염려하는 중앙은행의 관점에서 이 문제를 살펴보자. 중앙은행이 CBDC 발행을 고려하는 두 가지 주요 동인은, CBDC가 민간이 관리하는 결제 시스템에 대한 후방 방어벽 역할을 하고, 광범위한 금융 포용을 촉진하는 도구로서 잠재력을 가지고 있기 때문으로 보인다. 중앙은행 화폐의 성격은 세수에 영향을 미칠 수 있기 때문에 정부도 이 문제에 대해 이해관계가 있다. 지폐에서 CBDC로 전환하면 위조 방지와 같은 다른 부수적인 혜택도 생긴다. 이런 이점들이 중앙은행의 결정에 영향을 미치는 주요 동인은 아니지만, 중앙은행을 CBDC로 유도하는 역할을 한다는 데에는 의심의 여지가 없다.

예비 결제 시스템

스웨덴에서는 국가 통화인 크로나를 현금 형태로 사용하는 일이 빠르게 사라지고 있다. 스웨덴 중앙은행인 릭스방크가 e-크로나e-krona라는 소매 CBDC를 고려하는 이유는 주로 금융 안정성, 특히 결제 시스템의 회복력에 대한 우려 때문인 것으로 보인다. 스웨덴에서 소매결제에 현금 사용이 급격히 감소한 현상은 민간이 관리하는 결제 시스템으로의 전환 그리고 소수의 상업적 참여자, 결제 서비스, 인프라 사이의 통합과 동시에 발생했다. 스웨덴 중앙은행은 최신 보고서에서 이런 식의 집중은 "시장의 경쟁력을 제한하고 사회를 취약하게 만들 수 있다"라고 지적한다. 이 보고서는 현금이 거의 없는 사회가 되면 가계가 위험 부담이 없는 중앙은행 화폐로 저축하고 결제할 기회를 거의 갖지 못하게 될 것이라고 크게 우려한다. 스웨덴 중앙은행이 우려하는 이런 상황은 결국 결제 시스템의 복원력 저하로 이어질 수 있다.

이 보고서는 "e-크로나는 일반 대중에게 국가가 보장하는 현금의 디지털 보완 수단을 이용할 수 있게 해주고 결제 서비스 공급업체들이 e-크로나 시스템과 연결될 수 있게 해줄 것이다. (…) e-크로나 시스템은 상업은행 시스템이 사용하는 인프라와 분리해 독립적으로 작동하기 때문에, 예를 들어 카드 결제 시스템에 장애가 발생할 경우 결제 시스템을 더욱 견고하게 만들 수 있다"라고 덧붙였다.

민간이 관리하는 결제 시스템은 현금을 사용하는 것보다 더 효율적이고 저렴하며 안전할 수 있다. 그렇다면 중앙은행은 왜 더 나은 결제 시스템이 현금을 대체하는 것을 두려워하는 것일까? 그 해답 중 하나는 모든 전자결제 시스템에 해킹에 노출되는 등의 기술적 취약성이 있기 때문이다. 따라서 여러 결제 시스템이 있으면 결제 시스템 제공업체 하나가 취약해서 발생하는 광범위한 금융 위험을 완화할 수 있다.

또 다른 위험은 결제 서비스 제공업체의 재정적 생존력이 우려되면서 소비자와 기업이 어떤 이유로든 자금 동결을 걱정하는 것이다. 이 때문에 그 서비스 제공업체를 이용하지 않을 수 있다. 금융 공황 시기에는 이런 걱정이 다른 민간 결제 서비스 제공업체로 쉽게 번질 수 있다. 그 업체들이 지급 능력을 갖고 있더라도 말이다. 거래 상대방 위험counterparty risk (재정난에 처한 거래 상대방이 좌초할 수 있는 위험)도 금융거래를 방해할 수 있다. 따라서 정부가 지원하는 대안이 없는 상황에서 민간이 관리하는 결제 시스템이 신뢰를 잃는다면 극단적인 상황에서는 경제 전체가 얼어붙을 수 있다.

스웨덴 중앙은행은 e-크로나가 결제 인프라 집중의 문제는 물론 신뢰 상실에 대한 잠재적 취약성까지 완화할 수 있다고 말한다. 이 디지털 화폐는 e-크로나와 연계된 결제 서비스를 제공하고자 하는 민간 에이전트에게도 개방되는 별도의 인프라를 기반으로 한다.

결제 서비스 공급업체와 핀테크 기업 모두 중앙은행 네트워크상에서 운영할 수 있게 되면서 일반 대중이 e-크로나를 이용할 수 있을 것이다. 따라서 e-크로나 시스템은 민간 결제 시스템을 대체하기 위해서가 아니라 경쟁과 혁신을 촉진하도록 설계될 것이다.

중국의 경우, 알리페이 플랫폼을 사용하는 앤트 그룹과 텐센트의 위챗페이라는 2개의 디지털 결제 제공업체가 시장을 지배하고 있다. 다른 소규모 결제 서비스 제공업체들도 있지만, 이들은 시장에서 밀려날 위험에 처해 있다. 두 거대기업 사이의 경쟁은 소비자와 기업에는 이득이 될 수 있지만, 금융 시스템의 핵심적인 측면에서는 이런 정도로 집중이 되면 막대한 위험이 따른다. 두 기업이 시장을 대부분 장악하고 있는 복점duopoly(두 업체에 의한 시장 독점-옮긴이)은 공모가 서로에게 이익이 된다는 것을 발견한 두 기업의 노골적인 혹은 은밀한 조작에 취약할 수 있다. 더구나 이런 상황 때문에 중앙은행이 밀려나고, 전직 관리의 말대로 중앙은행이 "후위의 자금 도매상"이라는 축소된 역할만 하게 될 수 있다. 달리 말해 이 시나리오 속에서 중앙은행은 은행 간 결제와 결산을 촉진할 뿐, 중앙은행의 화폐는 소비자와 기업 사이의 소매거래에서 아무런 역할도 하지 않게 되는 것이다. 7장에서 더 상세히 논의하겠지만, 중국 중앙은행이 CBDC 발행을 추진하는 것은 바로 이런 결과를 피하고 싶어서인 것으로 풀이된다.

금융 포용 촉진

스웨덴과 같은 선진국과는 다르게 일부 개발도상국과 신흥경제국에서는 CBDC 발행을 고려하는 주된 동기가 금융 포용과 연관되어 있는 것으로 보인다. 은행 계좌나 직불카드, 신용카드가 없는 사람들도 CBDC로 디지털 결제를 쉽게 할 수 있고, CBDC가 다른 금융상품으로 가는 관문 역할을 함으로써 포용성을 키울 수 있는 간단한 도구의 역할을 할 것이다.

우루과이를 예로 들어보자. 2014년에 우루과이 정부는 금융 포용 증진을 주요 국가 우선 과제로 선언하고 이를 촉진하는 법률을 승인했다. 금융포용법Financial Inclusion Law은 금융 서비스에 대한 보편적 접근을 목표로 하며 노동시장의 공식화를 촉진하고 결제 시스템의 효율을 개선하기 위한 것이다. 이 프로그램의 일환으로 중앙은행은 2017년 11월에 법정 디지털 통화인 e-페소를 발행하는 6개월짜리 시범 프로그램을 시작했다. 에콰도르의 경우도 비슷한 동인이 작용한 것으로 보인다. 2015년에 시작된 에콰도르의 디지털 명목화폐 실험의 목적은 "금융 서비스를 이용할 수 없는 인구의 약 60%에 해당하는 사람들을 위해 금융 포용을 달성하고, 사람들에게 더 간단하고 빠르고 저렴한 금융거래 방법을 제공하는 것"이다.

바하마는 2020년 10월에 전국적으로 CBDC를 시작했다. 바하마는 지리적으로 흩어져 있는 약 700개의 섬으로 이루어진 군도다. 인구의 대부분이 몇 개의 섬에 집중되어 있지만, 사람이 살고 있는 섬이 약 30개에 달한다. 이 나라는 국제기준으로 봤을 때 금융 개발과 접근 수준이 상당히 높다. 그러나 일부 지역이 너무 외떨어져 있어 인구의 일부가 물리적 은행 서비스의 비용 효율성이 미치지 못하는 곳에 살고 있다.

바하마의 중앙은행은 CBDC를 특히 외딴 지역 사회에서 결제에 대한 접근성을 개선하고 금융 포용을 확대하기 위한 도구로 보고 있다. 중앙은행은 CBDC가 휴대전화에 기반한 결제를 쉽게 이용할 수 있게 해주고 비용도 절감해주어 판매자의 디지털 결제 수용 의지를 높일 것이라고 언급했다. 중앙은행의 CBDC 백서에서는 다른 금융 서비스와 관련해 "더 중앙집중화되고 이동 가능한 고객알기 데이터가 디지털 입출금 채널과 결합하면 은행이 기본적 예금 서비스를 외딴 지역까지 제공할 수 있고 디지털 인프라에 의존해 신용을 확장할 수 있을 것이다. 은행 서비스의 범위는 물리적 지점 너머까지 확장될 수 있으며, 더 나아가서 은행은 비용이 많이 드는 지점 네트워크를 줄일 수 있을 것"이라고 주장한다.

목표는 훌륭하지만, 민간 부문의 이니셔티브를 비롯해 금융 포용을 촉진하는 다른 방법이 있다. 3장에서 보았듯이 엠페사와 같은 모바일 머니는 큰 성공을 거뒀다. 따라서 금융 서비스에 대한 잠재적 수요를 고려하면, 제한된 금융 포용 문제에 대한 최선의 해결책으로 CBDC를 촉진하기 전에 정부 규제와 기술 장벽과 같이 민간 부문이 이런 수요에 부합하려고 할 때 방해가 되는 요인이 무엇인지부터 파악해야 한다.

통화 주권

일부 중앙은행가들은 화폐 발행을 통화 주권의 상징으로 보기도 한다. 예를 들어 캐나다은행Bank of Canada, BoC은 두 가지 시나리오를 CBDC 발행의 계기로 삼았고, CBDC 발행을 위한 긴급 대책을 마련하고 있다. 첫째, 캐나다인들이 더는 지폐를 거래에 사용하지 않는 수준으로 지폐 사용이 감소한다. 둘째, 하나 이상의 민간 부문 디지털 통화가 결제수단, 가치저장, 가치척도로서 캐나다 달러를 대신해 널리 사용된다. 어느 시나리오에서든 "CBDC는 안전한 결제에 대한 보편적 접근, 허용 가능한 수준의 개인정보 보호, 경쟁, 회복력 등 기존 결제 생태계의 바람직한 특징을 지키는 한 가지 방법이 될 수 있다. 특히 두 번째 시나리오대로 된다면 캐나다의 통화 주권, 즉 통화정책을 통제하고 최종 대출기관으로서의 서비스를 제공할 수 있는 능력에 대한 중대한 도전이 될 것이다."

스테이블코인과 디지털 결제 시스템은 현금을 대체할 수 있으며, 이는 대중이 안전한 통화와 중앙은행만이 제공할 수 있는 일정 형태의 비상업적 결제 능력을 가질 권리가 있다고 여기는 중앙은행가가 우려할 만한 문제다. 앞으로 살펴보겠지만, 이런 유형의 논의는 금융시장에서 정부 역할과 민간 부문 역할 사이의 적절한 균형에 대한 일련의 광범위한 문제를 제기한다.

CBDC는 현금에 비해 다양한 장점이 있는데, 상당히 큰 장점도 있고 더 제한적이고 기술적인 장점도 있다. 그중에서 가장 실질적인(그리고 경제학자로서 가장 흥미로운) 것은 통화정책에 미치는 영향이므로 이 부분부터 살펴본 뒤 현금에서 CBDC로 전환할 경우의 장단점을 더 광범위하게 논의하기로 하자.

통화정책을 용이하게 하는 CBDC

CBDC에는 소매 화폐의 중요성 감소에 중앙은행 측이 보이는 방어 반응을 넘어서는 잠재력이 있다. 적절히 관리된다면 CBDC는 중앙은행의 통화정책 도구함을 확장할 수 있다. 많은 중앙은행이 금융붕괴를 막고 재앙적인 경기 침체의 가능성에서 경제를 구하기 위해 기존의 다양한 전술을 연구할 뿐만 아니라 새로운 전술까지 만들어야 하기 때문에 지금 CBDC 발행에 탄력이 붙는 것은 놀라운 일이 아니다.

통화정책은 어떻게 운영되는가?

중앙은행은 주로 인플레이션을 낮고 안정적으로 유지하고 양호한 경제 성장률과 낮은 실업률을 유지하는 데 초점을 맞추고 있다. 평상시 대부분의 중앙은행은 단기 금리 통제로 통화정책을 관리한다. 예를 들어 미국의 경우 연준이 할인율을 결정한다. 할인율이란 시중은행 및 기타 예금기관이 미 연준 계좌에 예치해야 하는 지급준비금의 필수 수준을 유지하는 데 필요한 오버나이트 대출에 대해 미 연준이 부과하는 이자율을 말한다. 또한 미 연준은 공개시장에서 유가 증권을 매매하는 공개시장 운영을 통해 지급준비금 잔액 공급을 조정함으로써 연방 기금 이자율(예금 기관이 다른 예금 기관에 하룻밤 사이에 빌려주는 지급준비금 잔액의 이자율)을 목표 이자율에 가깝게 유지한다.

글로벌 금융위기 이래 중앙은행은 정상과는 거리가 먼 상황에 처해 있었다. 미국을 비롯한 많은 선진국의 경우, 위기가 확산되면서 단기금리가 빠르게 하락해 0에 근접했고, 중앙은행들은 실효성을 유지하기 위해 다른 조치들도 취해야 했다. 또한 성장과 인플레이션에 더 중요한 장기금리에 대해 직접적인 영향을 미치려는 시도를 함으로써 다른 정책들을 개발해야 했다.

기업의 투자 결정과 소비자의 고가 내구재 구매는 인플레이션에 맞춰 조정되는 장기금리와 더 밀접한 관련이 있다. 미국의 경우, 주택 융자와 자동차 대출의 명목 이자율은 연준이 통제하는 금리보다 10년 만기 미국 국채 금리와 밀접하게 연관되어 있다. 주택 구매자의 30년 고정금리 융자에 대한 연간 이자율이 5%이고 이 사람이 해당 기간 동안 예상하는 평균 인플레이션율이 연 2%인 경우, 이 대출의 '실질'(혹은 인플레이션 감안) 비용은 연 3%가 된다(즉 실질 이자율=명목 이자율-인플레이션). 마찬가지로 저축자는 은행예금이나 기타 저축에 대한 인플레이션 감안 이자율에 관심을 갖는다. 실질 이자율이 낮으면 미래를 위해 저축하려는 소비자의 유인은 약해진다. 반면에 차입자는 낮은 실질 대출금리에 만족할 것이다. 차입자는 실질 대출금리가 낮을수록 미래에 상환해야 할 금액이 적어지기 때문이다.

장기금리는 다른 어떤 것보다 중앙은행이 향후 단기금리를 어떻게 할 것인지에 대한 시장의 기대를 반영하며 거기에 중앙은행이 목표를 달성할 수 있고 달성할 것이라는 시장의 신뢰도 반영한다. 중앙은행이 인플레이션을 억제하는 강력한 조치를 꺼리는 것으로 보인다면 높은 인플레이션과 인플레이션 상승을 예상할 수 있다. 이렇게 되면 단기금리는 낮더라도 장기 명목금리는 상승할 수 있다. 간단히 말해, 금리, 인플레이션, 경제활동은 모두 내생적endogenous(경제학자들이 이런 변수들이 서로 영향을 주고받는 방식을 이르는 용어)이다.

이런 논의가 시사하듯이 정상적인 시기에도 중앙은행은 인플레이션, 성장률, 실업률 등 그들이 관심을 두는 변수에 작용하는 장기 실질금리에 영향을 주기 위해 직접 통제하는 단기금리를 사용해야 하는 등 복잡한 과제를 안고 있다. 글로벌 금융위기 이래 많은 중앙은행이 국채의 시장 가격과 반비례하는 장기 명목금리에 직접적인 영향을 주기 위해 장기국채를 매입했다. 하지만 이런 '비전형적' 조치를 했는데도 실질금리를 통제하는 중앙은행은 능력의 한계를 드러냈다.

위태로운 시기의 통화정책

경제 성장이 부진한 어려운 시기라면 중앙은행은 실질금리를 가능한 한 낮게, 심지어 마이너스로 낮추고 싶을 수도 있다. 이것은 소비자에게는 저축보다는 소비를, 기업에는 돈을 아끼는 것보다는 투자를 하도록 자극한다. 결국 은행이 사실상 공짜로(인플레이션을 감안해서) 돈을 빌려주는 시기에는 합리적인 개인이나 기업은 돈을 빌려서 소비를 해야 한다. 하지만 개인과 기업이 항상 이렇게 합리적으로 행동하는 것은 아니다. 경제 성장이 둔화될 때 중앙은행이 단기 명목금리(중앙은행이 직접 통제한다)를 인하하면, 은행은 자금 조달 비용이 낮아지므로 낮은 이자로 대출해주려고 할 것이다. 그러나 경제가 불안하고 채무불이행 위험이 높으면 은행이 대출을 주저할 수 있다. 더구나 소비자와 기업은 금리가 낮아도 돈을 빌리는 데 신중할 수 있다. 기업은 자신이 생산하는 상품의 수요 전망이 불확실할 경우, 투자금을 저렴하게 조달할 수 있더라도 성공이 보장되지 않는 투자를 꺼

중앙은행 화폐

릴 수 있다.

소비자가 소비를 꺼리고 기업이 투자를 꺼리면 인플레이션은 멈추고 심지어 물가가 실제로 떨어지는 디플레이션으로 이어질 수 있다. 물가가 떨어져서 상품과 서비스가 저렴해지면 좋을 것 같지만 꼭 그렇지만도 않다. 텔레비전 가격이 싸지면 소비자는 텔레비전을 살 때 절약한 돈을 다른 제품에 소비할 수 있다. 그러나 다양한 상품의 가격이 하락하는 것을 본 소비자나 기업은 다른 반응을 보인다. 전반적인 가격 하락을 예상하고 대량 구매를 보류할 수 있다. 수요 약화는 투자 감소, 고용 감소, 추가적인 가격 하락으로 이어진다. 이런 종류의 디플레이션 악순환을 관리하는 것은 인플레이션을 관리하는 것보다 어렵지는 않더라도 그에 못지않게 어렵다.

또한 명목금리가 낮더라도 경기가 좋지 못하면 물가상승률이 낮을 수 있으므로 인플레이션을 감안한 금리는 많이 떨어지지 않을 수 있다. 물가상승률이 제로로 떨어지거나 마이너스로 돌아서면 문제는 더 복잡해진다. 물가가 하락하는 등 이렇게 뒤죽박죽인 상황은 이론에서만 존재하는 것이 아니다. 일본과 유로존의 여러 나라들은 글로벌 금융위기 이후 몇 년 동안 디플레이션과 싸워야 했다. 디플레이션으로 중앙은행은 가혹한 시험대에 오르게 된다. 명목금리를 제로 이하로 낮추기 어렵다면 실질금리가 바라는 것보다 높아질 수 있다. 제로 명목금리에서 음수(디플레이션은 사실상 음의 인플레이션이다)를 뺀 수치는 양수다.

불황기 통화정책의 제약을 줄이다

물가상승률이 제로에 가까워지거나 음수가 되는 심각한 경제 상황에서는 중앙은행이 단기 정책 금리를 마이너스로 만드는 것이 합리적일 수 있다. 은행이 그 뒤를 따라 예금에 마이너스 금리를 적용하면 저축이 손해로 이어지기 때문에 소비자와 기업은 분명히 저축을 줄이고 소비를 늘릴 것이다. 마이너스 이자율은 오늘 저축한 은행 계좌에 있는 1달러가 시간이 지나면서 줄어든다는 것을 의미한다. 연 이자율이 마이너스 5%라면 연초에 저축 계좌에 예금한 100달러는 연말에는 95달러로 줄어든다.

마이너스 금리 대출에서도 같은 일이 벌어진다. 시간이 지나면 대출액이 줄어드는 것이다. 이론상으로는 이런 저렴한 자금이 기업 투자를 강하게 유인하는 역할을 한다. 실제로 은행이 대출 상환액을 줄여주는 상황이라면 수익성이 낮은 프로젝트라도 좋아 보일 것이기 때문이다. 마찬가지로, 은행이 마이너스 금리로 대출금을 할인해주는 때라면 냉장고나 집의 구매를 미루지 말고 빨리 실행하는 것이 더 매력적으로 보일 것이다.

중앙은행이 마이너스 명목금리를 부과할 때 직면하는 주요 제약 조건이 있다. 바로 제로 금리 하한zero lower bound이다. 현금의 명목 수익률은 지속적으로 제로다. 소비자와 기업은 항상 은행에 돈을 예치하지 않고 현금으로 보유하겠다는 대안을 세우기 때문에 저축의 형태인 예금과 국채의 이자율은 제로 이하로 내려갈 수가 없다. 지폐를 시간이 흐르면서 금액이 줄어드는 마이너스 이자율로 은행 계좌에 넣지 않고 매트리스 밑에 넣어두면 지폐는 항상 명목가치를 유지한다. 이 때문에 정상적인 시기에는 현금이 저축 수단으로 적합하지 않은 것이다. 하지만 물가 상승률이 제로에 가깝거나 마이너스일 때라면, 혹은 대체 저축 상품의 명목 수익률이 마이너스일 때면 0%라는 보장된 수익률이 상대적으로 좋아 보일 것이다.

현금을 대체하는 계정 기반 CBDC는 통화정책의 자유를 준다. 2008년부터 2009년까지 이어진 금융시장 붕괴와 관련된 심각한 경기 침체나 2020년에 발생한 코로나19와 같이 부정적 사건에 직면한 경제에 매우 중요하다고 밝혀진 방식으로 말이다. 계정 기반 CBDC를 사용하면 중앙은행은 좀 더 쉽게 마이너스 명목금리를 부과할 수 있을 것이다. 현금이 없는 상황에서 제로 금리 하한은 더는 명목금리를 낮추는 데 제약이 되지 않을 것이다. 디플레이션에 처한 경제 상황에 인플레이션을 고려해 실질금리를 낮추거나 심지어 마이너스로 만들 수 있다.

중앙은행은 중앙은행 계좌의 잔액이 일정 비율로 줄어든다고 발표하는 것만으로도 마이너스 명목금리를 구현할 수 있다. 상업은행도 현금 인출로 인해 예금 손실이 발생하는 것을 더는 두려워할 필요가 없기 때문에 과감하게 예금계좌에 마이너스 명목금리를 제공할 수 있다. 중앙은행은 상업은행이 중앙은행 계좌에 보유하고 있는(필수 규제 최저한도를 초과하는) 지급준비금에 대해 마이너스 수익률을 부과할 수 있다는 점에 주목해야 한다. 이는 이론상으로는 은행에 중앙은행 계좌에서 돈을 인출해 가계와 기업에 대출하게 할 유인이 될 것이다. 소매 CBDC로 인해 마이너스 금리 환경이 더욱 확대될 것이다.

간단히 말해, 계정 기반 소매 CBDC는 불황기에 통화정책 관련 주요 제약을 제거할 수 있다. 하지만 이 사례를 과장해서는 안 된다. CBDC 발행을 고려하는 중앙은행들은 CBDC를 현금의 대체물로 보기보다는 현금과 공존하는 수단으로 보고 있는 듯하다. 선진경제국 중앙은행 그룹이 2020년 10월에 발표한 CBDC 관련 보고서에서는 CBDC의 '기본 원칙'을 기존 화폐 형태와 공존하고 이를 보완해야 하는 것으로 명시하고 있다. 하지만 막대한 양의 현금을 보유하는 것이 쉽지 않더라도 CBDC와 은행예금의 금리가 마이너스로 한참 내려간다면 그만한 가치가 있다는 생각이 들 수 있다. 따라서 적어도 CBDC가 경제에서 현금을 대체하는 수준이 될 때까지 금리를 마이너스 영역으로 밀어붙이는 데에는 한계가 있을 것이다.

마이너스 금리가 의도대로 작동할지도 확실하지 않다. 경제 불확실성이 클 때, 돈을 빌리면 사실상 보상을 받는다고 해도 가계는 소비와 투자를 꺼릴 수 있기 때문이다.

더구나 마이너스 금리는 되는대로 사용할 수 있는 피해자가 없는 정책 도구가 아니다. 마이너스 금리는 저축자, 특히 은행예금이나 국채와 같은 저위험 투자에 재산을 투자하는 경향이 있는 연금 수급자나 고령 저축자에게 피해를 주며, 그들의 저축에 손실을 입힌다. 따라서 마이너스 금리는 정치적으로 유독한 것으로 여겨진다. 마이너스 금리는 금융 시스템에도 문제를 일으킬 수 있다. 은행이 대출로 인해 손실을 보는 상황에서는 금융 시스템이 제대로 작동하지 않을 수 있기 때문이다. 이렇게 여러 제한점이 있는데도 마이너스 금리는 중앙은행이 절박한 순간에 사용할 수 있는 최후의 수단이다.

호황기 통화정책에 힘을 더하다

CBDC는 앞에서와는 정반대되는 상황, 즉 물가가 상승하는 경제를 진정시키고자 할 때에도 중앙은행의 통화정책 운용에 도움을 줄 수 있다. 불과 얼마 전까지만 해도 중앙은행가들의 주요 관심사는 인플레이션을 억제하는 것이었다. 이를 달성하려면 중앙은행은 소비자와 기업에 물가를 안정적으로 유지하는 데 필요한 어떤 일이든 할 것이라는 확신을 주어야 한다. 향후 물가 상승이 예상되면 근로자는 급여의 구매력을 유지하기 위해 더 높은 임금을 요구한다. 이 때문에 기업이 제품 가격을 높여 물가 상승이 예측되면서 인플레이션이 발생한다. 인플레이션의 예상치를 관리하는 것은 중앙은행의 핵심 과제이며, 이런 목적의 도구가 많을수록 인플레이션 관리는 쉬워진다.

중앙은행은 계정 기반 CBDC에 높은 이자율을 제공함으로써 소비자와 기업이 소비나 투자 대신 저축을 하도록 유인할 수 있다. 중앙은행이 예치한 예금에 높은 이자율을 제공하면 소비자와 기업이 이를 상업은행 예금이나 주식시장 투자보다 더 안전한 옵션으로 인식하고 이런 채널에서 자금을 빼기 때문에 기업 투자와 소비자 대출에 사용할 수 있는 자금이 감소한다. 이로 인해 경제활동이 둔화되고 인플레이션이 진정된다. 하지만 보통은 기존의 통화정책 도구들이 통화정책 긴축에 더 효과적이기 때문에 CBDC 도입의 논거로는 설득력이 떨어진다.

최소한 통화정책의 관점에서 CBDC가 더 많은 이점을 제공할 것으로 보이면 그때가 바로 불황기다!

'헬리콥터 드롭'과 CBDC

경제가 심각한 상황이라면 단순히 금리를 조정하는 것을 넘어서 다른 방법으로 통화정책을 시행할 수 있다. 경제의 각 구성원에게 일정 금액을 지급함으로써 경제 내 현금 보유를 확대하는, 한때 이론적으로만 가능하다고 여겼던 헬리콥터 드롭Helicopter Drop(마치 헬리콥터에서 돈을 뿌리듯 중앙은행이나 정부가 경기 부양을 위해 새로 발행한 대량의 화폐를 시중에 공급하는 정책-옮긴이)을 통한 통화정책을 시행할 수도 있는 것이다. 모든 가구의 손에 돈을 쥐여주면 지출을 늘릴 수 있다는 아이디어다. 고소득 가구는 정부 지원금이 필요치 않겠지만, 저·중소득 가구들은 여분의 현금을 소비할 가능성이 높으므로 경제에 큰 도움이 될 것이다.

한 국가의 구성원 모두에게 현금을 나눠주는 것은 논리적으로 어렵기 때문에 헬리콥터 드롭은 일반적으로 중앙은행이 돈을 찍어내 그 돈으로 정부 지출에 자금을 조달하는 국채를 매입하는 방식으로 구현된다. 이런 접근방식은 보통 위험하다고 간주된다. 무분별한 정부 지출의 문을 열 수 있고, 중앙은행이 계속 돈을 찍어내 지출 자금을 조달하면 급격한 인플레이션으로 이어질 수 있기 때문이다. 하지만 수요 위축과 디플레이션 위험에 직면한 상황이라면, 향후 인플레이션 발생 전망은 오히려 실질 금리를 낮추고 지출과 투자를 장려하는 데 유용할 수 있다.

금전 조달 재정 부양책이 정부가 민간 투자자에게 판매하는 채권을 더 많이 발행해 적자 지출을 충당하는 것보다 더 효과적일 때가 있다. 부채 조달 접근법은 이자율 상승으로 이어져 경기 부양책의 취지를 무색하게 할 수 있다. 그러나 금전 조달 재정 부양책도 헬리콥터로 가계에 직접 돈을 뿌리는 것보다 효율성이 떨어질 수 있으며, 정부의 보조금으로 혜택을 받는 사람은 누구이며 그렇지 않은 사람은 누구인가를 두고 정치적 문제에 부딪힐 수 있다. 더구나 정부 지출은 어느 정도 낭비되는 측면이 있으며 일부 유형의 지출은 경제활동을 뒷받침할 수도 있지만 경제적으로 가장 도움이 필요한 사람들에게 직접적인 혜택을 주지 못할 수도 있다. 과거에는 중앙은행이 직접 돈을 나눠줄 수 있는 채널이 없었다. 하지만 이런 상황은 곧 바뀔 수 있다.

한 경제국의 모든 구성원이 중앙은행과 연결된 전자지갑을 갖고 있을 경우 헬리콥터 드롭을 쉽게 구현할 수 있다. 정부가 중앙은행의 자금을 해당 지갑으로 이체할 수 있는 것이다(혹은 그 반대로도 할 수 있다). 외부 자금을 경제에 신속하고 효율적으로 투입하는 이런 채널은 경제활동이 위축되거나 위기가 닥쳐 은행의 신용 창출이 둔화되고 심지어 중단될 수 있는 상황에서 대단히 중요하다. 따라서 중앙은행은 전통적인 통화정책 도구들을 사용할 여력이 부족할 때 발생하는 유동성 함정liquidity trap에서 벗어나기 위해 이런 조치를 취함으로써 디플레이션 위험을 크게 줄일 수 있다.

2020년 3월 코로나19 팬데믹으로 국가가 봉쇄되고 경기가 급속히 냉각되면서 미국 의회가 대규모 경기 부양책을 도입했을 때와 같은 상황이라면 CBDC 계정이 유용하게 활용될 수 있었을 것이다. 약 2조 달러의 가격표가 붙은 이 법안에는 특정 소득 기준에 따라 개인당 최대 1,200달러까지 지급되는 생활구호자금Economic Impact Payment이 포함되어 있었다. 2주 후, 수천만 명의 미국인이 국세청으로부터 직접 지급금을 받았다. 국세청은 두 달 만에 1억 2천만 건의 전자 자금 이체를 완료했다. 또한 은행 계좌 정보가 없는 개인에게는 3,500만 장의 종이 수표와 400만 개에 가까운 직불카드를 우편으로 발송했다. 이런 지급금은 사실상 정부의 헬리콥터 드롭에 해당된다.

이렇게 인상적인 성과도 있었지만, 적격한 미국인 약 3천만 명이 2020년 6월까지도 지원금을 받지 못해 그렇지 않아도 어려운 어려운 상황인데 더 절망할 수밖에 없었다. 저소득 가구, 특히 이전 두 해 동안 소득이 세금 신고 기준치에 미치지 못했던 사람들이 가장 큰 고통을 받았다. 그들은 지급금을 받기 위해 국세청 웹사이트에 가입하고 지원 과정을 살피는 과정에서 기관의 도움을 거의 받지 못했다. 국세청이 직접 예금 정보를 갖고 있지 않은 납세자들은 다른 문제들에 직면했다. 우편으로 보낸 수표와 직불카드가 도착이 지연되거나 분실된 것이다. 많은 수취인이 정크메일로 착각하고 직불카드를 버리자 사기꾼들은 지원금을 가로챌 방법을 찾아냈다. 업무량이 많고 자금이 부족한 국세청은 엄청난 양의 지원금 지급을 관리할 역량이 없었다.

계정 기반 CBDC는 정부가 경기 부양을 위한 지급금을 쉽게 배포하게 해주고, 수령자에게 고통을 주지 않으며, 지급금을 거의 즉각적으로 제공함으로써 이런 문제를 상당 부분 해결한다. 미국 가계에 이런 계정이 마련된다면, 미 연준은 계좌들의 잔고를 늘리기만 하면 된다. 이들 계정은 세금 기록과 연결되어 있어 국세청은 기관에 부담을 주지 않고 경기 부양금 자격에 대한 국세청 정보를 활용할 수 있다. 실제로 미국 의회 위원회에서 코로나19 경기 부양 법안 초안에서 이와 비슷한 접근방식을 구상했지만, 최종 법안에는 반영되지 않았다.

이런 과정에서 중앙은행은 자신의 역할이 누가 돈을 받는지, 얼마나 받는지를 결정하는 것이 아니라 정부의 정책 결정을 단순히 실행하는 것임을 아는 것이 중요하다. 주요 공공 정책 결정은 아무리 능력이 있고 선의가 있다고 하더라도 중앙은행 기술 전문가가 아닌 선출된 국민 대표가 해야 한다. 또한 이런 헬리콥터 드롭은 형태를 막론하고 소비가 아닌 저축으로 이어져 상품과 서비스에 대한 전체적 수요 증가를 제한 할 가능성이 있다. 하지만 적어도 경제적 취약계층에게는 안전망을 제공할 수 있다.

요약

요약하면, 계정 기반 CBDC가 있고 현금이 없는 세상에서는 경제 혹은 금융위기에 전통적인 통화정책(주로 선진국)의 구속력이 되는 제로 명목금리 하한이 더는 적용되지 않는다. 중앙은행은 전자지갑의 잔액을 미리 공지된 비율로 줄이는 것만으로도 마이너스 명목금리를 도입할 수 있다. 현금이 있는 경제에서는 소비자(및 기업)가 명목금리가 제로인 수단, 즉 지폐를 보유할 수 있기 때문에 마이너스 금리가 이론상 불가능하다. 특정 형태의 CBDC를 통해 실현 가능한 마이너스 명목금리는 원칙적으로 소비와 투자를 장려한다. 헬리콥터 드롭도 더 쉽게 구현할 수 있다.

따라서 CBDC는 적절히 설계되기만 한다면 성장률 하락과 디플레이션의 악순환에 직면한 어려운 경제 상황에서 통화정책을 더욱 강력하게 만들 수 있다. 원칙적으로는 그 반대의 상황, 즉 높은 물가로 경제가 과열 위험에 직면한 경우도 마찬가지다. 이런 상황에서는 금리 인상과 같은 전통적인 통화정책 수단이 더 효과적일 수 있지만, CBDC 계좌의 금리 인상과 같은 운영도 도움이 될 수 있다.

그러나 맞서야 할 한 가지 큰 위험이 있다. 중앙은행이 헬리콥터 머니 드롭과 같은 조치를 통해 본질적인 재정정책 운영에 개입하면 정부와 독립적인 중앙은행 사이의 경계가 모호해질 수 있다. 특히 심각한 경기 침체나 금융위기의 와중에는 재정정책과 통화정책이 같은 방향으로 움직여야 할 이유가 충분하다. 그럼에도 중앙은행이 정부 정책의 대리인으로 간주되면 그에 따르는 장기적인 비용은 중앙은행을 효과적으로 만든 바로 그 특징, 즉 독립성, 신뢰성, 정치적 바람의 변화에 흔들리지 않고 조치를 취하려는 의지의 약화일 수 있다.

CBDC의 다른 장점

CBDC는 통화정책적 함의 외에도 현금에 비해 다양한 이점이 있다. 부유한 경제와 가난한 경제에 모두 적용되는 장점이 있고, 특정 유형의 경제와 관련되어 나타나는 장점도 있다.

현금과 범죄의 상관관계

현금 거래의 익명성과 추적 불가능성은 범죄 활동과 자금세탁을 용이하게 한다. 현금은 서로를 신뢰하지 않는 범죄자들이 (정부의 감독을 회피하기 위해 애를 쓰기는 할지언정) 양측 모두가 신뢰하는 정부기관이 발행하고 즉각적인 결산의 최종성을 보장하는 교환 및 가치 저장 수단에 쉽게 의존하게 해준다. 이는 한 국가 내에서 활동하는 범죄자뿐만 아니라 국경을 넘나드는 범죄자에게도 해당된다.

자금세탁 및 테러활동자금조달을 막는 법률 준수는 전 세계 정부 당국의 주요 과제다. 현금을 없애면 도움이 될 수 있지만, 한편으로는 불법 자금 이체를 탈중앙화된 결제 시스템으로 할 수 있고, 탈중앙화된 익명의 암호화폐를 통한 중개가 법률 준수를 어렵게 할 가능성이 있다. 이것이 중앙은행이 CBDC 발행을 진지하게 고려하는 이유 중 하나다. 합법적인 목적은 물론 불법적인 용도로도 쉽게 사용될 수 있는 결제 시스템을 어느 정도 통제하거나 최소한 감독이라도 할 수 있기 때문이다.

1976년에 스웨덴의 팝 그룹 아바는 벤뉘 안데르손Benny Andersson 과 비에른 울바에우스Björn Ulvaeus(ABBA의 두 B)가 작곡한 노래 〈머니, 머니, 머니Money, Money, Money〉를 녹음했다. 우리 세대에게는 꽤 상징적인 이 노래는 당신도 짐작하겠지만 통화 경제학자에게 큰 반향을 일으킨다. 나와 다른 세대인 당신이 (뮤지컬 혹은 영화) 〈맘마미아Mamma Mia〉를 보지 않았다면 이 노래는 당신의 관심 밖에 있을 것이다.

2008년에 비에른의 아들 크리스티안의 아파트에 강도가 들었다. 비에른은 이 범죄에 격분했고, 강도가 장물을 현금으로 바꿀 수 있다는 점 때문에 이런 사건이 일어났다고 생각했다. 그는 현금을 없애고 대체 결제 수단을 도입하는 것을 강력하게 옹호하게 되었다. 2013년 스톡홀름에 있는 아바 그룹의 공식 박물관인 아바 더 뮤지엄ABBA The Museum을 설립하면서 그는 현금을 받지 않겠다고 고집했다. 설립 초기에 박물관 입구에 게시된 그의 반현금 선언문에는 크리스티안이 경험한 강도 사건이 언급되어 있다.

"우리는 도둑들이 곧장 인근의 마약상에게 갔다고 생각합니다.

현금이 없는 사회에서는 이런 상품 교환이 절대 일어나지 않으리라고 확신할 수 있습니다. (…) 지하경제의 모든 활동에는 현금이 필요합니다. (…) 마약상들은 물물교환으로는 생계를 유지할 수 없습니다. (…) 살인부터 자전거 절도까지 범죄로 고통받는 전 세계의 사람들을 상상해보십시오. 범죄에는 현금이 필요합니다. 스웨덴 크로나는 스웨덴에서만 사용되는 소규모 화폐입니다. 여기는 가장 큰 범죄 예방 계획을 시작하기에 이상적인 곳입니다. 우리는 세계 최초로 현금 없는 사회가 될 수 있고 또 그래야 합니다."

스웨덴 경제에서 현금을 없애려는 비에른 울바에우스의 싸움은 일방적인 것이 아니었다. 논쟁의 반대편에는 또 다른 비에른이 있었다. 종이 크로나의 소멸을 막는 것을 사명으로 하는 단체, 콘탄투프로레트Kontantupproret(현금 봉기) 리더 비에른 에릭손Björn Eriksson이다. 이 단체의 회원은 대부분 시골 지역 출신이지만 소규모 사업주와 은퇴자, 즉 현금 사용이 급격히 줄어들면서 불편을 겪고 있는 일반인도 포함되어 있다. 이 단체는 또한 신원 도용, 소비자 부채 증가, 사이버 공격에 대해서도 우려하고 있다.

두 비에른이 현금을 없애는 것과 보존하는 것의 이점을 놓고 다투는 동안, 축적된 증거를 통해 현금과 범죄가 상관관계가 있다는 가수 비에른의 주장에 힘이 실리기 시작했다. 스웨덴 중앙은행의 통계에 따르면 스웨덴에서는 현금 사용이 급감하면서 현금과 관련된 범죄가 급격히 감소했다. 보고된 은행 강도는 2009년에 77건에서 2018년에 11건으로 감소했다. 같은 기간에 현금 수송차 강도는 58건에서 단 1건으로 감소했으며, 택시 강도는 3분의 1로, 상점 강도는 이전의 절반 이하로 감소했다. 2013년에 한 지역 신문은 스톡홀름 중심가에서 발생한 은행 강도 사건에 대해 보도했다. 은행 지점에서 현금을 취급하지 않았기 때문에 강도는 빈손으로 떠났다.

안타깝게도, 그리고 비에른 울바에우스에게는 실망스럽게도, 현금 관련 강도의 급격한 감소가 스웨덴이 법을 더 잘 지키는 사회가 되었다는 의미는 아니다. 경찰에 신고된 개인을 노린 강도 사건의 수는 연간 약 6,500건으로 꾸준하게 유지되고 있다. 또한 스웨덴 중앙은행에 따르면, 전자결제는 사기나 민감한 정보의 도난과 관련된 새로운 위험을 초래한다. 2009년부터 2018년까지 스웨덴에서 사기 사건이 세 배 넘게 증가한 것으로 보고되었고, 대부분이 전자 사기(주로 불법 입수한 카드 정보를 이용한 온라인 구매)로 인한 것이었다.

현금을 없애면 일정 종류의 범죄는 줄어들 수 있지만, 현금을 없애면 일정 종류의 범죄가 다소 완화될 수는 있지만, 범죄자들이 발휘하는 독창성 때문에 범죄의 성격과 채용하는 방법에만 변화가 있을 뿐 큰 효과는 없다.

부정부패를 척결하는 CBDC

나는 스무 살에 고향인 인도 남부 마드라스(지금의 첸나이)에서 운전면허증을 땄다. 하지만 면허증은 있되 운전하는 법은 몰랐다. 여기에는 사연이 있다.

미국 대학원에 가기 위해 준비를 하던 중에 나보다 1년 먼저 미국으로 간 친구에게 미국 운전면허증이 있으면 신분 확인 등 여러 가지 방면에서 유용하다는 이야기를 들었다. 부모님은 서둘러 운전 강사를 찾았다. 2주면 운전면허증을 취득할 수 있는 운전학원을 찾아 갔다. 상당한 비용을 지불하고 말이다. 묘하게도 이 운전 강습은 날림으로 하는 것이어서 한 시간 정도의 운전 연습을 두어 번 했다. 학생이 여러 명이었는데 각기 운전대를 잡는 시간은 몇 분에 불과했다. 두 번째인지 세 번째 수업이 끝나고 그날 차를 탄 세 명은 다음 주 토요일 아침에 운전 면허 시험을 보러 오라는 말을 들었다. 나는 준비가 되지 않았다는 생각이 들어서 강사에게 그렇게 말했다. 다른 학생들도 같은 생각인 것 같았다. 상사는 모든 것이 잘될 것이라고 장담했다.

정해진 날짜, 정해진 시간에 운전면허 시험장에 갔다. 인도였기 때문에 강사는 상당히 늦게 도착했다. 불안한 상태로 있던 십여 명의 운전자 지망생들이 그의 주위로 빠르게 모여들었다. 우리는 이미 일반적인 면허증 취득 비용 외에 신속 면허증을 취득하기 위한 특별 수수료가 필요하다는 이야기를 들었고, 그 자리에서 강사는 우리에게 현금으로 그 수수료를 받았다. 돈은 봉투에 들어갔다.

이후 강사는 건물 안으로 들어가더니 한 남자와 함께 돌아왔다. 그 사람이 우리의 운명을 손에 쥐고 있는 운전면허 심사관이었다. 그는 다양한 사람들이 모인 우리 무리를 한번 살펴보더니 유능해 보이는 중년 여성을 골랐다. 나는 지금까지도 그 여성이 우리 그룹에서 무작위로 선택된 것인지 미리 준비된 것이었는지 알지 못한다. 어쨌든 그녀는 심사관이 지켜보는 가운데 운전학원의 차를 타고 주차장을 빠르게 한 바퀴 돈 뒤 다시 출발 지점으로 차를 몰고 왔다. 세 사람은 차에서 내렸다. 강사는 우리 모두가 보는 앞에서 '특별 수수료'가 든 봉투를 심사관에게 건넸다. 심사관은 봉투의 위쪽 접힌 부분을 살짝 열고 익숙한 눈빛으로 내용물을 살펴본 후 고개를 끄덕이며 건물로 돌아갔다. 강사는 몸을 돌려 우리 모두에게 운전면허 시험에 합격한 것을 축하한다고 말했다.

인도에서의 삶은 그런 식이었다. 공무원이 관련된 모든 거래에는 사실상 특정한 수수료가 있었다. 어디에도 기록은 없었지만 놀라운 사회적 삼투 과정을 통해 모두가 알고 있었다. 내 출생증명서 사본에 서명을 하고 도장을 찍어야 했던 공무원도 봉투를 받았다. 내 신원을 확인하기 위해 우리 집에 왔던 경찰은(여권 발급에 필요한 과정이었다) 정중하게 찻값을 요구했다. 부모님들은 이들에게 대접할 차 외에 개별로 봉투를 미리 준비해두셨다(차와 봉투는 이런 일에 항상 함께하는 한 쌍이었다). 그들은 조용히 차와 다과를 먹은 후 봉투를 주머니에 넣고 떠났다.

이런 경우에 봉투에 넣든 아니든 모두 현금을 이용해야 했다. 공직부패는 지방 공무원의 사소한 부패부터 수익성이 좋은 사업 면허 및 정부 조달 계약 수주와 관련된 대규모 고위급 공무원의 부패에 이르기까지 다양한 형태와 수준으로 이루어진다. 어떤 경제도, 아무리 돈이 많고 고상한 나라도 부패로부터 완전히 자유로울 수는 없다. 정교한 대가성 거래와 거액의 뇌물 세탁에는 보통 고분고분한 은행가, 영리한 변호사 및 회계사, 역외 은행 계좌 등과의 복잡한 거래가 수반된다. 대개 현금은 개입되지 않는다.

그렇더라도 현금은 전통적으로 부패를 조장하는 데 핵심적인 역할을 해왔다. 2016년 11월 어느 날 아무런 예고 없이 고액권 지폐가 하룻밤 사이에 무효화되었던 인도의 극적인 폐화廢貨(낡은 고액권 지폐를 새 지폐로 바꾸는 것) 사건은 부패에 대한 공격이었다. 이런 조치의 논리는 특정 한도를 넘는 고액권 지폐를 대량으로 보유한 사람은 그것을 부정한 방법으로 취득했을 가능성이 높다는 것이었다. 인도 경제에서 현금이 대단히 중요했고, 여전히 중요하다는 것을 고려하면 이것이 경제적으로 얼마나 큰 혼란을 초래했는지 짐작할 수 있을 것이다. 그러나 이 조치는 부정한 이득을 역외 은행 계좌가 아닌 현금으로 보관한 부패 공무원과 개인에게만 피해를 주었을 것이다. 상당한 비용을 들인 2019년 케냐의 폐화 역시 '부패와의 전쟁'을 위한 조치였지만, 인도에서와 마찬가지로 그 효과는 제한적이었을 가능성이 높다.

불법 마약, 탄약, 다양한 종류의 호의에 대한 대가로 지폐(주로 미국 달러)가 가득 찬 서류가방이나 여행 가방을 건네는 것에서 알 수 있듯이 부패와 현금이 연관성이 매우 깊다는 데에는 의심의 여지가 없다.

현금에서 CBDC로 전환되면 모든 거래가 추적 가능해지고 투명해지고 감시의 대상이 된다. 물론 그렇다고 해서 부패가 완전히 통제되지는 않을 것이다. 부패 행위의 비용은 적발될 확률과 직장을 잃거나 징역형을 받는 등 적발되었을 때의 처벌에 따라 달라진다. 이 비용보다 이득이 더 크다면, 부패 행위는 성행할 수밖에 없다. 결국 공무원도 다른 모든 사람들과 마찬가지로 유인에 반응한다.

하지만 디지털 형태의 결제만이 가능하다면 부패한 공무원들은 (적어도 법치주의의 외관을 갖춘 국가에서라면) 불법적인 대가를 받는 것에 대해 두 번, 세 번 생각하게 될 것이다. 뇌물이 기록될 수밖에 없고 당국에 보고될 수 있는 형태를 띠어야 한다면 공무원과 일반인 사이의 권력이 어느 정도 균형을 찾을 것이다. 이로써 대중은 애초에 뇌물 요구에 저항하며 대담해질 수도 있다. 따라서 CBDC는 사소한 부패를 막고 일부 대규모 부패를 방지하는 측면에서 어느 정도 혜택이 있을 수 있다.

지하로 숨어드는 현금

현금이 조장하는 것은 범죄 활동과 부정부패만이 아니다. 현금은 지하경제를 촉진하며, 여기에는 완전히 합법적인 활동도 포함될 수 있다. 지하경제shadow economy라는 용어는 일반적으로 세무 당국에 보고되지 않는 모든 범위의 경제활동을 이른다. 어린아이가 있는 부모가 영화관 데이트를 하고 돌아와 베이비시터에게 건네는 현금 같은 간단한 것도 지하경제에 포함된다. 이런 고등학생이 정부에 소득을 신고하지 않아도 크게 문제가 되지 않는다. 이웃집 아이를 돌보거나 눈을 치우면서 일 년에 몇백 달러를 버는 정도이기 때문이다. 좀 더 정기적으로 일을 하는 보모, 정원사, 가정부 등이 현금으로 급여를 받고도 고용주와 고용인 모두 정부에 소득을 신고하지 않는 경우를 생각하면 금액은 좀 더 커진다. 그러나 이런 고용인들이 현금 소득을 모두 보고하고 세금 신고를 하더라도 납부할 세금이 그렇게 많지는 않을 것이다. 따라서 이런 일은 무해하고 필요한 양식을 작성하고 소득을 신고하는 번거로움을 덜어주는 것이라고 주장할 수도 있을 것이다.

금액이 커지고 소득에 대한 세율이 높아질수록 세금 탈루를 더 많이 하게 된다. 그런 유인이 충분히 강력하면 선진국에서 가장 존경

받는 직종에 있는 사람들도 유혹을 견디지 못한다. 예를 들어 한 연구에서 그리스 은행의 대출 상환 데이터를 사용해 그리스 전문직 종사자들의 과세 대상 소득의 과소 신고를 조사했다. 이 연구의 저자들은 많은 의사, 엔지니어, 변호사, 교사, 언론인이 신고한 월평균 소득이 매달 대출 상환에 필요한 금액보다 훨씬 적다는 것을 발견했다. 많이 배우고 성공한 전문직 종사자라면 분명 더 나은 재정 관리 역량을 갖추고 있을 것이다. 이뿐만 아니라 분별이 있는 은행가라면 대출을 상환하고 나면 다른 비용을 지불할 돈이 남지 않는 사람에게 대출을 해주지도 않을 것이다.

이런 이상한 상황은 당연히 세무 당국에 실제 소득을 과소 신고하는 것으로 설명된다. 연구진은 그리스 은행들이 고객의 실제 소득을 추정하기 위해 자신들만의 여신 공여 모델을 가지고 있으며, 이는 탈세가 공공연한 비밀임을 암시한다고 지적했다. 연구진은 이런 모델을 사용해 은행에서 대출을 받은 사람들의 자영업 소득 중 거의 절반이 신고되지 않고 있으며, 따라서 이 금액이 과세 대상에서 제외되는 것으로 추정했다. 그 결과 2009년에는 이런 세수 손실이 정부 예산 적자의 약 3분의 1을 차지했다.

지하경제의 규모는 어느 정도일까?

당연하게도 지하경제는 측정하기 어렵다. 이용 가능한 추정치는 부정확하고 여러 가정에 의존하지만 특정 국가의 지하경제 규모와 그것이 시간이 지남에 따라 어떻게 변화했는지에 대한 대략적인 지침 역할은 할 수 있다. 이 주제의 선도적인 연구자인 린츠대학교의 프리드리히 슈나이더Friedrich Schneider는 2018년에 주요 선진 20개국의 지하경제 규모 중간값이 국내총생산의 10%에 해당하는 것으로 추정한다. 미국이 이 그룹에서 가장 낮은 비율인 5%를 기록한 반면, 벨기에, 그리스, 이탈리아, 포르투갈, 스페인의 비율은 15%가 넘었다. 따라서 세금 부담이 높은 일부 부유한 국가에는 공식적인 GDP에 비해 매우 큰 지하경제가 형성되어 있다. 연구는 높은 세율, 부패, 정부의 약한 법 집행이 조합되어서 지하경제가 팽창하는 데 기여한다는 것을 보여준다. 브라질, 인도, 멕시코와 같은 신흥경제국에서는 지하경제의 규모가 국내총생산 대비 24~46%(사용된 방법론에 따라)에 이르는 것으로 추정된다.

지하경제의 규모는 무해한 것으로 취급하고 넘어갈 문제가 아니다. 미납 세금은 사회 지출, 인프라 투자, 기타 생산적인 정부 지출에 사용될 수 있는 정부 수입이 줄어든다는 것을 의미한다. 이는 국가의 경제 성장을 저해하고 국민복지를 감소시킨다. 일반 그리스 노동자가 뻔뻔하게 세금을 탈루하는 고소득 전문직 종사자들을 본다면, 세금 시스템과 자발적 준수를 뒷받침하는 사회적 규범은 물론이고 정부 전체에 대한 신뢰까지 약화될 것이다. 또한 지하경제는 정직한 기업에 불이익을 주고, 노동자 착취로 이어지며, 불법 활동과 불법 상거래를 부채질할 수 있다. 따라서 지하경제는 국가 기관을 약화하여 범죄를 조장하고 기관에 대한 지지도를 낮춰 궁극적으로 경제적, 정치적 안정을 위협할 수 있다.

지하경제의 존재로 인한 세금 손실은 얼마나 될까? 슈나이더는 2013년에 미국의 지하경제가 GDP의 약 1%, 즉 실제 세수의 4%에 이르는 세수 손실을 초래한 것으로 추정한다. 달리 표현해, 모든 경제활동에 대해 세금을 냈다면 그해 총 세수는 약 4% 높았을 것이다. 그리스의 경우, 2013년에 세수 손실은 총 세수의 14%에 달했다. 다른 방법론을 사용한 또 다른 연구자들은 2011년에 지하경제로 인해 손실된 세수가 미국의 경우 약 9%에 달하며, 아프리카와 라틴 아메리카의 중·저소득 국가에서는 보고된 세수의 근 3분의 1 규모에 이르는 것으로 추정했다. 정확한 수치가 어떻든 심각한 문제인 것만은 틀림없다.

지하에 광명을

결제에 현금을 사용하는 것은 지하경제가 작동하는 데 필수적이다. 징벌적 벌금과 엄격한 통제를 통해 지하경제를 억제하려는 노력은 보통 비용이 많이 들고 효과가 적다. 탈세자나 이를 방관하는 공무원이 연관된 흔적이 없으면 부패는 더 만연해질 뿐이다. 반면에 모든 결제가 디지털 방식으로 추적된다면 탈세자에 대한 강력한 견제책의 역할을 할 수 있다.

한 연구에서는 중유럽과 남유럽 국가들이 현금 사용을 줄이기 위해 채택한 정책들이 어떻게 지하경제를 축소하고 세수를 증가시켰는지 분석했다. 차이를 낳은 정책으로는 고용주가 임금과 급여를 은행 계좌에 전자 방식으로 입금하도록 의무화하는 것, 은행 계좌를 통해서만 사회보장금을 지급하는 것, 기업이 전자결제를 위한 금전 등록기와 POS 단말기를 사용하도록 요구하는 것 등이 있다. 일부 국가에서는 특정 가격을 초과하는 소비자 거래를 현금으로 하는 것을 불법화하는 법률이 통과되었다.

이런저런 방식으로 상거래 결제 추적을 가능하게 해주는 모든 정책의 효과까지 더해서 분석하면, 세수는 GDP의 2~3% 정도 증가할 것으로 추정된다. 2018년 인터뷰에서 스웨덴 재무부 차관 페르 볼룬드Per Bolund는 지난 5년 동안 정부 세수가 30% 증가한 것이 일정 부분 현금에서 벗어나고 있기 때문이라고 언급했다. 그는 "세금 납부가 크게 증가하고 있으며, 그 이유 중 하나는 디지털화된 경제 때문입니다. 현금을 카운터 아래에 숨기는 것이 점점 어려워지고 있습니다"라고 말했다. 따라서 현금이 CBDC로 대체되면 지하경제에 상당히 부정적인 영향을 미칠 수 있다. 정부가 CBDC 사용자에게 부분적인 익명성을 약속한다 해도, 정부가 원한다면 모든 디지털 거래를 추적할 수 있다는 사실은 미신고 거래에 대한 강력한 억지력의 역할을 할 것이다. 벤모와 같은 디지털 플랫폼을 통해 결제하거나 암호화폐를 사용하는 것에도 똑같이 작용할까? 이런 시스템을 사용한 결제 역시 디지털 흔적을 남긴다. 결제 시스템이 CBDC여서 정부가 결제 기록을 더 쉽게 이용할 수 있다면 소득 자진 신고에 대한 유인이 한층 더 커질 것이 분명하다. 하지만 민간 결제 제공업체가 거래를 처리하더라도 어떤 종류든 디지털 흔적이 남는다면 그 자체로 지하경제활동을 줄일 수 있을 것이다. 따라서 현금을 없애면 더 많은 경제활동이 음지에서 벗어나 조세망 안으로 들어올 수 있다.

요약하면, CBDC는 현재 지폐 사용이 제공하는 거래의 익명성과 추적 불가능성을 감소시킴으로써 불법 활동을 막고 지하경제를 억제할 것이다. 하버드대학교의 케네스 로고프Kenneth Rogoff는 특히 고액권 지폐의 맥락에서 이 점을 강력하게 주장했다. CBDC는 더 많은 활동을 음지에서 조세망 안으로 끌어들이고 정부의 세수 징수 능력을 더 효율적으로 만들어 세수에도 영향을 미칠 것이다.

다른 요소들과 마찬가지로 CBDC 그 자체가 지하경제를 없애지는 못할 것이다. 실제로 모든 거래가 민간 혹은 공식 디지털 결제 시스템으로 처리되더라도 지하경제는 사라지지 않을 것이다. 신원 사기, 허위 송장과 영수증, 현금을 사용하지 않는 탈세 형태는 꾸준히 지속될 것이다. 다른 발전된 무언가가 탈세와 관련이 없는 방식으로 이미 세수에 영향을 미치고 있을 수도 있다. 공식적인 계약직에서 긱 경제로의 전환은 많은 경제활동이 조세망의 특정 요소를 피해 간다는 것을 의미한다. 미국의 우버 드라이버는 소득에 대해 세금을 납부한다. 그러나 우버 드라이버는 회사 직원이 아니기 때문에 많은 주에서 정규직 직원에게 요구하는 사회보장 혹은 실업보험 기금에 대한 기여금을 내지 않아도 된다.

모든 것을 고려해볼 때, CBDC는 지하경제의 규모와 관련된 세수 유출을 줄이기 위한 정부 도구함에서 유용한 도구가 될 것이다.

CBDC의 또 다른 장점

CBDC는 현금에 비해서 몇 가지 장점이 더 있다. 그 장점이 정책 입안자의 균형을 어느 한쪽으로 기울게 하지는 못하지만, 우리 논의와 관련된 장점인 것만은 분명하다.

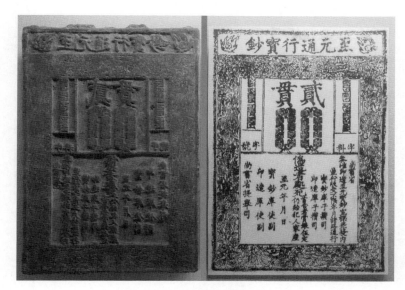

그림 6.1 원나라 지폐

"위조하는 자는 참하고, 위조자를 신고하는 자에게는 상으로 은 5정을 주고, 아울러 범인의 가산을 지급한다"라고 적혀 있다.

위조 방지

지폐는 위조에 취약하다. 이것은 고대 중국에서 지폐가 도입된 이래 정부들이 직면해온 문제다. 13세기로 거슬러 올라가보면, 원나라 초기 지폐 중 하나인 중통원보교초 하단에는 다음과 같은 엄중한 경고가 적혀 있다. "위조하는 자는 참하고, 위조자를 신고하는 자에게는 상으로 은 5정을 주고, 아울러 범인의 가산을 지급한다."

    지폐(및 동전)의 위조는 오랫동안 정부와 중앙은행의 골칫거리였다. 이들은 진폐에 보안 기능을 내장해 위조지폐 생산을 어렵게 만들고 진폐를 쉽게 구별할 수 있도록 함으로써 이 문제에 대응했다.

그림 6.2 뉴저지주의 식민지 화폐와 스웨덴 지폐

스웨덴 지폐(1803년)는 오른쪽의 스웨덴 중앙은행의 전신인 스웨덴왕립재정은행(Riks-ens Ständers Banco)에서 발행했고, "지폐를 위조하거나 복사한 사람은 교수형에 처한다"라고 명시되어 있다.

각국 정부는 가혹하게 처벌하겠다고 위협하며 이런 노력을 뒷받침했다.

1755년에 스웨덴 중앙은행은 위조에 덜 취약한 지폐를 만들기 위해 툼바브루크Tumba Bruk라는 인쇄 회사를 설립했다. 최초의 툼바 지폐에는 위조를 더욱 어렵게 만들기 위한 수많은 워터마크와 엠보싱 스탬프가 들어갔다. 지폐에는 "이 지폐를 위조하는 자는 교수형에 처한다"라는 경고 문구를 넣었다. 정부가 발행하는 화폐가 대부분 동전이었던 초기에는 처벌이 더 잔혹했다. 고대 로마에서는 위조범을

산 채로 화형에 처했고, 16세기 프랑스에서는 "삶은 다음 교수형에" 처했다. 비슷한 시기 러시아에서는 위조지폐 제작자들을 "십자가에 입을 맞추게 하고, 알몸으로 조사하고, 의심이 들면 고문하고, 그들에게 녹은 주석을 목에 붓는 방법으로 소추하고, 그들의 손과 귀를 자르고 채찍질을 하는 것으로 벌했다. 집에서 쫓겨나 시베리아로 추방된 사람도 있었다." 하지만 위조에 대한 보상이 너무 커서 "결과적으로, 이런 조치는 효과가 없었다."

한 역사가의 추정에 따르면 18세기 영국에서는 다른 어떤 범죄보다 위조와 관련된 법률이 더 많이 통과되었다. 당시 상업은 정부 화폐와 개인 신용장 등 종이 형태의 신용에 점점 더 의존하고 있었다. 위조는 전체 경제 시스템을 무너뜨릴 수 있는 "특별히 체제 전복적인 위협"으로 간주되었다. 따라서 위조는 교수형(남성의 경우) 혹은 화형(여성의 경우)으로 처벌할 수 있었다. 시간이 흐르면서 처벌은 완화되었다. 이제 대부분의 국가에서 위조범은 징역형과 벌금형이라는 비교적 가벼운 처벌을 받는다.

화폐 위조에는 직간접적인 비용이 따른다. 2006년 미국 정부의 연구에 따르면 국내외에서 유통되는 지폐 1만 장 중 한 장 정도가 위조지폐로 추정된다. 아주 낮은 비율이지만 금액으로는 거의 7천만 달러에 달한다. 마찬가지로 영국의 경우도 위조지폐의 발생 정도는 지폐 5천 장 중 1장에 조금 못 미친다. 2017년부터 2019년까지 위조지폐로 확인되어 유통이 중단된 금액은 연간 천만 파운드(2019년 말 환율 기준으로 약 1,300만 달러)에 이른다. 이는 많지 않은 금액처럼 보이지만 위조지폐를 받는 개인이나 소규모 비즈니스에는 상당한 타격이 된다. 은행의 계수기는 고품질의 위조지폐도 감지할 수 있다. 위조지폐가 만연하는 것만으로도 지폐에 대한 신뢰가 약화된다. 또한 위조 범보다 앞서 나가기 위해 몇 년마다 정기적으로 새 지폐를 재디자인하고 인쇄하는 비용도 발생한다. 캐나다 중앙은행은 2018년에 일부 지폐를 재디자인할 때 위조를 방지하기 위해 새로운 보안 기능을 설계하면서 각 지폐의 인쇄 비용이 약 4센트 추가된 것으로 추산했다.

원칙적으로 CBDC는 위조 위험을 줄여준다. 모든 CBDC 단위에는 디지털 흔적이 남으며, 이를 사용한 모든 거래를 추적할 수 있다. 다만 인간의 창의력, 특히 큰 금전적 인센티브가 걸려 있는 경우 인간이 보여주는 무한한 창의력을 생각하면 안심하기는 이르다. 중앙은행 시스템과 디지털 지갑 해킹을 통한 전자 화폐 위조는 실물화폐보다 훨씬 더 큰 규모로 발생할 위험이 있다.

화폐 발행을 통한 수익

중앙은행은 금융기관이 고객들에게 내줄 현금을 발행함으로써 직간접적인 수익을 얻는다. 현금 발행과 제공의 대가로 금융기관은 상응하는 금액의 자금을 중앙은행으로 전자 이체를 한다. 중앙은행은 이 자금을 증권, 정부가 발행하는 유가증권에 보통 투자한다. 시뇨리지 seigniorage란 유가증권에서 발생하는 이자 중 지폐와 동전을 생산, 유통, 교체하는 순 비용을 제외한 금액을 말한다. 중앙은행은 보통 이 수익으로 운영비용을 조달하고 잔액을 정부에 이체한다. 디지털 화폐의 확산이 시뇨리지 수익에 영향을 미칠까?

종이 화폐는 인쇄 비용, 내구성 부족, 유통 비용으로 인해 직접적인 시뇨리지 수익을 감소시킨다. 따라서 CBDC는 다른 요소는 모두 변하지 않는다면 시뇨리지 수익을 높인다. CBDC를 위한 기술적 인프라가 자리를 잡고 고정 비용이 발생하면, 인프라를 유지하고 CBDC를 발행하는 데 드는 비용은 현금과 관련된 비용에 비해 저렴할 가능성이 높다.

미국의 사례를 살펴보자. 2020년 총 1,460억 달러 가치의 지폐를 인쇄한 미 연준의 통화 운영 예산은 10억 달러를 밑도는 8억 7,700만 달러였다. 2019년에 미 연준은 550억 달러의 수익을 미국 재무부에 송금했다고 보고했지만, 여기에는 기타 통화정책 운영의 결과로 미 연준이 보유한 증권 관련 수익도 포함되어 있었다. 미 연준은 현금 발행에 상응하는 증권의 보유와 관련된 이자 수입을 별도로 보고하지 않는다. 어쨌든 그 금액은 연준의 통화 운영 예산보다 훨씬 많을 가능성이 높다. 따라서 실물 지폐에서 생산과 유통 비용이 낮은 디지털 화폐로 전환해도 증가하는 시뇨리지 수입은 많지 않을 것이다.

따라서 중앙은행이 발행한 디지털 화폐가 시뇨리지 수익에 미치는 영향은 발행 비용보다 중앙은행 화폐에 대한 수요와 금리의 효과에 좌우된다. 중앙은행이 발행한 화폐가 민간 결제 시스템에 의한 교환수단으로 대체된다면, 실물 혹은 디지털 형태의 중앙은행 발행 화폐에 대한 수요는 확실히 낮아질 것이다. 그러나 어떤 경우든 시뇨리지는 중앙은행이 CBDC 발행을 고려할 때 큰 역할을 하지 않을 것이다. 대부분의 중앙은행이 보고하는 시뇨리지 수입이 많지 않기 때문이다. 준비통화를 발행하는 중앙은행의 경우도 마찬가지다.

예를 들어 유럽중앙은행의 시뇨리지 수익은 2019년에 무시할 수 있을 정도로 낮았다. 전체 유로 지폐의 약 8%를 차지할 뿐이었는

데(나머지는 유로존 국가의 중앙은행들이 발행), 그 이유는 유로존 핵심 국가의 금리가 매우 낮았기 때문이다. 2019년 캐나다 중앙은행은 시뇨리지 수입으로 운영비를 충당하고 매년 약 10억 캐나다 달러를 정부에 이체할 수 있다는 추정을 내놓았다. 잉글랜드은행은 2020 회계연도 순 시뇨리지 수입이 5억 5,500만 파운드라고 보고했다. 이 모든 금액은 중앙은행 통화가 디지털 형태이기 때문에 발행의 한계비용이 0에 가까워진다고 해도 약간 더 커질 뿐이다.

복지 정책에 활용되는 스마트 머니

정부의 선의로 문제가 해결되기보다 때때로 더 많은 문제가 발생할 수 있고, 인간의 행동에 의해 혼란에 이를 수도 있다. 어린 시절 중산층인 우리 집과 비슷한 인도의 다른 중산층 가정은 쌀과 설탕 배급 카드를 받았다. 이는 정부가 국민에게 이미 보조금이 포함된 가격으로 생필품을 공급하는 방식이었다. 모든 제품의 가격을 낮게 유지하면 생산자의 제품 공급 유인이 감소한다. 정부는 생산자에게 생필품에 대한 최저 가격을 보장하고 이후 소비자에게는 더 낮은 가격으로 상품을 공급함으로써 이런 문제를 해결하려 했다. 빈곤층과 중산층을 돕겠다는 의도로 시행된 이 정책은 표를 모으는 데는 좋았지만 정부 재정을 갉아먹었다. 게다가 갖가지 부패를 낳았다. 배급 카드를 나눠주는 담당 공무원은 뇌물을 받았고, 집권당의 노동자들은 더 쉽게 카드를 얻었으며, 상인들은 공급량의 일부를 사재기해서 더 높은 가격을 받고 공개시장에 넘겼다. 이런 부패로 생기는 '누수' 현상은 빈곤층 지원을 위한 프로그램들에 드는 비용이 대상으로 삼은 수혜자가 받는 혜택보다 훨씬 더 많이 든다는 것을 의미했다.

인도 정부는 이런 문제를 해결하기 위해 현금 이체로 방법을 전환했다. 정부는 특정 제품에 보조금을 지급하는 대신 국가 식별 번호와 해당 번호에 연결된 은행 계좌를 사용해 현금을 지급한다. 이 방법으로 정부는 비용을 덜 쓰고 수혜자는 더 유익한 혜택을 받으며 제품 시장은 더 효율적으로 운영되는 것으로 밝혀졌다.

다만 한 가지 애로사항이 있다. 가장이 지원금을 가족을 먹이는 데 사용하지 않고 술을 마시는 데 사용하지 않도록 감시해야 한다는 것이다. 은행 계좌에서 제한 없이 현금을 인출할 수 있다면 이를 모니터링하기가 어려울 것이다. 이런 문제에 직면한 것은 개발도상국만이 아니다. 미국에도 빈곤선 이하인 사람들을 지원하기 위해 고안된 푸드 스탬프 프로그램Food Stamp Program이 있다. 정부는 푸드 스탬프를 다른 용처에 사용하는 것을 금지해 오용을 막는다. 소매업체는 승인된 식품을 결제할 때만 푸드 스탬프를 받을 수 있다.

디지털 스마트 머니는 이런 많은 문제를 해결할 수 있다. 정부는 저소득층에게 제공하는 특정 단위의 화폐를 승인된 가맹점에서 특정 상품 코드가 있는 상품에만 사용할 수 있도록 지정할 수 있다. 이 기능은 디지털 화폐에 쉽게 내장할 수 있고 필요하다면 실시간으로 수정할 수도 있다. 예를 들어, 특정 우편번호에 거주하는 개인이 허리케인이 발생했을 때 식료품 외에 청소용품을 구입하는 데에 할당된 돈을 사용할 수 있도록 허용하는 것이 가능하다.

중앙은행 화폐에는 통화정책 목표를 달성하는 데 더 효과적인 다른 기능들도 있다. 헬리콥터 드랍으로 CBDC 계좌에 넣는 돈에 특정 유형의 지출만 허용하는 지출 조건을 붙일 수 있는 것이다. 예를 들어 전통적인 형태의 경기부양책(저금리 포함)에 대한 반응이 제한적인 것으로 드러난 경기 침체기라면, 경제활동을 더욱 촉진하기 위해 CBDC 계좌로 이체되는 돈을 내구재에 써야 한다는 조건을 붙일 수도 있다. 또한 이런 송금에 만기일을 지정해 저축보다는 소비를 장려할 수도 있다.

이런 것 모두가 정책적 관점에서는 매우 좋은 일이지만, 동시에 상당히 위험하기도 하다. 디지털 화폐가 경제적 성과와는 무관한 사회 공학social engineering(사람과 사람 사이에 존재하는 기본적인 신뢰를 바탕으로 사람을 속여 공격하거나 원하는 정보를 취득하는 행위-옮긴이)에 사용될 수도 있다. 디지털 화폐 형태로 전달되는 경제적 지원금을 술이나 마약 구매에 사용할 수 없도록 강제하는 것과, 공식 디지털 화폐를 탄약, 피임약, 음란물 구매에 사용하지 못하게 하는 것은 전혀 다른 문제다.

선행은 정책 입안자의 관점에 좌우되고, 스마트 머니는 중립적인 교환수단으로서의 역할 대신 특정 사회적, 정치적 목적을 촉진하는 수단으로 쉽게 변질될 수 있다. 이것은 특히 독재 정부가 있는 국가에서 문제가 된다. 하지만 지난 몇 년 동안 자유민주주의 국가들도 기존의 규범 붕괴를 겪었고 따라서 프로그래밍이 가능한 디지털 화폐가 정치적, 사회적 어젠다와 어긋나는 것을 막는 적절한 안전장치가 부족할 수 있다.

고려해야 할 기술적 문제도 있다. 프로그래밍이 가능한 화폐로 인해 중앙은행 화폐는 단위마다 가치가 달라질 수 있고, 이로 인해 그것이 거래되는 2차 시장이 등장할 수 있다. 유효기간이 있는 중앙은행 화폐 단위는 유효기간이 없는 화폐 단위보다 가치가 낮을 것이다. 다양한 소비 욕구가 있는 가계가 이런 화폐의 거래에 나설 수 있다. 이 시나리오는 통화정책을 복잡하게 만들 뿐만 아니라 안정적이고 안전한 가치저장 역할을 하는 중앙은행 화폐에 대한 신뢰를 약화할 수 있기 때문에 혼란을 조장한다.

비위생적인 현금

2020년 2월에 코로나19가 중국 전역에 급속하게 확산되자 중국 정부는 어려운 상황에서도 상업 활동을 가능한 한 원활하게 유지하기 위해 다양한 조치를 취했다. 감염병의 진원지인 후베이성과 전국의 주요 대도시가 봉쇄되었고, 정부는 사람들이 모이는 것은 물론이고 집 밖으로 나가는 것까지 금지했다. 이런 혼란의 와중에도 기본적인 상거래 기능은 계속 이어져야 했다. 최소한 식료품은 구입할 수 있어야 하기 때문이다. 우발적인 접촉을 통해서도 바이러스가 확산될 수 있다는 두려움이 팽배했다. 다행히 대부분의 중국인은 대면 거래에서도 전자 리더기 앞에서 휴대전화를 흔들기만 하면 물건을 구입할 수 있었다.

중앙은행은 현금을 다룰 때 바이러스가 확산될 것을 우려해 지방 간 지폐 이전을 중단하고 전염병의 영향을 가장 심하게 받는 성 내에서는 현금 이전도 제한했다. 또한 은행은 수령한 모든 지폐를 자외선이나 고온으로 소독한 후 14일(바이러스 잠복기) 동안 보관해야 했다. 이렇게 소독된 '위생적인 화폐'만 다시 유통될 수 있었다. 중국 중앙은행 광저우 지점은 거기에서 더 나아가서 현금 거래의 안전을 보장하기 위해 병원, 웨트 마켓wet market(신선한 생선과 육류, 농산물을 파는 재래시장-옮긴이), 버스에서 수거한 모든 지폐를 폐기하겠다고 밝혔다.

2월과 3월에 아시아의 다른 지역으로 바이러스가 확산되자 미 연준은 아시아 국가에서 받은 달러 지폐를 7~10일 동안 격리한 후 유통시키기 시작했다. 미 연준이 감염률이 높은 일부 지역에서 현금 유통을 중단시킬 수 있다는 관측이 나왔지만 실현되지는 않았다.

현금을 통한 바이러스 전파에 대한 우려는 실체가 전혀 없지는 않았지만 실제로는 심리적인 요인에 의한 것이 컸다. 코로나19 발생 이전, 뉴욕대학교 연구팀은 미국 달러 지폐 표면에 평균 약 3천 종의 박테리아가 있다는 것을 발견했다. 하지만 현금을 통해 코로나19가 전파되었다는 증거는 거의 없다. 그럼에도 불구하고 2020년 5월에 캐나다 중앙은행은 공개 성명에서 "SARS-CoV-2 COVID-19가 몇 시간에서 며칠 동안 물건 표면에 달라붙어 있을 수 있으며, 여기에는 경화도 포함될 수 있다"라는 한 토론토 의사의 말을 인용했다. 캐나다에서는 몇 년 전부터 폴리머polymer라는 고분자화합물로 만든 지폐를 유통했기 때문에, 중앙은행은 "추가적인 안전 조치를 원하는 사람이라면 습기에 강한 폴리머 지폐를 약간의 비누와 물로 닦을 수 있다"라고 설명했다. 이는 중앙은행이 돈 '세탁'을 장려하는 유일한 사례일 것이다!

이 이야기는 현금의 유형성이 특정 상황에서는 이점이 될 수 있지만 단점이 될 수도 있다는 것을 보여준다.

CBDC의 단점

모든 혁신이 그렇듯이, CBDC를 사용하면 여러 혜택을 누릴 수 있지만 그만큼 단점도 있다. 이런 사안들은 대부분 한 국가의 금융 시스템과 사회 전반에 대한 정부의 바람직한 개입 수준에 대한 고려와 관계가 있다.

혁신 억압

원칙적으로 소매 CBDC는 중앙은행이 결제 인프라에 대한 예비 수단을 제공해 금융 안정성을 촉진하면서도 민간 부문의 혁신을 억제하지 않을 때 그 균형을 잡는 데 유용하다. 그러나 이 두 가지 목적을 모두 달성하는 대체 전자결제 인프라를 구축하는 것은 간단한 일이 아니다.

중앙은행에는 민간 부문과 다른 확실한 이점이 있다. 다른 영리 기업과 마찬가지로 중앙은행도 운영을 통해 이익을 얻거나 손실을 볼 수 있으며 대차대조표를 가지고 있다. 하지만 둘은 이런 측면에서만 유사할 뿐이다. 중앙은행은 손실을 보더라도 운영 자금 조달에 대해 걱정할 필요가 없다. 돈을 찍어내면 되니까 말이다! 이론상으로는 지불 불능 상태의 대차대조표를 가지고 있을 수 있다. 하지만 부채가 자산을 초과해 순자산이 마이너스가 되더라도 중앙은행은 돈을 찍어내고 계속 기능할 수 있기 때문에 이 역시 문제가 되지 않는다. 모든 중앙은행의 배후에는 세금 부과의 권한을 가진 정부가 있기 때문에 시간이 지나면 여기에서 창출한 수입으로 중앙은행의 대차대조표를 정상화할 수 있다. 따라서 장기적으로 중앙은행은 그 어떤 민간 금융기관보다 안전하다. 기관의 규모나 대차대조표의 건전성과 관계없이 말이다.

정부의 자원이 뒤에 있으며 단기적인 손실을 걱정할 필요가 없다는 사실은 비용의 관점에서 중앙은행이 다른 결제 플랫폼을 약화시킬 여력이 있다는 것을 의미한다. 중앙은행이 결제 플랫폼 홍보에 열을 올리지 않더라도 잠재적 규모와 대중의 신뢰 측면에서 중앙은행이 가진 막대한 이점은 아직 요람기에 머물고 있는 민간 부문의 결제 혁신을 억누를 수 있다. 중앙은행과 같은 거대 기관이 금융 시스템의 모든 영역에서 움직이고 있다는 사실만으로도 잠재적인 신규 진입자는 좌절할 수 있다. 이는 중앙은행과 같은 공공기관이 민간 부문이 완벽하게 해낼 수 있는 일에까지 나서야 하는지에 대한 정책 논쟁을 떠올리게 한다. 따라서 CBDC에 관해서는 경제 내에서 국가의 적절한 역할에 대한 까다롭고 불가피한 의문이 생겨날 수밖에 없다.

은행의 탈중개화

중앙은행은 소매 CBDC 계좌에 이자를 지급할 수 있다. CBDC가 어려운 시기에 마이너스 이자율을 적용할 수 있다면 평상시에는 플러스 이자율을 제공할 수도 있을 것이다. 이렇게 되면 CBDC는 은행 예금과 직접 경쟁을 벌이게 되고, 결국 상업은행의 생존을 위협할 수 있다. 중앙은행가들은 상업은행 업무, 특히 경제 내의 신용 배분과 같은 부담을 떠맡는 것을 극도로 싫어한다. 필연적으로 그리고 빠르게 정치적 압력에 노출되기 때문이다. 따라서 이자를 주는 CBDC 계좌는 바람직하지 않으며, 만들어질 가능성이 매우 낮다.

일부 중앙은행은 자국 통화의 가치에 대한 신뢰 부족으로 자국민과 기업들이 자국 통화로 거래하도록 유도하는 데 어려움을 겪고 있다. 이런 국가에서는 자국 통화 대신 미국 달러와 같은 외화를 사용하는 경우가 많다. 신뢰가 부족한 이런 중앙은행은 이자를 지급하는 CBDC를 사용해 교환수단과 가치저장 역할을 하는 통화의 매력을 높일 수 있지 않을까? 하지만 중앙은행의 절박함을 나타내는 이런 접근방식은 통화에 대한 신뢰를 불러일으키기는커녕 단기적으로 국가 은행 시스템에 고난을 가중할 수 있다.

간단히 말해, 이자 지급형 CBDC는 찬성에 대한 적절한 논거도 반대에 대한 건전한 논거도 많지 않다. 은행을 위협하기 위해 CBDC에 이자를 붙일 필요는 없다. CBDC의 이자율이 플러스가 되지 않아도 계정 기반 CBDC의 존재 자체로 은행 시스템에서 예금의 이탈을 촉발하는 상황이 될 수 있기 때문이다.

뱅크런의 위험

뱅크런bank run은 예금자들이 은행에 대한 신뢰를 잃고 서둘러 예금을 인출할 때 발생한다. 이런 예금 '도주'에 직면한 상업은행은 곧 준비금이 고갈되면서 문을 닫아야 하는 상황을 맞는다. 은행에 대한 신뢰 상실은 은행의 재무 상태에 대한 새로운 정보 혹은 경우에 따라 잘못된 정보에 의해 촉발될 수 있다. 은행의 지급 능력에 대한 근거 없는 소문으로 뱅크런이 촉발된 역사적 사례들이 있다. 은행이 보유한 준비금으로 예금의 일부만 충당할 수 있고, 자산은 단기간에 회수하거나 청산할 수 없는 대출로 되어 있기 때문에, 은행에 대한 신뢰 상실은 실패와 관련된 자기충족적 예언이 될 수 있다. 게다가 부실 은행의 실패로 예금자는 다른 은행의 재무 상태에 대한 두려움을 느끼게 되므로 한 은행의 실패가 국가 전체 은행 시스템에 대한 위협이 될 수 있다.

현재 대부분의 주요 경제국에서는 보통 정부기관이 관리하는 예금보험제도가 개별적 뱅크런과 시스템적 뱅크런을 미연에 차단하고 있다. 미국에서는 연방예금보험공사가 예금자 1인당, FDIC 보험에 가입한 은행 하나당, 소유권 범주별로 최대 25만 달러까지 예금을 보장한다. 예금자는 은행이 파산하더라도 자신의 예금이 보호된다는 사실을 알고 있으므로 한꺼번에 예금을 인출해달라고 아우성을 치는 뱅크런의 가능성은 낮아진다.

상업은행이 예금보험의 보호를 받는 나라에서도 중앙은행이 관리하는 CBDC 계좌가 상업은행 예금보다 더 안전한 것으로 인식될 가능성이 크다. 정당한 것이든 아니든 금융 공황이 경제를 휩쓸고 있는 상황을 생각해보자. 이런 상황에서 예금자는 폭풍이 지나갈 때까지 모든 자금을 은행에서 빼내 CBDC 계정으로 옮겨두는 것을 선호할 수 있을 것이다. 상업은행에 예치한 예금이 보험으로 보호되고 CBDC 계정에는 이자가 지급되지 않는데도 예금자가 이렇게 하는 이유는 무엇일까?

신중함의 문제일 수도 있다. 대기업이나 부유한 개인 등 거액 예금자가 특정 은행에 예치한 예금은 보통 예금보험 한도를 넘기기 때문에 이들은 은행 파산으로 인한 손실을 피하기 위해 은행에서 돈을 옮길 수 있다. 소액 예금자에게는 다른 걱정이 있다. 대규모 경기 침체기에 여러 은행이 동시에 파산하면 은행이 낸 보험금으로 조성된 예금보험기금이 고갈될 수 있다. 특히 공공 부채가 많고 재정적자 규모가 큰 경제에서는 정부자금 조달이 어렵거나, 아니면 자금 조달에 상당한 시간이 걸릴 수 있다. 이런 상황에서 중앙은행에 자금을 안전하게 맡기고 대신 이자를 받지 못하는 것은 사소한 일일 수 있다.

중앙은행 계좌가 널리 보급되면 금융 공황이 발생했을 때 상업은행에서 돈이 대량으로 이탈해 은행 시스템을 무너뜨릴 수 있다. 따라서 특정 상황에서는 중앙은행 디지털 화폐의 존재 자체가 오히려 그것이 피하려고 했던 금융 불안정성을 초래할 수 있다.

프라이버시 보장 문제

밀레니얼 세대, 더 위로는 Z세대까지 젊은 세대의 구성원들은 개인정보 보호, 즉 프라이버시라는 개념 자체를 포기한 것처럼 보인다. 스마트폰은 그들의 모든 움직임을 추적하며, 사실상 그들의 모든 개인 및 금융거래는 디지털 흔적을 남긴다. 오늘날 10대들은 프라이버시에 대한 기대가 전혀 없는 세상에서 성장하고 있으며, 사회적 연결을 유지하기 위해 얼마 남지 않은 프라이버시까지 기꺼이 내놓는 경우가 많다. 나이 든 세대(현세대를 포함한)는 정부나 민간 기업 모르게 친구에게 커피 한 잔을 사줄 수 없다는 사실이 상당히 거슬릴 수 있다. 이런 무해하고 합법적인 거래에서는 프라이버시가 큰 문제가 되지 않으며, 그 정도의 대가는 불법적인 활동을 음지에서 끌어냈다는 것만으로도 충분히 상쇄된다고 주장할 수도 있다. 고객이 원하는 프라이버시 보호와 정부가 불법 상거래를 막기 위해 원하는 투명성 사이에서 행복한 균형을 이룰 수 있는 기술이 반드시 존재할 것이다.

이론상 CBDC는 신원 프라이버시(거래 당사자의 익명성) 및/혹은 거래 프라이버시(거래의 성격과 금액의 기밀성)의 조합을 구성할 수 있다. 새로운 기술을 이용하면 소매 CBDC 사용자의 개인 정보를 어느 정도 보호하면서도 의심스러운 거래에 대한 감사가 가능하다. 하지만 이런 도구도 결국은 신기루로 판명될 수 있다. 이런 도구는 암호화폐와 동일한 기술적 취약성을 지니며, 사용자의 개인정보 보호를 보장하기 어려운 것으로 판명되었다.

스웨덴 중앙은행은 디지털 화폐가 단순한 가치 기반 형태를 취한다고 해도 e-크로나를 사용한 모든 거래를 추적할 수 있다고 경고하고 있다. 릭스방크의 한 보고서에는 다음과 같은 내용이 담겨 있다.

"기술적으로 완전한 익명성과 무결성을 제공하는 것은 불가능하다. 익명으로 사용할 수 있는, 즉 결제자가 결제 시 신원을 밝히지 않고도 사용할 수 있는 가치 기반 e-크로나를 구축하는 것은 기술적으로 가능하다. (…) 하지만 e-크로나는 완전히 익명으로 사용할 수 있는 솔루션이 아니다. 디지털 형식이어서 결제에 사용하면 항상 추적이 가능한 데다 자금세탁방지법Money Laundering Directive에 명시된 추적성 요건도 충족해야 하기 때문이다. 전자결제에 카드를 사용하는 경우 이런 방식으로 항상 구매자를 추적할 수 있다."

따라서 한편에는 개인정보 보호와 투명성이, 다른 한편에는 결제의 속도와 효율성이 자리하는 불가피한 상충관계가 생긴다. 이런 이해관계를 반영하듯, 최근 유럽중앙은행의 설문조사에서 유로 지역 거주자들은 디지털 유로화의 다른 기능들보다 프라이버시 보호를 훨씬 더 중요시하는 것으로 나타났다.

정부는 중앙은행이 불법적인 디지털 결제를 촉진할 수 있는 CBDC를 발행하는 것을 꺼릴 것이다. 따라서 CBDC 디자인을 선택할 때 거래의 추적성과 감사 가능성을 보장하는 방향으로 기울 가능성이 높다. 간단히 말해, CBDC가 현금을 대체한다면 상거래에서 익명성의 흔적은 사라질 것이다.

현금을 대체하는 CBDC 도입의 이점에는 상당한 대가(민간 혹은 정부가 관리하는 전자결제 시스템을 통해서만 거래가 중개될 경우, 상업 거래에서 프라이버시를 보호할 수 없게 되는 등)가 따를 것이다. 분명 정부나 중앙은행에는 익명성을 보장하는 교환 및 결제 수단인 현금을 대중에게 제공해야 할 법적 의무가 없다. 그러나 이런 논의는 모든 사회가 소매용 CBDC로 현금을 대체하는 것을 고려할 때 경제적, 기술적 측면 외에 깊이 생각해야 할 중요한 일련의 고려 사항이 있음을 강조한다. 이것이 바로 중앙은행들이 CBDC를 현금의 대체 수단이 아닌 보완하는 수단으로 제시하는 또 다른 이유이기도 하다.

현금 옹호론

현금 사용을 보존하는 것은 불행한 결말이 예정된 프로젝트, 피할 수 없는 진보를 훼방하는 프로젝트처럼 보인다. 그러나 이런 관점은 전자 형태의 화폐와 현금을 중요한 방식에서 구별하는, 현금의 심리적 측면을 무시하는 것이다. 실체적 현금은 휴대전화나 컴퓨터 화면에서 보는 추상적 은행 잔고와는 다른 감정적 반응을 유발한다. 스페인 중앙은행의 한 관계자는 이를 이렇게 표현한다. "거의 언급되지 않는 현금의 독특한 특징이 있다. 인간 본연의 성격과 인간 행동의 순전히 감정적인(비이성적인?) 요소와의 연관성이다. (…) 현금에는 감정 그리고 깊고 원시적인 인간의 정서와 연결되는 특성이 있다."

현금을 보존하고자 하는 것은 전통주의자나 러다이트Luddite(신기술 반대자, 본래는 영국에서 산업혁명이 초래할 실업의 위험에 반대해 기계를 파괴하는 등 폭동을 일으킨 직공을 말한다-옮긴이)만이 아니다. 현금 옹호론의 배후에는 여러 가지 어젠다가 있다.

자유를 보장하라

자유주의자들은 정부의 개입이 개인의 자유와 사생활을 위협할 수 있다고 우려하기 때문에 CBDC가 개방된 민주사회의 기본 신념을 위험에 빠뜨릴 수 있다고 주장한다. 한 가지 논거는 현금이 법에는 저촉될 수 있지만 그럼에도 복지를 향상하는 활동에 사용된다는 것이다. 이들은 높은 세율이 생산성을 떨어뜨리고, 특정 규제는 오로지 지대추구 행위를 보호하거나 뇌물을 요구하는 규제당국의 권력을 강화하기 위해 존재한다고 주장한다. 지하에 있지만 유익한 경제활동을 막음으로써 발생하는 잠재적 손실이 현금을 제한함으로써 얻을 수 있는 수익 증가라는 이점보다 압도적으로 높다고 보는 것이다. 인도 거리 어디에나 있는 노점상들은 거의 전적으로 현금 거래만을 하기 때문에 세금을 내지 않고 규제도 거의 받지 않지만, 분명히 필수적인 서비스를 제공하고 있다. 이런 상황에서는 정부가 이런 활동이 음지에서 지속될 수 있는 수단을 계속 제공해야 한다고 주장하기보다, 세금과 규제 시스템의 구조 재편을 통해 이런 합법적인 활동을 공식화하는 조치를 취해야 한다고 요구해야 할 것이다.

자유주의자들은 더 넓은 관점에서 현금이 사람들이 "유해하거나 그릇된 정부의 개입을 피하는 데 도움이 될 뿐만 아니라 간접적이지만 효과적인 방법으로 정치적 우려를 표현하는 데에도 유용하다"라고 주장한다. 이런 관점을 가진 경제학자, 제프리 험멜Jeffrey Hummel은 미국에서 금주령의 폐지나 마리화나의 합법화는 현금을 통한 일상적인 규제 회피가 없었다면 불가능했을 것이라고 주장한다. 다시말해, 현금을 이용해 특정 법률을 광범위하게 회피할 수 있으므로 궁극적으로 해당 법률을 실행 불가능하게 만들거나 적어도 해당 법률을 폐지할 수 있을 정도의 정치적 압력을 만들어낸다. 그는 현금이 인신매매와 같은 어두운 활동을 부추길 수 있다는 점을 인정하면서도 "억제하려는 행위가 아무리 개탄할 일이라도 거의 모든 국민에게 무차별적으로 영향을 미치는 극단적인 정부 조치의 부과에 대해서는 대단히 주의를 기울여야 한다"라고 언급한다.

전 중앙은행 관계자 제임스 맥앤드루스James McAndrews는 "콘돔이 정욕을 부추기지 않고 깨끗한 주사 바늘이 중독을 유발하지 않는 것처럼 현금은 범죄를 부추기지 않는다"라고 주장한다. 그는 고액권 현금을 없애면 범죄 행위의 성격이 바뀔 뿐만 아니라 현금 대신 불법적, 합법적인 채무 상품이 대량으로 생겨나 합법적인 사업체도 그런 활동에 얽히게 된다고 설명한다. "이런 불법적이고 비밀스러운 부채로 부채 수단을 마련하고 집행하는 양쪽 모두 조직범죄의 개입이 필요해질 것이다." 다시 말해, 마피아가 새로운 형태의 화폐를 만드는 데 중심적인 역할을 할 것이며, 이 분야는 사실상 현금이 없는 경제에서 마피아의 새로운 사업 분야가 될 것이다. 이후에는 더 미묘한 주장이 나온다. 범죄와 부패는 전체적으로 감소할 수 있지만 조직범죄는 번성한다는 것이다. 범죄조직은 "합법적인 사업체를 종속시켜 채무 상품으로 사용될 부풀려진 송장을 작성하도록 해야 하고, 이에 아무 잘못이 없이 살았을 수도 있었던 많은 사람이 조직범죄의 희생양이 될 수 있다." 평범한 사람과 기업이 지하 세계의 활동을 돕는 데 빨려 들어가면서 폭력의 위협이 더 커진다는 것이다.

현금이 사라진 세계에 대한 이런 종말론에 가까운 비전은 디지털 화폐가 빈곤층을 돕고, 탈세와 특정 형태의 범죄를 막고, 더 효율적인 경제적 상호작용을 촉진할 것이라는 개념과 반대된다. 자유주의적 입장에서의 아이러니는 중앙은행에 사실상 정부의 법과 규제 집행 능력을 약화할 수단(현금)을 제공하라고 요구하고 있다는 점이다. 이는 정부가 도로를 건설하고 속도 제한이나 기타 도로 규칙을 시행하는 것이 개인의 자유를 침해할 수 있으니 운전자들 스스로 법을 만들게 두라는 것과 다름이 없다.

현금을 포기하면 빈곤층에 해가 된다

생각해볼 만한 또 다른 흥미로운 아이러니가 있다. 현금에서 디지털 결제로의 전환은 신흥시장과 개발도상국의 금융 포용성을 개선하는 방법으로 여겨진다. 동시에 이런 국가들과 일부 선진국에서는 일상적인 거래에서 현금을 받아들이는 비율이 줄어들면서 빈곤층이 불리한 조건에 놓인다고 우려하고 있다. 심지어 미국과 같은 부유한 국가에서도 2017년까지 경제적 취약 계층의 성인 약 6,300만 명이 은행 서비스를 이용하지 않거나 이용하지 못하는(전당포나 소규모 대출업자와 같은 비전형적 금융 서비스 제공업체에 의존하는) 것으로 드러났다. 디지털 결제 시스템이 교환수단인 현금을 밀어낼 경우, 은행 서비스를 이용하지 않거나 이용하지 못하는 이들 인구는 노인과 같은 특정 인구 집단과 함께 일상적인 거래에서 불리한 위치에 놓일 수 있다.

은행 서비스를 이용하지 않는 가구와 빈곤 가구는 현금을 주된 결제 수단으로 사용한다. 현금은 무료로 제공될 뿐만 아니라 검증이 용이하고 광범위하게 수용된다는 장점이 있다. 현금은 사용하기 위해 금융 중개업체에 계좌를 개설할 필요가 없다. 반면에 직불카드와 신용카드를 발급받으려면 빈곤층은 큰 장애물을 넘어야 한다. 또한 이런 카드는 사용 비용이 더 비싸고 관리하기가 더 어려울 수 있다. 은행 서비스를 이용하지 않는 가구와 빈곤 가구에 직불카드와 신용카드는 현금에 비해 현실적인 대안이 되지 못할 것이다.

2020년 1월에 현금 없는 경제로 가고자 하는 움직임에 고삐를 죄기 위한 전국적인 운동의 일환으로 뉴욕시의회는 식당, 상점, 소매업체의 현금 거부를 금지하는 법안을 승인했다. 코네티컷주, 뉴저지주, 로드아일랜드주와 버클리, 필라델피아, 샌프란시스코시에서도 2019년에 유사한 금지 조치를 승인했다. 매사추세츠주에서는 1978년부터 "상품과 서비스를 제공하는 소매업체는 구매자에게 해당 상품과 서비스 구매에 신용카드를 사용하도록 요구함으로써 현금 구매자를 차별해서는 안 된다"라고 하는 법안을 시행하고 있다. 워싱턴 DC 시의회도 2020년 12월에 유사한 법안을 통과시켰다. 코네티컷주의 법안에서는 거래의 익명성이 중요한 또 다른 이유를 언급했다. "현금 수취 거부는 가정폭력 피해자에게 피해를 준다. 학대자는 피해자의 재무 행동을 통제하기 위해 신용카드 구매를 추적하고 모니터링하기도 한다."

연방 차원에서는 2019년 5월에 미국 하원에서, 2020년 7월에는 미국 상원에서 초당적인 지지를 받고 결제수단선택법Payment Choice Act이 도입되었다. 이 법안은 소매점에서 상품이나 서비스를 판매하는 사람이 현금 결제를 거부하거나, 그런 취지의 표지판이나 공지를 게시하거나, 다른 결제 수단이 아닌 현금으로 결제하는 고객에게 더 높은 가격을 청구하는 것 등을 모두 불법으로 규정한다.

현금이 사실상 사라지면서 발생하는 문제에 대한 이런 우려는 부유한 나라와 가난한 나라를 가리지 않는다. 그중 대표적인 것이 7장에서 논의하게 될 디지털 화폐를 설계하고 있는 중국 중앙은행의 사례다. 중국인민은행은 디지털 화폐 설계에 노력을 기울이는 동안에도 현금이 여전히 독자 생존 가능한 교환수단으로 남을 수 있도록 조치를 취하고 있다. 하지만 현금의 장점에 대해 논의하는 과정에서 현금 거래에 비용이 많이 들고 보안 위험이 높으며 직원의 도난이나 사기에 취약하다는 것도 생각해보아야 한다. 모든 사람이 현금의 종말을 슬퍼하지는 않을 것이다. 시대가 종말론적 분위기로 바뀌지 않는 한 말이다.

비상사태를 대비해 현금이 필요하다

미국 국토안보부Department of Homeland Security 웹사이트에는 비상사태 및 재난 대비에 관한 내용이 있다. 재정적 대비 부분에는 "소량의 현금을 집 안의 안전한 곳에 보관하라. 재난 시 필요한 물품, 연료, 식료품을 구입해야 할 경우 ATM과 신용카드가 작동하지 않을 수 있으므로 소액 지폐를 소지하는 것이 중요하다"라고 적혀 있다.

현금의 매력은 거래를 완료하는 데 전기와 기술이 필요치 않다는 점이다. 결정적으로, 자연재해나 정전으로 전력이나 통신이 끊기면 현금만이 필수품을 살 수 있는 유일한 수단이 될 수 있다. 스웨덴 중앙은행 총재 스테판 잉베스Stefan Ingves는 인터뷰에서 사이버 공격이나 디지털 네트워크 장애의 위험을 언급하면서 "정전이 되고 심각한 문제가 발생했을 때 실물 현금으로 돌아갈 수 있도록 탈출구로 충분한 실물 현금을 확보해두어야 한다"라고 말했다.

미국에서 활발한 온라인 커뮤니티를 형성하고 있는 재난 대비 생존주의자survivalist(전쟁 등의 위험에서 살아남기 위해 대비하는 사람-옮긴이)들은 현금 보유의 미덕에 대해 의견이 나뉘고 있는 듯하다. 생존주의자들은 최악을 상상하는 성향에 따라 자연재해뿐만 아니라 침략, 봉기, 각종 종말, 무정부 상태도 심각한 위험으로 간주하는 것 같다. 이들은 이런 재난에 대한 적절한 대응을 두 가지 범주로 나누는 경향이 있다. 첫째, '버깅 인bugging in'은 집이나 가까운 대피소에 머무르는 것을 말한다. 그에 반해 '버깅 아웃bugging out'은 일반적으로 위협과 거리를 두기 위해 집을 떠나는 것을 의미한다. 후자의 시나리오와 관련된 것으로는 통신 시스템 고장, 주유소의 긴 줄, 은행과 ATM의 폭도 등을 들 수 있다. 이런 웹사이트가 비관적으로 언급하는 것처럼 상황은 더 악화될 수 있다.

미국의 많은 생존주의 웹사이트에서는 금융 및 결제 시스템이 붕괴될 경우를 대비해 소액권 지폐를 1천 달러 정도 보관하라고 권고한다. 생존주의자들은 법과 질서가 무너졌을 때를 대비해 다각화와 같은 경제 개념을 강조한다. 인기 생존주의 웹사이트인 프레퍼저널Prepper Journal은 다음과 같이 강력하게 권고했다. "모든 돈을 어떤 형태로든 한곳에 보관하지 말라. (…) 일부는 바지 주머니에, 일부는 지갑에, 일부는 가짜 지갑에, 일부는 신발이나 다른 곳에 보관하라. 한순간에 모든 현금을 도난당하고 싶지는 않을 것이다. 현금을 보관하는 장소를 다각화하면 나쁜 사람이나 빡빡하게 흥정하는 사람에게 전 재산을 넘겨주는 것처럼 행동할 수 있다."

이 커뮤니티의 지적 지도자라고 불리는 일부 프레퍼들은 현금보다는 금과 은을 갖고 있으라고 제안한다. 안타깝게도, 이 커뮤니티에서 널리 언급되는 SHTFShit hits the fan(직역하면 배설물이 환풍기 안으로 들어가거나 날아다니는 상황, 즉 끔찍하고 위태로운 상황을 말한다-옮긴이) 시나리오라는 최악의 상황에서는 이런 귀중품은 생존과 관련해 즉각적인 효용이 없기 때문에 가치가 없을 것이다. 이런 상황에서는 총과 탄약이 갖고 있기에 가장 좋은 자산으로 간주된다. 많은 웹사이트에 생생하게 묘사되어 있는 이런 사회 붕괴 시나리오에서는 모든 형태의 전통적인 상거래와 정부에 대한 신뢰가 무너졌기 때문에 현금조차도 가치가 없을 수 있다. 한 웹사이트에서는 "현금이 왕"이라고 말하지만, 이는 단기적인 재난 상황에만 해당된다. 세계가 완전히 혼란에 빠진 경우에는 현금도 가치가 없기 때문이다.

굳이 전면적인 재난 시나리오까지 가지 않아도 어려운 상황에서는 현금의 장점과 한계를 충분히 확인할 수 있다. 애틀랜타 연방준비은행 관계자인 에이미 굿맨Amy Goodman은 2005년에 뉴올리언스를 강타한 허리케인 카트리나의 여파에서 현금이 보인 회복력에 대해 언급했다. "현금 덕분에 가까스로 위기를 모면했다. (…) 카드 거래가 처리되지 않았기 때문에 음식과 의약품에서부터 생활용품에 이르기까지 온갖 것을 구매하고 복구 작업을 시작하는 데에 현금이 유일한 수단이었다. 몇 주 동안 직불카드나 신용카드와 같은 전자결제 옵션은 물론이고 계좌이체와 같은 전자 송금도 사용할 수 없었다." 샌프란시스코 연방준비은행은 블로그 게시물을 통해 이 사태를 분석하고 "인생의 비상사태가 발생했을 때 현금은 꼭 필요한 수단"이라는 결론을 내렸다.

현금은 절약을 장려한다

합리적인 고객은 필요할 때 필요한 것을 구매하고, 자신의 재정 상황에 따라 구매를 최적화하며, 가장 저렴하고 효율적인 결제 수단으로 구매 비용을 지불한다. 소비자로서 자신의 행동을 잠깐만 생각해보면 완전히 이성적인 고객이란 허구의 존재라는 것을 알 수 있다. 매장의 분위기와 음악, 온라인 쇼핑 사이트가 제시하는 제품 선택 방식마저 구매 행동에 영향을 미치는 것으로 드러났다.

결제 방법도 소비 행동에 영향을 미친다. 여러 학술 연구에서 실험실의 실험 환경은 물론 실제 데이터를 바탕으로 현금 사용이 충동구매를 억제하는 경향이 있는 반면, 직불카드와 신용카드 기타 디지털 결제 방식은 충동구매를 장려한다는 결론을 내렸다. 더구나 고액의 실제 거래와 관련된 연구에서는 현금 대신 신용카드를 사용하라는 지시를 받은 고객의 지불 의향이 눈에 띄게 증가한 것으로 나타났다.

이는 고객이 구매를 감당할 수 있는 충분한 소득이 있는 경우(단순히 수입을 초과하는 구매를 위해 신용카드를 사용하는 것이 아닌 경우)에도 마찬가지다.

한 연구에서는 2016년 인도의 폐화 정책 이후 가계 지출 패턴을 조사했다. 인도 정부는 유통되는 화폐의 양과 가치에서 높은 비율을 차지하던 고액권 지폐를 일시에 없애버렸다. 정부가 수요를 충족할 만큼 빠르게 새 지폐를 인쇄하지 못하자 상거래는 심한 혼란에 빠졌다. 이후 몇 주와 몇 달 동안 현금 공급이 증가했는데도 소매거래에서는 디지털 결제로 급격하고 비교적 빠른 전환이 나타났다. 이렇게 대부분의 지출에 현금을 사용하다가 디지털 결제로 전환한 가구는 월평균 지출이 몇 퍼센트 증가한 것으로 나타났다. 지출 증가를 설명할 수 있는 여러 다른 요인을 통제한 후에도 말이다.

몇몇 연구는 현금(수표와 함께)이 직불카드나 신용카드, 혹은 다른 형태의 전자결제보다 심리적으로 더 고통스러운 결제 수단이라고 지적한다. 특히 신용카드는 거래 '탈동조transactional decoupling'로 인해 구매 시 기꺼이 더 많은 금액을 지불하게 만든다. 신용카드는 돈을 쓰는 것과 관련된 심리적 고통 없이 상품과 서비스 구매를 통해 즉각적인 만족을 느끼게 해준다. 지급 기일은 며칠 혹은 몇 주 후에야 돌아오기 때문에 실제 결제는 긴 시간이 흐른 뒤 이루어진다. 그러나 현금으로 결제하면 구매의 비용과 이점을 더 즉각적으로 평가할 수밖에 없다. 즉 현금은 모든 구매, 특히 충동구매를 억제하는 효과가 있다. 하지만 경제활동을 장려하고 세수를 늘리기 위해 소비를 촉진하려는 정부가 소비자들의 현금 사용을 막는 것도 같은 이유에서다.

CBDC의 장단점 비교

이제 CBDC의 장단점을 따져보자. 소매 CBDC에는 여러 가지 이점이 있으며, 그중 일부는 설계에 좌우된다. 첫째, CBDC는 현금보다 거래 효율이 뛰어나 더 저렴하고 빠른 결제를 가능하게 한다. 둘째, 민간 부문이 관리하는 결제 시스템에 대한 후방 방어벽 역할을 맡아 신뢰 위기 시 결제 인프라의 붕괴를 막을 수 있다. 셋째, 저소득 가구와 인구 밀집도가 낮은 지역에 거주하는 사람이 디지털 결제는 물론이고 다른 금융상품과 서비스를 쉽게 이용할 수 있도록 도움으로써 금융 포용성을 높인다. 넷째, 통화정책에 대한 제로 금리 하한의 제약을 완화할 수 있는 잠재력이 있으며, (재정 이전에 의존하지 않고도) 중앙은행 자금의 헬리콥터 드롭을 더 쉽게 만든다. 다섯째, 비공식 경제 활동을 음지에서 끌어올려 과세 기반을 넓히고 탈세를 줄임으로써 정부의 세수를 늘린다. 여섯째, CBDC의 추적 가능성은 자금세탁이나 테러 자금 조달과 같은 불법적인 목적으로 CBDC가 사용되는 것을 어렵게 한다. 추가로, 중앙은행이 우선순위에 두는 사안은 아니지만, CBDC는 현금보다 더 높은 시뇨리지 수익을 창출할 수 있다.

특정 국가와 밀접한 관련이 있는 장점들도 있다. 역사적으로 높은 수준의 물가 상승률과 높은 명목금리를 경험한 대부분의 신흥경제국의 경우에는 제로 금리 하한이 통화정책에 실질적인 제약이 되기 어렵다. 그러나 이들 경제국에서도 더 많은 사람을 공식적인 금융 시스템에 연결한다면 금리 변화가 경제활동에 미치는 영향이 커지기 때문에 통화정책 전달이 개선될 수 있다.

선진경제국의 경우, CBDC를 통한 금융 포용성의 개선은 그리

내세울 만한 장점이 아닐 것이다. 선진경제국에서 CBDC 계정의 주요 이점은 통화정책에 대한 운영 제약을 일부 완화하고 특히 어려운 시기에 중앙은행 통화의 잠재력을 높이는 것 외에, 결제 시스템으로서 중앙은행 통화의 의미를 유지하는 데 도움을 주는 것이다. 그럼에도 미국과 같은 부유한 경제국에서조차 상당수의 가구가 은행을 이용하지 않거나 적절한 은행 서비스를 이용하지 못하고 있기 때문에, 선진경제국에서도 이런 인구 집단이 금융상품과 서비스에 대한 접근성 증가로 이익을 보게 될 것이다.

다른 주요 혁신이 그렇듯이, CBDC에도 몇 가지 단점이 있다. 한 가지 위험은 디지털 혹은 웹 기반의 모든 것이 해킹을 포함한 기술적 공격에 취약하다는 점이다. 이는 지폐의 광범위한 위조와 마찬가지로 중앙은행 화폐에 대한 신뢰에 영향을 줄 수 있다. 둘째 문제는 CBDC의 구조에 따라 정부가 결제 및 금융 서비스 제공에서 민간 부문과 직접 경쟁하게 될 수 있다는 점이다. 이는 민간 부문의 혁신을 저해할 수 있다. 셋째 위험은 CBDC가 방지하고자 하는 그 위험을 촉발할 수 있다는 점이다. 모든 가계와 기업이 중앙은행 계좌나 CBDC 디지털 지갑을 이용할 수 있게 될 경우, 금융 신뢰가 취약한 상황이 왔을 때 사람들이 CBDC 지갑을 안전한 피난처로 삼아 은행 계좌에서 돈을 빼내면서 은행 시스템의 붕괴를 촉발할 수 있는 것이다.

가장 큰 위험에 직면하는 것은 미묘하게 균형이 깨진 중앙은행일 수 있다. CBDC는 디지털 결제 방식이 대세가 되더라도 중앙은행 소매 화폐를 유의미하게 유지할 수 있다. 그러나 CBDC로 인해 중앙은행은 소매결제 서비스를 제공하는 민간 부문과 경쟁하거나, 더 극단적인 상황에서는 경제에서 신용을 배분하는 부분에서도 민간 부문과 직접 경쟁하게 될 수도 있다. 중앙은행이 CBDC를 이용한 부패, 자금세탁, 테러자금조달에 대응하기 위해 직접적으로 관여하게 되면 정부와 거리를 두기가 더 어려워진다. 더구나 CBDC로 인해 통화정책 도구함이 확장되면 정부 당국이 경제나 사회 정책의 측면에서 중앙은행에 더 큰 부담을 지우게 될 수도 있다. 이는 중앙은행이 핵심 기능을 이행할 때 그들의 독립성과 효율성이 훼손되는 결과를 가져올 수 있다.

나는 7장에서 CBDC를 실험 중인 중앙은행이 이런 위험을 완화하기 위해 어떤 노력을 하고 있는지 살펴볼 것이다. 이 책의 후반부(9장)에서는 CBDC, 더 넓게는 새로운 금융 기술로 통화정책 수행과 금융 안정성 유지를 하다가 생길 수 있는 몇 가지 추가적인 문제를 분석할 것이다.

디스토피아의 가능성

언젠가 사회는 모든 단점에도 불구하고 여전히 여러 장점이 있는 현금의 종말을 후회하게 될지도 모른다. 디지털 결제가 빠르게 표준으로 자리 잡으면서 현금 거래가 제공하는 익명성과 기밀성은 이미 과거의 일이 되었다. 디지털 기술의 수용에는 다른 비용도 따른다. 스마트폰은 이제 우리의 일거수일투족을, 어쩌면 모든 금융거래까지 추적하면서 우리 삶의 모든 측면으로 들어가는 관문이 되었다. 이제 이런 관문의 취약성은 모든 커뮤니케이션뿐만 아니라 사회적, 금융적 상호작용 전체가 세상에 노출될 혹은 정부에 의해 감시될 위험에 처해 있다는 것을 의미한다.

CBDC가 불러올 중요한 결과 중 하나는 상업 거래에서의 프라이버시가 사라질 가능성이 높다는 것이다. CBDC 발행을 고려하고 있는 각국 정부와 중앙은행이 반대 주장들을 내세우고 있음에도 모든 디지털 거래의 추적 가능성은 익명 거래에 중앙은행 자금을 사용할 가능성을 효과적으로 제거한다. 중앙은행이 익명 결제 메커니즘을 제공해야 할 의무를 느낄 이유가 없다는 것은 인정한다. 이것은 중앙은행의 법적 의무도 아니다.

국민의 활동을 더 쉽게 모니터링할 수 있다면 국가가 불법 상거래와 기타 불법 활동을 더 효과적으로 억제할 수 있다고 주장할 수 있다. 하지만 바로 이런 점이 위험을 초래한다. 독재 정부는 이런 강화된 감시 역량을 이용해 손쉽게 국민의 반대와 항의를 억누를 수 있다. 더 심각하게는, 민주 정부가 독재 쪽으로 방향을 전환해 통제를 강화하고 전통적으로 권력 집중에 대한 견제와 균형 역할을 해온 제도들의 전복을 시도할 수도 있다. 언론의 자유, 집회의 자유, 평화적 반대와 같은 기본적 권리들이 위협받을 수 있다.

스마트 머니라는 개념에도 불길한 측면이 있다. 정부에 사회 공학이나 기타 비도덕적 목적에 맞게 조정할 수 있는 도구를 제공하기 때문이다. 미국식 의미에서 종교적 혹은 보수적 방침을 따르는 정부라면 특정 제품 코드에 대해 CBDC를 사용하지 못하게 함으로써 중앙은행이 발행한 스마트 머니를 피임 도구나 대마초 구매에 사용하는 것을 차단할 수 있다. 마찬가지로 자유주의 정부는 CBDC를 무기나 탄약 구매에 사용하는 것을 막을 수 있다.

따라서 CBDC의 출현은 복잡한 법적, 사회적 문제를 야기한다.

효율성과 개인의 자유 사이의 균형을 찾는 것이 정부의 주요 과제가 될 것이다. CBDC 발행을 고려하는 모든 국가에서는 순수한 디지털 형태의 화폐와 결제 시스템으로 전환하며 발생한 프라이버시 손실이라는 문제에 대해 사회적 합의를 도출해야 할 것이다. CBDC에 프로그래밍 기능을 추가할 수 있는 가능성 때문에 (특히 권위주의 정부의 손에 들어갔을 때) 정치적, 사회적 통제의 도구가 될 수 있는 추가적인 문제가 생긴다.

이런 고려가 지나친 피해망상일 수도 있다. CBDC는 결국 디지털 도구일 뿐이다. 악의적인 정부가 디지털 화폐의 중립성을 왜곡하고 디지털 화폐를 국민을 겨냥하는 무기로 사용할 수 있다는 것은 터무니없는 생각 같기도 하다. 누군가가 사람들을 연결하는 디지털 플랫폼을 구축해서 가족과 친구들이 전 세계 어디에 있든 연락할 수 있게 만드는 것처럼 말이다. 그 플랫폼이 언젠가 잘못된 정보를 퍼뜨리고, 음모론을 조장하고, 민주주의를 전복하는 도구가 되고… 아, 이런.

7

중앙은행디지털화폐의 이륙

당신은 현실에게 흥미로워야 할 의무가 전혀 없다고 대답하겠지. 그럼 나는 현실은 그런 의무 없이도 잘 지내겠지만 가설은 그렇지 못할 것이라고 대답할 거야. 호르헤 루이스 보르헤스, 〈죽음과 나침반〉

You will reply that reality has not the slightest obligation to be interesting. I will reply in turn that reality may get along without that obligation, but hypotheses may not.

Jorge Luis Borges, *Death and the Compass*

화폐와 한 사회에서 화폐가 취하는 형태는 순수한 경제적 효율성의 문제인 만큼이나 사회적 규범의 문제이기도 하다. 부유한 기술 선진국이지만 여전히 현금을 광범위하게 사용하는 스위스를 예로 들어보자. 스위스 국민 1인당 유통되는 지폐와 동전의 금액은 다른 주요 경제국보다 상당히 높다. 스위스 사람들은 크든 작든 모든 거래에서 계속 현금을 사용하고 있다(코로나19 팬데믹으로 이런 행동이 변화하기 시작했을 수도 있지만). 스위스는 2016년에 소매업체가 고객의 신원을 확인하고 당국에 거래를 보고하는 요건을 따르지 않은 상태로 개인이 한 번의 구매에 사용할 수 있는 현금에 상한선을 도입했다. 자금세탁을 억제하려는 국제사회의 압박이 있었기 때문이다. 미국의 경우 이 한도는 1만 달러이고, 많은 유럽 국가의 경우 1천 달러에서 2만 달러 사이이며, 독일에는 한도가 없다. 스위스 입법자들의 논쟁이 활발하게 이루어진 뒤 많은 의원들이 돈을 제한 없이 사용할 수 있는 국민의 고유한 권리를 강하게 주장한 결과 스위스는 결국 상한선을 10만 스위스프랑(2021년 5월 현재 약 11만 달러)으로 정했다.

　일본은 여전히 현금 의존도가 상당히 높은 나라로, 1인당 유통되는 지폐의 금액이 주요 경제국 가운데 두 번째로 높다. 일본의 광범위한 현금 사용은 인구학적 요인(노인 인구의 비율이 높다), 프라이버시에 대한 강한 욕구, 낮은 범죄율, 높은 인구밀도, 높은 ATM 밀도에 기인한다. 이 모든 원인이 일상적인 거래에 대한 현금 사용의 선호도를 높인다.

일본과 스위스의 현금에 대한 애착은 중국, 특히 도시 지역의 소매거래에서 현금 사용이 급격히 감소하는 것과 극명한 대조를 이룬다. 중국 중앙은행은 CBDC를 실험하고 있으며, 프라이버시나 익명성 침해 가능성에 대한 시민의 항의가 거의 없다. 그러나 금융거래에서 프라이버시를 소중하게 여기는 일본이나 스위스 국민이 현금을 CBDC로 대체하는 데 순순히 동의하는 모습은 상상하기 힘들다(하지만 앞서 언급했듯이 일본은행은 2021년 4월에 CBDC 시범 운영을 시작했다).

CBDC로의 전환에 대한 열의는 국가마다 다르지만, 중국에서 최초로 지폐가 등장한 지 8세기 만에 현금의 시대가 종말에 가까워질 가능성이 점점 커지고 있다. 특정 국가에서 현금의 종말이 언제 일어날지, 정말 일어나기는 할지는 알기 힘든 문제다. 사회적 규범과 경제적 힘이 다른 방향으로 작용하는 때가 많기 때문이다. 이 장에서는 전 세계 여러 중앙은행이 이 문제를 어떻게 고려하고 있는지 살펴본다. 몇몇 중앙은행은 이미 전혀 다른 이유와 다양한 상황 속에서 CBDC를 실험하거나 발행하는 쪽으로 움직이고 있다. 이런 경험을 토대로 여러 유용한 개념적, 기술적 교훈을 얻을 수 있을 것이다.

CBDC의 개념은 기술적인 문제로만 보일 수 있지만 통화와 규제 정책에 영향을 미칠 수 있는 문제다. 사실 국가가 고려해야 할 사회적, 법적 파급 효과는 훨씬 더 광범위하다. 6장에서 논의했듯이, 사회적 문제는 현금과 같은 익명의 교환수단이라는 선택권이 없는 상황에서 전자결제 수단만 독점적으로 사용할 때 발생할 수 있는 프라이버시 침해와 관련이 있다. 아무리 익명성과 추적 불가능성을 약속한다고 해도 전자결제 시스템은 이런 측면에서 현금과 맞설 수 없다. 법적 문제는 디지털화된 중앙은행 화폐가 현금과 동일한 지위를 가

중앙은행 화폐

질 수 있는가와 관련된 것이다.

　CBDC 실험을 준비하거나, 최소한 배경 분석 및 준비 작업을 시작한 중앙은행은 현금 사용에 관한 자국의 규범과 법정화폐로서 CBDC의 정의와 관련된 일련의 법적 문제를 어떻게 해결할지 고민 해야 한다. 각 나라가 이런 문제를 어떻게 해결하느냐에 따라 CBDC 의 채택 속도와 현금의 장기적 생존 가능성이 크게 달라질 것이다.

법정화폐 기준에 관한 논의

2019년 1월, 나는 글로벌 통화에 대한 강연을 하기 위해 노르웨이 중앙은행 노르게스방크Norges Bank를 방문했다. 저명한 경제사학자 배리 아이켄그린Barry Eichengreen이 미국 달러화에 대해 발표하기에 앞서 나는 중국 위안화에 대해 발표할 예정이었다. 주최 측에서는 은행에서 도보로 10분 거리에 있는 클라리온 컬렉션 호텔 폴케테아터라는 멋진 호텔을 예약해주었다. 나는 호텔 프런트에서 현금 결제를 받지 않는다는 안내문을 발견했다. 호텔이 불법적인 일을 하고 있었던 것이다. 나를 초청한 중앙은행의 관계자들에게 이 안내문에 대해 말해주자 그들은 호텔은 노르웨이의 모든 사업장과 마찬가지로 현금을 결제 수단으로 받아들여야 한다고 대답했다. 내가 호텔 측에 이 점을 지적했지만(현금으로 결제하기 위해서는 아니었다. 이미 방값은 지불된 상태였기 때문이다) 직원은 별다른 반응이 없었고, 사실상 내 지적을 무시했다. 어쩌면 학술 경제학자들이 그렇듯이 내가 과하게 까다롭게 굴었을지도 모르겠다. 변명하자면, 이건 사실 사소한 문제가 아니다.

특정 유형의 화폐가 갖는 법적 지위는 그것이 얼마나 널리 통용되는지, 사용되는 목적이 무엇인지를 결정하는 중요한 요인이다. 중앙은행에서 발행하는 명목화폐는 법정화폐의 지위를 갖는다. 하지만 법정화폐의 정의는 소매 혹은 기업 간 거래보다는 채무 상환을 위한 법적 수단과 관련되는 경향이 있다. 예를 들어 미국은 관련 법률에서는 다음과 같이 명시한다. "미국의 모든 주화와 통화(연방준비은행권과 전국은행협회 및 연방준비은행의 유통권 등)는 주조 혹은 발행 시기와 관계없이 모든 공적 및 사적 채무, 공공요금, 세금, 관세 기타 부과금에 대한 법정화폐다."

미국 재무부는 이 법령을 이렇게 해석한다. "위에 명시된 모든 미국 화폐는 채권자에게 제공할 때 유효하고 합법적인 채무 변제 제안임을 의미한다. 하지만 개인 사업자, 개인 혹은 조직이 상품이나 서비스에 대한 결제로 지폐 혹은 동전을 받아들여야 한다는 연방 법률은 없다. 주법에 달리 명시적 규정이 없는 한 민간 기업은 현금 수취 여부에 대한 자체 정책을 자유롭게 정할 수 있다." 소매거래 시 현금 수취 의무화를 목표로 하는 연방 및 주 차원의 법안들(6장에서 논의됨)은 분명 이런 공백을 메우기 위한 것이다.

잉글랜드은행과 유럽중앙은행과 같은 다른 선진국 중앙은행도 관할 내의 법정화폐법이 채무 변제에는 적용되지만 판매자가 제공한 상품이나 서비스에 대한 결제로 현금을 받도록 강제하지는 않는다는 점을 분명히 했다. 잉글랜드은행은 일상적인 거래에서는 법정화폐의 지위가 중요하지 않다고 설명한다. "상점 소유자는 어떤 결제 수단을 받을지 선택할 수 있다. 껌 한 통을 50파운드 지폐로 결제하려는 경우 이를 거절하는 것은 완전히 합법적이다. 다른 모든 지폐와 마찬가지로 그것은 재량에 따라 결정할 수 있는 문제다. 만약 동네 구멍가게가 포켓몬 카드로만 결제를 받기로 결정했다면, 그것 역시 가게의 권한이다. 고객은 잃게 되겠지만 말이다."

법정화폐의 정의를 살펴보면 흥미로운 특징을 발견할 때가 많다. 영국에서는 지역마다 그 정의가 다르다. 잉글랜드와 웨일스는 왕립조폐국 주화와 잉글랜드은행 지폐를 법정화폐로 여긴다. 스코틀랜드와 북아일랜드는 왕립조폐국 주화만 법정화폐다. 또한 영국 전역에서는 소액 동전을 법정화폐로 사용할 때 몇 가지 제약이 있다. 1페니 및 2펜스 동전은 20펜스까지의 금액에 대해서만 법정화폐로 인정된다.

유럽중앙은행은 유로존 내에서는 유로 지폐와 동전만이 법정화폐의 지위를 갖는다고 명시하고 있다. 하지만 양 당사자가 동의하는 한 외화, 암호화폐, 개인이 발행한 화폐 거래 역시 완벽하게 합법적이다. 다만 유럽중앙은행은 부채와 관련이 없는 거래에 대한 법정화폐의 의무적 수락 문제에 관해서는 다른 중앙은행보다 다소 강경한 입장을 취한다. "소매업체는 거스름돈을 돌려줄 유로 현금이 충분하지 않거나 지불할 금액과 지폐 액면가 사이가 불균형한 경우와 같이 신의성실의 원칙과 관련된 사유에 근거하지 않는 한, 현금을 거부해서는 안 된다." 소매업체가 정책을 명시하는 표지판을 부착해 고액권 지폐의 수령을 거부할 수 있는지에 대해서라면 유럽중앙은행은 이렇게 설명한다. "고액권 지폐의 거절은 신의성실의 원칙과 관련된 사유로 정당화되는 경우에만 사안별로 가능하다. 상점에 표지판을 붙이는 것은 거절의 영구적 성격에 대한 명백한 증거이며, 이는 선의의 이유에 근거할 수 없는 것으로 추정된다." 2020년 9월에 유럽사법재판소는 계약 당사자들이 사전에 달리 합의하지 않는 한 유로존 국가에서는 유로화 지폐를 결제 수단으로 받아들여야만 한다는 판결을 내렸다.

　스웨덴의 경우, 중앙은행법이 현금을 법정화폐라고 명시했지만, 스웨덴 상법은 양 당사자(즉 판매자와 소비자 혹은 은행과 소비자)가 스웨덴 크로나 결제를 받아들일 것을 요구하는 중앙은행법을 따르지 않기로 합의하는 경우 이를 무시하는 것을 허용한다. 이 합의는 서면 혹은 구두로 가능하다. 원칙적으로 고객이 현금을 받지 않거나 신용카드 결제만 받는다는 표지판이나 안내가 있는 상점에 방문하는 경우 고객은 구매에 대해 현금을 지불하지 않기로 한 계약에 동의한 것으로 간주한다.

　앞으로 법정화폐법은 최소한 디지털 중앙은행 화폐를 포함하도록 업데이트되어야 할 것이다. 이는 중앙은행뿐만 아니라 정부까지 CBDC 발행이 가진 영향의 문제를 직시하게 하기 때문에 사실상 이익이 될 수 있다. 예를 들어 스웨덴 중앙은행은 e-크로나 작업을 진전시키는 동안 스웨덴 의회 릭스다그Riksdag에 중앙은행 화폐 형태의 변화를 수용하기 위한 법정화폐 개념의 공개적 검토를 제안했다. CBDC의 광범위하게 채택되려면, 그리고 중앙은행이 자기 영역에 발을 들이는 것을 반기지 않을 민간 디지털 결제 제공업체와 현금 옹호자들이 중앙은행에 행사하는 압력을 피하려면 입법부의 승인이 중요하다.

현금을 보는 신흥경제국의 서로 다른 시선

현금 결제와 관련된 관행은 신흥경제국마다 다르다. 중국의 중앙은행법은 "어떤 개인이나 법인도 중화인민공화국 영토 내에서 위안화를 이용한 채무 상환을 거부할 수 없다"라고 규정한다. 중국인민은행은 소매거래에서도 현금을 받아들여야 한다고 주장하며 법정화폐법을 더 넓게 해석하고 있다. 그러나 현장에서는 상황이 반대로 움직이고 있었다. 일부 대형 체인을 포함한 많은 상점에서 현금 수령을 전면 중단했다. 기업 입장에서는 쉬운 결정이었다. 현금 거래를 없애면 중국에서 흔한 위조 화폐 문제를 피할 수 있고 현금을 보관하거나 예금해야 할 필요도 없어졌기 때문이다.

중국인민은행은 2018년에 현금을 받는 업체가 줄어드는 데 대한 소비자 불만에 대응해 민간 기업의 '불법적인 현금 거부'로 간주되는 사례를 찾는 전국적 캠페인에 착수했다. 이 캠페인으로 600건 이상의 사례가 확인되었으며, 그 대부분은 '정책 커뮤니케이션과 비판 기반 교육'을 통해 해결되었다. 이 캠페인이 시작되기 전에는 많은 기업이 현금 사용을 억누르려고 노력해왔다. 예를 들어 알리바바는 슈퍼마켓 체인 헤마Hema를 설립하면서 고객이 오로지 알리페이로만 결제할 수 있도록 했다. 그러나 인민은행 캠페인이 시작되자 이에 대한 대응으로 헤마는 금전등록기를 설치하고 현금을 받기 시작했다.

인민은행은 현금 사용 보존 캠페인을 지원하기 위해 현금 위안화가 중국 내 법정화폐이며 이를 거부하는 것이 불법임을 명확히 하는 공지를 발표해야 한다고 느꼈다. 이에 수반된 성명에는 "최근 몇 년 동안 현금 위안화의 유통에 문제가 있어 국민들의 반응이 격렬했다. 관광지, 식당, 소매점에서 소비자가 현금 결제를 거부당했고, 이는 위안화의 법적 지위와 결제 수단을 선택하는 소비자의 권리를 훼손했다"라는 내용이 담겼다.

판매자가 고객에게 현금 대신 알리페이 결제 플랫폼을 사용하도록 장려하는 앤트 그룹의 캠페인은 인민은행의 마음에 들지 않았다. 앤트는 '현금 없는 주간' 홍보의 일환으로 참여하는 상인들이 현금을 사용하지 않도록 설득하려고 하긴 했지만 강요는 없었다. 그럼에도 인민은행은 이 상황을 우려하여 베이징에 있는 본사로부터 지역 사무소에 다음과 같은 내용이 포함된 공문을 보냈다. "일부 도시에서 현금 없는 결제를 도입하거나 앤트 그룹과 함께 '현금 없는 도시' 활동을 홍보하고 있다. 이 과정에서 일부 홍보 주제와 조치가 위안화의 정상적인 통화 흐름을 방해하고 있다. 이는 사회에 비교적 큰 영향을 미쳤고 대중의 오해를 불러일으켰다. 중앙은행 지점들은 부적절한 문구와 행동을 즉시 시정하고 지역 상업은행에 이에 대한 지침을 내려야 할 것이다."

중국이 현금 없는 사회로 변해가고 있음을 고려하면 인민은행은 더 많은 문제와 맞서야 할 가능성이 높다. 다른 중앙은행들도 이 문제로 고심하고 있다. 스웨덴 중앙은행은 2016년 3월에 스웨덴 은행들이 현금을 취급하는 서비스를 지나치게 빨리 축소했고 따라서 법적으로 해당 서비스의 제공을 지속하도록 요구할 필요가 있다고 말한 바 있다.

라틴 아메리카에서는 국가마다 입법 체계와 사회 규범에 차이가 있다. 페루의 경우, 페루중앙준비은행Banco Central de Reserva del Perú이 발행한 지폐와 동전은 법에 의해 공적이든 사적이든 모든 채무 변제에서 받아들여져야 한다. 이 법 원칙은 금융 시스템뿐만 아니라 상거래와 일반 대중에게도 명시적으로 적용된다. 이 법은 어떤 개인이나 거래도 페루 솔화로 표시된 지폐를 거부할 수 없고, 상업 시설에서는 현금이나 특정 액면가 지폐의 수취를 거부할 수 없다고 명시하고 있다.

반면 우루과이는 전자화폐와 비현금 결제 수단의 사용을 선호하는 국가 중 하나다. 실제로 2018년 금융포용법은 일정 금액(약 5천 달러)을 초과하는 자동차 구매와 부동산 거래 시 결제는 반드시 전자적 수단을 통해 이루어져야 하며, 허용되는 유일한 대안은 환어음 혹은 횡선 수표를 은행 계좌에 입금하는 것이라고 명시했다. 현금을 포함한 다른 결제 수단을 사용할 경우 잘못 지급 혹은 수령한 금액의 25%에 해당하는 벌금이 부과될 수 있고, 거래의 양 당사자는 공동이든 별개든 책임을 져야 한다. 이런 법안과 함께 POS 단말기를 확대하고 직불카드와 신용카드의 은행 수수료를 낮추기 위한 보조금이 제공되면서 우루과이에서는 현금 사용이 눈에 띄게 감소했다.

간단히 말해, 법률과 정부 정책은 실물결제 수단과 전자결제 수단의 상대적 중요성을 결정하는 데 큰 역할을 한다. 따라서 CBDC 발행을 고려하는 정부는 민간이 관리하는 결제 시스템과 교환수단에 비교되는 여러 가지 형태(물리적, 디지털)의 중앙은행 화폐와 그 지위를 뒷받침하는 법적 프레임워크에 세심한 주의를 기울여야 할 것이다.

라틴아메리카의 CBDC 실험

많은 중앙은행이 디지털 화폐 발행의 타당성과 바람직성을 조사하고 있다. 몇몇 중앙은행은 이미 CBDC의 영역으로 과감하게 뛰어들었다.

핀란드은행은 이미 1992년에 e머니의 초기 형태인 선불 직불카드, 아반트Avant를 발행했다. 이 카드는 CBDC의 특성을 일부 지니고 있었지만 법정화폐로서의 지위는 부족했던 것으로 보인다. 튀니지는 2012년에 e-디나르e-Dinar를 발행했다. 일부에서는 e-디나르를 최초의 CBDC로 여긴다. 사실 e-디나르는 아반트와 마찬가지로 튀니지 우정 서비스인 라 포스트 튀니지엔La Poste Tunisienne이 정부의 허가하에 발행한 선불 직불카드에 불과했다. 이 결제 시스템은 2015년부터 블록체인 기반 플랫폼으로 이동했다. 2019년 11월에 튀니지 중앙은행은 CBDC 발행을 준비 중이라는 뉴스 보도를 부인하며, 이는 중앙은행이 검토 중인 결제 디지털화에 대한 여러 아이디어 중 하나일 뿐이라고 발표했다. 우크라이나는 2018년 9월부터 12월까지 개념 입증을 위해 자국 통화의 디지털 버전, e-흐리우냐e-hryvnia를 시범 운영했다(시범 운영 기간 동안 약 200달러 상당의 e-흐리우냐가 발행되었다). 2019년 3월에 동카리브통화연합Eastern Caribbean Currency Union(8개의 섬나라로 구성된 통화 연합)은 동 카리브해 달러의 가치 기반 디지털 버전인 디캐시DCash의 시범 서비스를 시작했다. 2021년 3월에는 4개 섬에서 디캐시가 부분적으로 출시되었다.

최근 몇 년 동안 라틴 아메리카에서는 중요한 전자 화폐 실험이 두 차례 이루어졌다. 하나는 에콰도르의 것으로 성공하지 못했고, 다른 하나는 우루과이의 것으로 성공을 거뒀다. 아래에서 살펴보겠지만, 두 실험에서 배워야 할 점이 있다.

2020년 한 해 동안 계정 기반 CBDC 실험을 시작한 국가는 인구 40만 명에 연간 GDP 130억 달러에 불과한 작은 섬나라인 바하마부터 인구 15억 명에 연간 GDP 14조 달러가 넘는 중국까지 다양하다. 인구가 약 1천만 명에 1인당 국민소득이 5만 달러가 넘는 세계에서 가장 부유한 나라 중 하나인 스웨덴도 초기 혁신에 나선 나라 중 하나다. 자국 내 상황에 맞게 조정된 이들 실험은 그 나름대로 CBDC 버전을 고려 중인 다른 국가에 지침이 될 수 있다.

아래에서 논의하는 사례들은 CBDC 설계의 원칙과 과제를 보여주기 위한 것이다. 많은 중앙은행이 CBDC의 타당성을 진단하기 시작했고, 앞으로 몇 달, 몇 년 안에 더 많은 중앙은행이 이 부분을 시험해볼 가능성이 크다는 점을 고려하면 이 사례 검토가 포괄적이라고 말하기는 어려울 것이다.

에콰도르: 디네로일렉트로니코

에콰도르는 2000년부터 완전한 달러화 경제를 이뤘다. 현재 에콰도르에서 달러화가 자유롭게 유통되고 있으며 현지 통화를 대체하고 있다는 의미다. 그 이전에는 초인플레이션으로 자국 통화인 수크레sucre의 구매력이 심하게 훼손되는 경험을 했다. 초인플레이션은 수년에 걸친 정부의 잘못된 재정 관리에 기인한 것이었다. 에콰도르중앙은행Banco Central del Ecuador, BCE은 대규모 정부 예산 적자를 메우기 위해 화폐를 찍어내야 했고, 그 결과 통화가치가 하락했다. 에콰도르 국민들은 2000년 1월에 정부가 현실에 굴복해 에콰도르중앙은행의 화폐 발행을 중단하고 달러를 공식 국내 통화로 채택하기 전부터 이미 미국 달러를 더 신뢰할 수 있는 교환수단으로 사용하고 있었다.

2007년에 취임한 좌파 라파엘 코레아Rafael Correa 대통령 정부는 에콰도르의 금융 포용성 부족에 대해 우려를 표했다. 2014년까지만 해도 에콰도르 국민의 약 40%만이 은행 계좌를 사용할 수 있었다. 은행 서비스에 대한 접근성 부족은 특히 코레아 대통령의 농촌 선거구에서 심각한 문제였다. 정부는 이런 상황을 개선할 수 있는 기회를 모바일 결제 기술에서 발견했다. 농촌 지역을 포함한 에콰도르 국민 대다수가 휴대전화를 소유하고 사용하고 있었기 때문이다.

중앙은행은 2014년 12월에 시스테마데디네로일렉트로니코 Sistema de Dinero Electrónico를 시작했다. '전자화폐 시스템'으로 번역할 수 있는 이 시스템은 사용자가 계좌를 만들고 돈을 입금한 후 휴대전화 앱을 통해 결제를 진행할 수 있는 중앙집중식 결제 시스템이다. 이 시스템은 2015년 2월에 공식적으로 거래를 시작했다.

초기에는 관심이 뜨거웠지만, 중앙은행에 대한 신뢰 부족과 정부의 불순한 동기에 대한 우려로 시스템 사용자가 줄어들었다. 디네로일렉트로니코가 처음 제안되었을 때 제기된 한 가지 우려는 이론상 중앙은행이 이 새로운 디지털 화폐로 미국 달러가 뒷받침되지 않는 새로운 화폐를 발행할 수 있다는 점이었다. 이런 우려는 코레아가 달러에 대한 의존 때문에 직면한 제약에 공개적으로 불만을 표한 데 따른 것이다. 그는 앞서 달러화를 "경제적 부조리"라고 언급하며 "구속복을 입고 권투 링에 오르는 것"에 비유했고 2008년 12월에 10년 만에 두 번째 외채 상환 중지를 선언하면서 부채를 불법적인 것으로,

채권 보유자들을 "진짜 괴물"로 묘사했다.

에콰도르중앙은행 웹사이트에 게시된 공식 서한은 에콰도르 정부가 가상화폐를 만들어 청구 결제에 사용할 계획이라고 밝히면서 이 화폐가 자본도피로 이어질 수 있다는 블룸버그Bloomberg 기사의 주장을 반박했다. 그럼에도 정부와 중앙은행에 대한 신뢰 부족으로 소비자와 기업은 디네로일렉트로니코에 매력을 느끼지 못했다. 에콰도르 협동조합저축은행협회의 후안 파블로 게라Juan Pablo Guerra 회장은 인터뷰에서 사람들이 중앙은행 계좌보다는 민간 금융기관에 돈을 맡기는 것을 더 신뢰한다고 말했다. 그는 이를 정부의 잘못된 경제 관리와 과거 정부의 채무불이행 선언이 남긴 "망령"의 탓으로 돌렸다.

이 시스템은 많은 사용자를 유치하지도 많은 결제를 유도하지도 못했다. 2017년 말까지 개설된 계좌는 40만 개를 약간 넘었다(2018년 에콰도르의 인구는 1,700만 명). 이 계좌에 예치된 전체 금액과 시스템을 이용한 거래량 모두 저조했고, 계좌의 약 4분의 3은 거래에 전혀 사용되지 않았다. 소비자 교육과 홍보의 부족은 물론이고 기존 결제 시스템과의 비호환성과 중앙은행 및 정부에 대한 신뢰 부족은 극복할 수 없는 심각한 제약 요인이 되었다. 레닌 모레노Lenín Moreno(2017년 코레아에 이어 대통령직에 올랐다) 정부가 금융 포용성 확대를 위한 대안적 접근법으로 민관 파트너십으로 정책을 전환하면서 시스테마데디네로일렉트로니코는 2018년 4월에 중단되었다.

에콰도르의 디지털 화폐 실패가 마무리되는 가운데에서도 다른 라틴 아메리카 국가에서는 보다 성공적이라고 입증될 실험을 시작하고 있었다.

우루과이: e-페소

2017년 11월에 우루과이중앙은행Banco Central del Uruguay은 법정 디지털 통화 e-페소를 발행하는 6개월간의 시범 프로그램을 시작했다. 사실상 이 프로그램은 우루과이 페소의 '전자 플랫폼'을 구축하는 것으로 간주되었다. 이 시범 프로그램은 잠재적 위험을 통제할 수 있는 환경에서 e-페소 프로그램의 기술적 타당성을 평가하기 위한 것이었다.

중앙은행은 기존의 법적 프레임워크가 지폐를 보완하는 전자지폐를 발행하는 데 충분하다고 판단했다. 우루과이중앙은행 헌장은 중앙은행이 "공화국 전체에서의 지폐 발행, 주화 주조, 지폐 및 동전 인출을 전적으로 책임진다"라고 명시하고 있다. e-페소 프로그램을 관리하는 관계자들은 법이 지폐의 특정 형태를 명시적으로 정하거나 금지하지 않았기 때문에 중앙은행은 유사한 보안 기준을 유지하는 한 실물과 디지털 '지폐' 모두를 발행할 권한이 있다는 입장이다.

e-페소 앱을 휴대전화에 다운로드하고 중앙은행이 e-페소를 이체한 인가된 금융 서비스 제공업체를 통해 지폐와 교환해주면 원하는 금액의 디지털 화폐를 충전할 수 있다. 시범 운영이 끝나면 e-페소는 동일한 금융 서비스 제공업체 그룹(e-페소를 지폐로 교환해준다)에 반환되며, 이 그룹은 다시 중앙은행에 e-페소를 반환해 유통을 중단시킨다. 이 시스템의 주요 특징은 즉각적인 결제를 제공하며, 필요한 것은 휴대전화 회선뿐이고, 사용자의 전자 지갑과 암호화된 글로벌 이-노트 매니저Global E-Note Manager, GEM를 통해 거래가 중개되므로 익명성은 보장되지만 추적이 가능하다는 점이다. 또한 이 시스템은 현금에 비해 보안이 크게 개선되었다. 사용자가 휴대전화를 분실하거

나 디지털 지갑 비밀번호를 분실하더라도 e-페소는 글로벌 이-노트 매니저의 보호를 받기 때문이다.

총 2천만 페소(발행 당시 약 68만 5천 달러)가 발행되었고 사용자 수는 1만 명으로 제한되었다. e-페소 지갑의 최대 잔액은 개인의 경우 3만 우루과이 페소(약 1천 달러), 시범 프로그램에 등록된 소매업체의 경우 20만 우루과이 페소(약 7천 달러)로 정해졌다. 이 시스템에서는 최종사용자(고객)들 사이의 P2P 이체와 최종사용자와 등록된 소매업체 간의 P2B 결제, 이렇게 두 가지 유형의 디지털 거래만 허용되었다.

우루과이중앙은행의 원래 계획은 사용자가 e-페소를 더 편하게 사용할 수 있도록 전자지갑에 있는 지폐를 볼 수 있게 만드는 것이었다. 결국 이 기능은 구현되지 않았지만 e-페소는 고유성과 추적가능성과 같이 이중 지출과 위조를 방지하는 핵심 기능들을 갖추고 있었다. 한편으로는 이런 기능들이 e-페소의 대체성을 떨어뜨렸고, 글로벌 이-노트 매니저가 해당 거래에 맞는 잔돈을 바꿀 수 있었지만, 이것이 고정 액면가의 전자 지폐 재고를 관리하는 측면에서 몇 가지 문제를 유발했다.

시범 프로그램이 끝날 무렵 e-페소는 유통이 중단되고 소멸되었다. 이 시범 프로그램은 기술적 문제가 거의 없었고 금융 포용에 긍정적인 영향을 미쳤다는 점에서 성공으로 간주된다. 참여한 가구와 상인들은 모두 프로그램에 대해 긍정적인 반응을 보였고, 정부는 더 광범위한 시범 프로그램을 실시할 의사를 내비쳤다.

바하마: 샌드 달러

바하마중앙은행Central Bank of The Bahamas, CBB은 2019년 12월 27일에 바하마 달러의 디지털 버전인 샌드 달러sand dollar를 도입했다. 샌드 달러 도입은 엑수마섬에서 시범 단계로 시작되어 2020년 2월에 아바코제도로 확대되었다. 2020년 10월에 바하마는 CBDC를 전국적으로 출시해 디지털 통화를 전국에 출시한 세계 최초의 나라가 되었다.

샌드 달러는 사실상 세계 최초의 계정 기반 CBDC다. 바하마 중앙은행은 샌드 달러가 암호화폐가 아니며 가치를 포함한 모든 면에서 지폐와 동등하다고 강조했다. 샌드 달러는 국내용으로 시작되었지만, 아마도 지폐와 마찬가지로 시중 환율에 따라 외화로 교환할 수 있을 것이다. 기밀성과 데이터 보호를 보장하면서도 "현금의 익명성 기능은 복제되지 않는다."

샌드 달러는 국가의 결제 시스템을 현대화하기 위한 광범위한 이니셔티브의 일환으로, 목표는 "금융 포용성과 접근성의 개선으로 국내 결제 시스템의 효율을 높이고 금융 서비스 접근의 차별성을 낮추는 것"이다. 이 프로젝트의 목적은 모든 규모의 기업은 물론이고 전 국민에게 예금계좌와 디지털 결제 서비스에 대한 접근권을 제공하는 것이다.

바하마 중앙은행은 샌드 달러의 디지털 인프라를 구축하고 유지하는 데 드는 비용을 부담할 것이라고 말했다. 그 큰 혜택은 중앙은행 자체보다는 정부와 더 광범위한 사회에 더 많이 축적될 것이다. 바하마 중앙은행은 CBDC가 외딴 지역에 사는 바하마 인구의 디지털 결제에 대한 접근성을 높일 뿐만 아니라 거래 비용을 낮추고, 자금세탁과 테러자금조달을 줄이며, 더 많은 상업 활동을 공식 경제로 끌어들여 세수를 늘릴 것으로 기대했다.

다만 바하마 중앙은행은 계정 기반 CBDC로 인해 중앙은행이 은행의 자원을 빨아들이고 "국내 자원을 재할당하는, 금융기관에 유보되는 것이 최적인 역할을 중앙은행이 맡는 바람직하지 못한 상황이 만들어지면서" 상업은행과 경쟁하게 될 수 있다고 인정했다. 다른 위험으로 금융 안정성을 저해할 가능성도 있다. 대규모 자금이 갑작스럽게 CBDC로 이동하는 것은 뱅크런과 유사한 효과를 낼 수 있다. 사이버 보안 및 기타 기술적 위험은 결제 네트워크를 마비시키고 금융 부문과 경제의 기능을 심각하게 방해할 수 있다.

바하마중앙은행은 이런 위험을 완화할 방법을 개발했다. CBDC가 기존 은행예금의 대체 수단이 되어 예금 이탈을 유발할 수 있다는 우려를 완화하기 위해 개인, 기업, 비은행 금융기관이 중앙은행 계좌에 보유할 수 있는 금액에 제한을 두었다. 또한 개인 디지털 지갑을 고액 거래에 사용하고자 하는 사람은 그 지갑을 국내 금융기관의 예금 계좌에 연결해, 초과 보유 통화는 해당 계좌에 예치해야 한다. 금융 포용성을 확대하기 위해 개인은 은행 계좌 없이도 모바일 지갑을 보유할 수 있지만 이 경우는 기능이 축소된다. 기업이 보유한 모든 지갑은 기존 은행 계좌에 연결해야 한다. CBDC 보유에는 이자가 지급되지 않는다.

따라서 바하마중앙은행은 CBDC가 초래할 수 있는 몇 가지 위험을 완화한 것으로 보인다. 샌드 달러는 CBDC의 운영 측면을 보여주는 실례로서뿐만 아니라 디지털 형태 화폐의 발행이 경제에서 유통되는 다른 화폐의 역할과 비교해 그 화폐의 역할에 미치는 영향을 알아보는 테스트로서도 흥미롭다. 바하마 달러는 가치가 미국 달러에 고정되어 있으며, 바하마가 미국인 관광객을 통해 많은 수입을 올리고 있으므로 미국 달러는 바하마 경제 내에서 바하마 달러와 동등한 수준으로 자유롭게 유통된다. 물론 미국 관광객은 샌드 달러를 사용할 수 없기 때문에 미국 달러를 계속 사용할 것이다. 바하마 사람들이 신뢰할 수 있는 디지털 화폐를 더 쉽게 이용할 수 있다면 국내 교환수단으로서의 미국 달러화의 유통이 샌드 달러의 탄생으로 인해 어떤 영향을 받을지가 궁금하다.

중국의 사례

주요 경제국 중 CBDC를 향한 진전에 가장 먼저 나선 나라는 중국이다. 2014년에 중국인민은행은 디지털 법정화폐의 가능성을 조사하기 위한 특별 연구 그룹을 만들었다. 2017년에 이 그룹은 전자결제를 위한 디지털화폐Digital Currency for Electronic Paymen, DCEP 프로젝트를 위한 연구 및 기술 실험을 목표로 삼는 디지털화폐연구소Digital Currency Research Institute로 확장 및 공식화되었다. 프로젝트의 이름 자체가 디지털 결제 메커니즘, 즉 교환수단으로서 CBDC에 대한 중국인민은행의 비전을 나타낸다. 2021년 5월 현재 인민은행은 이 프로젝트에 대한 공식 백서를 발표하지 않았으므로 아래 설명은 인터뷰, 공식 성명, 뉴스 보도를 기반으로 한다.

인민은행 관계자들은 DCEP 프로젝트의 목표가 소매결제, 은행

간 청산, 국경 간 결제를 개선하는 것이라고 밝혔다. DCEP의 동인 중 하나는 알리페이와 위챗페이의 지배력이 강화되는 것을 고려할 때 소매결제에서 중앙은행 발행 통화의 의미가 감소하는 상황이었을 것이다. 다른 관계자들의 말에 따르면, CBDC를 통해 인민은행은 화폐의 생성, 부기, 유통에 관한 실시간 데이터, 즉 통화정책 실행에 유용할 것으로 보이는 정보를 실시간으로 수집할 수 있다. 더구나 디지털 버전의 위안화는 저렴한 비용과 빠른 거래를 통해 세계로의 확장을 꾀해 국경 간 결제 시스템의 자리를 굳히면서 위안화의 국제화를 촉진할 수 있다.

임기 중 이 프로젝트를 시작한 저우샤오촨Zhou Xiaochuan 전 인민은행 총재는 DCEP를 결제 상품 자체가 디지털 위안화 혹은 e-위안이라고 불리는"R&D 및 시범 프로젝트"라고 설명했다. 인민은행은 디지털 위안화를 법정화폐와 동등한 지위를 누리는 현금의 대체물로 구상하고 있다. 인민은행은 상업은행을 통해 디지털 위안화를 발행하고 상환하며, 상업은행은 디지털 화폐를 소매시장 참여자에게 재분배하는 책임을 맡는다. 디지털 위안화는 현금과 동일한 발행 절차를 따르며, 따라서 상업은행은 중앙은행에서 유지해야 하는 최소 지급준비율 이상의 담보를 하룻밤 동안 보유해야 한다. 이 2단계 시스템은 역시 2단계로 이루어진 기존 화폐 발행 및 유통 시스템을 파괴하지 않으면서 지폐를 대체한다는 목표를 달성할 수 있다. 또한 상업은행들이 이미 보유하고 있는 소매 금융 인프라와 기술 전문성을 활용한다.

중국의 모든 주요 정책 이니셔티브가 그렇듯이, DCEP의 구상에는 수치에 기반한 조직 프레임워크가 필요하다. 디지털화폐연구소의 초대 소장인 야오치엔Yao Qian은 2018년에 발표한 논문에서 이러한 프레임워크를 제시했다. 그는 이 프로젝트를 "하나의 코인, 2개의 저장소, 3개의 센터"라고 표현했다. '하나의 코인'은 인민은행이 보장하고 서명한 특정 금액의 암호화 디지털 문자열, 디지털 위안화를 의미한다. '2개의 저장소'는 중앙은행의 발행 데이터베이스와 관련 상업은행의 데이터베이스는 물론이고 개인 혹은 조직이 사용하는 디지털 화폐 지갑을 뜻한다.

'3개의 센터'는 인증, 등록, 빅데이터 분석 센터를 의미한다. 3개의 센터는 중국 CBDC 거래가 사용자 관점에서 부분적인 익명성을 보장하는 동시에 위조, 자금세탁, 테러자금조달, 탈세를 방지하도록 설계되었다. 거래가 사용자 수준에서는 익명이더라도(사용자의 기관만 사용자의 신원을 알 수 있다), 인민은행은 각 개별 CBDC 단위의 전체 이체 내역을 검색할 수 있다(일반적으로 인민은행만 알 수 있다). 따라서 디지털 위안화는 '관리 가능한 익명성manageable anonymity'을 위한 메커니즘을 갖추고 있다. 인민은행은 합법적인 거래를 모니터링하지 않는다는 것을 알리고 싶어 하는 것으로 보인다. 일부 관계자는 인민은행이 소비자 데이터를 통해 이익을 추구할 가능성이 있는 민간 기업보다 소비자 데이터를 더 믿고 맡길 만한 곳이라는 암시를 주기도 했다.

디지털 위안화는 금융기관이 제공하고 암호화 및 합의 알고리즘으로 검증된 중앙집중식 디지털 원장에 유지되는 디지털 지갑에 저장된다. 인민은행은 디지털 위안화를 만들고 이를 사용하기 위한 핵심 결제 청산과 결산 인프라를 제공하며, 이는 2계층 시스템의 첫 번째 계층을 이룬다. 두 번째 계층은 등록된 금융기관이 관리하므로 CBDC는 잠재적으로 여러 네트워크에서 동시에 실행될 수 있다. 통신 사업자와 제3자 온라인 결제 플랫폼도 두 번째 계층의 일부다. 목표는 CBDC를 지원하는 네트워크가 초당 최소 30만 건의 거래를 처리할 수 있는 용량을 갖추게 하는 것이다. 인민은행이 진행한 초기 실험에 따르면 블록체인과 탈중앙화 기술로는 대량 소매거래를 위한 디지털 화폐를 효과적으로 처리할 수 없다. 따라서 선호되는 옵션은 대부분 기존 은행 네트워크를 사용해 배포 및 전송되는 중앙은행 디지털 토큰을 사용하는 것이었다. 인민은행은 2단계 시스템을 통해 '기술적 중립성technological neutrality'을 유지하고 다양한 결제 상품의 상호 운용성을 보장한다. 이를 통해 디지털 위안화 기반 거래의 기술적 측면에서 금융기관들의 경쟁과 혁신이 가능하다.

디지털 위안화 보유자는 정상적인 이자율을 적용받는 은행 계좌에 예치하지 않는 한 중앙은행으로부터 이자를 받지 않는다. 따라서 디지털 위안화는 상업은행 예금과 경쟁하지 않으므로 은행 시스템의 중개 중단 위험이 낮다. 좀 더 전문적인 용어를 사용하자면, 디지털 위안화는 '파생 예금이나 화폐의 승수 효과가 없는 완전한 준비금 시스템'을 이룬다.

디지털 위안화는 광범위한 사용을 촉진하고 개인정보 보호에 대한 우려를 더 완화하기 위해 은행 계좌 없이도 자금 이체가 가능한 '느슨한 결합'의 설계를 기반으로 한다. 잔액과 거래 금액에 제한이 있는 등급이 낮은 디지털 지갑은 전화번호만으로 등록할 수 있는 반면, 등급이 높은 지갑은 금융기관이 지갑 소유자의 실제 신원을 확인해야 하는 엄중한 고객알기 규칙을 준수해야 한다. 등급이 낮은 지갑은 더 높은 수준의 익명성을 제공하지만, 인민은행은 조치가 필요한 경우 통신사에 사용자 정보를 요청할 수 있다.

디지털 위안화는 스마트 계약과 함께 기능하지만, '기본적 통화 요구 사항basic monetary requirement' 이상의 기능을 제공하는 계약에서는 실행되지 않는다. 다시 말해, CBDC는 현금의 디지털 대체물로, 추가 기능이나 특징이 거의 없다. 이 단서 조항은 디지털 위안화가 증권으로 간주되어 국내외 거래에서의 사용성에 영향을 미치는 상황을 피하기 위한 것으로 보인다. 야오치엔은 2017년의 논문에서 프로그래밍이 가능하고 다른 기능으로 확장할 수 있는 디지털 위안화(당시에는 DCEP라고 불렀다)의 비전을 제시했지만, 이런 견해는 디지털 위안화를 현금보다 더 효율적인 교환수단 정도로 보는 보수적인 관계자들 사이에서 주목받지 못했다.

알리페이나 위챗페이 등 디지털 결제를 사용하는 중국의 모든 판매자는 반드시 디지털 위안화를 받아야 한다. 디지털 위안화는 법정화폐이기 때문이다. 또한 디지털 위안화는 여러 앱에서 사용할 수 있다. 이는 서로 지원하지 않는 2개의 주요 민간 결제 플랫폼들이 갖지 못하는 장점이다. 디지털 위안화는 앞으로 근거리통신near field communication, NFC 기반 결제 옵션도 갖추게 될 것이다. 이는 두 사람이 디지털 위안화 지갑이 있는 휴대전화를 가지고 있을 경우 인터넷이나 무선통신 서비스가 없는 곳에서도 휴대전화를 가까이 위치시킴으로써 돈을 교환할 수 있음을 의미한다. 결제 플랫폼이나 은행의 즉각적인 중앙 집중식 검증이 없는 상태에서의 이중 지출 위험은 모든 거래의 전자 추적 가능성으로 극복할 수 있다. 따라서 디지털 위안화는 휴대성 그리고 소규모 거래에 대한 부분적인 기밀성이라는 현금과 같은 중요한 기능을 제공한다.

인민은행은 2020년 초까지 DCEP 프로젝트와 관련한 특허를

80개 넘게 출원했다. 일부 특허는 대출 이자율과 같은 특정 트리거를 기반으로 삼은 알고리즘으로 CBDC의 공급을 조정하려는 인민은행의 계획을 암시한다. 다른 특허는 고객이 기존 은행에 예금을 한 다음 디지털 화폐로 교환할 수 있도록 하고 그사이 은행 간 결제와 청산이 막후에서 신속하게 처리되는 메커니즘의 윤곽을 보여준다. 소비자가 은행 계좌에 직접 연결할 수 있는 디지털 화폐 칩 카드 혹은 디지털 화폐 지갑과 관련된 특허도 있다.

디지털 위안화의 도입은 2020년 중반 일부 지역에서 실험적인 단계로 시작되었다. 이런 접근방식은 중국 정부가 과거에 추진했던 다른 주요 개혁과 유사하다. 일부 도시와 성에서 변화를 시작하고 '실행을 통한 학습'에서 문제점을 파악하고 보완한 뒤에야 전국적인 개혁을 시행하는 것이다. 디지털 화폐를 관리하는 인민은행의 화폐금은국Currency, Gold, and Silver Bureau은 청두, 선전, 쑤저우, 슝안을 비롯한 몇몇 주요 상업 중심지에서 소규모 시범 운영을 시작했다. 이들 도시는 다른 중국 대도시보다 첨단 기술이 발달하고 조직이 잘 정비되어 있으며 미래 도시 개발의 모델인 '현대' 도시를 대표한다. 이 시범 운영에는 4대 국유 상업은행은 물론이고 3대 통신사(차이나모바일China Mobile, 차이나텔레콤China Telecom, 차이나유니콤China Unicom)가 참여했다. 인민은행은 예정대로 2021년 5월까지 베이징과 상하이를 비롯한 더 많은 대도시, 국유 및 민간 은행, 주요 상인들을 시범 운영에 포함시켰다.

또한 중국은 디지털 위안화의 법적 지위를 명확히 하기 위한 조치를 취했다. 2021년 3월에 중국의 국회인 전국인민대표대회는 중국인민은행법 개정안을 심의했다(2021년 5월 현재 최종 승인 보류 중). 이 개정안은 위안화가 물리적 형태와 디지털 형태 모두를 명시적으로 포함하도록 위안화의 법적 지위를 확대했다. 흥미롭게도 개정된 법에는 "어떤 단체나 개인도 시장에서 유통되는 위안화를 대체하기 위해 토큰, 쿠폰, 디지털 토큰을 생산하거나 판매할 수 없다"라는 문구를 포함시켜, 인민은행이 위안화에 고정된 스테이블코인에 반대한다는 의사를 분명히 했다.

중국은 디지털 위안화를 통한 이른 출발로 소매용 CBDC 도입에 다른 주요국보다 유리한 위치에 설 수 있게 되었다. 하지만 이 이니셔티브는 주로 국내 여건을 고려하여 추진되었다는 점을 유념할 필요가 있다. 8장에서는 디지털 위안화가 다른 국제통화와 비교한 위안화의 위상에 어떤 영향을 미칠지 살펴보기로 하자.

스웨덴의 사례

이 책의 첫머리에서 언급했듯이 스웨덴은 대부분의 다른 나라보다 현금 사용이 더 빠르게 감소하고 있다. 세실리아 스킹슬리 스웨덴 중앙은행 부총재는 2016년 11월 이미 "스웨덴은 현금 사용이 가장 많이, 가장 빠르게 감소하는 국가 중 하나이며, 일반 대중이 중앙은행 화폐를 이용하기가 점점 더 어려워지고 있다"라고 언급한 바 있다. 그는 현금을 보완하고, 결제 비용을 낮출 수 있는 경쟁력 있는 중립적 인프라를 제공하고, 대중이 항상 무위험자산을 이용할 수 있게 하며, 국가가 결제 시스템 설계에 대한 보다 큰 영향력을 가질 수 있게 하는 CBDC의 도입을 "더는 늦출 수 없다"라고 주장했다.

2017년 3월에 스웨덴 중앙은행은 CBDC의 타당성과 설계 문제를 조사하기 위한 e-크로나 프로젝트에 시동을 걸었다. 이 프로젝트는 현금 사용 비율이 계속 하락하면서 급박하게 진행되었다. 스웨덴 중앙은행의 설문조사에 따르면 현금을 이용해 구매 결제를 하는 사람들은 2010년에 전체 스웨덴인의 39%였으나 2018년에는 13%에 불과했다. 2018년 말에 스테판 잉베스 스웨덴 중앙은행 총재는 "스웨덴 중앙은행이 발행하는 화폐를 현대 경제에 적합한 체제로 업데이트하는 것이 중요하다"라며 e-크로나의 필요성을 주장했다. 1년 뒤 그는 "현금의 중요성이 급격히 감소"하는 점을 고려할 때 "e-크로나의 미래를 조사하는 일이 시급하다"라고 거듭 강조했다.

2020년 2월에 스웨덴 중앙은행은 파일럿 버전의 e-크로나를 출시했다. 당초 1년간 운영되기로 정해져 있었던 이 시범 프로그램은 광범위한 분석, 여러 보고서, 공개 토론, 일부의 저항이 포함된 과정의 정점이었다(시범 프로그램은 2021년 2월에 1년 연장되었다). e-크로나는 CBDC 진행을 결정하는 중앙은행이 고려해야 할 경제적, 정치적 사항에 대한 유용한 사례 연구이며 CBDC 설계 방식에 대한 식견을 제공한다.

스웨덴 중앙은행은 민간 결제 인프라에 대한 신뢰할 수 있는 후방 방어벽 역할을 할 수 있는 안전하고 효율적인 결제 시스템의 촉진이 목표임을 분명히 했다. 스웨덴 중앙은행은 다양한 설계 옵션을 고려한 결과, 등록 기반register-based e-크로나가 더 복잡하긴 하지만 가치 기반value-based e-크로나보다 발전 가능성이 더 높다는 결론을 내렸다. 스웨덴 중앙은행은 그 기술이 "개방적이고 유연하며 확장 가능한 인프라"를 장려하고 그 안에서 e-크로나가 다양한 민간 및 공공 시장에서 사용되면서 소매거래와 전자상거래에서 기능할 뿐만 아니라 민간의 개인 사이 결제에도 사용될 수 있기를 원했다. 또한 e-크로나는 자금세탁, 테러자금조달, 기타 불법적인 사용을 막기 위해 오프라인 기능을 갖추고 추적성 요건을 충족해야 했다.

스웨덴 중앙은행은 시범 프로그램에서 중앙은행이 직접 결제에 사용할 수 있는 e-크로나 계좌를 유지하지 않는 e-크로나 구조를 선택했다. 대신 e-크로나는 "은행과 같은 e-크로나 네트워크 참여자를 통해 배포되며, 기존 결제 시스템에 건실한 병행 인프라를 제공하게 된다. 이 솔루션은 휴대가 가능하고, 위조나 복사(이중 사용)가 불가능하며, 문자 메시지를 보내는 것처럼 쉽게 즉각적인 P2P 결제가 가능한 디지털 토큰(e-크로나)을 기반으로 한다."

간단히 말해, 시범 프로그램이 최종 설계를 정확하게 반영한다면 스웨덴의 CBDC는 중국의 디지털 위안화와 유사한 2계층 구조로 이루어질 것이다. 스웨덴 중앙은행이 은행과 같은 e-크로나 네트워크 참여자에게 e-크로나를 발행하고, 이들은 다시 최종사용자에게 이 디지털 화폐를 배포하는 것이다. 스웨덴 중앙은행만이 e-크로나를 발행하고 사용할 수 있다. 현금과 마찬가지로 네트워크 참여자는 참여자가 직접 혹은 스웨덴국립은행결산시스템Riksbank's settlement system, RIX의 대리인을 통해 보유하고 있는 준비금을 인출 혹은 입금해 e-크로나를 획득하거나 상환할 수 있다. e-크로나는 스웨덴 중앙은행에 대한 직접적인 청구권으로 간주되며 이자는 발생하지 않는다. 그러나 향후 이자가 발생할 수 있는 내장 메커니즘으로 업데이트될 가능성이 있다.

스웨덴 중앙은행이 밝힌 목표는 소비자와 기업이 e-크로나를 편리하게 사용할 수 있도록 하는 것이다. 결제에 e-크로나를 사용하기 전에 사용자는 e-크로나 네트워크에 연결된 참여 기관에서 앱 기반 디지털 지갑을 활성화해야 한다. 휴대전화나 판매자의 금전 등록기(단말기)에서 앱이 활성화되면 사용자는 은행 계좌와 디지털 지갑 사이에서 자금을 이체하거나 업체에 결제하는 등 e-크로나의 다양한 기능을 사용할 수 있다. 향후에는 스마트 시계와 같은 유형의 장치에 맞는 디지털 지갑도 만들어 결제 서비스 제공업체의 모바일 앱과 통합할 수 있을 것이다.

e-크로나 네트워크는 허가형 네트워크로, 스웨덴 중앙은행만이 네트워크에 새로운 참가자를 승인하거나 추가할 수 있다. e-크로나 네트워크 내 모든 거래는 기존 결제 네트워크와 별도로 이루어진다. 이 기능은 기존 결제 인프라에 문제가 발생할 경우 후방 방어벽을 제공하기 위한 것이다. e-크로나 네트워크에서 발생하는 결제는 스웨덴국립은행결산시스템의 개입 없이 이루어지지만, e-크로나의 공급 혹은 상환은 스웨덴국립은행결산시스템을 통해 실행된다. 시범 e-크로나의 기술 플랫폼은 엔터프라이즈 블록체인 기술 회사인 R3의 코다Corda 분산원장기술에 뿌리를 두고 있다. 스웨덴 중앙은행의 이전 e-크로나 프로젝트 보고서에서 언급된 분산원장기술 사용에 대한 우려에도 불구하고, 이 중앙화된 거래 검증 프로세스가 선택된 것은 '높은 수준의 견고성과 확장성' 때문인 듯하다.

스웨덴 중앙은행은 투명성의 전통에 따라 e-크로나에 대한 근거를 제시하고, 다양한 설계 및 기술적 옵션을 제시하며, 금융 시스템과 통화정책에 미치는 영향을 분석하는 보고서를 여러 차례 발행했다. 스웨덴 중앙은행 고위 관계자들도 이런 문제를 상세히 설명하는 수많은 연설을 했고 공청회에도 참여했다. 그런데도 이 프로젝트는, 특히 초기 단계에서 비판과 반발에 직면했다. 스웨덴은행가협회 Swedish Bankers' Association의 CEO 한스 린드버그Hans Lindberg는 e-크로나의 도입으로 스웨덴 중앙은행이 스웨덴의 상업은행과 직접 경쟁하게 될 것이라고 경고했다. 2018년 4월에 있었던 인터뷰에서 그는 "전자 화폐라면 이미 많이 있다. (…) 은행카드, 신용카드, 스위시Swish(송금 서비스 앱-옮긴이), 기타 전자 솔루션이 있다. 앞으로의 가장 좋은 옵션은 스웨덴 중앙은행이 도매를 고수하는 것으로 보인다"라고 말했다. 이와 비슷한 맥락에서 선도적인 금융 서비스 그룹인 스칸디나비스카 엔스킬다반켄AB Skandinaviska Enskilda Banken AB의 한 고위 임원은 "합리적인 가계라면 상업은행이 아닌 스웨덴 중앙은행에 돈을 맡길 것"이라며 은행의 생존에 위협을 예상했다. 다른 공개 논평과 보고서에는 "전례 없는 속도와 규모로" 일어날 수 있는 디지털 뱅크런 등 e-크로나와 CBDC가 일반적으로 제기하는 새로운 위험에 대한 논의가 담겼다.

그러나 e-크로나의 설계가 명확해지고, 특히 최종사용자를 위한 디지털 지갑을 유지하는 데 있어 은행이 핵심적인 역할을 하는 2단계 구조를 고려해 상업은행이 e-크로나에 느끼는 위기감이 줄어들면서 e-크로나에 대한 저항은 약화되었다. 스웨덴 중앙은행은 또한 e-크로나를 대중이 널리 사용할 수 있도록 하는 결정은 궁극적으로 단순한 기술적 결정이 아니라 정치적 결정이 될 것이라는 점을 강조하는 데 주의를 기울이고 있다.

공식 암호화폐의 등장

암호화폐 가격이 급등하던 2017년과 2018년에 일부 국가에서는 그 물결에 편승해 다른 목표를 달성할 수 있는 기회를 포착했다. 미국의 금융 제재로 고통을 겪고 있고 유가 하락으로 막대한 예산 적자에 직면한 이란, 러시아, 베네수엘라와 같은 국가들은 암호화폐를 두 가지 문제를 모두 해결할 수 있는 수단으로 보았다.

러시아 정부는 암호화폐를 엄중하게 단속하고 있었지만, 그와 동시에 암호화폐 기술이 제재를 우회할 수 있는 방법이 될 수 있다고 보았다. 2017년 6월에 상트페테르부르크에서 열린 국제경제포럼International Economic Forum에서 블라디미르 푸틴 러시아 대통령이 이더리움 공동 창립자인 러시아계 캐나다인 비탈릭 부테린을 만난 후 이런 식의 생각은 더욱 탄력을 받았다. 일부에서는 이를 이더리움에 대한 묵시적인 공식 지지로 보았다. 부테린은 이 만남에 대해 푸틴이 별다른 말을 하지 않은 1분간의 만남이었을 뿐이라고 설명했다. 2017년 10월에 크렘린궁은 아르메니아, 벨라루스, 카자흐스탄, 키르기스스탄, 러시아가 회원국으로 참여하고 있는 유라시아경제연합Eurasian Economic Union 내에서 암호화폐를 규제하고, ICO에 증권법을 적용하며, 새로운 금융 기술을 채택해 '단일 결제 공간'을 만들라는 일련의 명령을 내렸다.

같은 달, 러시아 정보통신부 장관 니콜라이 니키포로프Nikolay Nikiforov는 러시아가 크립토루블cryptoruble을 만드는 작업을 하고 있다고 발표했다. 니키포로프는 "우리가 하지 않으면 2개월 안에 유라시아경제공동체의 이웃들이 그 일을 할 것"이라고 설명했다. 2017년 말에 푸틴 대통령의 경제 고문 세르게이 글라제프Sergei Glazev는 크립토루블을 만든 좀 더 직접적인 이유를 제시했다. "이 도구는 국가를 위한 민감한 활동에 매우 적합하다. 제재를 개의치 않고 전 세계의 거래 상대방과 결제를 진행할 수 있다." 비슷한 맥락에서 하산 로하니Hassan Rouhani 이란 대통령도 이슬람 국가들이 미국 달러에 대한 의존도를 낮추고 글로벌 시장 변동이 경제에 미치는 영향을 견디는 데 도움이 되도록 이슬람 암호화폐를 만들어 미국의 경제 패권에 맞서야 한다는 강력한 권고를 내놓았다. 2019년 러시아가 암호화폐를 단속하는 와중에도 러시아연방중앙은행Central Bank of the Russian Federation(러시아은행Bank of Russia) 총재 엘비라 나비울리나Elvira Nabiullina는 국제 거래에서 국가 통화와 비교한 암호화폐의 가치는 경시하면서도, 자신은 금으로 뒷받침되는 암호화폐에 대해 열린 자세를 취하고 있다고 밝혔다.

일부 정부 발행 암호화폐의 이면에는 근거가 되는 암호화 기술로 디지털 화폐를 사용하는 사람들의 신원이 드러나지 않게 되면서 해외의 개인과 기관이 미국의 제재에 저촉되지 않고 발행 국가와 거래를 할 수 있다는 아이디어가 있는 듯하다. 이 논리가 타당해 보이지 않는 데에는 이유가 있다. 실제로 타당하지가 않기 때문이다! 외국 금융기관은 자국 규제당국이 난색을 표하는 통화를 사용하려 하지 않는다. 더구나 공식 암호화폐라도 결국에는 더 신뢰할 수 있는 통화로 전환해야 하기 때문에 달러 중심의 국제금융 시스템에서 벗어나려는 시도는 무산될 수밖에 없다.

인플레이션을 초래하지 않고 정부 수입을 늘리기 위한 방법으로 공식 암호화폐를 발행한다는 개념 역시 그릇된 생각으로 보인다.

가계와 기업은 방만한 정부가 지출을 위한 자금을 조달하기 위해 암호화폐를 발행할 때 직면하는 유혹을 눈치채지 못할 리 없다. 따라서 규율이 없는 정부, 특히 제멋대로인 정부 지출을 충당하기 위해 기꺼이 돈을 찍어내는 중앙은행을 가진 정부는 실물화폐는 물론이고 전자화폐도 가치가 하락하는 상황에 직면할 것이다.

사용하는 기술 외에도 이 그룹 CBDC의 차이점은 기존 명목화폐와 동등하게 거래되는 명목화폐의 디지털 버전이 아니라는 점이다. 중앙은행의 부채를 나타내지도 않는다. 따라서 그들의 신뢰성과 광범위한 수용성에는 의문의 여지가 있다. 국가 지원 암호화폐, 특히 예산 문제를 해결하거나 금융 제재를 우회하기 위한 암호화폐의 이런 모든 개념적 문제에도 불구하고, 일부 국가는 암호화폐 프로그램을 착실히 밀고 나가고 있다(이란과 러시아는 현재로서는 손을 놓고 있다). 놀랍게도 정치적, 경제적 불안에도 불구하고 가장 먼저 나선 나라는 베네수엘라였다.

베네수엘라: 페트로

2017년 12월에 베네수엘라 경제가 전부 망가지고 통화가치가 급락하자, 니콜라스 마두로Nicolás Maduro 베네수엘라 대통령은 원유, 가스, 금, 다이아몬드의 매장량으로 뒷받침되는 자체 암호화폐 '페트로 petro'를 만들 것이라고 발표했다. 그는 새로운 통화가 베네수엘라가 "금융 봉쇄를 이겨내고 베네수엘라 경제 및 사회 발전을 위한 새로운 형태의 국제 금융으로 나아가는 데 도움을 줄 것이기 때문에 통화 주권 문제에서 진전을 볼 수 있을 것"이라고 선언했다.

그림 7.1 페트로의 출시

2018년 10월 1일에 베네수엘라 카라카스에서 니콜라스 마두로 베네수엘라 대통령이 페트로의 출시를 발표하고 있다.

　마두로를 이런 길로 이끈 것은 무엇일까? 2017년 12월에 미국 달러 대비 정부가 관리하는 베네수엘라 볼리바르의 경매 가치가 그해 1월 수준의 5분의 1로 떨어졌다. 이런 급격한 환율 약세도 큰 의미는 없었다. 엄격한 통화 통제로 이 수준에서의 달러에 대한 접근이 제한되고 국내 초인플레이션이 볼리바르화의 실제 가치를 무너뜨렸기 때문이다. 1년 만에 암시장 환율은 연초의 1/30 수준까지 폭락했다. 반면 비트코인의 가치는 2017년 한 해 동안 960달러에서 1만 3천 달러로 약 14배나 치솟았다. 마두로의 조치는 비트코인의 성공에 편승해 볼리바르의 약세에서 벗어나기 위한 책략으로 보였다.

마두로는 사실 정부의 누적된 과오를 씻어낼 새로운 화폐를 만듦으로써 경제 관리 실패를 만회하려 애쓰고 있었다. 그는 볼리바르가 실패한 통화라고 해도 비트코인의 후광 덕분에 새로운 암호화폐로 확장되리라는 (미덥지 못한) 논리를 가지고 있었던 것 같다. 어쨌든 주권 정부의 지원을 받은 페트로는 비트코인보다 훨씬 더 강하리라고 여긴 것이다. 당연하게도, 베네수엘라의 천연자원을 기반으로 한 화폐라는 마두로의 제안은 회의론에 부딪혔다. 이런 접근방식에는 상당한 아이러니도 존재했다. 비트코인의 가장 큰 매력은 국가 정부에 의해 만들어지거나 정부의 통제를 받지 않는다는 것이다. 그런데 베네수엘라 정부는 기술과 무국적 통화의 매력을 자신들의 목적에 끌어들이려 하고 있었다.

비록 형태는 달랐지만 페트로는 마두로의 전임자인 우고 차베스 Hugo Chávez가 언급했던 아이디어였던 것으로 드러났다. 2009년 3월 30일에 있었던 언론 인터뷰에서 차베스는 이렇게 말했다. "우리에게는 아이디어가 있습니다. 처음으로 공개하는 이 아이디어는 국제통화 페트로, 페트로 코인에 대한 것입니다. 생각만으로도 흥분이 됩니다. 이는 주로 우리와 같은 일부 국가가 보유한 막대한 원유 매장량을 기반으로 합니다. 과거 통화 발행은 금으로 뒷받침이 되어야 했습니다. 미국은 금본위제라는 기준을 깨뜨린 장본인입니다. 그리고 그때부터 세계 경제의 혼란이 시작되었습니다." 좋다고 할 수 없는 이 아이디어가 출발하기까지 7년이 걸린 셈이다. 베네수엘라는 경제 붕괴로 안정적인 통화의 필요성이 점점 커지고 있었지만 금융 기술의 발전으로 이 아이디어가 실현 가능해지기까지는 시간이 필요했다.

마두로 정부는 2018년 1월에 페트로를 원유 자산으로 뒷받침되는 주권 암호화폐라고 묘사하고, 페트로가 "베네수엘라의 경제 안정과 재정적 독립을 위한 도구이자 더 자유롭고 더 균형 있고 더 공정한 국제금융 시스템을 만들기 위한 야심 찬 글로벌 비전"이 될 것이라고 밝히는 백서를 발표했다. 베네수엘라 정부는 2018년 2월에 페트로를 출시하고 두 달 뒤 법정화폐로 지정했다. 정부는 페트로의 가치를 당시 약 66달러였던 베네수엘라 원유 1배럴 가격에 고정했다. 아타피레리 마을을 둘러싼 380제곱킬로미터 면적에 매장된 원유 매장량이 페트로를 뒷받침해야 했다. 그러나 2018년에 이 지역을 방문한 〈로이터〉 기자는 원유가 매장되어 있다고 하는 아야쿠초 1광구 근처나 그 지역 다른 곳에서 원유 시추 활동의 흔적은 물론이고 시추를 뒷받침할 기본 인프라조차 발견하지 못했다고 전했다.

국제사회는 이런 전개에 주목했다. 트럼프 행정부는 마두로 정권을 단호하게 통제할 의도로 베네수엘라가 페트로를 이용해 제재를 회피하지 못하도록 조치를 취했다. 2018년 3월에 트럼프는 "2018년 1월 9일 이후 베네수엘라 정부가, 베네수엘라 정부를 위해, 베네수엘라 정부를 대신해 발행한 디지털 통화, 디지털 코인, 디지털 토큰과 관련해 미국인에 의해 혹은 미국 내에서 이루어지는 모든 거래, 자금 제공, 취급을 금지"하는 행정명령에 서명했다. 이 조항의 서두에는 이 명령의 목적이 미국의 금융 제재를 피하기 위한 마두로 정권의 조치에 대응하려는 것이라고 분명히 밝혔다.

마두로는 단념하지 않았다. 페트로가 해외에서 거의 주목을 받지 못하자 마두로 정부는 페트로의 국내 사용을 늘리는 데 주력했다. 경제가 초인플레이션으로 휘청거리고 있는데도 말이다. 2018년 8월에 정부는 볼리바르를 기본적으로 기존 통화에서 0을 5개 없앤 볼리바르 소베라노bolívar soberano(혹은 소버린 볼리바르sovereign bolívar)로 대체하고, 새로운 통화가 결국 페트로와 연결될 것이라고 알렸다. 같은 달, 마두로는 국영 석유 회사가 페트로를 두 가지 가치척도 중 하나로 사용하기 시작할 것이라고 선언했다. 국내 급여가 페트로에 연결되었고, 정부 연금의 일부 지불에 페트로가 사용되었으며, 상표 및 특허 등록의 필수적인 결제 형태로 지정되었다.

2018년 10월에 페트로 백서가 개정되어 주요 세부 사항도 상당 부분 변경되었다. 페트로가 특정 유전의 매장량으로 뒷받침될 것이라는 이전의 설명은 원유, 금, 철광석, 다이아몬드를 포함하는 상품 바스켓으로 뒷받침될 것이라는 설명으로 대체되었다. 페트로는 그리 유명하지 않은 거래소 여섯 곳에 상장되었다. 국제적으로는 관심을 거의 끌지 못했지만 정부 명령의 결과로 베네수엘라 내에서는 주목받기 시작했다.

정부는 2018년 11월부터 신규 여권과 여권 갱신 비용을 암호화폐를 사용해서만 지불할 수 있다고 발표했다. 신규 여권의 비용은 2페트로, 갱신 여권은 1페트로였다. 2019년 7월에는 대형 국영 시중은행인 방코데베네수엘라Banco de Venezuela가 모든 지점과 대리점에 페트로 거래 데스크를 개설하라는 명령을 받았고, 베네수엘라 최대 백화점인 트라키Traki는 일부 지점에서 페트로를 받기 시작했다. 2019년 12월에 마두로는 베네수엘라 국민에게 크리스마스 보너스를 지급한다고 발표했다. 페트로앱 플랫폼에 등록한 사람들에게 30달러에 상당하는 2분의 1 페트로를 지급하는 것이었다. 사실상 공식 디지털 화폐를 통한 최초의 '헬리콥터 드롭'이었다. 2020년 8월에는 국내 대다수 지자체가 세금과 벌금 납부에 페트로를 사용할 수 있도록 허용하는 국세 합의에 서명했다.

결론은 무능력과 경제적 실정에도 불구하고 베네수엘라 정부가 국가의 명시적인 지원으로 세계 최초의 공식 암호화폐를 만들어냈다는 것이다. 페트로는 미국의 금융 제재를 피하거나 새로운 수입원을 창출하거나 초인플레이션을 막으려는 정부의 목표를 달성하지 못할 것이다. 다른 모든 통화와 마찬가지로, 페트로의 힘과 신뢰성은 그 뒤에 서 있는 정부의 힘과 신뢰성을 넘어서지 못한다. 그리고 새로운 통화는 '패권적' 국제통화 시스템을 흔들지 못할 것이다. 볼리바르와 같은 운명을 맞아 가치와 자국민의 신뢰를 잃게 되더라도, 페트로는 여전히 디지털 화폐 진화의 (조금은 기이한) 이정표가 될 것이다.

마셜제도: 소버린

블록체인 기반 화폐를 구상한 두 번째 국가는 베네수엘라에서 멀리 떨어진 곳에 있다. 10만 명이 채 안 되는 인구가 75만 제곱마일의 바다에 흩어져 있는 약 1,200개의 섬(총 육지 면적은 약 70제곱마일)에 거주하는 태평양의 작은 섬나라 마셜제도 공화국이다. 마셜제도의 경제는 주로 어업과 코코넛에 의존한다. 이 나라는 40년 동안 미국의 통치를 받다가 1986년에 독립했다. 마셜제도에는 중앙은행이 없으며, 최근까지 국가 통화가 없었고, 전국에서 미국 달러화가 사용되었다.

민주주의 국가인 마셜제도는 자국이 두 가지 주요 문제에 직면해 있다고 설명한다. 첫째는 다른 많은 섬나라와 마찬가지로 실존적 위협을 제기하는 기후변화다. 둘째는 글로벌 금융 시스템과의 취약한 연결성이다. 국내 은행과 미국 달러의 연결은 외국 은행을 통해서 이루어졌으나, 외국 은행들은 제한된 수익 기회와 자금세탁방지 규정에 걸릴 수 있다는 우려로 철수 중이었다. 이는 해외로부터의 송금이 중요한 수입원인 마셜제도에 큰 문제가 되었다.

마셜제도 정부는 두 번째 문제를 바로잡고자 소버린sovereign, SOV이라는 자국의 디지털 화폐를 고안했다. 그리고 정부 웹사이트에 다음과 같이 밝혔다. "현재의 은행 인프라는 마셜제도 국민의 지리적, 문화적 현실에 비해 너무 번거롭고 비용이 많이 든다. 마셜제도는 미국 달러를 통화로 사용해왔고, 많은 국민이 10%에 달하는 높은 거래 수수료를 부담하며 터무니없이 비싼 송금 서비스를 사용하고 있다. (…) 하지만 블록체인의 출현으로 새로운 종류의 화폐, 마셜제도와 전세계의 요구에 부합하는 화폐를 만들 수 있는 기회가 생겼다."

소버린 백서는 소규모 국가의 경우 전형적인 종이 화폐를 발행하고 이를 관리하는 데 비용이 많이 들며 잘 관리하기가 어렵다고 지적한다. 중앙은행의 설립에만도 엄청난 비용이 들 수 있다. 이 백서는 "디지털 원장 기술이 비용-편익 방정식을 변화시킨다. 소규모 국가는 디지털 원장 기술을 통해 전형적인 정부 발행 통화와 암호화폐의 장점을 결합시킴으로써 통화 개발의 구식 단계를 뛰어넘을 수 있다"라는 주장을 편다.

2018년 2월에 니티젤라Nitijela라고 하는 마셜제도 의회는 소버린을 마셜제도의 새로운 법정화폐로 만드는 법안을 통과시켰다. 소버린은 블록체인에 존재하며, 거래 검증의 작업은 정부 승인과 허가를 받은 탈중앙화된 기관에서 관리한다. 소버린은 블록체인에 추가하기 위한 경쟁이 소수의 승인된 주체로 제한되기 때문에 비트코인이 사용하는 것과 같이 시간과 비용이 많이 소요되는 탈중앙화 합의 프로토콜을 사용하지 않는다. 그러나 실제 합의 프로토콜이 어떤 것인지는 백서에 명확히 드러나지 않는다.

소버린은 지속 가능하고, 공정하며, 안전하고, 사용이 간편하다는 점에서 '마셜제도의 가치관'을 반영하는 것이 특징이다. 지속 가능성의 근간은 소버린의 공급이 알고리즘에 의해 연 4%의 고정 비율로 증가하도록 정해놓은 규칙이다. 이는 정부 예산 적자를 충당하기 위해 무분별하게 소버린을 발행하려는 유혹을 막는다. 백서는 통화 공급이 고정된 비율로 증가하는 이 통화정책 규칙의 설정에 저명한 통화 경제학자 밀턴 프리드먼Milton Friedman을 원용한다. 4%의 증가율은 대체로 세계 GDP 성장률과 일치하는 것으로 간주된다(백서에서는 이런 기준을 선택한 이유는 설명하지 않는다).

소버린을 발행하겠다는 발표는 국제사회로부터 긍정적인 반응을 얻지 못했다. 국제통화기금은 "소버린 발행은 경제, 평판, 자금세탁방지 및 테러자금조달방지, 거버넌스 측면에서 심각한 위험을 초래한다. 이를 고려할 때 국제통화기금은 마셜제도가 디지털 화폐를 법정화폐로 발행하는 것을 심각하게 재고할 것을 권고한다"라는 의견을 명확하게 밝혔다. 미국 재무부 관계자도 마셜제도 재무장관과의 회의에서 "나는 그 아이디어를 좋게 보지 않는다. 절대 지지하지 않을 것이다"라고 하면서 소버린이 자금세탁 목적으로 사용될 수 있다는 우려를 분명히 표했다.

마셜제도 정부는 국제사회에 소버린이 불법적인 금융거래에 사용되지 않을 것이라는 확신을 주기 위해 단서 조항을 추가했다. 공식적으로 승인된 금융기관의 심사와 승인을 받은 검증된 사용자만 소버린을 사용할 수 있다는 것이었다. 소버린 사용자는 여러 공인 검증자 중에서 선택이 가능하며, 공인 검증자는 검증된 사용자에게 암호화 서명이 있는 소버린 ID를 발급한다. 백서에서는 인증자 간의 경쟁이 사용자의 개인정보를 보호할 유인을 제공한다고 주장하지만, 이는 신뢰하기 힘든 주장이다.

2021년 4월 현재 마셜 정부는 국제사회의 우려를 완화하기 위해 노력하면서 소버린의 출시를 준비하고 있다. 어쨌든 소버린이 발행되면 순수하게 디지털에 기반을 둔 최초의 주권 통화라는 차별성을 갖게 될 것이다. 마셜제도는 소버린 이전에 고유의 실물화폐 없이 미국 달러에 의존했기 때문에 소버린에게는 그에 선행하는 실물화폐나 그에 상응하는 존재가 없다.

공식 암호화폐를 발행한 두 나라가 추구한 목표에는 서로 큰 차이가 있다. 베네수엘라는 페트로를 사용해 정부 수입을 늘리고 미국의 금융 제재를 피하려 한다. 반면 마셜제도 정부는 국제 규칙을 준수하고 투명성을 확보해 처음에는 비트코인 가격 급등에 편승해 빨리 돈을 벌려는 책략으로 치부되었던 소버린이 외국인 투자자에게도 매력적으로 느껴지도록 하기 위해 노력하고 있다.

영국: 로열민트골드

한 선진국 정부기관이 상품 기반 암호화폐 발행을 시도했지만 아직 본격적으로 시작하지는 않았다. 2016년 11월에 영국조폐국Royal Mint 은 보유하고 있는 금으로 뒷받침되는 암호화폐 발행 계획을 발표했다. 1,100년 역사의 유서 깊은 기관이 이런 일을 추진하게 된 동인 중 하나는 그간 이 기관의 핵심 사업이었던 대량 유통 동전의 사용이 줄어드는 상황에서 새로운 수익원을 만들고자 하는 욕구로 보인다. 영국조폐국은 시카고상품거래소가 운영하는 블록체인 기반 거래 플랫폼에서 최대 10억 달러 상당의 로열민트골드Royal Mint Gold, RMG 토큰을 발행할 예정이었다. 이 토큰은 투자자들이 조폐국 금고에 보관된 실물 금을 쉽게 사고 거래할 수 있는 방법을 제공하기 위한 것으로, 신뢰할 수 있는 발행주체가 보증하는 디지털 자산을 원하는 투자자들의 관심을 받을 것으로 기대되었다. "2017년에 출시되는 이 혁신적인 신제품, 조폐국이 발행한 로열민트골드는 보안이 뛰어난 금괴 보관 시설 속 금에 대한 디지털 소유권 기록이 될 것이다. (⋯) 이 새로운 서비스는 금 현물을 구매, 보유 및 거래하는 것보다 쉽고, 비용 효율적이며, 암호학적으로 안전한 대안을 제공할 것이다."

그러나 시카고상품거래소가 약속을 저버리면서 영국조폐국이 로열민트골드를 발행하고 거래할 수 있는 플랫폼이 사라졌다. 영국 재무부는 정부와 조폐국 자체에 대한 평판 리스크를 우려해 이 계획을 전면 금지했다. 다른 나라 조폐국에서도 디지털 금 상품을 발행했지만, 암호화 기술의 사용이 악의적인 목적을 가진 다른 사람들이 사용하는 기술과 관련되어 있기 때문에 로열민트골드가 오명을 쓸 수 있다는 우려를 낳은 것으로 보인다.

초기 물결에서 얻은 교훈

소매 CBDC 발행의 주된 동인으로 공언되는 금융 포용성 촉진, 민간 부문이 관리하는 결제 인프라에 대한 후방 방어벽 역할, 중앙은행 소매화폐의 역할 유지 등은 모두가 결제 시스템으로서의 효율에 따라 좌우된다. 효율적인 디지털 결제 시스템은 보안, 복원력, 낮은 지연 시간, 높은 처리량과 같은 속성으로 이루어진다. 앞의 두 가지 속성은 시스템의 기술적 무결성과 관련이 있다. 뒤의 두 가지 속성은 거래를 검증하고 결산하는 데 걸리는 시간과 네트워크에서 처리할 수 있는 거래량을 말한다. 예를 들어 비트코인은 탈중앙화된 합의 메커니즘으로 인해 지연 시간이 길고 처리량이 적다. 따라서 블록체인에서 관리되더라도 CBDC는 개방형 탈중앙화 합의 프로토콜을 가질 수 없다.

CBDC의 이점을 얻으면서도 바람직하지 못한 여러 부작용을 피할 수 있는 방법이 있다. 중앙은행이 디지털 버전의 통화를 만들지만 통화의 배포와 CBDC 지갑의 유지는 기존 금융 중개자에게 맡기는 이중 계층dual-layer(혹은 2계층) 접근방식이다. 이 방식에는 장점이 많다. 은행의 중개 중단 위험을 줄이고, 중앙은행이 관리하는 CBDC 인프라를 기반으로 민간 부문이 혁신을 이룰 수 있도록 하며, 중앙은행이 결제나 신용 창출의 관리에 직접 관여하지 않도록 한다. 또한 중개자가 고객알기 요건과 같은 규제 문제를 처리하기 때문에 CBDC 계좌가 자금세탁과 같은 불법적인 목적에 사용될 수 있다는 우려를 완화할 수 있다. CBDC 계좌에 보관할 수 있는 금액에 제한을 두는 바하마의 샌드 달러 구조는 상업은행의 예금 이탈 위험을 한층 더 완화할 수 있는 방법을 보여준다.

또 하나 배울 점은 민간 암호화폐와 같은 방식으로 익명성의 망토를 제공한다고 주장하는 암호화 기술은 CBDC에 적합하지 않다는 것이다. 공식 암호화폐를 발행 중이거나 발행을 고려 중인 중앙은행은 작은 규모로 인해 글로벌 금융에 대한 접근성이 제한되는 어려움이나 잘못된 경제정책의 결과를 회피하기 위해 이 기술을 사용하려는 것으로 보인다. 하지만 중앙은행은 암호화폐와의 불미스러운 연관성을 되도록 피하는 편이 가장 좋다.

프라이버시에 대한 고객의 욕구와 거래의 감사와 추적 가능성에 대한 국가 당국의 니즈 사이의 긴장은 새로운 기술을 통해 완화할 수 있지만 완전히 제거할 수는 없다. 물론 중앙은행은 개인과 기업 간의 익명 거래를 촉진해야 할 의무가 없다. 이 부분에서 CBDC는 현금의 익명성이나 프라이버시 보호와 확실한 차이를 보인다. 여기에는 CBDC를 고려하는 모든 국가가 직면해야 할 경제적, 법적, 사회적 영향이 뒤따를 것이다.

도매 CBDC

CBDC에 대한 관심과 논란의 대부분은 소매 버전에 집중되어 있다. 하지만 금융시장이 개방되어 있고 비교적 잘 발달된 몇몇 선진국의 중앙은행은 도매 CBDC 개발에 앞장서고 있다. 대표적인 사례로는 캐나다 중앙은행과 싱가포르통화청Monetary Authority of Singapore, MAS이 있으며, 일부 프로젝트에서 이들 기관과 협력하고 있는 잉글랜드은행도 있다.

도매 CBDC는 통화 혹은 은행 준비금과 교환해 은행에 제공되는 특수 목적 디지털 토큰의 형태를 취할 수 있으며, 은행 간 부채를 결산하는 데 사용된다. 이것이 이미 완벽하게 디지털 형태로 실행되고 있는 은행 간 결제를 더 효율적으로 만드는 이유는 무엇일까? 지방의 농산물 품평회를 생각해보자. 품평회장 입구에서 놀이기구, 음식, 음료 결제에 사용할 수 있는 쿠폰이나 토큰을 구매하면 품평회장 내에서 현금을 사용할 때보다 더 쉽게 거래할 수 있다. 또 쿠폰을 이용해 놀이기구와 음식의 값을 토큰 수로 쉽게 표준화할 수도 있다. 품평회 방문객들은 정확한 금액을 헤아리거나 고액권을 내고 거스름돈을 받거나 매번 거래할 때마다 신용카드나 직불카드를 꺼내지 않고도 놀이기구와 음식의 값을 간편하게 지불할 수 있다. 비슷한 이유로 식음료와 놀이기구 업체도 쿠폰으로 결제를 받고 쿠폰을 모아 품평회 주최 측에서 실제 현금으로 교환하는 것이 더 쉽다.

도매 토큰화 CBDC의 기저에도 비슷한 개념이 깔려 있다. CBDC는 중앙은행 통화를 대체하는 것이 아니라 보다 효율적인 사용을 촉진한다. 특히 CBDC를 통해 은행들이 국내 및 국제결제를 지원하는 데 필요한 유동성과 담보가 줄어든다. 실제로 현재 진행 중인 중앙은행 프로젝트들의 핵심 목표 중 하나는 증권과 결제의 국경 간 결산과 관련된 위험과 비용을 줄이는 것이다.

캐나다의 프로젝트 재스퍼

2016년 3월에 페이먼츠캐나다Payments Canada(캐나다의 결제 청산과 결산 인프라를 소유 및 운영한다)와 캐나다은행은 통화로 교환할 수 있고 분산원장기술 플랫폼에서 은행 간 결제와 결산을 지원하는 데 사용할 수 있는 중앙은행 토큰의 채용 가능성을 평가하기 위한 프로젝트 재스퍼Project Jasper를 시작했다. 이 실험의 초기 단계에서는 정산의 완결성, 거래 처리 역량, 개인정보 보호, 유동성 비용 측면에서 몇 가지 결함이 드러났다. 둘째 단계에서는 유동성 절약 메커니즘liquidity-saving mechanism, LSM을 갖춘 코다 기반 은행 간 결제 시스템을 통해 이들 단점 중 일부를 수정해 보다 효율적인 거래 대기와 상계가 가능하도록 했다. 코다는 스웨덴의 e-크로나 시범 프로그램에도 사용된 분산원장기술 플랫폼이다. 셋째 단계에서는 프로젝트를 확장해 거래소 거래 주식 결산을 포함시켰다. 성공적인 개념 증명 실험은 분산원장기술 플랫폼을 즉각적인 청산과 증권대금동시결제delivery-versus-payment, DvP 결산에 사용해 거래상대방 위험을 줄이고 담보 없이도 가능하다는 것을 보여주었다.

싱가포르의 프로젝트 우빈

싱가포르통화청은 2016년 11월에 결제 및 증권의 청산과 결산에 블록체인과 분산원장기술을 사용하기 위한 금융권과의 공동 프로젝트, 프로젝트 우빈Project Ubin을 시작했다. 이런 노력의 일환으로 일단의 민간 은행(국내 은행과 국제은행 모두)은 고객이 긴 처리 시간과 비싼 처리 수수료가 없고 여러 중개자를 거치지 않아도 결제를 할 수 있는 분산원장기술 기반의 결제 시스템 원형을 개발하기 위한 작업에 착수했다.

2007년 3월에 싱가포르통화청은 분산원장기술을 사용한 은행 간 결제와 결산용 디지털 싱가포르 달러를 만드는 개념 증명 프로젝트가 성공적으로 마무리되었다고 발표했다. 그해 10월에는 다음 단계로 여러 은행 및 기술 기업과 협력해 유동성 절감 메커니즘을 갖춘 탈중앙화된 은행 간 결제 및 결산 소프트웨어 프로토타입을 개발했다고 발표했다. 이 단계는 거래 프라이버시를 보호하면서 상계 결제를 탈중앙화하는 흥미로운 기술적 과제를 해결했다. 은행 간 결제에 사용되는 기존 상계 프로그램은 운영자에게만 보이는 단일 결제 대기열에 의존해 상계 결제를 찾는다. 그러나 탈중앙화된 대기열은 잠재적으로 모든 참여자에게 결제 세부 정보를 노출한다. 싱가포르통화청은 이 모델이 "탈중앙화와 개인정보 보호의 탁월한 조합"을 달성했다고 주장했다.

2018년 8월에 싱가포르통화청과 싱가포르 거래소Singapore Exchange, SGX는 다양한 블록체인 플랫폼 조합(한편으로는 증권 결제용, 다른 한편으로는 결제 결산용)에서 토큰화된 자산결제를 위한 증권대금동시결제 기능을 함께 개발할 예정이라고 발표했다. 이를 통해 금융기관과 기업 투자자는 토큰화된 디지털 통화와 증권, 기타 자산의 교환과 최종 결제를 동시에 수행할 수 있으므로 운영 효율성을 높이고 결제 리스크를 줄일 수 있다. 2019년 11월에 싱가포르통화청은 동일한 네트워크상에서 다양한 통화로 결제할 수 있는 블록체인 기반 시제품 개발에 성공했다고 발표했다.

해당 프로젝트는 국내 결제 및 국가 간 결제(외환동시결제)와 증권 거래(증권대금동시결제)를 개선하기 위해 분산원장기술을 사용하는 데 진전이 있는 것으로 보인다. 싱가포르통화청이 지적했듯이 "고급 유동성 관리 기술이 새로운 위험을 초래하는지 여부"는 아직 미결의 문제로 남아 있다.

국경 간 결제

국경을 넘나드는 무역과 금융거래에 필수적인 국경 간 결제는 큰 규모의 사업이다. 예를 들어 2019년 상품 및 상업 서비스의 국제무역 총액만도 25조 달러에 달했다. 3장에서 보았듯이 핀테크 플랫폼 등의 새로운 비즈니스 모델과 서비스 제공업체들이 국경 간 결제 서비스를 제공하고 있다. 하지만 여전히 전통적인 중계 은행 채널을 통해 처리되는 대규모 거래량에 비하면 이들이 처리하는 거래량은 작은 부분에 불과하다. 환거래 은행correspondent bank은 외환 서비스를 제공하고 한 국가의 현지 은행이 다른 국가의 현지 은행으로 자금을 이체할 수 있도록 하는 중요한 일을 한다. 이들은 경우에 따라 문서와 증권 이전과 같은 비즈니스 거래의 다른 측면도 다룬다. 또한 여러 국가에서 사업을 운영하거나 다른 국가의 은행과 직접 관계를 맺어 이런 영업을 촉진한다.

국경 간 결제 서비스에 대한 수요 증가에도 불구하고 전 세계 환거래 은행의 수는 감소하고 있다. 2011년부터 2018년까지 국경 간 결제 금액은 15% 증가했지만 환거래 은행의 수는 20% 감소했다. 이는 이미 수많은 장애물에 직면해 있는 국제 송금의 비용, 속도, 투명성 측면에서 좋지 않은 징조다.

국경 간 결제의 복잡성

국경 간 결제는 본질적으로 복잡하다. 여러 통화가 관련되고, 여러 기관을 거쳐 전송되는 경우가 많으며, 국가 특유의 금융 규정에 부합해야 한다. 이런 장애들 탓에 국경 간 결제는 종종 느리고, 비싸고, 추적이 어려운 경우가 많다. 일부 국가 실시간총액결제시스템은 운영시간이 제한되어 있기 때문에 결제와 결산이 지연될 뿐만 아니라 고객에게 제공하는 결제 서비스가 제한되고 결제를 기다리는 은행 사이에 야간 노출로 인해 위험이 누적된다.

좀 더 기술적인 관점에서 보면, 국경 간 결제에는 긴밀하게 동기화되지 않는 일련의 작업(여러 개별 시스템에 대한 업데이트)이 수반되기 때문에 한 작업은 성공하지만 다른 작업은 실패하는 일이 자주 일어난다. 이렇게 결제 프로세스에 일관성이 없어서 한 당사자가 다른 당사자의 희생을 대가로 이익을 얻는 일이 발생할 위험이 있다. 이런 특정 위험은 모든 작업이 성공하지 않으면 거래 전체가 취소되도록 보장함으로써 제거할 수 있다. 이것이 바로 블록체인상의 스마트 계약과 같은 새로운 기술이 해결에 도움을 줄 수 있는 종류의 문제다.

일부 중앙은행은 이런 문제를 해결하고 있다. 다양한 제안을 평가할 때에는 국제결제에 사용되는 몇 가지 모델을 고려해볼 필요가있다. 첫째는 위에서 설명한 환거래은행(혹은 중개자) 접근방식으로, 이방식에서는 송금인과 수취인의 은행이 각자의 국내 네트워크만 이용한다. 둘째는 각 국가의 은행에 국내와 해외 결제 네트워크 양쪽을모두 이용하게 해주는 것으로 중개자가 환전을 다루고 결제를 처리할 필요가 없다. 이런 구성하에서는 각 은행이 국내 네트워크에는 현지 통화 지갑을, 해외 네트워크에는 외화 지갑을 유지할 수 있다. 각국 은행은 두 나라의 실시간총액결제시스템과 중앙은행 부채를 모두이용할 수 있어야 한다. 중요한 것은 각 네트워크가 자국 통화로만운용된다는 것이다. 셋째는 각 국가의 네트워크에서 다수 통화 거래를 허용하는 것이다. 이때 각 은행은 국내 네트워크에 자국 통화 지갑과 외화 지갑 모두를 유지한다.

CBDC가 국제결제를 구원할까?

2018년 11월에 캐나다은행, 잉글랜드은행, 싱가포르통화청은 도매 CBDCwholesale CBDC, W-CBDC를 이용해 국경 간 결제와 결산을 개선할 방법을 제안하는 공동 보고서를 발표했다. 세 기관은 모델 세 가지를 고려했다. 첫째 모델은 국가별 도매 CBDC를 두고 중앙은행이 자국 통화로만 디지털 지갑을 제공한다. 상업은행이 여러 통화를 보유하고 싶다면 여러 중앙은행에 지갑을 개설해야 한다. 둘째 모델은 통화별 도매 CBDC를 국가 간에 전송하고 교환할 수 있다. 이때 상업은행은 자국 중앙은행에 여러 통화의 도매 CBDC 지갑을 보유할 수 있다. 예를 들어 캐나다에 기반을 둔 은행은 캐나다은행이 관리하는 지갑에 캐나다 달러화, 파운드화, 싱가포르 달러화의 도매 CBDC를 보유할 수 있다. 이를 위해서는 각 중앙은행이 여러 도매 CBDC 토큰을 지원해야 한다. 셋째 모델은 통화 바스켓으로 뒷받침되고 모든 참여 관할권에서 받아들여지는 범용 도매 CBDC를 이용한다.

　뒤의 두 가지 모델의 문제점 중 하나는 중앙은행이 발행한 토큰을 자국 관할권 밖에서 사용하거나 복합 도매 CBDC를 사용할 경우 중앙은행이 도매 CBDC 사용에 발휘하는 통제권이 기존에 발행하는 전자 지급준비금이나 결산 잔액에 비해 약해질 수 있다는 것이다. 이 보고서가 토대가 된 덕분에 국경 간 결제를 복잡하게 만드는 문제에 대한 기술적 해결책의 실행 가능성을 보여주는 두 중앙은행의 흥미로운 실험이 이루어졌다.

재스퍼-우빈 해법

2019년에 캐나다은행과 싱가포르통화청은 국내 도매 CBDC만을 사용해 재스퍼와 우빈 시제품 네트워크 사이에 국경 간 결제를 실행하는 개념 증명 실험을 성공적으로 수행했다고 보고했다. 이 개념 증명 실험은 해시타임락계약(HTLC, 5장에서 설명)을 사용해 서로 다른 2개의 분산원장기술 플랫폼에서의 거래 수행이 기술적으로 실행 가능한지를 입증하기 위해 가장 덜 복잡한 접근방식인 중개자 접근방식만을 다뤘다.

이 실험의 참조 사례에서 각국의 은행은 두 관할권에서 모두 영업을 하는 지정된 중개자를 통해 국경 간 거래를 수행했다. 전통적인 환거래 은행 모델에서 중개자를 사용하는 것은 거래 당사자의 신용불이행위험credit default risk(일방 당사자가 판매한 통화를 인도하지 못하는 위험)과 결제 위험settlement risk(일방 당사자가 판매한 통화를 인도했지만 구매한 통화를 받지 못할 위험)에 노출되는 것을 줄이기 위함이었다. 이 모델에서는 송금인과 수취인이 환거래 은행(사실상 거래 당사자의 에스크로 역할을 하며 전체 거래의 완료를 보장하는 제3자)을 신뢰한다.

이 프로젝트의 목표는 신뢰할 수 있는 제3자의 개입 없이도 이런 약속을 보장할 수 있는 기술 기반 수단이 있는지 판단하는 것이었다. 해시타임락계약을 사용하는 분산원장기술 기반 시스템에서는 제3자가 아닌 기술 시스템에 대해서도 여전히 신뢰가 필요할 것이다. 해시타임락계약은 복합 계약의 작업 중 하나라도 실패하면 모든 작업이 진행되지 않도록 보장해 계약의 양단간 일관성을 보장한다.

성공적인 테스트는 두 관할권 모두에서 신뢰할 수 있는 제3자 없이도 국경 간, 통화 간, 플랫폼 간 거래가 실제로 수행될 수 있다는 것을 보여주는 중요한 증거였다. 이는 국가 간 결제 및 증권의 청산과 결산에 분산원장기술이 어떻게 사용될 수 있는지 보여주는 중요한 단계였다. 또한 이 테스트는 블록체인/분산원장 플랫폼에 걸쳐 토큰화된 디지털 화폐를 사용하는 결제·결산 수행 역량을 확인했다.

두 중앙은행의 공동 보고서는 개념 증명 실험의 성공에도 불구하고 여전히 많은 의문이 해결되지 않은 상태라고 지적했다. 결제의 양과 규모가 증가하더라도 그런 시스템이 안정적이고 훼손으로부터 안전할까? 더 많은 국가, 특히 규제 및 법적 프레임워크가 서로 다른 국가들이 참여할 경우 어떤 문제가 발생할까? 서로 다른 플랫폼에서 작동하는 실시간총액결제시스템을 통합하는 것이 가능할까?

2020년 7월에 싱가포르통화청은 같은 네트워크에서 다양한 통화로 결제가 수행되는 블록체인 기반 다중통화결제 네트워크의 테스트에 성공했다고 발표했다. 이 테스트는 상업은행이 다양한 통화에 대한 결제은행 역할을 하는 방식으로 이루어졌다. 원칙적으로 이 시제품은 중앙은행 그룹이 관리하는 국제결제 플랫폼의 모델이 될 수 있으며, 개별 중앙은행은 이 플랫폼에서 직접 CBDC를 발행하고, 상업은행 역시 이 플랫폼을 사용할 수 있다. 하지만 여기에서 거버넌스에 대한 의문이 제기된다. 누가 이런 플랫폼을 운영할까, 그리고 다양한 참여자들의 권리와 책임은 어떻게 될까? 중앙은행은 플랫폼 상에서 통화의 발행과 기록에 대한 통제권을 일부라도 포기하는 것이 가능할까?

여기에서 제기된 유형의 난제들은 CBDC와 분산원장기술이 제시하는 국경 간 결제의 모든 개선 가능성에도 불구하고, 이런 기술적 혁신이 확신을 가지고 채택되려면 넘어야 할 개념적, 기술적 장애물이 많다는 것을 시사한다. 기술 자체가 해법의 일부일 수도 있다. 하지만 결국 시스템은 모든 참여자의 상호 신뢰를 바탕으로 해야 한다. 중앙은행은 자국 경제 내에서 신뢰를 받지만, 국가 간 이해관계가 일치하지 않을 경우 당연히 집단적인 국가 간 이익보다 자국 경제의 이익을 우선시하기 때문에 서로를 신뢰한다는 것이 쉽지 않을 것이다.

프로젝트 아베르

앞서 언급한 국제결제에 도매 CBDC를 사용할 때 생기는 문제점들은 다른 프로젝트의 추진을 막지 못했다. 2019년 1월에 사우디아라비아와 아랍에미리트의 중앙은행은 블록체인과 분산원장기술을 사용해 양국 간 도매 결제를 개선하기 위한 디지털 화폐 프로젝트인 아베르Aber(아랍어로 '국경을 넘는'이란 뜻)를 발표했다. 공식 성명은 이 프로젝트로 양국 은행들이 금융 이체 시 서로 직접 거래할 수 있게 되며, "어떤 이유로든 지장이 있을 경우를 대비한 국내 중앙 결제 결산을 위한 추가 준비금 시스템"도 제공할 것이라고 밝혔다. 즉 새로운 공식 디지털 화폐가 양국 은행들이 국경 간 결제를 더 쉽게 수행할 수 있게 할 뿐만 아니라 상대국의 준비금 시스템에 대한 접근권을 부여함으로써 서로 간의 결제를 결산할 수 있게 할 것이다. 이 프로젝트는 유연성과 확장성 때문에 다른 도매 CBDC 실험에서도 사용된 하이퍼레저 패브릭Hyperledger Fabric이라는 허가형 블록체인 플랫폼을 사용했다.

2020년 11월에 두 중앙은행은 새로운 공통 디지털 화폐(어느 기관에서든 발행 가능)를 양국의 소수 상업은행 간 결제 거래를 위한 결산 단위로 사용한 실험 결과를 전달하는 보고서를 발표했다. 이 디지털 통화는 중앙은행의 적극적인 개입 없이 탈중앙화된 방식으로 국내 및 국가 간 은행들 사이의 결제 모두에 사용할 수 있는 것으로 입증되었다. 또한 이 접근방식은 디지털 화폐를 사용할 수 있기 때문에 각 상업은행이 더는 국경 간 결제를 위해 상당한 '노스트로 계좌nostro account'(다른 나라 은행의 외화 계좌)를 유지할 필요가 없다.

이 보고서는 아베르 실험을 대체로 성공적이라고 평가했지만, 단 두 나라만 참여했음에도 몇 가지 까다로운 기술적, 개념적 문제가 있었다고 지적했다. 여기에는 네트워크 내의 모든 참여자 사이에 안정적인 '메시 연결mesh connectivity'이 필요한 문제, 국가 간 규제 요건과 다양한 은행에서 사용하는 보안 프로토콜의 차이에 대응해야 하는 문제, 양국의 금리 차이로 불거지는 복잡성(공통 디지털 화폐를 이용한 차익 거래의 가능성을 열어주는 문제) 등이 있다. 보고서는 적당히 겸손한 태도로 이 프로젝트가 "새로운 접근법이 결제에 가져다줄 수 있는 점진적인 혜택"을 보여줬다고 언급했다.

국경 간 결제 효율을 개선하고자 중앙은행이 시작한 프로젝트는 이것만이 아니다. 2019년 말 홍콩통화청Hong Kong Monetary Authority과 태국은행Bank of Thailand은 국경 간 결제에 분산원장기술을 적용하는 연구를 위한 프로젝트인 인타논-라이언록Project Inthanon-LionRock을 시작했다. 2020년 1월에 두 중앙은행은 소수의 참여 은행이 P2P 기반으로 자금 이체와 외환 거래를 할 수 있게 하는 시제품(중개자를 통한 간접 라우팅이 없는 제품)을 성공적으로 개발했다고 발표했다. 이런 외환 거래의 경우 원자 외환동시결제를 허용하는(5장에서 논의했듯이) 스마트 계약을 사용해 결산 위험이 완화된다. 2021년 2월에 이 프로젝트는 인민은행과 아랍에미리트 중앙은행을 포함시키며 확장되었다.

다가오는 CBDC의 물결

모든 국가의 중앙은행은 CBDC의 비용과 혜택에 대해 자기만의 계산을 하고 있다. 중앙은행은 크든 작든, 부유하든 빈곤하든 현금이 주로 민간 중개 형태의 결제로 빠르게 대체되고 있는 배경에서 일하고 있다. 세율과 금융시장 및 모바일 기술과 관련된 정부 규제 정도를 포함한 사회적 규범과 정부 정책은 나라마다 현금에서 벗어나는 속도가 다른 이유를 설명한다.

일부 중앙은행은 소매용 CBDC의 도입을 화폐 생성에 있어서 중앙은행의 역할을 유지함으로써 금융시장에 대한 통제력을 유지하는 중요한 도구로 여기는 듯하다. 실제로 중앙은행의 소매 화폐가 적합성을 유지하려면 CBDC로의 전환이 이미 정해진 결론처럼 보인다. 많은 신흥경제국에서 현금 가용성 유지와 관련된 문제는 전자결제 시스템뿐만 아니라 자국 통화와 직접 경쟁하는 외화에서도 발생한다. 디지털 형태의 외화 사용이 가능해지면 국내 현금 사용으로부터의 전환을 촉진할 수 있다.

다른 중앙은행들은 CBDC를 주로 금융 포용성과 안정성을 촉진하는 도구로 취급한다. 이 두 가지 특성은 모두 국민의 경제적 복지를 개선하는 데 중요하다. 달러화, 유로화, 파운드화, 엔화 등 준비통화로서 국내와 글로벌 금융에서 특별한 역할을 하는 통화를 보유한 주요 선진국들의 경우 다른 국가에 비해 변화가 더디다. 해당 국가의 중앙은행은 다른 국가에 비해 CBDC라는 시류로부터 더 멀리 떨어져 있는 사치를 누릴 수 있다. 하지만 이들 중앙은행의 경우도 미래의 조짐은 분명하게 나타나기에, 결국 CBDC를 도입하기 위한 토대를 마련하기 시작했다.

여기까지는 대부분 논의의 초점을 CBDC와 관련된 국내적 영향과 장단점에 맞췄지만, 국제적 측면도 중요하다. 각국의 조치는 그 규모와 영향력에 따라 나머지 세계에 크고 작은 영향을 미친다. 미 연준이 채택하는 정책 변화나 혁신은 불가피하게 다른 나라에 영향을 미친다. 하지만 작은 국가라도 본보기가 될 수 있다. 디지털 화폐의 선구자 중 하나인 작은 섬나라 바하마가 발행하는 디지털 화폐에 내장된 많은 안전장치가 다른 CBDC의 견본 역할을 할 수 있다.

중앙은행 업무의 이런 발전은 국내와 국외, 양방향으로 영향을 미친다. 국경 밖의 세력이 국경 내에서 일어나는 것의 형성에 중요한 역할을 할 수 있다. 글로벌 금융 안정성은 국내 금융 안정성에 중요하다. 따라서 이번에는 국가 단위에서 글로벌 단위로 시야를 넓혀 핀테크 혁신과 CBDC가 국제통화 시스템을 어떻게 재편할 수 있는지에 주목해보기로 하자.

The
Future
of
Money

How the Digital Revolution
Is Transforming Currencies
and Finance

IV

영향과 전망

Ramifications

8

국제통화 시스템은 어떻게 변화할 것인가?

이런 유동성과 변화의 시대에는 그 누구도 그 어떤 것도 확신할 수 없다. (…) 하지만 최선의 정책은 틀렸다는 것이 입증될 때까지 낙관적인 가설에 따라 행동하는 것이다. 미래를 너무 두려워하지 않는 것이 좋다. (…) 볼 수 있는 것보다 더 멀리 보려고 애쓰면서 막연한 두려움에 사로잡히면 미래를 위태롭게 할 위험이 더 커진다.

존 메이너드 케인스, 〈미국의 국제 수지〉

> No one can be certain of anything in this age of flux and change. (…) Meanwhile for us the best policy is to act on the optimistic hypothesis until it has been proved wrong. We shall do well not to fear the future too much. (…) We shall run more risk of jeopardising the future if we are influenced by indefinite fears based on trying to look ahead further than any one can see.
>
> John Maynard Keynes,
> *The Balance of Payments in the United States*

국제통화 시스템은 개별 국가의 금융시장과 통화, 통화 간 환율과 국가 간 자본 흐름 등 이들을 하나로 묶는 연결고리와, 각국이 준수하기로 합의하고 국제통화기금, 국제결제은행, 경제협력개발기구 Organisation for Economic Co-operation and Development, OECD 등 국제기관에서 심의하는 다양한 규칙을 아우른다.

이 시스템이 모두 좋은 것은 아니다. 비용이 많이 들고 비효율적인 결제 시스템이 국제 상거래를 저해하고 있다. 국경을 거치는 일부 금융 흐름은 수취 국가에 이익보다는 훨씬 더 많은 문제를 초래하곤 한다. 개발도상국은 게임의 규칙이 국제 규칙 제정 기구와 주요 다자간 기관을 자신들의 세력권으로 여기는 선진경제국에 유리하게 조작되어 있다고 느낀다. 이런 견해가 끝이 없이 이어지면서 현재 상황에 불만이 크다는 것을 드러낸다. 세계의 대부분에게 분노의 대상이 되는 것이 있으니, 바로 미국 달러다.

달러의 지배력은 유지될 것인가?

미국 달러는 가치척도, 교환수단, 가치저장 등 모든 면에서 우위에 있는 국제통화다. 원유와 같은 거의 모든 원자재 거래 계약을 포함한 국경 간 무역의 대부분이 달러로 표시된다. 다른 어떤 통화보다 많이 이용되는 것이다. 또한 달러는 주된 송장 표시 통화다. 어떤 척도를 적용하든 국제결제의 약 40%가 달러로 정산된다. 유로화도 국제결제에서 거의 비슷한 비율을 차지하지만 유로존 내에서 이루어지는 결제(당연히 유로화로 표시된다)를 제외하면 글로벌 결제(및 무역 송장 작성)의 비율은 달러에 비해 훨씬 낮다. 달러는 글로벌 준비통화로 전 세계 중앙은행이 보유한 외화 준비금의 약 60%가 달러 표시 자산이다. 또한 개발도상국의 기업이나 정부가 외화 차입을 할 때에는 달러로 차입하는 경향이 있다. 외국인 투자자들이 개발도상국의 국내 통화가치를 신뢰하지 않는 경우가 많기 때문이다.

달러의 압도적인 지배력과 이런 지배력을 약화할 수 있는 진지한 경쟁 상대의 부재로 인해 미국은 엄청난 영향력을 손에 쥐고 있다. 1960년에 미국은 글로벌 GDP(시장환율 기준)의 약 40%를 차지했다. 2000년에는 그 비율이 30%로 감소했다. 그 후 20년 동안 중국, 인도 및 기타 신흥시장이 엄청나게 약진하면서 이 비율은 24%로 더 떨어졌다. 그러나 국제금융에서 달러의 위상 그리고 그에 따르는 글로벌 금융시장에 대한 미국의 영향력은 미국이 세계 경제에서 차지하는 비율보다 훨씬 더 크다.

전 세계의 수많은 사람이 이를 부당한 상황으로 보고 있으며, 거기에는 그럴 만한 이유가 있다. 국제무역과 금융중개에서 지나치게 많은 부분이 달러로 이루어지기 때문에 다른 국가, 특히 소규모 국가와 개발도상국은 달러와 미국의 정책에 휘둘릴 수밖에 없다. 이는 달러 가치의 변동과 미 연준이 취하는 조치가 다른 경제에 종종 해로운 방식으로 영향을 미치기도 한다는 의미다. 미 연준이 금리를 인하하면 자금은 더 나은 수익을 찾아 미국 금융시장에서 나와 신흥시장 경제(신흥경제국)로 들어가면서 신흥국의 주식시장, 기타 자산시장에 바람직하지 못한 호황을 불러일으키곤 한다. 미 연준의 금리 인상이나 그 밖의 다른 이유로 다른 통화에 비해 달러 가치가 높아지면 신흥국 경제에서 자본이 유출되어 달러 자산으로 유입되는 경향이 있으며, 이는 이들 국가의 주식시장과 통화에 하락 압력으로 작용하는 경우가 많다. 전 세계 정책 입안자들에게는 유감스러운 일이지만 미 연준은 정책 결정을 내릴 때 주로 자국 내 요인을 고려한다. 해외 상황에 주의를 기울이기는 하지만 그것도 미국 경제에 영향을 미치는 한에서일 뿐이다. 대부분의 경우 미 연준은 자신의 정책이 다른 국가에 미치는 영향을 무시한다. 이는 미 연준의 공식적인 임무가 아니기 때문이다.

주요한 글로벌 준비통화라는 달러의 지위는 미국이 경상수지 적자를 메우기 위해 다른 나라로부터 낮은 금리로 돈을 빌릴 수 있다는 것을 의미한다. 달리 말하면, 해외로부터 얻은 값싼 자금이 수출을 한참 초과하는 해외 상품 수입의 자금이 되는 것이다. 미국이 지속적으로 분수에 넘치는 삶을 살면서도 그러한 헤픈 행태에 대해 아무런 고통도 받지 않는다는 사실에 외국 관리들은 짜증이 날 수밖에 없다. 이들은 오래전부터 달러의 지위가 미국 경제에 부여하는 '엄청난 특권'에 격분해왔다.

또한 미국은 경쟁국에 대항하는 강력한 지정학적 도구로서 달러가 가지는 영향력을 휘두르는 데 주저함이 없었다. 달러 중심의 세계 금융 시스템 덕분에 미국의 금융 제재는 그 영향력이 특히 크다. 미국에 기반을 둔 금융기관과 이런저런 거래를 하는 혹은 그런 기관과 이차적인 관계라도 맺은 모든 국가나 기업에 결국은 영향을 미치기 때문이다. 다른 나라들도 이런 상황에 얽혀 든다. 이들 나라는 미국의 정책에 꼭 동의하는 것은 아니지만 자국의 금융기관이 달러 자금을 조달하지 못하게 될 것이 두려워 선례를 따를 수밖에 없다.

이것은 국제통화 시스템을 이루는 많은 결함과 불균형의 일례일 뿐이다. 핀테크, CBDC, 기타 새로운 금융 기술이 개선의 길, 어쩌면 더 근본적인 변화의 길을 닦게 될까?

성큼 다가온 변화

변화가 임박했다는 것은 의심의 여지가 없다. 하지만 그 범위(대규모든, 보통이든, 아주 적든)는 아직 미결의 문제다. 새로운 기술은 금융시장과 금융기관의 다양한 측면뿐 아니라 국가 화폐의 형태와 사용에서

그림 8.1 주요 글로벌 통화

영향과 전망

도 변화에 박차를 가하고 있다. 이로 인해 국제통화 시스템, 특히 통화 간에 힘의 균형이 재편될 것이라는 추측(혹은 희망)이 생겨나고 있다. 큰 지각변동이 곧 임박한 것일까? 아니면 종종 그렇듯이 현실은 선전보다 덜 극적인 것으로 드러날까?

변화의 범위는 부분적으로 국제금융시장에서 주요 통화의 상대적 지위가 어떻게 변하느냐에 달려 있다. 오랫동안 예측되었던 달러의 폐위가 마침내 경제적 힘이 아닌 기술의 결과로 닥치게 될 것인지는 흥미로운 문제다. 주요 기업이 발행하는 암호화폐나 스테이블 코인이 달러를 대체할 가능성이 있을까? 언젠가는 중국 위안화나 유로화 같은 통화의 디지털 버전이 달러로부터 더 쉽게 벗어나게 해줄까? 정말 그런 변화가 일어난다면 그것이 글로벌 금융 안정성에 도움이 될까, 해가 될까? 의미 있는 질문이 많지만, 우선은 핀테크, 그리고 관련된 발전의 보다 확실한 결과와 이점에서부터 시작해보자.

국제결제의 변화

핀테크 혁신과 디지털 통화는 더 빠르고, 더 저렴하며, 더 안전한 국제결제라는 흥미로운 전망을 내놓는다. 이는 무역 관련 거래의 결산뿐만 아니라 투자 흐름과 송금에서도 상당한 개선의 전조가 될 것이다. 또한 국가 간 상거래의 다른 측면도 이런 발전에서 혜택을 볼 수 있을 것이다. 분산원장기술은 무역과 금융거래의 다양한 단계를 추적할 수 있는 잠재력을 제공해, 이런 거래와 관련된 마찰 중 하나를 줄인다. 이런 모든 혁신이 급격한 변화를 예고하는 것일까? 아니면 단순히 더 나은 비즈니스 방식으로 이어질까? 국제결제 시스템에는 파괴적인 변화의 기회가 무르익은 최소한 몇 가지 요소가 있다.

SWIFT와 잠재적 경쟁자들

현재 글로벌 기관들을 거치는 자금 이체는 SWIFT를 통해 중개되고 있다. SWIFT는 실제로 자금을 이체하는 것이 아니라 공통의 메시징 프로토콜을 통해 세계 전역의 기관을 연결하는 메시징 서비스를 제공한다. 1973년에 SWIFT가 설립되기 전에는 국제결제를 시작하는 메시지가 텔렉스를 통해 온전한 문장으로 전송되었기 때문에 보안 위험과 인적 오류의 여지가 있었다. SWIFT 서비스의 주요 구성 요소는 본래 메시징 플랫폼, 메시지를 검증하고 라우팅하는 컴퓨터 시스템, 일련의 메시지 표준 세트였다. 이 표준을 통해 국가 간 언어나 컴퓨터 시스템들의 차이에 제한 없이 메시지 전송을 자동화할 수 있었다. 이런 요소들은 업데이트된 형태로 여전히 SWIFT 운영의 가장 중요한 부분을 이룬다.

잠재적 경쟁자들에 비해 SWIFT가 갖는 주요한 장점은 널리 인정받고 신뢰받는 프로토콜이 되었다는 것이지만, 이것은 지속 가능한 비즈니스 모델이 아닐 수도 있다. 실제로, 아래에서 살펴볼 내용처럼, 중국이나 러시아와 같은 많은 국가가 해외 결제 시스템에 대한 의존도를 낮추기 위해 자체 결제 시스템을 만들고 있으며, 그 과정에서 SWIFT를 우회하는 메시징 역량을 가진 새로운 국제결제 아키텍처의 가능성을 열고 있다. 달리 말해 그런 국가들은 자신의 개별 결제 시스템을 연결해 SWIFT와 메시징에 SWIFT를 사용하는 기관에 의존하지 않고 양자 간 국제거래를 라우팅할 수 있다.

SWIFT의 위험성

SWIFT는 기술적 위험뿐만 아니라 정치적 위험의 대상이기도 하기 때문에 대안 탐색에 박차가 가해지고 있다. 이 서비스는 벨기에에 기반을 두고 있으며 정치적 중립성을 지키고 있다고 주장한다. 하지만 미국의 영향력이 크게 미치는 것으로 널리 인식되고 있다. 미국은 SWIFT 관계자와 이사회에 소속된 은행에 징계 조치를 취한다는 위협을 이용해 이 조직에 미국의 금융 제재 대상인 국가의 중앙은행과 금융기관에 대한 서비스를 중단하도록 강요했다. 이런 위협이 먹히는 이유는 글로벌 금융 시스템에 대한 미국의 지배력 덕분에 미국 정부에 SWIFT를 무력화할 수 있는 권한이 있기 때문이다. 다만 이런 조치는 미국 금융기관의 입장에서도 대가가 클 수 있다. SWIFT 이용을 제한한다는 위협은 강력할 수밖에 없다. 어떤 국가를 국제금융 시스템에서 쳐내고 무역을 방해함으로써 그 나라에 막대한 경제적 비용을 부과할 수 있기 때문이다.

미국은 러시아의 2014년 우크라이나 침공과 이란, 북한, 시리아, 베네수엘라 지원에 대해 각종 제재를 가했다. 미국의 위협 조치 중 가장 심각하고 러시아가 가장 우려했던 것은 SWIFT가 러시아 중앙은행과 상업은행의 SWIFT 서비스 이용을 제한하는 것이었다. 러시아는 수입의 상당 부분을 원유 수출에 의존하기 때문에 글로벌 결제 시스템을 이용할 수 없게 된다면 경제에 치명적인 타격을 입게 된다.

러시아 국영 VTB 은행 총재 안드레이 코스틴Andrey Kostin은 달러와 유로 표시 무역에 대한 러시아 결제의 의존성 때문에 SWIFT 퇴출은 "전쟁을 의미할 것"이라고 말했다.

SWIFT는 쿠바와 이란의 거래를 차단하라는 미국의 압력에 무릎을 꿇은 적도 있다. 테러자금조달을 조사하는 미국 당국과 거래에 관련된 민감한 자료를 공유하는 SWIFT의 자발성은 유럽연합을 비롯한 다른 나라들의 우려를 샀다. 유럽연합은 그런 정보의 공유가 개인정보법 위반이라고 지적했다.

2018년에 트럼프 행정부가 이란과의 핵협정을 일방적으로 거부한 뒤 이란에 대한 금융 제재를 강화하려는 움직임을 보이자 이전에 이란 제재를 지지했던 유럽 국가들조차 격분했다. 하이코 마스Heiko Mass 독일 외무장관은 이란과 거래하는 유럽 기업을 제재하겠다는 위협을 비롯한 워싱턴의 조치들을 용납할 수 없다고 경고했다. 그는 2018년 8월에 있었던 기명 논평에서 다음과 같이 말했다. "우리가 협력을 원한다는 것을 워싱턴에 분명히 밝히는 것이 전략적으로 중요하다. 하지만 우리는 당신이 용인되는 범위를 넘어서는 것을, 우리가 희생을 치르는 것을 허용하지 않으리란 것 역시 분명히 해야 한다. (…) 따라서 미국으로부터 독립적인 결제 채널, 유럽통화기금과 독립적인 SWIFT 시스템을 구축함으로써 유럽의 자율성을 필히 강화해야 한다."

SWIFT 시스템은 사이버 보안 위험에도 노출되어 있다. 한 보고서는 이 시스템이 2013년부터 2017년 사이에 최소 8건의 대규모 공격을 경험해 총 1억 6,700만 달러를 도난당했다고 지적했다. 가장 주목할 만한 대담한 사례는 2016년에 뉴욕 연방준비은행의 방글라데시 중앙은행 계좌에서 8,100만 달러를 도난당한 사건이다. 해커들은 은행 SWIFT 서버에 접속하여 거의 10억 달러에 달하는 지급 지시서를 보냈다. 이런 지시 중 상당수는 변칙적인 것으로 표시되어 처리가 이루어지지 않았지만, 4건의 결제가 처리되었고 최종적으로 되찾을 수 없는 것으로 밝혀진 자금 손실이 발생했다. 어떤 공격도 더 넓은 범위의 SWIFT 시스템에 접근하지 못했다는 것은 위안이 되지만, 그런 공격은 여전히 안전한 글로벌 금융 메시징 시스템의 기반이 되어야 하는 신뢰를 심각하게 훼손했다.

변화에 대한 SWIFT의 대응

SWIFT에는 기술적 문제도 있다. 이 시스템은 여러 노드를 통해 결제를 전달하기 때문에 거래 처리의 속도가 느리다. 암호화폐와 기타 새로운 결제 시스템들은 여러 노드를 거치는 라우팅의 필요성을 우회할 수도 있고, 어떤 경우든 SWIFT 메시징의 필요를 제거하는 대안적 결제와 결산 프로토콜을 제공한다. 또한 미국의 압력에 대한 시스템의 취약성에 분노한 유럽중앙은행 등 많은 중앙은행들이 국경 간 무역에서 디지털 통화의 상호운용성 확대 가능성을 연구하고 있다. 7장에서 살펴본 바와 같이 캐나다, 싱가포르, 홍콩, 태국의 중앙은행도 SWIFT와 독립적으로 국경 간 거래를 처리하는 새로운 이니셔티브를 탐구하고 있다.

　　SWIFT는 더 광범위한 금융기관에 더 빠르게 결제할 수 있는 새로운 기술을 통합시킨 상품을 출시하면서 SWIFT 비즈니스 모델에 대한 이런 도전에 대응했다. 2019년 9월에 SWIFT는 글로벌 결제 혁

신global payments innovation, gpi을 국내 실시간 결제 네트워크와 연결해
결제 시간을 몇 분 혹은 몇 시간이 아닌 몇 초로 단축한 새로운 서비
스를 발표했다. 흥미롭게도 2017년의 gpi 출시는 리플의 즉각적인
국제결제 시스템에 대한 대응으로, 경쟁의 힘이 얼마나 빠르게 결제
의 모든 측면을 재형성하고 있는지를 보여준다.

국제결제 메시징 시스템은 파괴적인 진화가 거의 무르익었다.
SWIFT는 여러 장점, 광대한 범위, 혁신 시도에도 불구하고 정치와
기술의 변화에 여전히 취약하다. 사실, 새로운 금융 기술은 이런 공
통 메시징 프로토콜의 필요성 자체를 제거할 수도 있다. 일례로, JP
모건 체이스가 주도하는 은행 컨소시엄이 개발하고 있는 블록체인
기반 메시징 및 결제 시스템, 링크Liink(원래 은행 간 정보 네트워크Interbank
Infomation Network라고 불렸다)를 생각해보자. 링크는 SWIFT의 필요성을
완전히 없앨 수 있다. 이 P2P 네트워크는 이더리움 블록체인의 허
가형 버전인 쿼럼Quorum에서 운영되며, 2021년 5월까지 전 세계 약
400개의 기관이 참여했다. 더 중요한 것은 SWIFT를 경기장 밖으로
완전히 밀어낼 수 있는 결제 시스템을 만들기 위한 정부 지원 이니셔
티브가 진행 중이라는 점이다.

대안의 등장

미국의 제재나 기타 강압적인 전술의 직접적인 영향을 받지 않는 국
가를 비롯한 많은 국가가 메시징 서비스에 의존하는 국제결제 시스
템과 SWIFT의 대안을 개발하기 시작했다. 이것이 보다 광범위한 국
가 이익과 연결되는 경우도 있다. 예를 들어 2015년에 운영을 시작

한 중국의 국제은행간결제시스템Cross-border Interbank Payment System, CIPS
은 위안화로 국경 간 결제의 청산과 결산 서비스를 제공한다. CIPS
는 다른 국가의 결제 시스템과 쉽게 통합할 수 있는 기능이 있다. 이
는 국경 간 결제에 위안화를 더 쉽게 사용할 수 있도록 만듦으로써
위안화의 국제적 사용을 촉진하는 데 도움이 될 수 있다. CIPS는 현
재 SWIFT를 주된 메시징 채널로 사용하고 있지만, 궁극적으로는 그
자체가 대체 프로토콜을 사용하는 메시징 서비스를 포함하는 보다
포괄적인 시스템의 역할을 할 수 있다. CIPS는 국제적으로 통용되는
최신 메시지 표준 ISO 20022을 채택했으며, 두 언어 간의 번역을 쉽
게 만드는 표준화 시스템을 통해 중국어나 영어로 메시지를 전송할
수 있게 해준다.

　　2021년 5월까지 CIPS에는 전 세계 약 100개국의 약 1,200개의
기관이 참여했다. 승인된 직접 참여자(결제 처리 권한을 가진 약 40개 은행)
목록은 대부분 중국 은행이지만 씨티은행Citibank, 도이체방크Deutsche
Bank, JP모건 체이스, 스탠다드차타드Standard Chartered 같은 외국 은행도
포함되어 있다. 중국의 일대일로一帶一路 이니셔티브(중국이 추진 중인 신
실크로드 전략-옮긴이)에 참여하는 아프리카 국가와 미국의 제재 위협을
받고 있는 튀르키예, 러시아 등 여러 나라 은행들이 참여국으로 가
입했다. CIPS를 통해 이루어진 결제 거래 규모는 2020년 45조 위안
(2020년 12월 환율 기준 약 7조 달러)에 달할 정도로 빠르게 증가했지만, 위
안화 표시 결제는 여전히 달러 표시 결제보다 크게 뒤처지는 상황
이다.

　　미국의 제재로 마스터카드와 비자가 러시아 은행과 상표를 병용
하는 카드의 사용을 제한하면서 러시아 소매결제 시스템은 혼란에

직면했다. 러시아는 이런 혼란과 SWIFT에서 러시아 금융기관을 차단하겠다는 미국의 위협에 대응하기 위해 2014년에 자체 국가결제카드시스템National Payment Card System을 구축했고, 곧이어 금융메시지전송시스템System for Transfer of Financial Messages, SPFS을 내놓았다. 2018년 현재 SPFS를 채택한 러시아 기업은 400개다. 이는 러시아 기업 중 극히 일부지만, 그렇더라도 러시아가 SWIFT를 이용할 수 없을 경우의 플랫폼 확장 가능성을 보여준다. 러시아는 거래 비용을 낮추고 중국, 이란, 튀르키예와 같은 국가의 해외 파트너를 끌어들여 SPFS의 국제적 사용을 촉진하겠다는 의사를 밝혔다.

전통적인 미국의 우방들조차도 국제결제 구조에 대한 미국의 통제력에 불만을 품고 있다. 독일, 프랑스, 영국은 이란 핵협정 조건을 지키기 위해 2019년 1월 SWIFT의 범위 밖에서 이란과 무역을 하기 위한 통로로 무역교환지원기구Instrument in Support of Trade Exchanges, INSTEX를 설립했다. INSTEX는 유럽과 이란 기업이 서로 간접적으로 물물교환을 할 수 있는 메커니즘을 만들어 국경 간 결제의 필요성을 없앤다. INSTEX는 원칙적으로 이란의 주요 수출품 중 하나이자 미국의 주요 제재 대상인 원유를 제외하고 인도주의적 품목의 거래에만 제한된다. INSTEX는 운영상의 난관에 직면해 2020년 초에야 첫 거래를 완료했다. 하지만 이 접근방식은 열의를 낳았다. 2019년 말에 유럽 6개국이 INSTEX에 가입했고, 러시아가 보인 가입에 대한 관심은 유럽연합 관계자들의 호의적인 반응을 끌어냈다.

요약하자면, 새로운 금융 기술은 기존 국제 메시징과 결제 시스템의 와해를 가속화할 가능성이 높다. SWIFT가 국제결제 메시징을 경쟁

없이 독점하던 시대는 이제 오래가지 못할 것이다, 이는 국제결제에서 달러가 누리던 우위에도 연쇄적인 영향을 미칠 수 있다. 인정하건대, 새로운 결제 메시징 시스템이 보안을 보장하고 국내외 규정을 준수하면서 대량 거래를 처리할 수 있는 능력은 아직 확보되지 않았고 결실을 맺기까지 수년이 더 걸릴 수도 있다. 하지만 결제 기술이 진화하는 속도와 달러 중심의 금융 시스템에서 벗어나고자 하는 세계 많은 국가의 욕구가 결합된다면 이런 변화는 더 빨라질 수 있다.

기축통화와 환율의 변화

새로운 결제 시스템의 확산이 국제무역을 중개하는 주요 국제통화의 역할에 영향을 미칠까? 국가 통화의 상대적 가격, 즉 환율의 메커니즘이 새로운 금융 기술의 영향을 받을까? 이런 질문을 해결할 때는 균형 잡힌 관점을 유지해야 한다. 중요한 변화가 진행 중인 것은 분명하지만 급격한 변화는 아직 가까이 오지 않았다.

감소하는 기축통화의 중요성

남아프리카공화국의 광산 회사가 인도에 금을 수출할 경우, 이 회사는 인도 루피로 대금을 받으려고 하지 않을 것이다. 베트남의 섬유 수출업체도 러시아 루블로 결제하겠다는 러시아 고객의 제안을 꺼릴 가능성이 높다. 이들 국가의 통화를 서로 직접 교환하는 데에는 비용이 많이 든다. 더구나 이들 국가의 통화는 국제적인 수용이 제한적이면서, 환율의 변동성이 큰 경향이 있다. 따라서 수출업자는 보통 송장 발행과 대금 수령에 달러나 유로의 사용을 선호한다. 인도의 금 수입업자는 루피를 미국 달러로 교환해서 그 달러를 금 대금 지불에 사용하고, 남아프리카공화국의 수출업자는 달러를 남아공 랜드rand로 교환하는 것이 더 쉽고 비용도 적게 든다.

미국 달러와 같은 기축통화는 국제 무역과 금융에서 중요한 역할을 한다. 거래액을 표시하는 데 널리 수용되는 가치척도이자 거래를 결산하는 교환수단의 역할을 하기 때문이다. 미국 달러가 주요 기축통화이고, 유로화, 영국 파운드화, 일본 엔화 등 이런 역할을 하는 통화가 몇 가지 더 있다.

이 책의 앞부분에서 설명한 몇몇 발전과 이들 경제국의 다른 변화는 기축통화의 필요성에 영향을 미칠 것이다. 신흥경제국의 경제 규모가 커지고 그들의 금융시장이 발전하면서 자국 통화를 다른 신흥시장 통화로 거래하는 비용이 감소할 가능성이 높다. 국제결제를 더 빠르고 쉽게 추적할 수 있는 새로운 금융 기술도 중요한 역할을 할 것이다. 무역 거래의 결제가 지금과 같이 결산되는 데 며칠이 걸리는 것이 아니라 즉시 결산된다면 환율 변동성으로 인한 위험은 완화된다. 긴 시간이 필요하고 가능성이 낮기는 하지만 국제 거래에서 교환수단의 기능을 하는 스테이블코인이나 탈중앙화된 결제 시스템이 등장할 수도 있다. 각기 정도는 다르겠지만 이런 힘들로 인해 기축통화에 대한 의존도는 떨어질 것이다.

환율

무역이나 투자 목적으로 돈이 국경을 넘을 때라면 통화의 상대적 가격(환율)이 중요한 역할을 한다. 수출업자와 수입업자 모두 환율 변동으로 해외 판매 수익과 지출에 발생하는 불확실성을 줄이고자 한다. 환율 변동에 따라 해외 투자에서 얻는 수익에 영향을 받는 투자자도 마찬가지다. 기축통화의 역할이 감소함에 따라 신흥국 통화 간 환율을 포함해 국경 간 거래에서 양자 간 환율이 더 중요해질 것이다. 금융시장은 환 리스크 헤징을 할 수 있는 상품을 제공하지만, 여기에는 비용이 발생한다.

더 빠른 결제 청산과 결산을 가능케 하는 국제결제 시스템의 변화는 환율 변동에 대비해 헤징이 필요한 기간을 줄여준다. 환율은 변동성이 상당히 클 수 있다. 수출업자의 입장에서는, 고객이 대금을 보낸 시점과 수출업자의 은행 계좌에 대금이 입금되는 시점 사이 며칠 동안 국내 통화의 가치가 단 2~3%만 변동해도 수익에 뚜렷한 차이가 생길 수 있다. 계약 협상이 몇 주 혹은 몇 달 앞서 이루어지는 많은 상품 거래의 경우라면, 결제 속도가 개선되어도 헤징이 필요한 기간은 크게 달라지지 않을 것이다. 하지만 기간이 더 짧은 다른 유형의 금융거래라면, 헤징의 필요와 관련 비용이 크게 줄어든다. 경우에 따라서는 헤징 비용 없이도 즉각적인 거래 대금 결제와 결산을 통해 단기 환율 변동성이 수익에 미치는 위협을 제거할 수 있다.

비트코인과 같은 암호화폐나 디엠과 같은 스테이블코인을 국경 간 거래를 표시하고 결산하는 데 사용할 수 있는 날이 온다면 어떨까? 이 경우 문제가 되는 것은 국내 통화와 해당 암호화폐 간의 환율뿐이다. 국가 내에서나 국가 간에 동일한 암호화폐가 사용된다면 환율조차도 의미가 없어진다. 이것은 대단히 기발한 해법이지만 뒷받침이 없는 암호화폐의 가치 변동성이나 CBDC가 단일통화 혹은 다중통화 스테이블코인과 경쟁할 가능성을 고려하면 실현될 것 같지 않은 해법이기도 하다.

가까운 미래까지는 거래 상대국의 통화는 물론이고 가치척도이자 교환수단의 역할을 하는 주요 통화에 대한 각국의 환율이 국제통화 시스템의 기능에서 여전히 중요할 것이다. 간단히 말해, 시간이 지남에 따라 새로운 금융 기술이 국가 간 거래의 표시와 결산에서 다양한 통화의 상대적 중요성에 영향을 미칠 수는 있겠지만 외환시장의 기본 메커니즘이 크게 변경될 가능성은 낮다.

글로벌 시장이 열리다

금융 세계화의 가장 큰 장점은 자본을 전 세계에 걸쳐 가장 생산적인 용도에 할당할 수 있다는 것이다. 이렇게 된다면 자금을 확보하려는 기업은 더는 국내 저축의 제약을 받지 않고 투자자본과 운영자본을 얻을 수 있을 것이다. 한편 저축자들은 글로벌 금융시장에 투자할 수 있는 능력을 갖게 될 것이다.

이런 잠재적 혜택은 신흥시장과 기타 개발도상국이 더 많이 누릴 수 있을 것이다. 이들 국가의 기업들은 국내 저축 수준이 낮고, 대부분의 사람들이 곤궁해서 소득의 대부분을 소비하기 때문에 자금 조달에 어려움을 더 많이 겪는다. 이들 국가의 저축자들에게는 은행

예금보다 높은 수익을 제공하는 비교적 안전한 투자 기회가 제한적이다. 이런 국가의 주식 및 채권 시장은 규모가 작고 변동성이 큰 경향이 있다. 저축자들은 해외 자산 투자로 더 많은 수익을 올리고 포트폴리오를 다각화할 수 있지만, 저축의 규모가 작기 때문에 해외에서 투자 기회를 찾는 것은 비용 효율이 낮다. 또 이런 나라의 은행과 투자 관리 업체는 투자할 자금이 많고 상당한 수수료를 지불할 능력이 있는 일부 부유한 고객에게만 해외 투자 기회를 제공하는 경향이 있다. 이런 다양한 이유 때문에 국제금융시장에 대한 접근이 더 쉽고 저렴해지면서 국경 간 자금 흐름이 확대된다면 가난한 국가의 기업과 가계 모두에 도움이 될 것이다.

국가 간 저축과 투자 흐름을 막아 개발도상국의 글로벌 금융 통합을 제한하는 두 가지 요인이 있다. 첫째, 한 나라의 투자자가 다른 나라에 있는 기업에 대한 정보를 얻는 데에는 비용이 많이 들며, 개발도상국에 위치한 소규모 기업이라면 특히 더 그렇다. 따라서 대기업은 글로벌 시장에서 자본을 끌어가는 데 유리하며, 이미 소규모 기업에 비해 혜택을 많이 누리는 유리한 위치를 더욱 확고히 할 수 있다. 둘째, 개발도상국의 금융시장은 낙후되어 있다. 국내 채권 및 주식시장이 작고 변동성이 크다는 점은 저축 상품을 찾는 가계(및 이들 국가에서 투자 기회를 찾는 외국인 투자자)뿐만 아니라 자본을 찾는 기업에도 영향을 미친다. 소규모 기업은 이런 시장을 이용해 자본을 조달하기가 어렵고, 담보가 충분하지 않다면 은행에서의 자금 조달도 어려울 것이다.

자본 흐름의 제약을 완화하는 핀테크

오늘날에는 첫 번째 제약이(적어도 원칙적으로는) 완화되고 있다. 전 세계의 투자 기회에 대한 정보를 쉽게 얻을 수 있기 때문이다. 핀테크가 오래지 않아 두 번째 제약(일부 국가의 금융시장이 낙후되어 생산성이 높은 기업에 자본을 효과적으로 보낼 수 없는 것)에 대한 해법을 제공할 것이다. 저개발 국가에 투자하면 수익 잠재력은 클 수 있지만 훨씬 더 큰 위험을 수반하는 경우가 많다. 핀테크 기업은 원칙상 외국인 투자자가 위험을 보다 잘 평가할 수 있도록 돕고, 제 기능을 하지 못하는 수혜국의 금융 시스템을 우회해 생산성이 높은 기업에 직접 투자할 수 있는 채널을 만들 수도 있다.

글로벌 금융시장이 점차 통합되고 국가 간에 자금이 들고나는 채널이 다양해질 때의 논리적 결과는 글로벌 자본시장의 형성이다. 이런 환경이라면 기업은 세계 각지의 저축 풀을 활용할 수 있을 것이다. 대기업의 경우에는 이미 그렇게 하고 있다. 알리바바와 바이두 같은 중국 기업은 미국 증권거래소에 주식을 상장해 미국에서 자기자본을 조달하고 미국 가계나 금융기관에 국내 증권거래소를 통해 투자할 수 있는 기회를 제공한다. 하지만 해외에서 주식이나 회사채를 발행하는 것은 비용이 많이 들고 복잡한 일이다. 뉴욕증권거래소나 나스닥과 같은 미국 증권거래소에 상장하는 외국 기업은 갖가지 규제 및 보고 요건을 충족하기 위해 회계와 법률 수수료를 지불해야 하고, 미국의 규제 표준을 충족하기 위해 기업의 회계 및 감사 절차를 변경해야 할 수도 있다.

새로운 금융 기술은 중소기업이 보다 직접적이고 저렴한 채널을 통해 전 세계 자본을 이용할 수 있는 가능성을 열어준다. 핀테크 플랫폼은 개념적으로 서로 다른 나라의 투자자와 소규모 기업을 더 쉽게 연결해줄 수 있으며, 새로운 결제 기술을 통해 상응하는 국경 간 결제도 상대적으로 마찰이 적고 저렴하게 이루어질 수 있다. 절대 허무맹랑한 개념이 아니다. 온라인 플랫폼 키바Kiva는 이미 2005년부터 크라우드펀딩을 통해 전 세계 여러 개발도상국의 기업가들에게 소액 대출을 해주고 있다. 2021년 초까지 약 200만 명의 대출자(최소 25달러를 투자할 수 있다)를 통해 77개국의 약 400만 명의 차입자에게 약 15억 달러를 대출했다. 총대출 금액이 크지 않은 것은 키바의 심사와 모니터링 기술이 자동화되어 있지 않기 때문이다. 최신 핀테크 대출 플랫폼과 비교하면 골동품처럼 보일 지경이다. 그것은 곧 새로운 플랫폼은 대출기관과 차입자를 매칭할 수 있는 잠재력이 훨씬 크다는 말이다.

핀테크가 글로벌 자본 흐름의 근본적 동인(수익과 위험에 영향을 주는 요소)을 변화시킬 가능성은 낮다. 하지만 그런 흐름의 명시적 장벽과 은밀한 장벽을 낮춤으로써 글로벌 자본의 분배에는 영향을 미칠 수 있을 것이다. 이는 금융 세계화라는 새로운 물결의 출발로 이어지고 (최근의 전성기와 같은 규모로 돌아가는 것을 의미하지는 않더라도) 여러 가지 혜택을 낳을 수 있을 것이다.

포트폴리오를 다각화하는 개인 투자자들

개인 투자자에게도 의미 있는 변화가 다가오고 있다. 핀테크 기업은 해외 시장에 대한 정보를 얻고 그 시장에 투자하는 데 드는 비용을 낮추고 있다. 이로써 개인 투자자가 포트폴리오의 일부를 낮은 비용으로 전 세계 주식시장에 분산투자를 할 수 있게 되었다. 여러 선진국에서는 해외에 투자하는 뮤추얼펀드의 주식을 사는 것만으로도 이런 투자가 가능하다. 그런 펀드는 보통 국내 주식과 채권에 투자하는 펀드보다 수수료가 높다. 새로운 투자 플랫폼이 등장하면 비용이 낮아지면서 기존 투자 관리 회사의 수수료도 인하될 가능성이 높다. 또한 개별 가계의 소액 저축을 더 큰 풀에 모아 더 효과적으로 사용할 수 있는 기술을 통해 새로운 투자 기회가 열리고 있다.

이런 기회는 개인 투자자에게 적합하다. 금융 이론에 따르면 위험을 줄이면서 수익률을 높이고자 하는 투자자는 다각화된 '세계 포트폴리오', 특히 전 세계 모든 주요 주식시장의 주가지수에 투자하되 그 지수에서 거래되는 모든 주식의 총 달러 가치에 따라 각 지수의 보유 지분을 달리하도록 포트폴리오를 구성해야 한다. 예를 들어 한 투자자가 포트폴리오의 약 39%를 미국 주요 주식시장 지수를 추종하는 투자에, 9%를 중국 시장을 추종하는 투자에, 7%를 일본에, 인도와 영국에 각각 약 5%를 넣는다는 의미다. 이 명제는 투자자가 전 세계 어디에 거주하든 상관없이 적용된다. 다만 국내 및 해외 투자에 관한 자국 세법과 같은 요인이 바람직한 포트폴리오 구성에 영향을 미칠 수 있다.

사실 투자자들은 광범위한 자국 편향을 보인다. 포트폴리오를 다각화하기보다는 자국 주식시장에 대한 투자를 선호하는 경향이 있는 것이다. 하지만 원칙적으로는 국제적인 다각화를 통해 포트폴리오의 위험 대비 수익률을 훨씬 더 높일 수 있다. 쉽게 말해, 전 세계 기업의 주식을 신중하게 매수하거나 다른 국가의 주식시장 지수를 추종하는 금융상품에 투자한 투자자는 주어진 위험에 비해 장기간 더 높은 평균 수익률을 달성할 수 있다. 특정 평균 수익률을 목표로 하는 경우라면 이런 다각화를 통해 포트폴리오의 위험성을 줄일 수 있다.

핀테크 진화의 다음 개척지 중 하나는 소매 수준의 자본 흐름 중개가 될 가능성이 높다. 부유한 나라든 가난한 나라든 부유하지 못한 가계와 소규모 기업이 글로벌 금융시장을 더 쉽게 이용할 수 있도록 하는 것이다. 전 세계 주식시장이 외국인 투자자에게 개방되고 국경을 넘는 거래 비용이 낮아지면서 포트폴리오 다각화가 더 쉬워질 것이다. 핀테크 기업들은 정보 장벽을 낮추고, 국제 자본 이동의 비용과 기타 마찰을 줄이며, 새로운 저축과 금융상품을 개발하면서 서비스에 대한 상당한 수요를 경험할 가능성이 높다. 금융시장 구조가 변화하는 과정에서 종종 그렇듯이, 이 과정에는 위험도 실책도 있을 것이고, 규제당국은 혁신의 촉진과 이런 위험관리가 상충되는 상황에 흔히 직면할 것이다. 사실 자본 흐름 자체가 개인 투자자뿐만 아니라 경제 전체에 위험을 초래할 수 있다.

파급효과

금융 통합은 잠재적 이점이 많지만, 여기에는 대가가 따른다. 소규모 저개발 경제라면 특히 더 그렇다. 이런 나라들은 변동성이 큰 자본 흐름의 채찍 효과에 특히 취약하며, 이런 변동성은 부분적으로 주요 선진국의 통화정책 조치로 유발된다. 연준이 금리를 낮추면 미국을 비롯한 각국의 투자자는 더 높은 수익을 얻기 위해 기꺼이 더 많은 위험을 감수한다. 하지만 앞서 언급했듯이, 연준이 금리를 높이면 신흥국으로부터 자금이 빠져나오는 경향이 있다. 투자자들이 수익률은 높지만 위험한 투자보다는 안전한 투자에서의 적절한 수익을 선택하기 때문이다. 이런 '리스크 온risk-on(위험자산 선호)'과 '리스크 오프risk-off(안전자산 선호)'라는 투자자의 행동은 신흥국 자본 흐름의 불규칙한 변동으로 이어진다. 신흥국의 정책 결정권자들 입장에서는 화가 날 일이지만, 아무리 정책 기강이 잘 잡혀 있고 경제가 완벽하게 돌아가고 있더라도 결국은 이런 변동성에 노출된다. 달리 말해, 연준이 자국의 목표 달성을 위해 다른 경제에 미치는 영향은 거의 고려하지 않고 통화정책 수단을 사용할 때마다 부수적 피해를 겪는 것이다.

상대적으로 마찰이 없는 새로운 국경 간 금융 흐름 채널은 경제 전반에 걸쳐 이런 '정책 파급 효과policy spillover'를 악화할 수 있다. 이런 새로운 채널은 금융시장의 변동성을 증폭할 뿐만 아니라 그런 변동성을 여러 국가에 더 빠르게 전달할 수 있다. 다시 말해, 국가 간 자본 이동을 위한 보다 효율적인 도관의 이용가능성은 글로벌 금융 사이클(미국과 같은 한 나라의 금융 여건 변화가 다른 나라에 영향을 미치는 현상)과 그 결과인 국내 정책적 복잡성을 심화할 수 있다.

자본통제는 막을 내릴 것인가?

대부분의 선진국에서는 자본통제(국경 간 자본 흐름에 대한 제한)를 하지 않지만, 예외적인 상황에서 이런 통제가 사용된 최근의 사례가 존재한다. 2008년 말 아이슬란드는 금융 시스템에 대한 신뢰가 무너지면서 금융과 경제 붕괴에 직면했다. 국내외 투자자들이 자금을 회수하면서 아이슬란드의 통화인 크로나의 가치가 급락했다. 아이슬란드는 더 이상의 피해를 막기 위해 모든 자본 유출을 금지했다. 마찬가지로 그리스도 2015년 자본 통제를 도입했다. 유로존 부채 위기의 와중에 자본도피와 은행 시스템 붕괴를 막기 위한 조치였다. 이런 사례를 제외하면, 선진국은 지난 20~30년 동안 국경 간 자본 흐름에 대한 제약을 거의 두지 않고 자본계정 개방을 유지해 왔다.

반면 신흥시장과 개발도상국은 자본계정 개방을 경계해왔다. 변덕스러운 외국인 투자자들은 고수익 기회를 쫓다가도 경제적 문제의 조짐만 보이면 꽁무니를 빼기 때문이다. 불안해하는 것은 국내 투자자들도 마찬가지다. 이들은 자국 경제가 위험에 직면하면 저축을 해외로 돌리는 경우가 많다. 많은 신흥국은 변동이 큰 자본 흐름으로부터 자신을 보호하기 위해 국가 간 자본 흐름에 대한 제한을 유지해왔다. 중국은 몇 년 전만 해도 외국인 투자자의 주식 및 채권 시장 접근을 제한했다. 칠레와 같은 국가들은 단기 부채 흐름에 제한을 두었다. 많은 신흥국들이 공황으로 인한 은행 기타 금융기관의 자본도피를 막기 위해 금융 유출을 제한한다.

법에 따른 이런 자본 계정 제한은 수익률과 안전 중 하나 혹은 둘 다를 찾아 국경을 넘나드는 자본 흐름의 압박이 거세지고 금융기관이 글로벌 입지를 계속 확장함에 따라 점점 구멍이 많아지고 있다. 이는 중국과 인도와 같은 주요 신흥국을 비롯한 모든 경제에서 사실상 금융 개방으로 이어졌고, 이런 흐름을 제한하고 자본의 법적 제한을 유지하려는 시도는 점차 무의미해지고 있다. 중국의 경우, 대형 은행들은 현재 전 세계에 진출해 은행의 영업이 주로 국내에서만 이루어지던 과거보다 쉽게 자금을 국내외로 이동시킬 수 있는 채널을 제공하고 있다.

이제 금융시장과 신기술의 발전이 남아 있는 자본통제를 위협하고 있다. 중국과 같이 철저하게 관리되는 경제도 마찬가지라는 것이 드러났다.

중국의 누수 통제

2016년 중국 정부는 중국을 빠져나가는 자금이 급증하는 현상을 걱정하고 있었다. 자금 유출은 2013년 시진핑 중국 국가주석이 취임한 직후부터 시작한 정부의 반부패 단속으로 촉발되었다. 2013년과 2014년에 걸쳐 많은 정부 및 군 고위 관료와 주요 국영 기업 및 금융 기관의 고위 임원들이 부패 혐의로 체포, 기소되었다. 2016년이 되자, 시진핑이 정적의 일회성 숙청이 아닌 "늙은 호랑이와 파리", 즉 부패의 정황이 있는 고위급 인사와 하급관리 모두를 겨냥한 지속적인 캠페인을 염두에 두고 있다는 것이 분명해졌다. 상당한 부를 부정하게 축적해온 부유한 개인과 고위직 공무원 상당수는 이 캠페인에 휩쓸릴 수 있다는 우려를 하고 있었다.

이 상황은 외국인 투자자들이 중국의 성장 전망을 부정적으로 보면서 중국으로의 투자 흐름을 줄이고 심지어 이전 투자금 일부를 회수하는 시점에 발생했다. 한편 중국의 주요 주식시장 지수는 2015년 초에 거의 반토막이 났다. 경제 전망에 대한 우려를 갖고 있으며 주식시장에서의 도박을 꺼리는 일반인들도 주식시장을 급히 빠져 나가는 물결에 동참했다.

이 모든 일이 동시에 일어난다는 것은 위안화를 팔고 달러화, 유로화, 엔화 등 다른 통화를 사서 중국 밖에 투자하려는 급한 움직임이 있었다는 의미다. 그 결과 2015년 6월부터 2016년 12월까지 위안화 가치는 달러 대비 12% 가까이 하락했다. 통화가치의 추가 하락에 대한 전망만으로도 자본 가치를 보존하기 위해 더 많은 자본이 해외로 유출되고 이것이 다시 통화가치의 추가 하락을 부채질하면서, 자본 유출과 위안화 가치 하락이 계속 서로를 부추겨 통제 불능의 악순환으로 이어질 위험이 존재했다. 통화 붕괴의 공포에 직면한 중국 정부는 합법적인 채널을 통한 국외 반출 자금의 액수를 엄격하게 제한하기 시작했다.

그 직후 중국 거래소의 비트코인 가격이 상승하기 시작했다. 암호화폐 거래의 불투명한 특성으로 인해 확신하기는 어렵지만, 비트코인이 중국에서 자금을 빼낼 수 있는 통로를 제공한 것으로 추정된다. 중국 정부가 이 채널을 통한 자금 유출을 쉽게 제한할 수 없기 때문에 이런 일이 일어나고 있다는 것을 확인할 수가 없다는 점이 비트코인의 가장 큰 매력이었다. 2016년 말, 중국 거래소에서 거래되는 비트코인의 가격은 다른 나라 거래소보다 5% 높았다. 7개월 만에 나타난 최고의 격차였다. 비트코인의 수요가 증가할 경우 중국 거래소에서 해외 거래소로 거래가 이동할 뿐 가격 격차가 나지 않는 것이 보통이다. 가격 격차가 이 정도로 벌어진다는 것은 정부의 단속으로 (실제로든 인식으로든) 자금을 중국에서 빼내기가 점점 어려워진다는 것을 의미한다.

중국 정부에는 자본도피를 제한할 수 있는 수단이 많았다. 특히 은행 시스템의 대부분이 국유이기 때문에 국내 은행이 비트코인 관련 거래를 촉진하지 못하도록 설득할 수 있었다. 같은 맥락의 또 다른 조치로 2017년 초에 중국인민은행은 자국 국유 은행이 홍콩에서 영업하는 다른 은행의 자금 지급을 보류하도록 압력을 가함으로써 역외시장에서 위안화에 베팅하는 것을 단속하기도 했다. 중앙은행이 위안화 평가절하 압력을 줄이고 중국에서의 자본 이탈을 억제하기 위한 공격적 조치를 취할 것이라는 이런 신호는 글로벌 비트코인 가격의 급락으로 이어졌다. 자본이 중국을 떠나려 하면서 수요 증가와 함께 급등했던 비트코인 가격은 단 하루 만에 5분의 1로 떨어졌다.

이런 강력한 조치에도 불구하고 중국에서는 다양한 합법적, 불법적 채널을 통한 자본 유출이 지속되었다. 중국 정부는 이 싸움에서 이길 수 없음을 인식하고 암호화폐의 이용이 상황을 악화할 수 있다는 점을 우려해 중국 내 비트코인 거래소 운영을 금지했다. 물론 원칙적으로는 인터넷에 접속할 수만 있으면 암호화폐를 이용할 수 있고, 특정 비트코인 거래소를 찾을 필요가 없다. 그러나 인터넷 서비스 제공업체와 월드 와이드 웹에 이르는 다른 채널들을 광범위하게 통제하는 중국은 중국 밖으로 돈과 부를 유출하는 매개체로서 비트코인에 대한 수요 급증을 일시적으로나마 억제했다.

암호화폐를 통한 자본도피 사례들

암호화폐를 통한 자본도피와 씨름하고 있는 것은 중국만이 아니다. 2015년 여름, 그리스 경제는 외채 위기와 급격한 경기 위축으로 벼랑 끝에 있었다. 그리스 정부는 앞서 채권단과 구제금융 기간 연장에 합의했고, 유럽중앙은행은 긴급 대출을 통해 그리스 은행을 지원했다. 그러나 2015년 6월에 이런 생명선이 끊겼다. 6월 말이 되자 그리스가 유로존에서 퇴출되고 그리스 은행의 모든 예금에 대한 유로화에서 자국 통화(크게 평가절하됨)로의 결제통화 변경이 있을 것이라는 현실적인 전망이 나왔다. 자본도피와 은행 붕괴를 우려한 그리스 정부는 약 3주 동안 국내 은행을 폐쇄하고, 현금 인출과 국내 은행에서 외국 은행으로의 송금을 제한했다.

그리스 유일의 비트코인 거래소 BTC그리스BTCGreece의 비트코인 수요가 급증했고, 다른 비트코인 거래소에서도 그리스 거주자의 비트코인 거래가 눈에 띄게 증가했다는 보고가 잇따랐다. 그리스인이 이용할 수 없던 세계 최대 비트코인 지갑 제공업체 중 하나인 코인베이스에 따르면 이탈리아, 스페인, 포르투갈 등 유로존 주변의 경제가 취약한 나라의 관심도 크게 늘어났다고 한다.

또 다른 예는 중동에서 찾아볼 수 있다. 2018년 중반에 트럼프 행정부가 이란과의 핵협정 탈퇴를 공식 선언한 후 이란에서는 추가적인 경제 및 금융 제재를 예상하고 경제위기에 대한 두려움이 고조되었다. 자본 유출을 막고 통화를 보호하기 위한 광범위한 자본통제가 이루어졌지만 이란 국민이 암시장에서 미국 달러화와 기타 경화를 사들이고 저축을 해외로 옮기려 하면서 이란 리알rial화의 가치가 폭락했다. 앞서 이란 중앙은행은 표면적으로는 자금세탁과 테러자금 조달을 막는다는 명목하에 자국 은행이 암호화폐를 거래하거나 암호화폐 회사에 서비스를 제공하지 못하도록 했다. 따라서 많은 이란인이 해외 암호화폐 거래소 플랫폼을 이용해 자금을 해외로 이전했다. 이란의 한 관리는 이 채널을 통해 약 25억 달러의 자본이 해외로 유출되면서 통화와 경제에 대한 압박을 가중했고 이 둘 모두가 붕괴될 위험에 처해 있다고 인정했다.

다른 나라들도 암호화폐를 사용한 자본통제의 회피를 막는 조치를 취하고 있다. 인도 중앙은행은 암호화폐 거래의 금지를 통해서가 아니라 은행 기타 금융기관이 암호화폐 관련 금융거래를 하지 못하게 했다. 2018년 4월에 취해진 이 조치는 현지 비트코인 거래소를 공식 금융 시스템으로부터 효과적으로 차단해 국경을 넘는 금융 흐름에 이 채널을 사용하기 더 어렵게 만들었다. 결국 은행계좌에 있는 자금을 비트코인으로 교환하거나 비트코인을 자금으로 바꿀 수 없다면, 비트코인의 매력은 크게 떨어질 수밖에 없었다. 그러나 2020년 3월에 인도 대법원은 이 금지 조치 판결을 뒤집었고, 이에 인도 정부는 암호화폐 거래를 직접적으로 금지하는 법안을 도입했다.

자본통제, 침식에 직면하다

전 세계 정부들은 자본통제를 회피하기 위해, 혹은 더 악의적인 목적의 암호화폐 사용을 제한하기 위해 노력하고 있지만, 자본 흐름을 주도하는 강력한 경제적 인센티브 앞에서 이런 조치가 얼마나 효과를 유지할지는 불확실하다. 예를 들어 한 리서치 회사는 중국의 비트코인 거래 단속에도 불구하고 2019년 7월부터 2020년 6월까지 500억 달러 상당의 암호화폐가 동아시아 기반(대부분 중국) 디지털 주소에서 해외 주소로 이동했으며, 이 중 적어도 일부는 자본도피일 것으로 추정했다. 게다가 자본통제를 회피할 도관을 제공하는 것은 민간 암호화폐만이 아니다.

국경 간 자본 흐름을 위한 공식, 비공식 채널이 모두 확대되고 있는 것은 분명하다. 캐나다, 싱가포르, 영국의 중앙은행이 협력하고 있는 국경 간 결제 시스템 같은 공식 채널은 이런 자금 흐름을 더 쉽게 만드는 동시에 정부가 이런 흐름을 조절하고 불법적인 금융 활동의 위험을 줄일 수 있게 한다. 반면 민간 채널은 모니터링과 관리가 점점 더 어려워질 수 있다. 규제가 어려운 비공식 금융기관이 만들고 생성하고 사용하는 채널이라면 특히 더 어렵다.

전 세계적으로 인정받고 수용되는 민간 발행 통화나 디엠과 같은 스테이블코인의 존재도 국경을 넘는 자본 흐름을 통제하는 정부의 능력에 영향을 미칠 수 있다. 자금을 국가 규제기관이 감독하는 금융기관을 거치지 않고 전자적으로 이동할 수 있다면, 정부가 금융 자본의 유입과 유출을 의미 있는 방식으로 통제하기가 어려워진다.

달러의 종말에 대한 예측

글로벌 금융 시스템에서 달러의 우위는 미국에 막강한 재정적, 지정학적 힘을 선사했다. 이 힘은 경쟁국에 피해를 줄뿐만 아니라 우방까지 괴롭히고 있다. 다른 국가들은 달러의 우월성 때문에 달러 기반 금융 시스템을 벗어나기 어렵고, 달러에 묶여 미국의 제재에 노출될 수밖에 없는 불편한 현실에 직면하고 있다. 2018년 연두교서에서 당시 유럽연합집행위원회 위원장인 장클로드 융커Jean-Claude Juncker는 다음과 같이 말했다.

"유럽이 미국에서 수입하는 에너지는 전체의 약 2%에 불과한 상황에서 연간 에너지 수입 비용의 80%(3천억 유로 상당)를 미국 달러화로 지불하는 것은 불합리한 일입니다. 유럽 기업들이 유럽 비행기를 유로가 아닌 달러로 구입하는 것은 불합리한 일입니다. 집행위원회가 올해가 끝나기 전 유로화의 국제적 역할을 강화하기 위한 이니셔티브를 발표하는 것은 바로 이런 이유에서입니다. 유로화는 새롭고 더 자주적인 유럽의 얼굴이자 도구가 되어야 합니다. 그러려면 우선 결제통화동맹Economic and Monetary Union을 강화해 우리의 집부터 정리해야 합니다. 그렇게 하지 못한다면 우리는 유로화의 국제적 역할을 강화할 수단을 갖지 못하게 될 것입니다."

이것은 결의에 대한 설명이라기보다는 호소에 가까웠다. 국제금융에서 유로화의 역할은 계속 감소하는 한편 유럽은 정치적 불화와 유럽을 하나로 모으기는커녕 분열시키려는 힘에 시달리고 있다.

그럼에도 미국 정부 관리들은 달러 우위가 변하지 않을 운명은 아니며, 특히 미국의 제재가 도를 넘어설 경우 그에 대한 대응으로 나머지 세계로부터 역풍을 맞을 수 있음을 분명히 인식하고 있다. 버락 오바마 대통령 시절 재무장관을 지낸 잭 루Jack Lew는 이런 우려를 다음과 같이 명확하게 밝혔다.

"제재를 가볍게 사용해서는 안 됩니다. 제재는 외교 관계에 긴장을 가져오고, 세계 경제에 불안정을 초래하며, 국내외 기업이 실질적인 대가를 짊어지게 할 수 있습니다. (…) 금융 활동의 중심지로서의 미국 그리고 세계 최고의 준비통화로서의 미국 달러의 대체물들이 세계 금융 시스템에서 더 큰 역할을 맡게 되면, 과도한 제재는 결국 기업 활동이 미국 금융 시스템에서 빠져나갈 위험을 더 키울 것입니다. (⋯) 달러와 금융 시스템의 사용에 미국의 외교 정책 준수라는 조건을 많이 걸수록, 기업 활동이 다른 통화와 다른 금융 시스템으로 이전할 위험은 더 커집니다. 그런 결과는 여러 가지 이유로 미국에 최선의 이익이 되지 않으며, 이를 피하기 위해 주의를 기울여야 합니다."

일반적으로 이런 세계관은 현장의 미국 정책에 반영되지 않고 있으며, 미국의 정책은 미국식 표현으로 "잔말 말고 내 말을 따르라 my way or the highway"라고 표현할 수 있는 접근방식에 유사하다. 루 장관은 특히 이차적 제재secondary sanction(외국 개인이나 기업이 제재 대상 기관과의 활동에 참여할 경우, 그 활동이 미국에 직접적으로 영향을 미치지 않더라도 미국 금융 시스템으로부터 그 개인이나 기업을 차단하겠다는 위협)의 교활함에 주목했다. 그는 이차적 제재가 이런 식의 제재를 미국 외교 정책에 따르도록 강요하는 역외적 시도로 보는 가까운 동맹국들 사이에서도 공분을 일으킬 수 있다고 지적했다. 실제로 달러의 우위에 대한 분노에는 충분한 이유가 있다.

경쟁이 달러의 지배력을 약화할 수 있다

가치저장 역할을 하는 비트코인에 대한 수요는 그런 암호화폐가 전통적인 준비통화, 특히 달러의 역할에 도전할 수 있는지에 대한 논의를 촉발했다. 기반 기술이 발전하고 더 나은 검증과 합의 메커니즘이 개발되면서 암호화폐의 교환수단으로서의 역할이 더 커질 가능성이 높다. 하지만 암호화폐의 극심한 가격 변동성을 고려하면 이런 명제도 근거가 희박하다. 그럼에도 불구하고 시간이 지나면서 암호화폐의 결제 기능이 투기적 관심보다 우선시되고, 특히 민간의 스테이블 코인이 더 많은 관심을 받는다면 이런 변화도 기대할 수 있다.

국경 간 결제 환경의 변화도 영향을 미칠 것이다. 비용이 감소하고 다른 통화 쌍 사이의 국경을 넘는 거래의 결산이 쉬워지면 국제 거래에서 기축통화와 가치척도로서의 달러의 역할을 약화할 수 있다. 원유, 기타 원자재에 대한 계약의 표시와 결산을 다른 통화, 심지어 위안화와 같은 신흥시장 통화로 한다는 데까지 상상하는 것도 큰 비약은 아니다. 실제로 중국이 러시아와 사우디아라비아로부터 원유를 구매하는 경우 계약과 결산을 위안화로 쉽게 할 수 있다. 해당 국가들은 중국으로부터의 수입 대금에 위안화를 실험적으로 사용할 수 있기 때문이다. 더구나 중국은 파생상품 시장을 포함해 원유 구매 및 판매와 관련된 더 많은 금융거래를 달러화에서 위안화로 전환하기 위한 방법으로 위안화 표시 원유 선물을 발행하기 시작했다. 이런 발전은 큰 의미가 있지만 적절한 관점을 유지해야 한다. 위안화 표시 원유 파생상품 계약의 존재 자체가 주목할 만한 발전이긴 하지만, 그런 계약이 중요한 역할을 하거나 의미 있는 방식으로 달러 표시 계약을 대체한다는 뜻은 아니다.

이런 변화에도 불구하고 가치저장이라는 달러의 기타 전통적인 준비통화의 역할은 영향을 받지 않을 것이다. 안전한 금융자산(국가나 세계의 금융 스트레스가 극심한 시기에도 가치를 보존하는 것으로 인식되는 자산)은 암호화폐와 비교가 되지 않는 여러 속성을 지니고 있다.

가치저장 통화의 중요한 요건 중 하나는 '깊이'다. 즉 그 통화로 표시된 금융자산이 대량으로 존재해야 중앙은행과 같은 공식 투자자와 개인 투자자 모두 그 자산을 쉽게 취득할 수 있다. 다른 달러 표시 자산은 말할 것도 없고 외국인 투자자가 쉽게 취득할 수 있는 미국 재무부 증권은 그 양이 엄청나다. 가치저장 역할의 중요한 또 다른 특성이며, 가치저장 수단의 깊이와 매우 밀접한 관련이 있는 특성은 '유동성'이다. 즉 대량일 때에도 자산을 쉽게 거래할 수 있어야 한다. 투자자는 경기가 좋지 않을 때에도 거래가 원활하게 이루어질 수 있을 만큼 충분한 수의 매수자와 매도자가 있다는 확신을 가질 수 있어야 한다. 대량으로 거래되는 미국 국채는 유동성이 확실하게 보장된다.

안전자산 통화가 되려면 그 통화로 표시된 관련 금융상품의 깊이와 유동성이 꼭 필요하다. 더 중요한 것은 국내외 투자자 모두 금융위기 때 그 통화를 신뢰하는 경향이다. 이는 강력한 제도적 틀이 그 통화를 뒷받침하기 때문이다. 이런 제도적 틀에는 견제와 균형이 제도화된 시스템, 법치주의, 신뢰할 수 있는 중앙은행과 같은 요소들이 포함된다. 이런 요소들은 투자자에게 투자 상품들의 가치가 보호되고, 국내외 투자자가 공정한 대우를 받으며, 수용收用의 대상이 되지 않으리란 확신을 주는 안전장치가 되어준다.

도널드 트럼프와 그 조력자들이 달러에 대한 신뢰를 뒷받침하는 기관에 만회할 수 없는 상처를 입혔다는 것은 타당한 우려다. 더 문제가 되는 것은 미국이 자랑하는 견제와 균형의 시스템이 트럼프 행정부 동안에는 잘 작동하지 않았다는 점이다. 공화당 의원들은 대통령의 권한을 견제하는 역할을 포기하고 연준의 독립성에 대한 공격,

법치주의의 무시, 각종 변덕스러운 경제정책을 용인했다. 미국(과 전 세계)으로서는 다행히도 결국은 민주주의의 자정 메커니즘이 승리했다. 미국의 제도적 프레임워크와 이에 대해 투자자들의 믿음이 입은 피해는 오래 지속될 수 있다. 하지만 국제금융에서는 모든 것이 상대적이다. 미국의 제도적 프레임워크는 다소 타격을 입었을지 모르지만 달러의 지배력을 공고히 하는 경제, 금융, 제도적 힘의 조합에 필적할 경쟁자는 없다.

가치저장 역할을 하는 준비통화는 도전을 받지 않을 수도 있지만, 기존 준비통화의 디지털 버전과 국경 간 거래 채널의 개선은 준비통화들 간의 경쟁을 심화할 수 있다. 간단히 말해, 현재 진행 중이거나 곧 진행될 금융 관련 기술 개발은 국내외 금융시장에 약간의 변화를 예고하지만, 국제통화 시스템의 혁명은 가까운 미래에 일어나지 않을 것이다.

특히 달러의 지위는 심각한 위협을 받고 있지 않다. 암호화폐 지지자들뿐만 아니라 전체 세계가 변화를 부르짖는 상황에서 너무 낙관적인 전망일까?

새로운 안전자산의 등장

달러를 우월한 지위에서 끌어내리려는 전 세계 정부 지도자와 관료들의 열망은 대안적인 안전자산에 대한 탐색으로 수렴되었다. 이런 욕구는 암호화폐와 관련 최신 기술에서 새로운 활력을 얻었다.

2019년 9월 당시 유럽중앙은행운영위원회Governing Council of the ECB 이사였던 베누아 쾨레Benoît Coeuré는 한 연설에서 리브라/디엠과 같은 글로벌 스테이블코인이 "달러의 아성에 도전할 수 있을 것"이라는 추측을 내놓았다. 그는 "구체적인 상황에서, 그리고 개발이 허용된다면, 디지털 형태의 민간 화폐가 다른 주권국가가 발행하는 통화보다 더 쉽고 빠르게 미국 달러의 패권에 도전할 수 있을 것"이라고 주장했다.

쾨레는 두 가지 중요한 사항을 지적했다. 첫째, 더는 기존 준비통화의 광범위한 사용이 새로운 통화에 비해 지속적인 우위를 부여하는 상황이 아니다. 그런 네트워크 효과는 일반적으로 재임자를 밀어내기 어렵게 만든다. 쾨레는 (3장에서 보았듯이) 소매 소비자 결제의 경우 전환 비용이 국가 간 도매 무역과 금융에 사용되는 전통적인 통화보다 훨씬 낮다는 점에 주목했다. 둘째, 그는 국제통화 사용을 주도하는 요인들 역시 변화하고 있으며 새로운 통화에는 여러 가지 장점이 있다고 주장했다. 그는 "새로운 통화를 기존 네트워크에 연결하는 것(리브라의 경우)이 기존 통화(유로화)를 기반으로 새로운 네트워크를 구축하는 것보다 더 쉬울 수 있다"라고 말했다.

이런 식의 주장은 국제통화가 다른 용도에 편승하면서 결제(그 문제에서는 전자결제 플랫폼 포함) 시 사용되는 어떤 통화가 시간이 지남에 따라 다른 용도로 사용되는 기존의 패러다임을 뒤집을 수 있다는 것을 시사한다. 왓츠앱WhatsApp과 같은 기존 메시징 플랫폼에 디지털 토큰이나 글로벌 스테이블코인을 사용한 결제 기능을 추가하면 플랫폼 사용자 사이에 직접 송금이 가능해진다. 기본 비즈니스 모델인 메시징 및 커뮤니케이션 서비스는 이런 결제 관련 추가 기능의 영향을 받지 않는다.

광범위한 국제적 영향력을 가진 서비스 플랫폼 기반의 스테이블
코인 이니셔티브는 적어도 개인과 소규모 기업 간의 국내외 결제를
비교적 매끄럽게 만들 수 있다. 따라서 신-구 국제통화 사이의 경쟁
은 앞으로 더 가열되고 더 역동적일 수 있으며, 현직자 효과는 더는
예전만큼 강력하지 않을 것이다.

국제결제를 둘러싼 광범위한 마찰을 고려하면, 스테이블코인
이 기존 결제통화를 대체하지는 못하지만 이를 보완하는 교환 매개
로 주목받는 것은 분명 있을 법한 일이다. 아무튼 달러는 대체 결제
통화와의 경쟁으로 인해 타격을 받을 가능성이 가장 낮다. 더 가능성
이 높은 결과는 유로화, 영국 파운드화, 일본 엔화와 같은 통화의 점
유율이 하락하는 반면 달러는 큰 타격을 입지 않는 것이다. 결국 달
러에 고정된 스테이블코인이 세계 주요 통화에 대한 접근권을 더 쉽
게 획득할 수 있을 것이다. 디엠이 달러, 유로 기타 주요 통화에 연결
된, 그만큼 접근성이 좋은 버전의 코인들을 제공한다면, 적어도 초기
에는 달러가 뒷받침하는 코인의 수요가 가장 높을 공산이 크다.

스테이블코인이 대체 가치저장 수단이 될 수 있다고 주장하는
것은 무리다. 실제로 스테이블코인의 매력은 바로 전 세계 저축자와
투자자들이 기꺼이 신뢰하는 기존 준비통화와 긴밀하게 연결되어 있
다는 점이다. 간단히 말해, 기존 준비통화에 연동된 스테이블코인의
등장으로 국제결제에서 그 통화에 대한 직접 수요는 줄겠지만, 주요
준비통화들 사이에 상대적 힘의 균형이 근본적으로 변화하지는 않을
것이다.

합성 글로벌 디지털 화폐

2019년 8월에 잭슨홀 리조트에서 열린 중앙은행가 콘퍼런스에서 당시 잉글랜드은행 총재였던 마크 카니는 오찬 연설을 통해 광범위한 정책 사안을 다뤘다. 그의 연설 중 한 부분이 상당한 주목을 받았고 글로벌 중앙은행계에서 광범위한 논의를 일으켰다. 카니 총재는 디엠과 같은 민간 다중통화 스테이블코인의 대안으로 "공공부문, 어쩌면 중앙은행 디지털 통화 네트워크를 통해 제공할 수 있는" 합성패권통화synthetic hegemonic currency, SHC를 만들자고 제안했다. 그는 합성패권통화를 송장 발행과 결제통화의 형태로 묘사하면서 이 통화가 광범위하게 사용되면 결국 중앙은행, 투자자, 금융시장 참여자들이 바스켓에 포함된 통화를 신뢰할 수 있는 준비자산으로 인식하게 되고, 따라서 신용 시장을 포함한 국제 무역과 금융에서 달러의 우위를 대체할 수 있다고 설명했다. 이런 목표를 달성하기 위해 바스켓은 달러에 큰 비중을 두지 않아야 할 것이다.

카니는 다음과 같이 주장하며 자신의 주장을 요약했다.

"합성패권통화는 글로벌 무역에 미치는 미국 달러의 지배적인 영향력을 약화할 수 있습니다. (…) 새로운 합성패권통화를 중심으로 금융 구조가 발전하고, 합성패권통화가 준비통화의 교환수단 역할을 활용해 신용 시장에서 달러의 우위를 대체한다면 글로벌 금융 상황에 대한 달러의 영향력 역시 감소할 수 있습니다. (…) 합성패권통화는 국제통화 금융 시스템에 필요한 전환을 원활하게 만들 수 있습니다."

그러나 달러화에서 벗어나고자 하는 욕구와 단극적 국제통화 시스템에서 초래되는 문제에 대한 공감대에도 불구하고 합성패권통화의 실현 가능성은 개념적, 현실적 이유에서 확실치가 않다. 첫째, 합성패권통화를 만들려면 국제적 협력이 필요한데, 이 부분은 공급이 상당히 부족하다. 둘째, 세계 주요 경제 대부분의 경제적, 정치적 안정성이 취약해 보인다. 유로화 등의 합성패권통화는 통화권을 끊임없이 위협하는 원심력(원의 중심에서 벗어나려는 힘-옮긴이)과 공동 통화의 생존 가능성에 대한 지속적인 우려의 대상이 될 것이다. 셋째, 미국 이외의 지역과 달러가 포함되지 않은 국제거래의 금융시장 규모는 상대적으로 작고 유동성이 낮다. 따라서 합성패권통화를 사용한 거래는 적어도 처음 몇 년 동안은 달러로 거래하는 것보다 비용이 더 많이 들 것이다. 비용을 용인할 사람이 있을지, 거래 당사자가 경쟁에서 불리한 값비싼 교환수단을 사용하게 만들 유인이 무엇이 될지는 확실치 않다.

단일통화

합성패권통화의 개념에서 몇 단계 더 나아가서 글로벌 통화의 생성을 고려해볼 수도 있다. 이것은 새로운 아이디어가 아니다. 1944년 브레턴우즈 회의에서 존 메이너드 케인스는 방코르bancor 계획을 제안했다. 프랑스어로 '은행 금'을 뜻하는 방코르는 국제청산연합International Clearing Union이 발행하는 국제은행 화폐로, 국제 잔액 결산, 즉 준비금 용도로만 사용되는 것이었다. 구상에 따르면 방코르는 국내 통화 및 중앙은행과 병행해 운영된다. 1984년에 하버드대학교 경제학자 리처드 쿠퍼Richard Cooper는 한 걸음 더 나아가서 당대 주요 경제국들의 자국 통화를 대체할 수 있는 단일통화를 제안했다. 하지만 이런 제안 중 어느 것도 진전을 이루지는 못했다.

모든 나라의 거래에서 통용되는 하나의 글로벌 통화가 있다면 몇 가지 유익한 효과가 있을 것이다. 국가별 통화와 환율이 더는 존재하지 않는다는 단순한 이유로 환율 변동성이 사라질 것이다. 한 국가의 수출을 촉진하기 위해 통화가치 경쟁적으로 평가절하를 할 유인도 없고 그럴 가능성도 사라진다. 통화전쟁이란 이 파괴적인 제로섬 게임을 더는 경제 회복을 촉진하는 데 사용할 수 없게 된다는 것이다. 화폐의 모든 기능을 하는 안정된 단일통화가 있다면 환리스크 헤징의 필요성이 줄어들고 환율 변동으로 인한 수출입 가격의 변동성도 사라질 것이다. 더 중요한 것은 미국과 중앙은행이 더는 글로벌 금융시장에 막대한 영향을 미치지 않는다는 점이다.

하지만 단일 글로벌 통화는 국가 정책 입안자들에게 상당한 비용과 제약을 부과한다. 단일 글로벌 통화는 통화정책의 자치권을 포기하고 한 나라가 특정한 부정적 충격(모든 국가에 공통적으로 영향을 미치는 글로벌 충격과 별개의 충격)을 받았을 때 상대적 가격을 변화시키는 조정 메커니즘을 잃는다는 의미다. 그렇다면 왜 국가들이 자발적으로 통화 독립성을 포기하고 유로존과 같은 통화 연합에 가입하는 것일까? 우선, 공동 통화권은 경제를 더욱 긴밀하게 묶어 그들 사이의 무역과 투자 흐름을 증가시킨다. 통화권 내에서 환율 변동성이 제거되면 무역과 투자 거래에 영향을 미치는 불확실성의 원천이 근본적으로 제거된다. 두 번째 동인은 특히 방만한 정부와 규율이 없는 중앙은행이란 평판을 가진 국가의 경우, 고정환율을 통해 중앙은행이 통화에 손을 대지 못하게 함으로써 신뢰를 얻을 수 있기 때문이다. 유로존 프로젝트에서와 같이 정치적 통합에 부수되는 통화 통합도 또 다른 동인이다.

여러 잠재적인 이점에도 불구하고, 단일 글로벌 통화는 모든 국가가 통화 관리를 담당하는 글로벌 기관에 통화 주권을 양도해야 하는 극단적인 결과를 초래한다. 더 현실적인 대안은 일련의 기존 국제 통화에 합성패권통화나 기타 글로벌 통화를 추가하는 것이다. 중앙은행이 특정 국가의 통화가 아닌 이 통화로 표시된 준비자산을 축적하면 이 통화도 안전자산의 역할을 할 수 있다. 이렇게 되면 주요 준비통화 발행국인 미국에 본때를 보여줄 수 있을 것이다. 미국이 수십 년 동안 미국 정부 부채를 열렬히 사온 중앙은행들을 포함한 외국 투자자들의 자금조달에 의존해 무역적자를 메꾸는 방식에 더 이상 의존할 수 없게 되기 때문이다. 물론 이것은 정상적인 시기의 이야기다. 글로벌 수요가 부진한 때라면 전 세계가 미국의 무역적자를 응원한다.

이런 논의는 가장 핵심적인 의문을 제기한다. 누가, 혹은 어떤 국가가 이런 글로벌 통화를, 이상적으로라면 디지털 형태로 발행하는 책임을 질 것인가? 그 해답은 일부 관찰자들의 눈에 잘 띄지 않는 곳에 숨어 있다.

특별한 안전자산의 등장

합성패권통화라는 탐나는 타이틀을 노리는, 단일 글로벌 통화를 지지하는 사람들을 어느 정도 만족시킬 수 있는 후보가 이미 존재한다. 바로 국제통화기금이 발행하는 특별인출권Special Drawing Rights, SDR이라는 다소 부적절한 이름의 통화다. 더구나 이 특별인출권은 디지털 화폐다.

준비금으로서의 특별인출권

국제통화기금은 1944년에 자매기관인 세계은행과 함께 각국의 대외 재정 관리를 돕기 위해 설립되었다. 이 다자간 기관은 현재 전 세계 거의 모든 국가를 회원으로 두고 있다. 국제통화기금은 1969년에 회원국이 보유한 공식 준비금을 보완하기 위해 국제준비금자산international reserve asset이라고 부르는 특별인출권을 만들었다.

준비금은 해외 채권자에게 지불하거나, 수입 대금을 지불하거나, 외환시장에 개입해 통화 환율을 안정시키는 등 국제적 의무를 이행하기 위해 각국 중앙은행이 보유한 비상금이라고 생각할 수 있다. 전 세계에서 통용되는 통화를 발행하는 국가라면 외환 준비금 없이 자체적으로 화폐를 찍어내면 된다. 반면 신흥경제국이나 기타 개발도상국은 자국 통화를 사용해 국제수지 요구를 충족할 수 없다. 이런 국가 중 상당수는 경화 외환을 다량 보유하고 있지만, 때로는 이런 외환 보유고조차도 변동성이 큰 자본 흐름과 환율로 인한 압력을 방어하는 데 부족할 수 있다.

2021년 5월 현재 국제통화기금 회원국에 배분된 특별인출권은 2009년 글로벌 금융위기 이후에 배분된 1,830억 달러(약 260억 달러)를 포함해 2,040억 달러(약 2,900억 원 상당)다. 큰 금액처럼 보이지만 사실 전 세계 자본 흐름에 비하면 미미한 수준이다. 2021년 5월에 13조 달러에 달했던 전 세계 외환 보유고와 비교해도 사소한 정도다. 그럼에도 불구하고 특별인출권이 존재하고 국제통화기금이 이를 원칙적으로 더 많이 발행할 수 있다는 것은 주목할 만한 점이다. 작고 가난해서 글로벌 자본시장의 충격에 취약한 국가에는 특별인출권의 가치가 특히 더 크다. 하지만 특별인출권의 총 보유량은 국내총생산과 세계 무역 비율 등 '할당량'을 결정하는 변수에 따라 배분되기 때문에 작은 국가는 큰 국가에 비해 국제통화기금 계좌에 보유하는 특별인출권이 적다. 그에 따라 새로운 특별인출권 할당량도 더 적어진다.

특별인출권은 통화일까?

특별인출권과 국가 통화의 주요한 차이점 중 하나는 특별인출권에는 실질적인 뒷받침이 없다는 것이다. 사실 국제통화기금은 금을 일부 보유하고 있으며 예금 계정에 회원국의 돈도 보유하고 있다. 그러나 중앙은행이 발행한 명목화폐는 세금을 부과할 권한이 있는 국가 정부의 뒷받침을 받는 것과 달리 국제통화기금에는 그러한 권한이 없다. 국제통화기금은 주주들이 예금을 보관하고 있다가 단기 대출이 필요한 회원국에 빌려주는 신용조합에 가까운 기능을 한다.

　　특별인출권은 국제통화기금의 가치척도이고, 국제통화기금은 특별인출권으로 계정을 유지하며, 각국 중앙은행의 입장에서 특별인출권은 가치저장의 역할을 한다. 하지만 특별인출권은 교환수단으로서의 효용은 없다. 동네 식료품점이나 서점에서 특별인출권을 사용할 수는 없다. 특별인출권은 다양한 양으로 자산이 분배된 각국 중앙은행의 장부와 국제통화기금 장부에 디지털 형태로만 존재한다. 특별인출권의 가치는 5종의 통화(미국 달러화, 유로화, 중국 위안화, 일본 엔화, 영국 파운드화)로 이루어진 바스켓을 기반으로 하며, 각 통화는 바스켓에서 고정된 가중치를 할당받는다(바스켓 가중치는 GDP 및 무역량 등의 기준에 따라 5년마다 변경된다).

따라서 특별인출권은 실제로는 복합 디지털 유사 화폐일 뿐이다. 복합적인 특성 때문에 다중통화로 제안된 디엠 코인과 유사해 보이지만, 디엠은 민간 기업이 발행하고, 경화 자산 준비금으로 뒷받침되며, 교환수단으로 만들어졌다는 차이가 있다. 국제통화기금은 "특별인출권은 통화가 아니며 국제통화기금에 대한 청구권도 아니다. 그보다는 국제통화기금 회원국들이 자유롭게 사용할 수 있는 통화에 대한 잠재적 청구권이다. 특별인출권은 그런 통화들로 교환할 수 있다"라고 선언했다. 달리 말해, 국제통화기금은 해당 국가 정부의 요청이 있을 경우 해당 국가의 특별인출권 잔액을 특별인출권 바스켓을 구성하는 어떤 통화로든 전환할(각 통화에 대한 관련 특별인출권 환율에 따른다) 것을 보장한다. 모든 국제통화기금 회원국이 합의한 규칙에 기반을 둔 이 보증이 특별인출권에 대한 일종의 뒷받침이라고 볼 수 있다.

특별인출권 배분은 사실상 신용한도에 해당하며, 이로써 국가는 국제통화기금을 통해 낮은 이자율로 조건 없이 경화 대출을 받을 수 있다(많은 조건이 수반되는 국제통화기금의 다른 차입과 차이가 있다). 국가 중앙은행은 특별인출권을 외화가 필요한 자국의 기업이나 가계에 배분하지는 못하지만 특별인출권을 교환해 받은 경화 금액은 배분할 수 있다.

특별인출권을 발동하면 특별인출권 바스켓에 포함된 통화와 거래할 수 있기 때문에 글로벌 '유동성'이 증가한다(해당 통화를 발행하는 중앙은행은 필요한 만큼의 자금을 창출한다). 그러나 배분 방식을 규정하는 규칙을 고려하면 특별인출권이 가장 필요한 국가에 자금을 공급하는 가장 효율적인 방법이라고 할 수는 없다. 더구나 특별인출권을 국제적인 교환수단으로 만들려면 설계에 상당한 변경이 필요하다. 그럼에도 특별인출권에는 장점이 있다. 국제통화기금은 기본적으로 특별인출권을 무에서 창조하기 때문에 특별인출권은 원리상 필요할 때마다 공급을 늘릴 수 있는 유연한 준비자산이 된다. 여기에 필요한 것은 국제통화기금 회원국 과반수의 동의뿐이다. 하지만 바로 이 요건이 문제를 복잡하게 만든다.

글로벌 협력의 어려움

국제통화기금의 거버넌스 구조(국가 간 의결권 배분 방식을 결정하는 구조)는 여전히 선진 서구 국가에 크게 치우쳐 있다. 각 나라의 의결권 지분(과 국제통화기금 자본 기반에 대한 필수 재정 기여)은 해당 국가의 GDP 규모와 세계 무역에서 차지하는 비율과 같은 요소가 포함된 공식을 기반으로 한다. 따라서 규모가 크고 부유한 국가일수록 더 많은 지분을 보유하고, 국제통화기금 운영과 정책 결정에 더 큰 영향력을 갖는다.

특별인출권의 신규 트랑슈 발행과 같은 주요 정책 결정에는 단순 과반수가 아니라 의결권 지분의 총 85% 이상에 해당하는 초다수 회원국의 동의가 필요하다. 이런 초다수의결의 원칙은 단순 다수결에 의한 변덕스러운 정책 결정을 배제하기 위한 것이지만, 사실상 의결권의 17%를 보유한 미국이 모든 주요 정책에 대해 거부권을 행사할 수 있다는 의미다.

2020년 4월에 코로나19 팬데믹이 전 세계 경제를 유린하고 많은 개발도상국이 자본 유출 압력에 직면하자 국제통화기금은 새로운 특별인출권 발행을 제안했다. 이는 글로벌 금융 시스템에 쌓이는 스트레스를 줄여줄 좋은 아이디어처럼 보였다. (거의) 공짜 돈에 누가 불평을 하겠는가? 하지만 큰 걸림돌이 있었다. 바로 미국이었다.

트럼프 행정부는 새로운 특별인출권 배분이 가장 큰 혜택을 볼 수 있는 나라, 즉 부채 상환과 필수 수입품 대금을 지불하기 위해 경화 통화가 필요한 소규모의 가난한 나라에는 별 도움이 되지 않는다는 논리를 내세웠다. 인도가 재청한 미국의 반대는 새로운 특별인출권 발행 아이디어를 무산시키기에 충분했다. 미국의 입장은 맹비난을 받았지만 완전히 불합리한 것은 아니었다. 앞서 언급했듯이, 새로운 특별인출권은 할당량을 기반으로 각국에 배분되는데, 특별인출권이 정말로 필요한 가난하고 작은 나라가 아닌 부유하고 큰 나라가 대부분을 차지하게 된다. 부유한 나라들이 정말 자비로운 마음이었다면, 기부(혹은 국제통화기금 용어로 재할당)를 통해 특별인출권을 가난한 나라에 줄 수도 있었을 것이다. 이것은 새로운 특별인출권을 발행하는 것보다 더 빠르고 쉬운 선택이다.

특별인출권에 대한 이 논의에서 배울 점은 다자간 기구가 발행하는 새로운 디지털 글로벌 통화는 상당한 수준의 글로벌 협력이 필요하지만, 당분간은 이런 협력이 비현실적으로 보인다는 것이다. 세계 경제가 경제 붕괴에 직면했을 때에도 각국이 공통의 디지털 유사 화폐 발행을 늘리기 위한 비교적 간단하고 비용이 들지 않는 조치에조차 합의할 수 없다면, 평온한 시기에 주요 경제 강국들이 상충하는 이해관계를 제쳐두고 글로벌 통화(디지털이든 다른 것이든)에 합의할 가능성은 낮다. 바이든 행정부는 결국 새로운 특별인출권(6,500억 달러, 2021년 말 시행 예정) 발행을 지지했지만, 이와 관련한 미국의 정책은 분명히 변덕스러우며 절실히 필요할 때에 믿을 만한 것이 아니다. 어쨌든 다른 국가들이 손을 잡고 특별인출권의 가치를 높이고 이를 통해 미국 달러의 패권을 약화할 수 있다는 비현실적인 생각은 앞으로도 공상으로 남을 가능성이 높다.

중국의 CBDC가 달러를 위협할까?

중국은 세계 2위의 경제대국이자 군사강국이 되었다. 이 두 가지 측면에서 세계 1위 등극이 임박했다는 대담한 예측은 최근 몇 년 동안 미국과 동등한 수준에 도달하는 데만도 10년 이상이 걸릴 것이라는 보다 차분한 평가로 바뀌고 있다. 마찬가지로 위안화가 달러화와 경쟁할 것이라는 과장된 전망도 전혀 호응을 얻지 못했다. 나는 2016년에 출간한 책《통화 획득: 위안화의 부상Gaining Currency: The Rise of the Renminbi》에서 위안화의 미래에 대해 다음과 같은 냉정한 결론을 내렸다.

"위안화(인민폐)는 단기간에 많은 발전을 이뤘다. 이 통화는 국제 금융의 상위권을 향해 인상적인 속도로 상승하고 있다. 국제통화로서 위안화의 위상이 높아지면서 시간이 지남에 따라 국제 무역과 금융거래를 중개하는 가치척도 및 교환수단으로서 주요 통화들(달러 포함)의 역할이 축소될 수도 있다. 하지만 위안화는 지금 국내 경제 구조로 인한 제약에 부딪히고 있으며, 이는 준비통화(즉 가치저장)로서 위안화의 진전을 제한할 것이다. 더구나 중국 정치 체제의 특성을 고려하면 위안화가 안전자산의 지위를 획득할 가능성은 낮다. 따라서 위안화의 상승세가 계속될 가능성은 있지만 위안화가 달러화에 필적하는 지배적 글로벌 준비통화가 될 것이라는 생각에는 설득력이 없다."

이 조심스러운 예상조차도 너무 낙관적이었던 것으로 드러났다.

위안화 기반을 다지다, 그리고 멈추다

위안화는 중국 정부가 중국의 자본계정을 개방하고 다양한 정책 수단을 통해 자국 통화를 홍보하기 시작한 2010년 이후 글로벌 금융 무대에서 극적으로 부상했다. 2016년에 국제통화기금은 위안화를 특별인출권 통화 바스켓에 포함함으로써 위안화를 준비통화로 공식 인정했고, 이로써 위안화가 이미 국제 결제통화로서 이룬 진전에 탄력을 더했다.

이후 위안화는 국제금융의 그리 두드러지지 않는 참여자로 SWIFT 메시징 네트워크가 지원하는 전 세계 결제의 약 2%를 차지했다(2021년 5월 현재). 국제통화로서 위안화의 역할에 대한 다른 척도와 마찬가지로, 이 수치 역시 2010년의 0.3%에서 2015년의 3%로 빠르게 상승한 후 감소한 수치다. 홍콩의 위안화 예금과 위안화 표시 채권(딤섬 채권)의 역외 발행과 같은 대체 지표는 모두 지난 10년 동안 상반기에 급격한 상승세를 보였으나 2015년 이후 급격히 하락했다.

국제금융시장에서 위안화가 존재감을 키우다가 멈춘 이유는 무엇일까? 2014년 중반부터 중국 경제가 활력을 잃어가는 듯 보이자 국내외 투자자들은 중국 금융시장의 안정성에 대한 신뢰를 잃었다. 여기에 중국 중앙은행은 2015년 8월에 위안화 가치 관리를 축소하려는 시도를 하면서 몇 가지 실수를 저질러 문제를 더욱 악화했다. 2015년 8월에 있었던 정책 변화는 중국인민은행의 소통 부족 탓에 잘못 해석되었다. 금융시장 참여자들이 시장에 위안화 환율 결정에 대한 자율성을 더하기 위해 고안된 이 정책을 중국의 수출을 늘리기 위한 위안화 평가절하의 시도로 받아들인 것이다. 이런 전개는 자본 유출과 추가적인 통화가치 하락으로 이어졌고, 이에 중국 정부는 자본통제로 대응하려 했다. 자본통제의 재부과, 통화에 대한 지속적인 평가절하 압력, 금융시장과 기타 개혁의 부재가 위안화 상승의 기세를 빼앗은 것으로 보인다.

위안화는 현재 전 세계 외환 보유고의 2%를 차지한다. 의미가 없다고는 할 수 없지만 그렇게 대단치도 않은 규모다. 이 정도 규모임에도 위안화는 국제 결제통화와 준비통화로서 세계 5위에 올라 있다. 위안화보다 앞선 통화는 미국 달러화, 유로화, 일본 엔화, 영국 파운드화다.

간단히 말해, 위안화의 상승은 (특히 개방형 자본계정이나 온전한 시장 결정 환율이 없는 나라에서 발행한 통화로서) 의미심장했지만, 고르지는 못했다.

일부의 예상과 달리 위안화는 달러, 특히 가치저장 역할에서 달러의 힘에 맞서는 주요 도전자가 되지는 못했다.

디지털 위안화는 '게임체인저'인가?

중국의 CBDC, 디지털 위안화가 위안화가 달러와 경쟁하는 데, 더 넓게는 준비통화로서의 지위를 굳히는 데 힘을 불어넣을 수 있을까? 중국은 일부 측면, 특히 소매결제 시스템의 기술적 정교함과 효율성의 측면에서 미국마저 뛰어넘었다. 따라서 다른 주요국보다 먼저 운영될 가능성이 높은 중국의 CBDC, 디지털 위안화가 글로벌 금융시장 지배권을 놓고 벌어지는 난전에서 중국 통화에 힘을 실어준다는 것은 그럴듯해 보인다.

이런 전망에 실려 있는 큰 기대와 간절함에도 불구하고 현실은 그렇게 박진감 있게 펼쳐지지 않고 있다. 인민은행이 디지털 위안화의 해외 사용을 제한하겠다고 밝혔기 때문에 단기적으로 디지털 위안화는 중국 내 결제에만 사용될 것이다. 시간이 지나면서 중국 정부가 디지털 통화의 통제에 더 익숙해지면 이런 제한은 완화될 가능성이 높다. 디지털 위안화가 중국의 국경 간 결제 시스템과 함께 하면서 국제거래에서 이 통화를 더 쉽게 사용할 수 있을 것이다. 이제 러시아(이 문제에서는 이란, 베네수엘라 포함)는 중국 원유 수출대금을 위안화로 받는 것이 더 수월해질 것이다. 이렇게 되면 미국의 금융 제재를 피할 수 있으므로 이들 정부에는 매력적인 전망이다. 위안화가 더 광범위하게 사용되면서 중국과 밀접한 무역 및 금융 관계를 맺고 있는 다른 소규모 개발도상국들도 위안화로 직접 송장을 발행하고 무역 거래를 결산하는 것이 유리해질 수 있다.

그러나 디지털 위안화 그 자체만으로는 준비통화로서의 위안화에 대한 외국인 투자자의 인식에 큰 변화를 주지 못할 것이다. 한 가지 제약 조건은 중국의 채권시장이 깊지만 유동성이 크지 않다는 점이다. 위안화의 준비통화 역할에는 정책과 관련된 다른 두 가지 주요 제약이 있다. 첫째는 중국을 들고 나는 자본의 흐름에 대한 제한이 점진적으로 완화되고는 있지만 여전히 존재한다는 것이다. 둘째는 위안화 환율이 시장의 힘에 의해 결정되는 것이 아니라 여전히 인민은행에 의해 관리되고 있다는 점이다. 이 두 가지 조건은 진전의 징후가 있기는 하지만 빠른 시일 내에 완전히 바뀌지는 않을 것이다. 중국 정부는 궁극적으로 개방형 자본계정을 가질 것이라는 계획을 밝혔다. 또한 중국인민은행은 시장의 힘에 의한 환율 절상 혹은 절하를 막기 위한 외환시장 개입을 최소화하기로 약속했다.

하지만 현실은 이런 약속에 미치지 못했고 앞으로도 그럴 가능성이 높다. 중국 정부는 자본 흐름이 변화하면서 통화가치가 크게 절상되거나 절하될 압력이 커지면 자본통제와 환율 관리를 강화해 이런 압력을 상쇄하고 변동성을 줄일 준비가 되어 있다는 것을 보여주었다. 지휘 통제적 사고방식을 가진 정부가 위안화-달러화 환율과 같이 눈에 잘 띄고 중대한 경제 변수를 전적으로 시장의 힘에 맡기는 것은 상상하기 어렵다. 종합해보면, 중국 정부가 2019년 이후 환율이 양방향으로(절상과 절하) 더욱 자유롭게 움직일 수 있도록 허용하기는 했지만, 진정한 의미의 자본계정 개방을 허용할 가능성은 여전히 낮다.

중국 정부가 자본계정을 완전히 개방하고 환율이 자유롭게 움직이도록 한다고 해도 위안화는 국내외 투자자들이 금융 혼란기에 눈을 돌릴 안전자산으로 보이지 않을 것이다. 중국공산당이 자국의 정치 시스템을 옥죄고 있다는 것은 자국에 견제와 균형의 시스템이 없다는 것을 의미한다. 일부에서는 중국이 비민주적인 일당 정치 시스템이기는 하지만 정부가 제멋대로 날뛰는 것을 막을 만한 충분한 자정 메커니즘이 있다고 주장한다. 하지만 이것이 미국과 같은 견제와 균형의 제도적 시스템(행정부, 입법부, 사법부가 독립적으로 다른 기관의 견잡을 수 없는 권력 행사에 제약을 가한다)에 대한 영구적 대안으로 보일 가능성은 낮다. 따라서 해외 투자자들은 예를 들어 투자금 송금을 어렵게 만들 수 있는 중국 정부의 자의적 정책 변화를 계속 경계할 가능성이 높다.

간단히 말해, 다음 10년 동안 디지털 위안화가 위안화의 국제 결제통화로서 역할을 촉진하는 데 도움을 줄 가능성이 높긴 하지만 주요한 글로벌 준비통화로서 달러가 가진 위상에 영향을 미치기는 힘들 것이다.

혁명은 일어날 것인가?

암호화폐와 CBDC의 확산을 비롯해 진화하는 새로운 금융 기술은 국제통화 시스템의 특정 측면에 영향을 줄 것이다. 하지만 혁명적일 가능성은 낮으며 수년이 흐른 뒤에야 실현될 것이다. 앞서 논의된 발전에 관한 일부 변화(예를 들어 국제 결제 영역의 변화)는 일찍 나타날 수 있지만 그들이 글로벌 금융에 끼치는 영향은 국제통화 시스템을 근본적으로 재편하기보다는 금융시장의 운영과 구조에 제한될 것이다. 더구나 네트워크 효과가 급속한 변화에 제동을 걸 것이다. 통화나 결제 수단이 국제적으로 광범위하게 사용될 경우 대안으로 바꾸기보다 그것을 계속 사용하는 것이 더 편해진다.

보다 효율적인 결제 시스템이 많은 혜택을 가져다주면서 경제 이민자들이 본국 송금을 더 쉽고 저렴하게 할 수 있을 것이다. 저축이 많지 않은 투자자들도 포트폴리오를 다각화하고 국제적 투자 기회에 더 쉽게 접근하여 더 높은 수익을 추구하는 일이 한층 쉬워질 것이다. 원칙적으로, 금융자본이 국내외에서 가장 생산적인 투자 기회를 향해 보다 쉽게 흐르면서 세계의 경제적 복리(최소한 국민총생산이나 소비 능력으로 측정한다)를 높일 것이다. 결제 대금을 국경 너머로 더 빠르고 저렴하게 송금할 수 있는 채널이 자본 흐름을 규제하고 통제하는 일을 어렵게 만들 것이다. 그 결과 개발도상국과 다른 소규모 개방경제가 특히 까다로운 문제를 안게 될 것이다.

암호화폐가 교환수단과 가치저장 역할로 주목을 받으면서 세계 준비통화의 판도가 혼란의 문턱에 이른 것으로 보인다. 그러나 암호화폐의 확산이 주요 준비통화, 특히 미국 달러에 파괴적인 영향을 미치지는 않을 것이다. 뒷받침이 없는 암호화폐는 신뢰할 수 있는 교환수단이나 안정적인 가치의 원천으로 여기기에는 변동성이 지나치게 크다. 반면 페이스북과 같은 대기업이 뒷받침하는 스테이블코인은 결제 수단으로서 주목받을 가능성이 높다. 하지만 스테이블코인의 안정적 가치가 명목화폐의 뒷받침에 좌우되는 한, 그들이 독립적인 가치저장 수단이 될 가능성은 낮다.

소규모 저개발 국가의 경우에는 판도의 변화가 클 것이다. 이들 국가의 중앙은행이 발행하는 국가 통화는 민간 스테이블코인이나 어쩌면 주요 경제국이 발행하는 CBDC에 자리를 내줄 수도 있다.

주요 준비통화들 사이에도 약간의 변화가 일어나려 하고 있다. 미국 달러화는 결제통화로서의 기반을 일부 잃을 수 있지만, 그렇더라도 결제통화와 가치저장 역할로 지배력을 지킬 것이다. 디지털 위안화는 위안화가 결제통화로서 주목을 받는 데 일조할 것이다. 하지만 통화의 디지털화 자체는 준비통화로서의 위상을 높이는 데 큰 도움이 되지 않을 것이다. 위안화의 추가 상승과 또 다른 스테이블코인의 등장은 유로화, 영국 파운드화, 일본 엔화, 스위스 프랑화를 비롯한 2단계 준비통화의 중요성을 약화할 수 있다. 점진적이고 완만하더라도 말이다.

미국 달러를 왕좌에서 끌어내리려고 하는 전 세계 많은 정부의 오랜 꿈은 가까운 미래에도 이어질 것이다. 대안적인 국가 간 결제 채널이 확산되고 달러를 포함하지 않는 통화 쌍 간 거래의 실행이 쉽고 저렴해진다고 해도 달러는 기껏해야 국제 결제통화로서의 입지를 조금 잃는 데 그칠 것이다. 글로벌 명목통화 사이에서 달러의 지배력은 견고할 것이다. 특히 다른 주요 통화들이 가진 결제 수단이나 안전자산으로서의 명성이 더 크게 훼손되는 상황이 일어날 수 있기 때문이다.

9

중앙은행의 시련

유위有爲란 무엇인가? 무위無爲란 무엇인가? (…) 유위에서 무위를 보고, 무위에서 유위를 보는 자가 현명한 자다. 《바가바드 기타》

> What is action? What is inaction? (…) He who seeth inaction in action and action in inaction, he is wise among men..
>
> *The Bhagavad Gita*

중앙은행가들에게는 힘겨운 임무가 있다. 통화정책 조치(혹은 그런 맥락에서 무조치)와 그것이 인플레이션이나 실업 등 거시경제 변수에 미치는 영향 사이의 관계는 언제나 헤아리기가 어렵다. 2008~2009년의 글로벌 금융위기 이후와 2020년의 침체기에는 문제가 더 복잡해졌다. 이들 기관은 세상과 경제 붕괴 사이에 서 있었다. 심각한 장기적 침체의 위험에 맞서기 위한 금리인하 등의 전형적인 정책 도구를 사용할 여지를 잃은 중앙은행들은 성장을 지원하고, 디플레이션을 막고, 금융시장을 부양하기 위한 과감하고 이례적이고 '비전형적' 조치를 취했다. 미 연준, 유럽중앙은행, 일본은행, 잉글랜드은행, 기타 많은 중앙은행은 직접 국채를 대규모로 사들이기 시작했다. 심지어 일부 중앙은행은 증권이나 회사채와 같이 위험성이 더 큰 자산도 사기 시작했다. 전통적으로 정책 수입에 신중하고 보수적인 접근권을 택해오던 기관으로서는 생각할 수도 없던 조치였다.

　　이런 극적인 중앙은행의 조치는 성장의 측면에서 불확실한 성과를 냈고 의외로 인플레이션에는 별 도움이 되지 않았다. 반면 대부분의 경제 모델은 중앙은행이 많은 양의 돈을 찍어내고, 특히 그것이 경제의 상품과 서비스 아웃풋을 늘리지 않는다면 물가가 치솟으리라고 예측했다. 이런 혼란은 극심한 경제적 고통의 시기에 중앙은행이 취한 극단적인 조치가 자산 가격, 특히 주식과 기타 위험자산의 가격만 올리는지, 아니면 값싼 돈의 공급을 늘림으로써 실제로 소비와 투자의 원동력이 될 수 있는지를 두고 지속적인 논쟁을 촉발했다.

그림 9.1 세계의 주요 중앙은행

①미국연방준비은행, ②중국인민은행, ③유럽중앙은행, ④일본은행의 사진.

영향과 전망

새로운 금융 기술과 중개업체들이 화폐의 성격과 금융시장의 구조를 변화시키고 있는 현재에 와서는 중앙은행들이 경제정책 결정에서 더 중요한 역할을 맡고 있다. 따라서 중앙은행의 조치들과 그 경제적 영향 사이의 불확실한 관계가 더 흐려질 수 있을 것이다.

중앙은행의 다양한 권한

중앙은행은 현대 경제가 원활하게 기능하는 데 중요한 각종 책임을 맡은 필수 기관이 되었다. 많은 나라에서 이들 기관은 인플레이션을 목표 수준으로 혹은 그 주변에서 유지하는 데 필요한 특정한 권한을 갖는다. 최근까지 미 연준, 유럽중앙은행, 일본은행은 연간 약 2%의 인플레이션을 목표로 정했다. 이런 인플레이션 목표는 '대칭적'이었다. 이는 목표를 넘어서거나 밑도는 인플레이션은 수정된 정책 반응을 끌어낸다는 의미다. 2020년 8월에 미 연준은 수년간의 평균 인플레이션을 초과하는 목표치로 정책을 수정했다. 사실상 일시적인 목표 초과를 용인한다는 신호였다. 이는 미 연준에 팬데믹이나 향후의 다른 심각한 침체로 인한 경제 혼란으로부터 회복하는 과정에서 경제를 지원하는 데 필요한 경우 몇 년간 약간 높은 인플레이션을 수용하는 유연성을 주기 위한 것이었다. 하지만 인플레이션은 최대 고용(종종 낮은 실업률로 잘못 해석된다)과 함께 여전히 미 연준의 주요한 양적 목표다.

1990년대에서 2000년대 중반에 걸쳐 학자들과 실무자들 사이에서는 중앙은행이 단일한 주요 임무(낮고 안정적인 인플레이션을 유지하는 임무)를 갖고 있으며 이를 성공적으로 수행하는 데 집중해야 한다는 합의가 이루어졌다. '인플레이션 타기팅inflation targeting'(물가안정목표제)이라는 이 주장은 두 가지 생각을 기반으로 한다. 첫째는 중앙은행이 통화정책이라는 단 하나의 도구를 갖고 있으며, 그 하나의 도구로 낮은 인플레이션과 금융 안정성이라는 겉보기에 서로 다른 두 목표를 충족하기 위해 노력하는 것이 역효과를 낳는다는 것이다. 둘째는 중앙은행에 여러 가지 목표를 떠맡김으로써 중앙은행이 정치적 압력에 더 민감해지고 임무를 수행하는 데 효과가 떨어진다는 것이다.

엄격한 인플레이션 타기팅을 수행하지 않는 중앙은행들 사이에서조차 인플레이션 목표를 충족하는 것은 주된 임무, 보통 다른 것에 우선하는 임무로 여겨진다. 실제로는 모든 중앙은행(인플레이션 타기팅이라는 구체적이고 독점적인 임무를 가지고 있는 중앙은행조차)이 그 목표뿐만 아니라 GDP의 성장을 지원하고, 실업률을 낮게 유지하고, 금융 안정성을 유지하는 데 신경을 쓰고 있다. 이런 결과는 보통 한데 묶여 있고 대부분의 경우 서로를 강화한다. 경제가 무너지고 실업률이 치솟는 상황에서 인플레이션 목표를 달성하기 위해 고안된 정책을 고수하거나 금융시장에서 커지고 있는 위험한 상황에 주의를 기울이지 않는 중앙은행이라면 그 정당성을 바로 잃고 말 것이다.

그러나 글로벌 금융위기의 여파로 중앙은행이 금융 안정성보다 다른 목표를 우선하는 것이 이치에 닿지 않은 일이 되었다. 금융 시스템의 안정성은 충격에 대한 회복력과 기본적 기능(예금, 신용, 위험관리, 결제 등)을 지장 없이 제공하는 능력에 달려 있다. 이들 기능은 모든 경제와 그 국민의 복지에 대단히 중요하다. 따라서 중앙은행에 금융 안정성에 대한 명시적인 책임이 주어져야 한다는 주장은 곧 더 강력해졌다.

이제는 중앙은행이 주요 거시경제 결과와 금융 안정성 모두를 명시적으로 다루어야 한다는 방향으로 합의가 이루어졌다. 순수한 인플레이션 타기팅에 대한 이 반론에서 보면 중앙은행은 마음대로 이용할 수 있는 두 가지 도구를 갖는다. 첫째는 통화정책이다. 통화정책은 금리, 상업은행에 대한 신용한도, 정부채와 기타 자산의 직접 매매와 같은 수단으로 이루어진다. 둘째는 금융 시스템 전체의 수준이나 특정한 금융기관에 적용되는 규제 정책을 실행하는 역량이다. 이들 정책은 다양한 형태를 취할 수 있다. 은행들은 중앙은행 계정에 더 많은 준비금을 보유하라거나, 그들이 일으키는 손실을 흡수할 수 있는 더 많은 자기자본을 발행하라거나, 주택융자에 더 많은 선금을 요구하라는 지시를 받는다.

낮고 안정적인 인플레이션(그리고 낮은 실업률)과 금융 안정성이라는 두 가지 목표 그리고 이를 달성하기 위한 도구들은 불가분의 관계에 있는 것으로 간주된다. 예를 들어 금융 불안은 안정적인 인플레이션을 유지하기 어렵게 만드는 경제활동의 악순환으로 이어질 수 있다. 하지만 때로는 두 정책 사이의 구분이 모호하고 둘이 서로 얽혀서 정책 결정을 더 복잡하게 만든다. 낮은 인플레이션과 적절한 성장률이 유지되는데도 주식시장이 지나치게 빠른 상승 신호를 보이는 때가 있다. 그런 경우 통화정책은 인플레이션 목표를 향한 적절한 궤도에 있는 것으로 보이지만, 거품이 생긴 주가를 무시하면 주식시장의 거품을 빼낼 기회를 놓치고 주가가 치솟다가 결국에는 무너지는 시장을 관망하는 꼴이 될 것이다. 금리인상을 통한 긴축 통화정책은 주식시장을 냉각시키겠지만 반대로 성장을 억제하는 대가를 치를 수 있다.

새로운 과제

간단히 말해, 21세기의 중앙은행들은 비교적 정상적인 시기에도 균형을 조정하기가 극히 어려웠다. 최근의 두 차례 글로벌 침체는 그들을 정책 결정의 최전선으로 내몰았고 부담은 가중되었다. 이제 그들은 이런 핵심 임무에 대한 새로운 기술과 운영상의 문제에 직면하거나, 그게 아니더라도 최소한 금융 지형을 뒤바꾸는 진화하는 기술에 적응해야 할 것이다.

　논의의 편의를 위해서 밀접하게 연관된 이들 문제를 세 가지 영역으로 나누어 살펴본다. 첫째는 실행과 관련된 것이다. 중앙은행은 실제로 어떻게 통화정책을 수행해야 할까? 둘째는 전달의 문제다. 통화정책 조치들이 어떻게 경제활동과 인플레이션에 영향을 미치도록 만들까? 셋째는 금융 안정성에 관한 것이다. 금융 시스템의 붕괴를 피하고 경제를 지지하는 능력을 유지할 방법은 무엇일까?

　중앙은행이 항상 통화정책과 금융 부문의 감독 및 규제를 모두 책임지는 것은 아니다. 많은 나라의 경우, 상업은행의 규제조차 별도의 기관이 처리한다. 여러 전문 기관이 금융 시스템 내 다른 부분의 감독을 맡는 것이다. 중국은 은행 및 보험사를 규제하는 기관과 주식 및 증권시장을 규제하는 기관이 따로 있다. 그러나 (중국과 미국을 비롯한) 그런 경제국에서도 중앙은행이 전반적인 금융 안정성을 책임진다. 중앙은행이 최후의 대출기관이라는 역할(금융기관에 긴급 자금을 제공하는 능력)을 맡고 있음을 고려하면 더욱 그렇다. 따라서 설명의 편의를 위해 아래의 논의에서는 금융 시스템의 특정 부분을 규제하는 실제 임무가 다른 기관의 손에 있더라도 중앙은행의 다중 역할만을 언급할 것이다.

통화정책의 실행

중앙은행이 소매 CBDC의 발행을 고려할 때 가장 먼저 생각해야 할 문제는 그것이 통화정책 수행에 영향을 미칠 것인가 하는 점이다. 개념적으로는 통화정책의 메커니즘에 아무런 변화도 없어야 한다. CBDC는 단순히 중앙은행 소매 통화를 물리적 형태에서 디지털 형태로 전환하는 것에 불과하기 때문이다. 하지만 여전히 생각해야 할 사안들이 있다.

6장의 논의를 되짚어 계정 기반 혹은 등록 기반 소매 CBDC가 통화정책을 두 가지 방식으로 더 쉽게 실행시킨다는 내용을 떠올려 보자. 첫째, CBDC가 현금의 우세를 대체하거나 상당히 감소시킨다면 경제와 금융 위기 동안 전통적인 통화정책을 구속하는 요소가 될 수 있는 명목금리에 대한 제로 금리 하한이 더는 강한 제약으로 작용하지 않는다. 중앙은행은 CBDC 계정의 잔액을 미리 발표한 금리에 따라 줄이는 것만으로도 마이너스 명목금리를 도입할 수 있다. 이론상으로 특정한 CBDC 형태를 통해 실현 가능해지는 마이너스 명목금리(그리고 그에 따라 더 낮은 실질금리)는 경제 불황 때에도 민간의 소비와 투자를 장려할 수 있다.

경제 내 모든 가구에 일정액을 송금하는 헬리콥터 드롭, 한때 이론적으로만 가능하다고 여겼던 이 조치를 통한 통화정책도 실행할 수 있다. 모든 국민이 직간접으로 국가의 중앙은행과 연결된 디지털 지갑을 갖고 있다면 정부가 중앙은행의 자금을 국민들의 지갑에 보내는 것만으로 헬리콥터 드롭을 쉽게 실행할 수 있다. 경제활동이 약화되거나 위기가 다가오면 은행이 내부 자금(신용) 창출을 늦추거나 중단하게 되고, 이런 상황에서는 외부의 자금을 경제에 빠르고 효율적으로 투입하는 채널이 중요해진다.

중앙은행은 이런 조치로, 현금 기반 경제에서 전통적인 통화정책 도구를 사용할 여지가 없을 때 발생하는 '유동성 함정'에서 벗어남으로써 디플레이션 위험을 상당히 줄일 수 있다. 유동성 함정은 가계와 기업이 값싼 신용조차 이용하기를 꺼릴 때 발생한다. 이것은 경제 전망에 대한 불안감이 늘어난 결과다. 결과적으로 돈을 더 찍어내는 자체만으로는 가계와 기업이 부채로 자금을 조달해 소비나 투자를 충분히 늘리게 만들 수 없다. 금융 시스템이 충분한 신용을 제공하지 못하는 때에는 더 말할 것도 없다. 중앙은행은 CBDC를 통해 평소처럼 신용을 더 싸게 만들기 위해 노력하는 대신 직접 소비자에게 자금을 보냄으로써 이런 곤경을 피할 수 있다. 따라서 중앙은행 통화가 경제에서 중요한 역할을 유지하는 한, CBDC가 통화정책 도구함을 강화할 수 있다(6장에서 논의했듯이, 헬리콥터 드롭은 중앙은행의 운영으로 실행되더라도 실제로는 재정정책의 한 요소다).

더 일반적으로, CBDC는 현금이 감소하다가 결국은 경제 전체의 통화 공급에서 미미한 역할을 맡게 되는 상황이 와도 중앙은행 소매 통화의 관련성을 유지하게 해줄 것이다. 그런 상황에서, CBDC 계정 잔액을 확대하거나 축소하는 중앙은행의 능력은 통화 공급의 변화율을 통제하는 데 도움이 (적어도 조금은) 될 것이다. 현재 대부분 선진 경제국의 중앙은행들은 양적 통화정책 수단(통화공급량의 증가를 통제한다)보다 주로 가격 기반 통화정책 수단(금리, 즉 화폐의 가격을 통제한다)에 의존하고 있지만 이는 중앙은행이 자신들이 발행하는 통화가 시들어가는 것을 놓아두기보다는 CBDC 발행을 고려하게 만드는 요인이다.

하지만 중앙은행이 디지털 형태로 외부화폐 공급을 쉽게 늘리거나 줄일 수 있다는 장점에는 반갑지 않은 이면이 있다. 현금이 '안전자산'으로 간주되는 것은 최소한 명목상으로는 가치가 보존되기 때문이다. 인플레이션이 구매력을 갉아먹는다고 해도 결국 100달러 지폐는 100달러의 가치가 있다. 단기간에 인플레이션으로 구매력이 약간 감소하는 것은 저축 원금의 안전에 대해 지불하는 사소한 대가로 보이게 마련이다. 초인플레이션에 시달리는 경제에서는 별로 위안이 되지 않겠지만, 대부분의 경제국에서는 현금을 여전히 투자자의 정서 변화나 금융 불안으로 생긴 가치 변동에 영향을 받지 않는 비교적 안전한 자산으로 여긴다.

중앙은행이 CBDC 보유액에 대한 '헤어컷hair-cut(은행 및 금융기관이 중앙은행에서 자금을 차입할 때 제공하는 담보의 가치 감소)'을 부과해서 일시에 가치를 떨어뜨릴 수 있는 능력이 있거나 방만한 정부가 예산 적자를 메꾸기 위해 화폐를 주조할 수 있는 경우라면 이런 인식이 바뀔 수 있다. 통화 팽창을 통한 명목 잔액의 실질 구매력 침식과 명목 잔액의 전면적 감소 가능성은 한 가지 측면에서 비슷한 효과를 낸다. 적어도 명목상으로는 가치를 보존하는 안전자산으로서의 통화에 대한 신뢰가 무너지는 것이다. 이는 CBDC에서 다른 자산으로의 대체로 이어질 수 있다.

소비자와 기업 사이의 이런 공포를 피하기 위해 중앙은행들은 CBDC의 현금과 같은 특성을 강조함으로써 발생기에 있는 CBDC에 대한 신뢰를 쌓는 데 열중하고 있다. 이것은 통화정책 시행 시 딜레마를 야기하며, 스웨덴은 이 딜레마 때문에 e-크로나를 설계하고 도입할 때 고심할 수밖에 없었다.

스웨덴의 딜레마

스웨덴 중앙은행의 주된 통화정책 수단은 레포repo('repurchase', 환매의 줄임말) 금리다. 이는 상업은행이 중앙은행에서 돈을 빌리거나 중앙은행에 예치할 때의 금리를 말한다. 글로벌 금융위기 이후 수년에 걸친 디플레이션 위험과 부진한 성장의 망령에 직면한 스웨덴 중앙은행은 2015부터 2019년까지 레포 금리를 마이너스로 설정했다. 그 기간 내내 연이율은 -0.5%로 극히 낮았다. 다른 많은 나라와 달리 스웨덴은 자국 은행이 중앙은행에 최소한의 준비금을 두도록 강제하지 않는다. 하지만 상업은행들은 유동성 관리와 다른 은행과의 결제 결산을 위해 중앙은행에 예금을 유지한다. 따라서 마이너스 레포 금리는 상업은행이 가계와 기업에 돈을 빌려주지 않고 중앙은행에 예치하는 것에 대한 벌칙이다. 마이너스 금리로의 이런 급진적인 전환의 뒤에는 이런 불이익을 피하기 위해 은행들이 매우 낮은 이자로 대출을 해주거나, 심지어 이자를 부과하지 않거나, 예금에도 제로나 마이너스 금리를 책정할 것이라는 생각이 있다. 이는 다시 가계와 기업이 저축보다 대출을 하도록 자극한다. 이론상으로는 이로 인해 늘어난 지출과 투자가 경제를 불황에서 빠져나오게 한다.

스웨덴 중앙은행은 2018년의 보고서에서 e-크로나의 등장으로 중앙은행은 마이너스 레포 금리라는 도구를 빼앗길 것이고 그 결과 금리 정책 운신의 폭이 줄어들 것이라고 지적했다. 이 보고서는 "제로 금리의 e-크로나는 0% 이하의 레포 금리 인하가 경제의 다른 금리에 전혀 영향을 주지 못하게 만들 것이다. (…) 그런 시나리오에서라면, e-크로나의 제로 금리는 경제 내 다른 모든 금리의 바닥 역할을 하게 될 것이다"라는 결론을 내렸다. 은행예금의 마이너스 금리에 노출된 가계와 기업은 자금을 중앙은행의 제로 금리 예금으로 이동시키기만 하면 된다. 이 보고서는 이런 영향으로 경기 침체기에 경제를 부양하는 수단으로서 통화정책이 그 효과를 제대로 발휘할 수 없을 것이라고 분석했다.

물론 통화정책에 대한 이런 제약은 일시적이다. 이 시나리오에서는 CBDC가 현금과 마찬가지로 제로 금리라고 가정하기 때문이다. CBDC가 일단 자리를 잡으면, 특히 제로 금리의 현금을 성공적으로 대체하게 된다면, CBDC를 비롯해 경제 전반에서 마이너스 금리를 실행하는 것이 더 쉬워지기 때문에 통화정책도 제약에서 벗어날 것이다. 하지만 이 때문에 CBDC가 출발하는 데 저항이 있을 수도 있어서 스웨덴 중앙은행은 이런 전망에 대한 언급을 꺼리는 것일수도 있다.

통화정책의 전달

통화정책이 경제에 어떤 영향을 주는지는 복잡하고 불확실한 문제다. 중앙은행은 일련의 제한된 도구만으로 많은 불확실성의 원천 앞에서 GDP 증가, 실업, 인플레이션과 같은 변수들을 통제하려는 시도를 한다. 또한 중앙은행은 이런 변수들에 영향을 줄 수 있는 다른 정부 정책에 휘둘린다. 재정적자 규모가 큰 방탕한 정부는 인플레이션을 억제하는 것이 더 어려울 수 있다. 방만한 정부로서는 중앙은행에 돈을 찍어 부채를 상환하도록 하는 것이 세금을 올리는 것보다 훨씬 더 쉽고 정치적으로도 더 편리하기 때문이다.

더구나 통화정책의 효과는 실제 경제 상황뿐만 아니라 기업과 가계의 기대에 좌우되는 경우가 많다. 경제 내 모든 구성원이 높은 인플레이션을 예상하면 이것이 그들의 행동에 영향을 미친다. 노동자는 봉급을 더 많이 올려 달라고 요구할 것이며, 기업은 이를 보충하려고 가격을 올리기 시작할 것이고, 그 결과 실제로 인플레이션이 일어날 것이다. 따라서 중앙은행은 행동과 말로 이런 기대를 관리해야만 한다. 효과적인 커뮤니케이션은 통화정책 도구함의 필수 요소가 되었다. 중앙은행의 업무가 복잡다단하다는 데에는 의심의 여지가 없다!

통화정책의 실행과 마찬가지로 CBDC의 도입 자체는 이론상 통화정책이 경제에 미치는 영향과 관련해 큰 차이를 만들지 않는다. 하지만 실제로는 상업은행 예금과 중앙은행 예금 사이의 대체가 통화정책 전달에 영향을 줄 수 있다. 금융 기술과 금융시장 구조의 변화는 훨씬 더 큰 영향을 줄 수 있다.

뱅킹 채널

통화정책이 경제활동과 인플레이션에 영향을 미치는 핵심 메커니즘 중 하나가 뱅킹 채널이다. 중앙은행이 통제하는 단기 정책 금리를 변경하면 은행들은 저축 유인과 지출 및 투자 유인에 영향을 주는 방식으로 예금과 대출금리를 변경함으로써 대응한다. 상업은행은 대부분의 주요 경제국 금융 시스템에서 여전히 지배적인 역할을 맡고 있다 (주식시장 및 채권시장을 비롯한 자본시장이 점차 발달하고 중요해지면서 상업은행의 지배력이 약화되고는 있다). 따라서 뱅킹 채널은 통화정책이 총수요와 인플레이션에 전달되는 핵심 채널이다.

하지만 실제로는 뱅킹 채널이 통화정책 조치를 어떻게 경제적 결과로 전환하는지 알아내기란 쉬운 일이 아니다. 상황이 중요하다. 경제가 심각한 불황일 때의 1% 금리 인하는 경제가 완만한 침체를 경험하고 있을 때의 비슷한 금리 인하와 완전히 다른 영향을 준다. 경제적 불확실성이 큰 기간에는 이자가 아무리 싸고 저축에 대한 보상이 아무리 적어도 가계가 빚을 져서 지출을 하기보다 예방적 저축을 늘릴 것이다. 직업 전망에 불안을 느끼는 주택 소유자는 주방을 업그레이드하거나 새로운 텔레비전을 구입하는 대신 이자가 적더라도 은행 계좌에 만일의 경우에 대비한 자금을 챙겨둘 것이다.

코로나19 팬데믹의 와중에 미국 가구의 저축률(가계 가처분 소득 대비 저축 비율)은 2019년에 8%에서 2020년 2분기에는 26%로 상승했다. 미 연준이 정책 금리를 제로에 가깝게 인하했고 예금과 대출금리가 크게 떨어졌는데도 말이다. 수백만의 노동자가 일자리를 잃고 많은 가구가 경제적으로 벼랑에 내몰리는 동안, 안정적인 소득을 올리는 가구의 상품과 서비스 구매가 급감했다. 과거 미용실과 외식 등에 쓰던 돈을 아낀 것도 있지만 자동차와 같이 돈이 많이 드는 품목의 구매를 미루면서 예비 저축이 늘어났다. 비슷하게 침체의 와중에 상품과 서비스에 대한 불확실한 수요 전망에 직면한 기업들은 은행이 저렴한 대출을 해줄 의향이 있다고 해도 투자를 삼갈 것이다.

또한 중앙은행 정책 조치의 효과는 대칭적이지 않다. 1%의 금리 인상 효과가 1%의 금리 인하 효과와 정확하게 반대로 나타나는 것이 아니다. 이런 효과 역시 경제와 금융시장의 구체적인 상황에 좌우되며, 따라서 중앙은행의 입장에서는 은행 금리에 대한 자신의 영향력을 이용해서 인플레이션 목표를 달성하거나 다른 목표를 추구하는 것이 어려워진다.

이제는 고려해야 할 새로운 난제가 있다. 중앙은행이 통제하는 단기금리가 상업은행의 예금과 대출금리에 과거와 동일한 방식으로 영향을 줄지가 불확실한 것이다. 앞서 논의했듯이, 여러 은행과 뱅킹 컨소시엄들이 중앙은행과 같은 신뢰할 수 있는 중개자를 거치지 않는 양자 청산 잔액 결산을 위한 분산원장기술의 사용을 모색하고 있다. 그런 발전이 미 연준의 기준금리와 할인율 같은 단기 정책 금리의 조정을 통해 경제 내 다른 금리에 영향을 주는 중앙은행의 능력을 약화할지 여부는 아직 미결의 문제로 남아 있다. 할인율이 은행과 미 연준 간, 그리고 은행들 간에 잔액 결산과 미 연준 준비금 포지션을 유지하기 위한 오버나이트 대출에 대한 금리라는 것을 떠올려보라. 은행들이 순 잔액 결산에 더는 중앙은행 준비금을 사용하지 않는다면, 준비금에 대한 금리의 변화에 덜 민감해질 것이다.

이런 논의는 중앙은행이 (외부)화폐를 발행하고 은행에 결제와 결산 서비스를 제공하는 전통적인 역할 중 일부에서 밀려나더라도 수요 진작과 인플레이션에 대한 영향력을 유지할 수 있을까 하는 문제를 첨예하게 부각시킨다. 은행, 기타 주요 금융기관들이 결제 청산과 결산, 심지어는 유동성 포지션과 오버나이트 잔액에 사용할 수 있는 대체 메커니즘을 갖고 있다면, 은행 간 시장에서 중앙은행이 제공하는 서비스의 중요성은 희미해질 것이다. 그러나 중앙은행은 기밀성을 제공할 수 있지만 분산 결제와 결산 메커니즘은 그렇지 못하다. 따라서 거래 정보가 경쟁자에게 드러날 것을 염려하는 은행들로 인해 생기는 경쟁력이 분산원장기술의 사용을 제한할 수 있다. 하지만 이것을 불변의 명제로 받아들일 수는 없다. 분산원장기술의 새로운 적응과 혁신은 결국 전형적인 중앙집중형 신뢰 메커니즘이 제공하는 수준의 기밀성을 제공하는 대안을 만들어낼 가능성을 높였다.

극단적인 전환이 임박했다고 볼 수는 없다. 상업은행들이 탈중앙화된 신뢰 메커니즘을 이용해 중앙은행을 밀어내기 어렵게 만드는 상당한 기술적, 개념적 장애물이 있기 때문이다. 하지만 이런 변화가 일어난다면, 중앙은행은 결국 위기 시에 최후의 유동성 제공자가 되고 평상시에는 상업은행들이 결산과 청산 관리 운영을 그들 사이의 직접 채널을 통해 라우팅하게 될 것이다. 이것이 중앙은행이 경제 전반의 금리 설정과 무관해진다는 의미는 아니다. 어쨌든 중앙은행은 공개시장 조작과 같이 광범위한 시장금리에 영향을 미치는 다른 도구들을 계속 갖고 있을 것이다. 하지만 이런 상황은 중앙은행도 확실히 파악할 수 없는 방식으로 통화정책 전달의 지형을 변화시킬 것이다.

캐나다의 사례

이 논의를 좀 더 구체화하기 위해 캐나다의 사례를 살펴보기로 하자. 캐나다은행은 거액결제시스템Large Value Transfer System, LVTS을 운영하고 있다. 이 시스템은 사실상 은행 간 결제 및 결산 시스템이다. 거액결제시스템 거래는 은행이나 그 고객을 위해 이루어진다. 영업일이 끝날 때마다 모든 참여 은행이 자사의 거액결제시스템 거래를 처리한다. 이 과정에서 일부 은행은 자금이 남는 반면 거래에 충당할 지금이 더 필요한 은행도 생긴다. 자금이 남는 은행은 거액결제시스템을 이용해 그 자금이 필요한 은행에 대여한다. 이 오버나이트 대출금리는 캐나다은행이 정한다.

이 오버나이트 대출금리 목표는 미 연준의 기준금리 목표와 비슷하다. 이것은 캐나다은행의 주요 정책 수단이다. 주요 은행들이 거액결제시스템을 우회하는 자기만의 은행 간 결제 및 결산 시스템을 보유한다면 이 도구의 힘은 약화될 것이다. 캐나다은행은 그런 상황에서는 "통화정책의 주요한 도구인 캐나다 달러 오버나이트 대출금리(그리고 캐나다은행의 결산 잔액에 대한 차입 및 상환 관련 비용) 타기팅이 캐나다 전반의 대출금리와 경제활동에 영향을 미치지 않을 것"이라고 지적한다.

캐나다 통화정책 조치의 영향력에 대한 우려는 캐나다 달러의 입지가 흔들릴 것이라는 불안한 전망을 압도한다. 캐나다은행은 CBDC 발행을 정당화하는 상황이 비교적 일찍 올 것을 대비해 소매 CBDC 발행을 위한 기술적 준비를 하기로 결정을 내린 것으로 보인다. 이 사안을 다루는 보고서에서 캐나다은행은 캐나다 달러로 표시되지 않은 민간 디지털 통화가 가치척도와 지불 수단으로서 주된 역할을 맡게 될 경우 이 나라의 통화 주권이 위협받으리라는 점도 지적한다. 그런 전개는 중앙은행의 가격과 금융 안정성 달성 능력을 위협할 것이다. 가계의 소비력은 캐나다은행이 전혀 영향을 미치지 못하는 디지털 통화의 가치에 좌우될 것이다. 또한 캐나다은행은 최후의 대출기관 역할과 관련된 당행의 정책이 중앙은행이 공급하는 통화만을 규정한다는 점도 지적한다. 이는 대체 통화가 캐나다 경제에서 자리를 잡는다면 금융위기 시에 중앙은행의 진화 도구들이 발휘하는 힘이 약해진다는 것을 의미한다.

비공식 금융기관의 등장

P2P 대출 플랫폼을 비롯한 은행이 아닌 금융기관과 비공식 금융기관들이 선진경제국과 개발도상국 모두에서 빠르게 늘어나기 시작했다. 그런 비은행 기관들의 확산과 더 직접적인 중개 채널에도 불구하고, 그들이 상업은행을 대체하거나 상업은행의 지배력을 상당 부분 잠식할 정도로 규모를 키울 수 있을지는 확실치가 않다. 그럼에도 그들은 중앙은행의 이목을 끄는 방식으로 금융 중개의 과정을 바꿔놓고 있다.

한 가지 해결되지 않은 문제는 비은행과 비공식 금융기관이 전통적인 상업은행들보다 정책 금리의 변화에 더 민감하냐는 것이다. 이 주제와 관련된 증거는 제한적이고 그마저도 이것저것 뒤섞여 있다. 그런 기관들이 공식 은행 부문의 금리 변화와 완전히 격리되어 있을 가능성은 낮다. 하지만 이들 기관의 정책 금리에 대한 민감성은 상업은행보다 낮을 수 있다. 그들이 도매 자금(예금과 연관된 자금이 아닌 다른 금융기관과 연계된 자금)에 의존하지 않고 저축자와 차입자 사이를 중개하는 다른 방법을 갖고 있다면 더 그럴 것이다. 실제로 중국과 미국의 지하금융이 통화정책의 전달을 가로막고 있다는 증거가 쌓이고 있다. 예를 들어 중앙은행이 신용 증가를 막고 경제활동을 줄이려고 노력하는 통화 긴축 기간 동안 이 부문의 신용이 증가하는 경향이 있다. 이로 인해 통화정책 전달과 관련된 또 하나의 문제가 추가로 발생하고 중앙은행가들이 대처해야 하는 불확실성의 정도가 올라간다.

전통적인 상업은행의 중요성이 감소하는 때가 오면 이 문제를 정면으로 마주하게 될 것이다. 선진경제국에서는 이 문제를 장기적으로 다루어도 되겠지만, 개발도상국에서는 지하금융과 비공식 금융기관들의 존재감이 이미 상당히 커졌다. 선진경제국에서도 핀테크의 발전으로 직접 금융(은행과 같은 중개자가 참여하지 않는)이 더욱 활성화되면서 은행에 비해 자본시장이 더욱 부상하고 있다. 금융시장 구조와 기관의 눈에 띄는 변화가 불가피해 보이는 가운데 한 가지 확실한 것이 있다. 곧 모든 중앙은행은 전형적인 통화정책 전달 채널이 전처럼 계속 효과를 발휘할 수 있을지를 고민해야 한다는 것이다.

금융 안정성의 문제

금융 규제의 주요 목표는 금융이 경제활동을 지원하고 규제 설계의 여타 목표를 달성하도록 도우며, 금융이 불안정의 원천이 되지 않도록 하는 것이다. 시장의 힘이 안전하고 효율적인 기업을 선호하고 효율이 떨어지는 위험한 기업을 도태시킨다는 개념은 금융에는 적용되지 않는 것 같다. 버니 메이도프Bernie Madoff의 폰지 사기에서부터 엄청난 위험을 감수하다가 결국 무너진 베어스턴스Bear Stearns와 리먼브라더스 같은 대형 투자은행에 이르기까지 제멋대로 날뛰는 금융 때문에 사회 전체가 고통을 받는다.

주가가 하락하면, 투자자들의 포트폴리오는 타격을 받는다. 기업이 파산을 신청하면 회사 주식이나 부채를 소유한 사람들은 투자금을 잃을 수 있다. 다만 이것은 현실화될 때 반기지는 않겠지만 투자자들이 이미 알고 받아들이는 위험이다. 또 다른 유형의 위험은 은행 시스템이나 결제 시스템에 문제가 생기면서 전체 경제에 영향을 주기 때문에 발생한다. 일부 금융 부문에서는 이런 두 유형의 위험(구체적인 기관에 관련된 위험과 광범위한 일련의 기관이 직면하는 시스템적 위험)이 나타날 수 있다. 한 은행의 실패가 어떤 경우에는 전체 뱅킹 시스템의 신뢰 위기를 촉발해 예금자들이 자금의 회수를 요구하면서 완벽하게 건전한 은행조차 파산시킬 수 있다.

시스템적 금융 안정성에 핀테크가 미치는 영향에 대해 우려하는 이유는 혁신이 주로 기존 금융기관을 대체하고, 결제 시스템을 하나로 집중되게 하며, 기술적 취약성을 강조하기 때문이다. 개발도상국의 경우, 효율성이 훨씬 높고 비용이 낮은 국경 간 금융 흐름의 도관이 확대되는 것이 양날의 검이 될 수 있다. 이들 국가가 글로벌 금융시장에 통합되는 것이 쉬워지는 한편 자본 흐름과 환율 변동성의 위험이 커질 것이다. 이런 변동성은 이들 경제국의 기업과 국가의 대차대조표에 큰 스트레스를 안기는 경우가 많다. 국가의 부채 대부분이 외화로 표시된 경우라면 더 그럴 것이다.

사각지대

금융 규제기관은 은행을 규제하고 대차대조표상의 위험을 식별한 경험이 있다. 그러나 핀테크 기업 그리고 심지어는 일반 기업이 금융 중개의 다양한 측면에서 큰 역할을 하는 상황이다. 이 영역 내 규제기관의 사각지대는 거시경제적 스트레스가 있는 시기에 금융 안정성에 영향을 줄 수 있다. 그런 우려를 부르는 흥미로운 사례가 3장에서 논의한 중국의 앤트 그룹이다. 컨소시엄의 전자상거래 플랫폼이던 앤트는 설립 후 단 몇 년 만에 소매업체와 구매자를 대상으로 하는 단기 신용공여를 비롯한 다량의 금융거래를 수행하게 되었다. 달리 말해, 앤트는 일부 뱅킹 서비스를 제공하고 있었지만 은행업 규제의 대상이 아니었다. 상업은행으로 간주할 수 있고 금융기관의 규제를 받아야 하는 핵심 기준인 소매 예금을 받지 않았기 때문이다. 앤트의 알리페이 플랫폼은 처음에 플랫폼이 중개하는 결제에 '플로트 float'(구매자가 알리페이에 대금을 보내는 때와 그 대금이 판매자에게 전달되는 때 사이의 기간)를 사용해 플랫폼 사용자들에게 단기신용을 제공했다.

결국 이 컨소시엄은 은행 면허를 신청해 받았고, 중국은행보험관리감독위원회China Banking and Insurance Regulatory Commission의 정기 조사 대상이 되었다. 하지만 앤트는 그룹 내의 여러 부문으로 자산과 부채를 옮길 수 있었기 때문에 은행 규제기관은 기껏해야 이 그룹의 재무 운영 상황 가운데 깨끗하게 세탁된 일부만을 볼 수 있었다. 경기가 좋을 때는 문제가 되지 않는다. 하지만 중국 국내 소매결제 시장에서 알리페이의 지배력을 고려하면 모기업이 경험하는 자금 압박이 알리페이의 운영에까지 영향을 미치고 어떤 식으로든 방해가 될 경우에는 말썽을 일으킬 수 있다.

일부 국가에서는 앤트와 같은 기업의 경우 자회사들이 어느 정도 거리를 두는, 지주회사 구조를 취하도록 요구하고 있다. 하지만 중국의 규제기관들은 앤트에 이런 요구를 하지 않고 관대한 요건을 적용했다. 빠르게 규모를 확장하면서 인상적인 숫자의 금융 서비스를 제공하며 지배력을 키우고 있는데도 말이다. 물론 앤트는 외딴 시골 지역의 주민을 비롯한 전국의 많은 인구가 사용할 수 있는 디지털 결제와 기본적 은행 상품을 만들어 빈곤 퇴치에 일조했다. 규제기관들은 2020년 말이 되어서야 이 컨소시엄에 압박을 가해 결제 부문 이외의 사업을 제한하고 보다 엄중한 자본 요건이 적용되는 별개의 금융 지주회사를 만들라는 명령을 내렸다.

이는 중앙은행에 또 다른 과제, 민간이 관리하는 소매와 도매 결제 시스템의 변동성을 줄이는 과제가 있음을 보여준다. 결제 시스템의 디지털화와 탈중앙화는 효율의 측면에서 상당한 이점이 있는 반면, 거래 상대방 위험(인지 혹은 실제)을 높이는 금융시장 스트레스에 직면했을 때 전체 결제 네트워크의 변동성이라는 큰 문제를 낳는다. 중앙은행이 관리하는 현금이나 전자결제 시스템은 그런 경우에 후방 방어벽을 제공할 것이다. 하지만 6장의 다른 맥락에서 논의했듯이(은행에서 CBDC 계정으로 예금 도피), 더 안전하다고 여기는 공식 결제 시스템으로 도피하면 작은 신뢰 상실의 사건이 민간 결제 시스템의 대규모 혼란으로까지 확대될 수 있다. 이렇게 위험한 가운데서도 균형을 유지하는 것은 중요하고도 어려운 일이다.

더구나 기존 규제 프레임워크로는 다루기 어려워 보이는 다른 금융 서비스 제공업체들이 있다. 앤트 그룹의 사례는 다른 나라의 규제기관에 비해 중국 규제기관에 더 큰 결함이 있다는 것을 반영하지 않는다. 그보다는 중국 금융혁신이 빠르게 이루어지기 때문에 중국에서 세계의 다른 지역보다 빨리 이런 긴장이 무르익은 것이다. 실제로 규제 프레임워크와 전문성이 훨씬 더 낫다고 여겨지는 선진경제국도 이런 문제에서 자유로울 수 없었다.

2020년 6월에 결제 회사 와이어카드 AG의 극적인 붕괴를 예로 들어보자. 1999년에 출시된 와이어카드는 독일 뮌헨 외곽에 기반을 두고 있었다. 2002년에 CEO가 된 마르쿠스 브라운Markus Braun은 핀테크 기업에서 글로벌 전자결제 대기업으로 전환하는 야심 찬 계획을 실행했다. 2005년에 와이어카드의 주된 사업은 온라인 도박과 포르노 기업들을 위한 결제 처리였다. 와이어카드는 다른 결제 제공업체와 일련의 인수합병을 진행했고, 그 후 10년 동안 (일부 측면에서) 유럽 최대의 핀테크 기업으로 성장했다. 2018년에는 독일의 블루칩으로 이루어진 닥스30Dax30 지수에서 높은 평가를 받는 코메르츠방크 AGCommerzbank AG를 대체했다. 이 지수에 포함되었다는 것은 전 세계 연금, 기금과 같은 주요 투자자가 이 주식을 포트폴리오에 넣었다는 사실을 의미한다. 2019년까지 와이어카드는 전 세계 여러 나라에서 매년 1,400억 달러에 달하는 거래를 처리한다고 주장했다. 오랫동안 이 회사의 회계 감사를 맡은 언스트앤드영Ernst & Young은 매년 재무제표에 거리낌 없이 서명했던 것 같다.

2019년에 와이어카드가 인상적인 매출과 수익을 보고하는 동안, 많은 언론과 애널리스트는 회사의 재무 상태에 의문을 갖기 시작했다. 사업을 둘러싼 의혹을 해소하기 위해, 2019년 10월에 이 회사는 회계법인 KPMG에 단독평가를 의뢰했다. 2020년 4월에 공개된 이 보고서에서 와이어카드 재무제표와 거버넌스에 결함이 많다는 사실이 드러났음에도 재무 상황에 대한 회사의 진술이 무효화되지는 않았다. 2020년 6월 17일, 주식시장에서 와이어카드의 시가총액이 140억 달러를 넘었다.

바로 다음 날, 이 공중누각이 무너지기 시작했다. 언스트앤드영은 회사에 보고된 현금 보유액 20만 달러를 확인할 수 없다고 선언하고 이 회사 최신 재무제표의 승인을 거부했다. 6월 25일에 언스트앤드영은 "이것은 전 세계 다양한 기관의 여러 당사자들이 관련된 정교하고 세련된 사기라는 것이 분명해 보인다"라는 내용의 성명을 발표했다. 와이어카드의 주가는 70% 폭락했고 시장가치는 불과 1주일 전 시장가치의 5%에도 못 미치는 수준으로 떨어졌다. 회사는 파산을 신청했고 마르쿠스 브라운은 금융 사기로 체포되었다.

와이어카드 사태로 인한 낙진은 제한적이었지만, 그런 사고는 민간 결제 시스템의 취약성과 그들이 실패했을 때 경제 전반에 야기하는 혼란을 적나라하게 보여준다.

위기관리

금융 안정성의 또 다른 측면은 위기관리와 연관된다. 금융시장이 얼어붙으면 지불능력이 있는 기업과 기관이라도 심각한 어려움에 처할 수 있다. 예를 들어 수제 장난감 제조업체가 장난감 판매 수입이 들어오기 몇 달 전에 노동자와 공급업체에 임금과 대금을 지불해야 하는 상황을 생각해보자. 이 회사는 생산하는 장난감에 대한 수요가 높아 수익성이 좋지만 주식이나 채권을 발행할 만큼 규모가 크지는 않다. 이 회사의 은행 그리고 그와 같은 다른 기관이 어떤 이유에서든 자금이 부족한 상황에 처하게 되어 유동 자금 대출을 중단하면, 이 회사는 자신이 보유한 현금을 축내야 한다. 보유한 자금이 바닥나면 회사는 장난감 판매로 얻을 수 있는 수익이 지불 의무 규모를 넘어서 는데도 계속 운영될 수 없을 것이다. 마찬가지로, 현금이 부족한 금 융기관이나 심지어는 개인 투자자도 단기 지급 의무 조건을 충족하 기 위해서는 금융자산을 처분해야 한다. 자산을 구매할 사람이 거의 없는 시점에 이런 일이 생기면 자산의 가격은 급락하고 결국 모든 사 람이 심각한 상황에 처한다.

그런 상황에서 중앙은행이 쥐고 있는 가장 강력한 도구는 은행 과 다른 금융기관에 자금을 제공하는 '최후의 대출기관'으로서의 역 할이다. 이런 자금의 이전은 단기 신용한도의 형태나 중앙은행이 실 제로 돈을 찍어 은행이 보유한 국채를 사들이는 형태로 나타난다. 은 행들은 규제상의 이유로 자산의 일정 비율을 유동성이 높은 국채로 보유해야 한다. 이는 은행이 비상시에 쉽게 현금을 조달할 수 있게 하기 위해서다. 하지만 많은 은행이 현금 조달을 위해 동시에 국채 를 팔려 하면 채권의 가격은 떨어질 것이다. 중앙은행은 그 채권들을 사들이는 것으로 그 상황을 효율적으로 처리하고 은행들은 채권 포 트폴리오의 가치를 할인할 필요가 없어진다. 이런 '유동성' 주입으로 은행과 채무자가 도산을 면한다.

그렇지만 상업은행들의 중요성이 떨어지고 그들의 역할을 다른 기관과 핀테크 플랫폼이 맡게 된다면 어떤 일이 벌어질까? 중앙은행 이 금융 시스템에 돈을 투입하기가 어려워진다. 미국의 경우를 생각 해보자. 상업은행과 몇 개의 다른 승인된 기관만이 미 연준의 '재할 인창구discount window'에 직접적인 접근권을 갖는다. 재할인창구는 본질적으로 미 연준에서 받을 수 있는 단기 신용한도다. 이런 채널을 통해 미 연준은 미국 금융시장과 경제에 빠르고 쉽게 유동성을 공급할 수 있다. 또한 코로나19 팬데믹 동안 미 연준은 기업의 채권을 사들임으로써 그들을 도왔다. 그렇지만 기업을 직접 도울 수 있는 미 연준의 능력은 제한적이고 어떤 기업을 도울지 결정해야 하는 불편한 입장에 설 때는 특혜 의혹도 불거진다. 더구나 소규모 기업은 이런 안전망의 보호를 받지 못하게 될 것이다.

중앙은행에 직접 연결되어 있지 않은 비은행 금융기관이 상업은행보다 더 중요한 참여자가 될 경우, 중앙은행은 금융시장의 압박이 심한 시기에 이를 완화하기 위해 자금을 투입하기가 힘들어진다. 따라서 전통적인 상업은행이 지배하는 금융 시스템 구조가 붕괴되면 위기 시에 중앙은행의 효율성이 제한될 수 있다. 이런 부담 외에도 중앙은행은 엄청난 수의 비전형적인 금융 중개업체가 등장하는 등 빠르게 변화하는 금융 시스템과의 연계를 효과적으로 유지하는 문제도 고민해야 한다.

결제 시스템의 회복력과 위기관리에 연관된 과제들은 국내 기관에 제한되지 않고 국경 너머로까지 이어진다.

국경을 넘어서는 문제

2008~2009년의 글로벌 금융위기의 여파로 다국적 상업은행들은 몇 년 동안 공격적으로 이어오던 해외 진출을 중단했다. 국경을 넘는 금융 흐름의 주된 동인이었던 이들 상업은행은 본거지로 퇴각하면서 탈세계화의 물결을 일으켰다. 이제 새로운 금융 기술로 은행과 비은

행 금융기관이 다시 한번 국경을 넘어 지리적 운영 범위를 쉽게 확장할 수 있게 되었다. 결국 물리적 지점이 없는 온라인 은행은 국경의 제한을 받지 않고 어디에서든 사업을 영위할 수 있다.

이는 금융시장의 감독과 규제에 새로운 어려움을 불러온다. 하나는 비공식 금융기관의 주소 문제와 국가 규제기관의 감독 권한이 미치는 지리적 범위에 대한 명확성의 부족이다. 핀테크 기업이라도 서류상으로 특정 국가에 본사를 두고 있다. 하지만 그들은 규제와 집행이 느슨한 국가로 본사를 쉽게 옮길 수 있다(비슷한 이유에서 크루즈선의 대부분은 바하마, 버뮤다제도, 몰타, 파나마와 같은 나라의 깃발을 달고 있다). 더 많은 기관이 국경을 넘나드는 사업을 영위함에 따라 국경 간 금융 안정성의 위험이 증폭되는 것은 더 큰 문제다. 이런 어려움들 중 일부는 공공 분산원장기술을 사용하거나 규제기관이 관련 민간 디지털 원장에 대한 접근권을 가짐으로써 투명성을 높여 극복할 수 있다. 하지만 이 역시 국가 규제당국 사이에서 상당한 조정이 필요할 것이다.

국경을 넘어 운영되는 결제 시스템은 정부당국의 또 다른 불안 요소다. 발전이 더딘 혹은 신뢰성이 떨어지는 결제 시스템을 가진 소규모 국가는 다른 나라에 기반을 둔 결제 시스템에 장악될 여지가 있다. 국경 밖에 위치하고, 외국 법인에 의해 운영되며, 국가 규제기관의 권한을 넘어서 운영되는 국가의 결제 인프라라는 개념은 대단히 불안하다. 이것은 더는 추상적인 문제가 아니며 몇몇 국가는 오래지 않아 이런 사안과 정면 대결을 해야 할 것이다. 억압적인 규제로 이런 결제 시스템을 막으려고 노력하는 것보다는 국민이 이용할 수 있는 결제 서비스의 질을 개선함으로써 국내 혁신을 장려해 이런 발전에 대응하는 것이 더 유익할 것이다. 규제를 통한 접근법은 역효과를 낼 수 있다. 그 결제 시스템의 출처가 어디든, 국가 당국이 국민에게 규제 범위에 있는 국내 결제 시스템을 이용하게 하려고 어떤 시도를 하든, 소비자는 더 편리하고 효율적인 결제 시스템에 끌릴 것이기 때문이다.

규제를 더 쉽게, 그리고 더 어렵게 만드는 기술

새로운 금융 참가자의 등장, 그리고 이 책에서 논의한 다양한 기술적 발전이 기존 참가자의 운영과 금융시장 구조에 영향을 주면서 규제의 성격은 변화할 것이다.

지나치게 많은 정보

기업에 대한 관련성이 있는 고품질 정보(재무 상태, 전망, 산업 전망, 생산하는 상품의 수요)가 없다면 그 회사에 대출을 하거나 투자를 하는 데 따르는 위험을 평가하기가 어려워진다. 마찬가지로 투자자들이 신뢰할 수 있고 시기적절한 자료의 부족으로 한 국가의 예상 상태나 성장률 및 물가상승률에 대한 명확한 그림을 갖고 있지 않다면 그 나라의 국채를 매수해 정부에 대출하는 일에 어떤 위험이 따르는지 평가하기가 힘들다.

금융시장 안정성에 부정적인 영향을 줄 수 있는 또 다른 상황은 일부 참가자가 다른 참가자보다 정보를 더 많이 가진 경우다. 대출 신청인은 대출 신청서를 통해 자신의 모든 소득과 자산을 은행에 공개하지만, 그렇더라도 본인은 보고되지 않은 부채를 비롯해 자신의 전체 재무 상황에 대한 정보를 은행보다 더 많이 갖고 있다. 국가의 정부는 그 나라의 국채에 투자하는 사람보다 현재와 미래의 지출이나 수입에 대한 정보를 더 많이 갖고 있다.

이런 두 가지 현상(각각 불완전한 정보와 비대칭적 정보라고 불린다)은 원활한 금융시장 기능을 저해하는 요소다. 이들은 대출기관과 투자자들이 돈을 내놓는 것을 꺼리게 만들고 금융자산 가격의 변동성을 증가시킨다. 정보가 부족하고 얻는 데 비용이 많이 들 경우, 투자자들은 조각 정보에 쉽게 휘둘리거나 더 나은 정보를 가진 것으로 생각되는 다른 투자자의 행동을 맹목적으로 따르기 쉽다. 그런 '군집행동'은 자산 가격의 큰 폭의 그리고 무작위적인 변동을 낳는 경우가 많다.

기술이 초래하는 일련의 중요한 변화 중 하나는 정보 획득 비용의 하락과 정보 분산의 용이성 증가다. 가계, 기업, 정부 재무 상태의 투명성이 증가하고 소액 투자자도 그런 정보를 쉽게 얻을 수 있는 상황은 이론상 금융시장 안정성을 개선한다. 투자자가 더 많은 정보를 토대로 결정을 할 수 있다면, 그들은 새로운 단편적 정보나 다른 투자자의 행동에 휩쓸리는 경향이 약해져야 한다.

하지만 정보가 많은 것이 반드시 늘 좋은 것만은 아니다. 대량의 정보를 쉽게 얻을 수 있게 되면 역설적으로 이런 쇄도하는 정보에서 적절한 정보를 걸러내기가 더 어려워질 수 있다. 관련성이 있는 신호를 추출해 그것을 잡음(유용해 보이지만 관련이 없거나 심지어는 오해의 소지가 있는 정보)과 분리해야 하는 문제가 생긴다. 새로운 플랫폼들은 방대한 양의 정보를 쉽게 이용할 수 있게 만들지만, 뉴스 웹사이트의 확산이 정보의 폭발적 증가로 이어졌는데도 믿을 만한 "주류" 매체가 여럿 쓰러진 것처럼 이런 상황이 그런 신호를 해석하는 데 도움을 줄 수 있는 기관 자체를 약화하는 결과를 낳을 수 있다. 간단히 말해, 정보 획득 비용의 감소는 그에 상응해 소음과 신호를 분리하는 신뢰할 수 있는 메커니즘이 발전되지 않는 한 정보 과부하로 이어질 수 있다.

이는 다시 군집 행동을 심화하고 금융시장 전반의 전염을 강화하는 경향이 있는 인포메이션 캐스케이드information cascade(정보가 폭포처럼 쏟아져 나오면서 원하는 정보를 얻기가 힘들어짐에 따라 스스로 수집한 정보보다 타인들의 결정에 편승해 자신의 의사를 결정하는 현상-옮긴이)로 이어질 가능성이 있다. 처리할 능력이 없는 상태에서 지나치게 많은 정보에 직면한 투자자들은 다른 투자자들, 특히 워런 버핏과 같은 저명한 투자자(혹은 5장의 밈 코인에 대한 논의에서 언급한 일론 머스크와 같은 유명인사)의 행동에 과민반응을 할 수 있다. 소매 투자자를 비롯한 더 많은 투자자들이 시류에 따르기 위해 더 빠르고 더 저렴하게 시장에 뛰어들면서 밴드왜건 효과bandwagon effect(편승효과)가 금융시장의 변동성을 악화할 수 있다.

인공지능, 머신러닝, 빅데이터 처리 기법의 발달이 이런 문제를 해결할 수 있다고 주장하는 사람도 있을 것이다. 하지만 최근의 알고리즘 트레이딩 역사는 이런 희망을 저버린다. 시장 비효율을 이용하려는 컴퓨터 알고리즘은 때때로 플래시 크래시flash crash(주가나 채권금리 등 금융상품의 가격이 일시적으로 급락하는 현상-옮긴이)를 유발한다. 자동 매도 주문이 시장에 쏟아지면서 몇 초 만에 가격 하락의 소용돌이가 시작되는 것이다. 기술이 이전의 문제를 해결하면서 새로운 문제를 만드는 경우도 있다.

규모의 이점이 사라지다

금융시장에서 규모가 크다고 이점이 있었던 시기는 지났다. 온라인 은행을 만드는 것은 실제 은행 지점을 가진 은행을 만드는 것보다 훨씬 쉽다. 미국의 은행들은 한때 토스터로 신규 고객을 유치했다. 오늘날의 온라인 은행들은 수수료를 내려 비용을 낮춤으로써 신규 고객을 유혹한다. 그 외에도 비공식 금융기관들(일부는 규제의 범위 밖에서 운영된다)은 진입 장벽이 사라지면서 금융 시스템 내에서 그 중요성이 점차 커질 것이다.

경쟁의 심화로 금융 시스템이 효과적으로 위험을 분산하게 된다면, 낮은 진입 비용을 반영하는 수많은 금융기관이 등장할 것이고 그 결과 기존 시스템을 개선할 수 있을 것이다. 2008~2009년 금융위기의 여파로, 제한 없는 자유시장의 논리를 주창하는 일단의 논평가들은 부적절하거나 비효과적인 규제가 위기의 씨앗을 뿌린 것이 아니라고 했다. 그보다는 정부의 개입 혹은 더 나쁘게는 정부의 직접적인 시장 참여로 시장 규율이 무너졌다고 주장했다. 이런 논거를 액면 그대로 받아들이면(반드시 그래야 한다는 이야기가 아니다) 탈중앙화된 금융 중개는 정부의 참여를 제한하고 시장에 힘을 더 실어주는 데 도움이 될 것이다.

탈중앙화된 결제 처리 및 결산 시스템은 효율을 높일 뿐 아니라 다양한 규모의 은행들에 공정한 경쟁의 장을 제공한다. 금융 중개 비용이 하락하면 대규모 은행이 가진 규모의 이점은 더는 문제가 되지 않을 것이다. 하지만 규제권자들은 시스템이 대규모 기관의 손에 들어가는 것을 막을 필요가 있다. 예를 들어 대형 은행 카르텔은 소규모 은행들이 접근할 수 없는 폐쇄·중앙집중형 결제 시스템을 만들어

열등한 탈중앙화된 시스템만 이용할 수 있는 소형 은행들이 효과적으로 경쟁하지 못하게 만들 수도 있다. 이런 중앙집중형 결제 시스템은 중앙은행과 다른 규제당국의 권한 범위에서도 벗어날 수 있다. 따라서 규제의 일부는 적용하기가 쉬워지는 반면 금융 규제 프레임워크는 시장과 기관 구조의 변화에 발을 맞춰 빠르게 진화해야 할 것이다.

이런 위험들이 현실화되지 않고 금융이 정말 개방화, 탈중앙화가 이루어진다고 해도 규제권자들이 한숨을 돌릴 수 있는 상황은 아니다. 탈중앙화된 시스템이 강한 정부의 감독이나 규제 없이 효과적인 견제와 균형의 대상이 될 수 있는지는 아직 알 수 없다. 금융시장의 역사를 보면 가벼운 규제를 통한 시장 규율이 안정성을 위한 처방이라는 낙관론의 여지를 거의 남기지 않는다. 시스템을 다운시킬 수 있는 대규모 기관에 연관된 위험이, 한두 개만 실패해도 신뢰가 크게 상실될 수 있는 소형 기관들과 연관된 위험으로 그 속성만 바뀔 뿐이다.

진입 장벽이 낮아도, 네트워크 효과로 중국에서처럼 결국 몇 개의 결제 및 금융 서비스 제공업체가 시장을 지배할 수도 있다. 이런 일은 독점력을 제한하고 비즈니스 카르텔의 등장을 막는 반독점 규제가 새로운 기술과 비즈니스 모델을 미처 따라잡기 이전에 자주 일어난다. 3장에서 논의한 인도의 통합결제인터페이스는 혁신을 억제하지 않고도 이 문제를 어떻게 해결할 수 있는지를 보여준다. 크기를 막론하고 민간 기업이 상품과 서비스를 구축하는 기반이 되는 공공 디지털 인프라는 개방성과 경쟁을 촉진하고, 혁신에 보상을 제공하고, 공평한 경쟁의 장을 보장한다.

한 가지만은 확실하다. 금융 규제기관이 작동해야 하는 환경이 빠르게 변화하면서 이들은 새롭고 예상치 못한 위험에 직면할 것이다. 이런 위험은 새로운 금융상품과 서비스의 복잡성과 생소함, 새로운 참여자의 비전형적인 구조에서 비롯된다. 아울러 어떤 규칙을 그런 기업과 상품에 적용해야 하는지, 어떤 기관이 그들에 대한 규제 관할권을 갖고 있는지도 명확하지 않을 때가 많다. 규제권자의 규정집에 들어 있는 포괄성뿐만 아니라 그런 위험을 인지하고 저지하는 민첩함도 계속 시험에 들게 될 것이다.

혁신과 위험의 균형

새로운 금융 기술은 엄청난 혜택을 약속하지만 알지 못하는 위험을 내포한다. 정부, 중앙은행, 금융 규제기관이 직면하는 주요한 과제는 혁신을 촉진하는 동시에 기관 특유의 위험을 관리하고 시스템적 위험을 피하는 것이다. 물론 이론보다 실천은 훨씬 더 어렵다. 규제 역량이 제한적이고 전문성이 부족한 국가라면 더더욱 어렵다. 이것은 경험이 많은 규제기관을 갖춘 선진경제국에도 벅찬 과제다. 극심한 경쟁에서 계속 우위를 유지하는 데 도움이 될 혁신에서 뒤처지는 것을 원하지 않는 국제금융의 중심지라면 더 위험하다. 중앙은행가들과 금융 규제기관들은 대개 위험을 피하는 경향이 있지만 일부는 과감하게 창의적인 접근법을 채택했다.

모든 금융시장 규제기관들은 핀테크 규제를 통해 위험을 통제하는 일과 시스템의 안정성을 위협하지 않는 혁신을 추구하는 일 사이에서 적절한 균형을 찾기 위해 노력하고 있다. 그 정의상 쉽지 않은 일이다. 초기 단계에서는 특정한 혁신과 관련된 혜택의 전체 범위는 물론이고 위험의 전체 범위가 명확하지 않기 때문이다. 이런 난제에 봉착한 영국 정부 당국은 안전성과 혁신의 니즈를 충족하는 것을 목표로 솔로몬과 같은 해법을 고안했다. 그들은 영국 특유의 반전을 가미해 여기에 핀테크 규제 '샌드박스'regulatory sandbox라는 장난스러운 이름을 붙였다. 영국 금융시장의 주된 규제기관인 금융행위관리국Financial Conduct Authority, FCA은 2016년에 공식적으로 샌드박스를 출범시켰다. 또 다른 국제 금융 중심지인 싱가포르가 곧 그 뒤를 이어 자국의 샌드박스를 만들었고 이후 다른 많은 나라들도 밴드왜건에 올라탔다.

규제 샌드박스

규제 샌드박스는 금융 부문 규제기관이 자신들의 통제하에 민간 기업의 금융혁신을 소규모로 테스트하려는 목적에서 만든 것이다. 혁신(혹은 그 창안에 참여한 기업들)이 기존 규제에 부합하지 않거나 적용되는 규제가 없기 때문에 시작되지도 못하는 경우가 있다. 이런 문제들 때문에 야심 찬 혁신가와 이런 혁신의 발전에 자금을 지원하고자 하는 잠재적 투자자들은 금융 규제기관이 자신들의 개념을 승인할지 확신하지 못해 요람에 있는 초기 아이디어의 목을 조르는 상황을 유발하곤 한다.

　　핀테크 규제 샌드박스는 합리적인 균형을 찾을 방법을 제공한다. 이것은 새로운 금융 기술, 상품, 서비스를 실험할 수 있는 통제된 환경을 만든다. 혁신가들은 규제기관에서 제한된 규모로 몇 개월에서 한두 해의 짧은 기간 동안 실험을 수행할 수 있는 승인을 받는다. 규제기관은 새로운 금융 기술을 이용한 활동이 규모를 키우고 더 광범위한 경제로 이동하는 과정에서 적절한 규제를 마련하기 위해 샌드박스를 통해 미리 신생 기술의 운영을 관찰할 기회를 갖는다. 영국의 금융행위관리국은 샌드박스를 "해당 활동에 참여해도 즉각 모든 정상적인 규제 결과를 불러오지 않은 환경에서 기업이 혁신적인 상품, 서비스, 비즈니스 모델, 전달 메커니즘을 시험할 수 있는" 안전한 공간이라고 설명한다. 싱가포르통화청은 자국의 규제 샌드박스가 금융기관과 핀테크 기업에 "생산 환경과 실패할 가능성을 제한하고, 금융 시스템의 전반적인 안전과 건전성을 유지하기 위해 적절한 안전장치가 있는 잘 규정된 공간 안에서 정해진 기간에 핀테크 해법을 실험할 수 있는 기회를 제공한다"라고 말한다.

금융행위관리국의 샌드박스는 상품 실험의 승인을 받은 18개 기업으로 구성된 코호트와 함께 출발했다. 이 기업 중 절반 정도는 명시적으로 분산원장기술이나 블록체인을 적용한다. 이 코호트에는 "분산원장기술을 기반으로 자선단체에 기부금을 전송하는 '스마트 계약' e머니 플랫폼" 트라모넥스Tramonex와 "디지털 통화/블록체인 기술로 구동되는 국경 간 자금 송금 서비스" 비트XBitX 등이 있다. 트라모넥스는 결국 실패로 돌아간 것으로 보인다. 인터넷에서 최근의 행적을 찾을 수 없다. 반면 비트X는 이름을 루노Luno로 바꾸고 암호화폐 거래 기업으로 번창하고 있다.

또한 샌드박스는 더 기본적인 상품과 서비스의 테스트도 허용한다. 해외중국은행그룹Oversea-Chinese Banking Corporation(OCBC은행)은 2018년에 말레이시아 핀테크 샌드박스의 일환으로 안심 대화 앱을 1년간 테스트할 수 있게 승인을 받았다. 이 시스템은 은행의 우수 고객들이 모바일 앱을 통해 고객 관리 담당자와 안전하게 소통하고 거래 지시를 할 수 있게 해준다. OCBC은행은 성공적인 테스트 후 2019년 10월에 고객들에게 업데이트와 수정을 거친 모바일 은행 앱을 선보였다.

규제기관들이 시스템적 위험을 유발하지 않고 새로운 기술과 그 잠재력을 가늠하고자 노력하면서 규제 샌드박스들이 급증했다. 이미 그런 샌드박스를 운영하는 국가의 목록에는 많은 선진국과 개발도상국이 들어가 있다. 2019년에 유럽연합은 몇몇 유럽연합 회원국이 국가 차원에서 이미 만든 샌드박스를 기반으로 범유럽 규제 샌드박스를 제안했다. 같은 해 여러 국가의 약 50개의 규제기관들이 힘을 합쳐 글로벌금융혁신네트워크Global Financial Innovation Network를 설립했다. 이 기관은 각 나라 규제당국 사이에서 조정하는 역할을 하며, 혁신적인 상품, 서비스, 비즈니스 모델을 하나 이상의 관할권에서 실험하고자 하는 기업들에 일할 수 있는 프레임워크를 제공한다.

사막의 샌드박스

다른 나라들이 앞서 나가고 있는데도 미 연준이 미국에서 금융규제 샌드박스를 시작하는 것을 꺼리자 미국의 몇몇 주가 직접 이 일에 나섰다. 2018년 3월에 애리조나는 핀테크 샌드박스를 설립하는 새로운 법을 제정해 금융규제샌드박스법이 있는 최초의 주가 되었다. 주

법무장관실에서 관리하는 이 프로그램은 2018년 말에 신청을 받기 시작했고 2028년 7월까지 이어질 예정이다. 승인을 받은 신청업체(세계 어느 곳에든 기반을 둘 수 있다)는 애리조나 고객 1만 명에게 서비스를 제공하고 2년간의 테스트를 거쳐 적절한 허가를 취득하게 된다. 이 프로그램은 혁신적인 핀테크 상품과 서비스를 시험해보고자 하는 기업가와 기업으로부터 규제의 부담을 덜어주는 한편 그들이 애리조나의 소비자보호법을 위반하지 않도록 하는 것을 목표로 한다.

마크 버노비치Mark Brnovich 애리조나 법무장관은 법무장관실의 보도 자료를 통해 "연방 차원의 핀테크 샌드박스에 대한 논의를 진행 중이지만, 의회는 빙하의 속도로 움직이고 있다"면서 연방 정부의 느릿한 접근법을 질책했다. 그는 애리조나의 혁신 문화를 강조하면서 "애리조나는 언제나 좋은 아이디어를 높이 사는 주였고, 이것은 우리가 기업가 정신과 혁신을 선도하는 또 다른 영역이다"라고 덧붙였다.

애리조나 샌드박스의 초기 참가업체로는 시카고의 어라인인컴 셰어펀딩Align Income Share Funding이 있다. 이 회사는 개인 융자의 대안으로 소득공유후불제income sharing agreeement를 만들었다. 소비자는 이를 이용해 일정 기간 동안 소비자의 소득의 합의된 비율을 제공하는 대가로 일정액의 돈을 받을 수 있다. 애리조나에 기반을 둔 버디그리스 홀딩스Verdigris Holdings는 저렴한 송금 서비스를 제공하는 맞춤형 결제 플랫폼을 만듦으로써 "소외된 지역을 금융의 주류로 끌어들이는 저비용의 투명한 은행 서비스를 제공하는 것"을 목표로 한다. 영국 기업 ENIAN은 인공지능을 이용해 자금원을 찾는 태양광과 풍력 프로젝트를 평가한다. 이 회사는 자사의 알고리즘이 "빠르게 성장하는 애리조나 태양광 및 풍력 부문의 투자 수익을 98%의 정확도로 예측했다"라고 주장한다.

　이 이니셔티브는 애리조나 의회가 이 프로그램의 범위를 넓히는 새로운 법안을 통과시킬 정도로 좋은 성과를 거뒀다. 변경 사항에는 이 프로그램이 다루는 상품과 서비스의 범위를 넓히고, 기록 보관과 공개 요구 사항의 일부를 간소화하고, 거래가 애리조나에서 발생하는 한 더는 샌드박스 테스트를 애리조나 주민에 제한시킬 필요가 없다는 내용이 포함되었다. 신청자들은 소비자 자료를 보호하기 위해 사이버보안 조치를 강화하도록 했다.

미국의 다른 샌드박스

2020년 중반까지 몇몇 다른 주들이 애리조나의 선례를 따라 규제 샌드박스를 시작했다. 여기에는 하와이, 켄터키, 네바다, 유타, 버몬트, 웨스트버지니아, 와이오밍이 포함된다. 한편 2018년에 미국 재무부는 핀테크 규제의 청사진을 공식적으로 제시했다. 규제 샌드박스를 명시적으로 지지한 이 성명에서 재무장관 스티븐 므누신Steven Mnuchin은 다음과 같이 덧붙였다. "책임 있는 혁신을 지지하는 규제 환경을 만드는 것은 경제 성장과 성공, 특히 금융 부문의 성장과 성공에 필수적이다. (…) 이 나라에서 활기찬 금융 서비스와 기술 부문을 육성하기 위해 우리는 업계의 변화를 놓치지 않고 금융의 독창성이 발휘되도록 격려해야 한다."

　미국의 모든 주가 규제 샌드박스를 긍정적인 시각으로 보는 것은 아니다. 기존 금융기관의 허브인 뉴욕의 규제기관들은 전혀 다른 입장을 갖고 있다. 2018년에 재무부 청사진이 발표되고 몇 시간도 되지 않아 뉴욕의 규제기관들은 반격에 나섰다. 뉴욕금융감독국New York Department of Financial Services, NYDFS의 마리아 불로Maria Vullo 감독관은 자신이 몸담은 기관이 핀테크 샌드박스에 반대한다는 사실을 신랄한 말로 전달했다. "기업들이 소비자를 보호하기 위한 법, 시장을 보호하고 금융 서비스 업계의 위험을 최소화하기 위한 법을 회피할 수 있을 때 비로소 혁신을 할 수 있다는 것은 터무니없는 아이디어다. 걸음마를 배우는 아이들이나 샌드박스(모래놀이통)에서 논다. 어른들은 규칙을 지켜야 한다. 정말로 변화를 만들고 싶고 오래 번성하고 싶은 기업이라면 강력한 규제 프레임워크 안에서 아이디어를 개발하고 고객을 보호하는 일의 중요성을 충분히 이해하고 있을 것이다."

규제 샌드박스는 사실 2018년 말 뉴욕의 한 의원이 제안한 것이다. 주 의회와 규제기관 대다수의 반대에 부딪힌 법안은 상정된 뒤 2개월 만에 무효화되었다. 미국의 또 다른 금융 허브인 시카고가 자리한 일리노이에서는 2018년에 규제 샌드박스를 허가하는 법안이 제출되었고 하원에서 통과되었다. 하지만 2019년 1월에 일리노이 상원은 이 법안의 입법을 무기한 연기했고 사실상 입법 가능성은 사라졌다.

이들 주의 규제기관들이 샌드박스에 저항하고 샌드박스를 헐뜯음으로써 자신들이 감독하는 기관의 이익 혹은 자신의 이익을 보호하려 한다고 추측할 수도 있다. 자기 주의 금융 부문이 다른 주와의 경쟁 때문에 축소된다면 자신이 몸담은 기관이 실존적인 위협을 받게 되니까 말이다. 하지만 조금 더 관대한 눈으로 보면 이들 주의 규제기관들이 쉽게 돈을 벌려고 벌인 사업체, 아이디어는 좋지만 경험이 부족한 사업체, 오래된 기관의 위험한 장부 등에 대해 다른 주의 규제기관들보다 더 잘 알고 있다고 볼 수 있다. 그럼에도 핀테크 사업자로부터의 압력하에 코로나 위기에서 뉴욕의 회복을 진전시킬 기회를 본 뉴욕금융감독국은 2020년에 패스트포워드FastForward 프로그램을 시작했다. 이것은 "뉴욕에서 새로운 금융 서비스와 상품을 도입해 운영하고자 하는. 금융감독국 규제기관, 비규제기관, 혁신가, 스타트업, 파괴적 혁신가disruptor에게" 개방된 프로그램이다. 금융감독국은 이 프로그램의 목표는 "스타트업에서 기존 기업에 이르기까지 혁신가들이 기존 규제를 피해 가거나 면제를 청원하게 하는 것이 아니라 혁신가들을 위해 규제 과정을 빠르게 하고 규제 장벽을 낮추는 것"이라고 말하면서 이 프로그램을 샌드박스와 구분하려고 애쓰고 있다.

샌드박스는 효과적인가?

규제 샌드박스는 핀테크 혁신가, 규제기관, 고객, 투자자 모두에게 혜택이 돌아가게 할 수 있다. 기업은 실제 시장에서 상품을 테스트하는 동안 규제기관과 협력할 수 있다. 규제기관은 혁신적인 서비스와 상품을 가까이에서 지켜보면서 정책을 개선할 수 있다. 서비스와 상품이 전면 출시되기 전에 통제된 환경에서 테스트를 거치기 때문에 고객이 보호를 받는다. 더구나 이 과정이 더 나은 규제정책과 더 나은 금융상품이라는 결과를 낳는다면 결국 고객에게 이익이 된다. 마지막으로 규제 기준에 저촉될 가능성이 희박하다는 것을 알기 때문에 투자자들이 정말로 파괴적 혁신이라고 할 수 있는 상품과 서비스를 개발할 수 있는 기업에 신뢰를 갖고 투자할 수 있다.

샌드박스의 성공 여부를 어떻게 판단해야 할까? 먼저, 얼마나 많은 핀테크 기업이 실제로 이 기회를 이용하는지, 자격을 제대로 갖춘 운영자를 만드는 실행 가능한 사업 계획의 유무로 판단했을 때 얼마나 많은 기업이 '졸업'을 하는지 보는 것이다. 이런 평가는 상당히 복잡하다. 상품의 실행 가능성은 어떻게 설계되었는지, 고객에게 인기 있는 것은 어떻게 입증되는지에 달려 있기 때문이다. 더구나 기존 규제에서 일탈이 어느 정도 허용되는지를 반영하는 규제 관용의 정도가 나라마다, 심지어는 한 나라에서도 주마다 달라진다. 양국의 샌드박스가 비슷한 정도로 규제 감독의 자유를 주는 것같이 보이더라도, 샌드박스에서 관찰되는 참가자의 실적은 참가자의 자의적 선택에도 영향을 받는다. 달리 표현해, 강력한 규제와 엄격한 집행으로 유명한 규제기관이 있는 국가에서는 규제기관이 약속하는 가벼운 접촉에 스스로를 기꺼이 노출하는 것은 비교적 안전한 회사뿐일 것이다. 이런 주의 사항을 유념해야 하지만 여러 샌드박스에서 어떤 상황이 펼쳐지는지 살펴보는 것은 여전히 흥미로운 일이다.

영국 샌드박스에는 참가자가 많았다. 6차에 걸친 샌드박스에 450개에 가까운 업체가 신청했는데 그중 140개 업체가 승인을 받고 테스트를 수행했다. 6차 코호트는 2020년 7월에 승인되었다. 1차 코호트의 기업 90%는 테스트가 끝나고 더 넓은 시장으로 나갔다. 금융행위관리국은 성과 보고를 통해 "승인 획득은 기업이 자금에 접근하는 데 도움을 준다. 아직 승인을 얻지 못한 기업의 경우, 샌드박스가 빠른 승인 경로를 제공해 잠재 파트너와 투자자에게 더 큰 확신을 줄 수 있다"라고 설명했다. 이 보고서에서는 "1차 코호트에서 테스트를 완료한 기업의 40% 이상이 샌드박스 테스트 도중 혹은 이후에 투자를 유치했다"라는 사실을 성공의 지표로 내세웠다.

샌드박스의 성공을 가늠할 수 있는 또 다른 지표는 새로운 핀테크 벤처에 대한 투자의 규모다. 2019년 4월에 설립된 한국 규제 샌드박스의 예를 들어보자. 한 해 만에 샌드박스 내의 36개 스타트업이 유치한 벤처 캐피털은 총 1,360억(2020년 4월 환율을 기준으로 약 1억 1,500만 달러)이다.

싱가포르의 샌드박스에는 운영하는 첫 4년 동안 10개 업체가 있었다. 스스로를 혁신의 허브로 여기는 국제금융 중심지로서는 적은 수로 보인다. 싱가포르통화청은 핀테크 혁신에 더 많은 유연성을 제공하기 위해 2019년 8월에 "위험도가 낮고 시장에서 잘 받아들여지는 활동에 대해 신속 심사 승인"을 약속하는 고속 샌드박스를 만들었다. 2020년 8월까지 고속 샌드박스에서는 3건(여전히 다소 적은 수였다)의 실험이 이루어졌다. 단순히 수치만을 보면 싱가포르의 핀테크 지원을 과소평가할 수 있다. 하지만 이 도시 국가는 다양한 프로그램(핀테크 기업과 금융기관이 애플리케이션 프로그래밍 인터페이스를 통해 협력할 수 있는 오픈 아키텍처 플랫폼, API 익스체인지와 금융부문기술·혁신 계획 등)으로 혁신적인 금융상품을 개발하고 도입할 수 있는 다른 경로를 제공하고 있다. 2021년 5월 현재 싱가포르는 천여 개의 핀테크 기업을 보유하고 있으며, 싱가포르통화청은 이 중 다수에 직접 참여해 규제 요구조건을 명확하게 해주고 샌드박스 신청을 우회할 수 있게 해주었다.

특정 상품에 대해 성공이냐 실패냐 같은 이분법적 관점으로 보아서는 안 된다는 것이 샌드박스를 대하는 대안적 자세일 것이다. 대신 샌드박스는 혁신이 실험 단계에서 좌초될 때조차 귀중한 정보를 제공하는 진정한 실험의 장으로 간주되어야 한다. 그런 결과에서 규제기관은 물론이고 핀테크 업계의 다른 기업들도 소비자에게 큰 비용을 부과하지 않으면서 정보를 얻을 수 있다. 한 논평가가 샌드박스의 미덕을 극찬하면서 표현했듯이, "작은 규모의 제한적인 실험 실패가 위험을 적절히 줄이면서 진정한 돌파구가 될 수 있는 길을 알려준다."

이런 관점과는 반대로 유럽증권시장국European Securities and Markets Authority은 샌드박스의 접근법에 우려를 표하고 있다. 하나는 규제 샌드박스 내 참가업체에 적극적인 지도와 면밀한 모니터링이 같은 샌드박스에 들어가지 않은 기업과 비교해 과도한 혜택이 된다는 점이다. 규제기관과 긴밀하고 지속적인 접촉을 갖는 기업은 규제 기준에 맞는 상품, 심지어는 새로운 규제의 형성에 영향을 줄 수 있는 상품을 설계할 가능성이 높아진다. 우려가 되는 다른 하나는 규제 샌드박스에서 테스트를 받은 명제를 소비자와 투자자가 묵시적이고 공식적인 승인으로 받아들인다는 것이다. 일부 규제기관은 기존 규제를 피하려는 의도를 가지고 상품과 서비스를 리브랜딩하기 위해 샌드박스에 진입하는 기업도 있다고 우려했다. 말레이시아 샌드박스는 잠재적인 지원자들에게 다음과 같이 경고한다. "샌드박스는 기존 법과 규정을 우회하는 데 사용되어서는 안 된다. 따라서 샌드박스는 이미 현행 법과 규정하에서 적절히 해결된 상품, 서비스, 해법에 적합하지 않다."

핀테크 규제 샌드박스는 일반적으로 혁신과 위험의 균형 문제에 대한 건설적인 해법인 것으로 밝혀졌다. 또한 국가들이 서로의 경험에서 배울 기회이기도 하다. 지금까지의 증거는 국가 특유의 환경이 핀테크 혁신을 설계하고 실행하는 데 결정적이라는 것을 보여주지만 말이다. 하지만 이런 혁신이 금융 포용과 가계 복리의 개선, 특히 이런 일들이 우선 사항인 저·중소득 경제에서의 눈에 띄는 개선으로 이어지는가 하는 더 중요한 문제에 대해서는 아직 답을 찾지 못하고 있다.

신흥경제국의 특별한 과제

평상시에도 신흥경제국의 중앙은행과 규제기관들은 매우 복잡한 과제에 직면해 있다. 이들 경제국은 선진국에 비해 잘 발달된 금융시장이 적고 제도적 틀이 약한 편이다. 따라서 모든 곳의 금융 정책과 규제당국이 직면한 갖가지 불확실성이 이런 나라에서는 더욱 확대된다. 이런 경제국에서는 경제활동과 인플레이션에 대한 전형적인 금융 정책 조치의 전달도 선진국보다 이해도가 낮다. 아래의 논의에서는 주로 신흥경제국에 집중하겠지만, 저소득 개발도상국의 경우에는 문제가 더 심각하다.

신흥경제국의 가능성과 도전

새로운 국경 간 결제 시스템, 기타 자본 흐름을 용이하게 하는 채널의 발전은 신흥경제국에 잠재적 이점이 된다. 거래 비용이 하락하고 국경 간 무역과 금융거래의 결산 및 검증이 더 빠르고 효율성이 높아지면 송금과 투자 유입이 늘어날 수 있다. 더 광범위하게, 국내 시장이 효과적으로 이 자본을 생산적인 투자 기회로 돌릴 경우 외국 자본이 이들 국가의 투자와 성장을 촉진하는 데 도움을 줄 수 있다.

하지만 국경 간 금융에서의 마찰 감소가 가져오는 혜택에는 자본 유입의 호황과 불황 순환에 따른 위험이 뒤따른다. 국경 간 흐름의 새롭고 보다 효율적인 도관의 등장은 주요 선진국의 중앙은행, 특히 미 연준의 전형적인 그리고 비전형적인 통화정책 조치가 미치는 영향을 심화한다. 글로벌 금융 사이클의 심화는 자본 흐름과 환율 변동성을 키울 뿐만 아니라 중앙은행 변동환율이 뒷받침하는 인플레이션 타기팅을 실행하는 경우에조차 통화정책의 독립성을 제한할 수 있다. 더 간단히 말하면, 좋은 정책을 실천하는 중앙은행조차 변덕스러운 자본 흐름으로 인해 국내 경기에 맞춰 금리를 올리거나 내릴 수 있는 여지가 제한되는 것이다.

이런 문제는 신흥국이 반드시 씨름해야 하는 오랜 문제들에 더해져 부담을 가중한다. 많은 신흥국이 높은 인플레이션, 중앙은행의 신뢰 부족, 경제활동의 비공식성, 낮은 수준의 금융 포용으로 어려움을 겪어왔다. 일부 신흥국, 특히 라틴아메리카 지역의 신흥국들은 달러화가 되어 있다. 즉 자국 통화 대신 혹은 자국 통화와 병행해 미국 달러화를 사용하는 것이다. 이런 결과는 모두 혹은 부분적으로 취약한 거버넌스, 정치적 불안과 함께 하는 규율이 없는 재정정책을 반영한다. 이들 국가의 일부는 최근 인플레이션 타기팅 프레임워크를 통해 인플레이션을 길들이고 중앙은행에 대한 신뢰를 얻었다. 하지만 사실상 거의 모든 신흥국이 여전히 통화정책, 기타 국민의 생활수준에 영향을 미치는 정책을 관리하는 데 애를 먹고 있다. 이들 국가의 생활수준은 선진국보다 낮고 인구의 상당수가 경제적 생존의 한계에서 살고 있기 때문이다. 이들 국가는 이런 사안을 다루는 데에서 부유한 국가보다 훨씬 더 위험한 상황이다. 핀테크와 CBDC가 이런 상황을 개선하는 데 도움이 될 수 있을까?

라틴아메리카에서 얻는 교훈

라틴아메리카는 신흥국의 중앙은행가들이 직면하는 정책 선택과 딜레마를 보여주는 흥미로운 사례 연구를 제공한다. 이 지역의 국가들은 일련의 이질적인 통화와 환율 체제를 유지하고 있다. 브라질, 콜롬비아, 멕시코는 최근 인플레이션 타기팅 체제에 기반을 둔 상당히 완만한 인플레이션과 변동 환율이나 (대부분) 느슨하게 관리되는 환율제를 경험해왔다. 아르헨티나나 베네수엘라와 같은 다른 국가들은 중앙은행이 운영상의 의사결정에 정치적 개입의 방해를 받는 가운데 높은 인플레이션이나 초인플레이션으로 고심해왔다. 볼리비아, 코스타리카, 에콰도르, 엘살바도르, 파라과이, 페루, 우루과이를 비롯한 이 지역의 많은 국가가 부분적으로 혹은 완전히 달러화가 되었으며 이는 인플레이션을 통제하는 부분에서 자국 중앙은행의 신뢰 부족을 반영한다.

핀테크와 CBDC에 대한 접근과 수용에서는 국가마다 큰 차이를 보인다. 이들 국가 중 몇몇은 새로운 금융 기술의 요소를 앞장서서 채택하고 있다. 에콰도르와 우루과이는 e머니의 형태로 CBDC를 실험한 초기 국가들이고 베네수엘라는 최초의 공식 암호화폐(7장에서 언급)를 발행했다. 이 중에서 우루과이의 e-페소 실험만이 다음 몇 년 내에 시행 가능한 것으로 입증될 듯하다. 반면 이 지역의 일부 정부와 중앙은행은 핀테크 혁신의 잠재적 혜택을 이용하는 것을 비롯해 새로운 금융 기술의 출현을 준비하는 데 소극적인 접근법을 취하고 있다.

결제 방식과 결제 시스템

라틴아메리카에서는 현금이 여전히 지배적인 위치를 차지하고 있다. 세계 다른 지역의 중소득 국가가 점차 소매거래에서 전자결제의 형태로 이동하는 것과 극명한 대조를 이룬다. 평균적으로 2020년에 이 지역 국가의 M2 내 통화 점유율은 약 20%였다. 아르헨티나, 볼리비아, 에콰도르, 파라과이와 같은 여러 경제국이 보고한 비율은 25% 이상이다. 이 지역 경제의 평균 M2 내 통화 점유율은 2004년부터 2020년까지 단 2% 하락했다. 세계 다른 지역의 신흥국의 경험에 비하면 미미한 수치다. 한편 이 지역의 명목 국내총생산 대비 통화의 평균 비율은 2004년의 5%에서 2019년의 7%로 상승했다.

이 지역 인구의 대부분은 전자결제 수단을 사용하지 않는다. 직불카드와 신용카드를 가진 성인의 평균 비율은 각각 43%와 20%다. 이 역시 지역 경제 전반에 걸쳐 큰 차이를 보인다. 볼리비아, 에콰도르, 멕시코의 경우 신용카드를 가진 성인의 비율이 10%를 밑도는 데 반해, 칠레와 우루과이에서는 30%를 웃돈다. 평균적으로 라틴아메리카 성인의 약 40%만이 지난 한 해 동안 어떤 형태든 디지털 결제수단을 사용했다고 보고했다. 칠레, 우루과이, 베네수엘라 등 세 나라만이 50%가 넘는 비율을 보여준다.

콜롬비아에 대한 사례 연구는 라틴 아메리카에서 현금의 중요성이 얼마나 지속되고 있는지를 더 잘 보여준다. 2016년에 콜롬비아의 중앙은행인 공화국은행Banco de la República은 이 나라 주요 도시 다섯 곳(바랑키야, 보고타, 부카라망가, 칼리, 메데인)의 일반 대중과 소규모 상인들의 표본을 대상으로 설문조사를 실시했다. 이 연구는 전자결제 수단을 바로 이용할 수 있는 도시 소비자들조차 결제의 97%를 현금으로 하고 있어 일상적인 거래에서 전자결제 수단의 제한된 수용 상태를 반영한다고 결론지었다. 소규모 업체가 전자결제를 기피하는 것은 관련 비용과 과중한 세금 부담을 의식했기 때문인 것으로 풀이된다. 전자결제는 고액 거래(약 470달러 이상)에서도 약 30%, 모든 거래의 총액에서도 약 12%에 그쳤다. 관련된 세금 부담 때문에 전자결제의 사용을 꺼리는 것은 현금이 비공식 경제를 부채질한다는 생각과 일치한다.

라틴아메리카 국가 대부분이 금융 시스템에 대한 개인의 이용을 제한한다. 세계은행 자료는 금융 포용에 대한 광범위한 척도에 근거했을 때(금융기관에 계좌가 있는가) 라틴아메리카 국가 성인의 약 57%만이 공식 금융 시스템에 대한 직접 접근권을 갖고 있다는 것을 보여준다. 그 비율은 아르헨티나, 콜롬비아, 멕시코, 페루의 경우 50% 이하이고, 브라질, 칠레, 베네수엘라의 경우 70%가 넘는다.

성공을 향한 길

금융 포용과 결제 디지털화의 측면에서 라틴아메리카 경제에는 진보의 여지가 상당하다. CBDC는 이 영역에서의 진보에 도움을 줄 수 있다. 하지만 기본적인 정책 실패를 수정하지는 못할 것이다. 이 지역의 낮은 금융 포용의 수준과 경제활동의 높은 비공식성은 물론이고 달러화 현상은 모두 공통의 근원을 갖고 있다. 일례로, 높은 세금 부담은 경제활동을 비공식 부문으로 이동시키는 유인을 만들고, 이는 다시 세금 기반을 축소하고 종종 정부가 통화 자금 조달에 의존해 공공 적자를 메우는 상황으로 이어진다. 이는 높고 변동성이 큰 인플레이션이라는 결과를 낳아 달러화를 촉진한다. 따라서 거시경제 정책과 기타 정부 정책은 여기에서 논의되는 다양한 현상의 핵심 결정 요인이며 CBDC 도입은 기껏해야 작은 차이를 만들 수 있을 뿐이다.

CBDC는 정부 사회 복지 프로그램과 공공 서비스 제공에서 비효율성과 사기詐欺를 줄이는 등 다른 차원에도 도움이 될 수 있다. 미주개발은행Inter-American Development Bank의 2018년 연구는 라틴아메리카와 카리브해의 조달, 시민 서비스, 선별 이전에서의 비효율과 사기를 비롯한 정부 지출 낭비가 연간 2,200억 달러에 달해 이 지역 연간 GDP의 약 4.4.%에 해당하는 것으로 추정했다. 그런 문제는 단순히 현금을 없앤다고 해서 사라지는 것이 아니지만, 저소득 가구에 대한 직접 전자 송금을 용이하게 하고 (다른 형태의 정부 보조금이나 이전 대신) 결제를 디지털화하는 것이 거래 추적을 가능하게 만든다면 공공 부패와 낭비를 억제할 수 있을 것이다. 현금을 CBDC로 대체한다고 해서 부패가 만연한 문화와 잘못 설계된 정부 지출 계획이 쉽게 바뀌지는 않겠지만 CBDC 거래의 추적 가능성은 확실한 억지력으로 작용할 것이다.

간단히 말해, 라틴아메리카 중앙은행들이 CBDC 채택을 진지하게 고려해야 할 이유가 몇 가지 있다. CBDC는 금융 포용을 촉진하고 어떤 면에서 중앙은행의 일을 더 쉽게 만들어줄 수 있다. CBDC는 공공 거버넌스와 책임성을 개선하고 부패를 줄이는 면에서 역할을 할 것이다. 하지만 CBDC가 호응을 얻을 수 있는 능력은 정치적인 불안은 물론이고 여전히 이 지역의 많은 정부를 괴롭히고 있는 거시경제적 약점, 기타 정부 정책의 약점에 의해 제한을 받을 수 있다.

CBDC는 취약하고 규율이 없는 정부로 인해 고통을 받는 경제에 묘약이 되지는 못할 것이다. 하지만 적어도 새로운 금융 기술의 혜택을 이용해 금융 중개의 질은 물론이고 다른 결과, 특히 금융 포용과 같이 가난한 사람들에게 혜택이 되는 결과들을 개선할 수 있는 기회는 있을 것이다. 더구나 세계 곳곳에서 속도를 높이고 있는 통화의 디지털화에 대한 수동적인 접근은 장기적으로 이 지역 국가에 불이익을 줄 수 있다.

CBDC 도입의 장벽

신흥경제국 정책 입안자들이 CBDC 채택을 진전시키기로 결정한다고 해도 많은 요소가 CBDC의 도입과 광범위한 수용을 억제할 수 있다. 중앙은행의 제한적인 신뢰성 외에도 많은 신흥경제국이 여전히 경제와 금융 활동이 상당히 비공식적인 특징이 있고, 그 점이 과세 기반, 금융 규제, 불법적인 상업 활동의 관리에도 영향을 미치고 있다. 연구자들은 사하라 이남 아프리카와 라틴아메리카의 경우 현금을 사용해 이루어지는 비공식적인 경제활동의 비율이 여전히 높다고 추정한다. 한 연구는 평균적으로 지하경제가 라틴아메리카 전체 경제활동의 3분의 1 이상을 차지하는 것으로 추산한다. 볼리비아, 과테말라, 온두라스, 페루를 비롯한 이들 국가 일부에서는 그 비율이 50%에 가깝거나 그 수치를 넘어선다. 이런 추정치의 정확도를 에누리해서 보더라도, 이들 국가의 지하경제가 전체 경제활동에서 상당 부분을 차지하며 이것이 합법적인 활동조차 음지로 밀어 넣는 광범위한 정부 정책 탓이라는 것만은 분명하다.

이런 환경에서의 CBDC 도입은 상당한 제한에 직면할 것이다. 특히 신뢰가 부족한 중앙은행이 발행한 디지털 버전의 화폐는 지폐보다 널리 받아들여질 수 없는 생래적인 한계를 가질 것이다. 하지만 우루과이의 e-페소 실험이 보여주듯이, CBDC는 경제활동의 비공식성과 달러화와 겨루고 있는 경제에서조차 금융 포용과 소매결제 시스템의 개선과 같은 다른 목표를 달성하는 도구가 될 수 있다.

신흥경제국을 위한 교훈

현실적으로 신흥경제국 중앙은행과 규제당국은 금융 기술혁신이 불러오는 혜택-위험의 균형을 책임지고 적극적으로 관리하는 것 외에 별다른 선택지가 없다. 시장의 힘에 맡기고 수동적인 태도를 취해서는 안 되는 것이다. 결국 새로운 금융 기술은 여전히 많은 신흥경제국에서 낮은 수준을 유지하고 있는 금융에 대한 접근을 촉진하고, 국내 저축을 생산성이 높은 투자로 중개하는 일과 결제 시스템의 효율성을 개선하는 데 긍정적인 역할을 할 것이다. CBDC 역시 신흥경제국에 매력적인 특징이 많기 때문에 적극적인 고려의 대상으로 삼아야 한다. CBDC는 금융 포용도를 높이고 공식적인 세금망에서 벗어나는 경제활동을 줄이는 데 도움을 줄 수 있다. 또 소매거래에서 저비용의 효율적인 디지털 결제 시스템의 역할도 할 수 있다.

하지만 이런 목표를 촉진하는 CBDC의 역량은 국가의 거시경제

정책의 질과 안정성에 좌우된다. 예를 들어 재정 수익을 높이는 납세 기반의 확대는 세율의 인하나 잘 설계된 공공 서비스와 투자에 대한 (낭비가 아닌) 지출 확대로 이어질 때라야만 긍정적인 영향을 발휘할 것이다. 많은 신흥경제국 정부가 편협한 단기의 정치적 고려를 기반으로 대상을 잘못 선정해 경제의 생산성이나 국민의 복리를 증진하지 못하는 사회복지지출을 계속해온 전력이 있다.

CBDC의 비용과 혜택은 그것을 발행하는 중앙은행의 평판과 불가분의 관계다. 모든 형태의 중앙은행 화폐의 수용성과 가치는 그 기관이 쌓은 신뢰성의 산물이며 그 신뢰성은 정부의 재정정책, 기타 경제정책의 독립성과 질에 좌우된다. 달리 말해, 다른 변화가 없이는 중앙은행 명목통화의 디지털 버전이 교환의 수단이나 안정적인 가치의 원천으로 받아들여지는 측면에서 현금보다 나을 것도 못할 것도 없는 존재가 될 가능성이 높다. 그럼에도 불구하고 금융 포용성을 높이고 결제 시스템을 개선하는 등의 다른 관점에서 보면 인플레이션이 높고 변동성이 크며 정책 기관이 취약한 등의 거시경제적 문제가 있는 국가이더라도 CBDC 발행의 이점이 있을 것이다.

외부 전선에서의 도전이 곧 닥칠 것이다. 신흥경제국은 국제 자본 흐름을 더 쉽고, 저렴하고, 빠르게 만들 새로운 국경 간 결제 시스템, 기타 발전을 관리해야 할 것이다. 이런 변화에는 혜택도 많이 따르겠지만 자본 통제력을 약화하면서 자본 흐름과 환율 변동성을 악화할 것이다. CBDC는 디지털 결제를 촉진함으로써 국내외 결제, 기타 금융 기술의 발전을 가속화하고, 이는 다시 신흥경제국 중앙은행을 괴롭히게 될 것이다.

마찬가지로 아직은 G-3 중앙은행(미 연준, 유럽중앙은행, 일본은행) 중

CBDC 발행의 구체적인 계획을 내비친 곳은 없지만 신흥경제국은 그에 대한 준비를 갖춰야 한다. 그런 발전으로 주요 글로벌 통화 보유와 그것을 이용한 거래가 쉬워지면서 많은 신흥경제국이 이미 고심하고 있는 달러화의 문제가 증폭될 수 있다. 더 작은 규모의 준비통화 경제에서 발행한 CBDC라도 신뢰를 받는 국내 통화가 없는 신흥경제국에서는 교환수단과 가치저장 역할로 널리 사용될 수 있다. 더구나 아마존이나 페이스북 같은 다국적 기업이 발행하는 암호화폐 혹은 스테이블코인은 신뢰할 만한 명목화폐가 있는 선진경제국에서는 호응을 얻지 못할지라도 일부 신흥경제국에서는 국내 명목통화와 겨루거나 심지어는 대체할 잠재력을 가질 것이다.

CBDC를 감행해야 할까?

전 세계에 걸쳐 현금의 중요성이 감소하고 다양한 형태의 디지털 결제 기술이 자리를 잡는 것은 시간문제로 보인다. 중앙은행은 곧 닥칠 이런 변화에 어떻게 접근하고 적응해야 할까? 그 대답은, 경제하에서의 중요한 질문이 모두 그렇듯이, 상황에 따라 다르다.

주요 준비통화 경제(미국, 유로존, 일본)에서 발행한 중앙은행 화폐에 대한 수요는 이 화폐가 물리적인 형태이든 디지털 형태이든 그것과 상관없이 계속 높게 유지될 가능성이 크다. 그런 화폐, 특히 미국 달러는 전 세계에서 쉽게 인식되며 교환수단과 가치저장 역할을 한다. 따라서 주요 선진경제국의 중앙은행들 사이에서는 CBDC 발행을 급박하게 고려하지 않는 것이 당연하다. 하지만 이런 강력한 중앙은행도 CBDC로의 진전에 저항만 한다면 통화정책 도구함, 특히 경제적, 재정적 고충이 있는 시기에 사용할 수 있는 도구함을 넓힐 기회를 놓칠 수 있다. 이를 인식한 엘리트 중앙은행들은 최소한 CBDC에 대한 실험적 분석 작업을 시작하는 데에서는 열린 태도를 보이고 있다. 실제로 2020년 말 유럽중앙은행과 일본은행은 향후 1~2년간 CBDC 실험을 시작하겠다고 표명했다. 2021년 4월에 일본은행은 1년간의 1단계 실험을 시작했고, 잉글랜드은행과 영국 재무부는 UK CBDC의 잠재력을 탐색하기 위한 공동 태스크포스를 꾸렸다.

다른 대규모 경제국 중 중국은 경제가 상거래 중개를 위한 민간 디지털 결제 메커니즘의 지배로 급속히 전환하는 와중에 중앙은행 화폐의 생존가능성을 유지하기 위한 사업을 단행하고 있다. 캐나다와 러시아 역시 CBDC에 대해 진지하게 고려하기 시작한 것으로 보인다. 신흥경제국과 소규모 선진경제국의 경우, 금융 기술의 급속한 변화가 흥미로운 기회를 제공하지만 동시에 계속 현금으로만 존재하는 중앙은행 화폐가 의미를 잃을 위험도 있다. 다시 말하지만, 캐나다, 이스라엘, 스웨덴과 같은 여러 소규모 선진경제국이 CBDC의 분석 작업과 기획을 선도하는 방향으로 움직이는 것은 그리 놀라운 일이 아니다. 이 책이 출간될 즈음에는 전면적인 변화가 임박하지는 않았더라도 더 구체적인 제안이 등장할 가능성이 상당하다.

중앙은행, 정부 지도자, 사회는 지금 디지털 결제 시스템의 현금 대체라는 이 불가피한 일에 수동적으로 접근할지 아니면 중앙은행 화폐의 경제 내 의미를 유지하는 조치를 취하는 한편 CBDC가 제공할 수 있는 다른 혜택을 이용할지의 시급한 문제에 직면해 있다. 변화의 중심에서 현상을 유지하려는 시도만 하는 중앙은행은 어느새 통제 불능의 흐름에 휩쓸릴 수도 있다.

일부 국가의 비선형적인 경로

CBDC 도입의 비용-편익 분석에는 거시경제 정책과 제도의 질, 발전의 수준, 그 나라 금융시장의 구조를 비롯해 국가의 특정 상황에 따라 달라지는 복잡한 계산이 포함된다. 이론적으로는 CBDC의 편익이 비용을 넘어선다고 해도 많은 요인이 그 도입과 광범위한 채택의 문제를 복잡하게 만들 수 있다. 신흥경제국의 경우, 높고 변동성이 큰 인플레이션에 반영되는 중앙은행에 대한 낮은 신뢰도가 억지력으로 작용한다. 더 극단적인 경우는 달러화에서 나타난다. 국내 통화가치의 불안정성에 대한 인식을 의미하는 달러화는 교환수단으로서 자국 통화의 사용까지 제한한다. 다른 제약으로는 경제 및 금융활동의 비공식성이 높아 CBDC에 대한 저항을 조장하는 상황이 있다. CBDC의 출발조차 기술장벽으로 인해 방해를 받을 수 있다. 개발도상국의 대부분에서는 금융 및 디지털 문맹도 제약 요인이다. 모바일 기술의 사용은 적어도 후자의 문제를 약화하겠지만 말이다.

신흥경제국의 중앙은행가들과 규제기관들은 빠르게 변화하는 금융 지형을 관리하는 멀티트랙 접근법을 고려해야 한다. 첫째 단계에서는 금융 포용, 소매결제의 효율성, 결국은 가계의 복리를 증진할 잠재력을 가진 새로운 기술에 문호를 개방해야 한다. 핀테크 규제 샌드박스는 그런 혁신의 위험을 관리하는 데 도움을 주고 이런 기술이 경제 전반으로 확장하는 것을 허용하기 전에 경험에서 배움을 얻을 수 있게 할 것이다.

둘째 단계에서는 은행 간 결제 시스템을 개선해야 한다. 이는 이미 많은 부분이 전자화되었지만 분산원장기술의 사용을 통해 더 개선될 수 있다. 허가형 분산원장기술을 사용하는 토큰 기반 도매 CBDC는 많은 국가에서 개념 증명 시험을 통과했고 잠재력이 상당한 반면 위험은 제한적인 것으로 보인다. 적어도 실시간총액결제시스템(미국이 채택한 좀 더 온건한 접근법으로 국가의 금융 시스템 배관을 상당히 개선할 수 있다)에는 개선의 여지가 있다.

셋째 단계에서는 소매 CBDC의 발전을 고려해야 한다. 소매 CBDC는 금융 포용성을 확장하고, 민간이 관리하는 결제 시스템의 후방 방어벽 역할을 하며, 경제활동의 비공식성을 줄이고, 납세 기반을 확장하는 데 유용한 역할을 할 수 있기 때문이다. CBDC의 현금 대체는 불법적인 경제활동과 관련된 금융 흐름을 막고, 자금세탁과 테러자금조달에 대한 우려를 더는 데에도 도움을 줄 수 있다. 모바일 전화 앱을 포함한 단순한 버전의 전자 화폐에 대한 우루과이의 긍정적인 경험은 고려의 유용한 출발점이 될 것이다. 시행이 쉽고 더 정교한 계정 기반 CBDC의 여러 혜택을 전달할 것이기 때문이다.

부분적 혹은 전면적으로 달러화가 된 경제는 CBDC로의 전환을 어떻게 관리해야 할까? 그런 경제의 첫 단계는 테더나 디엠과 같은 스테이블코인의 경우처럼 자국의 CBDC를 주요 준비통화에 명시적으로 연결하는 것이 될 것이다. 이후에는 CBDC를 고정통화로부터 독립시킬 수 있다. 이런 전략에 위험이 없는 것은 아니다. 해당 국가가 전환기 동안 더 나은 정책을 채택하지 못한다면, 이 접근법은 결국 단기적인 통화정책 자주권의 상실에 이어 준비통화와의 연결이 끊어졌을 때의 장기적인 CBDC 수요 붕괴로 치달을 수 있다. 혹은 더 높은 확률로, 달러화에 고착되고 국내 CBDC가 공식 스테이블코인의 처지가 될 수도 있다.

신흥경제국들이 이 사안에 개별적 접근법이 아닌 집단적 접근법을 취한다면 더 나은 결과를 얻을 수 있다. 특정 지역 국가들 사이의 조직화된 접근방식은 금융 안정성을 위협하지 않으면서 핀테크를 지역 금융시장의 발전을 꾀하는 광범위한 어젠다에 통합시키는 데 도움이 될 수 있다. 소규모 국가의 경우, 혼자 진행하는 것보다 유용한 대안이 될 것이다. 국내와 국경 간 결제의 개선을 촉진한 아프리카, 남아시아, 기타 기역의 지역 경제 이니셔티브는 그런 접근방식의 혜택을 보여준다.

서두르는 것은 위험하지만 기다리는 데에도 대가가 따른다

개발도상국에서 섣부른 CBDC 발행에 따르는 위험은 그 나름의 단점이 있는 수동적인 접근법 채택의 위험과 균형을 이루어야 한다. 다른 국가, 특히 주요 준비통화 경제가 디지털 통화 이니셔티브를 진전시킨다면, 많은 신흥경제국, 특히 라틴아메리카 지역의 고질적인 문제인 달러화가 급속히 악화될 수 있다. 마찬가지로, 결제 시스템이 이들 국가 밖으로, 국가 규제 권한의 범위 밖으로 이동해서 일련의 새로운 금융 취약성을 낳을 수 있다.

혁신은 각종 혜택에도 불구하고 새롭고 예상치 못한 위험을 불러올 수 있기 때문에 국가의 규제 역량과 전문성을 냉정하게 검토하는 것 역시 중요하다. 규제 시스템은 금융혁신을 수용하는 동시에 제도 특유의 위험은 물론이고 시스템적 위험을 통제하에 둘 만큼 유연해야 한다. 이런 맥락에서 다른 국가의 경험이 유용할 수 있다. 예를 들어 중국의 경우 은행은 물론이고 비공식 금융기관이 발행한 부외 off-balance-sheet 금융상품은 관련 위험이 결국 은행 시스템 취약성에 영향을 미칠 것이라는 우려를 낳았다. 규제 샌드박스는 이런 위험을 관리하는 한편 혁신의 여지를 남기는 한 가지 방법이다.

여러 국가의 힘을 합한 분석 노력은 일부 근본적인 문제를 조사하는 데 유용할 수 있다. 대부분 국가의 경우, 효율적인 소매결제 서비스에 대한 상당한 잠재 수요가 있다고 예상하는 것이 타당하다. 따라서 일부 신흥국 내에서 결제 혁신이 부재한다면, 제한된 규제 유연성, 기술적 제약, 기타 소비자와 상인이 그런 결제 시스템을 채택하지 않으려는 성향과 같은 다른 요인의 결과가 아닌지도 확인해야 한다. 이런 요인들을 해결하는 것은 규제 샌드박스를 한 국가의 특정한 상황에 맞는 방식으로 설계하는 데 꼭 필요하다.

선진경제국과 개발도상국 시장 모두에서 급속히 성장하고 있는 온라인 대출 플랫폼 등 결제 시스템을 넘어서는 금융혁신들은 추가적인 혜택을 가져올 수 있다. 많은 국가의 금융 시스템은 여전히 은행의 지배를 받고 있어 중소기업이 담보의 제약과 신용 이력의 부재로 신용을 얻기 어렵게 만들고 있다. 핀테크 플랫폼은 결제 활동과 고용 증가를 촉진하는 뚜렷한 혜택과 함께 기업 활동의 자금 조달에 도움을 줄 수 있다.

마지막으로, 요점을 다시 한번 다루면서 마무리할까 한다. 핀테크 혁신과 디지털 버전 명목화폐로의 전환은 강력한 토대의 뒷받침이 필요하다. 특히 CBDC는 분별 있는 정부 정책, 특히 규율이 잡힌 재정정책과 건전한 규제 프레임워크가 있는 국가에서 더 잘 작동할 것이다. 인생이란 공평하지 않다. 미국이나 일본과 같은 대규모 선진 경제국은 통화의 가치나 명성에 뚜렷한 부정적인 영향을 주지 않고도 막대한 양의 정부 부채를 없앨 수 있다. 나머지 국가는 대부분 이런 사치를 누릴 수 없다. 규모가 작고 부유하지 못한 국가들의 경우, CBDC 자체는 통화 독립성을 높이거나 통화정책, 기타 정부 정책의 기능 장애를 보완하는 경로의 역할을 하지 못할 것이다. 근간이 되는 정책의 변화 없이 단순히 명목화폐를 디지털 버전으로 전환하는 것만으로는 결제수단과 가치저장이라는 통화가 가지는 매력을 높이기 힘들 것이다. 잘 설계되고 관리되는 CBDC는 경제 및 금융의 성과를 높일 수 있겠지만 국가의 고질적인 경제적 병폐에 대한 만병통치약이 될 수는 없다.

10

밝게 빛나는
미래가 올까?

듣는 사람에게 진실이라는 확신을 주기 어려운 주제를 적절하게 연설하는 것은 쉬운 일이 아닙니다. 한편으로, 이야기의 모든 사실을 잘 아는 친구라면 어떤 부분이 자신이 기대하는 만큼, 혹은 마땅히 그래야 한다고 생각하는 만큼 온전히 제시되지 못했다고 여길 수도 있습니다. 다른 한편으로, 상황에 낯선 사람들은 자신의 천성을 넘어서는 어떤 것에 대해 들으면 시기심에 이끌려 과장이라고 의심할 수도 있습니다. 투키디데스, 《펠로폰네소스 전쟁사》

For it is hard to speak properly upon a subject where it is even difficult to convince your hearers that you are speaking the truth. On the one hand, the friend who is familiar with every fact of the story may think that some point has not been set forth with that fullness which he wishes and knows it to deserve; on the other, he who is a stranger to the matter may be led by envy to suspect exaggeration if he hears anything above his own nature.

Thucydides, *The Peloponnesian War*

현금 시대의 끝이 보이고 중앙은행 디지털 통화의 시대가 열렸다. 돈, 은행, 금융은 변화를 목전에 두고 있다. 물리적인 화폐는 유물이 될지 모를 상황이고, 전 세계에서 디지털 결제 시스템이 표준으로 자리 잡고 있다. 은행업은 다른 형태의 금융 중개가 명성을 얻음에 따라 변화를 맞을 것이다. 세계 인구의 대부분이 적어도 기본적인 금융 서비스를 이용할 수 있게 되면서 삶과 경제적 부를 증진시킬 것이다.

　어떤 면에서, 새로운 시대는 극적으로 다른 모습을 갖출 것이다. 하지만 다른 면에서는 상황이 거의 똑같이 유지될 것이다.

화폐의 기능이 분리될 것이다

곧 일어날 중요한 변화 중 하나는 화폐의 다양한 기능이 분리되는 것이다. 중앙은행이 발행한 화폐는 중요한 가치저장 역할을 유지하고, 이런 화폐를 디지털 형태로 발행하는 국가는 교환수단으로서의 기능을 유지할 것이다. 그 와중에 민간 중개 결제 시스템이 중요해지면서 중앙은행과 치열한 경쟁을 벌일 것이다.

　특히 진입 장벽이 낮아지면서 민간이 만든 다양한 형태의 화폐와 중앙은행 화폐 사이에는 교환수단으로서의 역할을 두고 경쟁이 심화될 것이다. 하지만 이런 면에서, 이 책에서 논의된 것들이 대부분 그렇듯이, 시장의 힘을 그대로 방치한다면 네트워크 효과가 더 강해지면서 일부 화폐의 발행자와 결제 기술 제공자가 지배력을 갖게 될 수 있다.

긴 역사에서 본다면 이런 변화는 공식 화폐의 지배로부터 민간 화폐와 명목화폐 간 새로운 경쟁으로의 회귀를 의미할 것이다. 불과 한 세기 전만 해도 민간 화폐가 서로, 그리고 정부 발행 화폐와 경쟁을 벌였다. 결정적으로 중앙은행의 등장이 이 균형을 명목화폐의 우세 쪽으로 이끌었다. 이제 그 추가 다시 흔들리고 있다. 하지만 부분적일 뿐이다. 암호화폐와 그것이 나타내는 기술 발전은 결제 시스템을 더 효율적으로 만들겠지만, 뒷받침이 없는 탈중앙화된 암호화폐가 가치저장 역할을 장기적으로 맡을 가능성은 낮다.

금융이 자유로워질 것이다

핀테크는 저축자와 차입자를 연결하는 보다 직접적인 채널을 제공하면서 금융계에 변화를 일으키고 있다. 상업은행들은 궤멸 직전의 위태로운 상태라고는 할 수 없지만 금융 중개에서 누리던 많은 혜택을 상당 부분 잃고 있다. 최근의 핀테크 물결은 적어도 가계, 기업가, 기업의 특정한 니즈를 더 잘 충족하는 다양한 금융상품과 서비스를 공급할 것이다. 공식 기관이나 민간 기관의 신뢰 대신 공공의 합의 메커니즘에 의존하는 완전히 새로운 형태의 중개에 대한 전망도 있다.

금융혁신은 새롭고 아직 알려지지 않은 위험을 낳을 것이다. 금융시장 참가자들과 규제기관이 기술을 과도하게 신뢰하고 경계를 늦추는다면 특히 더 그렇다. 탈중앙화와 단편화fragmentation는 양날의 검이다. 그들은 중앙화된 장애 지점을 줄이고 큰 가외성을 통해 회복력을 높임으로써 금융 안정성을 강화할 수 있다. 예를 들어 분산원장기술은 여러 면에서 중앙화된 기술보다 안전하며 오류가 없다. 하지만 평소에는 잘 작동하던 탈중앙화된 시스템도 어려운 시기에는 신뢰를 유지하기 어려울 수 있다. 금융 시스템이 중앙은행, 기타 정부기관의 직접적인 뒷받침이 없는 탈중앙화된 메커니즘의 지배를 받는다면, 신뢰가 쉽게 증발할 수 있기 때문이다. 따라서 탈중앙화는 평상시에는 효율적이더라도 경기가 나빠지면 급속하게 불안정해질 수 있다.

중앙은행은 여전히 중심에 있을 것이다

어떤 면에서는, 기술혁신이 초래한 변화가 극적이지 않을 수도 있다. 주요 경제국의 중앙은행은 의미와 중요성을 잃지 않고 통화정책 기능과 규제 기능을 유지할 것이다. 디지털 시대에 소매와 도매 형태의 중앙은행 화폐의 역할이 축소된다고 해도, 이 기관들은 여전히 통화정책을 수행하고 금융 시스템에 대한 최후의 대출기관 역할을 할 것이다. 하지만 이미 복잡한 중앙은행의 일은 새로운 금융시장과 중개자들이 통화정책 실행 그리고 인플레이션, 고용, 생산량과 같은 변수에 대한 통화정책 전달의 역학을 바꿔놓으면서 더 복잡해질 것이다.

CBDC의 부상은 필연적인 결과다. 다만 현금이 거래에서의 익명성과 프라이버시 보호 등 디지털 화폐와 비교할 수 없는 특유의 매력적 속성을 지니고 있기 때문에 현금의 종말이 임박한 것은 아니다. 그렇지만 CBDC의 편의성과 소비자, 기업, 정부가 누릴 수 있는 많은 혜택으로 인해 10~20년 내에 현금이 자취를 감출 수도 있다.

CBDC는 모든 통화 문제에 대한 해결책이 아니다. 중앙은행이 발행하는 화폐 형태의 변화는 그 자체만으로는 중앙은행에 대한 인식을 바꾸거나 깊이 뿌리 내린 제도적 약점에 대한 즉효약의 역할을 하지 못할 것이다. 디지털화 그 자체는 통화가 신뢰할 수 있는 가치 저장 역할을 하는지 여부에 별다른 차이를 만들지 못할 것이다. 그것은 여전히 그 통화를 발행하는 중앙은행의 신뢰성과 그 나라 정부 및 제도의 질에 좌우될 것이다.

금융 국경은 붕괴할 것이다

새로운 금융 기술은 현재 국경 간 거래를 방해하는 상당한 마찰을 완화하는 잠재력을 가지고 있다. 일부 복잡성, 특히 여러 통화의 개입은 새로운 기술로 제거할 수 없는 것이지만 속도, 투명성, 거래 비용에서의 진전은 이런 장애의 영향을 줄이는 데 도움이 될 것이다. 이런 변화는 수출입업자, 본국으로 송금하는 이민자, 저축의 국제적 다각화 기회를 찾는 투자자, 자본 조달을 원하는 기업에 요긴할 것이다.

국경 간 금융 흐름의 마찰을 완화하는 것은 글로벌 자본시장을 만드는 데 도움이 되지만 이런 흐름의 변동성을 가중하여 중앙은행가, 특히 신흥경제국 중앙은행가들의 일을 한층 더 복잡하게 만들 수 있다. 국경 간 흐름의 새로운 도관의 등장은 국제무역은 물론이고 불법적인 금융 흐름까지 촉진해 규제기관과 정부가 맞서야 할 새로운 도전을 제기할 것이다.

CBDC의 출현도 국제 금융 흐름의 장애 완화도 그 자체만으로는 국제통화 시스템이나 주요 통화들 간 힘의 균형을 재편하는 데 큰 도움이 되지 않을 것이다. 미국 달러와 같이 가치저장 역할로 지배력을 행사하는 통화들은 그런 지위를 유지할 것이다. 그런 지배력은 발행국의 경제 규모나 금융시장의 깊이에만 의존하는 것이 아니라 투자자의 신뢰를 유지하는 데 필수적인 강력한 제도적 토대를 기반으로 하기 때문이다. 신뢰를 받는 자주적 중앙은행, 법치주의를 유지하는 독립적인 사법부, 정부 모든 부문의 권력 폭주를 제한하는 견제와 균형의 시스템을 포함한 미국의 제도적 프레임워크는 모든 결함에도 불구하고 시간의 시험을 견뎌왔다. 결제통화로서 달러가 갖는 지배력은 약화될지 몰라도, 달러는 앞으로 오랫동안 지배적인 글로벌 안전자산의 지위를 유지할 것이다.

'중앙은행 암호화폐'의 아이러니

현금을 옹호하는 사람들은 어느 경제에나 상당한 인구(가난한 사람들, 외딴 지역이나 시골 지역의 거주자, 노인 등 디지털 기술을 쉽게 이용할 수 없는 사람들)에게 현금이 여전히 필수적이라고 주장해왔다. 실제로 물리적인 화폐는 합법적 거래와 불법적 거래 모두를 원활히 진척시켰다. 공식적 기관이 제공하는 도구가 정부의 감시와 규제를 회피하는 데 광범위하게 사용되어온 것은 역설적인 일이라고 할 수 있다. 많은 경제에서 합법적인 상거래를 위한 현금의 사용이 급격히 감소하는 상황에서, 현금은 부패, 탈세, 자금세탁을 비롯한 각종 불법적 활동에 자금을 조달하는 데에 더 중요해질 수 있다. 여기에서 중앙은행과 같은 공식 기관이 합법적인 활동만큼이나 불법적인 활동에 혜택을 주는 익명 거래의 수단을 제공하는 일을 반드시 해야 하는지의 문제가 제기된다.

암호화폐는 정부의 개입이 필요하지 않은 교환수단의 역할을 하기 위해 등장했고 반드시 불법적인 상거래를 촉진할 의도를 가진 것은 아니었다. 실제로 탈중앙화된 암호화폐는 결제를 처리하는 교환수단으로서의 능력이 부족한 것으로 드러났고, 대신 투자자들의 포트폴리오에 담기면서 변동성이 대단히 크긴 하지만 가치저장 역할을 하게 되었다. 그러나 안정적인 가치를 가질 가능성이 높아 신뢰할 수 있는 교환수단으로 기능할 수 있는 유일한 암호화폐는, 대단히 아이러니하지만 명목화폐 준비금으로 뒷받침되는 암호화폐다.

비트코인과 동류의 암호화폐를 지지하는 사람들은 제한된 공급을 장기적 가치의 핵심으로 보는 것 같다. 이는 본질적인 용도가 없는 가상의 대상에 가치를 부여하기에는 몹시 빈약한 근거다. 놀랍게도, 이와 정반대로 세계의 주요 중앙은행이 발행하는 화폐는 바로 공급이 무한히 탄력적이라는 이유 때문에 가치를 갖는 것으로 보인다. 더 간단히 말해, 이는 미 연준과 같은 중앙은행이 경제와 금융 시스템을 지원하는 데 필요하다고 판단되는 만큼 얼마든지 돈을 찍어낼 수 있다는 의미다. 공급의 무한한 탄력성은 가치를 훼손하는 대신 그런 가치를 고착화하는 것으로 보인다. 상황이 불리해졌을 때 그런 화폐를 쉽게 그리고 대량으로 제공할 수 있는 중앙은행의 능력은 평상시에도 기업과 금융기관으로 하여금 상대 역시 그 화폐를 받아들일 것이라는 믿음 아래 그 화폐의 거래를 더 원하게 만든다. 이것은 신뢰를 유지하기 위해 제한된 공급에 의존하는 민간 화폐가 명목화폐의 심각한 경쟁자가 될 가능성이 낮은 또 다른 이유다.

또 다른 아이러니는 암호화폐의 기원이 결제의 청산과 결산에 신뢰할 수 있는 기관이 필요치 않다는 것을 보여주고 민간 거래에 정부의 개입을 제한하고자 하는 열망에서 비롯되었다는 점이다. 그러나 이런 화폐의 확산은 중앙은행들을 자극해 자국 화폐의 디지털 버전을 발행하게 했고, 이는 결국 아주 기본적인 거래의 프라이버시조차 정부의 감시라는 위험에 처하게 할 수 있다.

암호화폐는 제도적 틀에 내재된 신뢰 없이는 번성하기 어려울 것으로 보인다. 암호화 자산에 대한 정부의 인정은, 그것이 어떤 종류의 보증에도 미치지 못한다고 해도, 이런 자산에 대한 투자자의 신뢰를 강화하는 듯하다. 더구나 자산 이전과 소유권의 디지털 흔적이 남는다고 해서 계약상의 권리와 재산권에 대한 효과적인 집행의 필요성이 사라지지는 않는다. 정부(혹은 합법적인 무력 사용을 독점하는 정부가 뒷받침하는 다른 기관)만이 확실히 제공할 수 있는 집행 메커니즘은 유형자산의 물리적 소유가 연관될 때 특히 중요하다. 판매자가 대금을 받고 디지털 키를 넘겨받은 뒤에도 물리적 소유권을 넘기지 않는다면 순수 디지털 메커니즘은 도움이 되지 않는다. 간단히 말해 탈중앙화된 신뢰 메커니즘은 상업과 금융에서 신뢰할 수 있는 정부를 완전히 대체하지 못한다.

모두에게 혜택이 돌아갈 것인가?

새로운 기술은 금융상품과 서비스의 이용을 더욱 확대하고 금융을 민주화할 수 있다는 가능성을 보여준다. 저소득 가구도 그들의 니즈를 충족하는 맞춤형 상품을 이용할 수 있는 탈중앙화된 금융의 꿈은, 비록 완벽하게 실현되지는 못했지만 더는 불가능한 공상이 아니다. 이 영역에서의 발전은 엄청난 혜택을, 특히 그것이 가장 절실한 인구층에게 혜택을 줄 수 있는 잠재력이 있다. 하지만 다른 문제들이 그렇듯이 기술의 전환적 힘에 대한 장밋빛 비전에 도취되어서는 안 된다.

금융에서의 기술혁신은 소득과 부의 불평등에 양날의 검이 될 수 있다. 이런 혁신은 금융 포용성을 확대하는 데 도움을 주고 더욱 효율적인 금융 중개를 가능케 할 것이다. 하지만 부유한 사람들은 다른 사람들보다 새로운 투자 기회를 더 많이 이용하고 새로운 형태의 중개에서 더 많은 혜택을 받을 수 있다. 예를 들어 국내외 투자 기회에 대한 정보가 늘어나고 그런 정보를 누구나 저렴하게 얻을 수 있게 되겠지만, 더 나은 정보 처리 서비스에 대한 접근권은 여전히 불평등하게 분배되어 경제적 특권층을 보다 유리한 조건에 있게 할 것이다. 더구나 경제적으로 소외된 사람들은 디지털 이용이 제한되고 금융 문맹인 경우가 많기 때문에, 일부 변화는 그런 인구층에 도움보다는 오히려 해가 될 수 있다.

또 다른 중요한 변화는 국내외 전반에서 심화되고 있는 계층화다. 소규모 경제국과 제도가 취약한 경제는 중앙은행과 그 통화가 사라지거나 최소한 의미가 축소되는 것을 지켜보게 될 수 있다. 이로써 대규모 경제국은 경제와 금융에 대해 더 큰 영향력을 손에 쥐게 될

영향과 전망

것이다. 한편 알리바바, 아마존, 페이스북, 텐센트와 같은 대기업에 상업과 금융을 모두 통제하는 힘이 더 많이 집중될 것이다.

규제와 자유 사이

암호화폐의 등장과 CBDC의 전망은 어떤 것이 금융 시장에 대한 정부의 적절한 개입인지, 즉 민간 부문에 맡기는 것이 바람직한 영역에 정부가 개입하고 있는 것은 아닌지, 중앙은행이 시장 실패로 생긴 공백을 찾아 메울 수 있는지와 같은 중요한 문제를 제기한다. 이는 자유시장에 집착하는 것이 아니라, 경쟁과 이윤 추구가 모든 문제를 해결하는 것은 아닐지라도 혁신에 동력을 공급하는 강력한 힘임을 인정하는 것이다. 사실, 시장의 힘을 구속하지 않고 놓아두는 것은 공정하고 효율적인 금융 시스템을 위한 처방이 아니다. 너그러운 선의의 정부일지라도 (오웰의 문구처럼) 적절한 균형을 찾는 것은 벅찬 과제일 수밖에 없다.

탈중앙화된 금융은 정부의 필요성을 없애지 못한다. 정부는 계약상 권리와 재산권을 집행하고, 투자자를 보호하고, 금융 안정성을 확보하는 중요한 역할을 유지하게 될 것이다. 결국 암호화폐든 혁신적인 금융상품이든 정부의 감독과 규제에서 비롯되는 신뢰를 토대로 삼았을 때 (전형적인 화폐나 금융상품과 비교했을 때는 정부와 어느 정도 거리가 있겠지만) 효과적으로 작동하는 듯하다. 정부는 법과 조치가 기존 업체에 특전을 주거나 규모가 큰 참가자가 작은 규모의 참가자들의 경쟁을 억누르게 두지 않고 공정한 경쟁을 촉진하도록 보장할 책임이 있다.

사회 구조가 크게 변화할 가능성도 있다. 디지털 결제 시스템의 현금 대체는 상업 거래에서 프라이버시의 자취를 없앨 것이다. 비트코인을 비롯해 기타 암호화폐들은 익명성을 확보하고 상거래에서 정부와 주요 금융기관에 대한 의존성을 없애려는 의도를 갖고 있었다. 하지만 오히려 프라이버시를 침해하고 정부의 힘을 더욱 강화하는 변화를 가져올 수 있다. 개인의 자유가 더 큰 위험에 직면하면서 사회는 정부의 힘을 견제하는 데 애를 먹을 것이다.

금융 기술은 인류, 특히 가난하고 경제적으로 소외된 사람들의 경제적 상황을 개선할 수 있는 광범위한 가능성을 열어준다. 하지만 거기에는 대가도 따른다. 프라이버시와 같은 기본적인 인적 가치관이 방치될 수 있기 때문이다. 부패, 정부 역량의 부족, 경제 및 정치 엘리트의 탐욕과 같은 문제가 계속 악화될 것이다. 결국 기술은 인간의 본성을 당해낼 수 없다.

이 책의 내용은 헌신적이고 성실한 학생 연구원 그룹의 배경 연구와 이 책의 주제에 대해 나보다 훨씬 더 이해가 깊은 코넬대학교 브루킹스연구소를 비롯한 다양한 기관의 동료들이 대화를 나누는 과정에서 너그럽게 공유해주신 통찰력과 지식을 바탕으로 했습니다.

다음은 배경 조사를 하고, 책의 여러 장을 읽고 의견을 제시하거나 사실 확인을 해주는 등 책을 만드는 데 많은 도움을 주신 분들입니다. 케빈 바오, 헤더 버거, 다렌 창, 웬퉁 첸, 얀윤 첸, 아이작 코언, 피터 황, 산켓 자인, 잭 켈리, 아리안 칸나, 엘레나 라케나우어, 웬예(마이클) 리, 지펑 리우, 양 리우, 루크 오리어, 유비카 프라사드, 저스틴 치, 민첸 선, 카이엔 왕, 즈뱅 시우, 스티브 예. 에단 우와 지챠오 장은 연구, 분석 및 다양한 개념 및 기술 문제를 분류하는 데 폭넓게 도움을 주었습니다. 에단은 원고 작성에도 도움을 주었습니다.

책의 여러 부분에 대해 논평해주신 세라 앨런, 글렌 알츠슐러, 워런 코츠, 줄리아 판티, 제임스 그리멜만, 이핑 황, 카란 자바지, 루스 저드슨, 스티븐 카민, 윌리엄 러벨, 세라 메이클존, 얀리앙 먀오, 시라카와 마사키, 파베우 스페파이스키, 데이비드 베셀, 폴 웡, 에바 장, 판 장에게도 감사를 전합니다. 에드워드 로빈슨과 싱가포르통화청 직원 여러분도 유용한 정보를 제공해주었습니다. 특히 암호화폐와 탈중앙화된 금융과 관련된 다양한 문제에 대해 가르침을 주고 4장과 5장의 내용에 대해 아낌없이 (그리고 폭넓게) 도와준 아리 주엘스에게 감사드립니다.

리비오 스트라카와 두부리 수바로는 전체 원고에 대한 상세하고 사려 깊은 논평으로 책의 내용과 설명의 질을 크게 높여주었습니다.

앤서니 버틀러, 싱하이 팡, 스테판 잉베스, 앤드류 카롤리, 에런 클라인, 도널드 콘, 아푸르바 쿠마르, 웬홍 리, 넬리 량, 라비 메논, 창춘 무, 야오 첸, 재닛 옐런과 나눈 이 책의 주제와 관련된 대화에서도 큰 도움을 받았습니다. 이 내용의 초기 버전은 라틴아메리카준비기금Fondo Latinamicano de Reservas, FLAR이 주최한 콘퍼런스를 위해 준비되었습니다. 호세 다리오 우리베와 FLAR의 동료들은 콘퍼런스 참가자들과 함께 유용한 논평과 제안을 해주었습니다. 또한 이 책은 아시아개발은행연구소Asian Development Bank Institute, 브루킹스연구소, 카토연구소Cato Institue, 중국 은행보험관리감독위원회China Banking and Insurance Regulatory Commission, 컬럼비아대학교, 코넬대학교, 중국인민은행 및 스탠퍼드대학교가 주최하는 세미나 혹은 콘퍼런스에서 내용의 일부를 발표함으로써 혜택을 얻었습니다.

책 속의 계통도는 에단 우(〈그림 4.1〉과 〈그림 4.2〉), 잭 켈리(〈그림 4.3〉), 아리안 칸나(〈그림 5.2〉)의 작품입니다. 아리 주엘스는 이 도표들의 세부 사항을 올바르게 파악하는 데 큰 도움을 주었습니다. 웬통 첸과 크리스토퍼 니마르크는 〈그림 6.1〉과 〈그림 6.2〉(각각 중국어와 스웨덴어)에 삽입된 이미지를 번역해주었습니다.

이언 맬컴의 이 프로젝트에 대한 열정과 편집을 비롯한 여타 사항에 대한 그의 정통한 조언은 이 책에 큰 도움이 되었습니다.

윌리엄 바넷의 훌륭하고 시기적절한 편집 작업은 원고의 명확성을 높이는 데 도움이 되었고 아나 졸데스는 원고 준비 작업을 도왔습니다.

제 딸 베레니카와 유비카는 이 모든 일을 가치 있게 만드는 존재입니다. 비록 멀리 떨어져 있지만 샨티와 자얀티 누이가 보내는 변함없는 격려에 늘 힘을 얻습니다. 제 충실한 반려견 모차르트와의 긴 산책은 이 책의 일부 아이디어를 깊이 생각하는 데 도움을 주었습니다.

여느 일에서와 마찬가지로 이 책을 쓰는 내내 사랑하는 아내 바시아는 기꺼이 지지와 영감과 조언을 아끼지 않았습니다. 그녀는 마음을 단단히 먹고 여러 초고의 초기 버전들을 읽어주었을 뿐만 아니라 초고를 처음으로 다 읽은 뒤에는 자신이 걱정했던 것보다 훨씬 덜 지루하다는 말로 저를 격려해주었습니다.

1. 미래를 향한 경주

서두의 글은 리처드 딕슨Richard Dixon이 영어로 번역한 로베르토 칼라소의 《천상의 사냥꾼》에 나오는 대목이다. 해당 원문은 Farrar, Straus와 Giroux 출간본의 27쪽에 나온다(각 장 서두 글의 자세한 출처에 관해서는 책 후반의 '출처'를 참고하라).

스킹슬리의 인용문은 "'We Don't Take Cash': Is This the Future of Money?" *Financial Times*, 2018년 5월 10일, https://www.ft.com/content/9fc55dda-5316-11e8-b24e-cad6aa67e23e에 보도되었다. 스웨덴 중앙은행 지폐의 역사는 다음을 참조하라: "The Riksbank's Banknote History: Tumba Bruk Museum", 인터넷 아카이브, 2005년 9월 28일, https://web.archive.org/web/20070102194722/http://www.riksbank.com/templates/Page.aspx?id=17760.

중국 지폐의 역사에 관한 논의는 Prasad(2016)의 1장과 여기에 인용된 출처를 참조하라.

금융의 파괴적 혁신

비트코인 차트는 https://coinmarketcap.com/currencies/bitcoin/에서 확인하라.

혁신이 붕괴로 끝났을 때

이 부분에서 논의된 쟁점에 대한 탁월한 설명은 Rajan(2010)을 참조하라.

다가오는 변화들

암호화폐 시장의 새로운 참가자

리브라에 대해서는 5장에서 자세히 설명한다. 5장의 주해는 리브라의 구조와 다양한 구체화에 대해 폭넓게 언급한다.

변화의 기로에 선 중앙은행

일부 국가에서 페이스북과 인터넷이 동일시되는 방식에 대한 논의는 다음을 참조하라: Leo Mirani, "Millions of Facebook Users Have No Idea They're Using the Internet," *Quartz*, 2015년 2월 9일, https://qz.com/333313/milliions-of-facebook-users-have-no-idea-theyre-using-the-internet/.

중앙은행은 어떻게 변화에 적응할 것인가?

CBDC 발행의 타당성에 대한 잉글랜드은행의 연구는 *Central Bank Digital Currency: Opportunities, Challenges and Design*, 2020년 3월, https://bankofengland.co.uk/paper/2020/centra-bank-digital-currency-opportunities-challenges-and-design-discussion-paper에서 찾아볼 수 있다. 크리스틴 라가르드의 인용은 European Central Bank, *Report on a Digital Euro*, 2020년 10월, https://www.ecb.europa.eu/pub/pdf/other/Report_on_a_digital_euro~4d7268b458.en.pdf에서 발췌한 것이다. 일본은행, "Commencement of Central Bank Digital Currency Experiments," 2021년 4월 5일, 보도 자료, https://www.boj.or.jp/en/announcements/release_2021/rel210405b.pdf와 미 연준, "Transcript of Chair Powell's Message on Developments in the U.S. Payments System," 2021년 5월 20일, 보도 자료, https://www.tinyurl.com/2cbwr2h9를 참조하라.

개발도상국의 도약

국가별 GDP에 대한 자료는 http://www.data.worldbank.org/indicator/NY.GDP.MKTP.CD를 참조하라. MSCI에서 규정한 신생시장의 목록은 https://www.msci.com/our-solutions/index/emerging-markets를 참조하라. (시장환율에 따라 미국 달러로 표시된) 1인당 국민소득은 https://data.worldbank.org/indicator/NY.GDP.PCAP.CD에서 찾아볼 수 있다. 인구 데이터는 https://data.worldbank.org.indicator.SP.POP.TOTL(65억 명이라는 인구는 중·저소득 국가에 대한 총계를 바탕으로 한다)를 참조하라.

신뢰의 문제

피어 모니터링에 대한 논의와 그라민은행의 구체적인 사례는 Stiglitz(1990)를 참조하라. 신뢰라는 주제에 대한 역사적인 관점에 대해서는 Schnabel과 Shin(2018)을 참조하라.

정리

이 장의 마지막 문장은 영화 〈사운드 오브 뮤직〉에 나오는 노래 〈Do-Re-Mi〉의 도입부 대사인 "Let's start at the very beginning, a very good place to start"를 어설프게 변형한 것이다.

2. 화폐와 금융의 기초

서두의 글은 알렉산드르 델 마르의 1885년 판《고대 국가 화폐의 역사》의 마지막 단락이다. 인용된 원문은 Palala Press가 2015년에 내놓은 복제판의 345쪽에서 발췌한 것이다.

화폐와 금융의 역사에 대한 개관은 Goetzmann(2017)을 참조하라.

화폐의 기능과 형태

명목화폐

재정정책과 통화정책이 어떻게 얽혀 있고 인플레이션에 어떤 영향을 주는지에 대한 설명은 Sims(2013)를 참조하라.

여기에서 설명한 것은 홍콩의 연동환율제Linked Exchange Rate System이다. Hong Kong Monetary Authority, "How Does the LERS Work," https://hkma.gov.hk/eng/key-functions/money/linked-exchange-rate-system/how-does-the-lers-work/.

내부화폐

내부화폐와 외부화폐에 대한 유용한 설명은 Lagos(2006)를 참조하라. Bank for International Settlements, *The Role of Central Bank Money in Payment Systems*, 2003년 8월, https://www.bis.org/cpmi/publ/d55.pdf도 참조하라.

화폐의 고전적인 이론 모델에는 선지급 모델(Svenson 1985), 쇼핑 시간 모델(Brock 1990), 턴파이크 모델(Townsend 1980)뿐만 아니라 현금인 화폐를 직접 효용함수에 삽입하는 모델(Sidrauski 1967)도 있다. 이런 모델 중 일부는 신용화폐와 명목화폐 사이에 미묘하지만 중요한 차이가 있다. Kiyotaki와 Wright(1993)가 창시한 검색 이론적 화폐 모델은 이 문헌의 주요 진전을 나타낸다.

Kocherlakota(1998)는 "Money Is Memory"라는 논문에서 불완전한 정보와 제한된 약속이 있는 환경에서 화폐가 맡는 구체적인 역할을 강조한다. 그는 화폐가 있는 환경에서 실현 가능한 모든 배분이 메모리가 있는 환경에서도 실현 가능하다는 것을 보여준다. 전부는 아니더라도 일부 환경에서는 그 반대도 참이다. 이는 기술적인 관점에서 화폐가 초보적인 형태의 메모리에 해당한다는 것을 암시한다.

통화량

London Credit Exchange Company가 1772년에 처음 여행자수표를 도입한 것에 대한 참조 자료는 https://web.archive.org/web/2008101561253/http://archive.thisislancashire.co.uk/2005/1/3/452155.html에서 찾아볼 수 있다.

미국 미결제 여행자수표 재고에 대한 데이터는 "Travelers Checks Outstanding," FRED Economic Data, https://fred.stlouisfed.org/series/TVCDKSSL에서 찾아볼 수 있다.

미 연준이 비은행 여행자수표 데이터를 수집하고 보고하는 것을 중단한 이유를 설명하는 논의는 Federal Reserve System, "Money Stock Measures: H.6 Release," 2019년 1월, 뉴스 보도, https://www.federalreserve.gov.releases/h6/h6_technical_qa.htm에서 찾아볼 수 있다. 예금취급 금융기관에서 발행한 여행자수표는 요구불예금에 포함된다.

세계 화폐의 분포

통화량에 대한 데이터는 해당 국가 데이터의 가장 최신 월에 대한 월말 시장환율을 사용해 미국 달러에 상응하는 수치로 변환된다. 시장환율 글로벌 GDP의 점유율은 World Bank Data "GDP(현 미국 달러)," https://data.worldbank.org/indicator/NY.GDP.MKTP.CD에서 얻은 것이다.

최근 해외에서 보유하고 있는 미국 통화 점유율 추정치는 Judson(2017)을 참조하라. 2000년대 초 Goldberg(2010)의 추정치는 그보다 더 높다.

화폐 형태의 변화

미국의 M2에 대한 정의는 Federal Reserve Bank of St. Louis, "M2 Metonal Aggregate," https://www.stlouisfed.org/financial-subscription/data/m2-subscription-subscription에 나온 내용이다.

미 연준은 2006년에 "M3는 M2에 이미 구체화되지 않은 경제활동에 대한 추가 정보를 전달하지 않는 것으로 보이며 수년 동안 통화정책 과정에서 역할을 하지 않은 것으로 보인다. 결과적으로, 이사회는 기본 데이터를 수집하고 M3를 발표하는 데 드는 비용이 이점을 능가한다고 판단했다"라고 밝히며 M3 통화량의 발표를 중단했다. "Discontinuance of M3," 2005년 11월 10일, 뉴스 보도(2006년 3월 9일 개정), https://www.federalreserve.gov/releases/h6.discm3.htm을 참조하라.

비은행 여행자수표의 미지급 재고에 대한 과거 데이터는 "Travelers Checks Outstanding," FRED Economic Data, https://fred.stlouisfed.org/series/TVCKSSL에서 확인할 수 있다. 2019년 1월에 미 연준의 비은행 여행자수표에 대한 데이터 수집 중단이 발표되었다: Federal Reserve System, "Money Stock Measures: H. 6 Release," 2019년 1월 17일, 뉴스 보도, https://federalreserve.gov/releases/h6/h6_technical_qa.htm.

미국에서 유통되는 화폐의 가치와 양에 대한 데이터는 "Currency and Coin Services," Board of Governors of the Federal Reserve System, https://www.federalreserve.gov/paymentsystems/coindata.htm.Global에서 찾아볼 수 있다. 본문에서 비율 계산에 사용된 글로벌 명목 GDP 수치는 IMF World Economic Outlook 데이터베이스를 기반으로 했다.

금융 시스템의 핵심 기능

다각화를 통해 위험을 수용한다

1997년 5월에 있었던 주식 공개에서 아마존 주가(분할 적용)는 1.5달러였다. 2020년 12월 18일에 주가는 3,201달러였다. https://finance.yahoo.com/quote/amzn/를 참조하라.

S&P 500 지수는 2000년 12월 29일에 1,334였고 2020년 12월 31일에는 3,753이었다. https://finance.yahoo.com/quote/^GSPC를 참조하라.

주요 금융기관과 시장

은행

볼드윈의 말을 그대로 인용하면 다음과 같다. "가난으로 고통을 겪어본 사람이라면 가난하다는 것이 얼마나 값비싼 일인지 알 것이다. 가난에 사로잡힌 사람은, 경제적으로 말하면 발이 영원히 트레드밀 위에 있는 것이다." 볼드윈의 *Collected Essays*(1998)를 참조하라.

금융혁신에 따르는 위험과 보상

세인트루이스 연방준비은행의 지하금융에 대한 보고서는 증권화의 일부 혜택을 강조한다. "증권화는 차입자, 상품, 지역에 대한 위험의 다각화를 가능하게 한다. 또한 금융 중개의 다양한 활동을 세분화하는 데 규모와 범위의 혜택을 활용해 비용도 낮춘다. 위험과 만기가 다양한 증권을 제공함으로써 금융기관은 전통적인 은행업하에서 가능한 것보다 포트폴리오를 더 잘 관리할 기회를 얻는다. 마지막으로, 일반적인 믿음과 반대로, 이런 형태의 은행업은 투명성과 공개성을 높인다. 과거라면 불투명한 대차대조표에서 관리되는 자산들을 이제는 은행이 판매하기 때문이다.

Bryan J. Noeth and Rajdeep Sengupta, "Is Shadow Banking Really Banking?," Federal Reserve Bank of St. Louis, 2011년 10월 1일, https://www.stlouisfed.org/publications/regional-economist/october-2011/is-shadow-banking-really-banking을 참조하라.

Adam Davidson, "How AIG Fell Apart," *Reuters*, 2008년 9월 18일, https://www.reuters.com/article/us-how-aig-fell-apart-idUSMAR85972720080918을 참조하라.

도매, 소매, 국경 간 결제 시스템

소매결제

2019년 소비자 지급수단 조사Diary of Consumer Payment Choice의 데이터는 다음에서 얻을 수 있다: https://www.frbatlanta.org/-/media/documents/banking/consumer-payments/diary-of-consumer-payment-choice/2019/dcpc2019tables-pdf.pdf. 2019년 미 연준의 결제 연구에 대한 더 상세한 사항은 Federal Reserve System, *The 2019 Federal Reserve Payments Study*, 2020년 1월, https://www.federalreserve.gov/paymentsystems/2019-December-The-Federal-Reserve-Payments-Study.htm을 참조하라.

스웨덴 중앙은행의 자료는 Sveriges Riksbank, "The Payment Market Is Being Digitalized," 2020년 10월 29일, https://www.riksbank.se/en-gb/payments—cash/payments-in-sweden/payments-in-sweden-2020/1.-the-payment-market-is-being-digitalised/cash-is-losing-ground/에서 볼 수 있다.

이 부분에 대한 다른 통계는 월드페이Worldpay의 2020년 1월《글로벌 결제 보고서

Global Payments Report》를 바탕으로 한다. 국제결제은행BIS은 몇몇 주요 경제국에서 다른 비현금 결제의 다른 양상에 대한 데이터를 제공한다. https://stats.bis.org/statx/toc/CPMI.html을 참조하라.

도매 결제

페드와이어에 대한 설명은 Federal Reserve Financial Services, *Fedwire® Funds Service*, https://www.frbservices.org/assets/financial-services/wires/funds.pdf를 참조하라. 거래 통계는 https://frbservices.org/resources/financial-services/wires/volume-value-stats/index.html에서 얻은 것이다. CHIPS에 대한 설명은 https://www.theclearinghouse.org/payment-systems/chips에서 찾아볼 수 있다. CHAPS와 TARGET2에 대한 정보는 각각 https://www.bankofengland.co.uk/payment-and-settlement/chaps와 https://www.ecb.europa.eu/paym/target/target2/html/index.en.html을 참조하라. TARGET2는 EU 중앙은행과 그 상업은행(여기에는 유로존에 속하지 않는 EU 회원국이 포함된다)의 유로 지불을 처리한다.

국경 간 결제

이 부분에서 언급한 규정들은 규제 용어로 자금세탁방지AML, 테러활동자금조달CFT, 고객알기KYC 요건에 해당한다. 금융기관에 대한 자본 요건도 국가마다 다르다.

규제를 벗어난 지하금융

미국 증권거래위원회SEC의 미국 헤지펀드 규제에 대한 진술은 "Hedge Funds," US Securities and Exchange Commission, https://www.sec.gov/fast-answers/answershedgehtm.html에 게시되어 있다. 미국의 경우 현재 자산이 1억 달러가 넘는 헤지펀드는 SEC에 투자 자문으로 등록해야 하며, 자산이 1억 5천만 달러가 넘는 경우 보유 자산과 재무 운영의 다양한 세부 사항을 보고해야 한다.

혁신가를 위한 초기 투입 자본

2006년에 피터 틸과 다른 벤처 캐피털리스트들이 추가 투자를 했고 그때 페이스북의 가치는 약 5억 달러였다. Evelyn M. Rusli, Peter Eavis, "Facebook Raises $16 Billion in I.P.O.," *New York Times*, 2012년 5월 17일, https://dealbook.nytimes.

com/2012/05/17/facebook-raises-16-billion-in-i-p-o/를 참조하라.

소프트뱅크의 위워크 투자 연혁과 2020년에 있었던 이 회사의 방향 전환 시도와 관련된 사건들은 Amy Chozick, "Adam Neumann and the Art of Failing Up," *New York Times*, 2020년 5월 18일, https://www.nytimes.com/2019/11/02/business/adam-neumann-wework-exit-package.html; Arash Massoudi, Kana Inagaki, Eric Platt, "WeWork on Track for Profits and Positive Cash Flow in 2021, Says Chairman," *Financial Times*, 2020년 7월 12일, https://www.ft.com/content/6b977ff2-ca5c-449a-bb6b-46039bd26c9b; Konrad Putzier, "WeWork Sheds Youthful Image as It Lures Big Corporations," *Wall Street Journal*, 2020년 7월 28일, https://www.wsj.com/articles/wework-sheds-youthful-image-as-it-lures-big-corporations-11595937615에 보도되었다.

한 리서치 기업은 2009년부터 2019년까지 사모펀드의 수익률이 평균 13%인 데 반해 벤처 캐피털 펀드의 하위 집합 수익률은 연평균 8%에 불과한 것으로 추정했다. 비교를 위해 제시하자면, 글로벌 주식에 투자한 포트폴리오는 이 기간에 연평균 10%의 수익률을 냈다. 벤처 캐피털 펀드들의 수익 사이에는 큰 편차가 있다. 예를 들어 실적이 가장 좋지 않은 미국 벤처 캐피털 펀드는 연간 -2%의 수익을 낸 (즉 손실을 낸) 반면, 최고의 펀드들은 평균 20%의 수익을 냈다. 투자의 시점과 투자로부터의 현금 흐름에 관련된 문제 때문에 벤처 캐피털 펀드의 우선 지표인 내부 수익률을 상장된 주식의 수익률과 비교해 해석할 때는 주의를 기울여야 한다.

사모펀드의 수익률에 대한 데이터는 리서치 기업 프레킨Preqin의 *2020 Preqin Global Private Equity & Venture Capital Report*, 2020년 2월, https://www.preqin.com/insights/global-reports/2020-preqin-global-private-equity-venture-capital-report와 JP모건의 "Guide to Alternatives 4Q 2020," J. P. Morgan Asset Management, 2020년 11월, https://am.jpmorgan.com/gb/en/asset-management/adv/insights/market-insights/guide-to-alternatives/#을 기반으로 한다. 업계에 대한 더 상세한 내용은 KPMG의 분기별 Global Venture Pulse report(특히 2020년 Q2 보고서 7쪽의 "Global Venture Financing"을 참조하라), https://assets.kpmg/content/dam/kpmg/xx/pdf/2020/07/venture-pulse-q2-2020-global.pdf에서 찾아볼 수 있다.

지하금융의 쓸모

중국 지하금융 시스템에 대한 더 많은 정보와 분석적 견해는 Elliott, Kroeber와 Qiao(2015), Ehlers, Kong과 Zhu(2018)를 참조하라.

금융 포용

포용의 격차

세계은행 글로벌 핀덱스World Bank Global Findex 웹사이트 https://globalfindex. worldbank.org/에서 자료와 보고서를 확인할 수 있다. 데이터베이스에 대한 상세한 사항은 Demirgüç-Kunt 외(2018)를 참조하라. 은행을 이용하지 않는 사람들의 3분의 2는 공식적인 금융 서비스를 이용하지 않는 이유가 자금이 부족해서라고 설명했다. 마찬가지로 미국 가계에 대한 FDIC의 연구에서 응답자의 약 절반이 이 대답에 동의했다. 2019년 FDIC 설문조사에 대한 자료는 Federal Deposit Insurance Corporation, *How America Banks: Household Use of Banking and Financial Services*, 2020년 10월 1일, https://www.fdic.gov/householdsurvey/에서 찾아볼 수 있다.

세계적으로 은행을 이용하지 않는 사람의 약 56%는 여성이다. 성별의 격차는 부분적으로 문화적 규범에 기인하는 것 같지만, 국가의 소득 수준도 중요한 요소일 것이다. 모로코, 모잠비크, 르완다, 잠비아, 방글라데시, 파키스탄은 모두 은행 계좌 보유의 성별 격차가 두 자리에 이르는 저중·저소득 국가다. 아르헨티나, 인도네시아, 필리핀과 같은 일부 개발도상국의 경우, 여성이 남성보다 계좌를 보유할 가능성이 크다. 대부분의 고소득 국가에서는 성별 격차가 눈에 띄지 않지만, 사우디아라비아, 아랍에미리트와 같은 중동의 일부 국가는 예외다.

3. 핀테크는 세상을 더 나은 곳으로 만들까?

서두의 글은 오그덴 나시의 시 〈은행가도 여느 사람과 마찬가지다. 단 부자는 예외〉의 한 구절이다(*Selected Poetry of Ogden Nash*, New York: Black Dog and Leventhal, 1995, 222쪽).

중국 지폐의 역사에 대한 논의는 Prasad(2016), 1장을 참조하라.

Batiz-Lazo와 Reid(2008)는 ATM의 기원에 대해 논의한다. 미국 은행원에 대한 자료는 Bessen(2015)을 참조하라. 미국의 은행 지점 수에 대한 연도별 자료는 https://banks. data.fdic.gov/explore/historical/를 참조하라.

진화인가, 혼란인가?

Schindler(2017)를 참조하라. 핀테크 발전의 최근 물결에 대한 학술 문헌은 여전히 상당히 제한적이다. 그 두드러진 예외는 전적으로 이 쟁점만을 다루는 *Review of Financial Studies*의 특별판이다. 이 특별판에 대한 개요와 해당 연구에서 제기된 고려 사항은 Goldstein, Jiang과 Karolyi(2019)를 참조하라.

개발도상국과 모바일 머니

저소득 국가 휴대전화 보급률 상승에 대한 분석은 World Bank Group, *World Development Report 2016: Digital Dividends*, 2016년, http://documents1. worldbank.org/curated/en/961621467994698644/pdf/102724-WDR-WDR2016Overview-ENGLISH-WebResBox-394840B-OUO-9.pdf를 참조하라.

인도와 케냐를 포함한 저소득 국가의 1인당 국민소득은 https://datahelpdesk. worldbank.org/knowledgebase/articles/906519-world-bank-country-and-lending-groups를 참조하라.

엠페사

엠페사에 대한 더 상세한 내용은 https://www.safaricom.co.ke/personal/m-pesa 와 https://www.vodafone.com/what-we-do/services/m-pesa를 참조하라.

세계은행은 2017년에 케냐 인구의 17.8%가 인터넷을 이용할 수 있는 것으로 추정했다. 같은 해 휴대전화 가입자는 인구 100명당 85.3명이었다. https://data.worldbank. org/indicator/IT.NET.USER.ZS?locations=KE와 https://data.worldbank.org/ indicator/IT.CEL.SETS.P2?locations=KE를 참조하라.

케냐 인구에 대한 연간 데이터는 https://data.worldbank.org/indicator/SP.POP. TOTL?locations=KE에서 찾아볼 수 있다.

계산에 사용된 환율은 1 미국 달러당 110 케냐 실링이며 2021년 3월 중순 환율 기준이다. https://www.centralbank.go.ke/rates/forex-exchange-rates/를 참조하라.

케냐 ATM의 수에 대해서는 "Number of ATMS, ATM Cards, and POS Machines," Central Bank of Kenya, www.centralbank.go.ke/national-payments-system/payment-cards/number-of-atms-atm-cards-pos-machines/를 참조하라. 이 부분에서 언급된 수치와 중앙은행 총재의 인용은 FinAccess, *2019 FinAccess*

Household Survey, 2019년 4월, https://www.centralbank.go.ke/finaccess/ 2019FinAccesReport.pdf를 바탕으로 한다. 추가적인 견해는 Tom Wilson, "Pioneering Kenya Eyes Next Stage of Mobile Money," *Financial Times*, 2019년 4월 24일, https://www.ft.com/content/130fe0cc-4b36-11e9-bde6-79eaea5acb64를 참조하라.

모바일 머니가 빈곤에 미치는 영향에 대한 분석은 Suri와 Jack(2016)을 참조하라. 이는 케냐 가계의 엠페사 이용 수치에 대한 출처이기도 하다.

모바일 머니의 핵심

불법 활동을 부채질한 혐의를 받는 모바일 머니의 사례는 짐바브웨의 것이다. 2020년 5월에 짐바브웨중앙은행Reserve Bank of Zimbabwe은 모바일 머니 운영 업체 에코캐시 EcoCash가 당좌 대월을 용이하게 함으로써 사실상 위조지폐를 찍어내는 효과를 낸 짐바브웨 달러의 가치를 떨어뜨리는 폰지 사기를 행했다고 고발했다. Tawanda Karombo, "Zimbabwe's Central Bank Says the Dominant Mobile Money Platform Is Running a Ponzi Scheme," *Quartz Africa*, 2020년 5월, https://qz.com/africa/1855919/ zimbabwes-reserve-bank-says-ecocash-running-ponzi-scheme/를 참조하라.

소말리아의 1인당 국민소득은 IMF가 연례 국가 보고서에서 추정한 수치이다. 세계은행은 2015년 해외 송금이 소말리아 GDP의 23%에 해당하는 것으로 추산했다. World Bank, "World Bank Makes Progress to Support Remittances Flows to Somalia," 2016년 6월 10일, 보도 자료, https://www.worldbank.org/en/news/press-release/2016/06/10/world-bank-makes-progress-to-support-remittance-flows-to-somalia를 참조하라. 세계은행 설문의 결과는 Rachel Firestone, Tim Kelly, Axel Rifon, "A Game Changer: The Prospects and Pitfalls of Mobile Money in Somalia," *World Bank Blogs*, 2017년 5월 25일, https://blogs.worldbank.org/ nasikiliza/a-game-changer-the-prospects-and-pitfalls-of-mobile-money-in-somalia에 요약되어 있다.

새로운 금융 중개

챌린저 은행

Julie Verhage, "Tech Start-Up Chime Gives Users Paychecks Early. It Wants

Their Savings, Too," *Los Angeles Times*, 2020년 2월 20일, https://www.latimes.com/business/story/2020-02-20/chime-digital-bank를 참조하라.

N26에 대한 데이터는 N26, "Newsroom," https://n26.com/en-us/press/를 참조하라.

영국 시장을 떠난다는 N26의 발표는 N26, "N26 Announces Exit from UK Banking Market," 2020년 2월 11일, 뉴스 보도, https://n26.com/en-us/press/press-release/n26-announces-exit-from-uk-banking-market에서 찾아볼 수 있다.

P2P 대출

프로스퍼에 대한 정보는 https://www.prosper.com/invest를 참조하라. 차입자들은 2천 달러에서 4만 달러 사이의 고정금리 정기 대출을 신청할 수 있다. 랜딩클럽에 대한 상세한 사항은 https://www.lendingclub.com/을 참조하라. Jagtiani와 Lemieux(2018)는 이 회사의 대출 패턴을 분석한다. 렌딩클럽의 재무제표(10-Q, 10-K 등)는 https://ir.lendingclub.com/Docs를, 대출 실적을 보여주는 통계는 https://www.lendingclub.com/info/demand-and-credit-profile.action을 참조하라. 렌딩클럽 채무불이행률에 대한 통계와 채무불이행을 결정하는 요인은 Croux 외(2020)를 참조하라. 이 쟁점에 대한 분석적인 견해는 Tang(2019) 그리고 Vallee와 Zeng(2019)을 참조하라.

미국의 개인 대출에 대한 데이터는 Matt Tatham, "Personal Loan Debt Continues Fast-Paced Growth," *Experian*(블로그), 2019년 10월 14일, https://www.experian.com/blogs/ask-experian/research/personal-loan-study/를, 무담보 개인 대출에 대한 데이터는 Matt Komos, "Consumer Credit Origination, Balance and Delinquency Trends: Q4 2019," *TransUnion*(블로그), 202년 4월 3일, https://www.transunion.com/blog/consumer-credit-origination-balance-and-delinquency-trends-q4-2019을 기반으로 한다.

무담보 개인 대출의 개시에 대한 데이터는 TransUnion, "Personal Loan Market Overview," 2019년, https://www.transunion.com/resources/transunion/doc/insights/articles/tu-personal-loan-market-2019.pdf에서 얻을 수 있다.

대출 관행에 대한 일반적인 정보는 https://www.fundingcircle.com/us/를, 대출 통계와 채무불이행률에 대해서는 https://www.fundingcircle.com/us/statistics/, 수익(2017~2019년에 이루어진 대출의 만기까지 연간 예상 수익률은 이전 해들보다 상당히 낮다.

https://www.fundingcircle.com/us/statistics/)은 https://corporate.fundingcircle.com/ investors를 참조하라. 기업 소유주는 FICO 개인 신용점수가 660점을 넘어야 한다(FICO 는 이 장 후반에 설명한다). 특정 기준을 충족하는 기업은 2만 5천 달러에서 50만 달러 사이 범위에서 대출을 신청할 수 있다. 2019년 초에 펀딩서클은 이전 2년 동안 채무불이행 위 험이 높아진 결과로 예상 수익률을 이전에 발표한 것보다 낮은 범위로 하향했다. Rutter Pooley, "Funding Circle Cuts Forecast Returns for Retail Investors," *Financial Times*, 2019년 4월 24일, https://www.ft.com/content/7819f6e8-66a1-11e9-a79d-04f350474d62를 참조하라.

업스타트에 대한 정보는 https://www.upstart.com/를, 전통적인 모델에 대한 정보 와 그에 대한 비교는 Patrice Alexander Ficklin, Paul Watkins, "An Update on Credit Access and the Bureau's First No-Action Letter," *Consumer Financial Protection Bureau*(블로그), 2019년 8월 6일, https://www.consumerfinance.gov/about-us/ blog/update-credit-access-and-no-action-letter/를 참조하라. 이 플랫폼의 시작 수 수료는 8%로 높고, 최대 대출 금액은 3만 달러로 다른 핀테크 대출 플랫폼이 제공하는 것 에 비해 낮다. 업스타트는 주로 은행 및 신용 조합과 협력하여 자금을 제공하지만, 연평균 소득이 20만 달러 이상이거나 순자산이 100만 달러 이상인 공인투자자들은 플랫폼을 사 용해 대출에 투자할 수 있다.

렌딩트리에 대한 기본 정보는 www.lendingtree.com을, 텍스트에 인용된 통계는 https://www.lendingtree.com/press/를 참조하라. 렌딩트리 주택담보대출 모델에 대한 설 명은 Greg Depersio, "How a LendingTree Mortgage Works," *Investopedia*, 2020년 3월 16일, https://www.investopedia.com/articles/personal-finance/110915/how-lendingtree-mortgage-works.asp를 참조하라.

재무 보고에 대해서는 https://investors.lendingtree.com/financials/sec-filings를 참조하라. 렌딩트리의 주된 수익 흐름은 소비자 요청이 전송될 때 대출기관이 지불하는 매 칭 수수료의 형태로 들어온다. 수익의 작은 부분은 웹사이트 광고와 대출기관이 웹사이트 의 클릭과 전화에 대해 지불하는 돈에서 나온다. 렌딩트리 모델에 내재된 특이한 위험은 지 리적 다양성과 대출기관의 다양성이 부족하다는 것이다. 렌딩트리의 사업 중 20%는 대출 기관 두 곳을 거친다.

크라우드펀딩

킥스타터에 대한 정보는 www.kickstarter.com을 참조하라. 킥스타터를 통한 프로젝트 자금 조달의 통계는 https://www.kickstarter.com/help/stats에서 얻을 수 있다. 성공적인 프로젝트의 8% 수수료에는 약 3%의 결제 처리 수수료가 포함된다. 제안된 프로젝트의 약 3분의 1만이 자금 조달 목표를 달성하는 데 성공한다. 흥미롭게도 프로젝트 자금 조달의 성공률이 50%인 분야는 주로 공연 예술(춤, 음악, 연극)과 관련된 것이다. 공예, 식품, 저널리즘, 그리고 놀랍게도 기술 분야의 프로젝트 중 약 4분의 1만이 자금 조달에 성공한다. 이는 평균적인 프로젝트가 약 2만 5천 달러를 받고, 평균적인 후원자는 그 금액의 약 10분의 1을 투자한다는 의미다. 이 플랫폼은 주로 소규모 프로젝트와 연관되지만, 437개 프로젝트(거의 모두가 디자인, 게임, 기술 프로젝트였다)는 100만 달러 이상의 자금을 조달했다.

회사 정보에 대해서는 www.indiegogo.com도 참조하라. 인디고고를 통한 프로젝트 자금 조달의 통계는 https://entrepreneur.indiegogo.com/how-it-works/에서 얻을 수 있다. 인디고고는 기부에 대해 5%의 수수료를 부과하며 킥스타터의 전부 혹은 전무 모델과 달리 자금 조달 목표에 도달하지 못했을 때에도 기업가에게 모든 자금을 지킬 수 있는 선택지를 주는 유연한 자금 조달 모델을 갖고 있다.

신흥경제국에서의 대출 혁신
개미가 앞장을 서다

앤트 파이낸셜에 대한 정보는 https://www.antgroup.com/en을 참조하라. 알리페이의 연차 보고서는 2019년 4분기의 자산 규모가 1조 900억 RMB(1,570억 달러)라는 것을 보여준다. 자산 규모는 2018년 1분기 1조 6,900억 위안(2,680억 달러)으로 최고점을 찍었다. http://cdn-thweb.tianhongjijin.com.cn/fundnotice/000198_%E5%A4%A9%E5%BC%98%E4%BD%99%E9%A2%9D%E5%AE%9D%E8%B4%A7%E5%B8%81%E5%B8%82%E5%9C%BA%E5%9F%BA%E9%87%912019%E5%B9%B4%E7%AC%AC%E5%9B%9B%E5%AD%A3%E5%BA%A6%E6%8A%A5%E5%91%8A pdf(중국어)를 참조하라. 관련 뉴스 보도는 John Detrixhe, "China No Longer Runs the World's Largest Money Market Fund," *Quartz*, 2020년 1월 28일, https://qz.com/1791778/ant-financials-yue-bao-is-no-longer-the-worlds-biggest-money-market-fund/에서 얻을 수 있다. Sun(2015)은 중국의 금융 개혁에 대해 설명한다.

앤트 파이낸셜 클라우드의 서비스는 Shi Jing, "Alibaba's Ant Financial Opens

Cloud Services," *China Daily*, 2015년 10월 16일, https://www.chinadaily.com.cn/business/2015-10/16/content_22204501.htm에 설명되어 있다.

지마 크레디트의 신용평가 시스템은 "Ant Financial Unveils China's First Credit-Scoring System Using Online Data," 2015년 1월 28일, https://www.alibabagroup.com/en/news/article?news=p150128에 설명되어 있다.

FICO에 대한 정보는 Rob Kaufman, "The History of the FICO® Score," *myFICO*(블로그), 2018년 8월 21일, https://www.myfico.com/credit-education/blog/history-of-the-fico-scoreand과 https://www.myfico.com/credit-education/whats-in-your-credit-score에서 찾아볼 수 있다.

개인 신용점수 서비스 촉진에 대한 2015년 1월에 있었던 PBC 성명은 http://www.gov.cn/xinwen/2015-01/05/content2800381.htm(중국어)에서 확인할 수 있다. 2017년 4월부터 신용점수 제공업체를 허가하지 않는다는 성명은 http://dz.jjckb.cn/www/pages/webpage2009/html/2017-04/24/content30980.htm(중국어)에서 찾아볼 수 있다.

2018년 2월에 있었던 기술 신용점수에 대한 중국의 단속은 Lucy Hornby, Sherry Fei Ju, Louise Lucas, "China Cracks Down on Tech Credit Scoring," *Financial Times*, 2018년 2월 4일, https://www.ft.com/content/f23e0cb2-07ec-11e8-9650-9c0ad2d7c5b5에서 다루어졌다. 신용점수 작동 방식에 대한 2018년 12월의 뉴스 보도는 Yuan Yang, "Does China's Bet on Big Data for Credit Scoring Work?," *Financial Times*, 2018년 12월 19일, https://www.ft.com/content/ba163b00-fd4d-11e8-ac00-57a2a826423e에서 확인할 수 있다.

지마 크레디트가 개인 신용점수 사업을 중단한 뒤 다음 몇 년 동안 수익을 고려하지 않을 것이라고 시사하는 2019년 *Securities Daily*의 지마 크레디트 이사 인터뷰는 http://epaper.zqrb.cn/html/2019-11/05/content527425.htm?div=-1(중국어)에서 확인할 수 있다.

중국인터넷금융협회는 바이항의 36%를 소유하고 있다. 이전의 8개 회사는 각각 8%를 소유했다. http://www.ifnews.com/news.html?aid=27455(중국어)를 참조하라. Yuan Yang, Nian Liu, "Alibaba and Tencent Refuse to Hand Loans Data to Beijing," *Financial Times*, 2019년 9월 18일, https://www.ft.com/content/93451b98-da12-11e9-8f9b-7216ebe1f17도 참조하라.

Zeng(2018)을 참조하라. "Jack Ma's $290 Billion Loan Machine Is Changing

Chinese Banking," *Bloomberg*, 2019년 7월 28일, https://www.bloomberg.com/news/articles/2019-07-28/jack-ma-s-290-billion-loan-machine-is-changing-chinese-banking; Breakingviews columnists, "Breakingviews—Corona Capital: Beyond Meat, Facebook, Natixis," *Reuters*, 2020년 5월 6일, https://www.reuters.com/article/us-health-coronavirus-finance-breakingvi/breakingviews-corona-capital-beyond-meat-facebook-natixis-idUSKBN22I388; "MYbank Shortens Payment Cycles for Small and Micro Businesses in the Lead up to This Year's 11.11 Global Shopping Festival," *Business Wire*, 2020년 10월 21일, https://www.businesswire.com/news/home/20201020006336/en/MYbank-Shortens-Payment-Cycles-for-Small-and-Micro-Businesses-in-the-Lead-up-to-This-Year's-11.11-Global-Shopping-Festival; "MYbank Aims to Bring Inclusive Financial Services to 2,000 Rural Counties by 2025," *Business Wire*, 2021년 4월 30일, https://www.businesswire.com/news/home/20210430005190/en/MYbank-Aims-to-Bring-Inclusive-Financial-Services-to-2000-Rural-Counties-By-2025도 참조하라.

마이뱅크에 대한 데이터는 2020년 연차 보고서를 바탕으로 한 것이다: https://gw.alipayobjects.com/os/bmw-prod/1761aae9-53a5-426b-b632-1b61a7d619b1.pdf(중국어), 마이뱅크의 기본 정보: https://mybank.cn/about.htm(중국어), 마이뱅크의 3-1-0 모델에 대한 지역 공식 매체의 반응: http://zjnews.zjol.com.cn/201902/t201902239519777.shtml(중국어), 마이뱅크의 차입자를 위한 웹사이트: https://loan.mybank.cn/(중국어). 전통적인 상업은행 중소기업 대출의 대출 연체율은 China State Council Information Office의 2020년 8월 25일 브리핑: http://www.gov.cn/xinwen/2020zccfh/22/index.htm(중국어)을 바탕으로 한다.

2017년 현재 화베이의 최대 대출 금액은 3만 위안(약 4,200달러)이고 무이자 기간은 50일이다. 당시 차입자 1인당 평균 대출금은 3천 위안(약 450달러)이었다. 대출금에 대한 수치는 시티뱅크 2018 보고서를 바탕으로 한다: *Bank of the Future: The ABCs of Digital Disruption in Finance*, 2018년 3월, https://www.citibank.com/commercialbank/insights/assets/docs/2018/The-Bank-of-the-Future/; Kevin Hamlin, "Mini-loans Have Spurred a Business—and Debt—Boom in China," *Bloomberg*, 2019년 10월 29일, https://www.bloomberg.com/graphics/2019-neweconomy-drivers-and-disrupters/china.html. Evelyn Cheng, "Singles Day Sales Hit a Record High as Chinese Buyers Rack Up Their Credit Card Bills," *CNBC*, 2019년 11월 15일, https://www.cnbc.com/2019/11/15/singles-day-sales-hit-record-high-as-chinese-buyers-rack-up-credit-card-bills.html도 참조하라.

화베이와 저베이 대차대조표상 그리고 부외 운영 일부에 대한 논의는 https://finance.sina.com.cn/roll/2020-02-06/doc-iimxyqvz0769786.shtml(중국어), http://database.caixin.com/2019-10-26/101475667.html(중국어); Wu Hongyuran, Hu Yue 와 Han Wei, "In Depth: Cheers and Fears in $283 Billion Bank-Tech Lending Tie-Up," *Caixin*, 2019년 10월 27일, https://www.caixinglobal.com/2019-10-27/in-depth-cheers-and-fears-in-283-billion-bank-tech-lending-tie-up-101475874.html에서 찾아볼 수 있다. 화베이와 대출 실적에 대해서는 https://finance.sina.com.cn/money/bank/dsfzf/2019-07-11/doc-ihytcerm2932322.shtml(중국어)을 참조하라.

저베이의 대출 실적 통계는 http://www.01caijing.com/blog/329928.htm, jsessionid=6A4FE44A017ABC9591D8DBFDE1DACBCA(중국어)를 바탕으로 한다. 제3자 대출을 포함한 저베이의 실제 대출 포트폴리오에 대한 논의는 http://database.caixin.com/2019-10-26/101475667.html(중국어)을 참조하라.

앤트 파이낸셜의 IPO를 막은 것에 대해서는 Jing Yang과 Lingling Wei, "China's President Xi Jinping Personally Scuttled Jack Ma's Ant IPO," *Wall Street Journal*, 2020년 11월 12일, https://www.wsj.com/articles/china-president-xi-jinping-halted-jack-ma-ant-ipo-11605203556에 보도되었다. 앤트 그룹의 공격적인 대출 개시에 대한 또 다른 우려는 앤트 그룹 대신에 대출을 시작하는 소규모 은행들을 과도한 위험에 노출시킨다는 점이다. 예를 들어 Jing Yang과 Xie Yu, "Jack Ma's Ant Group Ramped Up Loans, Exposing Achilles' Heel of China's Banking System," *Wall Street Journal*, 2020년 12월 6일, https://www.wsj.com/articles/jack-mas-ant-group-ramped-up-loans-exposing-achilles-heel-of-chinas-banking-system-11607250603를 참조하라. 이 그룹의 운영에 대한 정부 감독의 강화 노력은 Lingling Wei, "China Eyes Shrinking Jack Ma's Business Empire," *Wall Street Journal*, 2019년 12월 29일, https://www.wsj.com/articles/china-eyes-shrinking-jack-mas-business-empire-11609260092에 설명되어 있다.

신흥경제국의 다른 대출 플랫폼

루팍스의 웹사이트는 https://www.lu.com/(중국어)다. P2P 대출 플랫폼으로서의 루팍스에 대한 더 상세한 내용은 Alison Tudor-Ackroyd, "Lufax, P2P Fintech Backed by China's Biggest Insurer, Said to Aim for IPO in the U.S. This Year," *South China Morning Post*, 2020년 7월 23일, https://www.scmp.com/business/banking-finance/article/3094293/lufax-p2p-fintech-backed-chinas-biggest-insurer-said-aim을 참조하라.

이 기사는 규제기관이 루팍스와 기타 P2P 대출업체의 규제와 보고 요건을 강화해 루팍스가 P2P 대출에서 벗어나게 된 과정을 설명한다: Cheng Leng과 Engen Tham, "Exclusive: Ping An-Backed Lufax to Ditch P2P Lending on Regulatory Woes—Sources," *Reuters*, 2019년 7월 18일, https://www.reuters.com/article/us-lufax-p2p-exclusive/exclusive-ping-an-backed-lufax-to-ditch-p2p-lending-on-regulatory-woes-sources-idUSKCN1UD0QP. 이 회사는 2019년 말 중국은행보험관리감독위원회에 소비자 금융 면허를 신청했고 승인을 받았다. 루팍스의 미상환 대출금을 미국 달러로 계산하는 데 사용된 것은 2019년 12월의 평균 환율(1달러당 7.02위안)이다. "Xe Currency Charts: USD to CNY," Xe.com, https://www.xe.com/currencycharts/?from=USD&to=CNY&view=2Y를 참조하라.

렌딩카트와 그 운영에 대한 통계는 https://www.lendingkart.com/, "India's Lendingkart Raises $30m to Help Small Businesses Access Working Capital," *TechCrunch*, 2019년 8월 9일, https://techcrunch.com/2019/08/09/india-lendingkart/를 참조하라.

주모에 대한 정보는 https://www.jumo.world/, Jake Bright, "South African Fintech Startup Jumo Raises Second $50m+ VC Round," *TechCrunch*, 2020년 2월 27일, https://techcrunch.com/2020/02/26/south-african-fintech-startup-jumo-raises-second-50m-vc-round/를 참조하라.

브랜치 플랫폼과 다양한 국가에서의 대출금액 및 금리에 대한 정보는 https://branch.co/를 참조하라. 브랜치의 자금 조달에 대한 세부 사항은 Tim Bradshaw, "Fintech Start-Up Branch Raises Funding for EM Lending Push," *Financial Times*, 2019년 4월 7일, https://www.ft.com/content/6917b93e-57c2-11e9-91f9-b6515a54c5b1을 참조하라. 브랜치가 초기에 사기로 인해 겪은 어려움에 대한 이야기

는 Aswin Mannepalli, "Tested by Adversity, Fintech Branch Emerges Stronger(and Better at Risk Management)," *Forbes*, 2017년 7월 24일, https://www.forbes.com/sites/aswinmannepalli/2017/07/24/tested-by-adversity-intech-branch-emerges-stronger-and-better-at-risk-management/#16cf6b1afdd3를 참조하라.

핀테크 대출의 빛과 그림자

Fuster 외(2019)는 2010년부터 2016년까지 미국 주택담보대출에서 핀테크 대출업체가 차지하는 비율이 높아졌다고 언급했다. 2017년의 수치는 Jagtiani, Lambie-Hanson과 Lambie-Hanson(2019)을 바탕으로 한다. 전자의 논문은 핀테크 대출업체의 처리 속도와 연체율을 기록한다. 후자의 논문은 미국의 은행과 핀테크 대출업체의 대출 패턴을 비교한다. 미국의 경우 핀테크에서 개시된 대출의 대다수는 패니 메이Fannie Mae와 프레디 맥Freddie Mac에 판매된다. 따라서 이들 기관의 지침은 관찰 가능한 특성에 있어 핀테크와 비핀테크 대출 사이의 광범위한 유사성을 만든다.

Di Maggio와 Yao(2020)는 미국의 핀테크 대출업체들이 처음에는 위험이 큰 차입자들에게 대출을 하고, 다음에는 안전한 차입자들에게 대출을 함으로써 시장점유율을 늘렸다는 것을 발견했다. 핀테크의 차입자들은 전통적인 기관의 차입자들보다 (다른 특성을 통제한 경우) 연체가 많다. 핀테크 대출업체들은 가격 전략에서 이를 고려한다.

Parlour, Rajan과 Zhu(2020)는 은행들이 소비자의 신용 품질에 대한 귀중한 거래 정보를 핀테크 대출업체에 잃게 될 수 있다고 지적한다. 더 넓은 시장을 통한 소비자 결제 데이터의 탈환은 은행 대출의 증가된 위험성을 완화한다. 이 경우, 소비자 복지가 모호하며 소비자 복지가 금융 기술이 대출을 직접적으로 만드는 데 사용되는지, 핀테크 정보가 은행에 팔리는지, 소비자 자신이 그런 정보를 은행에 제공하기로 선택하는지에 좌우된다.

중국의 P2P 플랫폼 규제 강화에 대한 논의는 Nik Martin, "China's Peer-to-Peer Lenders Face Crisis, Investors Face Ruin," *DW*, 2019년 2월 22일, https://www.dw.com/en/chinas-peer-to-peer-lenders-face-crisis-investors-face-ruin/a-47634861; "How China's Peer-to-PeerLending Crash Is Destroying Lives," *Bloomberg Businessweek*, 2018년 10월 2일, https://www.bloomberg.com/news/articles/2018-10-02/peer-to-peer-lending-crash-in-china-leads-to-suicide-and-protest를 참조하라. 이 부문의 단속에 대한 세부적인 사항은 "China Gives P2P Lenders Two Years to Exit Industry: Document," *Reuters*, 2019년 11월 28일,

https://www.reuters.com/article/us-china-p2p/china-gives-p2p-lenders-two-years-to-exit-industry-document-idUSKBN1Y2039; Wu Hongyuran과 Tang Ziyi, "Lufax Prepares for Life after P2P Lending," *Caixin*, 2019년 11월 28일, https://www.caixinglobal.com/2019-11-28/lufax-prepares-for-life-after-p2p-lending-101488535.html을 참조하라.

핀테크 대출에 대한 케냐 규제기관의 우려에 대한 논의는 Maggie Fick과 Omar Mohammed, "Kenya Moves to Regulate Fintech-Fuelled Lending Craze," *Reuters*, 2018년 5월 25일, https://www.reuters.com/article/us-kenya-fintech-insight/kenya-moves-to-regulate-fintech-fuelled-lending-craze-idUSKCN1IQ1IP를 참조하라.

Aaron Klein, "Reducing Bias in AI-based Financial Services," 기술 보고서, Brookings Institution, Washington, DC, 2020년 7월, https://www.brookings.edu/research/reducing-bias-in-ai-based-financial-services/를 참조하라.

Jennifer Miller, "Is an Algorithm Less Racist Than a Loan Officer," *New York Times*, 2020년 9월 18일, https://www.nytimes.com/2020/09/18/business/digital-mortgages.html도 참조하라.

인슈어테크와 보험 혁신

주문형 보험

슬라이스와 그 보험상품에 대한 설명은 https://www.slice.is/를 참조하라.

메트로마일에 대한 정보는 https://www.metromile.com/를 참조하라. 올스테이트의 마일와이즈 프로그램은 https://www.allstate.com/auto-insurance/milewise.aspx에 설명되어 있다.

레모네이드와 오스카 그리고 그들의 비즈니스 모델에 대한 더 많은 정보는 각각 https://www.lemonade.com/와 https://www.hioscar.com/about를 참조하라. 오스카의 시장 침투에 대한 통계는 https://www.hioscar.com/about에서 얻은 것이다. Douglas MacMillan, "Google Bets on Insurance Startup Oscar Health," *Wall Street Journal*, 2015년 9월 15일, https://www.wsj.com/articles/BL-DGB-43455도 참조하라. 레모네이드의 주가와 시가총액은 https://finance.yahoo.com/quote/LMND/에서 찾아볼 수 있다.

소액보험

중안에 대한 더 자세한 내용은 https://www.zhongan.com(중국어) 그리고 Don Weinland와 Oliver Ralph, "Chinese Online Insurer ZhongAn Raises $1.5bn in IPO," *Financial Times*, 2017년 9월 22일, https://www.ft.com/content/424e7b36-9f5d-11e7-9a86-4d5a475ba4c5를 참조하라.

핀테크 결제

국내 소매결제

페이팔에 대한 기본적인 설명은 Julia Kagan, "PayPal," *Investopedia*, 2020년 4월 8일, https://www.investopedia.com/terms/p/paypal.asp에서 찾아볼 수 있다. 페이팔 통계는 https://investor.pypl.com/home/default.aspx에 게시된 "Investor Updates"를 기반으로 한다. 2002년에 이베이는 페이팔을 인수해 이베이 웹사이트의 공식 송금 서비스로 만들었지만 결국은 재정적인 이유로 2015년에 독립 회사로 전환시켰다. 벤모와 관련된 통계는 https://venmo.com/about/us/(이용자 수)와 https://investor.pypl.com/financials/quarterly-results/default.aspx(결제량)를 참조하라.

중국 소매결제의 혁신

알리페이와 알리페이가 제공하는 서비스에 대한 정보는 https://intl.alipay.com을 참조하라.

전송된 위챗 빨간 봉투의 수는 Alyssa Abkowitz, "The Cashless Society Has Arrived: Only It's in China," *Wall Street Journal*, 2018년 1월 4일, https://www.wsj.com/articles/chinas-mobile-payment-boom-changes-how-people-shop-borrow-even-panhandle1515000570와 "WeChat Sees Record High of Spring Festival Holiday Red Packets," *Xinhua*, 2017년 2월 4일, http://www.xinhuanet.com//english/2017-02/04/c136031236.htm을 바탕으로 한다. 2014년 위챗페이 사용자 기반의 증가는 Eveline Chao, "How WeChat Became China's App for Everything," *Fast Company*, 2017년 1월 2일, https://www.fastcompany.com/3065255/china-wechat-tencent-red-envelopes-and-social-money에 나와 있다.

알리페이와 위챗페이의 수수료에 대한 논의는 https://themindstudios.com/blog/china-payment-systems-guide/, https://www.cgap.org/research/publication/china-digital-payments-revolution, https://www.sohu.com/a/314635402591077(중국어)에서 찾아볼 수 있다. 미국의 수수료는 https://squareup.com/help/us/en/article/6109-fees-and-payments-faqs; https://www.paypal.com/us/webapps/mpp/merchant-fees; Sydney Vaccaro, "PayPal Merchant Fees: How Much Does a PayPal Merchant Account Cost?," Chargeback, 2019년 10월 24일, https://chargeback.com/paypal-merchant-fees-how-much-does-a-paypal-merchant-account-cost/에 나와 있다.

알리페이의 자체 공시에 따르면 2018년 사기율은 0.0044 베이시스 포인트(100분의 1%), 2019년에는 0.00064 베이시스 포인트였다. 대조적으로, 중국의 은행 카드 사기율은 약 1.16 베이시스 포인트이고, 미국의 사기율은 11.8 베이시스 포인트다. 2016년 미국 은행 카드 사기율의 양과 금액에 대한 데이터는 Federal Reserve, *Changes in U.S. Payments Fraud from 2012 to 2016*, 2018년 11월 2일, https://www.federalreserve.gov/publications/2018-payment-systems-fraud.htm(표 10과 그림 19 참조)에, 중국 은행의 2019년 카드 사기율은 https://www.sohu.com/a/321431599659885에, 알리페이의 2019년 사기율은 https://cshall.alipay.com/lab/helpdetail.htm?helpid=201602076097에, 알리페이의 2018년 사기율은 https://3g.163.com/dy/article/E74E0E9H0519QIKK.html에 보고되었다. "Alipay Unveils Enhanced AI-Powered Risk Engine AlphaRisk to Safeguard Businesses Amid Accelerating Digitization," *Business Wire*, 2020년 5월 14일, https://www.businesswire.com/news/home/2020051400594/en/Alipay-Unveils-Enhanced-AI-Powered-Risk-Engine-AlphaRisk-to-Safeguard-Businesses-Amid-Accelerating-Digitization도 참조하라.

이 논의는 Klein(2019) 그리고 2018년 세계은행과 중국인민은행(PBC) 보고서, *Toward Universal Financial Inclusion in China: Models, Challenges, and Global Lessons*, 2018년 2월, http://documents.worldbank.org/curated/en/281231518106429557/pdf/123323-FinancialInclusionChina-9Aug18.pdf를 주로 참고했다.

결제 데이터는 PBC의 2019 *Payment System Report*: http://www.pbc.gov.cn/goutongjiaoliu/113456/113469/3990497/index.html(중국어)에서 확인할 수 있다.

알리페이와 위챗페이의 시장점유율 추정치는 Daniel Keyes와 Greg Magana, "Report: Chinese Fintechs Like Ant Financial's Alipay and Tencent's WeChat Are Rapidly Growing Their Financial Services Ecosystems," *Business Insider*, 2019년 12월 18일, https://www.businessinsider.com/china-fintech-alipay-wechat

에서 얻은 것이다. 알리페이 평균 거래량이 많은 부분적인 이유는 B2B 거래를 많이 처리하기 때문이다. 알리페이 사용자의 수는 알리바바 2019 Q4 결과: Alibaba Group, "Alibaba Group Announces December Quarter 2019 Results," 2020년 2월, 뉴스 보도, https://www.alibabagroup.com/en/news/press_pdf/p200213.pdf에서 얻은 것이다. 알리페이의 2019년 총거래량은 https://cshall.alipay.com/lab/help_detail.htm?helpid=201602076097(중국어)에서 계산한 것이다. 알리페이의 시장점유율 추정치는 "China's Third-Party Mobile Payment Transactions Rose 22.6% in Q2 2019," iResearch, 2019년 10월 17일, http://www.iresearchchina.com/content/details758033.html를 바탕으로 한 것이다. 모바일 결제의 규모에 대한 데이터는 PBC의 *2019 Payment System Report*에서 얻은 것이다. 페이팔의 2019년 데이터는 https://investor.paypal-corp.com/news-releases/news-release-details/paypal-reports-fourth-quarter-and-full-year-2019-results를 바탕으로 한다.

알리페이와 위챗페이의 해외 사용자에 대한 접근성은 "China Mobile Payment Giants Alipay, WeChat Open to International Cards," *Reuters*, 2019년 11월 6일, https://www.reuters.com/article/us-china-payments/china-mobile-payment-giants-alipay-wechat-open-to-international-cards-idUSKBN1XG1E5에 설명되어 있다.

인디아 스택

이 부분 초반의 논의는 인디아 스택에 대한 개요를 잘 설명한 D'Silva 외(2019)를 주로 따랐다. Nilekani(2018)는 인도의 접근방식을 뒷받침하는 철학을 설명한다. UPI는 인도결제공사National Payments Corporation of India, NPCI의 관리를 받고 있으며, NPCI는 스스로를 인도 내에서 소매결제와 결산 시스템을 운영하는 포괄적인 조직이라고 설명한다. NPCI는 인도중앙은행과 인도은행협회Indian Banks' Association의 공동 이니셔티브다. NPCI에 관한 더 상세한 사항은 https://www.npci.org.in/를 참조하라.

중국과 인도의 1인당 국민소득은 세계은행 데이터를 바탕으로 한다. https://data.worldbank.org/indicator/NY.GDP.PCAP.CD?locations=CNand와 https://data.worldbank.org/indicator/NY.GDP.PCAP.CD?locations=IN을 참조하라.

페이티엠에 대한 수치는 https://paytm.com/careers/와 "Paytm to Invest Rs. 750 Crore to Reach 250 Million Users," *Economic Times*, 2019년 8월 15일,

https://economictimes.indiatimes.com/small-biz/startups/newsbuzz/paytm-to-invest-rs-750-crore-to-reach-250-million-monthly-active-users-by-march/articleshow/70690489.cms에서 얻었다. 페이티엠에 대한 더 상세한 내용은 https://paytm.com/about-us/와 "A Study on Paytm's Growth in India as a Digital Payment Platform," *International Journal of Research and Analytical Reviews* 5, no. 4(2018년 12월), http://www.ijrar.org/papers/IJRAR1944781.pdf를 참조하라.

기업 대상 디지털 결제 서비스

스트라이프와 그 비즈니스 모델에 관한 정보는 https://stripe.com/about과 "The Business Value of the Stripe Payments Platform," Stripe, 2018년 3월, https://stripe.com/files/reports/idc-business-value-of-stripe.pdf를 참조하라. 스퀘어에 대한 더 많은 정보는 https://squareup.com/us/en을 참조하라.

국내 및 국경 간 결제 시스템의 발전에 대한 유용한 개관은 *Global Payments Report 2019: Amid Sustained Growth, Accelerating Challenges Demand Bold Actions*, McKinsey and Company, 2019년 9월, https://www.mckinsey.com/~/media/mckinsey/industries/financial%20services/our%20insights/tracking%20the%20sources%20of%20robust%20payments%20growth%20mckinsey%20global%20payments%20map/global-payments-report-2019-amid-sustained-growth-vf.ashx에서 얻을 수 있다.

국제결제와 송금

리플이 파도를 만들다

https://ripple.com/company,https://ripple.com/xrp/와 "RippleNet," Ripple, https://ripple.com/files/ripplenetbrochure.pdf를 참조하라. 회원 기관과 기타 구체적인 정보는 https://ripple.com/faq/를 바탕으로 한다. 리플에 대한 추가적인 정보와 견해는 Steve Fiorillo, "What Is Ripple and How Does It Work?," *Street*, 2018년 7월 10일, https://www.thestreet.com/investing/what-is-ripple-14644949; Jake Frankenfield, "Ripple(Cryptocurrency)," *Investopedia*, 2019년 8월 11일, https://www.investopedia.com/terms/r/ripple-cryptocurrency.asp; Analyst Team, "What Is Ripple? Introduction to XRP and Ripple Labs," Crypto Briefing, 2018년 11월 1일, https://

cryptobriefing.com/what-is-ripple-an-introduction-to-xrp/에서 찾아볼 수 있다. 이 네트워크에서 처리되는 결제 기타 거래량은 https://xrpcharts.ripple.com/#/metrics에서 찾아볼 수 있다.

초당 6만 5천 건의 거래를 처리할 수 있는 비자의 능력은 https://usa.visa.com/dam/VCOM/download/corporate/media/visanet-technology/aboutvisafactsheet.pdf의 자료표에 나와 있다.

산탄데르은행의 결정은 Richard Waters, "With $16bn in Cryptocurrency, Ripple Attempts a Reset," *Financial Times*, 2020년 8월 12일, https://www.ft.com/content/7d9c934f-3840-4285-96a7-4bdf7fee9286에서 확인할 수 있다.

국경 간, 다중통화 결제 시스템의 다른 발전에 대한 설문조사는 Bech, Faruqui와 Shirakami(2020)를 참조하라.

송금 서비스 경쟁

송금 가격은 *Remittance Prices Worldwide*, World Bank, 2020년 3월, https://remittanceprices.worldbank.org/sites/default/files/rpw_report_march_2020.pdf에 보고된다. 전형적인 송금 거래의 보고된 평균 가격은 약 200달러다. 2020년의 송금 흐름과 송금 수수료는 World Bank와 Knomad, "Phase II: COVID-19 Crisis through a Migration Lens," Migration and Development Brief 33, 2020년 10월, https://www.knomad.org/sites/default/files/2020-11/Migration%20%26%20Development_Brief%2033.pdf에서 확인할 수 있다.

와이즈(2021년 2월까지는 트랜스퍼와이즈로 불렸다)에 대한 상세한 사항과 회사에 대한 통계는 https://transferwise.com/us/about/our-story, Kristo Käärmann; "Revealing Our 2019 Annual Report," *TransferWise*(블로그), 2019년 9월 18일, https://transferwise.com/gb/blog/annualreport2019; Kristo Käärmann, "Q4 2020 Mission Update," *TransferWise*(블로그), 2021년 1월 20일, https://transferwise.com/gb/blog/mission-update-q4-20를 참조하라. https://transferwise.com/us와 https://transferwise.com/help/articles/2571907/what-currencies-can-i-send-to-and-from도 참조하라. 월간 거래 금액은 Joel Dreyfuss, "Money Transfers in Seconds. A Start-Up That Is Trying to Usurp Western Union and Shake Up the $689 Billion Money Transfer Market," *CNBC*, 2019년 5월 18일, https://

www.cnbc.com/2019/05/17/a-start-up-trying-to-upsurp-western-union-in-money-transfer-market.html을 바탕으로 한다. 이 회사의 환율 관리에 대한 접근법은 Jordan Bishop, "TransferWise Review: The Future of International Money Transfers Is Here," *Forbes*, 2017년 11월 29일, https://www.forbes.com/sites/bishopjordan/2017/11/29/transferwise-review/#2e3aaa4119f0에서 확인할 수 있다.

월드리밋에 대한 정보는 https://www.worldremit.com/en/about-us와 https://www.monito.com/en/send-money-with/worldremit에서 얻을 수 있다. 월드리밋은 금액과 관련된 통화에 따라 보통 4~25달러의 균일 수수료를 부과하지만, 환율은 트랜스퍼와이즈가 제공하는 것보다 고객에게 유리하지 못하다는 말이 있다.

거래 트랜스퍼와이즈나 월드리밋의 거래 비용과 속도의 비교는 http://transumo.com/transferwise-vs-worldremit/#Transfer와 Kevin Mercadante, "TransferWise vs. WorldRemit: Best for Money Transfers?," *My-BankTracker*(블로그), 2019년 4월 29일, https://www.mybanktracker.com/blog/utilize-my-options/transferwise-vs-world-remit-money-transfers-299188을 참조하라.

와이즈와 월드리밋 모두 알리페이와 파트너십을 맺고, 알리페이 사용자들이 이들 플랫폼에 접근해 국경 간 결제를 하도록 해준다. 지금으로서는 이런 약정은 해외에서 시작해 중국으로 들어가는 결제에만 사용된다. 알리페이와의 파트너십에 대해서는 다음에 설명되어 있다: Rachel Matthews, "WorldRemit Announces Global Remittance Partnership with Alipay," WorldRemit, 2020년 1월 22일, https://www.worldremit.com/en/news/worldremit-partnership-alipay; Chee-Xuan Tang, "New: Send Chinese Yuan Instantly to Alipay Users," *TransferWise*(블로그), 2020년 3월 17일, https://transferwise.com/us/blog/new-send-cny-instantly-to-alipay-users.

중국 상무부의 정보에 따르면 알리페이와의 약정은 중국으로 들어오는 이전에 대한 것에만 적용된다: http://www.mofcom.gov.cn/article/i/jyjl/m/202003/ 20200302946 800.shtml(중국어).

유출된 산탄데르의 문서에 대해서는 Patrick Collinson, "Revealed: The Huge Profits Earned by Big Banks on Overseas Money Transfers," *Guardian*, 2017년 4월 8일, https://www.theguardian.com/money/2017/apr/08/leaked-santander-international-money-transfers-transferwise에 설명되어 있다.

2020년 12월 당시에 벨기에와 영국에서 사용할 수 있는 파고FX에 대한 정보는

https://pagofx.com/를 참조하라.

학비 송금에서 시작된 서비스

이지트랜스퍼에 대한 정보는 회사 웹사이트 https://www.easytransfer.com.cn/에서 확인할 수 있다. 이 회사는 거래당 80~200위안(2021년 1월 4일 환율로 약 12~31달러)의 수수료를 부과한다. 이 회사의 기원과 비즈니스 모델에 대한 더 많은 정보는 "How a Post-90s Entrepreneur Simplified Cross-border Tuition Payments: Inside China's Startups," *KrAsia*, 2020년 5월 30일, https://kr-asia.com/how-a-post-90s-entrepreneur-simplified-cross-border-tuition-payments-inside-chinas-startups; Rita Liao, "Easy Transfer Processes Billions of Dollars in Tuition for Overseas Chinese Students," *TechCrunch*, 2019년 5월 29일, https://techcrunch.com/2019/05/29/easy-transfer-feature/; "Easy Transfer Grows to US$776m in Gross Transactions as Student Payment Platform's Popularity Soars," *Business Wire*, 2019년 5월 20일, https://www.businesswire.com/news/home/20190320005344/en/Easy-Transfer-Grows-US776M-Gross-Transactions-Student#에서 찾아볼 수 있다.

플라이와이어와 그 배경 이야기에 대한 상세한 사항은 https://www.flywire.com/zh/careers/inside-flywire/the-story-of-flywire에서, 사업에 대한 추가적인 사항은 Jeff Kauflin, "Startup Raises $100 Million to Allow College, Hospital and Business Bills to Be Paid in Foreign Currency," *Forbes*, 2018년 7월 26일, https://www.forbes.com/sites/jeffkauflin/2018/07/26/startup-raises-100-million-to-allow-college-hospital-and-business-bills-to-be-paid-in-foreign-currency/#294098431216에서 찾아볼 수 있다.

스마트 자산 관리

로빈후드에 관한 정보는 회사 웹사이트, https://robinhood.com/us/en/를 참조하라.

C Nivedita와 John McCrank, "Charles Schwab to End Commissions for Stock Trading, Shares Fall," *Reuters*, 2019년 10월 1일, https://www.reuters.com/article/us-charles-schwab-commissions-idUSKBN1WG41J는 주식 거래 수수료를 없앤다는 찰스 슈와브의 결정에 대해 설명한다.

웰스프론트와 베터멘트에 대한 정보는 www.wealthfront.com와 www.better
ment.com을 참조하라. Jonathan Shieber, "Betterment Adds Checking and Savings
Products," *TechCrunch*, 2020년 4월 21일, https://techcrunch.com/2020/04/21/
betterment-adds-checking-and-savings-products/를 참조하라.

찰스 슈와브와 뱅가드 로봇 자문 계정의 최소 투자 요건과 수수료는 https://www.
schwab.com/intelligent-portfolios와 https://investor.vanguard.com/advice/
digital-advisor를 바탕으로 했다. 2020년 중반 현재 여러 로봇 자문들이 관리하는 자산
은 https://www.investopedia.com/robo-advisors-2020-managing-volatility-cash-
and-expectations-5081471에서 확인할 수 있다.

전체 로봇 자문 시장에 대한 추정치는 Bailey McCann, "Robo Advisers Keep
Adding on Services," *Wall Street Journal*, 2020년 3월 8일, https://www.wsj.com/
articles/robo-advisers-keep-adding-on-arms-11583331556에서 얻은 것이다.

블랙록(8조 7천억 달러)과 뱅가드(7조 1천억 달러)의 2020년 12월 관리 자산액
은 https://www.blackrock.com/sg/en/about-us과 Chris Flood, "Vanguard's
Assets Hit Record $7tn," *Financial Times*, 2021년 1월 13일, https://www.ft.com/
content/3b80cd1d-8913-4019-b6aa-b6f6ddb155a5에서 확인할 수 있다.

핀테크가 은행에 미치는 영향

이 부분에서 논의하는 사안들에 대한 개요는 Petralia 외(2019)를 참조하라.

몸집이 커지는 은행

미국의 은행 집중에 대한 데이터는 Corbae와 D'Erasmo(2020)를 참조하라. 이 저
자들은 4대 은행(JP모건 체이스, 뱅크오브아메리카, 웰스파고, 시티그룹)의 예금 시장 점유율이
2008년 이래로 비교적 안정적이라고 지적한다.

일부 은행의 태도 변화

마커스에 대한 정보는 https://www.marcus.com/us/en을 참조하라. 양도성 예금
증서에는 초기 인출 수수료가 있다.

JP모건의 파트너십에 대한 세부적인 사항은 Peter Renton, "An In Depth Look at
the OnDeck/JPMorgan Chase Deal," *LendItFintech News*, 2015년 12월 4일, https://

www.lendacademy.com/an-in-depth-look-at-the-ondeckjpmorgan-chase-deal/
에 보도되어 있다. 다음의 기사는 파트너십의 종결에 대해서 보고한다. Ciara Linnane,
"OnDeck Shares Slide 22% after Company Says JPMorgan Will Stop Originating
Loans on Its Platform Next Week," *MarketWatch*, 2019년 7월 29일, https://
www.marketwatch.com/story/ondeck-shares-slide-22-after-company-says-
jpmorgan-will-stop-originating-loans-on-its-platform-next-week-2019-07-29.

혁신의 혜택과 위험

핀테크의 일부 혜택에 대한 논의는 Philippon(2016)과 Sahay 외(2020)를 참조하라.

반짝인다고 모두 금은 아니다

US Securities and Exchange Commission, "SEC Charges Robinhood Financial
with Misleading Customers about Revenue Sources and Failing to Satisfy Duty of
Best Execution," 2020년 12월 17일, 뉴스 보도, https://www.sec.gov/news/press-
release/2020-321을 참조하라. 로빈후드에 대한 매사추세츠주 증권 규제당국의 행정
적 불만에 대한 글은 *Secretary of the Commonwealth of Massachusetts, Secretary
Galvin Charges Robinhood over Gamification and Options Trading*, 2020년 12월
16일, https://www.sec.state.ma.us/sct/current/sctrobinhood/robinhoodidx.htm
에서 확인할 수 있다. 게임스톱으로 인해 피해를 본 소매 투자자에 대한 보도는 Madison
Darbyshire, Robin Wigglesworth, Alice Kantor와 Aziza Kasumov, "'Moment of
Weakness': Amateur Investors Left Counting GameStop Losses," *Financial
Times*, 2021년 2월 5일, https://www.ft.com/content/04e6c524-389b-47fc-afaa-
eb52c1e76048을 참조하라.

Karlan 외(2016)는 설문을 통해 디지털 금융 서비스가 빈민층에 미치는 영향에 대한
증거를 조사했다.

프라이버시를 내주다

"친구"에 관한 벤모의 정책은 https://help.venmo.com/hc/en-us/articles/
217532217-Adding-Removing-Friends-에 설명되어 있다. 밀레니얼 세대가 이 플랫
폼에 느끼는 매력에 대한 논의는 "Why Millennial Favorite Venmo Is PayPal's Key to

Future Success," Nasdaq, 2018년 8월 9일, https://www.nasdaq.com/articles/why-millennial-favorite-venmo-paypals-key-future-success-2018-08-09을 참조하라.

인용문의 메트로마일의 펄스Pulse 기기 사용 요건은 https://www.metromile.com/terms-conditions-pulse-device/에서 찾아볼 수 있다. 더 광범위한 메트로마일의 프라이버시 정책은 https://www.metromile.com/privacy/를 참조하라.

중국이 제안하는 사회 신용점수 시스템에 대한 세부적인 사항은 State Council of the People's Republic of China, *Planning Outline for the Construction of a Social Credit System(2014-2020)*, 2014년을 참조하라. Rogier Creemer의 영어 번역은 "Planning Outline for the Construction of a Social Credit System(2014–2020)," *China Copyright and Media*, 2014년 6월 14일, https://chinacopyrightandmedia.wordpress.com/2014/06/14/planning-outline-for-the-construction-of-a-social-credit-system-2014-2020/에서 찾아볼 수 있다.

4. 혁명을 일으키고는 주춤하는 비트코인

서두의 글은 리처드 파워스의 《오버스토리》의 첫 문장이다.

최초의 블로그 게시물은 Satoshi Nakamoto, "Bitcoin P2P e-Cash Paper," *Satoshi Nakamoto Institute*(블로그), 2008년 10월 31일, https://satoshi.nakamotoinstitute.org/emails/cryptography/1/에서 확인할 수 있다. https://bitcoin.org/bitcoin.pdf 에 나와 있는 논문(Nakamoto 2008), "A purely peer-to-peer version of electronic cash would allow online payments to be sent directly from one party to another without going through a financial institution"은 비트코인의 목적을 간결하게 요약한다. 인용된 글은 Satoshi Nakamoto, "Bitcoin Open Source Implementation of P2P Currency," *Satoshi Nakamoto Institute*(블로그), 2009년 2월 11일, https://satoshi.nakamotoinstitute.org/posts/p2pfoundation/1/에서 찾아볼 수 있다.

Bonneau 외(2015)는 비트코인에 대한 초기 분석을 제공한다.

블록체인 기술과 비트코인에 대한 명료하고 이해하기 쉬운 설명은 Popper(2015), Vigna와 Casey(2016), Narayanan 외(2016), Casey와 Vigna(2018)를 참조하라.

완벽한 등장

미 연준의 대차대조표에 대한 데이터는 "Assets: Total Assets: Total Assets(Less Eliminations from Consolidation): Wednesday Level," FRED Economic Data, https://fred.stlouisfed.org/series/WALCL에서 찾아볼 수 있다. 미국의 연방 공공 부채 총액은 2008년 3분기 10조 200억 달러에서 2011년 4분기 15조 2,200억 달러로 증가했다. 데이터는 https://fred.stlouisfed.org/series/GFDEBTN#0에서 확인할 수 있다.

코인베이스의 비트코인 판매액은 Sean Ludwig, "Y Combinator-Backed Coin base Now Selling over $1m Bitcoins per Month," *VentureBeat*, 2013년 2월 8일, https://venturebeat.com/2013/02/08/coinbase-bitcoin/를 참고했다.

Coinmarketcap.com은 활성 암호화폐와 그 가격, 시가총액에 대한 최신 목록을 갖고 있다. 자신만의 암호화폐를 발행하는 데에는 큰 어려움이 없기 때문에 2020년 12월 현재 수천 개의 암호화폐들이 더 있으며 그것의 시장가치는 미미하거나 전혀 없다.

비트코인의 구성 요소

인용된 글은 Satoshi Nakamoto, "Bitcoin Open Source Implementation of P2P Currency," *Satoshi Nakamoto Institute*(블로그), 2009년 2월 11일, https://satoshi.nakamotoinstitute.org/posts/p2pfoundation/1/를 바탕으로 한다.

암호화

고대에서 현재의 양자 암호에 이르는 다양한 암호화에 대해서는 Singh(1999)를 참조하라. 더 포괄적으로 이해하려면 Kahn(1996)을 참조하라.

일부 역사가는 폴란드의 암호 해독자들이 그들의 업적에 비해 충분히 인정을 받지 못하고 있다고 주장한다. 그 예는 SCraig Bowman, "Polish Code-breakers Cracked Enigma in 1932, before Alan Turing," *War History Online*, 2016년 5월 30일, https://www.warhistoryonline.com/featured/polish-mathematicians-role-in-cracking-germans-wwii-codesystem.html을 참조하라.

데이터 무결성

원리상, 아웃풋보다 인풋이 많은 모든 해시함수는 충돌을 일으킨다. 이것은 많은 수의 인풋을 적은 수의 아웃풋에 매핑한 필연적인 결과다. 충돌 저항성은 해시함수의 속성으로 그런 경우를 찾는 것은 사실상 불가능하다.

실제로 SHA-256 알고리즘은 2^{64}비트보다 작은 메시지만 입력할 수 있다(쉽게 확인할 수 있듯이 상당히 큰 숫자다!). 기술적으로 더 정확하게 말하면, 256비트 해시의 충돌 저항을 깨뜨리려면 2^{128}의 예상 작업이 필요하지만, 무작위 입력이 충분히 있다면 이상적인 해시를 뒤집는 작업은 2^{256}개의 작업이 필요할 수 있다.

랄프 머클Ralph Merkle은 스탠퍼드대학교에서 전기공학 박사학위를 받기 위해 연구하는 동안 머클 트리의 개념을 개발했다. 1979년에 완성된 그의 논문(타자기로 작성한)은 http://www.merkle.com/merkleDir/papers.html에서 찾아볼 수 있다. 1982년에 머클은 이 개념에 대한 특허를 출원했으며(Method of providing digital signatures, US Patent US4309569A, https://patents.google.com/patent/US4309569A/en을 참조하라), 이 논문의 출간된 버전은 Merkle(1988)이다. 머클 트리의 구조로 다른 사람들이 특정한 거래가 해당 큰 블록 안에 포함되어 있는지 여부를 쉽게 확인할 수 있다. 다음은 이 과정을 간략하게 설명하는 영상이다: YouTube, https://www.youtube.com/watch?v=s0fruNfgW30, IOTA Tutorial 18, 2018년 3월 19일. 루트는 전체 트리의 압축된 표현이지만, 트리 자체는 잎에 포함된 데이터보다 두 배나 크다. 아래에서 더 자세히 설명하겠지만, 루트는 비트코인 블록체인 내 블록 헤더의 일부이고, 잎들은 블록 자체에 있다. 이렇게 하면 헤더를 간결하게 유지하는 동시에 헤더를 사용해 해당 거래가 존재하는지 검증할 수 있다.

이선 우Ethan Wu는 해시함수와 머클 트리를 보여주는 그래픽을 만들었다.

비트코인과 블록체인

거래의 유효성, 불변성, 검증

타임스탬프가 지정된 거래에 대한 또 다른 우려 사항은 거래가 '경합 조건'을 만들 수 있다는 것이다. 이는 동일한 코인을 사용한 여러 번의 결제 시도가 있을 경우 디지털 코인을 '현금화'한 최초 수취인(즉 이후 거래에 사용)이 돈을 받는 상황을 설명한다.

탈중앙화된 신뢰 메커니즘

이 부분에 있는 글의 일부는 Satoshi Nakamoto, "Bitcoin Open Source Implementation of P2P Currency," Satoshi Nakamoto Institute, 2009년 2월 11일, https://satoshi.nakamotoinstitute.org/posts/p2pfoundation/threads/1/, 2010년 12월 12일의 마지막 게시물에서 수정한 것이다.

작업 증명을 통한 합의의 달성

원본 비트코인 백서(Nakamoto 2008)는 블록체인의 6개 블록 깊이에 있는 거래가 다음과 같은 의미에서 안전하다는 것을 보여주는 계산을 제시한다: 네트워크의 총 해시레이트 중 10%를 통제하는 공격자의 경우, 네트워크가 유효한 블록체인으로 받아들이는 블록체인 포크 버전을 만들 수 있는 확률, 즉 공격자가 코인을 이중으로 지출할 수 있는 확률은 0.1%로, 무시할 수 있을 만한 위험이다. Christina Comben, "What Are Blockchain Confirmations and Why Do They Matter?," 2018년 10월 10일, 블로그 포스트, https://coincentral.com/blockchain-confirmations/도 참조하라.

이 부분의 끝에 있는 글은 부분적으로 Michael Casey, "Dollar-Backed Digital Currency Aims to Fix Bitcoin's Volatility Dilemma," *Wall Street Journal*(블로그), 2014년 7월 8일, https://blogs.wsj.com/moneybeat/2014/07/08/dollar-backed-digital-currency-aims-to-fix-bitcoins-volatility-dilemma/를 참조했다.

블록체인 경제학

비트코인 채굴과 보상

비트코인 블록체인의 제네시스 블록에 대한 상세한 사항은 Carla Tardi, "Genesis Block," 2019년 9월 11일, 블로그 포스트, https://www.investopedia.com/terms/g/genesis-block.asp를 참조하라.

보상 반감기

채굴력 풀의 변화는 비트코인 알고리즘의 목표 난이도가 실제로는 양방향에서 조정된다는 것을 의미한다. 목표 난이도는 채굴력 풀이 감소할 때 하락한다. 시간에 따른 난이도 그래프는 https://bitinfocharts.com/comparison/bitcoin-difficulty.html에서 확인할 수 있다.

2020년 5월에 비트코인의 수가 반감된다는 계산은 21만 블록×(50비트코인+25비트코인+12.5비트코인)=1,837만 5천 비트코인이다. 더 자세한 설명은 "Bitcoin Halving, Explained," *Coindesk*, 2020년 5월 24일, https://www.coindesk.com/bitcoin-halving-explainer를 참조하라.

사토시 나카모토의 글이 포함된 나카모토와 마이크 헌 사이의 2009년 4월 12일 이메일은 "Satoshi Reply to Mike Hearn," *Satoshi Nakamoto Institute*, 2009년 4월 12일,

https://nakamotostudies.org/emails/satoshi-reply-to-mike-hearn/에 보관되어 있다. 이 웹사이트는 이 이메일이 헌이 제공한 것이며 독립적으로 확인할 수는 없지만 다른 많은 나카모토의 글과 일치하는 것으로 보인다고 지적한다. 수학적인 계산을 비롯해 2,100개 한도에 대한 더 많은 논의는 David Canellis, "Here's Why Satoshi Nakamoto Set Bitcoin's Supply Limit to 21 Million," *TNW*, 2019년 7월 8일, https://thenextweb.com/hardfork/2019/07/08/heres-why-satoshi-nakamoto-set-bitcoin-supply-limit-to-21-million/를 참조하라.

정보의 저장과 공유

사실 블록체인 사본을 저장하는 노드는 그 유형이 풀 노드full node와 라이트 노드 light node 등 두 가지다. 풀 노드는 블록체인의 내력 전체를 저장한다. 때로 싱크 노드think node라고 불리는 라이트 노드는 보통 블록 헤더와 같은 제한된 양의 정보만을 저장하기 때문에 메모리가 덜 필요하다. 노드의 목록은 https://bitnodes.io/에서 확인할 수 있다. 비트코인 블록체인의 규모는 다음에서 추적할 수 있다: https://www.blockchain.com/charts/blocks-size.

좀 더 정확히 말하면, 블록 헤더의 80바이트 문자열은 비트코인 버전 번호(4바이트), 이전 블록의 해시(32바이트), 머클 루트(32바이트), 타임스탬프(4바이트), 목표 난이도의 수준(4바이트), 논스(4바이트)로 이루어진다. "한 번만 사용되는 숫자number used only once"의 줄임말인 논스nonce는 채굴자들이 추측해야 하는 임의의 숫자열이다. 채굴자들은 논스에 대한 추측으로 시작해 그것을 현재 헤더의 해시에 추가하고, 그 값을 다시 해시하고, 타깃 해시와 비교한다. 타깃 해시의 요구 사항과 일치하는 해시를 생성한 첫 번째 채굴자가 보상을 받는다.

사토시와 다른 비트코인의 소단위에 대한 더 많은 정보는 John Limbo, "Use Satoshi to USD Converter to Know Bitcoin's Value in US Dollars," *Associated Press*, 2020년 9월 22일, https://apnews.com/press-release/ts-newswire/cryptocurrency-financial-technology-technology-bitcoin-financial-markets-91915cb6e5fb94e6b7bac39d2be86ed4#을 참조하라.

경이로운 기술

혁신적인 블록체인 기술

합의 메커니즘에 대한 논의는 Deloitte, *The Future Is Here. Project Ubin: SGD on Distributed Ledger*, https://www2.deloitte.com/content/dam/Deloitte/sg/Documents/financial-services/sg-fsi-project-ubin-report.pdf를 참조하라.

비트코인의 약점

불안정한 가치

암호화폐의 가격 변화는 Coinmarketcap.com에서 확인할 수 있다.

비트코인 피자 데이의 기원은 Aaron Hankin, "Bitcoin Pizza Day: Celebrating the $80 Million Pizza Order," *Investopedia*, 2019년 6월 25일, https://www.investopedia.com/news/bitcoin-pizza-day-celebrating-20-million-pizza-order/에 설명되어 있다.

형편없는 교환수단

2018 북아메리카비트코인콘퍼런스의 에피소드에 대한 자세한 내용은 Saheli Roy Choudhury, "A Bitcoin Conference Has Stopped Taking Bitcoin Payments Because They Don't Work Well Enough," *CNBC*, 2018년 1월 10일, https://www.cnbc.com/2018/01/10/bitcoin-conference-stops-accepting cryptocurrency-payments.html을 참조하라. 이 콘퍼런스와 현재 받고 있는 결제 유형에 대한 더 자세한 정보는 https://www.btcmiami.com/와 https://eventchain.io/를 참조하라.

Easley, O'Hara와 Basu(2019)를 참조하라.

2020년 3월 현재 비트코인 블록의 이론상 최대 크기는 4메가바이트이고 더 현실적인 최대 크기는 2메가바이트로, 정확한 크기는 포함된 거래의 유형에 따라 달라진다. 비트코인 초창기에 각 블록은 36메가바이트의 거래 데이터를 담을 수 있었다. 하지만 2010년 7월에 여전히 이 프로젝트의 주요 개발자인 사용자 사토시 나카모토가 블록 크기를 1메가바이트로 축소했다. 이 제한은 네트워크를 막는 거래 스팸의 위협과 분산된 서비스 거부 공격의 가능성에 대응해 만들어진 것으로 보인다. 이런 블록 크기는 비트코인 확장의 주요한 제약이 되었다. 결과적으로 블록체인의 하드 포크로 이어지는 여러 제안이 주목을 끌지 못하면서 비트코인 커뮤니티는 블록의 크기 증가를 실행하는 방법에 대한 합의를 이루지 못하고 있다. 결국 커뮤니티는 소프트 포크, 즉 단일 비트코인 블록체인을 유지하지만 각 블록에 더 많은 정보를 패킹하면서 블록체인의 무결성과 하위 호환성을 지키는 오픈 소스 코드의 수정을 받아들였다. 세그윗SegWit, Segregated Witness 프로토콜 업그레이드는 2017년 8월에 실행되었다. 이 프로토콜 업그레이드는 비트코인 블록 크기의 한도를 효과적인 블록 크기-한도 증가를 나타내는 400만 중량 단위의 블록 중량 한도로 대체했다. Samuel Haig, "Bitcoin Block Size, Explained," *Cointelegraph*, 2019년 7월 24일, https://cointelegraph.com/explained/bitcoin-block-size-explained; "What Is the Bitcoin Block Size Limit?," Bitcoin Magazine, https://bitcoinmagazine.com/guides/what-is-the-bitcoin-block-size-limit; Nikolai Kuznetsov, "SegWit, Explained," *Cointelegraph*, 2019년 9월 28일, https://cointelegraph.com/explained/segwit-explained; "Explaining Bitcoin Transaction Fees," Blockchain.com Support, https://support.blockchain.com/hc/en-us/articles/360000939883-Explaining-bitcoin-transaction-fees를 참조하라.

평균적인 블록 크기와 블록당 평균적인 거래의 수에 대한 데이터는 https://www.blockchain.com/charts/avg-block-size와 https://www.blockchain.com/en/charts/n-transactions-per-block을 참조하라.

시간에 따른 비트코인 거래 수수료는 https://bitinfocharts.com/comparison/bitcoin-transactionfees.html에서 찾아볼 수 있다.

거래 수수료라는 주제에 대한 나카모토의 게시글은 https://satoshi.nakamotoinstitute.org/posts/bitcointalk/57/#selection-33.260-33.351과 https://bitcointalk.org/index.php?topic=48.msg318#msg318에서 찾아볼 수 있다.

해킹 및 이중 지불에 대한 취약성

마운트곡스의 역사에 대해서는 "Launched in 2010 Mt. Gox Was the World's Largest Bitcoin Exchange until Its demise in 2014," *Coindesk*, https://www.coindesk.com/company/mt-gox를 참조하라. 마운트곡스 해킹은 Nathaniel Popper, "Mt. Gox Creditors Seek Trillions Where There Are Only Millions," *New York Times*, 2016년 5월 25일, https://www.nytimes.com/2016/05/26/business/dealbook/mt-gox-creditors-seek-trillions-where-there-are-only-millions.html에 보도되었다. 파산 과정에서 이 거래소에 대한 약 270억 달러의 청구가 있었다(추가로 2조 4천억 달러라는

믿기 힘든 거액의 청구도 있었다). 파산 관재인은 4억 1,400만 달러에 대한 청구가 합법적이지만 청구자들에게 배분할 수 있는 자산은 9,100만 달러에 불과하다는 결정을 내렸다.

암호화폐 거래소 해킹에 대한 포괄적인 최신 목록은 "A Comprehensive List of Cryptocurrency Exchange Hacks," *Selfkey*(블로그), 2020년 2월 13일, https://selfkey.org/list-of-cryptocurrency-exchange-hacks/에서 확인할 수 있다. 2019년 6월에 해킹을 당한 두 거래소는 빗트루Bitrue와 게이트허브GateHub다.

51% 공격에 대한 설명은 https://www.crypto51.app/를 바탕으로 한다. 비트코인 채굴의 국가별 월평균 해시레이트의 분석은 https://cbeci.org/mining_map에 게시되어 있다. 이 웹사이트는 중국이 2019년 9월(이런 데이터를 얻을 수 있는 최초의 달)에 세계 해시레이트의 76%를 차지했으며 이후 서서히 감소하고 있는 것으로 추정한다.

본문에서 언급한 다른 주요한 공격에 대한 세부적인 사항은 Elliot Hill, "Bitcoin Gold Suffers 51% Attack with $72,000 Stolen," *Yahoo Finance*, 2020년 1월 27일, https://finance.yahoo.com/news/bitcoin-gold-suffers-51-attack-140039732.html 에서 찾아볼 수 있다.

Elikem Attah, "Five Most Prolific 51% Attacks in Crypto: Verge, Ethereum Classic, Bitcoin Gold, Feathercoin, Vertcoin," *CryptoSlate*, 2019년 4월 24일, https://cryptoslate.com/prolific-51-attacks-crypto-verge-ethereum-classic-bitcoin-gold-feathercoin-vertcoin/.

Fabio Lugano, "51% Attack on Zencash Mining," *Cryptonomist*, 2018년 6월 4일, https://en.cryptonomist.ch/2018/06/04/51-attack-on-zencash-mining/.

해시레이트는 네트워크가 지속적으로 기능하기 위해 소비하는 연산력의 양이다. 예를 들어 비트코인 네트워크상에서 해시레이트는 블록당 평균 10분의 시간 안에 블록을 채굴하는 데 필요한 연산력의 양이다. 해시레이트는 암호화폐별로 달라지며 시간이 지나면서 해당 암호화폐의 해시레이트가 달라질 수도 있다.

온전한 익명성이라는 허상

트위터 해킹은 Nathaniel Popper and Kate Conger, "Hackers Tell the Story of the Twitter Attack from the Inside," *New York Times*, 2020년 7월 17일, https://www.nytimes.com/2020/07/17/technology/twitter-hackers-interview.html에 설명되어 있다. 이후 가해자를 밝혀낸 과정에 대해서는 Kate Conger, Nathaniel Popper,

"Florida Teenager Is Charged as 'Mastermind' of Twitter Hack," *New York Times*, 2020년 7월 31일, https://www.nytimes.com/2020/07/31/technology/twitter-hack-arrest.html에 보도되었다.

익명성이라는 사안에 대한 더 상세한 논의는 Conti 외(2017)와 Prasad(2018)의 논의를 참조하라. https://bitcoin.org/en/faq#is-bitcoin-fully-virtual-and-immaterial와 https://bitcoin.org/en/protect-your-privacy의 논의도 참조하라. Bitcoin.org 웹사이트는 "비트코인의 첫 두 개발자인 사토시 나카모토와 마르티 말미Martti Malmi가 등록·소유하고 있는 것이다. 나카모토는 프로젝트를 떠나면서 이 도메인의 소유권을 다른 사람들에게 주어 비트코인 개발자들과 분리시켰다. 이는 책임을 분산시키고 어느 한 사람이나 일단의 사람들이 비트코인 프로젝트에 대한 통제권을 얻지 못하게 하기 위함이다"라고 명시했다.

환경에 해를 끼치는 채굴 과정

CPU, GPU, ASIC 채굴에 대한 장단점 비교는 "Difference between ASIC, GPU, and CPU Mining," *CoinTopper*, 2018년 5월 8일, https://cointopper.com/guides/difference-between-asic-gpu-and-cpu-mining를 참조하라. 비트코인 채굴에 드는 전기료는 "Bitcoin Mining Costs throughout the World," *Elite Fixtures*(블로그), 2018년 2월 26일, https://www.elitefixtures.com/blog/post/2683/bitcoin-mining-costs-by-country/에서 찾아볼 수 있다.

케임브리지대학교 저지 경영대학원의 추정치는 https://cbeci.org/cbeci/comparisons에서 찾아볼 수 있다. 본문에서 사용한 수치는 2021년 1월 3일 현재 최적 추정치다. 이 웹사이트에는 세계 에너지 소비 대비 비트코인 네트워크의 에너지 소비 비율에 대한 하한 및 상한 추정치(각각 0.2% 및 0.7%, 0.47%의 최적 추정치와 해당 페이지의 "최적 추정치" 링크에 표시된 이론적 하한 및 상한)도 포함되어 있다.

나레이야난의 추정치는 2018년 8월에 열린 US Senate Committee on Energy and Natural Resources 청문회에 대한 서면 증언에 포함되어 있다. https://www.energy.senate.gov/services/files/8A1CECD1-157C-45D4-A1AB-B894E913737D를 참조하라.

국가별 비교를 비롯한 추가 추정치는 https://digiconomist.net/bitcoin-energy-consumption에서 찾아볼 수 있다. 세계에는 190개가 넘는 국가가 있으며, 이 사이트에 제공된 추정치에 따르면 네트워크의 에너지 소비가 초과되고 있는 나라는 39개국뿐이다.

주요 채굴 지역에 대한 목록은 Julia Magas, "Top Five Biggest Crypto Mining Areas: Which Farms Are Pushing Forward the New Gold Rush?," *Cointelegraph*, 2018년 6월 23일, https://cointelegraph.com/news/top-five-biggest-crypto-mining-areas-which-farms-are-pushing-forward-the-new-gold-rush에서 찾아볼 수 있다.

전기 가격을 계속 낮게 유지하기 위한 중국 정부의 노력은 "China Makes Further Reforms to Lower Energy Costs," *China Daily*, 2017년 1월 5일, http://www.china daily.com.cn/business/2017-01/05/content_27869342.htm에서 찾아볼 수 있다.

2018년 1월의 기사에서 차이신 미디어는 "규제당국과 가까운 소식통이 차이신에 전한 말에 따르면, 현지 규제당국은 비트코인 채굴 회사들이 더는 전기 가격, 세금, 토지 사용에서 정책의 특혜를 받지 않도록 조치를 취할 것이다. 인터넷 금융위험을 담당하는 한 중앙은행 주도 위원회의 다른 소식통은 차이신에게 지자체들이 전기 가격, 토지 이용 정책, 세금, 환경 조치를 사용해 기업들이 비트코인 채굴 사업에서 빠져나오도록 '지도'하라는 지시를 받았다고 전했다"라고 보도했다. Wu Yujian, Wu Hongyuran, Zhang Yuzhe와 Liu Xiao, "China Clamps Down on Preferential Treatment for Bitcoin Mines," *Caixin*, 2018년 1월 4일, https://www.caixinglobal.com/2018-01-04/china-clamps-down-on-preferential-treatment-for-bitcoin-mines-101193622.html을 참조하라.

중국의 2019년 산업구조조정 지도목록 초안의 긴 금지 활동 목록에는 분명히 암호화폐 채굴이 포함되었지만 이 목록의 마지막 버전에서는 암호화폐 채굴이 제외되었다: http://www.gov.cn/xinwen/2019-11/06/5449193/files/26c9d25f713f4ed5b8dc51 ae40ef37af.pdf(중국어).

시베리아 브라츠크의 암호화폐 농장 확산에 대해서는 Anna Baydakova, "Bitcoin Mining Farms Are Flourishing on the Ruins of Soviet Industry in Siberia," *Coindesk*, 2019년 9월 1일, https://www.coindesk.com/bitcoin-mining-farms-are-flourishing-on-the-ruins-of-soviet-industry-in-siberia에 설명되어 있다. 관련된 이야기가 이 지역의 수력 발전 전력이 세계에서 가장 저렴하다는 것을 지적하고 있다: Yuliya Fedorinova, Gem Atkinson, "Russia's Largest Bitcoin Mine Turns Water into Cash," *Bloomberg*, 2019년 11월 24일, https://www.bloomberg.com/news/features/2019-11-24/seo-inside-russia-s-largest-bitcoin-mine.

러시아 과학자에 관한 이야기는 "Russian Nuclear Scientists Arrested for 'Bitcoin Mining Plot,'" *BBC News*, 2018년 2월 9일, https://www.bbc.com/news/world-europe-43003740에서 찾아볼 수 있다. 러시아 교회의 전기 요금에 대한 법원 판결은 Neil Mathew, "Russian Church Forced to Pay for Crypto Mining," *CCN via Yahoo Finance*, 2018년 10월 21일, https://finance.yahoo.com/news/russian-church-forced-pay-crypto-142317186.html에 보도되었다.

비트코인 해시 파워의 지역별 분산은 CoinShares Research, "The Bitcoin Mining Network: Trends, Average Creation Costs, Electricity Consumption, and Sources," 보고서, 2019년 12월, https://coinshares.com/assets/resources/Research/bitcoin-mining-network-december-2019.pdf를 참조했다. 케임브리지대학교의 대안적 추정치는 2020년 4월 현재 신장 지역이 세계 해시 파워의 36%를 차지하고 있고, 쓰촨이 10%, 몽골 자치구가 8%를 차지한다는 것을 보여준다. Cambridge Center for Alternative Finance, "Bitcoin Mining Map," interactive graphic, https://cbeci.org/mining_map을 참조하라.

암호화폐에 대한 중국의 정책은 Helen Partz, "China Didn't Ban Bitcoin Entirely, Says Beijing Arbitration Commission," *Coin-telegraph*, 2020년 7월 30일, https://cointelegraph.com/news/china-didnt-ban-bitcoin-entirely-says-beijing-arbitration-commission에 요약되어 있다. 암호화폐 채굴에 대한 중국 정부의 정책 변화는 Sidney Leng, "China's Cryptocurrency Miners Look to Capitalise on Policy Shift and Cheap Power, Despite Trading Ban," *South China Morning Post*, 2019년 11월 25일, https://www.scmp.com/economy/china-economy/article/3039254/chinas-cryptocurrency-miners-look-capitalise-policy-shift에 보도되었다.

다른 연구자들은 비트코인 네트워크가 상당한 탄소를 배출하며 기후변화 영향과 연관되어 있다는 것을 발견했다. Stoll, Klaasen과 Gallersdorfer(2019) 그리고 Mora 외(2018)를 참조하라.

왜 비트코인은 그렇게 비싼가?

Carney(2018)와 Carstens(2018)를 참조하라.

비트코인 채굴에 필요한 전기 비용의 추정치는 "Bitcoin Mining Costs throughout the World," *Elite Fixtures*(블로그), 2018년 2월 26일, https://www.elitefixtures.com/

blog/post/2683/bitcoin-mining-costs-by-country/에서 확인할 수 있다. 조금 더 높은 추정치는 Aaron Hankin, "Here's How Much It Costs to Mine a Single Bitcoin in Your Country," *MarketWatch*, 2018년 5월 11일, https://www.marketwatch.com/story/heres-how-much-it-costs-to-mine-a-single-bitcoin-in-your-country-2018-03-06를 참조하라.

상품과 암호화폐 자산에 대한 재고-흐름 평가 모델은 PlanB, "Modeling Bitcoin Value with Scarcity," *Medium*(블로그), 2019년 3월 22일, https://medium.com/@100 trillionUSD/modeling-bitcoins-value-with-scarcity-91fa0fc03e25에 제시되어 있다. 이 게시물은 비트코인 커뮤니티에서 널리 인용되는 것으로 보인다.

Athey 외(2016)는 비트코인의 주된 용도를 국경 너머로 돈을 보내는 것으로 보는 모델, 즉 송금 모델을 고려한다. 비트코인의 용도를 결제로 보는 모델 역시 몇 가지 추가적인 문제(비트코인 사용으로 인한 이득을 구매자와 판매자가 공유하는 방법을 선택해야 하는 경우)와 함께 비슷한 영향력을 갖는다. 그들의 모델은 비트코인 가격이 500달러 이하였던 2015년 말까지 비트 코인의 가격 추세를 적절히 예측할 수 있었다. 그러나 비트코인 가격이 급등한 후 교환수단으로서의 사용이 급감한 상황에서도 이 모델이 의미가 있을지는 의문이다. Garratt와 Wallace(2018) 그리고 Schilling과 Uhlig(2018)도 참조하라.

비트코인의 어두운 면

울브리히트의 링크드인 프로필에 대한 인용은 https://www.linkedin.com/in/ross ulbricht에서 찾아볼 수 있다. 이 부분의 일부 자료는 2015년의 에세이, "Dark Leviathan," Henry Farrell in Aeon, https://aeon.co/essays/why-the-hidden-internet-can-t-be-a-libertarian-paradise를 참조했다. 울브리히트의 실체가 드러나고 체포된 사건은 Benjamin Weiser, "Man behind Silk Road Website Is Convicted on All Counts," *New York Times*, 2015년 2월 4일, https://www.nytimes.com/2015/02/05/nyregion/man-behind-silk-road-website-is-convicted-on-all-counts.html에 설명되어 있다.

페이팔/이베이 상황의 비교는 Foley, Karlsen과 Putnins(2019)를 바탕으로 한다. Nathaniel Popper, "Terrorists Turn to Bitcoin for Funding and They're Learning Fast," *New York Times*, 2019년 8월 18일, https://www.nytimes.com/2019/08/18/technology/terrorists-bitcoin.html을 참조하라.

테러 조직과 그 지지자들의 자금 조달을 위한 암호화폐 사용 범위에 대한 더 상세한 연구는 Steven Salinsky, "The Coming Storm: Terrorists Using Cryptocurrency," *MEMRI*, 2019년 8월 21일, https://www.memri.org/reports/coming-storm-%E2%80%93-terrorists-using-cryptocurrency를 참조하라. 암호화폐가 인신 매매를 촉진한다는 데 대한 견해는 https://www.banking.senate.gov/hearings/human-trafficking-and-its-intersection-with-the-financial-system을 참조하라. "Acting Assistant Attorney General Mythili Raman Testifies before the Senate Committee on Homeland Security and Governmental Affairs," US Department of Justice, 2013년 11월 18일, https://www.justice.gov/opa/speech/acting-assistant-attorney-general-mythili-raman-testifies-senate-committee-homeland 도 참조하라.

미국 오피오이드 위기와 비트코인의 연관성에 대해서는 "Advisory to Financial Institutions on Illicit Financial Schemes and Methods Related to the Trafficking of Fentanyl and Other Synthetic Opioids," White House, 2019년 8월 21일, https://www.whitehouse.gov/wp-content/uploads/2019/08/Fentanyl-Advisory-Money-Tab-D.pdf를 참조하라.

여기에 인용된 연구는 Foley, Karlsen과 Putnins(2019)에서 확인할 수 있다. 이 부분 마지막의 인용은 Nathaniel Popper, "Bitcoin Has Lost Steam. But Criminals Still Love It," *New York Times*, 2020년 1월 28일, https://www.nytimes.com/2020/01/28/technology/bitcoin-black-market.html에 보도되었다. 암호화폐를 이용한 불법적인 거래의 추정치는 https://blog.chainalysis.com/reports/cryptocurrency-crime-2020-report의 웹사이트를 참조하라.

실수를 용납하지 않는 시스템

잘못된 주소로 보낸 자금에 대한 코인베이스의 언급은 Coinbase, "I Sent Funds to the Wrong Address. How Do I Get Them Back?," blog post, https://help.coinbase.com/en/coinbase/trading-and-funding/sending-or-receiving-cryptocurrency/i-sent-funds-to-the-wrong-address-how-do-i-get-them-back.html을 참조하라. https://www.bovada.lv/help/bitcoin-faq/i-sent-my-cryptocurrency-to-the-wrong-wallet도 참조하라.

마약상의 비트코인 자산에 대한 이야기는 Conor Lally, "Drug Dealer Loses Codes

for €53.6m Bitcoin Accounts," *Irish Times*, 2020년 2월 21일, https://www.irishtimes.com/news/crime-and-law/drug-dealer-loses-codes-for-53-6m-bitcoin-accounts-1.4180182에 보도되었다. 분실한 비트코인 비밀번호와 사람들이 재산을 회수하는 데 걸리는 시간에 대한 다른 사례는 Alison Sider와 Stephanie Yang, "Good News! You Are a Bitcoin Millionaire. Bad News! You Forgot Your Password," *Wall Street Journal*, 2017년 12월 29일, https://www.wsj.com/articles/good-news-you-are-a-bitcoin-millionaire-bad-news-you-forgot-your-password-1513701480; Mark Frauenfelder, "'I Forgot My PIN': An Epic Tale of Losing $30,000 in Bitcoin," Wired, 2017년 10월 29일, https://www.wired.com/story/i-forgot-my-pin-an-epic-tale-of-losing-dollar30000-in-bitcoin/; Elliott Krause, "A Fifth of All Bitcoin Is Missing. These Crypto Hunters Can Help," *Wall Street Journal*, 2018년 7월 5일, https://www.wsj.com/articles/a-fifth-of-all-bitcoin-is-missing-these-crypto-hunters-can-help-1530798731을 참조하라.

쿼드리가 사건은 Karen Zraick, "Crypto-Exchange Says It Can't Pay Investors Because Its C.E.O. Died, and He Had the Passwords," *New York Times*, 2019년 2월 5일, https://www.nytimes.com/2019/02/05/business/quadriga-cx-gerald-cotten.html; Liam Stack, "Unable to Retrieve Money, Cryptocurrency Investors Want Dead Executive Exhumed," *New York Times*, 2019년 12월 17일, https://www.nytimes.com/2019/12/17/business/gerald-cotten-death-cryptocurrency.html에 보도되었다.

과거 〈포브스〉와 〈월스트리트저널〉에 게재된 분실 비트코인의 Chainalysis 최신 목록은 "Bitcoin's $30 Billion Sell-Off," *Chainalysis*(블로그), 2018년 6월 8일, https://blog.chainalysis.com/reports/money-supply에서 확인할 수 있다.

비트코인의 유산

Coinmarketcap.com의 데이터는 지난 2021년 1월부터 2021년 3월 21일까지 비트코인의 시가총액이 전체 암호화폐 시가총액의 약 63%를 차지했다는 것을 보여준다.

5. 암호화폐 경제의 부상

서두의 글은 팀 파크스Tim Parks가 영어로 번역한 로베르토 칼라소의 《카》에서 발췌한 것이다. 해당 문장은 Alfred A. Knopf가 출판한 책의 143쪽에 있다. 호트라와 브라만은 고대 힌두교 문화의 사제 계급이다.

암호화폐 토큰, 시가총액, 각 암호화폐가 운영되는 플랫폼의 목록은 https://coinmarketcap.com/tokens/에서 확인할 수 있다. 2021년 3월 현재 이 사이트의 목록에는 3천 개가 넘는 암호화폐 토큰이 있으며, 그중 시가총액이 플러스로 보고된 것은 약 1,500개다. 이 중 1,100개는 시가총액이 100만 달러가 넘는다.

Cryptocurrencies: Looking beyond the Hype, chap. 5, of the 2018 annual report of the Bank for International Settlements, https://www.bis.org/publ/arpdf/ar2018e5.htm은 암호화폐가 명목화폐를 대체할 가능성이 제한적인 이유에 대한 논거를 개술하고 있다.

비트코인의 대안들

지분 증명 vs. 작업 증명

운영에서 약간씩 차이가 있는 다양한 작업 증명이 있다. 작업 증명과 대안적인 합의 프로토콜에 대한 더 포괄적인(그리고 기술적인) 개요는 Bano 외(2019) 그리고 Ismail과 Materwala(2019)를 참조하라.

이더리움의 기술적인 측면에 대한 설명은 https://ethereum.org/learn/ #improving-ethereums-scalability에서 찾아볼 수 있다. 이더리움 업그레이드의 첫 번째 구성 요소인 비콘 체인Beacon Chain은 2020년 12월에 준비되었다.

https://ethereum.org/en/eth2를 참조하라.

작업 증명과 지분 증명 합의 프로토콜하의 에너지 소비를 비교하는 대강의 계산(블록체인이 지분 증명을 사용하는 업체에 의한 계산)은 ODIN Blockchain, "Going Green: Energy Consumption Evaluation Part 2: Proof of Stake Consensus Algorithms," *Medium*, 2019년 11월 12일, https://medium.com/@odinblockchain/going-green-energy-consumption-evaluation-part-2-proof-of-stake-consensus-algorithms-8ce613f1179b에 보고되어 있다.

지분 증명의 문제

위임 지분 증명에 대한 더 자세한 사항은 "Delegated Proof of Stake Explained," Binance Academy, https://academy.binance.com/blockchain/delegated-proof-of-stake-explained를 참조하라. 권한 증명은 "Proof of Authority Explained," Binance Academy, https://academy.binance.com/blockchain/proof-of-authority-explained 에 설명되어 있다.

스테이블코인

스테이블코인 초기 세대의 다양한 유형에 대한 유용한 설명은 Bilal Memon, "Guide to Stablecoin: Types of Stablecoins and Its Importance," Master the Crypto, https://masterthecrypto.com/guide-to-stablecoin-types-of-stablecoins/에서 확인할 수 있다. 암호화폐 가격의 상관관계에 대한 증거는 Aslanidis, Bariviera와 Martínez-Ibañez(2019)를 참조하라.

2016년 6월에 발행된 테더 백서는 "Tether: Fiat Currencies on the Bitcoin Blockchain," Tether, https://tether.to/wp-content/uploads/2016/06/TetherWhitePaper.pdf에서 찾아볼 수 있다. 리얼코인을 테더로 바꾼 리브랜딩은 Pete Rizzo, "Realcoin Rebrands as 'Tether' to Avoid Altcoin Association," *Coindesk*, 2014년 11월 20일, https://www.coindesk.com/realcoin-relaunches-tether-avoid-altcoin-association에 설명되어 있다. 테더에 대한 설명과 인용문은 https://tether.to/를 기반으로 한다. 테더 가격표는 https://coinmarketcap.com/currencies/tether/를 참조하라. 여러 웹사이트가 테더의 다양한 가격 변동의 이력을 보고한다. 가격은 보고하는 거래소마다 달라지는 것으로 보인다.

테더에 대한 규제기관들의 우려는 Matthew Leising, "There's an $814 Million Mystery near the Heart of the Biggest Bitcoin Exchange," *Bloomberg*, 2017년 12월 5일, https://www.bloomberg.com/news/articles/2017-12-05/mystery-shrouds-tether-and-its-links-to-biggest-bitcoin-exchange에 논의되어 있다. FSS의 '프리'는 전 FBI 국장 루이스 프리Louis Freeh를 의미한다. 이 이름은 많은 업계에서 이 법률회사에 대한 신뢰의 원천 역할을 한다. FSS 보고서는 https://tether.to/wp-content/uploads/2018/06/FSS1JUN18-Account-Snapshot-Statement-final-15JUN18.pdf 에 게시되어 있다. 이 보고서에 따르면, "테더는 총 25억 4,500만 달러를 보유하고 있었

는데, 이는 실제로 당시 유통 중이었던 25억 3,800만 개의 테더 코인을 커버하며 그 외 약 700만 달러의 충격 완화용 자금에 해당된다." 이런 결론에 대한 논의는 Daniel Roberts, "Yahoo Finance Exclusive: Former FBI Director Louis Freeh Is Going Crypto," *Yahoo! Finance*, 2018년 8월 2일, https://finance.yahoo.com/news/exclusive-former-fbi-director-louis-freeh-going-crypto-181018185.html을 참조하라. 본문에 언급된 연구 논문은 Griffin과 Shams(2020)다. 이 논문의 2018년 초기 버전은 ssrn.com 에서 확인할 수 있다.

테더는 미국 규제당국의 커지는 우려를 막기 위해 크림반도, 쿠바, 이란, 북한, 파키스탄, 시리아, 베네수엘라 등 미국의 경제 제재 대상인 일부 국가와 그 국가에 거주하는 사람들의 플랫폼 사용을 금지했다. 테더는 "적격참가자Eligible Contract Participants인 미국인"으로 사업 대상을 제한했다. 미국 법률에 따르면, 이 명칭은 보통 총자산이 1천만 달러를 초과하며 미국의 배타적 소유권 이외의 관할권에 통합된 기업을 대상으로 한다. https://tether.to/faqs/를 참조하라.

사기 혐의는 New York State Office of the Attorney General의 New York Attorney General이 발표했다. "Attorney General James Announces Court Order against 'Crypto' Currency Company under Investigation for Fraud," 2019년 4월 25일, 뉴스 보도, https://ag.ny.gov/press-release/2019/attorney-general-james-announces-court-order-against-crypto-currency-company. 인용된 글을 포함한 법원 기록은 https://www.courtlistener.com/recap/gov.uscourts.nysd.524076/gov.uscourts.nysd.524076.1.0.pdf에서 확인할 수 있다. 합의 발표는 New York State Office of the Attorney General, "Attorney General James Ends Virtual Currency Trading Bitfinex's Illegal Activities in New York," 2021년 2월 23일, 보도 자료, https://ag.ny.gov/press-release/2021/attorney-general-james-ends-virtual-currency-trading-platform-bitfinexs-illegal에서 찾아볼 수 있다.

익명성 회복

모네로에 대한 더 상세한 사항은 www.monero.how/how-does-monero-work-details-in-plain-english의 "A Low-Level Explanation of the Mechanics of Monero vs. Bitcoin in Plain English"에서 확인할 수 있다.

Möser 외(2018)는 모네로의 취약성에 대해 논의한다. 지캐시의 주요 개인 정보보호

기능은 차폐된 풀이다. 이 안에서는 사용자가 어떤 코인을 사용했는지 밝히지 않고 차폐된 코인을 사용할 수 있다. 2018년 초까지 차폐 풀 내에서 수행된 거래는 극히 일부에 불과하며, 대다수의 거래는 비트코인과 유사한 유사 익명성을 제공하는 것으로 밝혀졌다. 지캐시에 대한 인용문은 Kappos 외(2018)에서 발췌한 것이다. "Zcash—Frequently Asked Questions," z.cash/support/faq.html도 참조하라.

영지식 증명에 대한 간단한 설명은 Cossack Labs, "Zero Knowledge Proof: Explain It like I'm 5(Halloween Edition)," *Hacker Noon*, 2020년 10월 27일, hacker noon.com/eli5-zero-knowledge-proof-78a276db9eff를 참조하라. 좀 더 재미있는 설명은 "How to Explain Zero-Knowledge Protocols to Your Children," Springer-Verlag, http://pages.cs.wisc.edu/~mkowalcz/628.pdf를 참조하라.

지캐시의 취약성에 대한 기술적 세부 사항은 "What is Zcash? The Anonymity Loving Currency," skalex, www.draglet.com/what-is-zcash#security-concerns에서 찾을 수 있다.

랜드연구소의 2020년 보고서 *Exploring the Use of Zcash Cryptocurrency for Illicit or Criminal Purposes*는 https://www.rand.org/content/dam/rand/pubs/research_reports/RR4400/RR4418/RAND_RR4418.pdf에서 확인할 수 있다. Deutsche Bundesbank Monthly Report, *Distributed Ledger Technology in Payments and Securities Settlement: Potential and Risks*, 2017년 9월도 참조하라.

스마트 계약

스마트 계약이라는 아이디어는 Nick Szabo(1996, 1997)의 논문 두 편에 기원을 두고 있다. 최근의 논의는 Cong과 He(2019)를 참조하라.

스마트 계약은 사용하는 플랫폼에 따라 다르게 실행된다. 쿼럼Quorum 스마트 계약의 경우, 자산 또는 통화가 프로그램으로 전송된다. 프로그램은 코드를 실행하는 동시에 조건을 검증한다. 프로그램이 자산을 개인에게 보내야 할지, 보낸 사람에게 환불해야 할지를 자동으로 결정한다. 코다Corda 계약의 경우, 실행 코드는 거래의 상태 개체 변경을 확인한다. 상태 개체는 발신인, 수신인, 지불할 금액 등의 정보가 포함된 원장에 저장된 데이터다.

코넬대학교 법학과 교수 제임스 그리멜만James Grimmelmann은 프로그래밍 언어로 작성된 명백한 정확성에도 불구하고 스마트 계약은 모호성으로부터 보호받지 못한다고 주장했다. Grimmelmann(2019)을 참조하라.

2020년 중반까지 스마트 계약을 상용 계약으로 인정하거나 스마트 계약을 집행 가능한 계약의 범위에서 제외하지 않는 것으로 언급하는 법안을 통과시킨 주는 다음과 같다: 애리조나(https://legiscan.com/AZ/text/HB2417/id/1588180), 아칸소(https://legiscan.com/AR /bill/HB1944/2019), 캘리포니아(https://legiscan.com/CA/text/AB2658/id /1732549), 일리노이(https://trackbill.com/bill/illinois-house-bill-3575-blockchain-technology-act/1692405/), 네바다(https://legiscan.com/NV/bill/SB398/2017), 테네시(https://legiscan.com/TN/text/SB1662/id/1802160), 버몬트(https://legiscan.com/VT/text/S0269/id/1807773), 와이오밍(https://www.wyoleg.gov/Legislation/2019/sf0125).

https://www.loc.gov/law/help/cryptocurrency/belarus.php에 벨라루스의 법률이 설명되어 있고 공식 법령에 대한 링크도 포함되어 있다. 이탈리아 법률(Decreto legge, 2018년 12월 14일, no. 135)은 Jones Day, "Italy: Blockchain and Smart Contracts: Italy First to Recognize an Overarching Legal Foundation," *mondaq*, 2019년 2월 19일, https://www.mondaq.com/italy/contracts-and-commercial-law/782378/blockchain-and-smart-contracts-italy-first-to-recognize-an-overarching-legal-foundation에 설명되어 있다. 암호 자산 및 스마트 계약에 대한 영국관할태스크포스의 2019년 11월 보고서는 "Legal Statement on Cryptoassets and Smart Contracts," LawTech Delivery Panel, 2019년 11월, https://35z8e83m1ih83drye280o9d1-wpengine.netdna-ssl.com/wp-content/uploads/2019/11/6.6056_JO_Cryptocurrencies_Statement_FINAL_WEB_111119-1.pdf에서 찾아볼 수 있다.

코인 공개

ICO

ICO 자금 조달 메커니즘과 그 과정에서 다양한 이해관계자들의 유인에 어떤 영향을 미치는지에 대한 분석적 평가는 Catalini와 Gans(2019)를 참조하라. Collomb, de Filippi와 Sok(2019); Howell, Niessner와 Yermack(2021); PwC, *6th ICO / STO Report*, https://www.pwc.ch/en/publications/2020/Strategy&_ICO_STO_Study_Version_Spring_2020.pdf도 참조하라.

SEC 규정과 조치는 https://www.sec.gov/ICO를 참조하라. Daniele Pozzi, "ICO Market 2018 vs 2017: Trends, Capitalization, Localization, Industries, Success Rate," *Cointelegraph*, 2019년 1월 5일, https://cointelegraph.com/news/icomarket-2018-vs-2017-trends-capitalization-localization-industries-success-rate 라는 논문에 따르면 ICO의 84.3%가 이더리움 플랫폼에서 발행되었다고 한다. 최신 데이터는 2019년 말까지 이 플랫폼이 ICO의 81%를 차지했다는 것을 보여준다. "ICO Market Monthly Analysis, November 2019," ICO Bench, 2019년 11월, https://icobench. com/reports/ICObench_ICO_Market_Analysis_November_2019.pdf를 참조하라.

이더리움의 ICO와 이후 직면하게 된 규제 감사에 대해서는 Kate Rooney, "Ethereum Falls on Report That the Second-Biggest Cryptocurrency Is under Regulatory Scrutiny," 2018년 5월 1일, https://www.cnbc.com/2018/05/01/ ethereum-falls-on-report-second-biggest-cryptocurrency-is-under-regulatory-scrutiny.html을 참조하라. 이더리움의 가격과 시가총액 데이터는 https://www.coin desk.com/price/ethereum을 바탕으로 한다.

본문에서 언급한 4대 ICO는 모두 민간의 것이며 베네수엘라 정부가 발행한 페트로(7장에서 논의한다)는 포함되지 않았다. Chris Grundy, "The 10 Biggest ICOs and Where They Are Today," Coin Offering, 2019년 4월 30일, https://thecoinoffering. com/learn/the-10-biggest-icos/를 참조하라.

Billy Bambrough, "SEC Fines Steven Seagal for 'Unlawfully Touting' Bitcoin-Wannabe Bitcoiin in 2017 ICO," Forbes, 2020년 2월 27일, https://www.forbes.com/ sites/billybambrough/2020/02/27/sec-charges-steven-seagal-with-unlawfully-touting-bitcoin-wannabe-bitcoiin-in-2017-ico/#735ab4f3671f에 일부 유명인에게 부과된 벌금에 관한 내용이 보도되었다.

애스크에프엠 ICO 에피소드는 Jemima Kelly, Alexandra Scaggs, "A Crypto Stunt Gone Tragically Wrong," Financial Times, 2018년 5월 25일, https://ftalphaville. ft.com/2018/05/25/1527224400000/A-crypto-stunt-gone-tragically-wrong/ 에 설명되어 있으며, 이 회사의 성명은 Mark Serrels, "Man Dies on Mount Everest during ASKfm Cryptocurrency Promotional Stunt," CNET, 2018년 6월 4일, https:// www.cnet.com/news/man-dies-on-mount-everest-during-cryptocurrency-promotional-stunt/에서 확인할 수 있다.

세이브드로이드 에피소드, 독일 언론 기사 원본 링크와 CEO 영상 링크는 Molly Jane Zuckerman, "In Apparent Exit Scam CEO of German Startup Is 'Over and Out' after $50 Mln ICO," Cointelegraph, 2018년 4월 18일, https://cointelegraph.com/

news/in-apparent-exit-scam-ceo-of-german-startup-is-over-and-out-after-50-mln-ico에서 찾아볼 수 있다.

약속 뒤에 가려진 위험

ICO 총수와 ICO를 통한 총 조달 자금의 추정치는 "ICO Market Monthly Analysis, October 2019," ICO Bench, 2019년 10월, https://icobench.com/reports/ICObench_ICO_Market_Analysis_October_2019.pdf; https://icobench.com/reports/ICO_Market_Weekly_Review-03_2020.pdf; https://icobench.com/stats를 바탕으로 한다. 이 회사에 따르면, 2019년 말까지 270억 달러가 조달되었고 2020년 동안 10억 달러 정도가 더 조달될 것으로 보인다고 한다. 블록체인 스타트업의 자금조달원으로서의 ICO와 벤처 캐피털 자금의 비교는 https://cfe.umich.edu/are-icos-the-new-venture-capital/와 Mike Orcutt, "Venture Capitalists Are Still Throwing Hundreds of Millions at Blockchains," *MIT Technology Review*, 2019년 4월 2일, https://www.technologyreview.com/s/613247/venture-capitalists-are-still-throwing-hundreds-of-millions-at-blockchains/의 데이터를 바탕으로 한다. Jason Rowley, "ICOs Delivered at Least 3.5x More Capital to Blockchain Startups than VC since 2017," *TechCrunch*, 2018년 3월 4일, https://techcrunch.com/2018/03/04/icos-delivered-at-least-3-5x-more-capital-to-blockchain-startups-than-vc-since-2017/도 참조하라.

ICO로 조달되는 자본을 좀 더 넓은 시각에서 본다면, 회계법인 언스트앤드영(세계 IPO 추세 보고서)과 KPMG(Venture Pulse)의 데이터는 2018년의 벤처 캐피털 기업과 IPO를 통한 세계 자금 조달 총액이 각각 2,540억 달러, 2,050억 달러인 데 비해 ICO의 조달 총액은 약 80억 달러라는 것을 보여준다.

EOS의 가격은 2018년 6월 4일에 13.68달러, 2018년 9월 4일에는 6.54달러였다. https://coinmarketcap.com/currencies/eos/를 참조하라. 텔레그램 토큰의 가격은 https://coincodex.com/crypto/telegram-open-network/?period=ALL에서 찾아볼 수 있다. 드래건 토큰의 가격은 https://coinmarketcap.com/currencies/dragon-coins/에서 찾아볼 수 있다.

2019년 초에 쓰인 것으로 보이는 다음의 글들은 투자수익률이 가장 높은 10대 ICO를 모은 것이다: "Top 10 ICOs with the Biggest ROI," *Cointelegraph*, https://coin

telegraph.com/ico-101/top-10-icos-with-the-biggest-roi. 2020년 말에 이들 토큰 대부분의 가치는 2019년보다 훨씬 낮았다.

Patricia Hurtado, "First Initial Coin Offering Fraud Case Ends in Guilty Plea," *Bloomberg*, 2018년 11월 15일, https://www.bloomberg.com/news/articles/2018-11-15/first-fraud-case-for-initial-coin-offering-set-for-guilty-plea에 ICO 사기 사건의 유죄 인정에 대한 내용이 보도되었다. 텔레그램에 대한 SEC의 세부적인 사항은 https://www.sec.gov/news/press-release/2019-212를 참조하라. SEC는 "피고인들이 그램Gram(토큰 이름)과 텔레그램의 사업 운영, 재무 상태, 위험 요소, 증권법이 요구하는 경영에 관한 정보를 투자자들에게 제공하지 못했다"라고 주장했다. 텔레그램과 SEC의 합의는 2020년 6월 26일에 발표되었다. US Securities and Exchange Commission, "SEC Halts Alleged $1.7 Billion Unregistered Digital Token Offering," 2020년 6월 26일, 뉴스 보도, https://www.sec.gov/news/press-release/2020-146.

타타투, 시작은 창대했지만…
일자와 금액을 비롯한 ICO에 대한 정보는 *CoinDesk's* ICO Tracker, https://www.coindesk.com/ICO-tracker에서 얻을 수 있다. 타타투 ICO에 대한 추가적인 정보는 https://icorating.com/ico/tatatu-ttu/에서 찾아볼 수 있다. 토큰의 시가총액과 가격에 대한 정보는 https://coinmarketcap.com/currencies/tatatu/를 참조하라.

타타투 CEO 안드레아 이에르볼리노의 진술은 Brady Dale, "This $575 Million ICO with Royal Backing Is So Crazy, It Might Be Real," *CoinDesk*, 2018년 6월 21일, https://www.coindesk.com/575-million-ico-royal-backing-crazy-might-real에 보도되었다. Leigh Cuen, "A Wannabe Netflix Raised $575 Million on Ethereum: Then Ditched Crypto," *CoinDesk*, 2019년 6월 28일, https://www.coindesk.com/a-wannabe-netflix-raised-575-million-on-ethereum-then-ditched-crypto도 참조하라. 회사에 대한 세부적인 사항은 https://www.tatatu.com/를 참조하라.

다른 자금 조달 도구들
ETO에 대해서는 다음에 설명되어 있다. "Equity Tokens [Infographic]," *Cyberius* (블로그), 2018년 6월 22일, https://www.cyberius.com/blog/news/equity-tokens-infographic/. Gertrude Chavez-Dreyfuss, "Explainer: Initial Exchange Offerings

Flourish in Crypto Market," *Reuters*, 2019년 6월 20일, https://www.reuters.com/article/us-crypto-currencies-offerings-explainer/explainer-initial-exchange-offerings-flourish-in-crypto-market-idUSKCN1TL2E0는 IEO에 대해 논의한다.

IEO 수행에 대가를 받는 거래소가 만든 왜곡된 인센티브에 대한 우려는 David Canellis, "Binance Vows to Donate All Cryptocurrency Listing Fees to Charity," *TNW*, https://thenextweb.com/hardfork/2018/10/08/binance-listing-fees-charity/에 언급되어 있다.

비트토렌트 IEO와 BTT 토큰의 비공개 선판매에 대한 구체적인 정보는 "BitTorrent Token(BTT)IEO," https://coincodex.com/ieo/bittorrent-token/에서 확인할 수 있다.

The Bitfinex IEO 백서는 "Initial Exchange Offering of LEO Tokens for Use on iFinex Trading Platforms, Products, and Services," 2019년 8월, https://www.bitfinex.com/wp-2019-05.pdf에서 찾아볼 수 있으며, 10억 달러 IEO 결과는 해당 사이트, https://icobench.com/ieo에 보도되었다.

STO에 대한 더 상세한 내용은 Chrisjan Pauw, "What Is an STO, Explained," *Cointelegraph*, 2019년 2월 21일, https://cointelegraph.com/explained/what-is-an-sto-explained를 참조하라. 여기에서 언급한 구체적인 STO의 정보는 PwC, *6th ICO/STO Report. A Strategic Perspective*, https://www.pwc.ch/en/publications/2020/Strategy&_ICO_STO_Study_Version_Spring_2020.pdf에서 얻은 것이다.

암호화폐를 향한 페이스북의 야망

리브라협회의 현재 회원 명단을 비롯한 리브라에 대한 세부 사항은 https://diem.com/en-US/association/에서 찾아볼 수 있다. 협회 창립 회원의 목록은 https://libracrunch.com/libra-association-founding-members/에 게시되어 있다.

원래의 리브라 백서는 리브라/디엠협회에서는 더는 찾아볼 수 없지만 https://web.archive.org/web/20190701031037if_/https://www.libra.org/en-US/white-paper/의 Wayback Internet Archive에서 얻을 수 있다.

반발

Paul Kiernan, "Fed's Powell Says Facebook's Libra Raises 'Serious Concerns,'" *Wall Street Journal*, 2019년 7월 11일, https://www.wsj.com/articles/feds-jeromepowell-faces-senators-after-rate-cut-signal-11562837403에 리브라에 대한 제롬 파월의 진술이 보도되었다. 마리오 드라기의 진술은 Elizabeth Schulze, "ECB's Draghi Cites 'Substantial' Concerns about Facebook's Libra Plans," *CNBC*, 2019년 7월 25일, https://www.cnbc.com/2019/07/25/ecb-draghi-cites-substantial-concerns-about-facebook-libra-plans.html에 보도되었다. 카니의 논평은 Lucy Meakin, "BOE's Carney Defends Libra Concept as He Warns on Regulation," *Bloomberg*, 2019년 10월 15일, https://www.bloomberg.com/news/articles/2019-10-15/boe-s-carney-defends-libra-concept-as-he-warns-on-regulation에 보도되었다. 프랑스-독일 성명의 발췌문은 Reuters staff, "France and Germany Agree to Block Facebook's Libra," *Reuters*, 2019년 9월 13일, https://www.reuters.com/article/us-facebook-cryptocurrency-france-german/france-and-germany-agree-to-block-facebooks-libra-idUSKCN1VY1XU에서 찾아볼 수 있다.

PBC의 공식 견해는 "Facebook's Libra Must Be under Central Bank Oversight, PBOC Says," *Bloomberg*, 2019년 7월 9일, https://www.bloomberg.com/news/articles/2019-07-08/pboc-says-facebook-s-libra-must-be-under-central-bank-oversight에서 보도하고 있다. 다른 국가 관리들의 논평을 Vrishti Beniwal과 Shruti Srivastava, "Facebook's Libra Faces Skeptical Government in Asia's Third-Largest Economy," *Bloomberg*, 2019년 7월 8일, https://www.bloomberg.com/news/articles/2019-07-08/facebook-s-libra-currency-faces-skeptical-government-in-india; Lu Hui, "Bank of Thailand Ready to Discuss Libra with Facebook, but Concerned with Security," *Xinhua Net*, 2019년 7월 19일, http://www.xinhuanet.com/english/2019-07/19/c_138240875.htm; Daniel Palmer, "Korean Watchdog Warns of Financial Stability Risk from Facebook's Libra," *Coindesk*, 2019년 7월 8일, https://www.coindesk.com/korean-watchdog-warns-of-financial-stability-risk-from-facebooks-libra에서 찾아볼 수 있다.

리브라협회 회원 탈퇴에 대한 보고는 Joe Light와 Olivia Carville, "Libra Loses a Quarter of Its Members as Booking Holdings Exits," *Bloomberg*, 2019년 10월 14일, https://www.bloomberg.com/news/articles/2019-10-14/booking-holdings-is-latest-to-pull-out-of-libra-association에서 확인할 수 있다. 2020년 9월 현재 28개 창립 회원 중 20개가 남아 있고 리프트, 우버와 몇 개의 벤처 캐피털 펀드, 페이스북(자회사 노

비Novi를 통해)을 비롯한 회원의 총수는 다시 늘어나 26개가 되었다. https://www.diem.com/en-us/association/#the_members를 참조하라.

변경된 리브라

2020년 4월의 백서는 "Libra White Paper," Libra Association, https://wp.diem.com/en-US/wp-content/uploads/sites/23/2020/04/Libra_WhitePaperV2_April2020.pdf에 게시되어 있다.

리브라의 위험과 가능성

원본 백서의 부록("The Libra Reserve")을 https://web.archive.org/web/ 2019 0618205734/https://libra.org/en-US/wp-content/uploads/sites/23/2019/06/TheLibraReserve_en_US.pdf의 Wayback Internet Archive에서 얻을 수 있다.

준비금의 잔여 이자 수익의 일부는 리브라협회의 운영 비용을 충당한 후 리브라 투자 토큰Libra Investment Token의 초기 투자자들에게 초기 기여금에 대한 배당으로 지급한다.

리브라 운영에 대한 우려는 "The Regulatory Regime for Stablecoins," Libra Association, 2019년 10월, https://www.key4biz.it/wp-content/uploads/2019/10/Libra-Association-Response-to-G7-The-Regulatory-Regime-for-Stablecoins.pdf; https://www.diem.com/en-us/updates/libra-association-response-to-g7/를 참조하라.

비잔틴 장군의 문제는 Lamport, Shostak과 Pease(1982)의 논문에서 제기되고 해결되었다. 그들은 다음의 양식화된 버전의 문제를 제기한다: 적의 도시 외곽에 비잔틴군의 여러 사단이 야영을 하고 있고 각 사단은 그 사단의 장군이 지휘를 한다고 상상해보자. 장군들은 메신저로만 서로 소통할 수 있다. 그들은 공통의 행동 계획을 정해야 한다. 하지만 일부 장군은 충성스러운 장군들이 합의에 도달하는 것을 막으려는 반역자일 수 있다. 장군들은 첫째로 모든 충성스러운 장군이 동일한 행동 계획을 결정하게 하고, 둘째로 소수의 반역자들이 충성스러운 장군들로 하여금 나쁜 계획을 채택하도록 만들지 못하게 보장하는 알고리즘을 가지고 있어야만 한다. 반역자 장군들과 유사한 블록체인은 부정확한 정보를 전달하는 혹은 악의적으로 거래 정보를 변경하려 하는 노드일 것이다.

엄밀히 말해, 네트워크가 정확하게 기능하는 데 필요한 조건은 반역자 노드의 3분의 1 미만이 고장 나거나 손상되는 것이다.

티모시 마사드의 Libra 2.0에 대한 2020년 6월 글은 "Facebook's Libra 2.0, Why You Might Like It Even if We Can't Trust Facebook," Brookings Institution, 2020년 6월 22일, https://www.brookings.edu/research/facebooks-libra-2-0/를 참조하라.

이름 변경에 대한 리브라협회의 발표는 https://www.diem.com/en-us/updates/diem-association/에서 찾아볼 수 있다. CEO가 말한 내용은 Anna Irrera, Tom Wilson, "Facebook-Backed Digital Coin Libra Renamed Diem in Quest for Approval," *Reuters*, 2020년 12월 1일, https://www.reuters.com/article/facebook-cryptocurrency-int-idUSKBN28B574에서 얻은 것이다.

저커버그가 세상에 주는 선물?

이니셔티브에 대한 더 많은 정보는 Internet.org를 참조하라. 디지털 식민주의digital colonialism라는 말은 Olivia Solon, "'It's Digital Colonialism': How Facebook's Free Internet Service Has Failed Its Users," *Guardian*, 2017년 7월 27일, https://www.theguardian.com/technology/2017/jul/27/facebook-free-basics-developing-markets에서 시작된 것이다.

프리베이직스로서 internet.org의 리브랜딩 발표는 Mark Zuckerberg, "Free Basics," Facebook post, 2015년 9월 25일, https://www.facebook.com/zuck/posts/10102388939996891에서 확인할 수 있다. 저커버그의 말은 *Times of India*: https://timesofindia.indiatimes.com/blogs/toi-edit-page/free-basics-protects-net-neutrality/의 기사에서 발췌한 것이다. 2016년 초에 정부의 강력한 반발에 직면한 프리베이직스 플랫폼은 인도에서 철수했다. Pankaj Doval, "Facebook Withdraws the Controversial Free Basics Platform from India," *Times of India*, 2016년 2월 11일, https://timesofindia.indiatimes.com/tech-news/Facebook-withdraws-the-controversial-Free-Basics-platform-from-India/articleshow/50947427.cms를 참조하라. 샌드버그의 발언은 Reed Albergotti, "Facebook Touts Its 'Economic Impact' but Economists Question Numbers," *Wall Street Journal*, 2015년 1월 20일, https://www.wsj.com/articles/BL-DGB-39954에 보도되었다.

암호화폐, 어떻게 규제할 것인가?

조작의 대상이 되기 쉬운 암호화폐들

Carstens(2018)는 비트코인, 기타 암호화폐에 몇 가지 근본적인 문제(포킹을 통한 가치 저하, 신뢰 부족, 비효율성)가 있다고 말한다. 글래스노드의 관련 정보는 Liesl Eichholz, "New Bitcoin Whales: Where Are They Coming From?," *Glassnode Insights*, 2020년 6월 30일, https://insights.glassnode.com/new-bitcoin-whales/에서 확인할 수 있다.

Dhawan과 Putnins(2020)는 암호화폐 시장의 펌프 앤드 덤프에 대해 기록하고 분석한다.

규제당국의 다양한 접근법

2018년 3월 G-20 발언은 https://back-g20.argentina.gob.ar/sites/default/files/media/communique_g20.pdf에서 얻을 수 있다.

중국의 ICO와 비트코인 거래 금지는 "China Is Said to Ban Bitcoin Exchanges While Allowing OTC Trades," *Bloomberg*, 2017년 9월 11일, https://www.bloomberg.com/news/articles/2017-09-11/china-is-said-to-ban-bitcoin-exchanges-while-allowing-otc-trades-j7fofh20에 보도되었다. 인도의 상황은 "India's Supreme Court Lifts Ban on Banks Facilitating Cryptocurrency Trade," *Quartz*, 2020년 3월 4일, https://qz.com/india/1812540/top-indian-court-lifts-ban-on-banks-dealing-with-cryptocurrency/에 설명되어 있다.

Chamber of Digital Commerce, "Regulatory Clarity for Digital Tokens," blog post, https://digitalchamber.org/policy/regulatory-clarity-for-digital-tokens/를 참조하라. 이 웹사이트에서는 암호화폐 규제에 대한 여러 나라 접근법의 보다 포괄적이고 업데이트된 개관을 볼 수 있다.

주요한 관할권에서의 핀테크, 암호화폐, 암호화 자산 규정에 대한 유용한 정보의 모음은 Global Legal Insights: https://www.globallegalinsights.com/practice-areas/fintech-laws-and-regulations에서 찾아볼 수 있다.

중국 핀테크 대출 플랫폼에서 명확해진 위험들로부터 얻은 교훈에 의지한 암호화 자산에 대한 중국 규제당국 고위 관계자들의 견해는 Li(2020)를 참조하라.

규제의 거미줄을 짜는 미국

패치워크식 규제

브레이나드의 발언은 Lael Brainard, "Update on Digital Currencies, Stable-coins, and the Challenges Ahead," Federal Reserve System, 2019년 12월 18일, https://www.federalreserve.gov/newsevents/speech/brainard20191218a.htm에서 확인할 수 있다. CTFcombating terrorism financing는 CFT와 같은 개념이다.

여러 나라의 암호화폐 규제 개요는 Global Legal Insights, "Fintech Laws and Regulations 2020," 웹사이트, https://www.globallegalinsights.com/practice-areas/fintech-laws-and-regulations/2-crypto-asset-trading-platforms-a-regulatory-trip-around-the-world에서 찾아볼 수 있다. 미국의 경우는 Global Legal Insights, "Fintech 2020, USA," online article, https://www.globallegalinsights.com/practice-areas/blockchain-laws-and-regulations/usa를 참조하라.

2019 SEC 문서, *Framework for 'Investment Contract' Analysis of Digital Assets*는 US Securities and Exchange Commission, 2019년 4월, https://www.sec.gov/corpfin/framework-investment-contract-analysis-digital-assets에서 확인할 수 있다.

SEC의 집행 조치는 https://www.sec.gov/spotlight/cybersecurity-enforce-ment-actions에서 찾아볼 수 있다.

CFTC 전 회장인 티모시 마사드는 암호화폐의 규제에 대한 유용한 개관을 제공한다. Massad(2019)를 참조하라.

CFTC 보고서는 "미등록 비트코인 선물 거래소(비트파이넥스BitFinex)에 대해 조치를 취했고, 파생상품 플랫폼에서 자금세탁 거래 및 사전 준비된 거래를 금지하는 법을 시행했고, 가상화폐 맥락에서 파생상품 시장이 무엇이고 현물시장이 무엇인지에 대한 제안된 지침을 발표했으며, 현물 가상화폐 시장의 가치와 변동성에 대한 경고를 내고, 가상화폐 폰지 사기를 다루었다"라고 언급했다.

규제의 복잡성: 파생상품 거래

이 부분에 대한 논의는 "CFTC Backgrounder on Oversight of and Approach to Virtual Currency Futures Markets," CFTC Public Affairs Office, 2018년 1월, https://www.cftc.gov/sites/default/files/idc/groups/public/%40customerprotection/

documents/file/backgrounder_virtualcurrency01.pdf를 바탕으로 했다. "CFTC Backgrounder on Self-Certified Contracts for Bitcoin Products," CFTC Public Affairs Office, https://www.cftc.gov/sites/default/files/idc/groups/public/@ newsroom/documents/file/bitcoin_factsheet120117.pdf; Commodity Futures Trading Commission, "CFTC Statement on Self-Certification of Bitcoin Products by CME, CFE and Cantor Exchange," 2017년 12월 1일, 뉴스 보도, https://www.cftc. gov/PressRoom/PressReleases/7654-17도 참조하라.

시카고상품거래소와 시카고선물거래소 비트코인 선물은 2017년 12월부터 거래를 시작한 반면, 캔터 거래소 상품은 2020년 7월까지 출시되지 않았다.

주 차원의 조치

비트코인을 세금으로 받는 오하이오의 조치는 Paul Vigna, "Pay Taxes with Bitcoin? Ohio Says Sure," *Wall Street Journal*, 2018년 11월 26일, https://www.wsj. com/articles/pay-taxes-with-bitcoin-ohio-says-sure-1543161720과 https:// tos.ohio.gov/newsroom/article/treasurer-sprague-announces-suspension-of-ohiocryptocom에 나와 있다.

뉴욕의 비트라이선스 프로그램에 대해서는 New York State Department of Financial Services, "BitLicense FAQs," 웹 포스트, https://www.dfs.ny.gov/apps_ and_licensing/virtual_currency_businesses/bitlicense_faqs를 참조하라. 이 부서의 규정은 "사업자가 뉴욕주 또는 뉴욕주에 거주하는 사람, 그곳에 주소를 둔 사람, 사업장이 있는 사람, 사업을 수행 중인 사람과 관련된 가상화폐 사업 활동을 하는 경우 비트라이선스를 획득해야 한다"라고 되어 있다. 업계 관점에서 이 허가 프로그램의 의미는 SEC 웹사이트에 게시된 공개 의견에 설명되어 있다. "Economic and Non-economic Trading in Bitcoin: Exploring the Real Spot Market for the World's First Digital Commodity," US Securities and Exchange Commission, 2019년 5월, https://www.sec.gov/ comments/sr-nysearca-2019-01/srnysearca201901-5574233-185408.pdf.

뉴욕주 허가 프로그램에 대한 반응은 Nathan DiCamillo, Nikhilesh De, "New York Regulator Details Changes to Contentious BitLicense," *Coindesk*, 2019년 12월 11일, https://www.coindesk.com/new-york-regulator-details-changes-to-contentious-bitlicense에 보도되어 있으며 크라켄의 진술은 다음에서 찾아볼 수 있다.

"Farewell, New York," *Kraken*(블로그), 2015년 8월 9일, https://blog.kraken.com/post/253/farewell-new-york/. 마틴법Martin Act이 이 뉴욕주 법무장관에게 광범위한 권한을 부여한다는 점을 확인한 항소심 재판부의 2020년 7월 9일 판결에 대한 논의는 Teresa Goody Guillén, Robert A. Musiala Jr.와 Jonathan A. Forman, "New York Appellate Court Confirms Attorney General's Broad Investigative Powers into the Cryptocurrency Industry," Lexology, 2020년 7월 15일, https://www.lexology.com/library/detail.aspx?g=98b6eb5b-ca72-4863-bc62-631b1e39d6f9을 참조하라.

규제는 점검과 업데이트가 필요하다

SEC 회장 제이 클레이튼의 발언은 https://www.sec.gov/news/public-statement/statement-clayton-2017-12-11에서 확인할 수 있다.

탈중앙화된 금융을 향하다

탈중앙화에 대한 부테린의 논의는 Vitalik Buterin, "The Meaning of Decentralization," *Medium*, 2017년 2월 6일, https://medium.com/@VitalikButerin/the-meaning-of-decentralization-a0c92b76a274를 참조하라.

플래시 론

컴파운드에 대한 정보는 https://compound.finance/를 참조하라. 컴파운드 백서는 "Compound: The Money Market Protocol," 2019년 2월, https://compound.finance/documents/Compound.Whitepaper.pdf를 참조하라.

디파이 펄스 웹사이트는 주요 디파이 프로토콜을 추적한다: https://defipulse.com. 디파이 커뮤니티에서 결정적인 정보원으로 여겨지는 듯한 이 웹사이트에 따르면, 2020년 5월 현재 잠겨 있는 총금액은 10억 달러였고 2020년 말에는 135억 달러였다. 2017년 8월에 데이터가 보고된 첫날의 총금액은 4달러였다.

인용문의 출처인 플래시 공격에 대한 유용한 글은 Haseeb Qureshi, "Flash Loans: Why Flash Attacks Will Be the New Normal," *Medium*, 2020년 2월 27일, https://medium.com/dragonfly-research/flash-loans-why-flash-attacks-will-be-the-new-normal-5144e23ac75a를 참조하라. 플래시 공격에 대한 더 기술적인 설명은 Qin 외(2020)에서, 이 저자의 덜 기술적인 분석은 Kaihua Qin, Liyi Zhou, Benjamin

Livshits와 Arthur Gervais, "Attacking the DeFi Ecosystem with Flash Loans for Fun and Profit," *Hacking, Distributed*, 2020년 3월 11일, https://hackingdistributed.com/2020/03/11/flash-loans/에서 찾아볼 수 있다.

넥서스 뮤추얼의 백서는 "A Peer-to-Peer Discretionary Mutual on the Ethereum Blockchain," https://nexusmutual.io/assets/docs/nmx_white_paperv2_3.pdf에 게시되어 있다. 이 회사에 대한 더 상세한 정보는 https://nexusmutual.io/를 참조하라.

레고처럼 결합 가능한 금융

승인 없는 결합성에 대한 비기술적인 설명과 구체적인 금융상품 및 이 장에서 논의된 위험은 "DeFi's Permissionless Composability is Supercharging Innovation," *Chainlink*(블로그), 2020년 8월 12일, https://blog.chain.link/defis-permissionless-composability-is-supercharging-innovation/를 참조하라. 정의와 사례는 Sid Coelho-Prabhu, "A Beginner's Guide to Decentralized Finance(DeFi)," *Coinbase*(블로그), 2020년 1월 6일, https://blog.coinbase.com/a-beginners-guide-to-decentralized-finance-defi-574c68ff43c4를 참조하라. Alyssa Hartig, "What Is DeFi?," *Coindesk*, 2020년 12월 17일, https://www.coindesk.com/what-is-defi도 참조하라.

탈중앙화의 약점

아리 주엘스와 공저자들의 논문은 Daian 외(2019)이다. 탈중앙화된 거래소 일반, 구체적으로는 그들의 제로엑스0x와 이더델타EtherDelta 거래소의 다양한 범주에 걸친 설계 결함을 경고하는 2017년 8월 13일 자 블로그 게시물은 Iddo Bentov, Lorenz Breidenbach, Phil Daian, Ari Juels, Yunqi Li와 Xueyuan Zhao, "The Cost of Decentralization in 0x and EtherDelta," *Hacking, Distributed*(블로그), 2017년 8월 13일, https://hackingdistributed.com/2017/08/13/cost-of-decent/에서 확인할 수 있다.

돈벌이 '밈'

예수 코인 백서는 다음에 게시되어 있다: "Jesuscoin. Decentralizing Jesus on the Blockchain," Chain Why, https://www.chainwhy.com/upload/default/20180629/cc7814b402a92dd452854e8638a3082c.pdf. "예수"가 직접 등장해 투자자들에게 암호

화폐를 구입하라고 설득하고 열정적인 투자자가 예수 코인이 비트코인보다 커질 수 있다고 말하자 예수가 "아버지가 자랑스러워하실 것이다!"라고 답하는 홍보 영상은, https://www.youtube.com/watch?time_continue=90&v=MgaDBYamU7g&feature=emb_logo에서 볼 수 있다.

예수 코인의 가격과 시가총액은 "Jesus Coin," CoinGecko, https://www.coingecko.com/en/coins/jesuscoin/historical_data/usd?end_date=2021-01-02&start_date=2016-01-01#panel에서 얻은 것이다.

도지코인의 기원과 가입에 대한 더 자세한 내용은 https://dogecoin.com/를 참조하라. 도지코인의 가격과 시가총액 수치는 https://coinmarketcap.com/currencies/dogecoin/를 바탕으로 한다. Ryan Browne, "Tweets from Elon Musk and Other Celebrities Send Dogecoin to a Record High," *CNBC*, 2021년 2월 8일, https://www.cnbc.com/2021/02/08/tweets-from-elon-musk-and-celebrities-send-dogecoin-to-a-record-high.html을 참조하라.

밈 코인이 어떻게 만들어지는지에 대한 이야기와 그 문제에 대한 라이얼의 인용문은 Mathew Di Salvo, "How an Anti-Meme Coin Joke Backfired into a \$1.2 Million Meme Coin," Decrypt, 2020년 8월 15일, https://decrypt.co/38887/an-anti-meme-coin-joke-just-led-to-a-1-2-million-meme-coin에서 찾아볼 수 있다.

비트코인 IRA에 대한 정보는 "Bitcoin IRA™ Reveals Data Highlighting Strong Demand for Cryptocurrency IRAs in 2020," *PR Newswire*, 2020년 3월 5일, https://www.prnewswire.com/news-releases/bitcoin-ira-reveals-data-highlighting-strong-demand-for-cryptocurrency-iras-in-2020-301016994.html을 참조하라.

6. 중앙은행디지털화폐란 무엇인가?

서두의 글은 오비디우스의 《변신 이야기》를 헨리 T. 라일리Henry T. Riley가 1851년에 번역한 것이다. 이 부분은 "Nessus and the Death of Hercules" 제9권, 2화에 나온다. George Bell과 Sons가 1893년에 재출간한 책을 바탕으로 하는 전체 글은 https://www.gutenberg.org/files/26073/26073-h/main.html에서 구텐베르크 프로젝트를 통해 볼 수 있다.

Ferguson(2009)과 Goldstein(2020)이 화폐의 역사에 대해 논의한다.

CBDC의 두 가지 형태

상업은행의 미 연준 예금과 준비금 사이에는 약간의 차이가 있기 때문에 두 용어가 정확히 일치하지는 않는다. 자세한 내용은 https://www.federalreserve.gov/monetarypolicy/bst_fedsbalancesheet.htm#에서 볼 수 있는 미 연준 대차대조표를 참조하라.

소매 CBDC

두 유형의 CBDC에 대한 스웨덴 중앙은행의 정의와 둘의 차이는 Sveriges Riksbank, *The Riksbank's e-Krona Project: Report 1*, 2017년 9월, https://www.riksbank.se/globalassets/media/rapporter/e-krona/2017/rapport_ekrona_uppdaterad_170920_eng.pdf에서 찾아볼 수 있다.

왜 발행하는가?

예비 결제 시스템

The Riksbank's e-Krona Project를 참고하라. Report 1, Sveriges Riksbank, 2017년 9월, https://www.riksbank.se/globalassets/media/rapporter/e-krona/2017/rapport_ekrona_uppdaterad_170920_eng.pdf; The Riksbank's e-Krona Project Report 2, Sveriges Riksbank, 2018년 10월, https://www.riksbank.se/globalassets/media/rapporter/e-krona/2018/the-riksbanks-e-krona-project-report-2.pdf.

이 사안에 대한 추가적인 관점은 Fung과 Halaburda(2016); Engert과 Fung(2017); Mancini-Griffoli 외(2018)를 참조하라. 정책 입안자의 관점은 Broadbent(2016)와 Ingves(2017)를 참조하라.

중국 중앙은행 관리의 말은 Yao(2018)를 바탕으로 한 것이다.

금융 포용 촉진

우루과이 e-페소 시범 프로그램에 대한 더 상세한 내용은 Bergara와 Ponce(2018)를 참조하라. 에콰도르의 실험은 Everett Rosenfeld와 "Ecuador Becomes the First Country to Roll Out Its Own Digital Cash," *CNBC*, 2015년 2월 9일, https://www.cnbc.com/2015/02/06/ecuador-becomes-the-first-country-to-roll-out-its-own-digital-durrency.html에 언급되어 있다. 에콰도르 실험에 대한 인용문은 Lara와

Reis(2015)에서 발췌한 것으로 스페인어에서 번역되었다.

바하마의 CDBC 프로젝트는 Central Bank of The Bahamas, *Project Sand Dollar: A Bahamas Payments System Modernisation Initiative*, 2019년 12월, https://cdn.centralbankbahamas.com/documents/2019-12-25-02-18-11-Project-Sanddollar.pdf에 설명되어 있다. CBDC의 전국적인 시행은 여기에 발표되었다: Central Bank of The Bahamas, "The Sand Dollar Is on Schedule for Gradual National Release to The Bahamas in Mid-October 2020," 2020년 9월 25일 공시, https://www.centralbankbahamas.com/news/public-notices/the-sand-dollar-is-on-schedule-for-gradual-national-release-to-the-bahamas-in-mid-october-2020. 바하마에 대한 더 상세한 정보는 바하마 정부 웹사이트, https://www.bahamas.gov.bs/wps/portal/public/About The Bahamas/Overview/에서 얻을 수 있다.

통화 주권
캐나다은행의 CBDC 긴급 대책은 Bank of Canada, *Contingency Planning for a Central Bank Digital Currency*, 2020년 2월 25일, https://www.bankofcanada.ca/2020/02/contingency-planning-central-bank-digital-currency/에 설명되어 있다.

통화정책을 용이하게 하는 CBDC
통화정책은 어떻게 운영되는가?
미 연준의 할인율, 공개시장 운영, 기타 전형적인 통화정책 도구들에 대해서는 https://www.federalreserve.gov/monetarypolicy/policytools.htm에 설명되어 있다. 금융위기의 미 여파로 연준은 장기적인 금리에 직접적인 영향을 주기 위해 공개시장 운영을 시작했지만 이 방법이 항상 성공하는 것은 아니다.

불황기 통화정책의 제약을 줄이다
본문에서 언급된 보고서: Bank for International Settlements, *Central Bank Digital Currencies: Foundational Principles and Core Features*, 2020년 10월, https://www.bis.org/publ/othp33.pdf.

'헬리콥터 드롭'과 CBDC

헬리콥터 드롭 그리고 다른 정책과 비교한 그 효과에 대한 분석적 논의는 Bernanke (2000); Buiter(2014); Turner(2015); Galí(2020)를 참조하라. 각기 벤 버냉키Ben Bernanke 와 조르디 갈리Jordi Galí에 의한 다음의 블로그 게시물은 덜 기술적인 설명을 제시한 다: Ben S. Bernanke, "What Tools Does the Fed Have Left? Part 3: Helicopter Money," *Brookings Institution*(블로그), 2016년 4월 11일, https://www.brookings. edu/blog/ben-bernanke/2016/04/11/what-tools-does-the-fed-have-left-part-3-helicopter-money/; Jordi Galí, "Helicopter Money: The Time Is Now," *VoxEU, CEPR*(블로그), 2020년 3월 17일, https://voxeu.org/article/helicopter-money-time-now.

2020년 3월의 코로나19 긴급 지원 법안은 다음의 기사에 설명되어 있다: Emily Cochrane과 Sheryl Gay Stolberg, "$2 Trillion Coronavirus Stimulus Bill Is Signed into Law," *New York Times*, 2020년 3월 27일, https://www.nytimes.com/ 2020/03/27/us/politics/coronavirus-house-voting.html. Economic Impact Payments는 https://www.irs.gov/coronavirus/economic-impact-payments에 설명되어 있다. 2020년 6월 현재 지급 상황은 "Economic Impact Payments Issued to Date," US House of Representatives, Committee on Ways and Means, 2020년 6월, https://waysandmeans.house.gov/sites/democrats.waysandmeans.house. gov/files/documents/2020.06.04%20EIPs%20Issued%20as%20of%20June%20 4%20FINAL.pdf에 요약되어 있다. 의도한 수급자의 손에 지급금을 쥐여주는 것의 어려움은 Eric Hegedus, "People Are Mistaking Stimulus Payments for Junk Mail or a Scam," *Washington Post*, 2020년 5월 28일, https://www.washingtonpost.com/ business/2020/05/28/people-are-mistaking-stimulus-payments-junk-mail-or-scam/에 보도되었다.

다음의 기사는 디지털 달러를 제안한 긴급 지원 법원의 초기 버전과 이 제안을 제외한 후기 버전의 링크를 제공한다: Jason Brett, "Coronavirus Stimulus Offered by House Financial Services Committee Creates New Digital Dollar," *Forbes*, 2020년 3월 23일, https://www.forbes.com/sites/jasonbrett/2020/03/23/new-coronavirus-stimulus-bill-introduces-digital-dollar-and-digital-dollar-wallets/#6f07cab04bea.

이와 관련한 더 상세한 제안은 Hockett(2020)를 참조하라.

CBDC의 다른 장점

현금과 범죄의 상관관계

현금이 어떻게 범죄를 부채질하는지에 대해서는 *Why Is Cash Still King? A Strategic Report on the Use of Cash by Criminal Groups as a Facilitator for Money Laundering*, Europol Financial Intelligence Group, European Police Office, The Hague, 2015년, http://dx.doi.org/10.2813/698364를 참조하라.

Mallory Pickett, "One Swede Will Kill Cash Forever: Unless His Foe Saves It From Extinction," *Wired*, 2016년 5월 8일, https://www.wired.com/2016/05/sweden-cashless-economy/를 참조하라. 현재 박물관 웹사이트의 기록 보관 버전으로만 찾을 수 있는 비에른 울바에우스의 성명은 http://www.abbathemuseum.com/en/cashless-EN(2013년 5월 9일, Wayback Machine 인터넷 기록보관소, https://archive.org/web/)를 참조하라. 비에른 에릭손의 견해는 Maddy Savage, "Why Sweden Is Close to Becoming a Cashless Economy," *BBC News*, 2017년 9월 11일, https://www.bbc.com/news/business-41095004에 설명되어 있다.

2013년의 스톡홀름 은행 강도 시도는 Ann Törnkvist, "Man Tries to Rob Cashless Swedish Bank," *Local*, 2013년 4월 22일, https://www.thelocal.se/20130422/47484에 보고되어 있다. 본문의 진술에 등장한 범죄 통계는 다음과 같다. 보고된 택시 강도: 2009년 68건과 2018년 22건, 상점 강도: 2009년 1,154건과 2018년 515건. 보고된 사기 사건: 2009년 4만 8,313건과 2018년 17만 9,283건—그중 2009년의 1만 7,092건과 2018년의 13만 5,446건은 컴퓨터 사기에 관련된 것이다. "Crimes Linked to Cash Have Fallen," Sveriges Riksbank, 2019년 11월 7일, https://www.riksbank.se/en-gb/payments—cash/payments-in-sweden/payments-in-sweden-2019/swedish-payments-are-secure-and-efficient/security-in-sweden-is-high-from-an-international-perspective/crimes-linked-to-cash-have-fallen/를 참조하라.

부정부패를 척결하는 CBDC

Lahiri(2020)는 2016년에 있었던 인도의 폐화에 대해 설명한다.

폐화와 그 이유에 대한 케냐 중앙은행 총재의 진술은 Patrick Njoroge, "Demonetisation: A Step in the Fight against Corruption," Bank for International Settlements, 2019년 1월 24일, https://www.bis.org/review/r191106c.pdf에서 확인할 수 있다.

지하로 숨어드는 현금

지하경제의 규모는 어느 정도일까?

그리스의 탈세에 대한 사례 연구는 Artavanis, Morse와 Tsoutsoura(2016)를 참조하라.

통화 수요 접근법은 Cagan(1958)이 개척하고 Tanzi(1983)가 강화한 것이다. 통화 수요 방정식은 "초과" 수요를 분리하기 위해 시간의 흐름에 따라 계량경제학적으로 추정하며, 직간접적인 세금 부담, 정부 규제, 세금 시스템의 복잡성을 포함한 변수뿐만 아니라 가능성이 있는 모든 전형적인 요소를 통제한다(이것들은 사람들을 지하경제에서 일하게 하는 주요한 유인으로 인식된다). 이후 전형적인 요소로 설명되지 않는 통화의 "초과" 증가는 사람들을 지하경제에서 일하게끔 하는 변수에 기인한다.

각국 지하경제 규모에 대한 추정치는 Schneider(2015a)를 참조하라. 이런 연구에서의 한 가지 가정은 지하경제의 유일한 결제 수단이 흔적을 남기지 않는 현금이라는 것이다. 연구자들은 국가 공식 부문의 경제활동에 대한 척도를 사용해 이런 거래를 지지하는 데 얼마나 많은 현금이 필요한지를 추정한다. 이후 다른 결제수단에 비해 현금을 사용하는 데 영향을 줄 수 있는 금융 발전의 수준, 정부의 규모, 법치주의가 우세한 범위와 같은 그 나라의 특성을 고려한다. 현금에 대한 계속된 수요는 지하경제활동과 관련된 거래에 기인한다. Medina와 Schneider(2018)는 2015년까지 158개국의 업데이트된 추정치를 제공한다. Boockmann과 Schneider(2018)는 일련의 유럽 국가에 대한 2018년 추정치를 제공한다. Schneider는 연구에서 Cagan-Tanzi 접근법을 기반으로 하는 보다 정교한 다중 지표, 다중 원인 모델을 사용한다.

유럽 경제의 지하경제 규모 추정치에 대한 대안은 Kelmanson 외(2019)를 참조하라. 양쪽 연구에 모두 포함된 대부분의 국가의 경우 이들 저자의 추정치(2016년)가 Boockmann과 Schneider(2018)의 추정치보다 약간 높다.

지하경제의 유해한 영향에 대한 논의는 Organisation for Economic Co-operation and Development, *Shining Light on the Shadow Economy: Opportunities and Threats*, 2017년 9월, https://search.oecd.org/tax/crime/shining-light-on-the-shadow-economy-opportunities-and-threats.pdf를 참조하라.

Schneider(2015b)는 지하경제활동으로 인한 세수 손실을 추정한다. 세수 손실에 대한 다른 수치로는 Tax Justice Network, *The Cost of Tax Abuse*, 2011년 11월, https://www.taxjustice.net/wp-content/uploads/2014/04/Cost-of-Tax-Abuse-

TJN-2011.pdf를 참조할 수 있다. 미국의 추정치는 13쪽 표의 1, 5, 9단 데이터로 계산한 것이다.

비교를 위해 언급하자면, 미국 국세청IRS은 미신고, 과소보고, 과소납부로 인한 세수 손실로 정의되는 총 세수 이익의 차이를 추정한다. 후속 시행 조치와 연체에 영향을 주는 순 세수 이익 차이도 추정한다. 2011~2013년의 평균 세수 이익 차이는 연간 4,410억 달러, 순 세수 이익 차이는 3,810억 달러로 손실된 세제 수입은 약 14%(거둬들여야 하는 것으로 IRS가 추정한 총액 대비)로 추정된다. 이 모두가 지하경제 활동으로 인한 것은 아니다. "Tax Gap Estimates for Tax Years 2011-2013," Internal Revenue Service, 2020년 10월 21일, https://www.irs.gov/newsroom/the-tax-gap을 참조하라.

세수 손실의 계산에서 기반이 되는 묵시적인 가정은, 세금 집행이 철저하다면 많은 경제활동이 지하경제에서 보다 공식적인 경제로 전환하리라는 것이다. 하지만 이것은 명확하지 않다. 세금을 피할 수 없다면 경제활동이 감소할 가능성도 있다.

지하에 광명을

Ernst & Young, *Reducing the Shadow Economy through Electronic Payments*, 2017, https://assets.ey.com/content/dam/ey-sites/ey-com/en_pl/topics/eat/pdf/ey-report-2016-reducing-the-shadow-economy-through-electronic-payments.pdf를 참조하라. 연구된 그룹의 나라들은 보스니아 헤르체고비나, 불가리아, 크로아티아, 체코, 폴란드, 세르비아, 슬로바키아, 슬로베니아다. 지하경제의 규모와 세수에 대한 다양한 정책의 추정치는 표 C1과 C2(소비자와 기업에 대한 세제 혜택의 효과를 제외한 각 표 마지막 행의 최소 및 최대)를 기반으로 한다.

스웨덴 관리의 인용문은 Patrick Jenkins, "'We Don't Take Cash': Is This the Future of Money?," *Financial Times*, 2018년 5월 10일, https://www.ft.com/content/9fc55dda-5316-11e8-b24e-cad6aa67e23e에서 발췌한 것이다.

Rogoff(2016)는 고액 지폐의 폐지를 제안한다.

우버는 드라이버의 사회보장이나 메디케어 세금, 실업보험이나 노동자 보상과 같은 사회보험료를 납부하지 않는다. 이에 대한 논의는 Economic Policy Institute, *Uber and the Labor Market*, 2018년 5월 15일, https://www.epi.org/publication/uber-and-the-labor-market-uber-drivers-compensation-wages-and-the-scale-of-uber-and-the-gig-economy/에서 확인할 수 있다.

CBDC의 또 다른 장점

위조 방지

중통원보교초에 대한 글을 포함한 고대 중국의 화폐 위조에 대한 논의는 Prasad (2016)에서 발췌했다.

툼바브루크에 대한 설명은 https://web.archive.org/web/20061016050949/ http://www.riksbank.com/templates/Page.aspx?id=9171에서 확인할 수 있다. 고대의 화폐 위조에 대한 처벌은 Blanc과 Desmedt(2007); Raskov(2016); "Punishments in Ancient Rome," *Facts and Details*, 2018년 10월, http://factsanddetails.com/ world/cat56/sub408/entry-6360.html을 바탕으로 한다. 화폐 위조에 대한 현대의 사례는 https://www.law.cornell.edu/uscode/text/18/part-I/chapter-25(미국 주); "Laws Concerning Banknote Reproduction," Bank of Japan, https://www.boj.or.jp/en/ note_tfjgs/note/security/gizo0410a.htm/를 참조하라. 화폐 위조에 대한 역사적인 견해는 Handler(2005) 그리고 Blanc과 Desmedt(2007)를 참조하라.

위조지폐의 규모를 추정하는 2006년 미국 정부의 연구는 US Department of the Treasury, *The Use and Counterfeiting of United States Currency Abroad, Part 3*, 2006년 9월, https://www.federalreserve.gov/boarddocs/rptcongress/counterfeit/ counterfeit2006.pdf에서 확인할 수 있다. 영국의 통계는 https://www.bankofengland. co.uk/banknotes/counterfeit-banknotes를 바탕으로 한다. 캐나다의 최신 폴리머 지폐에 보안 기능을 추가하는 데 드는 예상 비용은 Bank of Canada, *Information on the Prevalence of Counterfeiting in Canada and Its Impact on Victims and Society*, 2014년 5월, https://www.bankofcanada.ca/wp-content/uploads/2014/05/ prevalence-victim-impact.pdf의 6쪽에서 찾아볼 수 있다.

화폐 발행을 통한 수익

미국 달러 지폐의 인쇄비용은 1달러와 2달러 지폐 한 장당 7.7센트에서 100달러 지폐 한 장당 19.6센트로 다양하다(다른 대부분 지폐는 한 장당 약 16센트이며, 액면가가 높아질수록 비용이 커지는 것은 추가적인 보안 기능이 내장되어 있음을 반영한다). 통화 예산은 Federal Reserve System, *2020 Currency Budget*, https://www.federalreserve.gov/foia/ files/2020currency.pdf에서 확인할 수 있다. 연간 통화 인쇄 주문(지폐의 총금액과 총가치) 은 https://www.federalreserve.gov/paymentsystems/coin_currency_orders.htm에서 확인할 수 있다.

동전은 1센트 동전(2센트), 5센트 동전(8센트), 10센트 동전(4센트), 25센트 동전(9센트)이 있으며 액면 가치에 비해 생산하는 데 지폐보다 더 많은 비용이 든다. 달리 말하면, 1센트 동전과 2센트 동전의 단가는 액면가보다 높다. 물론 동전이 지폐보다 훨씬 오래가지만 말이다. 2019년에 미국 조폐국은 법정화폐 주조로 인한 수익이 7억 9,800만 달러인 반면 생산 비용은 4억 8천만 달러이고 순수익은 3억 1,800만 달러에 달한다고 보고했다. 1센트 동전과 5센트 동전의 순손실은 1억 300만 달러에 달했다. 미국 조폐국은 발행되는 동전의 1달러당 직접 시뇨리지를 8센트로 추정한다.

미국 주화 주조 비용, 유통 주화 주조 수익, 유통 주화의 생산 비용과 액면가 사이의 차이로 좁게 정의되는 시뇨리지 수익은 미국 조폐국 연차 보고서, *United States Mint 2019 Annual Report*, 2019, https://www.usmint.gov/wordpress/wp-content/uploads/2020/01/2019-Annual-Report.pdf의 10~13쪽을 참조하라.

미국 재무부에 전송되는 미 연준의 수익은 다음에 나열되어 있다: https://www.federalreserve.gov/aboutthefed/files/combinedfinstmt2019.pdf, 4쪽.

ECB의 "유로 지폐 할당에서 발생하는 이자 수입"은 https://www.ecb.europa.eu/pub/annual/annual-accounts/html/ecb.annualaccounts2019~9eecd4e8df.en.html#toc2에서 확인할 수 있는 관리 보고서의 표 12에 보고되어 있다. 보고서의 다른 부분에서 논의되고 있듯이 2019년의 소득은 본질적으로 제로다.

캐나다은행의 계산은 *Understanding Seigniorage, Bank of Canada*, 2020년 5월 6일, https://www.bankofcanada.ca/2020/05/seigniorage/과 연차 보고서, Bank of Canada, *Annual Report 2019*, 2019년 12월, https://www.bankofcanada.ca/2020/05/annual-report-2019/에 보고되어 있다.

2019년 3월부터 2020년 2월까지의 잉글랜드은행 연차 보고서는 *Bank of England Annual Report and Accounts 1 March 2019 to 29 February 2020*, https://www.bankofengland.co.uk/-/media/boe/files/annual-report/2020/boe-2020.pdf(해당 연도와 이전 연도의 순 시뇨리지 수치는 35쪽을 참조하라)에서 확인할 수 있다.

복지 정책에 활용되는 스마트 머니

설계와 CBDC에 스마트 계약 기능을 추가하는 데 따르는 장단점을 비롯한 스마트 머니에 대한 논의는 Allen 외(2020)를 참조하라.

비위생적인 현금

우한에 대한 새로운 지폐의 배포와 지폐의 소독 요구는 중국 관영 매체에 보도되었다: Wang Tianyu, "Central Bank Allocates 4 Billion Yuan in New Banknotes to Wuhan," *China Global Television Network*, 2020년 2월 15일, https://news.cgtn.com/news/2020-02-15/Central-bank-allocates-4-billion-yuan-in-new-banknotes-to-Wuhan-O69Pj35nNu/index.html; "China Ensures Timely Money Transfer, Disinfects Banknotes amid Fight against Coronavirus," *Xinhuanet*, 2020년 2월 15일, http://www.xinhuanet.com/english/2020-02/15/c_138786757.htm.

광저우 지점의 지폐 폐기 조치는 다음에 설명되어 있다: Karen Yeung, "China Central Bank Branch to Destroy Banknotes from Coronavirus-Hit Sectors," *South China Morning Post*, 2020년 2월 16일, https://www.scmp.com/economy/china-economy/article/3050868/fresh-cash-old-china-central-bank-branch-destroy-banknotes.

미 연준의 조치는 Pete Schroeder와 Anna Irrera, "Fed Quarantines U.S. Dollars Repatriated from Asia on Coronavirus Caution," *Reuters*, 2020년 3월 6일, https://www.reuters.com/article/us-health-coronavirus-fed-dollars/fed-quarantines-us-dollars-repatriated-from-asia-on-coronavirus-caution-idUSKBN20T1YT; Kate Davidson과 Tom Fairless, "Fed Stores Dollars Arriving from Asia as Coronavirus Precaution," *Wall Street Journal*, 2020년 3월 6일, https://www.wsj.com/articles/fed-delays-processing-dollar-bills-from-asia-amid-coronavirus-fears-11583512719에 보도되었다.

뉴욕대학교의 연구는 다음에 요약되어 있다: Michaeleen Doucleff, "Dirty Money: A Microbial Jungle Thrives in Your Wallet," *NPR*, 2014년 4월 23일, https://www.npr.org/sections/health-shots/2014/04/23/305890574/dirty-money-a-microbial-jungle-thrives-in-your-wallet. Jason Gale, "Coronavirus May Stay for Weeks on Banknotes and Touchscreens," *Bloomberg*, 2020년 10월 12일, https://www.bloomberg.com/news/articles/2020-10-11/coronavirus-can-persist-for-four-weeks-on-banknotes-study-finds를 참조하라. 캐나다은행의 진술은 "Update: Bank of Canada Asks Retailers to Continue Accepting Cash," Bank of Canada,

2020년 5월 28일, https://www.bankofcanada.ca/2020/05/bank-canada-asks-retailers-continue-accepting-cash/에서 찾아볼 수 있다.

CBDC의 단점

은행의 탈중개화
Ketterer와 Andrade(2016) 그리고 Agur, Ari와 Dell'Ariccia(2021)를 참조하라.

뱅크런의 위험
FDIC가 제공하는 예금보험에 관한 세부 사항은 https://www.fdic.gov/deposit/deposits/faq.html을 참조하라.

프라이버시 보장 문제
퓨리서치센터는 밀레니얼 세대를 1981년에서 1996년 사이에 태어난 세대로, Z세대를 1997년에서 2012년 사이에 태어난 세대로 규정한다. Michael Dimock, "Defining Generations: Where Millennials End and Generation Z Begins," Pew Research Center, 2019년 1월 17일, https://www.pewresearch.org/fact-tank/2019/01/17/where-millennials-end-and-generation-z-begins/를 참조하라.

프라이버시 그리고 CBDC 설계에서의 투명성과 프라이버시 사이의 균형에 대한 논의는 Allen 외(2020)의 6부를 참조하라. 이 균형을 해결하는 가장 좋은 방법에 대한 제안은 Danezis와 Meiklejohn(2016)을 참조하라. 본문의 인용은 Sveriges Riksbank, *The Riksbank's E-krona Project: Report 2*, 2018년 10월에서 발췌한 것으로 https://www.riksbank.se/en-gb/payments—cash/e-krona/e-krona-reports/에서 찾아볼 수 있다. 유로존 설문조사 결과는 "Eurosystem Report on the Public Consultation on a Digital Euro," 2021년 4월, https://www.ecb.europa.eu/pub/pdf/other/Eurosystem_report_on_the_public_consultation_on_a_digital_euro~539fa8cd8d.en.pdf에 보고되어 있다.

현금 옹호론
인용된 글은 스페인은행의 현금발행부문Cash and Issue Department 부문장 다리오 네구에루엘라Dario Negueruela의 연설에서 발췌한 것이다. "International Cash

Conference 2014," Deutsche Bundesbank, 2014년 9월 15일, https://www.bundesbank.de/en/service/dates/international-cash-conference-2014-634894, 164쪽을 참조하라.

자유를 보장하라

McAndrews(2017) 그리고 Hummel(2019)을 참조하라.

현금을 포기하면 빈곤층에 해가 된다

FDIC는 2017년에 미국 가구 6.5%(약 1,400만의 성인이 있는 840만 가구)가 은행 계좌를 갖고 있지 않은 것으로 추정했다. 2017년에 미국 가구의 18.7%(약 4,900만의 성인이 있는 2,420만 가구)는 '금융 서비스에 접근하기 힘든 상태underbanked'다. 이 단어는 지난 12개월 동안 머니 오더, 수표 현금화, 국제 송금, 소액 대출, 단기 소비자 대출, 렌트 투 오운rent to own(매달 집세처럼 돈을 갚아나가는 주택대출-옮긴이), 전당포 대출, 자동차 명의 대출과 같은 상품이나 서비스 중 하나는 대안 금융 서비스 제공업체에서 이용한 가구를 말한다. 미국의 금융 포용에 대한 FDIC 통계는 Federal Deposit Insurance Corporation, *FDIC National Survey of Unbanked and Underbanked Households*, 2018년 10월, https://economicinclusion.gov/downloads/2017_FDIC_Unbanked_Underbanked_HH_Survey_ExecSumm.pdf에서 확인할 수 있다. 설문조사에 따르면 은행에 대한 접근권이 없는 사람과 금융 서비스에 접근하기 어려운 상태인 사람은 저소득 가구, 교육 정도가 낮은 가구, 젊은 가구, 흑인 및 히스패닉 가구, 노동 연령 장애인 가구, 소득 변동성이 큰 가구에서 더 많다.

뉴욕 시의회는 2020년 1월 23일에 입법 조치를 취했다. 세부 사항은 https://legistar.council.nyc.gov/Calendar.aspx를 참조하라. Ed Shanahan과 Jeffery C. Mays, "New York City Stores Must Accept Cash, Council Says," *New York Times*, 2020년 1월 24일, https://www.nytimes.com/2020/01/23/nyregion/nyc-cashless-ban.html도 참조하라.

현금 사용에 관한 미국 주와 시의 법률은 Claire Wang, "Cash Me If You Can: The Impacts of Cashless Businesses on Retailers, Consumers, and Cash Use," Federal Reserve Bank of San Francisco, 2019년 8월 19일, https://www.frbsf.org/cash/publications/fed-notes/2019/august/cash-me-if-you-can-impacts-ofcashless-businesses-on-retailers-consumers-cash-use/; Aaron Nicodemus, "Rhode Island Retailers Must Take Cash under New Law," *Bloomberg Law*, 2019년 7월 1일, https://news.bloomberglaw.com/banking-law/rhode-island-retailers-must-take-cash-under-new-law; https://www.cga.ct.gov/asp/cgabillstatus/cgabillstatus.asp?selBillType=Bill&bill_num=HB05703&which_year=2019; Sebastian Cahill, "Berkeley City Council Ordinance Requires Businesses to Accept Cash as Payment," *Daily Californian*, 2019년 12월 10일, https://www.dailycal.org/2019/12/10/berkeley-city-council-ordinance-requires-businesses-to-accept-cash-as-payment/를 참조하라.

매사추세츠 법률의 관련 부분은 다음에서 찾아볼 수 있다: Commonwealth of Massachusetts General Laws, "Section 10A: Discrimination Against Cash Buyers," https://malegislature.gov/laws/generallaws/partiii/titleiv/chapter255d/section10a. 2019년 "현금 구매자 차별 금지 제거"를 위한 일부 입법자의 시도는 성공하지 못했다. 제안된 법률과 그 이력은 다음에서 확인할 수 있다: Commonwealth of Massachusetts, "Bill H.274: An Act Relative to Retail Transactions," 입법 문서, https://malegislature.gov/Bills/191/H274/BillHistory.

워싱턴 DC 시의회는 2019년에 현금없는소매금지법Cashless Retailers Prohibition Act을 통과시키고 서명을 위해 2020년 12월에 시장에게 보냈다: https://lims.dccouncil.us/Legislation/B23-0122. 코네티컷 법률과 관련된 글은 Connecticut General Assembly, *General Law Committee Joint Favorable Report*, 2019년 3월, https://www.cga.ct.gov/2019/JFR/h/pdf/2019HB-05703-R00GL-JFR.pdf에서 발췌한 것이다.

현금 경제를 위한 연방의 초기 노력은 2019년에 하원의원 데이비드 시실리니David Cicilline의 '언제나 존중받아야 하는 현금' 법Cash Always Should be Honored Act, CASH Act의 도입으로 이어졌다. CASH 법, H.R. 2630은 2019년 5월 9일에 도입되었다. H.R.2630—Cash Always Should Be Honored Act, US Congress, 2019년 5월, https://www.congress.gov/bill/116th-congress/house-bill/2630/actions. 이 법안은 하원 에너지·상업 위원회에 회부되었다. 이 법안에 대해 추가 조치는 취해지지 않았다. 같은 시기에 하원에서도 비슷한 법안이 하나 더 발의되었다: H.R. 2650—Payment Choice Act of 2019, US Congress, 2019년 5월, https://www.govtrack.us/congress/bills/116/hr2650/summary#oursummary. 이 법안의 하원 버전은 다음에서 구할 수 있다: S.4145—

Payment Choice Act of 2020, US Congress, 2020년 7월, https://www.congress.gov/bill/116th-congress/senate-bill/4145. 이 법안의 최신 상황과 지지자 목록은 S. 4145: Payment Choice Act of 2020, GovTrack.us, 2020년 7월, https://www.govtrack.us/congress/bills/116/s4145에서 찾아볼 수 있다.

비상사태를 대비해 현금이 필요하다

본문에서 언급하는 미국 국토안보부 웹사이트는 https://www.ready.gov/financial-preparedness다.

스테판 잉베스의 인용문은 Niclas Rolander, Hanna Hoikkala, Kati Pohjanpalo, "Sweden's World Record in Cashlessness Reveals Hidden Risks," *Bloomberg*, 2020년 9월 20일, https://www.bloomberg.com/news/articles/2020-09-12/sweden-s-cashless-future-reveals-a-whole-world-of-hidden-risks에 보도되었다.

이 부분에서 이야기하는 일부 생존주의자 웹사이트의 관련 웹페이지는 다음과 같다: Mike T., "Bug In vs. Bug Out: a Common Sense Comparison," *Survival Report*, 2017년 11월 11일, https://survivalreport.org/bug-in-vs-bug-out/; Karen Hendry, "How to Know When to Bug Out," Survival Sullivan, https://www.survivalsullivan.com/how-to-know-when-to-bug-out/; Pat Henry, "How Much Money Do You Have in Your Bug Out Bag?," *Prepper Journal*, 2015년 7월 27일, https://www.theprepperjournal.com/2015/07/27/how-much-money-in-your-bug-out-bag/; Prepper Aaron, "Survival Cash: How Much Do You Need," Simple Prepper, 2020년 6월 30일, https://www.thesimpleprepper.com/prepper/essentials/survival-cash-how-much-do-you-need/, http://www.shtfplan.com/; Ken Jorgustin, "Cash Will Be King," *Modern Survival Blog*, 2013년 9월 6일, https://modernsurvivalblog.com/security/cash-will-be-king/.

에이미 굿맨의 인용문과 샌프란시스코 연방준비은행의 자료는 "Emergency Funds: Why Americans Choose Cash for Disaster Preparation," *Federal Reserve Bank of San Francisco*(블로그), 2017년 5월 31일, https://www.frbsf.org/our-district/about/sf-fed-blog/emergency-funds-why-americans-choose-cash-for-disaster-preparation/에서 찾아볼 수 있다.

현금은 절약을 장려한다

온라인 소매 사이트의 제시 방법과 매장의 분위기가 쇼핑 행동에 영향을 준다는 증거는 각각 Chau, Au와 Tam(2000) 그리고 Yalch와 Spangenberg(1990)를 참조하라.

결제 방식이 소비 패턴에 미치는 영향에 대한 연구에는 Prelec과 Simester(2001); Khan(2011); Statham, Rankin과 Sloan(2020)이 있다. 인도 폐화 에피소드에 대한 연구는 Agarwal, Ghosh, Li와 Ruan(2019); Soman(2003), Raghubir와 Srivastava(2008); Shah 외(2016)를 바탕으로 했다. 이들은 다양한 결제 형태의 심리적 측면과 그들이 거래 커플링에 미치는 영향에 대해 논의한다.

7. 중앙은행디지털화폐의 이륙

서두의 글은 보르헤스의 《픽션들》 중 〈죽음과 나침반〉에서 발췌한 것이다(Andrew Hurley 번역, Penguin, 1998, 148쪽).

John Letzing, "Swiss Are Frank about Their Love of Cash," *Wall Street Journal*, 2017년 1월 2일, https://www.wsj.com/articles/swiss-are-frank-about-their-love-of-cash-1483378809을 참조하라. 2020년 12월 18일 현재, 환율은 1달러당 0.885스위스 프랑이다. https://fred.stlouisfed.org/series/DEXSZUS를 참조하라. 미국의 한도는 여기에 언급되어 있다: "Cash Payment Report Helps Government Combat Money Laundering," Internal Revenue Service, 2019년 2월, https://www.irs.gov/newsroom/cash-payment-report-helps-government-combat-money-laundering.

2020년 중반의 데이터를 기반으로 시장환율을 이용하면 일부 주요 경제국의 1인당 현금 액수는 다음과 같다: 스위스 1만 1,420달러, 일본 9,055달러, 미국 868달러, 스웨덴 703달러, 인도 430달러. 부수적으로 1인당 현금 액수가 가장 큰 것은 카타르(1만 1,871달러)와 홍콩(9,040달러)이다.

일본이 현금에 보이는 친밀감에 대한 논의는 Shirakawa(2017)를 참조하라.

법정화폐 기준에 관한 논의

노르게스방크는 자사 웹사이트에서 노르웨이 법정화폐법의 일부 모호성을 인정하면서 "현금을 지불할 소비자의 권리에 대한 조항의 집행은 소비자 보호 당국의 책임"이며

"조항의 범위를 명확히 해서 일반 대중에게 상품과 서비스가 제공되는 장소에서 이용 약관이나 조항으로 현금을 지불할 수 있는 소비자의 권리를 배제할 수 없도록 해야 한다"라고 밝혔다. https://www.norges-bank.no/en/topics/notes-and-coins/the-right-to-pay-cash/를 참조하라.

법정화폐에 대한 미국의 정의를 다루는 글은 화폐법Coinage Act이라고 불리는 1965년의 법 Section 31 U.S.C. 5103 of Public Law 89-8, https://www.govinfo.gov/content/pkg/STATUTE-79/pdf/STATUTE-79-Pg254.pdf에서 찾아볼 수 있다.

미국 재무부의 진술은 US Department of the Treasury, "Resource Center: Legal Tender Status," https://www.treasury.gov/resource-center/faqs/currency/pages/legal-tender.aspx를 바탕으로 했다.

영국의 경우 "What Is Legal Tender?," Bank of England, https://www.bankofengland.co.uk/knowledgebank/what-is-legal-tender를 참조하라.

ECB의 경우, "The Euro as Legal Tender," European Commission, https://ec.europa.eu/info/business-economy-euro/euro-area/euro/use-euro/euro-legal-tender_en을 참조하라. 인용은 그 사이트에서 확인할 수 있는 "Factsheet on the Recommendation"에서 발췌한 것이다.

유럽사법재판소 사건의 의견은 https://curia.europa.eu/jcms/upload/docs/application/pdf/2020-09/cp200119en.pdf를 참조하라. 이런 판결을 촉발한 사건과 관련된 다른 문서들은 http://curia.europa.eu/juris/documents.jsf?num=C-422/19에서 확인할 수 있다.

스웨덴의 경우 Arvidsson(2019), 46쪽을 참조하라. 스웨덴 의회 릭스다그에 법정화폐의 정의를 비롯한 결제 시장을 검토하는 위원회를 만들자는 2019년 4월에 있었던 스웨덴 중앙은행의 제안은 https://www.riksbank.se/globalassets/media/betalningar/framstallan-till-riksdagen/petition-to-the-swedish-riksdag-the-states-role-on-the-payment-market.pdf를 참조하라. 이 제안에 대한 보도 자료는 https://www.riksbank.se/en-gb/press-and-published/notices-and-press-releases/press-releases/2019/the-riksbank-proposes-a-review-of-the-concept-of-legal-tender/에서 찾아볼 수 있다.

현금을 보는 신흥경제국의 서로 다른 시선

중국의 중앙은행법은 http://www.npc.gov.cn/wxzl/wxzl/2000-12/05/content_4637.htm(중국어)에서 발췌한 것이다. 현금 사용을 보호하기 위해 설계된 PBC의 조치들은 Gabriel Wildau와 Yizhen Jia, "Chinese Merchants Refuse Cash as Mobile Payments Take Off," *Financial Times*, 2019년 1월 1일, https://www.ft.com/content/a97d76de-035e-11e9-99df-6183d3002ee1; Echo Huang, "Alibaba's 'Cashless Week' to Boost Mobile Payments Is Worrying China's Central Bank," 2017년 8월 9일, https://qz.com/1049675/alibabas-cashless-week-to-boost-mobile-payments-is-angering-chinas-central-bank/; Hiroshi Murayama, "In China, Cash Is No Longer King," *Nikkei Asian Review*, 2019년 1월 17일, https://asia.nikkei.com/Business/Business-trends/In-China-cash-is-no-longer-king을 참조하라. 본문의 진술은 국영 상하이 증권 뉴스와 중앙은행 대변인에 의한 것이다.

스웨덴이 현금 취급에 대해 은행에 내린 지침은 "Swedish Central Bank Calls Halt on Moves to a Cashless Economy," *Finextra*, 2016년 3월 18일, https://www.finextra.com/newsarticle/28635/swedish-central-bank-calls-halt-on-moves-to-a-cashless-economy를 참조하라.

페루 중앙은행의 기본법에 있는 두 가지 관련 조항은 다음과 같다. "제42조: 지폐와 주화의 발행은 국가가 은행BCRP을 통해 발휘하는 배타적인 권한이다." "제43조: BDRP가 유통시키는 지폐와 주화는 국가 통화의 단위로 표시되며 공적이든 사적이든 모든 채무에서 결제로 받아들여져야만 한다." http://www.bcrp.gob.pe/billetes-y-monedas/normas-sobre-tesoreria/art-2-y-42-al-45-de-la-ley-organica-del-bcrp.html을 참조하라.

우루과이 재무부가 공표한 금융 포용법 기타 관련 이니셔티브는 http://inclusion financiera.mef.gub.uy/에서 찾아볼 수 있다.

라틴아메리카의 CBDC 실험

핀란드 아반트 카드 시스템은 Grym(2020)에 설명되어 있다. 이 논문은 이 카드가 현금과 같은 무기명 증권이었지만 법정화폐의 자격은 없었다고 지적한다.

튀니지의 e-디나르를 최초의 CBDC로 묘사하는 진술의 예는 Sarah Yerkes와 John Polcari, "An Underexploited Opportunity," Carnegie Middle East Center,

2017년 12월 20일, https://carnegie-mec.org/diwan/75071을 참조하라. La Poste Tunisienne가 발행한 다양한 e-디나르 카드에 대한 설명은 https://www.poste.tn/actualites_details.php?code=70를 참조하라. 2017년에 튀니지 인구의 약 6%에 해당하는 70만 명의 튀니지인이 e-디나르를 사용하고 있었다. La Poste Tunisienne의 2017년 프레젠테이션은 Moez Chakchouk, "Blockchain in Tunisia: From Experimentations to a Challenging Commercial Launch," International Telecommunication Union, 2017년 3월 21일, https://www.itu.int/en/ITU-T/Workshops-and-Seminars/201703/Documents/S3_2.%20ITU-BlockchainWS-21032017.pdf를 참조하라.

튀니지중앙은행의 최신 연차 보고서는 지폐와 주화의 유통에 대한 상세한 통계를 담고 있으면서도 e-디나르에 대해서는 언급하지 않는다. 연차 보고서가 있는 튀니지중앙은행의 웹사이트는 https://www.bct.gov.tn을 참조하라. CBDC 관련 부정은 chttps://www.bct.gov.tn/bct/siteprod/actualites.jsp?id=638에서 찾아볼 수 있다. 우크라이나중앙은행의 e-흐리우냐 시범 프로그램에 대한 세부 사항은 "Analytical Report of the E-Hryvnia Pilot Project," Kyiv와 Ukraine, 2019, https://bank.gov.ua/admin_uploads/article/Analytical Report on E-hryvnia.pdf를 참조하라. 시범 시간 동안 약 5,500흐리우냐(2018년 말 환율 기준으로 약 200달러)가 발행되었다.

디캐시 시범 프로젝트에 대한 세부 사항은 Eastern Caribbean Currency Bank, "ECCB Digital EC Currency Pilot," https://www.eccb-centralbank.org/p/about-the-project를 참조하라. 2021년 3월 31일에 안티구아, 바브다, 그레나다, 세인트 크리스토퍼(세인트 키츠), 네비스, 세인트루시아에서 디캐시가 출시되었다. Eastern Caribbean Currency Bank, "Public Roll-out of the Eastern Caribbean Central Bank's Digital Currency—Dcash!," 2021년 3월 25일, 보도 자료, https://www.eccb-centralbank.org/news/view/public-roll-out-of-the-eastern-caribbean-central-bankas-digital-currency-a-dcash를 참조하라.

2020년의 인구 데이터는 https://www.worldometers.info/를 바탕으로 했고, 2019년 연간 명목 GDP 수치와 1인당 국민소득 수치(모두 시장환율)는 세계은행에서 얻었다.

에콰도르: 디네로일렉트로니코

달러화에 이른 에콰도르의 경제 상황에 대한 설명은 Beckerman과 Solimano(2002)

를 참조하라. 이 부분은 Lawrence H. White, "The World's First Central Bank Electronic Money Has Come—and Gone: Ecuador, 2014–2018," *CATO Institute*(블로그), 2018년 4월 2일, https://www.cato.org/blog/worlds-first-central-bank-electronic-money-has-come-gone-ecuador-2014-2018을 바탕으로 했다. 에콰도르인의 97%가 휴대전화를 이용할 수 있는 것으로 추정된다. "Sistema de Dinero Electrónico, Un Medio de Pago Al Alcance de Todos," Centro de Estudios Monetarios Latinoamericanos, https://www.cemla.org/PDF/boletin/PUB_BOL_LX04-02.pdf, 2쪽과 256쪽을 참조하라.

Red Financiera Rural 이니셔티브에 대한 더 자세한 사항은 "The Advance of Mobile Banking in Ecuador," SEEP Network, https://seepnetwork.org/files/galleries/1365_SEEP_spotlight-financial_inclusion_leaders_RFR3_English_WEB.pdf를 참조하라. Everett Rosenfeld, "Ecuador Becomes the First Country to Roll Out Its Own Digital Cash," *CNBC*, 2015년 2월 9일, https://www.cnbc.com/2015/02/06/ecuador-becomes-the-first-country-to-roll-out-its-own-digital-durrency.html을 참조하라.

달러화에 대한 코레아의 언급은 Andres Schipani, "Ecuador's Pragmatic President Rafael Correa Gets Tough," *Financial Times*, 2015년 11월 17일, https://www.ft.com/content/fc9d7a1a-87c6-11e5-90de-f44762bf9896에 보도되었다. 채무불이행 당시 그의 논평은 Naomi Mapstone, "Ecuador Defaults on Sovereign Bonds," *Financial Times*, 2008년 12월 12일, https://www.ft.com/content/7170e224-c897-11dd-b86f-000077b07658에 보도되었다.

블룸버그 기사에 대한 BCE의 반응은 https://www.bce.fin.ec/images/respondiendo_medios/respuesta_bloomberg2.pdf(스페인어)에서 찾아볼 수 있다. 후안 파블로 게라의 인터뷰(스페인어)는 "Juan Pablo Guerra: Dinero Electrónico Es Un Medio de Pago, No Moneda," *El Universo*, 2017년 12월 3일, https://www.eluniverso.com/noticias/2017/12/03/nota/6508273/dinero-electronico-es-medio-pago-no-moneda를 참조하라.

개설된 계좌의 수는 "Verónica Artola: "El Uso de Medios de Pago Electrónicos Es Una Tendencia Mundial," *Banco Central del Ecuador*, 2017년 11월 28일, https://www.bce.fin.ec/index.php/boletines-de-prensa-archivo/item/1022-

veronica-artola-el-uso-de-medios-de-pago-electronicos-es-una-tendencia-mundial에서 확인할 수 있다. 계좌에 예금된 금액, 시스템을 이용해 실행된 거래의 양, 실제로 사용되는 계좌의 수는 다음 사이트에서 찾아볼 수 있다: "Ecuador: Cuentas de Dinero Electrónico Dejarán de Funcionar El 31 de Marzo," *El Universo*, 2018년 3월 26일, https://www.eluniverso.com/noticias/2018/03/26/nota/6685168/cinco-dias-que-se-deje-usar-dinero-electronico; "71% de Cuentas de Dinero Electronico, Sin Uso en Ecuador," *El Universo*, 2017년 12월 3일, https://www.eluniverso.com/noticias/2017/12/03/nota/6508306/71-cuentas-dinero-electronico-uso/; Lawrence H. White, "The World's First Central Bank Electronic Money Has Come—and Gone: Ecuador, 2014 – 2018," *CATO Institute*(블로그), 2018년 4월 2일, https://www.cato.org/blog/worlds-first-central-bank-electronic-money-has-come-gone-ecuador-2014-2018.

새로운 결제 시스템이 주목을 끄는 데 실패하는 이유에 대한 추가적인 논의는 Evelyn Tapia, "BCE Dejará de Abrir Nuevas Cuentas de Dinero Electrónico," *El Comercio*, 2017년 12월 29일, https://www.elcomercio.com/actualidad/bce-cuentas-dineroelectronico-banca-reactivacion.html을 참조하라. 2017년의 재활성화 법은 결제를 민간, 공공, 협동 은행이 관리하도록 규정했다: "Ecuador: Cuentas de Dinero Electrónico Dejarán de Funcionar El 31 de Marzo," *El Universo*, 2018년 3월 16일, https://www.eluniverso.com/noticias/2018/03/26/nota/6685168/cinco-dias-que-se-deje-usar-dinero-electronico.

우루과이: e-페소

e-페소 프로그램에 대한 이 논의는 우루과이중앙은행 관계자들과의 대화를 바탕으로 한다. 중앙은행 현장의 해석과 계좌 한도 및 사용에 관한 일부 통계는 Bergara와 Ponce(2018)도 참조하라. 우루과이의 소매결제는 이미 현금에서 빠르게 벗어나고 있다는 데 특히 주의해야 한다. 우루과이중앙은행은 우루과이 소매시장에서 전자결제 수단 사용의 진화를 측정하기 위해 사용하는 전자지불수단지수를 개발했다. 이 지수는 전자결제 수단을 ATM 현금 인출과 수표를 포함한 전통적인 결제 메커니즘과 비교한다. 지수는 0부터 100까지로, 100은 소매결제가 전적으로 전자적이라는 것을 나타낸다. 이 지수는 2010년에 8에서 2018년 중반에는 38로 상승했다. 우루과이는 2018년에 2.86명이었던 카드 소지자당 신

용카드 비율이 나타내듯이 이미 높은 수준의 은행 침투를 경험했다.

이 부분의 계산에 사용된 환율은 2017년 11월 29일 환율 기준으로 1 미국 달러당 29.16 우루과이 페소다. 환율 데이터는 https://www.xe.com/currencycharts/?from=USD&to=UYU를 바탕으로 했다.

바하마: 샌드 달러

이 부분은 주로 Central Bank of The Bahamas, *Project Sand Dollar: A Bahamas Payments System Modernisation Initiative*, 2019년 12월을 참조했다. 공식 발표와 문서에 대한 링크는 https://www.centralbankbahamas.com/publications.php?cmd=view&id=17018에서 찾아볼 수 있다. 2020년 10월에 있었던 샌드 달러의 전국적인 출시에 대한 발표는 https://www.centralbankbahamas.com/news/public-notices/the-sand-dollar-is-on-schedule-for-gradual-national-release-to-the-bahamas-in-mid-october-2020를 참조하라.

샌드 달러 프로젝트는 2000년대 초 시작된 바하마 지불 시스템 현대화 이니셔티브 PSMI의 일환으로 묘사된다. 보고서 14쪽 4.4에는 개인과 기업의 잔액 및 거래에 대한 월별 및 연간 한도가 나와 있다.

아바코제도로의 시범 운영 확대는 Chester Robards, "Sand Dollar Digital Currency Officially Launched in Abaco," *Nassau Guardian*, 2020년 3월 2일, https://thenassauguardian.com/sand-dollar-digital-currency-officially-launched-in-abaco/에 보도되었다.

샌드 달러는 중앙은행의 인식 가능한 부채다. 즉 중앙은행의 다른 요구불예금에 제공되는 외부 준비금의 뒷받침과 별도로 어떤 가치도 비롯되지 않는다는 의미에서 스테이블코인이나 병행 통화는 아니다.

뱅크런을 피하기 위해서 CBDC 인프라는 실시간 통합 거래 모니터링을 사용해 개별 은행의 유동성에 대한 심각한 위협을 조기에 경고할 것이다. 필요하다면 시스템적인 실패나 은행 유동성의 고갈을 막기 위한 서킷 브레이커를 이용할 것이다.

중국의 사례

이 부분은 PBC와 중국은행보험관리감독위원회 관계자와의 직접 인터뷰와 http://www.cf40.com/en/news_detail/11481.html, Li와 Huang(2021)에서 구할 수 있는

Zhou(2020)의 자료, "First Look: China's Central Bank Digital Currency," *Binance Research*, 2019년 8월 28일, https://research.binance.com/analysis/china-cbdc를 바탕으로 한다. 이 보고서에는 중국 관리들과의 다양한 인터뷰와 그들의 진술에 대한 링크가 포함되어 있다. 이는 아래의 구체적인 정보원을 보완한다.

디지털화폐연구소의 설립과 그에 대한 더 상세한 사항은 Reuters staff, "China's Sovereign Digital Currency Is 'Almost Ready': PBOC Official," *Reuters*, 2019년 8월 12일, https://www.reuters.com/article/us-china-cryptocurrency-cenbank/chinas-sovereign-digital-currency-is-almost-ready-pboc-official-idUSKCN1V20RD; CBN editor, "Digital Currency Research Institute of the People's Bank of China," *China Banking News*, 2018년 10월 2일. http://www.chinabankingnews.com/wiki/digital-currency-research-institute-peoples-bank-china/에서 찾아볼 수 있다.

2계층 시스템의 이점과 디지털 위안화가 간소하게 유지되어야 하고 스마트 계약 기능과 연결되면 안 되는 이유에 대한 PBC 부총재, 판 이페이Fan Yifei의 견해는 http://www.yicai.com/news/5395409.html(중국어)에서 찾아볼 수 있다. 또 다른 PBC 관계자인 무 창춘Mu Changchun은 다음의 기사들에서 보도하는 연설을 통해 DCEP의 일부 기술적인 측면을 강조하며 표적화 거래량도 언급한다: Coco Feng과 Masha Borak, "China's Digital Currency Will Not Compete With Mobile Payment Apps WeChat and Alipay, Says Programme Head," *South China Morning Post*, 2020년 10월 26일, https://www.scmp.com/tech/policy/article/3107074/chinas-digital-currency-will-not-compete-mobile-payment-apps-wechat-and; Frank Tang, "China Moves to Legalise Digital Yuan and Ban Competitors with New Draft Law," *South China Morning Post*, 2020년 10월 27일, https://www.scmp.com/economy/china-economy/article/3107119/china-moves-legalise-digital-yuan-and-ban-competitors-new.

야오 치엔의 분석과 견해는 Yao(2017, 2018)와 https://www.chainnews.com/articles/200210125376.htm(중국어)을 참조하라. 그의 원본 논문은 http://scis.scichina.com/cn/2017/N112017-00218.pdf(중국어)에서 찾아볼 수 있다. 관리 가능한(혹은 통제 가능한) 익명성이라는 주제에 관해서는 Mu Changchun, "Thoughts on the 'Controllable Anonymity' of Digital RMB," China Development Forum, Beijing, 2021년 3월 20일을 참조하라. 이 발언의 중국어 버전은 Ahttps://mp.weixin.qq.com/s/

L34OBXhANqxWDhRdZUeDoA에서 확인할 수 있다.

CBDC의 설계 옵션은 PBC 디지털화폐연구소 부소장, 디 강Di Gang의 진술을 토대로 했다. 그 내용은 https://www.chainnews.com/articles/176343895374.htm(중국어)에 보도되었다. Zhou(2020), Xu(2020), Zhou Xiaochuan, "China's Choices for a Digital Currency System," *Nikkei*, 2021년 2월 22일, https://asia.nikkei.com/Spotlight/Caixin/Zhou-Xiaochuan-China-s-choices-for-a-digital-currency-system도 참조하라.

DCEP의 몇몇 제안된 기능은 Adam Slater, "China's Digital Yuan(DCEP)/(CBDC) Guide," *Asia Crypto Today*, 2020년 5월 28일, https://www.asiacryptotoday.com/china-digital-yuan-dcep/; Brenda Goh와 Samuel Shen, "China's Proposed Digital Currency More about Policing than Progress," *Reuters*, 2019년 11월 1일, https://www.reuters.com/article/us-china-markets-digital-currency/chinas-proposed-digital-currency-more-about-policing-than progress-idUSKBN1XB3QP의 논의를 참조하라. 기술적 중립성에 대한 인용문은 Alun John, "China's Digital Currency Will Kick Off 'Horse Race': Central Bank Official," *Reuters*, 2019년 11월 5일, https://www.reuters.com/article/us-china-markets-digital-currency/chinas-digital-currency-will-kick-off-horse-race-central-bank-official-idUSKBN1XG0BI의 보도를 참조하라.

DCEP와 관련된 PBC 특허의 세부적 사항은 Hannah Murphy와 Yuan Yang, "Patents Reveal Extent of China's Digital Currency Plans," *Financial Times*, 2020년 2월 12일, https://www.ft.com/content/f10e94cc-4d74-11ea-95a0-43d18ec715f5의 보도를 참조하라. 특허의 목록은 Chamber of Digital Commerce, "Digital Yuan Patent Strategy: A Collection of Patent Applications Filed by the People's Bank of China," 2020년 2월, 보고서, https://digitalchamber.org/pboc-patent-repository/에서 확인할 수 있다.

Jonathan Cheng, "China Rolls Out Pilot Test of Digital Currency," *Wall Street Journal*, 2020년 4월 20일, https://www.wsj.com/articles/china-rolls-out-pilot-test-of-digital-currency-11587385339에 디지털 위안화 실험에 대한 내용이 보도되었다.

중국 점진주의자들과 금융시장의 맥락을 포함한 개혁에 대한 학습을 통해 배운다는 접근법은 Prasad와 Rajan(2006) 그리고 Brunnermeier, Sockin과 Xiong(2017)에 논의 되어 있다. 이 주제에 대한 더 폭넓은 견해는 Bert Hofman, "Reflections on Forty Years of China's Reforms," *World Bank Blogs*, 2018년 2월 1일, https://blogs.worldbank. org/eastasiapacific/reflections-on-forty-years-of-china-reforms를 참조하라.

다음의 기사는 PBC의 어느 부서가 실험을 관리하는지 설명한다: Chen Jia, "Central Bank Unveils Plan on Digital Currency," *China Daily*, 2019년 7월 9일, https://www. chinadaily.com.cn/a/201907/09/WS5d239217a3105895c2e7c56f.html. 다음의 혁신 적인 새로운 일류 도시의 순위에는 목록의 첫 3개 도시가 포함된다: https://xw.qq.com/ cmsid/20200113A0ARUS00와 https://www.yicai.com/news/100200192.html(모 두 중국어). Cheng Li와 Gary Xie, "A Brave New World: Xi's Xiong'an," Brookings Institution, 2018년 4월 20일, https://www.brookings.edu/opinions/a-brave-new-world-xis-xiongan/를 참조하라.

2021년 3월에 전국인민대표대회는 중국인민은행법의 개정을 고려했다. 구법과 신법 (구법은 중국어와 영어, 신법의 초안은 중국어)은 https://npcobserver.com/legislation/law-on-the-peoples-bank-of-china/에서 확인할 수 있다.

시범 프로그램을 더 많은 도시와 성으로 확대한다는 계획은 Eva Xiao, "China to Expand Testing of a Digital Currency," *Wall Street Journal*, 2020년 8월 14일, https://www.wsj.com/articles/china-to-expand-testing-of-a-digital-currency-11597385324에 보도되었다. 이 기사는 실험을 베이징과 톈진, 기타 광둥성, 후베이성 과 같은 성은 물론이고 홍콩과 마카오까지 확장하는 계획을 언급하고 있다. 2021년 5월 의 업데이트는 Hu Yue와 Denise Jia, "China's Digital Yuan Gets Access to Alibaba' s 1 Billion Person User Base," *Caixin*, 2021년 5월 11일, https://www.caixinglobal. com/2021-05-11/chinas-digital-yuan-gets-access-to-alibabas-1-billion-person-user-base-101709359.html; Chen Jie, "Digital RMB Trial Expands to Include First Private Bank," *China Daily*, 2021년 5월 11일, http://www.chinadaily. com.cn/a/202105/11/WS6099bb86a31024ad0babd0b1.html을 참조하라.

스웨덴의 사례

스킹슬리 부총재의 인용문은 그의 2016년 연설에서 발췌한 것이다: "Should the Riksbank Issue e-Krona?," Bank for International Settlements, 2016년 11월,

https://www.bis.org/review/r161128a.pdf. 잉베스의 인용문은 다음 두 연설에서 발췌한 것이다: https://www.riksbank.se/en-gb/press-and-published/speeches-and-presentations/2018/ingves-the-e-krona-and-the-payments-of-the-future/ 그리고 https://www.riksbank.se/en-gb/press-and-published/speeches-and-presentations/2019/ingves-payment-system-of-today-and-tomorrow/.

더 상세한 분석은 IMF 2019 Article IV Consultation report for Sweden: International Monetary Fund European Department, "Sweden: 2019 Article IV Consultation-Press Release; Staff Report; Statement by the Executive Director for Sweden," 2019년 3월 26일, 뉴스 보도, https://www.imf.org/en/Publications/CR/Issues/2019/03/26/Sweden-2019-Article-IV-Consultation-Press-Release-Staff-Report-and-Statement-by-the-46709을 참조하라. 2018년 e-크로나 사업 계획은 *The Riksbank's e-Krona Project. Action Plan for 2018*, Sveriges Riksbank, 2017년 12월, https://www.riksbank.se/globalassets/media/rapporter/e-krona/2017/handlingsplan_ekrona_171221_eng.pdf에서 확인할 수 있다.

결제 수단에 대한 스웨덴 중앙은행의 설문조사는 "Cash Use in Constant Decline," Sveriges Riksbank, 2019년 11월 7일, https://www.riksbank.se/en-gb/payments—cash/payments-in-sweden/payments-in-sweden-2019/the-payment-market-is-being-digitalised/cash-use-in-constant-decline/에서 확인할 수 있다.

e-크로나 프로젝트의 세부 사항은 스웨덴 중앙은행이 내놓은 두 편의 보고서를 바탕으로 한다. 그중 하나는 2017년의 보고서로, The Riksbank's e-Krona Project. Report 1, 2017년 9월, https://www.riksbank.se/globalassets/media/rapporter/e-krona/2017/rapport_ekrona_uppdaterad_170920_eng.pdf이고, 다른 하나는 2018년의 보고서로, The Riksbank's e-Krona Project. Report 2, 2018년 10월, https://www.riksbank.se/globalassets/media/rapporter/e-krona/2018/the-riksbanks-e-krona-project-report-2.pdf다.

시범 프로그램의 세부 사항과 기술적인 세부 정보는 다음의 두 건의 출처를 바탕으로 한다: Sveriges Riksbank, *The Riksbank's e-Krona Pilot*, 2020년 2월, https://www.riksbank.se/globalassets/media/rapporter/e-krona/2019/the-riksbanks-e-krona-pilot.pdf; Sveriges Riksbank, *Technical Solution for the e-Krona Pilot*, 2020년 2월 20일, https://www.riksbank.se/en-gb/payments—cash/e-krona/

technical-solution-for-the-e-krona-pilot/. 시범 프로그램에 대한 추가적인 사항은 Colm Fulton, "Sweden Starts Testing World's First Central Bank Digital Currency," *Reuters*, 2020년 2월 20일, https://www.reuters.com/article/us-cenbank-digital-sweden/sweden-starts-testing-worlds-first-central-bank-digital-currency-idUSKBN20E26G에서 찾아볼 수 있다. 2022년 2월까지의 시범 프로그램 연장은 Sveriges Riksbank, "Riksbank Extends Test of Technical Solution for the e-Krona," 2021년 2월 12일, 보도 자료, https://www.riksbank.se/en-gb/press-and-published/notices-and-press-releases/notices/2021/riksbank-extends-test-of-technical-solution-for-the-e-krona/에 보도되었다.

e-크로나 프로젝트에 대한 일부 반발이 Amanda Billner와 Rafaela Lindeberg, "Banks Warn Sweden's Central Bank to Stay Out of Retail Market," *Bloomberg Quint*, 2018년 4월 20일, https://www.bloombergquint.com/global-economics/banks-warn-sweden-s-central-bank-to-stay-out-of-retail-market; Colm Fulton, "Swedish Bankers Face Identity Crisis Over Digital Currency Plans," *Reuters*, 2021년 1월 5일, https://www.reuters.com/article/us-sweden-banks-digital-currency-idUSKBN29A1HV에 보도되었다. 이 기사는 Bank for International Settlements의 CBDC에 대한 보고서 *Central Bank Digital Currencies*, 2018년 3월, https://www.bis.org/cpmi/publ/d174.pdf의 16쪽을 바탕으로 뱅크런의 위험을 언급한다.

공식 암호화폐의 등장

러시아은행의 2017년 9월 보도 자료는 암호화폐와 관련된 위험들을 조명한다: https://www.cbr.ru/press/pr/?file=04092017_183512if2017-09-04T18_31_05.htm(러시아어). 부테린과 푸틴의 만남에 대한 공식적인 확인은 http://en.kremlin.ru/events/president/news/54677에서 찾아볼 수 있다. 2017년 7월에 있었던 한 콘퍼런스의 질의응답 시간에 부테린은 푸틴과의 상호작용은 푸틴이 특별한 말을 하지 않은 1분간의 만남이었다고 묘사한다: YouTube, https://www.youtube.com/watch?v=SyBwRl-sDzs(약 2분 55초 지점).

크렘린궁이 2017년 10월 10일에 내린 명령은 http://kremlin.ru/acts/assignments/orders/55899(러시아어)에서 확인할 수 있다. 니키포로프의 진술은 "Russia Is Considering an Official Cryptocurrency Called the 'Crypto-Ruble,'" *Business*

Insider, 2017년 10월 19일, https://www.businessinsider.com/russia-is-consider
ing-an-official-cryptocurrency-2017-10를 참조하라. 글라제프의 진술은 Max
Seddon과 Martin Arnold, "Putin Considers 'Cryptorouble' as Moscow Seeks to
Evade Sanctions," *Financial Times*, 2018년 1월 1일, https://www.ft.com/content/
54d026d8-e4cc-11e7-97e2-916d4fbac0da를 참조하라.

로하니는 2019년 12월에 말레이시아의 이슬람 콘퍼런스에서 이렇게 진술했다. 그
는 이슬람 국가들이 현지 통화로 거래하는 이슬람 금융 결제를 제안하기도 했다: Eileen
Ng, "Iran Leader Urges Deeper Muslim Links to Fight US 'Hegemony,'" Associated
Press, 2019년 12월 19일, https://apnews.com/b8bab8c75cff1580d28e03c7536a2
5f8.

러시아 공영 뉴스 매체에서 보도한 나비울리나의 진술은 "Bank of Russia May
Consider Gold-Backed Cryptocurrency," *TASS Russian News Agency*, 2019년 5월
23일, https://tass.com/economy/1059727에서 찾아볼 수 있다.

베네수엘라: 페트로

페트로에 대한 마두로의 진술은 Bill Chappell, "Venezuela Will Create New
'Petro' Cryptocurrency, President Maduro Says," *NPR*, 2017년 12월 4일, https://
www.npr.org/sections/thetwo-way/2017/12/04/568299704/venezuela-will-
create-new-petro-cryptocurrency-president-maduro-says에서 확인할 수 있다.

베네수엘라의 복잡하고 지속적으로 변화하는 통화 통제 시스템으로 인해 신뢰할 수
있는 환율 데이터를 얻기가 어렵기 때문에 이 단락의 수치는 대강의 추정치다. 공식 환율에
따르면, 2017년 1월에 1 미국 달러를 얻기 위해서는 약 675볼리바르가 필요했고, 연말에
는 거의 3,350볼리바르가 필요했다. 달러 거래소 달러투데이Dollar Today에 따르면, 암시
장 환율은 2017년 1월 3일에 1 미국 달러당 3,208볼리바르에서 2017년 12월 29일에는
미국 달러당 10만 7,128볼리바르로 떨어졌다.

볼리비아 정부의 경매 데이터는 중앙은행에서 얻은 것이다: "Otras Monedas(Bs./
Moneda Extranjera)," Banco Central de Venezuela, http://www.bcv.org.ve/
estadisticas/otras-monedas.

볼리비아 암시장 데이터는 "Noticias y Dolar Paralelo," DolarToday, https://dolar
today.com/dolar-paralelo-1750/, https://dolartoday.com/dolar-paralelo-1390/를

바탕으로 한다.

비트코인의 가격은 *CoinDesk*: https://www.coindesk.com/price/bitcoin에서 확인할 수 있다.

우고 차베스의 즉석 언론 인터뷰는 YouTube, https://www.youtube.com/watch?v=c_FgNrSsHwI&feature=youtu.be&t=244에서 찾아볼 수 있다. 인용된 부분은 동영상 표시줄의 약 4:00 지점에서 확인할 수 있다.

페트로와 페트로를 뒷받침하는 준비금에 대한 논의는 Eshe Nelson, "Venezuela's Cryptocurrency Plan Means It Could Have Two Mismanaged Currencies," *Quartz*, 2017년 12월 4일, https://qz.com/1145891/venezuelas-cryptocurrency-proposal-the-Petro-could-introduce-a-second-mismanaged-currency-in-the-country/; Jose Orozco, "Venezuela to Create a Cryptocurrency amid Bolivar's Free Fall," *Bloomberg*, 2017년 12월 3일, https://www.bloomberg.com/news/articles/2017-1 2-03/venezuela-to-create-a-cryptocurrency-amid-bolívar-s-free-fall; Linzerd, "Crypto's Year in Venezuela Part 2: Petro Legal, Mining Booms, India Propositioned," *CoinSpice*, 2018년 12월 30일, https://coinspice.io/news/2018-year-crypto-venezuela-part-ii/를 참조하라. 본문에서 언급한 로이터 보도는 다음과 같다: Brian Ellsworth, "Special Report: In Venezuela, New Cryptocurrency Is Nowhere to Be Found," *Reuters*, 2018년 8월 30일, https://www.reuters.com/article/us-cryptocurrency-venezuela-specialrepor/special-report-in-venezuela-new-cryptocurrency-is-nowhere-to-be-found-idUSKCN1LF15U.

페트로의 원본 백서는 "Venezuela Petro Cryptocurrency (PTR)—English Whitepaper," The Internet Archive, 2018년 3월, https://web.archive.org/web/20180412202954/http://petro.gob.ve/pdf/en/Whitepaper_Petro_en.pdf에서 찾아볼 수 있다(https://www.allcryptowhitepapers.com/petro-whitepaper/에서도 찾아볼 수 있다). "Petro: Towards the Economic Digital Revolution"이라는 제목의 수정된 백서는 https://www.petro.gob.ve/eng/assets/descargas/petro-whitepaper-english.pdf에서 확인할 수 있다(혹은 Internet Archive, http://web.archive.org/web/20201111203306/https://web.archive.org/web/20180412202954/http://petro.gob.ve/pdf/en/Whitepaper_Petro_en.pdf에서 찾아볼 수 있다). 이 백서는 블록 검증이 지분 증명 프로토콜을 통해 이루어진다는 것을 나타낸다. 두 백서 모두 이 책의 웹사이트, futureofmoneybook.com에

서 확인할 수 있다. 페트로의 웹사이트는 https://www.petro.gob.ve/eng/index.html 이다. 수정된 페트로에 대한 더 상세한 사항은 Kevin Helms, "Venezuela Authorizes 6 Exchanges to Start Selling National Cryptocurrency Petro," *Bitcoin.com*(*News*), 2018년 10월 18일, https://news.bitcoin.com/venezuela-exchanges-selling-national-cryptocurrency-petro/를 참조하라.

트럼프 행정부의 2018년 3월 조치에 대한 글은 "Taking Additional Steps to Address the Situation in Venezuela," Federal Register, 2018년 3월, https://www.federalregister.gov/documents/2018/03/21/2018-05916/taking-additional-steps-to-address-the-situation-in-venezuela를 참조하라.

2019년 동안 페트로와 관련된 국내의 상황 전개는 Will Grant, "Venezuela 'Paralysed' by Launch of Sovereign Bolivar Currency," *BBC News*, 2018년 8월 21일, https://www.bbc.com/news/world-latin-america-45262525; Ludmila Vinogradoff, "El régimen de Maduro obligará a pagar los pasaportes con Petros," *ABC Internacional*, 2018년 10월 7일, https://www.abc.es/internacional/abci-regimen-maduro-obligara-pagar-pasaportes-Petros-201810070303_noticia.html; Camille Rodríguez Montilla, "Want to Register a Brand in Venezuela? Gotta Pay in Petros," *Caracas Chronicles*, 2019년 2월 13일, https://www.caracaschronicles.com/2019/02/13/want-to-register-a-brand-in-venezuela-gotta-pay-in-Petros/; Aymara Higuera, "Bono de Medio Petro será depositado la próxima semana," *El Universal*, 2019년 12월 13일, https://www.eluniversal.com/economia/57501/bono-de-medio-petro-sera-depositado-la-proxima-semana, Jose Antonio Lanz, "Maduro Orders Venezuela's Biggest Bank to Accept Crypto Petro Nationwide," *CCN*(*via Yahoo!*), https://www.yahoo.com/entertainment/maduro-orders-venezuela-biggest-bank-132923335.html을 바탕으로 한다.

페트로와 관련된 2020년의 사건들은 "Presidente Maduro anunció venta de 4,5 millones de barriles de petróleo en Petros," PDVSA, 2020년 1월 14일, http://www.pdvsa.com/index.php?option=com_content&view=article&id=9440:presidente-maduro-anuncio-venta-de-4-5-millones-de-barriles-de-petroleo-en-petros&catid=10:noticias&Itemid=589&lang=es; Paddy Baker, "Story from News Venezuela's Maduro: Airlines Must Use Petros to Pay for Fuel," *Coindesk*,

2020년 1월 15일, https://www.coindesk.com/venezuelas-maduro-airlines-must-use-petros-to-pay-for-fuel을 바탕으로 한다. 세금 체계 단일화 합의에 대해서는 Kevin Helms, "305 Venezuelan Municipalities to Collect Tax in Cryptocurrency Petro," *Bitcoin News*, 2020년 8월 13일, https://news.bitcoin.com/305-venezuelan-municipalities-collect-tax-cryptocurrency-petro/에서 다루고 있다.

베네수엘라의 저널리스트 호세 안토니오 란츠의 블로그 게시물들은 이 부분에서 참조한 많은 자료에 대해 유용한 지침 역할을 했다: Jose Antonio Lanz, "The Petro Is Real and Venezuelans Are Slowly Starting to Trade It," *Decrypt*(블로그), 2019년 4월 20일, https://decrypt.co/6593/venezuela-trading-petro.

마셜제도: 소버린

마셜제도에 대한 기본 정보는 다음의 출처를 참조했다: https://www.britannica.com/place/Marshall-Islands; https://www.cia.gov/the-world-factbook/countries/marshall-islands/; Joanna Ossinger, "Tiny Pacific Nation Makes a Go of Its Own Digital Currency," *Bloomberg*, 2019년 9월 11일, https://www.bloomberg.com/news/articles/2019-09-11/tiny-pacific-nation-is-making-a-go-of-its-own-digital-currency. 이들 사이트 중 처음 2개는 이 나라의 섬들이 18만 제곱마일에 걸쳐 산재하고 있다고 말하지만, 이 나라의 공식 웹사이트와 미국 국무부(https://www.state.gov/u-s-relations-with-marshall-islands/)는 75만 제곱마일이라는 다른 수치를 밝히고 있다.

이 나라의 문제는 Coral Davenport, "The Marshall Islands Are Disappearing," 2015년 12월 1일, https://www.nytimes.com/interactive/2015/12/02/world/The-Marshall-Islands-Are-Disappearing.html에 설명되어 있다.

소버린SOV의 공식 웹사이트는 https://sov.foundation/marshall-islands다. SOV를 마셜제도의 법정화폐로 만드는 법의 조항과 SOV에 대해 설명하는 백서는 https://sov.foundation/에서 확인할 수 있다. 이 공식 웹사이트는 마셜제도에 대한 광범위한 정보도 제공한다. 백서에 바로 연결되는 링크는 https://docsend.com/view/nvi59vw에서 확인할 수 있다.

SOV에 대한 몇몇 회의적인 견해와 미국 재무부 관리의 인용문은 Hilary Hosia 와 Nick Perry, "Marshall Islands Creates Its Own Virtual Money to Pay Bills,"

Associated Press, 2018년 3월 3일, https://apnews.com/40ef6833c4444631b8 dc531ec923e01e; Joe Light, "Why the Marshall Islands Is Trying to Launch a Cryptocurrency," *Bloomberg Businessweek*, 2018년 12월 14일, https://www.bloomberg.com/news/features/2018-12-14/what-happened-when-the-marshall-islands-bet-on-crypto를 참조하라.

IMF의 성명은 International Monetary Fund와 Asia and Pacific Department, "Republic of the Marshall Islands: 2018 Article IV Consultation—Press-Release, Staff Report, Statement by the Executive Director for the Republic of the Marshall Islands," 2018년 9월 10일, 보도 자료, https://www.imf.org/en/Publications/CR/Issues/2018/09/10/Republic-of-the-Marshall-Islands-2018-Article-IV-Consultation-Press-Release-Staff-Report-and-46216를 참조하라. 이후 2021년 3월에 발표된 IMF 성명도 그 못지않게 가혹했다. International Monetary Fund, "IMF Completes 2021 Article IV Mission with the Republic of the Marshall Islands" 2021년 3월 22일, 보도 자료, https://www.imf.org/en/News/Articles/2021/03/22/pr2173-marshall-islands-imf-staff-completes-2021-article-iv-mission 참조.

영국: 로열민트골드

영국조폐국의 원래 공고는 "The Royal Mint and CME Group to Launch Royal Mint Gold," Royal Mint, 2016년 11월 29일, https://www.royalmint.com/aboutus/press-centre/the-royal-mint-and-cme-group-to-launch-royal-mint-gold/에서 확인할 수 있다. 더 세부적인 사항은 https://www.royalmint.com/invest /bullion/digital-gold/를 참조하라. 영국조폐국은 영국 재무성 소유다.

Peter Hobson, "Wary of Crypto, UK Government Blocks Royal Mint's Digital Gold," *Reuters*, 2018년 10월 25일, https://www.reuters.com/article/us-gold-cryptocurrency-royal-mint/wary-of-crypto-uk-government-blocks-royal-mints-digital-gold-idUSKCN1MZ1SZ에 이 계획에 대해 설명되어 있다.

오스트레일리아 퍼스 조폐국과 같은 일부 기관은 핀테크 스타트업이 사용하는 기술을 이용해 거래하는 디지털 금 상품을 내놓았다. https://www.perthmint.com/goldpass.aspx를 참조하라.

초기 물결에서 얻은 교훈

CBDC 설계 고려에 대한 논의는 Kumhof와 Noone(2018); Allen 외(2020); Auer와 Boehme(2020)를 참조하라. Wong과 Maniff(2020)는 CBDC가 기존 결제 시스템의 효율을 확장하거나 개선할 수 있는 방법을 논의한다.

도매 CBDC

캐나다의 프로젝트 재스퍼

프로젝트 재스퍼는 "Introduction to Project Jasper," Bank of Canada, 2017년 1월, https://www.payments.ca/sites/default/files/project_jasper_primer.pdf에 설명되어 있다. 이 프로젝트에는 페이먼츠캐나다, 캐나다은행, 금융혁신 기업인 R3랩앤리서치센터R3 Lab Research Centre, 캐나다임페리얼상업은행CIBC, 토론토도미니언은행TD, 노바스코샤은행Scotiabank, 몬트리올은행Bank of Montreal, 캐나다왕립은행RBC, 캐나다국립은행National Bank, HSBC가 포함되어 있다. 이 보고서는 "재스퍼는 결제 업계에서 눈에 띄는 이정표를 만들었다. 재스퍼는 중앙은행이 민간 부문과의 파트너십으로 DLT 실험에 참여한 세계 최초의 사례이기 때문이다"라고 주장한다. 프로젝트의 후속 단계를 설명하는 문서는 https://www.bankofcanada.ca/research/digital-currencies-and-fintech/projects/ 에서 찾아볼 수 있다.

싱가포르의 프로젝트 우빈

프로젝트의 후속 단계와 결과를 비롯한 프로젝트 우빈에 대한 정보는 https://www.mas.gov.sg/schemes-and-initiatives/project-ubin에서 찾아볼 수 있다.

국경 간 결제

Rice, von Peter와 Boar(2020)를 참조하라. 세계의 상품과 서비스 교역에 대한 데이터는 https://data.worldbank.org/indicator/BX.GSR.GNFS.CD에서 찾아볼 수 있다.

국경 간 결제의 복잡성

2장과 5장에서 언급한 바와 같이, 이 부분의 초반에 설명된 규정은 규제 용어로 자금세탁방지AML, 테러활동자금조달CFT, 고객알기KYC 항목에 해당한다. 금융기관에 대한 자본 요구 사항 역시 국가마다 다르다.

CBDC가 국제결제를 구원할까?

"Cross-Border Interbank Payments and Settlements: Emerging Opportunities for Digital Transformation," Bank of Canada, Bank of England, and Monetary Authority of Singapore, 2018년 11월, https://www.mas.gov.sg/-/media/MAS/ProjectUbin/Cross-Border-Interbank-Payments-and-Settlements.pdf를 참조하라.

재스퍼-우빈 해법

캐나다은행, 싱가포르통화청, 액센츄어, JP모건이 준비한 백서: "Jasper-Ubin Design Paper: Enabling Cross-border High Value Transfer Using Distributed Ledger Technologies," 2019년 5월, https://www.mas.gov.sg/-/media/Jasper-Ubin-Design-Paper.pdf.

코다는 R3의 DLT 플랫폼으로 규제 금융기관의 사용을 위해 설계되었다. 블록체인 시스템에서 영감을 받아 기록, 관리, 알려진 당사자와 식별된 당사자들 사이의 상업적 합의를 프라이버시를 해치지 않고 동기화하도록 고안되었다.

쿼럼은 JP모건이 개발한 블록체인 플랫폼으로 이더리움의 포크다. 이는 명시적으로 금융 서비스 부문 안에서 기업이 사용한다는 의미다.

싱가포르통화청과 테마섹Temasek의 공동 보고서, "Project Ubin Phase 5: Enabling Broad Ecosystem Opportunities," 2020년 7월, https://www.mas.gov.sg/-/media/MAS/ProjectUbin/Project-Ubin-Phase-5-Enabling-Broad-Ecosystem-Opportunities.pdf를 참조하라.

프로젝트 아베르

사우디아라비아통화관리국SAMA과 아랍에미리트중앙은행UAECB 사이의 공동 디지털 통화, 아베르 프로젝트에 대한 세부 사항은 Saudi Arabian Monetary Authority(2020년 Saudi Central Bank로 명칭 변경), 2019년 1월 29일, http://www.sama.gov.sa/en-US/News/Pages/news29012019.aspx를 참조하라.

아베르에 대한 최종 보고서는 Saudi Central Bank, "Project Aber," 보고서, 2020년 11월, https://www.sama.gov.sa/en-US/News/Documents/Project_Aber_report-EN.pdf에서 찾아볼 수 있다. 하이퍼레저 패브릭의 세부 사항은 https://www.hyperledger.org/use/fabric를 참조하라.

홍콩통화청-태국은행 보고서는 다음에서 찾아볼 수 있다: Hong Kong Monetary Authority, "Inthanon-LionRock: Leveraging Distributed Ledger Technology to Increase Efficiency in Cross-Border Payments," 기술 보고서, 2020년 1월 22일, https://www.hkma.gov.hk/media/eng/doc/key-functions/financial-infrastructure/Report_on_Project_Inthanon-LionRock.pdf. 다른 두 중앙은행으로의 확장은 Hong Kong Monetary Authority, "Joint Statement on the Multiple Central Bank Digital Currency (m-CBDC) Bridge Project," 2021년 2월 23일, 보도 자료, https://www.hkma.gov.hk/eng/news-and-media/press-releases/2021/02/20210223-3/에서 확인할 수 있다.

8. 국제통화 시스템은 어떻게 변화할 것인가?

서두의 글은 *Economic Journal*에 실린 케인스 논문의 마지막 두 단락에서 발췌한 것이다. 그가 마지막으로 출간한 학술 논문 Keynes(1946)를 참조하라.

달러의 지배력은 유지될 것인가?

국제무역에서 송장 발행 통화로서 달러가 맡은 역할에 대해서는 Gopinath(2016) 그리고 "The International Role of the Euro," European Central Bank, 2019년 6월의 표 26을 참조하라.

국제결제에서 다양한 통화의 상대적 중요성에 대한 데이터는 SWIFT RMB Tracker를 기반으로 했다. 수치는 2021년 5월의 보고서(2021년 4월까지의 데이터), https://www.swift.com/our-solutions/compliance-and-shared-services/business-intelligence/renminbi/rmb-tracker/rmb-tracker-document-centre를 바탕으로 했다. SWIFT의 계산에 따르면(SWIFT RMB Tracker에도 보고), 유로존 내의 결제(짐작컨대 전부 유로로 표시)를 제외하면 몇 개월간 국제결제에서 유로의 비율이 약간 더 높았다(여전히 미국 달러의 비율보다는 낮다). 이런 이상하게 보이는 현상은 유로존 내 결제가 SWIFT 메시지가 관련되지 않고 단일유로지불지역Single Euro Payments Area 결제 계획을 통해 직접 중개된다는 사실로 설명될 것이다.

유로존 내 무역은 세계 상품 무역의 약 7%를 차지한다: 2019년 27조 5,950억 유로 중 1조 9,670억 유로. "Euro Area International Trade in Goods Surplus €1.3

BN," European Commission, 2020년 3월, https://ec.europa.eu/eurostat/documents/2995521/10294552/6-18032020-BP-EN.pdf/cea9c3ed-6d85-81a5-55b8-698c88f2c129 그리고 "DG Trade Statistical Guide," European Commission, 2020년 8월, https://trade.ec.europa.eu/doclib/docs/2013/may/tradoc_151348.pdf, 18쪽을 참조하라.

이것은 유로존 밖의 무역(유로존 국가들의 나머지 세계와의 무역 포함)에서의 유로화 결제 비율이 전체 세계무역(유로존 내 무역 포함)에서 차지하는 비율보다 약 7%p 작다는 것을 시사한다.

글로벌 외화 준비금에서 여러 준비통화의 비율은 IMF's Currency Composition of Official Foreign Exchange Reserves(COFER) database: https://data.imf.org/?sk=E6A5F467-C14B-4AA8-9F6D-5A09EC4E62A4에서 얻었다.

같은 기간 세계 GDP에서 미국의 점유율은 World Bank's World Development Indicators: https://data.worldbank.org/indicator/NY.GDP.MKTP.CD를 바탕으로 한다.

국제결제의 변화

세계 스테이블코인이 국제결제의 효율을 어떻게 개선할 수 있는지에 대한 공식적인 관점은 7개국, IMF, BIS 그룹의 공동 보고서, *Investigating the Impact of Global Stablecoins*, 2019년 10월, https://www.bis.org/cpmi/publ/d187.pdf를 참조하라.

SWIFT와 잠재적 경쟁자들

SWIFT에 대한 정보와 그 거버넌스 구조에 대한 정보는 각각 https://www.swift.com/about-us 그리고 https://www.swift.com/about-us/organisation-governance 를 참조하라. 역사적인 관점은 https://www.swift.com/about-us/history를 참조하라.

SWIFT의 위험성

관련 세부 사항과 SWIFT를 통한 미국의 금융 외교에 대한 세부 사항과 분석적 관점은 Katzenstein(2015) 그리고 Zoffer(2019)를 참조하라.

러시아에 대한 미국의 제재와 그것을 촉발한 사건들의 목록은 "U.S. Sanctions on Russia: An Overview," Congressional Research Service, 2020년 3월, https://fas.

org/sgp/crs/row/IF10779.pdf에서 확인할 수 있다. Carol Matlack, "Swift Justice: One Way to Make Putin Howl," *Bloomberg*, 2014년 9월 4일, https://www.bloomberg.com/news/articles/2014-09-04/ultimate-sanction-barring-russian-banks-from-swift-money-system; "Diese Art von Sanktionen Würde Krieg Bedeuten," *Handelsblatt*, 2014년 12월 3일, https://www.handelsblatt.com/finanzen/banken-versicherungen/chef-der-zweitgroessten-bank-russlands-diese-art-von-sanktionen-wuerde-krieg-bedeuten/11071276.html(독일어)을 참조하라.

이란을 표적으로 한 미국의 금융 제재에 대한 개관은 Mark Dubowitz, "SWIFT Sanctions: Frequently Asked Questions," Foundation for Defense of Democracies, 2018년 10월 10일, https://www.fdd.org/analysis/2018/10/10/swift-sanctions-frequently-asked-questions/를 참조하라. 이 웹사이트는 "SWIFT 이사회는 주주 은행을 대표하는 개인들이다. (…) 이 법은 재무부가 협동조합 자체를 겨냥하는 것이 아니라 이사회로 대표되는 은행이나 SWIFT 관계자에게 금융 제재를 가할 수 있도록 한다. SWIFT 운영은 방해받지 않을 것이다"라고 분석하고 있다.

하이코 마스 기명 논평은 "Making Plans for a New World Order," *Handelsblatt*, 2018년 8월 22일, https://www.handelsblatt.com/today/opinion/heiko-maas-making-plans-for-a-new-world-order/23583082.html에서 찾아볼 수 있다.

SWIFT 시스템에 대한 사이버 공격을 상술하는 F-Secure의 보고서는 "Threat Analysis: SWIFT Systems and the SWIFT Customer Security Program," F-Secure, https://www.f-secure.com/content/dam/f-secure/en/business/common/collaterals/f-secure-threat-analysis-swift.pdf를 참조하라. 그런 공격에 대한 SWIFT의 인정을 다룬 관련 스토리는 Tom Bergin과 Jim Finkle, "Exclusive: SWIFT Confirms New Cyber Thefts, Hacking Tactics," *Reuters*, 2016년 12월 13일, https://www.reuters.com/article/us-usa-cyber-swift-exclusive/exclusive-swift-confirms-new-cyber-thefts-hacking-tactics-idUSKBN1412NT에서 확인할 수 있다.

"The Billion-Dollar Bank Job," *New York Times*, 2018년 5월 3일, https://www.nytimes.com/interactive/2018/05/03/magazine/money-issue-bangladesh-billion-dollar-bank-heist.html에는 방글라데시 은행의 강도 사건이 자세히 설명되어 있다.

변화에 대한 SWIFT의 대응

디지털화폐연구소의 소장이었고 이후에는 증권등기결산공사CSDC의 총책임자가 된 야오 치엔은 다수의 노드를 통한 SWIFT의 결제 라우팅으로 인해 수수료가 높아지고 거래 실행 속도가 느려지는 문제점을 지적했다. Yao Qian, "A Swift Exit?," *Central Banking*, 2020년 4월 27일, https://www.centralbanking.com/central-banks/economics/4738026/a-swift-exit를 참조하라.

GPI와 실시간 네트워크 연결에 대한 정보는 SWIFT, "SWIFT Enables Payments to Be Executed in Seconds," 뉴스 보도, 2019년 9월 23일, https://www.swift.com/news-events/press-releases/swift-enables-payments-to-be-executed-in-seconds를, GPI에 대한 도이체방크의 백서는 "SWIFT gpi: Time for Action," Deutsche Bank, 2017년 12월, https://cib.db.com/docs_new/Deutsche_Bank_SWIFT_gpi_White_Paper_December2017.pdf를 참조하라. SWIFT와 리플 사이의 경쟁에 대한 분석적 관점은 Qiu 외(2019)를 참조하라.

SWIFT는 자동 실시간 유동성, 규제 보고, 조정, 감사 기능을 위해 DLT를 실험했다고 한다. 이 기능을 위해 그리고 경쟁에서 앞서기 위해 SWIFT가 시도한 것에 대한 관련 논의는 SWIFT, "SWIFT Completes Landmark DLT Proof of Concept," 뉴스 보도, 2018년 3월 8일, https://www.swift.com/news-events/news/swift-completes-landmark-dlt-proof-of-concept; SWIFT, "SWIFT Enables Customer Connectivity Using the Cloud," 뉴스 보도, 2019년 9월 24일, https://www.swift.com/news-events/press-releases/swift-enables-customer-connectivity-using-the-cloud; Rakesh Sharma, "Does Blockchain's Popularity Mean the End of SWIFT?," *Investopedia*, 2019년 6월 25일, https://www.investopedia.com/news/does-blockchains-popularity-mean-end-swift/; Frances Coppola, "SWIFT's Battle For International Payments," *Forbes*, 2019년 7월 16일, https://www.forbes.com/sites/francescoppola/2019/07/16/swifts-battle-for-international-payments/#3540ead0758e를 참조하라.

JP모건 결제 이니셔티브는 캐나다왕립은행과 호주-뉴질랜드금융그룹Australia and New Zealand Banking Group Limited이 공동으로 개발했다. 참가하는 은행, 기타 기관을 비롯한 이 이니셔티브에 대한 세부 사항은 https://www.jpmorgan.com/onyx/liink를 참조하라. 쿼럼을 운영하는 링크Liink에 대한 정보는 Anna Irrera, "ConsenSys Acquires JPMorgan's Blockchain Platform Quorum," *Reuters*, 2020년 8월 25일, https://

www.reuters.com/article/us-jpmorgan-consensys-quorum/consensys-acquires-jpmorgans-blockchain-platform-quorum-idUSKBN25L1MR을 참조하라.

대안의 등장

CIPS와 그 역량에 대한 세부 사항들은 http://www.cips.com.cn/ 그리고 Prasad (2016)를 참조하라. CIPS 참여 통계는 http://www.cips.com.cn/cipsen/index.html에서 얻을 수 있다. CIPS는 SWIFT 은행식별코드를 보유한 기관에는 SWIFT 은행식별코드를 사용하지만 SWIFT 코드가 없는 기관에는 자체 코드를 발급한다. 이는 SWIFT 회원 자격이 없는 기관이 CIPS에 참여하는 것을 막지 않는다는 것을 시사한다. 직접 참여자는 CIPS에 계정 및 고유 식별자 코드를 가지며, 이들을 통해 CIPS에서 국경 간 결제를 처리할 수 있다. 간접 참여자들은 CIPS에 고유한 코드를 가지지만 지불을 처리하려면 직접 참가자들에게 의존해야 한다.

CIPS를 통해 결산된 위안화 표시 무역에 대한 데이터는 Kazuhiro Kida, Masayuki Kubota와 Yusho Cho, "Rise of the Yuan: China-Based Payment Settlements Jump 80%," *Nikkei Asia*, 2019년 5월 20일, https://asia.nikkei.com/Business/Markets/Rise-of-the-yuan-China-based-payment-settlements-jump-80 그리고 www.cips.com/cn/cipsen/index.html를 바탕으로 한다.

CIPS의 새로운 기능과 제안된 개선 사항은 2020년 5월에 나온 기사에 설명되어 있다: http://www.china-cer.com.cn/hongguanjingji/202005104849.html(중국어). 이 시스템은 사각형 코드를 사용해 4-코너 방식을 기반으로 한자 하나당 4~5자리 숫자를 사용함으로써 한자를 코딩할 수 있다. 상세한 내용은 Ulrich Theobald, "The Four Corner System for Character Indexing," ChinaKnowledge.de, 2015년 10월 30일, http://www.chinaknowledge.de/Literature/Script/sijiao.html을 참조하라.

NPCS 및 SPFS와 관련된 러시아 정부 의도의 기원과 상황에 대한 자세한 내용은 Xu Wenhong, "The SWIFT System: A Focus on the U.S.-Russia Financial Confrontation," Russian International Affairs Council, 2020년 2월 3일, https://russiancouncil.ru/en/analytics-and-comments/analytics/the-swift-system-a-focus-on-the-u-s-russia-financial-confrontation/를 참조하라. INSTEX에 대한 발표는 French Ministry of Foreign Affairs, "Joint Statement on the Creation of INSTEX, the Special Purpose Vehicle Aimed at Facilitating Legitimate Trade With

Iran in the Framework of the Efforts to Preserve the Joint Comprehensive Plan of Action," 2019년 1월 31일, 뉴스 보도, https://www.diplomatie.gouv.fr/en/country-files/iran/news/article/joint-statement-on-the-creation-of-instex-the-special-purpose-vehicle-aimed-at에서 확인할 수 있다. 메커니즘에 대한 더 자세한 정보는 INSTEX, "Partners," https://instex-europe.com/partners/ 그리고 Stephanie Zable, "INSTEX: A Blow to U.S. Sanctions?," *Lawfare*(블로그), 2019년 3월 6일, https://www.lawfareblog.com/instex-blow-us-sanctions를 참조하라.

벨기에, 덴마크, 핀란드, 네덜란드, 노르웨이, 스웨덴은 2019년 말에 INSTEX에 가입했다. "Six More Countries Join Trump-Busting Iran Barter Group," *Guardian*, 2019년 11월 30일, https://www.theguardian.com/world/2019/dec/01/six-more-countries-join-trump-busting-iran-barter-group. INSTEX 가입에 대한 러시아의 관심은 Henry Foy와 Demetri Sevastopulo, "Kremlin Throws Weight behind EU Effort to Boost Iran Trade," *Financial Times*, 2019년 7월 18일, https://www.ft.com/content/3aa3e7ee-a8b7-11e9-984c-fac8325aaa04에서 다루고 있다.

INSTEX의 첫 번째 거래는 독일에서 이란으로의 의약품 수출이었다. 이 거래에 대한 뉴스 보도는 Laurence Norman, "EU Ramps Up Trade System with Iran despite U.S. Threats," *Wall Street Journal*, 2020년 3월 31일, https://www.wsj.com/articles/eu-ramps-up-trade-system-with-iran-despite-u-s-threats-11585661594에서 확인할 수 있다.

기축통화와 환율의 변화

감소하는 기축통화의 중요성

국제무역에서 기축통화의 역할에 대해서는 Goldberg와 Tille(2008)을 참조하라.

글로벌 시장이 열리다

자본 흐름의 제약을 완화하는 핀테크

2008~2009년 글로벌 금융위기 이후 10년 동안의 국제 자본 흐름에 대한 개관은 Susan Lund, Eckart Windhagen, James Manyika, Philipp Härle, Jonathan Woetzel 과 Diana Goldshtein, "The New Dynamics of Financial Globalization," *McKinsey Global Institute*(블로그), 2017년 8월 22일, https://www.mckinsey.com/industries/

financial-services/our-insights/the-new-dynamics-of-financial-globalization을 참조하라.

키바에 대한 정보는 https://www.kiva.org/about을 참조하라. 이것은 대출 업무와 관련된 수치의 출처이기도 하다.

포트폴리오를 다각화하는 개인 투자자들

세계거래소연맹에 따르면, 2019년 연말 시장환율로 측정한 글로벌 주식 시가총액은 약 94조 달러였다. 미국의 몫은 NASDAQ과 뉴욕증권거래소의 시가총액을, 중국의 경우 상하이와 선전 거래소, 일본의 경우 일본 거래소 그룹, 인도의 경우 봄베이 증권거래소와 인도국립증권거래소, 영국의 경우 런던 증권거래소를 바탕으로 했다. 데이터는 https://www.world-exchanges.org/our-work/articles/2019-annual-statistics-guide에서 확인할 수 있다.

파급효과

Rey(2018)는 자본 흐름, 자산 가격, 신용 성장에서 국제금융 주기를 설명하고, 이것이 신흥경제국의 통화정책 독립에 부과하는 제약을 강조한다. Clark 외(2019)는 신흥국으로 자본 흐름을 유도하는 데에 미국의 통화정책 조치보다 더 중요한 것이 국가 펀더멘털이라고 주장한다.

자본통제는 막을 내릴 것인가?

아이슬란드 자본통제의 이유와 그에 대한 설명은 https://www.cb.is/financial-stability/foreign-exchange/capital-controls/를 참조하라. 2015년 6월에 은행 휴일과 동시에 시행된 그리스의 자본통제에 대해서는 Kerin Hope, Henry Foy, Claire Jones와 Peter Spiegel, "Greece Closes Banks after Bailout Talks Break Down," *Financial Times*, 2015년 6월 29일, https://www.ft.com/content/49775bac-1d83-11e5-ab0f-6bb9974f25d0를 참조하라.

중국의 누수 통제

시진핑은 2012년 말에 중국공산당 총서기와 중앙군사위원회 주석이 되면서 사실상 국가 지도자로 권력을 장악했고, 2013년 3월에 국가주석이 되었다. 수년 동안 이어진 중국

반부패 캠페인의 일부 요소에 대한 시각적 설명은 "Visualizing China's Anti-Corruption Campaign," *ChinaFile*, 2018년 8월 15일, https://www.chinafile.com/infographics/visualizing-chinas-anti-corruption-campaign을 참조하라.

상하이 종합주가지수는 2015년 6월 12일에 5,166(종가)에서 2016년 1월 29일에 2,738로 47% 하락했다. 선전 종합지수는 같은 기간 3,141에서 1,689로 46% 하락했다. CNYUSD 환율은 2015년 6월 1일에 6.22에서 2016년 12월 31일에 6.94로 하락했는데 이는 위안화가 12% 평가절하가 되었음을 나타낸다. 위안화의 광범위한 무역 가중 명목 유효 환율(BIS 웹사이트에서 확인할 수 있다)은 2015년 6월에 125에서 2016년 12월에 118로 낮아져 중국의 주요 교역국 통화 대비 무역 가중 기준으로 6% 하락했다.

중국 내외의 비트코인 가격 격차를 보여주는 표와 그에 수반된 분석은 Jacky Wong, "Chinese Yuan Is Other Side of Bouncing Bitcoin," *Wall Street Journal*, 2017년 1월 5일, https://www.wsj.com/articles/chinese-yuan-is-other-side-of-bouncing-bitcoin-1483630678을 참조하라. 위안화 역외 거래에 대한 압박은 Saumya Vaishampayan, Lingling Wei와 Carolyn Cui, "Yuan Reverses Course, Soars against Dollar," *Wall Street Journal*, 2017년 1월 5일, https://www.wsj.com/articles/offshore-yuan-borrowing-rate-jumps-to-second-highest-level-1483595388에 설명되어 있다. 이 기사는 위안화 가치 하락과 비트코인 가격 상승 사이의 명백한 상관관계와 정부의 대응을 다룬다: Gabriel Wildau, "China Probes Bitcoin Exchanges amid Capital Flight Fears," *Financial Times*, 2017년 1월 10일, https://www.ft.com/content/bad16a88-d6fd-11e6-944b-e7eb37a6aa8e.

주식시장, 화폐의 가치, 비트코인 가격 사이의 관례를 보여주는 한 중국 비트코인 거래소 CEO와의 인터뷰는 Jamie Redman, "Bitcoin Price Rally: 'Hot Money in China Has to Go Somewhere,'" Bitcoin.com, 2016년 5월 31일, https://news.bitcoin.com/hot-money-china-go-somewhere/과 Gregor Stuart Hunter, Chao Deng, "China Buying Sparks Bitcoin Surge," *Wall Street Journal*, 2016년 5월 30일, https://www.wsj.com/articles/china-buying-sparks-bitcoin-surge-1464608221을 참조하라.

운율이 꼭 맞는 이름의 저자들이 쓴 논문 Ju, Lu와 Tu(2016)는 비트코인을 이용한 중국 위안화에서 미국 달러화로의 자본도피 증거를 담고 있다. 이들은 비트코인 거래소 BTC 차이나와 비트스템프의 데이터를 사용해 비트코인이 암시하는 환율 할인의 척도를 구성함으로써 이 일을 한다. 여러 나라 거래소의 비트코인 가격이 자본통제의 존재와 엄격함을 어떻게 반영하는지에 대한 더 폭넓은 증거는 Pieters(2017)를 참조하라.

다음의 기사들은 비공식 채널을 통한 중국의 자본도피(대규모의 마이너스 결제 잔액 누락과 순 오류에 반영되는)를 보고한다: Nathaniel Taplin, "'Back Door' Capital Outflows Should Worry Beijing," *Wall Street Journal*, 2019년 10월 14일, https://www.wsj.com/articles/back-door-capital-outflows-should-worry-beijing-11571051723; Don Weinland, "Renminbi Retreat Set to Revive Capital Outflows Pressure," *Financial Times*, 2019년 8월 14일, https://www.ft.com/content/ce27b2de-be24-11e9-b350-db00d509634e.

국제금융협회는 2019년 상반기에 은밀한 자본도피의 액수가 약 1,310억 달러에 달하는 것으로 추산했다: Kevin Hamlin, "China's Hidden Capital Flight Surges to Record High," *Bloomberg*, 2019년 10월 11일, https://www.bloomberg.com/news/articles/2019-10-11/china-hidden-capital-flight-at-a-record-in-2019-iif-says.

역외시장의 위안화 부족에 대한 PBC의 압박은"Yuan Surges in Hong Kong as Traders See PBOC Squeezing Bears," *Bloomberg*, 2017년 5월 31일, https://www.bloomberg.com/news/articles/2017-05-31/yuan-set-for-strongest-close-since-november-as-intervention-seen을 참조하라.

중국 정부는 2017년 9월에 ICO를 금지했다: http://www.gov.cn/xinwen/2017-09/04/content_5222657.htm(중국어). 곧이어 지방 정부들은 국내 암호화폐 거래소를 금지하는 규제를 시작했고 후오비Huobi나 OK코인OKCoin과 같은 최대의 거래소들이 서비스를 중단했다: https://www.huxiu.com/article/217019.html(중국어). 비트코인 거래에 대한 광범위한 단속은 Chao Deng, "China's Interference on Bitcoin Tests Currency's Foundation," *Wall Street Journal*, 2017년 9월 18일, https://www.wsj.com/articles/china-widens-bitcoin-crackdown-beyond-commercial-trading-1505733976를 참조하라.

2019년에 중국 국가발전개혁위원회는 법적, 환경적 우려에 대한 대응으로 비트코인 채굴을 비롯한 여러 산업의 금지/제한에 대한 여론 조성을 촉구하는 초기 제안서를 발표했다: https://new.qq.com/omn/20190410/20190410A0E5ND.html(중국어).

암호화폐를 통한 자본도피 사례들

그리스의 자본통제는 Kerin Hope, Henry Foy, Claire Jones와 Peter Spiegel,

"Greece Closes Banks after Bailout Talks Break Down," *Financial Times*, 2015년 6월 28일 https://www.ft.com/content/49775bac-1d83-11e5-ab0f-6bb9974f25d0 를 참조하라. 자본통제가 그리스에서의 비트코인 수요에 어떤 영향을 주었는지는 Jemima Kelly, "Fearing Return to Drachma, Some Greeks Use Bitcoin to Dodge Capital Controls," *Reuters*, 2015년 7월 3일, https://www.reuters.com/article/us-eurozone-greece-bitcoin/fearing-return-to-drachma-some-greeks-use-bitcoin-to-dodge-capital-controls-idUSKCN0PD1B420150703를 참조하라.

이런 상황은 키프로스가 2013년에 자본통제를 시작했을 때 비트코인의 글로벌 가격 상승에 수반한 비트코인을 향한 관심의 급증에 뒤이어 일어났다. Conor Gaffey, "Greeks Turn to Bitcoin amid Bank Closures," *Newsweek*, 2015년 6월 30일, https://www.newsweek.com/greeks-turn-bitcoin-amid-bank-closures-329554를 참조하라.

이란의 비트코인 관련 유출은 Samburaj Das, "What Ban? Iranians Spend $2.5 Billion Buying Cryptocurrencies in Capital Flight," *CCN*, https://www.yahoo.com/news/ban-iranians-spend-2-5-110546297.html 그리고 Leigh Cuen, "Crypto Exchanges Are Suddenly Being Censored in Iran," *Coindesk*, 2018년 7월 4일, https://www.coindesk.com/iran-crypto-exchanges를 참조하라.

인도의 접근법은 Simon Mundy, "India's Cryptocurrency Traders Scramble after RBI Crackdown," *Financial Times*, 2018년 4월 18일, https://www.ft.com/content/c1bcfcae-42fe-11e8-803a-295c97e6fd0b를 참조하라. 인도중앙은행의 금지를 뒤집는 인도 대법원의 판결은 Trivedi, "Cryptocurrency Bourses Win India Case against Central Bank Curbs," *Bloomberg*, 2020년 3월 4일, https://www.bloomberg.com/news/articles/2020-03-04/india-s-top-court-strikes-down-curbs-on-cryptocurrency-trade를 참조하라. 정부가 제안한 법률은 Archana Chaudhary, Siddhartha Singh, "India Plans to Introduce Law to Ban Cryptocurrency Trading," *Bloomberg*, 2020년 9월 15일, https://www.bloombergquint.com/global-economics/india-plans-to-introduce-law-to-ban-trading-in-cryptocurrency에 설명되어 있다.

자본통제, 침식에 직면하다
중국의 자본도피에 대한 보도는 다음에서 찾아볼 수 있다: "East Asia: Pro Traders

and Stablecoins Drive World's Biggest Cryptocurrency Market," *Chainalysis*(블로그), 2020년 8월 20일, https://blog.chainalysis.com/reports/east-asia-cryptocurrency-market-2020. 이 보고서는 가치가 미국 달러에 페깅되어 있는 스테이블코인 테더가 중국, 기타 동아시아에서 인기 있는 암호화폐가 되었다고 말한다.

달러의 종말에 대한 예측

융커의 연설 원고와 영상은 다음에 게시되어 있다: European Commission, "State of the Union 2018: The Hour of European Sovereignty," 2018년 9월 12일, https://ec.europa.eu/commission/priorities/state-union-speeches/state-union-2018_en.

미국 재무부 장관 잭 루의 발언은 다음의 연설에서 발췌한 것이다: US Department of the Treasury, "Remarks of Secretary Lew on the Evolution of Sanctions and Lessons for the Future at the Carnegie Endowment for International Peace," 20016년 5월 30일, 뉴스 보도, https://www.treasury.gov/press-center/press-releases/Pages/jl0398.aspx.

경쟁이 달러의 지배력을 약화할 수 있다

Gopinath와 Stein(2018)은 달러의 지배력이 주로 교환수단으로서의 존재감으로 인한 것이라고 주장하며 다른 관점을 제시한다. 이는 두 가지 역할이 함께 묶여 있고 국제 거래에서 달러가 교환수단 기능이 쇠퇴하면 지배적인 준비통화로서의 지위가 약화될 수 있음을 시사한다. 반면 Prasad(2014, 2016)는 국제금융에서 가치의 척도나 교환수단으로서의 중요성이 감소하더라도 준비통화로서 달러의 지배력이 계속될 것이며, 이 역할에서 중국 위안화의 (매우 점진적인) 부상과 이 장에서 논의된 국제무역 거래에서 기축통화의 필요성을 줄일 수 있는 몇 가지 요소를 고려할 때 특히 더 그렇다고 주장한다.

Chong Koh Ping, "Chinese Oil Futures Draw More International Interest," *Wall Street Journal*, 2020년 7월 1일, https://www.wsj.com/articles/chinese-oil-futures-draw-more-international-interest-11593597896를 참조하라. David Dollar와 Samantha Gross, "China's Currency Displacing the Dollar in Global Oil Trade? Don't Count on It," *Order from Chaos*(블로그), Brookings Institution, 2018년 4월 19일, https://www.brookings.edu/blog/order-from-chaos/2018/04/19/chinas-currency-displacing-the-dollar-in-global-oil-trade-dontcount-on-it/를 참조하라.

Prasad(2014)는 한 나라의 제도적 틀이 안전자산으로서 그 통화의 지위에 핵심이라고 주장한다.

새로운 안전자산의 등장

Cœoeuré(2019)를 참조하라.

합성 글로벌 디지털 화폐

Carney(2019)를 참조하라.

단일통화

Cooper(1984)를 참조하라. Steil(2013)은 브레턴우즈체제 창안의 성격과 그에 대한 논쟁의 개요를 제시한다.

특별한 안전자산의 등장

준비금으로서의 특별인출권

IMF는 1944년에 설립되었지만 공식적으로 운영을 시작한 것은 1945년이다. SDR 배분은 "Special Drawing Right(SDR)," International Monetary Fund, 2020년 3월 24일, https://www.imf.org/en/About/Factsheets/Sheets/2016/08/01/14/51/Special-Drawing-Right-SDR에서 보도되었다. 글로벌 외화 준비금에 대한 데이터는 IMF의 COFER(외환보유액 통화구성) 데이터베이스에서 얻었다.

특별인출권은 통화일까?

이 부분에서 인용된 글을 비롯한 SDR 관련 세부 사항은 "Special Drawing Right(SDR)," International Monetary Fund, 2020년 3월 24일, https://www.imf.org/en/About/Factsheets/Sheets/2016/08/01/14/51/Special-Drawing-Right-SDR을 참조하라. 2016년 10월 1일부터 발효된 위안화의 IMF SDR 바스켓 포함 발표는 "IMF Adds Chinese Renminbi to Special Drawing Rights Basket," International Monetary Fund, 2016년 9월 30일, https://www.imf.org/en/News/Articles/2016/09/29/AM16-NA093016IMF-Adds-Chinese-Renminbi-to-Special-Drawing-Rights-Basket에서

확인할 수 있다.

IMF가 SDR의 교환을 원하는 국가들에 대한 의무를 이행하는 데 사용하는 경화는 어디에서 나오는 것일까? SDR 바스켓을 구성하는 통화의 주인인 국가들은 그런 대출 자금 조달을 위해 IMF에 통화 제공을 약속한다. IMF는 상환을 보장하고 제공 국가에 통화 사용에 대한 소정의 이자를 지급한다.

글로벌 협력의 어려움

IMF의 거버넌스 구조는 https://www.imf.org/external/about/govstruct.htm을 참조하라.

IMF 회의에서 므누신의 전체 진술은 US Department of the Treasury, "U.S. Treasury Secretary Steven T. Mnuchin's Joint IMFC and Development Committee Statement," 2020년 4월 16일, 뉴스 보도, https://home.treasury.gov/news/press-releases/sm982에서 확인할 수 있고, 인도 대표의 발언은 https://meetings.imf.org/en/2020/Spring/Statements에서 찾아볼 수 있다.

SDR을 부유한 국가에서 가난한 국가로 재배분하는 일의 가능성에 대한 언급은 Andrea Shalal, "U.S. Opposes Massive Liquidity IMF Boost: Mnuchin," *Reuters*, 2020년 4월 16일, https://www.reuters.com/article/us-imf-worldbank-usa/u-s-opposes-massive-liquidity-imf-boost-mnuchin-idUSKCN21Y1QU; James Politi, "Mnuchin Defends US Opposition to Emerging Markets Liquidity Plan," *Financial Times*, 2020년 4월 16일, https://www.ft.com/content/ebce5e93-cf8d-4965-b128-ded3e4acbfd9을 참조하라. 새로운 SDR 배분에 대한 IMF 회원국의 지지(결국 미국의 지지)는 "IMF Executive Directors Discuss a New Allocation of $650 billion to Boost Reserves," 2021년 3월 23일, IMF 보도 자료, https://www.imf.org/en/News/Articles/2021/03/23/pr2177-imf-execdir-discuss-new-sdr-allocation-us-650b-boost-reserves-help-global-recovery-covid19을 참조하라.

SDR을 국제 가치척도로 만들자는 제안은 Warren Coats, "Proposal for an IMF Staff Executive Board Paper on Promoting Market SDRs," Bretton Woods Committee, 2019년 2월 19일, https://www.brettonwoods.org/article/proposal-for-an-imf-staff-executive-board-paper-on-promoting-market-sdrs를 참조하라.

중국의 CBDC가 달러를 위협할까?

인용문은 Prasad(2016), 10장에서 발췌한 것이다.

위안화 기반을 다지다, 그리고 멈추다

위안화의 부상과 정체에 대해서는 Prasad(2019a, 2020)를 참조하라.

글로벌 결제에서 위안화가 차지하는 비율에 대한 데이터는 SWIFT RMB Tracker, 2021년 5월(2020년 4월부터의 데이터): https://www.swift.com/our-solutions/ compliance-and-shared-services/business-intelligence/renminbi/rmb-tracker/ document-centre를 바탕으로 한다.

2015년 8월 당시 환율 정책의 변화에 대한 시장의 인식은 Gabriel Wildau, "Renminbi Devaluation Tests China's Commitment to Free Markets," *Financial Times*, 2015년 8월 12일, https://www.ft.com/content/65d07e26-40d0-11e5-9abe-5b335da3a90e를 참조하라.

글로벌 외화 준비금에서 위안화가 차지하는 비율은 https://data.imf.org/?sk=E6A5F467-C14B-4AA8-9F6D-5A09EC4E62A4에서 확인할 수 있는 IMF의 COFER 를 바탕으로 계산한 것이다. 2020년 말에 할당된 준비금에서 위안화가 차지하는 비율은 2.1%였다.

2019년 중반쯤부터 PBC는 미국 달러에 대한 위안화 평가절하나 평가절상을 막기 위한 외환시장 개입을 삼간 것으로 보인다. 중국이 한층 유연한 환율 체제로 가고 있다는 주장은 Miao Yanliang, "China's Quiet Banking Revolution," *Project Syndicate*, 2019년 3월 6일, https://www.project-syndicate.org/commentary/china-central-bank-communication-exchange-rate-by-miao-yanliang-2019-03를 참조하라. 그러나 PBC는 상하이 외환 거래 시스템의 거래 기준가격 역할을 하는 위안화 달러 환율의 아침 고정가격을 계속 제공하고 있다. 이 고정은 이론상 상업은행에 대한 조사를 바탕으로 한다. Miao(2019)는 자유로운 변동 환율 체제로 진전하는 것이 중국에 이익이 될 것이며 완전한 자본계정 개방보다 우선되어야 한다고 주장한다. Miao와 Deng(2019)은 중국의 자본계정 자유화에 대한 내부자 관점을 제공한다.

디지털 위안화는 '게임체인저'인가?

이 주제에 대한 다른 관점은 Aditi Kumar와 Eric Rosenbach, "Could China'

s Digital Currency Unseat the Dollar?," *Foreign Affairs*, 2020년 5월 20일, https://www.foreignaffairs.com/articles/china/2020-05-20/could-chinas-digital-currency-unseat-dollar를 참조하라.

9. 중앙은행의 시련

서두의 글은 힌두교 경전인 《바가바드 기타》 4장의 16절과 18절에서 발췌한 것이다. 여기에 사용된 번역은 스와미 시바난다Swami Sivananda의 것으로, https://www.dlshq.org/download/bgita.pdf의 Divine Life Society에서 확인할 수 있다. 이 두 구절의 다른 영어 번역도 표현은 유사하다.

　　금융위기와 그 여파를 다루는 좋은 책이 상당히 많다. Sorkin(2010), Blinder(2013), Wolf(2015), Tooze(2018)를 참조하라. 금융위기 동안, 그리고 그 후 중앙은행의 역할에 대해서는 El-Erian(2016), Bernanke(2017), Stracca(2018), Shirakawa(2021)를 참조하라. 중앙은행에 대한 역사적인 관점은 Goodhart(1988)를 참조하라.

중앙은행의 다양한 권한

　　통화정책 프레임워크의 변화에 대한 미 연준의 2020년 8월 발표는 Federal Reserve System, "Federal Open Market Committee Announces Approval of Updates to Its Statement on Longer-Run Goals and Monetary Policy Strategy," 2020년 8월 27일, 보도 자료, https://www.federalreserve.gov/newsevents/pressrele ases/monetary20200827a.htm에서 확인할 수 있다.

　　미 연준, 유럽중앙은행, 일본은행의 인플레이션 목표는 각 기관의 웹사이트에서 확인할 수 있다. https://www.federalreserve.gov/monetarypolicy/guide-to-changes-in-statement-on-longer-run-goals-monetary-policy-strategy.htm; https://www.ecb.europa.eu/mopo/html/index.en.html; https://www.boj.or.jp/en/mopo/outline/qqe.htm/.

　　브라질의 인플레이션 목표는 다음에서 찾을 수 있다: Banco Central do Brasil, "Inflation Targeting Track Record," https://www.bcb.gov.br/en/monetarypolicy/historicalpath. 인도의 인플레이션 목표(및 통화정책 프레임워크에 대한 설명)는 https://www.rbi.org.in/scripts/FS_Overview.aspx?fn=2752를 참조하라.

"Central Bank Digital Currencies," Bank for International Settlements, Committee on Payments and Market Infrastructures, 2018년, https://www.bis.org/cpmi/publ/d174.htm 그리고 Brainard(2018)를 참조하라. Subbarao(2016)는 신흥경제국이라는 배경에서 여러 가지 의무가 수반되는 복잡한 상황에 대해 논의한다.

새로운 과제

마지막 단락에서 언급된 중국의 규제기관은 중국은행보험관리감독위원회와 중국증권감독관리위원회다. PBC는 여전히 금융 안정성을 책임지고 있다. http://www.pbc.gov.cn/en/3688066/3688080/index.html을 참조하라. 마찬가지로 미 연준은 금융 안정에 대한 책임을 맡고 있다(https://www.federalreserve.gov/aboutthefed/pf.htm). 다만 "Who Regulates Whom? An Overview of the U.S. Financial Regulatory Framework," Congressional Research Service, 2020년 3월 10일, https://fas.org/sgp/crs/misc/R44918.pdf의 설명과 같이 여러 기관이 구체적인 금융 규제의 측면을 처리하고 있다.

통화정책의 실행

스웨덴의 딜레마

이 논의는 e-크로나 프로젝트에 대한 스웨덴 중앙은행의 2018년 보고서를 바탕으로 한다: *The Riksbank's e-Krona Project Report 2*, 2018년 10월, https://www.riksbank.se/globalassets/media/rapporter/e-krona/2018/the-riksbanks-e-krona-project-report-2.pdf. 스웨덴 중앙은행의 레포 금리는 https://www.riksbank.se/en-gb/statistics/search-interest-exchange-rates/repo-rate-deposit-and-lending-rate/에서 확인할 수 있다.

통화정책의 전달

뱅킹 채널

본문에서 언급한 미국 가계 저축률은 2019년과 2020년 6월의 평균치로 https://fred.stlouisfed.org/series/PSAVERT에서 확인할 수 있는 월간 데이터를 바탕으로 한다. 팬데믹으로 인한 저축 역학의 분석은 Jorda, Singh과 Taylor(2020)를 참조하라.

캐나다의 사례

이 자료는 주로 Bank of Canada, *Contingency Planning for a Central Bank Digital Currency*, 2020년 2월 25일, https://www.bankofcanada.ca/2020/02/contingency-planning-central-bank-digital-currency/를 바탕으로 한다. BoC는 0.5%p라는 좁은 범위 내에서 오버나이트 금리를 유지하고자 노력하고 있다. 그 대역의 최상위는 다른 은행에서 돈을 빌릴 수 없는 은행이 필요로 할 때 BoC가 자금을 제공하는 이자율이다. 밴드의 바닥은 BoC가 밤새 보유하는 잉여 자금에 대해 은행들에 지불하는 이자율이다.

학술 문헌은 최근에야 이러한 문제 중 일부를 다루기 시작했다. 학문적 기여의 초기에는 Andolfato(2021)가 독점적 은행 부문과 중복된 생성 모델에서 CBDC의 의미를 연구했다. 이 모델에서 이자부 CBDC의 도입은 시장 예금금리를 높이고, 이는 예금 기반의 확대로 이어지며 은행 수익을 감소시킨다. CBDC와의 경쟁으로 은행들은 예금금리를 인상하지만, CBDC는 은행 대출 활동과 대출금리 측면에 아무런 영향을 미치지 않는다. Bordo와 Levin(2019)은 CBDC가 통화정책의 효과를 어떻게 강화할 수 있는지 고려하고 중앙은행과 감독을 받는 금융 기관 사이의 민관 파트너십을 통해 시행된다면 금융 시스템의 안정성을 크게 향상할 수 있다는 결론을 내렸다. 이 글에 포함된 다른 논문으로 Barrdear와 Kumhof(2016), Bech와 Garratt(2017), Bjerg(2017), Bordo와 Levin(2017), Grym 외(2017), Assenmacher와 Krogstrup(2018), Mancini-Griffoli 외(2018), Raskin Yermack(2018), Brunnermeier, James와 Landau(2019), Keister와 Sanches(2019), Fernandez-Villaverde 외(2020), Mishra와 Prasad(2020)가 있다.

비공식 금융기관의 등장

통화 긴축 기간 동안 지하금융 대출의 증가에 대한 증거로는 중국의 경우 Chen, Ren 과 Zha(2018)를, 미국의 경우 Xiao(2020)를 참조하라. Sunderam(2015)은 미국의 지하금융 시스템에서 발행된 단기 청구권이 2001~2007년의 기간 동안 돈과 같은 청구권의 역할을 했다고 주장한다. Gorton과 Metrick(2010)은 미국 지하금융 시스템에 의한 통화 창출의 다른 측면을 다룬다. 지하금융이 중국의 통화정책 전달과 거시건전성 정책에 미치는 부정적인 영향은 Yang 외(2019)를 참조하라.

금융 안정성의 문제

사각지대

Ant Financial Services Group에 대한 중국 정부의 통제 강화는 Lingling Wei, "China Eyes Shrinking Jack Ma's Business Empire," *Wall Street Journal*, 2020년 12월 29일, https://www.wsj.com/articles/china-eyes-shrinking-jack-mas-business-empire-11609260092를 참조하라. 금융 지주회사가 되기 위한 앤트 그룹의 계획은 Jing Yang, "Jack Ma's Ant Plans Major Revamp in Response to Chinese Pressure," *Wall Street Journal*, 2021년 1월 27일, https://www.wsj.com/articles/jack-mas-ant-plans-major-revamp-in-response-to-chinese-pressure-11611749842를 참조하라. Eswar Prasad, "Jack Ma Taunted China Then Came His Fall," *New York Times*, 2021년 4월 28일, https://www.nytimes.com/2021/04/28/opinion/jack-ma-china-ant.html도 참조하라.

〈파이낸셜 타임스〉의 보도는 와이어카드 AG를 파악하는 데 도움을 준다. 와이어카드 AG의 부상과 붕괴의 연대표는 Dan McCrum, "Wirecard: The Timeline," *Financial Times*, 2020년 6월 25일, https://www.ft.com/content/284fb1ad-ddc0-45df-a075-0709b36868db에서 확인할 수 있다. Paul J. Davies, "How Wirecard Went from Tech Star to Bankrupt," *Wall Street Journal*, 2020년 7월 2일, https://www.wsj.com/articles/wirecard-bankruptcy-scandal-missing-$2billion-11593703379도 참조하라. KPMG 보고서는 "KPMG Report Concerning the Independent Special Investigation, Wirecard AG, Munich," Wirecard AG, 2020년 4월, https://www.wirecard.com/uploads/Bericht_Sonderpruefung_KPMG_EN_200501_Disclaimer.pdf에서 찾아볼 수 있다.

마커스 브라운은 CEO에서 물러나고 며칠 뒤 체포되었다.

위기관리

코로나19 팬데믹 동안 미 연준의 조치에 대한 개관은 다음을 참조하라: Brookings Institution, "What's the Fed Doing in Response to the COVID-19 Crisis? What More Could It Do?," https://www.brookings.edu/research/fed-response-to-covid19/, 2021년 1월 25일 접속.

국경을 넘어서는 문제

David Mikkelson, "Are Most Cruise Ships Registered Under Foreign Flags?" *Snopes.com*, 2020년 3월 23일, https://www.snopes.com/fact-check/cruise-ships-foreign-flags/를 참조하라.

규제를 더 쉽게, 그리고 더 어렵게 만드는 기술

지나치게 많은 정보

인포메이션 캐스케이드와 군집 행동에 대한 논의는 Easley와 Kleinberg(2010)를 참조하라.

규모의 이점이 사라지다

미국 정부의 주택정책과 금융 시스템 참여가 2008년 금융위기를 촉발했다는 견해를 잘 표현하는 글로, Natalie Goodnow, "'Hidden in Plain Sight': A Q&A with Peter Wallison on the 2008 Financial Crisis and Why It Might Happen Again," American Enterprise Institute, 2015년 1월 13일, https://www.aei.org/economics/hidden-plain-sight-qa-peter-wallison-2008-financial-crisis-might-happen/가 있다.

인도의 통합결제인터페이스는 https://www.npci.org.in/what-we-do/upi/product-overview를 참조하라.

혁신과 위험의 균형

샌드박스의 선도자격인 FCA의 'Project Innovate' 제안은 2014년 7월에 공개되었다: "Project Innovate: Call for Input," Financial Conduct Authority, 2014년 7월, https://www.fca.org.uk/publication/call-for-input/project-innovate-call-for-input.pdf.

FCA는 2015년 말에 샌드박스를 공식적으로 제안했고("Regulatory Sandbox," Financial Conduct Authority, 2015년 11월, https://www.fca.org.uk/publication/research/regulatory-sandbox.pdf), 2016년에 시작되었다. 샌드박스와 그 안에서 운영 중인 다양한 기업 코호트는 https://www.fca.org.uk/firms/innovation/regulatory-sandbox에서 확인할 수 있다.

MAS의 2016년 샌드박스 제안과 관련 문서는 https://www.mas.gov.sg/publi

cations/consultations/2016/consultation-paper-on-fintech-regulatory-sandbox-guidelines를 참조하라. 인용문은 이 웹사이트의 자문보고서에서 발췌한 것이다.

규제 샌드박스

FCA 인용은 다음 문서에서 발췌한 것이다: Financial Conduct Authority, *Regulatory Sandbox*, 2015년 11월, https://www.fca.org.uk/publication/research/regulatory-sandbox.pdf. MAS 인용은 https://www.mas.gov.sg/publications/consultations/2016/consultation-paper-on-fintech-regulatory-sandbox-guidelines의 2016년 자문 보고서 5쪽에서 확인할 수 있다.

코호트 1 참가 업체들에 대한 FCA의 더 자세한 설명에 따르면 "FCA는 다양한 부문, 지역, 규모에서 코호트 1에 대한 69개의 참가 신청을 받았고 그중 24개가 받아들여져, 18개 업체가 코호트 1으로 실험 중이다." 루노에 대한 더 상세한 내용은 https://www.luno.com/를 참조하라.

말레이시아 규제 샌드박스에 대한 더 자세한 사항은 https://www.myfteg.com/를 참조하라.

Asian Banker, "OCBC Bank to Pilot Secure Chat Banking Mobile App," 2018년 4월 2일, 뉴스 보도, http://www.theasianbanker.com/press-releases/ocbc-bank-to-pilot-secure-chat-banking-mobile-app은 OCBC 샌드박스 실험에 대해 보도하고 있다. 업데이트와 재설계를 거친 앱에 대한 세부 사항은 https://www.ocbc.com/personal-banking/help-and-support/digital-banking/general에서 확인할 수 있다.

샌드박스가 있는 국가의 목록은 Prasad(2018)를 참조하라.

EU 집행위원회의 핀테크 행동계획은 2018년 3월에 발표되었다: https://ec.europa.eu/info/publications/180308-action-plan-fintech_en. EU의 초기 제안들은 European Banking Authority, *ESAs Publish Joint Report on Regulatory Sandboxes and Innovation Hubs*, 2019년 1월 7일, https://eba.europa.eu/esas-publish-joint-report-on-regulatory-sandboxes-and-innovation-hubs(보고서의 날짜는 2018년이지만 발표된 것은 2019년 1월 7일이다)에 정리되어 있다.

구성원 목록과 이니셔티브를 비롯한 글로벌금융혁신네트워크GFIN에 대한 더 자세한 정보는 https://www.thegfin.com/를 참조하라. GFIN은 1년 전 FCA가 제안한 글로벌 샌드박스 노선을 본보기로 삼았다. GFIN은 국가 규제기관이 혁신 관련 주제에 대해 협력하고, 자신들의 경험과 접근법을 공유할 수 있는 플랫폼을 제공한다.

사막의 샌드박스

뉴욕 연방준비은행FRBNY은 2019년에 핀테크 자문단을 구성했다: Alan Basmajian, Brad Groarke, Vanessa Kargenian, Kimberley Liao, Erika Ota-Liedtke, Jesse Maniff 와 Asani Sarkar, "At the New York Fed: Research Conference on FinTech," *Federal Reserve Bank of New York, Liberty Street Economics*(블로그), 2019년 7월 19일, https://libertystreeteconomics.newyorkfed.org/2019/07/at-the-new-york-fed-research-conference-on-fintech.html.

핀테크 규제에 대한 미 연준의 더 폭넓은 시각은 "Consumer Compliance Super-vision Bulletin. Highlights of Current Issues in Federal Reserve Board Consumer Compliance Supervision," Federal Reserve, 2019년 12월, https://www.federalreserve.gov/publications/files/201912-consumer-compliance-super vision-bulletin.pdf를 참조하라.

애리조나 핀테크 샌드박스에 관한 공식 보도 자료는 https://www.azag.gov/press-release/arizona-becomes-first-state-us-offer-fintech-regulatory-sandbox에서 확인할 수 있다. 수정된 법률은 https://www.azleg.gov/legtext/54leg/1R/laws/0045. htm 그리고 Lisa Lanham, "Arizona Seeks to Improve FinTech Sandbox with HB 2177," JD Supra, 2019년 10월 10일, https://www.jdsupra.com/legalnews/arizona-seeks-to-improve-fintech-53415/에서 확인할 수 있다. 기본 참여자 목록은 https://www.azag.gov/fintech/participants에서 확인할 수 있다. 버디그리스에 대한 정보는 https://www.verdigrisholdings.com/를 참조하라.

미국의 다른 샌드박스

미국 재무부의 발표는 "Treasury Releases Report on Nonbank Financials, Fintech, and Innovation," 2018년 7월 31일, 뉴스 보도, https://home.treasury.gov/news/press-releases/sm447을 참조하라. 2019년의 포괄적인 주별 샌드박스 목록은 Heather Morton, *Financial Technology and Sandbox 2015–2019 Legislation, National Conference of State Legislatures*, 2019년 12월 5일, https://www.ncsl.org/research/financial-services-and-commerce/financial-technology-and-sandbox-

2015-2019-legislation.aspx에서 확인할 수 있다. 2020년에 도입된 샌드박스에 대한 정보는 다음 사이트에서 찾아볼 수 있다: http://www.htdc.org/programs/#dcil-section(샌드박스가 디지털 화폐 업체에 제한된 것으로 보이는 하와이), https://dfr.vermont.gov/industry/insurance/regulatory-sandbox(버몬트), https://www.billtrack50.com/BillDetail/1190101(웨스트버지니아).

마리아 뷜로의 발언 전체는 *Statement by DFS Superintendent Maria T. Vullo on Treasury's Endorsement of Regulatory Sandboxes for Fintech Companies and the OCC's Decision to Accept Fintech Charter Applications*, Department of Financial Services, 2018년 7월 31일, https://www.dfs.ny.gov/reports_and_publications/statements_comments/st201807311에서 확인할 수 있다. 이 발언에는 추가적인 진술이 있다: "또한 DFS는 비예금 금융 기술(핀테크) 업체로부터 법정 은행업 면허 신청을 받기로 한 미국 통화감독청(OCC)의 오늘 결정을 강력하게 반대한다. DFS는 재무부의 그릇된 지지를 받는 이 일이 국가 은행법이 재가한 일이 절대 아니라고 생각한다. DFS가 OCC의 제안 이후 언급했듯이, 국가 핀테크 면허는 이미 깊이 뿌리를 내리고 온전히 기능하는 주 규제 지형에 전혀 정당치 못한 연방 규제 체계를 부과할 것이다."

뉴욕주에서 제안된 법률과 최종적인 운명에 대한 정보는 https://www.billtrack50.com/BillDetail/993203에서 찾아볼 수 있다. 일리노이의 법안과 주 상원에서의 진전 상황은 각각 https://www.ilga.gov/legislation/100/HB/PDF/10000HB5139lv.pdf와 https://www.billtrack50.com/BillDetail/954604에서 찾아볼 수 있다. 규제 샌드박스 법률이 제안되었다가 통과되지 못한 다른 주들 중에는 정치 스펙트럼의 양극단에 있는 매사추세츠와 텍사스가 있다. 각각 https://www.billtrack50.com/BillDetail/834729와 https://legiscan.com/TX/text/SB860/id/1914448을 참조하라.

패스트포워드 프로그램은 https://www.dfs.ny.gov/industry_guidance/dfs_next/dfs_fastforward에 설명되어 있다.

샌드박스는 효과적인가?

핀테크 샌드박스에 대해 설명하는 자료의 일부는 "The Role of Regulatory Sandboxes in Fintech Innovation," *Finextra*(블로그), 2018년 9월 10일, https://www.finextra.com/blogposting/15759/the-role-of-regulatory-sandboxes-in-fintech-innovation을 바탕으로 한다.

영국 샌드박스의 각 코호트에 승인을 받은 업체의 목록은 "Regulatory Sandbox—Cohort 6," Financial Conduct Authority, 2020년 7월 23일, https://www.fca.org.uk/firms/regulatory-sandbox/regulatory-sandbox-cohort-6를 참조하라. 6개 코호트에 대한 신청 업체의 총수는 443개였지만 이 중에 이전 코호트에서 승인을 받지 못한 업체의 중복 신청이 있었는지는 명확하지 않다. 모든 승인이 실험 단계로 이동한 상품이 된 것은 아니다. 따라서 승인된 업체의 수는 본문에서 언급한 수보다 많다. Financial Conduct Authority, "Regulatory Sandbox Lessons Learned Report," 2017년 10월, https://www.fca.org.uk/publication/research-and-data/regulatory-sandbox-lessons-learned-report.pdf를 참조하라.

한국의 샌드박스와 투자액에 대한 정보는 "Overview of Financial Regulatory Sandbox," Financial Services Commission, 2020년 5월, https://www.fsc.go.kr/eng/pr010101/22394에서 확인할 수 있다. Omar Faridi, "South Korea's Fintech Sandbox Secures \$111 Million in Capital, Expected to Create 380 New Jobs," *Crowdfund Insider*, 2020년 5월 20일, https://www.crowdfundinsider.com/2020/05/161705-south-koreas-fintech-sandbox-secures-111-million-in-capital-expected-to-create-380-new-jobs/도 참조하라.

실패한 혁신도 귀중한 정보를 제공한다는 견해는 Trevor Dryer, "It's Time for a Federal Fintech Sandbox," *Forbes*, 2019년 12월 6일, https://www.forbes.com/sites/forbesfinancecouncil/2019/12/06/its-time-for-a-federal-fintech-sandbox/#25ac383a6e1e에서 찾아볼 수 있다.

ESMA 보고서는 European Securities and Markets Authority, *ESAs Publish Joint Report on Regulatory Sandboxes and Innovation Hubs*, 2019년 1월 7일, https://www.esma.europa.eu/press-news/esma-news/esas-publish-joint-report-regulatory-sandboxes-and-innovation-hubs를 참조하라.

싱가포르 샌드박스에서 이루어진 실험의 목록에 대한 세부 사항은 https://www.mas.gov.sg/development/fintech/regulatory-sandbox에서 찾아볼 수 있다. Sandbox Express의 론칭 발표는 다음에서 확인할 수 있다: "MAS Launches Sandbox Express for Faster Market Testing of Innovative Financial Services," Monetary Authority of Singapore, 2019년 8월 7일, https://www.mas.gov.sg/news/media-releases/2019/mas-launches-sandbox-express-for-faster-market-testing-of-innovative-

financial-services. 싱가포르의 다양한 핀테크 이니셔티브에 대한 세부 사항은 https://
www.mas.gov.sg/development/fintech에서 찾아볼 수 있다. 이 부분에서 언급한 수치
중 일부는 MAS 관계자와의 개인적으로 교환한 서신을 기반으로 한다. 2021년 3월 현재
MAS는 광범위한 금융 서비스와 기술 분야의 300개 이상 핀테크 회사와 관계를 맺고 있다.
이들 기업 중 상당수가 샌드박스를 피하고 규제 승인을 직접 신청했다. 이는 위험을 피하면
서 혁신적인 모델을 수용하는 MAS의 유연한 접근방식을 반영한 것이다.

인용문을 발췌한 말레이시아국립은행의 규제 샌드박스 프레임워크에 대한 문서
는 *Financial Technology Regulatory Sandbox Framework*, 2016년 10월, https://
www.bnm.gov.my/documents/20124/761691/pd_regulatorysandboxframework_
Oct2016.pdf에서 찾아볼 수 있다.

신흥경제국의 특별한 과제

라틴아메리카에서 얻는 교훈

결제 방식과 결제 시스템

이 부분에서 보고된 지역 평균은 비가중 횡단면 평균이며 Prasad(2019b)를 바탕으로
한다.

공화국은행의 콜롬비아 현금 사용에 관한 설문 결과는 Arango-Arango, Suárez-
Ariza와 Garrido-Mejía(2017)에 요약되어 있다.

세계은행 데이터는 핀덱스 데이터베이스에서 얻은 것이다. 여기에서 설명하는 데이
터를 보여주는 표와 세부 사항은 Prasad(2019b)를 참조하라.

성공을 향한 길

IDB의 연구는 "Government Spending Waste Costs Latin America and
Caribbean 4.4% of GDP: IDB Study," Inter-American Development Bank, 2018년
9월 24일, https://www.iadb.org/en/news/government-spending-waste-costs-
latin-america-and-caribbean-44-gdp-idb-study에서 확인할 수 있다.

CBDC 도입의 장벽

비공식 경제가 전체 경제활동에서 차지하는 비율에 대한 수치는 Medina와
Schneider(2018)에서 얻은 것이다.

CBDC를 감행해야 할까?

다음 진술이 증명하는 것과 같이 미 연준도 CBDC의 장단점을 평가하는 데 열린 태도를 취한다: Federal Reserve System, "Federal Reserve Highlights Research and Experimentation Undertaken to Enhance Its Understanding of the Opportunities and Risks Associated With Central Bank Digital Currencies," 2020년 8월 13일, 보도 자료, https://www.federalreserve.gov/newsevents/pressreleases/other20200813a. htm. 디지털 유로의 준비에 대한 ECB의 진술은 European Central Bank, "ECB Intensifies Its Work on a Digital Euro," 2020년 10월 2일, 보도 자료, https://www. ecb.europa.eu/press/pr/date/2020/html/ecb.pr201002~f90bfc94a8.en.html에서 확인할 수 있다. 일부 CBDC 실험을 시작하겠다는 일본은행의 의도가 다음에서 드러난다: Bank of Japan, "The Bank of Japan's Approach to Central Bank Digital Currency," 2020년 10월 9일, 보도 자료, https://www.boj.or.jp/en/announcements/release_2020/rel201009e.htm/. 실험에 대한 일본은행의 발표: Bank of Japan, "Commencement of Central Bank Digital Currency Experiments," 2021년 4월 5일, 보도 자료, https://www.boj.or.jp/en/announcements/release_2021/rel210405b.pdf. 영국 CBDC 태스크포스의 발표는 다음에서 확인할 수 있다: Bank of England, "Bank of England Statement on Central Bank Digital Currency," 2010년 4월 19일, 보도 자료, https://www.bankofengland.co.uk/news/2021/april/bank-of-england-statement-on-central-bank-digital-currency. CBDC에 대한 이스라엘의 분석 연구는 Bank of Israel, "A Bank of Israel Digital Shekel: Potential Benefits, Draft Model, and Issues to Examine," 보고서, 2021년 5월, https://www.boi.org.il/en/NewsAndPublications/PressReleases/Pages/11-5-21.aspx를 참조하라. 캐나다은행의 디지털 화폐에 대한 작업은 다음을 참조하라: https://www.bankofcanada.ca/research/digital-currencies-and-fintech/. 디지털 루블에 대한 러시아은행의 제안은 "Digital Ruble Concept," concept note, 2021년 4월, https://www.cbr.ru/content/document/file/120239/dr_cocept.pdf에서 찾아볼 수 있다.

일부 국가의 비선형적인 경로

Cámara 외(2018)는 라틴아메리카 국가의 다양한 CDBC 옵션에 대해 논의한다. 그들은 익명성을 제공하는 "미확인unidentified"의 소매 CBDC가 금융 포용을 개선할 수는

있지만 이 지역 경제활동의 비공식성을 확대할 수 있다고 말한다. 그들은 확인형 CBDC가 비공식성을 줄여주지만 국내 명목화폐(물리적 형태든 디지털 형태든)에서 비공식 암호화폐와 외국 통화로 대체로 이어질 수 있다고 주장한다.

남아시아 지역 결제 이니셔티브의 사례는 https://www.saarcpaymentsinitiative. org/를 참조하라. SAARC는 남아시아지역협력협의회the South Asian Association for Regional Cooperation다. 여기에는 아프가니스탄, 방글라데시, 부탄, 인도, 몰디브, 네팔, 파키스탄, 스리랑카 등 8개 회원국이 있다. 아프리카의 사례에는 동아프리카결제시스템East African Payments System(케냐, 르완다, 탄자니아, 우간다)과 남아프리카개발커뮤니티Southern African Development Community(SADC) 통합지역전자결산시스템Integrated Regional Electronic Settlement System이 있다. SADC에는 16개 회원국이 있다.

10. 밝게 빛나는 미래가 올까?

서두의 글은 투키디데스의 《펠로폰네소스 전쟁사》(book 2.35)에서 발췌한 것이다. Perseus Project, http://www.perseus.tufts.edu/hopper/text?doc=Thuc.+2.35&from doc=Perseus%3Atext%3A1999.01.0200에서 확인할 수 있다. 또한 전체 연설은 https:// sourcebooks.fordham.edu/ancient/pericles-funeralspeech.asp에서 확인할 수 있다.

Agarwal, Sumit, Pulak Ghosh, Jing Li, and Tianyue Ruan. 2019. "Digital Payments Induce Over-Spending: Evidence from the 2016 Demonetization in India." Working paper, Asian Bureau of Finance and Economic Research, Singapore, March.

Agur, Itai, Anil Ari, and Giovanni Dell'Ariccia. 2021. "Designing Central Bank Digital Currencies." *Journal of Monetary Economics* (forthcoming).

Allen, Sarah, Srdjan Čapkun, Ittay Eyal, Giulia Fanti, Bryan Ford, James Grimmelmann, Ari Juels, Kari Kostiainen, Sarah Meiklejohn, Andrew Miller, Eswar Prasad, Karl Wüst, and Fan Zhang. 2020. "Design Choices for Central Bank Digital Currency: Policy and Technical Considerations." NBER Working Paper No. 27634, National Bureau of Economic Research, Cambridge, MA, August.

Andolfatto, David. 2021. "Assessing the Impact of Central Bank Digital Currency on Central Banks." *Economic Journal* 131, no. 634: 525 – 540.

Arango-Arango, Carlos A., Nicolás F. Suárez-Ariza, and Sergio H. Garrido-Mejía. 2017. "Cómó Pagan lós Cólómbianós y Pór Qué." Working Paper No. 991, Banco de la Republica, Colombia, June.

Artavanis, Nikolaos, Adair Morse, and Margarita Tsoutsoura. 2016. "Measuring Income Tax Evasion Using Bank Credit: Evidence from Greece." *Quarterly Journal of Economics* 131, no. 2 (May): 739 – 798.

Arvidsson, Niklas. 2019. *Building a Cashless Society: The Swedish Route to the Future of Cash Payments*. Springer Briefs in Economics. Cham, Switzerland: Springer Nature.

Aslanidis, Nektarios, Aurelio F. Bariviera, and Oscar Martínez-Ibanez. 2019. "An Analysis of Cryptocurrencies Conditional Cross Correlations," *Finance Research Letters* 31, 130 – 137.

Assenmacher, Katrin, and Signe Krogstrup. 2018. "Monetary Policy with Negative Interest Rates: Decoupling Cash from Electronic Money." IMF Working Paper No. 18 / 191, International Monetary Fund, Washington, DC, August 27.

Athey, Susan, Iva Parashkevov, Vishnu Sarukkai, and Jing Xia. 2016. "Bitcoin Pricing, Adoption, and Usage: Theory and Evidence." Working Paper No. 17-033, Stanford Institute for Economic Policy Research, Stanford, CA, August.

Auer, Raphael, and Rainer Boehme. 2020. "The Technology of Retail Central Bank Digital Currency." *BIS Quarterly Review* (March): 85 – 100.

Baldwin, James. 1998. *Collected Essays*. Edited by Toni Morrison. New York: Library of America.

Bank of Canada, European Central Bank, Bank of Japan, Sveriges Riksbank, Swiss National Bank, Bank of England, Board of Governors of the Federal Reserve, and Bank for International Settlements. 2020. *Central Bank Digital Currencies: Foundational Principles and Core Features*. Bank for International Settlements. https://www.bis.org/publ/othp33.pdf.

Bank of England. 2020. "Central Bank Digital Currency: Opportunities, Challenges and Design." Discussion paper, Bank of England. https://www.bankofengland.co.uk//media/boe/files/paper/2020/central-bank-digital-currency-opportunities-challenges-and-design.pdf.

Bano, Shehar, Alberto Sonnino, Mustafa Al-Bassam, Sarah Azouvi, Patrick McCorry, Sarah Meiklejohn, and George Danezis. 2019. "SoK: Consensus in the Age of Blockchains." Paper presented at the 1st ACM Conference on Advances in Financial Technologies (AFT '19), Zurich, October 21 – 23.

Barrdear, John, and Michael Kumhof. 2016. "The Macroeconomics of Central-Bank-Issued Digital Currencies." Bank of England Working Paper No. 605, London, July 18.

Batiz-Lazo, Bernardo, and Robert J. K. Reid. 2008. "Evidence from the Patent Record on the Development of Cash Dispensing Technology." *2008 IEEE History of Telecommunications Conference*, Paris, France, 2008, pp. 110 – 114.

Bech, Morten Linnemann, Umar Faruqui, and Takeshi Shirakami. 2020.

"Payments without Borders." *BIS Quarterly Review* (March): 53 – 65.

Bech, Morten Linneman, and Rodney Garratt. 2017. "Central Bank Cryptocurrencies." *Bank for International Settlements Quarterly Review* (September): 55 – 70.

Beckerman, Paul, and Andres Solimano. 2002. *Crisis and Dollarization in Ecuador: Stability, Growth, and Social Equity.* Directions in Development. Washington, DC: World Bank.

Bergara, Mario, and Jorge Ponce. 2018. "Central Bank Digital Currency: The Uruguayan e-Peso Case." Unpublished manuscript, Central Bank of Uruguay, Montevideo.

Bernanke, Ben S. 2000. "Japanese Monetary Policy: A Case of Self-Induced Paralysis?" In *Japan's Financial Crisis and Its Parallels to U.S. Experience*, edited by Ryoichi Mikitani and Adam Posen, 149 – 166. Washington, DC: Institute for International Economics.

――――. 2017. *The Courage to Act: A Memoir of a Crisis and Its Aftermath.* New York: W. W. Norton.

Bessen, James. 2015. "Toil and Technology." *Finance and Development* 52, no. 1 (March): 16 – 19.

Bjerg, Ole. 2017. "Designing New Money―the Policy Trilemma of Central Bank Digital Currency." CBS Working paper, Copenhagen Business School, Frederiksberg, Denmark.

Blanc, Jérôme, and Ludovic Desmedt. 2007. "Counteracting Counterfeiting? False Money as a Multidimensional Justice Issue in 16th and 17th Century Monetary Analysis." Paper presented at the 11th ESHET Conference on Justice in Economic Thought, Strasbourg, July.

Blinder, Alan S. 2013. *After the Music Stopped: The Financial Crisis, the Response, and the Work Ahead.* New York: Penguin.

Bonneau, Joseph, Andrew Miller, Jeremy Clark, Arvind Narayanan, Joshua Kroll, and Edward W. Felten. 2015. "Research Perspectives and Challenges for Bitcoin and Cryptocurrencies." Paper presented at the 2015 IEEE Symposium on

Security and Privacy, San Jose, CA, May 17 – 21, 104 – 121.

Boockmann, Bernhard, and Friedrich Schneider. 2018. "Die Röße der Schattenwirtschaft—Methodik und Berechnungen für das Jahr 2018." *Linz und Tubingen*, February 6. http://www.iaw.edu/tl_files/dokumente/IAW_JKU_ Schattenwirtschaft_Studie_2018_Methodik_und_Berechnungen.pdf.

Bordo, Michael D., and Andrew T. Levin. 2017. "Central Bank Digital Currency and the Future of Monetary Policy." NBER Working Paper No. 23711, National Bureau of Economic Research, Cambridge, MA, August.

_____. 2019. "Digital Cash: Principles and Practical Steps." NBER Working Paper No. 25455, National Bureau of Economic Research, Cambridge, MA, January.

Borges, Jorge Luis. 1998. *Collected Fictions*. Translated by Andrew Hurley. New York: Penguin Press.

Brainard, Lael. 2018. "Cryptocurrencies, Digital Currencies, and Distributed Ledger Technologies: What Are We Learning?" Speech, Decoding Digital Currency Conference, Federal Reserve Bank of San Francisco, San Francisco, May 15. https://www.federalreserve.gov/newsevents/speech/brainard20180515a.htm.

Broadbent, Ben. 2016. "Central Banks and Digital Currencies." Speech, Centre for Macroeconomics, London School of Economics and Political Science, London, March 2. https://www.bis.org/review/r160303e.pdf.

Brock, William A. 1990. "Overlapping Generations Models with Money and Transactions Costs." In Vol. 1, *Handbook of Monetary Economics*, edited by Benjamin N. Friedman and Frank H. Hahn, 263 – 295. Madison: Social Systems Research Institute.

Brunnermeier, Markus K., Harold James, and Jean-Pierre Landau. 2019. "The Digitalization of Money." NBER Working Paper No. 26300, National Bureau of Economic Research, Cambridge, MA, September.

Brunnermeier, Markus K., Michael Sockin, and Wei Xiong. 2017. "China's Gradualistic Economic Approach and Financial Markets." *American Economic Review* 107, no. 5: 608 – 613.

Buiter, Willem H. 2014. "The Simple Analytics of Helicopter Money: Why

It Works—Always." *Economics: The Open-Access, Open-Assessment E-Journal* 8 (August 21): 14 – 28.

Cagan, Phillip. 1958. "The Demand for Currency Relative to the Total Money Supply." *Journal of Political Economy* 66, no. 4: 303 – 328.

Calasso, Roberto. 1998. *Ka: Stories of the Mind and Gods of India*. Translated by Tim Parks. New York: Alfred A. Knopf.

_____. 2020. The Celestial Hunter. Translated by Richard Dixon. New York: Farrar, Straus and Giroux.

Cámara, Noelia, Enestor Dos Santos, Francisco Grippa, Javier Sebastián, Fernando Soto, and Cristina Varela. 2018. "Central Bank Digital Currencies: An Assessment of Their Adoption in Latin America." BBVA Working Paper No. 18 / 13, Banco Bilboa Vizcaya, Argentaria, Bilbao, Spain, April 5.

Carney, Mark. 2018. "The Future of Money." Speech, inaugural Scottish Economics Conference, Edinburgh University, March 2. https://www.bankofengland.co.uk/-/media/boe/files/speech/2018/the-future-of-money-speech-by-mark-carney.pdf.

_____. 2019. "The Growing Challenges for Monetary Policy in the Current International Monetary and Financial System." Speech, Jackson Hole Symposium, Federal Reserve Bank of Kansas City, August 23. https://www.bankofengland.co.uk/-/media/boe/files/speech/2019/the-growing-challenges-for-monetary-policy-speech-by-mark-carney.pdf.

Carstens, Agustín. 2018. "Money in the Digital Age: What Role for Central Banks?" Speech, House of Finance, Goethe University, Frankfurt, February 6. https://www.bis.org/speeches/sp180206.htm.

Casey, Michael, and Paul Vigna. 2018. *The Truth Machine: The Block Chain and the Future of Everything*. New York: St. Martin's Press.

Catalini, Christian, and Joshua S. Gans. 2019. "Initial Coin Offerings and the Value of Crypto Tokens." NBER Working Paper No. 24418, National Bureau of Economic Research, Cambridge, MA, March.

Chau, Patrick Y. K., Grace Au, and Kar Yan Tam. 2000. "Impact of Information

Presentation Modes on Online Shopping: An Empirical Evaluation of a Broadband Interactive Shopping Service." *Journal of Organizational Computing and Electronic Commerce* 10, no. 1: 1 – 20.

Chen, Kaiji, Jue Ren, and Tao Zha. 2018. "The Nexus of Monetary Policy and Shadow Banking in China." *American Economic Review* 108, no. 12 (December): 3891 – 3936.

Clark, John, Nathan Converse, Brahima Coulibaly, and Steven Kamin. 2019. "Emerging Market Capital Flows and U.S. Monetary Policy." *International Finance* 23, no. 1: 2 – 17.

Coeuré, Benoît. 2019. "Digital Challenges to the International Monetary and Financial System." Speech, The Future of the International Monetary System conference, Banque centrale du Luxembourg-Toulouse School of Economics, September 17. https://www.ecb.europa.eu/press/key/date/2019/html/ecb. sp190917%7E9b63e0ea23.en.html.

Collomb, Alexis, Primavera De Filippi, and Klara Sok. 2019. "Blockchain Technology and Financial Regulation: A Risk-Based Approach to the Regulation of ICOs." *European Journal of Risk Regulation* 10, no. 2: 263 – 314.

Cong, Lin William, and Zhiguo He. 2019. "Blockchain Disruption and Smart Contracts." *Review of Financial Studies* 32, no. 5 (May): 1754 – 1797.

Conti, Mauro, Sandeep Kumar E., Chhagan Lal, and Sushmita Ruj. 2017. "A Survey on Security and Privacy Issues of Bitcoin." Institute of Electrical and Electronics Engineers. https://arxiv.org/pdf/1706.00916.pdf.

Cooper, Richard. 1984. "A Monetary System for the Future." *Foreign Affairs* 63, no. 1: 166 – 184.

Corbae, Dean, and Pablo D'Erasmo. 2020. "Rising Bank Concentration." *Journal of Economic Dynamics and Control* 115 (C).

CPMI (Committee on Payments and Market Infrastructures). 2015. *Digital Currencies*. Report. Basel, Switzerland: Bank for International Settlements.

_____. 2018. *Central Bank Digital Currencies*. Report. Basel, Switzerland: Bank for International Settlements.

Croux, Christophe, Julapa Jagtiani, Tarunsai Korivi, and Milos Vulanovic. 2020. "Important Factors Determining Fintech Loan Default: Evidence from the LendingClub Consumer Platform." Working paper no. 20-15, Federal Reserve Bank of Philadelphia, Philadelphia.

Daian, Philip, Steven Goldfeder, Tyler Kell, Yungxi Li, Xueyuan Zhao, Iddo Bentov, Laurence Breidenbach, and Ari Juels. 2019. "Flash Boys 2.0: Frontrunning, Transaction Reordering, and Consensus Instability in Decentralized Exchanges." Ithaca, NY: Cornell University. arXiv: 1904.05234.

Danezis, George, and Sarah Meiklejohn. 2016. "Centrally Banked Cryptocurrencies." Paper presented at the NDSS Symposium, San Diego, February.

Del Mar, Alexander. 1885. *A History of Money in Ancient Countries: From the Earliest Times to the Present*. London: George Bell and Sons.

Demirgüç-Kunt, Asli, Leora Klapper, Dorothe Singer, Saniya Ansar, and Jake Hess. 2018. *Global Findex Database 2017: Measuring Financial Inclusion and the Fintech Revolution*. Washington, DC: World Bank Group.

Dhawan, Anirudh, and Talis J. Putnins. 2020. "A New Wolf in Town? Pump-and- Dump Manipulation in Cryptocurrency Markets." Unpublished manuscript, University of Technology, Sydney.

Di Maggio, Marco, and Vincent Yao. 2020. "Fintech Borrowers: Lax Screening or Cream-Skimming?" NBER Working Paper No. 28021, National Bureau of Economic Research Cambridge, MA, October.

D'Silva, Derryl, Zuzana Fikova, Frank Packer, and Siddharth Tiwari. 2019. "The Design of Digital Financial Infrastructure: Lessons From India." BIS Papers No. 106, Bank for International Settlements, Basel, Switzerland, December.

Easley, David, and Jon Kleinberg. 2010. *Networks, Crowds, and Markets: Reasoning about a Highly Connected World*. Cambridge: Cambridge University Press.

Easley, David, Maureen O'Hara, and Soumya Basu. 2019. "From Mining to Markets: The Evolution of Bitcoin Transaction Fees." *Journal of Financial*

Economics 134, no. 1: 91 – 109.

Ehlers, Torsten, Steven Kong, and Feng Zhu. 2018. "Mapping Shadow Banking in China: Structure and Dynamics." BIS Working Paper No. 701. Bank for International Settlements, Basel, Switzerland, February.

El-Erian, Mohamed A. 2016. *The Only Game in Town: Central Banks, Instability, and Avoiding the Next Collapse.* New York: Random House.

Elliott, Douglas, Arthur Kroeber, and Yao Qiao. 2015. *Shadow Banking in China: A Primer.* Technical report. Washington, DC: Brookings Institution.

Engert, Walter, and Ben S. C. Fung. 2017. "Central Bank Digital Currency: Motivations and Implications." Bank of Canada Staff Discussion Paper No. 2017-16, Ottawa, November 16.

Ferguson, Niall. 2009. *The Ascent of Money: A Financial History of the World.* New York: Penguin.

Fernandez-Villaverde, Jesus, Daniel Sanches, Linda Schilling, and Harald Uhlig. 2020. "Central Bank Digital Currency: Central Banking for All?" NBER Working Paper No. 26753, National Bureau of Economic Research, Cambridge, MA, February.

Foley, Sean, Jonathan R. Karlsen, and Talis J. Putnins. 2019. "Sex, Drugs, and Bitcoin: How Much Illegal Activity Is Financed through Cryptocurrencies?" *Review of Financial Studies* 32, no. 5: 1798 – 1853.

Fung, Ben S. C., and Hanna Halaburda. 2016. "Central Bank Digital Currencies: A Framework for Assessing Why and How." Bank of Canada Staff Discussion Paper no. 2016-22, Ottawa, November 22.

Fuster, Andreas, Matthew Plosser, Philipp Schnabl, and James Vickery. 2019. "The Role of Technology in Mortgage Lending." *Review of Financial Studies* 32, no. 5: 1854 – 1899.

Galí, Jordi. 2020. "The Effects of a Money-Financed Fiscal Stimulus." *Journal of Monetary Economics* (forthcoming).

GAO (Government Accounting Office). 2016. *Financial Regulation: Complex and Fragmented Structure Could Be Streamlined to Improve Effectiveness.* Report to Congressional Requesters GAO-16-175. Washington, DC: Government Accounting Office.

Garratt, Rodney, and Neil Wallace. 2018. "Bitcoin 1, Bitcoin 2, (···): An Experiment in Privately Issued Outside Monies." *Economic Inquiry* 56, no. 3: 1887–1897.

Goetzmann, William N. 2017. *Money Changes Everything: How Finance Made Civilization Possible*. Princeton, NJ: Princeton University Press.

Goldberg, Linda S. 2010. "Is the International Role of the Dollar Changing?" *Current Issues in Economics and Finance* 16, no. 1. Federal Reserve Bank of New York.

Goldberg, Linda S., and Cédric Tille. 2008. "Vehicle Currency Use in International Trade." *Journal of International Economics* 76, no. 2: 177–192.

Goldstein, Itay, Wei Jiang, and G. Andrew Karolyi. 2019. "To FinTech and Beyond." *Review of Financial Studies* 32, no. 5: 1647–1661.

Goldstein, Jacob. 2020. Money: *The True Story of a Made-Up Thing*. New York: Hachette.

Goodhart, Charles. 1988. *The Evolution of Central Banks*. Cambridge, MA: MIT Press.

Gopinath, Gita. 2016. "The International Price System." In *Proceedings of the Jackson Hole Symposium*. Kansas City: Federal Reserve Bank of Kansas City.

Gopinath, Gita, and Jeremy C. Stein. 2018. "Banking, Trade, and the Making of a Dominant Currency." NBER Working Paper No. 24485, National Bureau of Economic Research, Cambridge, MA, March.

Gorton, Gary, and Andrew Metrick. 2010. "Regulating the Shadow Banking System." *Brookings Papers on Economic Activity* 41:261–312.

Griffin, John M., and Amin Shams. 2020. "Is Bitcoin Really Un-tethered?" *Journal of Finance* 75, no. 4: 1775–2321.

Grimmelmann, James. 2019. "All Smart Contracts Are Ambiguous." *Journal of Law and Innovation* 2, no. 1: 1–22.

Grym, Aleksi. 2020. "Lessons Learned from the World's First CBDC." *Bank of*

Finland Economics Review, no. 8: 1 – 20.

Grym, Aleksi, Päivi Heikkinen, Karlo Kauko, and Kari Takala. 2017. "Central Bank Digital Currency." *Bank of Finland Economics Review*, no. 5: 1 – 10.

Handler, Phil. 2005. "Forgery and the End of the 'Bloody Code' in Early Nineteenth-Century England." *Historical Journal* 48, no. 3: 683 – 702.

Hockett, Robert C. 2020. "Digital Greenbacks: A Sequenced TreasuryDirect and FedWallet Plan for the Democratic Digital Dollar." Unpublished manuscript, Cornell University, Ithaca, NY.

Howell, Sabrina, Marina Niessner, and David Yermack. 2021. "Initial Coin Offerings: Financing Growth with Cryptocurrency Sales." *Review of Financial Studies* (forthcoming).

Hummel, Jeffrey Rogers. 2019. "Abolishing Cash: Be Careful What You Wish For." *Milken Institute Review* (April).

Ingves, Stefan. 2017. "Do We Need an e-Krona?" Speech, Swedish House of Finance, Stockholm, December 8. https://www.riksbank.se/en-gb/press-and-published/speeches-and-presentations/2017/ingves-do-we-need-an-e-krona/.

Ismail, Leila, and Huned Materwala. 2019. "A Review of Blockchain Architecture and Consensus Protocols: Use Cases, Challenges, and Solutions." *Symmetry* 11, no. 10: 1198.

Jagtiani, Julapa, Lauren Lambie-Hanson, and Timothy Lambie-Hanson. 2019. "Fintech Lending and Mortgage Credit Access." Working Paper WP-47, Federal Reserve Bank of Philadelphia, Philadelphia, November.

Jagtiani, Julapa, and Catharine Lemieux. 2018. "Do Fintech Lenders Penetrate Areas That Are Underserved by Traditional Banks?" *Journal of Economics and Business* 100 (C): 43 – 54.

Jorda, Oscar, Sanjay R. Singh, and Alan M. Taylor. 2020. "Longer-Run Economic Consequences of Pandemics." Working Paper 2020-09, Federal Reserve Bank of San Francisco, San Francisco, June.

Ju, Lan, Timothy (Jun) Lu, and Zhiyong Tu. 2016. "Capital Flight and Bitcoin Regulation." *International Review of Finance* 16, no. 3 (September): 445 – 455.

Judson, Ruth. 2017. "The Death of Cash? Not So Fast: Demand for U.S. Currency at Home and Abroad, 1990 – 2016." Paper presented at the Deutsche Bundesbank International Cash Conference, Island of Mainau, Germany, April.

Kahn, David. 1996. The Codebreakers: *A Comprehensive History of Secret Communication from Ancient Times to the Internet*. Rev. ed. New York: Scribner.

Kappos, George, Haaroon Yousaf, Mary Maller, and Sarah Meiklejohn. 2018. "An Empirical Analysis of Anonymity in Zcash." *In Proceedings of the 27th USENIX Conference on Security Symposium*. Berkeley, CA: USENIX Association.

Karlan, Dean, Jake Kendall, Rebecca Mann, Rohini Pande, Tavneet Suri, and Jonathan Zinman. 2016. "Research and Impacts of Digital Financial Services." NBER Working Paper No. 22633, National Bureau of Economic Research, Cambridge, MA, September.

Katzenstein, Suzanne. 2015. "Dollar Unilateralism: The New Frontline of National Security." *Indiana Law Journal* 90, no. 1 / 8: 293 – 351.

Keister, Todd, and Daniel R. Sanches. 2019. "Should Central Banks Issue Digital Currency." Working paper no. 19-26, Federal Reserve Bank of Philadelphia, June.

Kelmanson, Ben, Koralai Kirabaeva, Leandro Medina, Borislava Mircheva, and Jason Weiss. 2019. "Explaining the Shadow Economy in Europe: Size, Causes and Policy Options." IMF Working Paper 19 / 278, International Monetary Fund, Washington, DC, November.

Ketterer, Juan Antonio, and Gabriela Andrade. 2016. "Digital Central Bank Money and the Unbundling of the Banking Function." Discussion Paper No. IDB-DP-449, Inter-American Development Bank, Washington, DC, April.

Keynes, John Maynard. 1946. "The Balance of Payments of the United States." *Economic Journal* 56, no. 222: 172 – 187.

Khan, Jashim. 2011. "Cash or Card: Consumer Perceptions of Payment Modes." PhD diss., Auckland University of Technology.

Kiyotaki, Nobuhiro, and Randall Wright. 1993. "A Search-Theoretic Approach to Monetary Economics." *Quarterly Journal of Economics* 83, no. 1: 67 – 77.

Klein, Aaron. 2019. "Is China's New Payment System the Future?" Center on Regulation and Markets. Washington, DC: Brookings Institution.

Kocherlakota, Narayana R. 1998. "Money Is Memory." *Journal of Economic Theory* 81, no. 2: 232–251.

Kumhof, Michael, and Clare Noone. 2018. "Central Bank Digital Currencies: Design Principles and Balance Sheet Implications." Bank of England Staff Working Paper No. 725, London, May.

Lagos, Ricardo. 2006. *Inside and Outside Money*. Federal Reserve Bank of Minneapolis Research Department Staff Report No. 374. Minneapolis: Federal Reserve Bank of Minneapolis.

Lahiri, Amartya. 2020. "The Great Indian Demonetization." *Journal of Economic Perspectives* 34, no. 1: 55–74.

Lamport, Leslie, Robert Shostak, and Marshall Pease. 1982. "The Byzantine Generals Problem." *ACM Transactions on Programming Languages and Systems* 4, no. 3: 382–401.

Lara, Jorge Mancayo, and Marcos Reis. 2015. "Un Análisis Inicial del Dinero Electrónico en Ecuador y Su Impacto en la Inclusión Financiera." *Cuestiones Economicas* 25, no. 1: 13–44.

Li, Shiyun, and Yiping Huang. 2021. "The Genesis, Design, and Implications of China's Central Bank Digital Currency." *China Economic Journal* (forthcoming).

Li, Wenhong. 2020. "International Supervision of Crypto-Assets and Establishment of a Long-Term Mechanism to Prevent Fintech-Related Risks." Working paper 2020-3, China Banking and Insurance Regulatory Commission, Beijing, July.

Libra Association Members. 2019. "An Introduction to Libra." White paper. https://libra.org/en-US/white-paper/, June.

Mancini-Griffoli, Tommaso, Maria Soledad Martinez Peria, Itai Agur, John Kiff, Adina Popescu, and Celine Rochon. 2018. "Casting Light on Central Bank Digital Currency." IMF Staff Discussion Note SDN 18 / 08, International Monetary Fund, Washington, DC, November.

Massad, Timothy. 2019. "It's Time to Strengthen the Regulation of Crypto-Assets." Working paper, Brookings Institution, Washington, DC, March.

McAndrews, James. 2017. "The Case for Cash." ADBI Working Paper No. 679, Asian Development Bank Institute, Tokyo.

Medina, Leandro, and Friedrich Schneider. 2018. "Shadow Economies around the World: What Did We Learn over the Last 20 Years?" IMF Working Paper No. 18 / 17, International Monetary Fund, Washington, DC.

Merkle, Ralph C. 1988. "A Digital Signature Based on a Conventional Encryption Function." In *Advances in Cryptology—CRYPTO'87. Lecture Notes in Computer Science* 293: 369 – 378.

Miao, Yanliang. 2019. *Towards a Clean Floating Renminbi*. Beijing: China Financial.

Miao, Yanliang, and Tuo Deng. 2019. "China's Capital Account Liberalization: A Ruby Jubilee and Beyond." *China Economic Journal* 12, no. 3: 245 – 271.

Mishra, Bineet, and Eswar Prasad. 2020. "A Simple Model of a Central Bank Digital Currency." Unpublished manuscript, Cornell University, Ithaca, NY.

Mora, Camilo, Randi L. Rollins, Katie Taladay, Michael B. Kantar, Mason K. Chock, Niuo Shimada, and Erik C. Franklin. 2018. "Bitcoin Emissions Alone Could Push Global Warming above $2°C$." *Nature Climate Change* 8, no. 11: 931 – 933.

Möser, Malta, Kyle Soska, Ethan Heilman, Kevin Lee, Henry Heffan, Shashvat Srivastava, Kyle Hogan, Jason Hennessey, Andrew Miller, Arvind Narayanan, and Nicolis Christin. 2018. "An Empirical Analysis of Traceability in the Monero Blockchain." *Proceedings on Privacy Enhancing Technologies* 3:143 – 163.

Nakamoto, Satoshi. 2008. "Bitcoin: A Peer-to-Peer Electronic Cash System." White paper. https://bitcoin.org/bitcoin.pdf, October.

Narayanan, Arvind, Joseph Bonneau, Edward Felten, Andrew Miller, and Steven Goldfeder. 2016. *Bitcoin and Cryptocurrency Technologies: A Comprehensive Introduction*. Princeton, NJ: Princeton University Press.

Nash, Ogden. 1995. *Selected Poetry of Ogden Nash*. New York: Black Dog and Leventhal.

Nilekani, Nandan. 2018. "Data to the People: India's Inclusive Internet." *Foreign Affairs* 97, no. 5: 19 – 27.

Ovid. *Metamorphoses*. 1893. Translated by Henry T. Riley. London: George Bell and Sons. 1893. Reprint of the 1851 edition.

Parlour, Christine A., Uday Rajan, and Haoxang Zhu. 2020. "When FinTech Competes for Payment Flows." Working paper, draft, April, 1 – 53.

Petralia, Kathryn, Thomas Philippon, Tara Rice, and Nicolas Véron. 2019. *Banking Disrupted? Financial Intermediation in an Era of Transformational Technology*. Geneva Reports on the World Economy 22. London: Center for Economic Policy Research.

Philippon, Thomas. 2016. "The Fintech Opportunity." NBER Working Paper No. 22476, National Bureau of Economic Research, Cambridge, MA, April.

Pieters, Gina C. 2017. "Bitcoin Reveals Exchange Rate Manipulation and Detects Capital Controls." Unpublished manuscript. Available at SSRN .com, https://papers.ssrn.com/sol3/papers.cfm?abstractid=2714921, October.

Popper, Nathaniel. 2015. *Digital Gold: Bitcoin and the Inside Story of the Misfits and Millionaires Trying to Reinvent Money*. New York: HarperCollins.

Powers, Richard. 2018. *The Overstory*. New York: W. W. Norton.

Prasad, Eswar S. 2014. *The Dollar Trap: How the U.S. Dollar Tightened Its Grip on Global Finance*. Princeton, NJ: Princeton University Press.

_____. 2016. *Gaining Currency: The Rise of the Renminbi*. New York: Oxford University Press.

_____. 2018. *Central Banking in a Digital Age: Stock-Taking and Preliminary Thoughts*. Report. Hutchins Center on Fiscal and Monetary Policy. Washington, DC: Brookings Institution.

_____. 2019a. "Has the Dollar Lost Ground as the Dominant International Currency?" Working paper, Brookings Institution, Washington, DC, September.

_____. 2019b. *New and Evolving Financial Technologies: Implications for Monetary Policy and Financial Stability in Latin America*. Technical report. Ithaca, NY: Cornell University.

_____. 2020. "China's Role in the Global Financial System." In *China 2049: Economic Challenges of a Rising Global Power*, edited by David Dollar, Yiping Huang, and Yao Yang, 355–372. Washington, DC: Brookings Institution.

Prasad, Eswar S., and Raghuram G. Rajan. 2006. "Modernizing China's Growth Paradigm." *American Economic Review* 96, no. 2: 331–336.

Prelec, Drazen, and Duncan Simester. 2001. "Always Leave Home without It: A Further Investigation of the Credit-Card Effect on Willingness to Pay." *Marketing Letters* 12, no. 1: 5–12.

Qin, Kaihua, Liyi Zhou, Benjamin Livshits, and Arthur Gervais. 2020. "Attacking the DeFi Ecosystem with Flash Loans for Fun and Profit." Imperial College London. https://arxiv.org/pdf/2003.03810.pdf.

Qiu, Tanh, Ruidong Zhang, and Yuan Gao. 2019. "Ripple vs. SWIFT: Transforming Cross Border Remittance Using Block Chain Technology." *Procedia Computer Science* 147:428–434.

Raghubir, Priya, and Joydeep Srivastava. 2008. "Monopoly Money: The Effect of Payment Coupling and Form on Spending Behavior." *Journal of Experimental Psychology*: Applied 14, no. 3: 213.

Rajan, Raghuram. 2010. *Fault Lines: How Hidden Fractures Still Threaten the World Economy*. Princeton, NJ: Princeton University Press.

Raskin, Max, and David Yermack. 2018. "Digital Currencies, Decentralized Ledgers, and the Future of Central Banking." In *Research Handbook on Central Banking*, edited by Peter Conti-Brown and Rosa María Lastra, 474–486. Research Handbooks in Financial Law. Cheltenham, UK: Edward Elgar.

Raskov, Danila. 2016. "Economic Thought in Muscovy: Ownership, Money and Trade." In *Economics in Russia: Studies in Intellectual History*, edited by Vincent Barnett and Joachim Zweynert, 7–23. London: Taylor and Francis.

Rey, Hélene. 2018. "Dilemma Not Trilemma: The Global Financial Cycle and Monetary Policy Independence." NBER Working Paper No. 21162, National Bureau of Economic Research, Cambridge, MA, February.

Rice, Tara, Goetz von Peter, and Codruta Boar. 2020. "On the Global Retreat of Correspondent Banks." *BIS Quarterly Review* (March): 37 – 52.

Rogoff, Kenneth S. 2016. *The Curse of Cash*. Princeton, NJ: Princeton University Press.

Sahay, Ratna, Ulric Eriksson von Allmen, Amina Lahreche, Purva Khera, Sumiko Ogawa, Majid Bazarbash, and Kimberly Beaton. 2020. "The Promise of Fintech: Financial Inclusion in the Post COVID-19 Era." International Monetary Fund Policy Paper, June.

Schilling, Linda, and Harald Uhlig. 2018. "Some Simple Bitcoin Economics." NBER Working Paper No. 24483, National Bureau of Economic Research, Cambridge, MA, September.

Schindler, John. 2017. *FinTech and Financial Innovation: Drivers and Depth*. Finance and Economics Discussion Series 2017-081. Washington, DC: Board of Governors of the Federal Reserve System.

Schnabel, Isabel, and Hyun Song Shin. 2018. "Money and Trust: Lessons From the 1620s for Money in the Digital Age." BIS Working Paper No. 698. Bank for International Settlements, Basel, Switzerland, February.

Schneider, Friedrich G. 2015a. "Size and Development of the Shadow Economy of 31 European and 5 Other OECD Countries from 2003 to 2014: Different Developments?" *Journal of Self-Governance and Management Economics* 3, no. 4: 7 – 29.

_____. 2015b. "Tax Losses Due to Shadow Economy Activities in OECD Countries from 2011 to 2013: A Preliminary Calculation." CESifo Working Paper Series No. 5649, CESifo Group, Munich, December.

Shah, Avni, Noah Eisenkraft, Jim Bettman, and Tanya Chartrand. 2016. "Paper or Plastic? How We Pay Influences Post-Transaction Connection." *Journal of Consumer Research* 42, no. 5: 688 – 708.

Shirakawa, Masaaki. 2017. "The Use of Cash in Europe and East Asia." In *Cash in East Asia*, edited by Frank Rovekamp, Moritz Balz, and Hans Gunther Hilpert, 15 – 26. New York: Springer.

_____. 2018. *Tumultuous Times: Central Banking in an Era of Crisis*. New

Haven, CT: Yale University Press.

Sidrauski, Miguel. 1967. "Inflation and Money Growth." *Journal of Political Economy* 75, no. 6: 796 – 810.

Sims, Christopher A. 2013. "Paper Money." *American Economic Review* 103, no. 2: 563 – 584.

Singh, Simon. 1999. *The Code Book: The Evolution of Secrecy from Mary Queen of Scots to Quantum Cryptography.* New York: Doubleday.

Soman, Dilip. 2003. "The Effect of Payment Transparency on Consumption: Quasi-experiments from the Field." *Marketing Letters* 14, no. 3: 173 – 183.

Sorkin, Andrew Ross. 2010. *Too Big to Fail: The Inside Story of How Wall Street and Washington Fought to Save the Financial System—and Themselves.* New York: Penguin.

Statham, Rachel, Lesley Rankin, and Douglas Sloan. 2020. *Not Cashless, but Less Cash: Economic Justice and the Future of UK Payments.* Scotland: Institute for Public Policy Research.

Steil, Benn. 2013. *The Battle of Bretton Woods: John Maynard Keynes, Harry Dexter White, and the Making of a New World.* Princeton, NJ: Princeton University Press.

Stiglitz, Joseph E. 1990. "Peer Monitoring and Credit Markets." *World Bank Economic Review* 4, no. 3 (September): 351 – 366.

Stoll, Christian, Lena Klaaβ en, and Ulrich Gallersdörfer. 2019. "The Carbon Footprint of Bitcoin." *Joule* 3, no. 7: 1647 – 1661.

Stracca, Livio. 2018. *The Economics of Central Banking.* London: Routledge.

Subbarao, Duvvuri. 2016. *Who Moved My Interest Rate? Leading the Reserve Bank of India Rough Five Turbulent Years.* New Delhi: Penguin.

Sun, Guofeng. 2015. *Financial Reforms in Modern China: A Frontbencher's Perspective.* New York: Palgrave Macmillan.

Sunderam, Adi. 2015. "Money Creation and the Shadow Banking System." *Review of Financial Studies* 28, no. 4: 939 – 977.

Suri, Tavneet, and William Jack. 2016. "The Long-Run Poverty and Gender

Impacts of Mobile Money." *Science* 354, no. 631709 (December): 1288 – 1292.

Svensson, Lars E. O. 1985. "Money and Asset Prices in a Cash-in-Advance Economy." *Journal of Political Economy* 93, no. 5: 919 – 944.

Szabo, Nick. 1996. "Smart Contracts: Building Blocks for Digital Markets." *Extropy* 16, no. 1.

———. 1997. "Formalizing and Securing Relationships on Public Networks." *First Monday* 2, no. 9.

Tang, Huan. 2019. "Peer-to- Peer Lenders versus Banks: Substitutes or Complements?" *Review of Financial Studies* 32, no. 5: 1900 – 1938.

Tanzi, Vito. 1983. "The Underground Economy in the United States: Annual Estimates, 1930 – 80." *Staff Papers (International Monetary Fund)* 30, no. 2: 283 – 305.

Thucydides. 1910. *History of the Peloponnesian War*. New York: E. P. Dutton.

Tooze, Adam. 2018. *Crashed: How a Decade of Financial Crises Changed the World*. New York: Viking.

Townsend, Robert M. 1980. "Models of Money with Spatially Separate Agents." In *Models of Monetary Economies*, edited by John Kareken and Neil Wallace, 265 – 303. Minneapolis: Federal Reserve Bank of Minneapolis.

Turner, Adair. 2015. "The Case for Monetary Finance—an Essentially Political Issue." Unpublished manuscript, International Monetary Fund, Washington, DC.

Vallee, Boris, and Yao Zeng. 2019. "Marketplace Lending: A New Banking Paradigm?" *Review of Financial Studies* 32, no. 5: 1939 – 1982.

Vigna, Paul, and Michael Casey. 2016. *The Age of Cryptocurrency: How Bitcoin and Blockchain Are Changing the World Economic Order*. New York: Picador.

Wolf, Martin. 2015. *The Shifts and the Shocks: What We've Learned—and Have Still to Learn—from the Financial Crisis*. New York: Penguin.

Wong, Paul, and Jesse Leigh Maniff. 2020. "Comparing Means of Payment: What Role for a Central Bank Digital Currency?" FEDS Notes; Board of Governors of the Federal Reserve System, Washington, DC, August 13.

Xiao, Kairong. 2020. "Monetary Transmission through Shadow Banks." *Review of Financial Studies* 336, no. 6 (June): 2379 – 2420.

Xu, Yuan. 2020. "China Central Bank Digital Currency: Facts and Possibilities." Manuscript, Institute of Digital Finance, Peking University, Beijing, China.

Yalch, Richard, and Eric Spangenberg. 1990. "Effects of Store Music on Shopping Behavior." *Journal of Consumer Marketing* 7, no. 2: 55 – 63.

Yang, Liu, S. van Wijnbergen, Xiaotong Qi, and Yuhuan Yi. 2019. "Chinese Shadow Banking, Financial Regulation and Effectiveness of Monetary Policy." *Pacific-Basin Finance Journal* 57 (October): 101 – 169.

Yao, Qian. 2017. "The Application of Digital Currency in Interbank Cash Transfer Scenario." *Finance Computerizing* 5:16 – 19.

_____. 2018. "A Systematic Framework to Understand Central Bank Digital Currency." *Science China Information Sciences* 61 (January 3).

Zeng, Ming. 2018. "Alibaba and the Future of Business." *Harvard Business Review* (September 1): 87 – 96.

Zhang, Cathy. 2014. "An Information-Based Theory of International Currency." *Journal of International Economics* 93, no. 2: 286 – 301.

Zhou, Xiaochuan. 2020. "Understanding China's Central Bank Digital Currency." Discussion paper, China Finance 40 Forum, Beijing, China, December 2020.

Zoffer, Joshua P. 2019. "The Dollar and the United States' Exorbitant Power to Sanction." *American Journal of International Law* 113:152 – 156.

출처

그림

1.1 INSADCO Photography / Alamy Stock Photo

2.1 TradingEconomics.com, XE.com, 호주연방준비은행, 중국인민은행, 잉글랜드은행, 유럽중앙은행, 일본은행, 러시아연방중앙은행, 스위스국립은행, 미국 연방준비제도.

2.2 TradingEconomics.com, XE.com, 인도연방준비은행.

2.3 각국 중앙은행의 연말 데이터를 세인트루이스 연방준비은행의 FRED 데이터로 보완.

2.4 각국 중앙은행의 연말 데이터를 세계은행, 국제통화기금의 세계경제전망, 세인트루이스 연방준비은행의 FRED 데이터로 보완.

3.1 Benedicte Desrus / Alamy Stock Photo

3.2 dpa picture alliance / Alamy Stock Photo

3.3 Pixeljoy / Shutterstock

4.4 R3BV / Shutterstock

4.5 Andrey Rudakov / Bloomberg / Getty Images

5.1 StreetVJ / Shutterstock

5.3 John Phillips / Wikimedia Commons / CC BY 2.0

6.1 Tokyo Currency Museum / PHGCO / Wikimedia Commons / CC BY-SA 3.0

6.2 US colonial currency, National Numismatic Collection at the Smithsonian Institution / Gogot13 / Wikimedia Commons; Swedish banknote, Tekniska museet, Stockholm / Daderot / Wikimedia Commons / CC0 1.0

7.1 dpa picture alliance / Alamy Stock Photo

8.1 Florence McGinn / Alamy Stock Photo

9.1 US Federal Reserve, Orhan Cam / Shutterstock; People's Bank of China, Shan-shan / Shutterstock; European Central Bank, EQRoy / Shutterstock; Bank of Japan, Takashi Images / Shutterstock

발췌문

1장 Excerpt from Roberto Calasso, *The Celestial Hunter* translated by Richard Dixon. Copyright © 2016 by Adelphi Edizioni S.p.A. Milano. Translation copyright © 2020 by Richard Dixon. Reprinted by permission of Roberto Calasso and Farrar, Straus and Giroux. All rights reserved.

2장 Excerpt from Alexander Del Mar, *A History of Money in Ancient Countries: From the Earliest Times to the Present* (London: George Bell and Sons, 1885).

3장 Ogden Nash, *Bankers Are Just Like Anybody Else, Except Richer*. Copyright © 1935 by Ogden Nash, renewed. Reprinted by permission of Curtis Brown Ltd. and Welbeck Publishing Group.

4장 Excerpt from Richard Powers, *The Overstory* (New York: W. W. Norton, 2018).

5장 Roberto Calasso, *Ka*, translated by Tim Parks (New York: Alfred A. Knopf, 1998). Reprinted by permission of Roberto Calasso.

6장 Ovid, *Metamorphoses*, translated by Henry T. Riley (London: George Bell and Sons, 1851; repr. 1893).

7장 Jorge Luis Borges, "Death and the Compass," copyright © 1998 by Maria Kodama; translation copyright © 1998 by Penguin Random House LLC; from *Collected Fictions: Volume 3* by Jorge Luis Borges, translated by Andrew Hurley. Used by permission of Viking Books, an imprint of Penguin Publishing Group, a division of Penguin Random House LLC and Penguin Books Ltd., Penguin Random House UK. All rights reserved.

8장 John Maynard Keynes, "The Balance of Payments of the United States," *Economic Journal* 56, no. 222 (1946): 172 – 187.

9장 The Bhagavad Gita, chapter 4, verses 16 and 18, translated by Sri Swami Sivananda. Copyright © 2000 The Divine Life Trust Society.

10장 Thucydides, *The Peloponnesian War* (New York: E. P. Dutton, 1910).

The
Future
of
Money